BURT FRANKLIN: RESEARCH & SOURCE WORKS SERIES
Theater & Drama Series 26

M. DE MODÈNE
SES DEUX FEMMES
ET
MADELEINE BÉJART

NOUVEAUX DOCUMENTS SUR LA VIE DE MOLIÈRE

M. DE MODÈNE

SES DEUX FEMMES

ET

MADELEINE BÉJART

Par

Henri CHARDON

Burt Franklin
New York

Published by LENOX HILL Pub. & Dist. Co. (Burt Franklin)
235 East 44th St., New York, N. Y. 10017
Originally Published: 1905
Reprinted: 1972
Printed in the U. S. A.

S. B. N.: 8337-05369
Library of Congress Card Catalog No.: 71-188566
Burt Franklin: Research and Source Works Series
Theater & Drama Series 26

NOUVEAUX DOCUMENTS SUR LA VIE DE MOLIÈRE

M. DE MODÈNE

SES DEUX FEMMES
ET
MADELEINE BÉJART

Il reste encore bien des obscurités dans la vie de Molière et les plus épaisses sont sa liaison avec Madeleine Béjart et la naissance d'Armande. Pour arriver à les pénétrer, a-t-on fait le possible jusqu'ici ? A-t-on assez étudié Madeleine en dehors de la troupe de Molière, dans ce que j'appellerai ses autres entours, et aussi dans la partie de sa vie qui a précédé la formation de la société de l'*Illustre Théâtre* ? Un jeune gentilhomme du Comtat Venaissin, Esprit de Rémond de Modène, avait précédé Molière dans les bonnes grâces de Madeleine Béjart, et resta, dit-on, son ami toute sa vie. Les rapports de la comédienne avec M. de Modène, leur durée, leur caractère vrai après 1638, n'ont jamais été complètement élucidés. On connaît bien peu la vie de M. de Modène, à qui les anciens historiens de Molière, et plusieurs critiques encore aujourd'hui attribuent la paternité d'Armande Béjart. Enfin, on ne sait absolument rien de celle des deux femmes auxquelles il fut marié, et qu'il y a certes intérêt à rapprocher de l'existence de la fille des Béjart. Ce sont ces trois vies de M. de Modène et de ses deux femmes, mêlées à celle de Madeleine, que je viens faire connaître aujourd'hui.

La première épouse d'Esprit de Rémond, Marguerite de la Baume de Suze, a été pendant longtemps tellement oubliée qu'on la croyait morte presque au lendemain de son mariage ou du moins un ou deux ans après. Le principal auteur des erreurs sur les mariages de M. de Modène et leur date réelle, Fortia d'Urban, en était venu à croire que ce jeune seigneur était non-seulement libre d'épouser Madeleine en 1638, mais qu'il était bien et dûment son légitime mari. Ce n'est qu'en 1876 que j'ai révélé la survie de madame de Modène jusqu'en février 1649, et dévoilé de la sorte une des erreurs sans nombre de Fortia d'Urban ; alors on a su qu'Esprit de Rémond, engagé jusqu'à cette date dans les liens d'un premier mariage, n'avait pu songer en 1638 à s'unir à la fille de l'huissier Béjart. Pour qu'il ne reste plus aujourd'hui aucune obscurité sur le compte de Marguerite de la Baume, je ferai l'exposé de sa vie tout entière, aussi bien pendant son union avec son premier mari, le marquis de Lavardin, que pendant son second mariage avec M. de Modène, qui lui donna pour rivale Madeleine Béjart et la réduisit à passer les douze dernières années de sa vie reléguée dans le Maine, au château de Malicorne.

La seconde femme de M. de Modène ne fut pas comme la première une grande dame, appartenant à la plus haute noblesse de France. Madeleine de l'Hermite, fille de Jean-Baptiste de l'Hermite, frère du pauvre et célèbre Tristan, l'auteur de *Mariamne*, n'est pas mieux connue que la descendante des comtes de Suze. Elle partagea les singulières vicissitudes de fortune de son père, que ses hautes prétentions généalogiques n'empêchèrent pas, ainsi que sa femme, de faire un instant partie de la troupe de Molière. Ce ne fut pas là son seul point de contact avec les Béjart. Sa mère, Marie Courtin de la Dehors, fut à son tour la rivale de Madeleine Béjart, qu'elle supplanta auprès d'Esprit de Rémond. Après avoir été elle-même comédienne, et avoir contracté un premier mariage fécond en piquantes aventures, Madeleine de l'Hermite finit par épouser M. de Modène, presque sexagénaire, alors qu'elle n'avait qu'environ vingt-six ans ; elle était destinée à lui survivre pendant bien longtemps.

Cette vie des l'Hermite et de leur fille est remplie des particularités les plus curieuses, ignorées jusqu'ici. De même que dans l'existence de Marguerite de la Baume, j'ai pu y porter la lumière, grâce à de nombreux documents inédits.

S'ils ne servent pas, ainsi que je l'avais espéré tout d'abord, à résoudre le problème si obscur de la naissance d'Armande (1), ils pourront du moins aider à en rendre la solution plus facile et permettront d'apprécier plus nettement les rapports de Madeleine Béjart et de Molière dont l'histoire, grâce à eux, se trouvera du moins élucidée sur plusieurs points importants.

§ I.

Le premier mari de Madame de Modène.
Marguerite de la Baume de Suze et les Lavardin.

Le 11 avril 1614, celle qui devait, seize ans plus tard,

---

(1) Je n'ai pu jusqu'à présent mettre la main sur les pièces qui peuvent donner le mot de l'énigme ; mais je ne désespère pas de les rencontrer un jour ou de mettre quelque curieux sur leur piste.

épouser M. de Modêne, Marguerite de la Baume de Suze, se mariait au Grand-Pressigny, en Touraine, à Henri de Beaumanoir, fils ainé du célèbre maréchal de Lavardin et de Catherine de Carmaing.

Elle appartenait à une grande famille du Dauphiné, considérable par ses emplois et ses alliances (1).

Son grand père François, comte de la Baume de Suze, gouverneur pour Sa Majesté au gouvernement de Provence, gouverneur du comtat d'Avignon et pays Venaissin pour le Saint Siège, avait eu une grande célébrité pendant les guerres de la Ligue (2). Son père, Rostaing de la Baume, comte de Suze et de Rochefort, seigneur de Montfrin, maréchal de camp aux armées du roi et bailli des montagnes du Dauphiné ne fut pas moins célèbre. Il avait épousé en premières noces, par contrat du 23 octobre 1583, Madeleine des Préz de Montpezat, fille de Melchior des Préz, seigneur de Montpezat et de Henriette de Savoie, marquise de Villars, comtesse de Tende, qui en secondes noces épousa Charles de Lorraine, duc de Mayenne, le fameux chef de la Ligue (3).

(1) Voir *Nobiliaire du Dauphiné* par Guy Allard, 1671, in-12, p. 36 et édition Gariel, 1864, in-8º, t. Ier, p. 130 ; *Dictionnaire de Moréri*, 1732, t. VI, p. 391 ; Bib. nat., ms. F. Franc, 22, 319, p. 45 ; Cabinet des titres, pièces originales, dossier 226. Les La Baume-Suze portaient *d'or à trois chevrons de sable au chef d'azur chargé d'un lion naissant d'argent.*

(2) Voir dans le ms. de la Bibl. nat., fonds du St-Esprit, formé par Clairambault, François de la Baume, cte de Suze, gouverneur de Provence, fait chevalier du St-Esprit le 31 décembre 1581, tué à Montélimart en 1587, dessin à l'encre de Chine, fº 167, tome V. On trouve au feuillet suivant le portrait de Louis de Suze « episcopus et comes Vivarensis, princeps Duseræ..... » *R. Nanteuil ad vivum faciebat*, in-fº, 1656. Au bas d'un autre portrait de ce Louis, évêque en 1621, mort en 1690, on lit *Auroux del. et sc.*, in-fº.

(3) Henriette de Savoie était fille d'Honorat de Savoie, marquis de Villars, comte de Tende, seigneur de la baronnie du Grand-Pressigny, maréchal et amiral de France. M. de Mayenne épousa cette veuve devenue héritière de Tende. V. Tallemant des Réaux, *Historiettes*, édition Monmerqué et Paulin, Paris, in-8º, I, 80 ; Chalmel, *Histoire de Touraine*, III, 228. De ce second mariage de Henriette de Savoie naquirent Henri de Lorraine, duc de Mayenne, les duchesses de Nevers et d'Ornano.

De ce premier mariage du comte de Suze naquirent, entre autres, un fils aîné, Jacques Honorat, comte de Suze, marquis de Villars, et Marguerite qui devait épouser M. de Lavardin. Les alliances de sa famille maternelle mirent surtout en relief Marguerite de la Baume, et furent sans doute la cause déterminante de son mariage avec le fils d'un maréchal de France.

Son oncle Philibert-Emmanuel de Savoie des Prés, marquis de Villars-Montpezat, demeurait au château du Grand-Pressigny, en Touraine ; il faisait grande figure dans la société du temps et devait précisément avoir pour héritiers les enfants de sa sœur et du comte de Suze. Ce fut à ce château que se maria Marguerite de la Baume, et qu'elle dut plus tard y rencontrer le jeune Tristan l'Hermite, alors secrétaire du marquis de Villars et dont le frère devait jouer un rôle important dans la vie de son second mari (1).

Le deuxième mariage de sa grand'mère lui avait procuré de plus hautes alliances encore. De ce côté, elle était nièce du prince Charles de Gonzague et de Clèves, duc de Nevers,

(1) Tristan, dans sa curieuse autobiographie du *Page disgrâcié*, a donné de nombreux renseignements sur Philibert-Emmanuel, marquis de Villars. Voir seconde partie, chapitre XXII, édit. de 1667, in-12, t. II, p. 135-139, 154 et suiv, 206, 220, 237 et suiv. Il le dit homme de qualité, grand et bon seigneur, riche de 50 ou 60,000 livres de rente, n'ayant ni n'espérant point avoir d'enfants. On menait grand train au château ; on y nourrissait soixante-dix ou quatre-vingts bouches. Tristan parle aussi du « neveu de son maître », du frère de Marguerite de la Baume « jeune prince de gentil esprit », Honorat comte de Suze, chevalier des ordres du roi, gouverneur de Provence et vice-amiral de France. Il est douteux qu'il ait parlé de Marguerite. Il appelle seulement *cousines* du marquis de Villars, les deux jeunes demoiselles proches parentes de son maître, (la jeune ayant 7 ou 8 ans et l'autre le double d'âge) dont il est question dans un des chapitres de son livre « Comment trois perdrix furent reprises dans les chausses du nain ». On y voit comment la femme du marquis, Eléonore de Thomassin, femme d'un esprit sévère et chagrin, « rude et fâcheuse », les malmenait à cause de son nain préféré, le s^{gr} Anselme. Tristan fait aussi un portrait en beau d'un autre parent de Marguerite, le duc de Mayenne, dont il devint le secrétaire après avoir été celui de M. de Villars,

puis plus tard duc de Mantoue, mari de Catherine de Lorraine, (morte en 1618), et de Henri de Lorraine, duc de Mayenne et d'Aiguillon, qui avait épousé Henriette de Gonzague, fille puinée de Louis de Mantoue et de Henriette de Clèves. Les filles du duc de Nevers, Marie de Gonzague, qui devint reine de Pologne et Anne la célèbre princesse palatine, étaient ses cousines germaines.

Pour en finir tout de suite avec sa famille, disons que son père se remaria à Catherine de Meullion de Bressieux (1), qui lui donna un grand nombre d'enfants, entre autres, Louis-François de la Baume, évêque, comte de Viviers, dont nous aurons l'occasion de reparler (2), et un autre fils Anne, comte de Rochefort, mort de bonne heure, marié à Catherine de la Croix et père de Louis-François de la Baume.

Au lieu de reproduire ce que tout le monde peut trouver dans Moréri ou dans les Dictionnaires de noblesse, j'aime mieux donner quelques extraits du testament inédit de Rostaing de la Baume, du 5 novembre 1616, par lequel il régla la distribution de ses biens entre ses héritiers, ainsi que par un codicille du 10 novembre 1618 (3).

(1) M. Baluffe, en faisant épouser en second mariage par Rostaing de la Baume (V. le *Moliériste*, 6e année p. 207) Henriette de Savoie, marquise de Villars, comtesse de Tende, le marie tout simplement à la mère de sa première femme.

(2) Ce ne fut pas le seul prélat appartenant à la famille de la Baume ; d'autres de ses membres occupèrent l'évêché d'Orange et l'archevêché d'Auch.

(3) Voir archives de la Sarthe, E. 221. Dans ces deux actes il s'intitule conseiller du roi en ses conseils d'état et privé, capitaine de cinquante hommes d'armes de Sa Majesté et son bailli ès-montagnes du Dauphiné. Aux mêmes archives et au même dossier se trouve sa réception en l'ordre du Saint-Esprit et son contrat de mariage avec Anne de Montpezat du 25 octobre 1583, fait en présence du duc et de la duchesse de Mayenne. Ce sont les seuls papiers de famille de Marguerite de la Baume que possèdent ces archives. Sa fille ayant épousé le comte de Tessé, ils ont été compris dans les confiscations révolutionnaires dont les biens de la famille de Tessé ont été l'objet à la fin du siècle dernier. Malgré la richesse de ce

Il instituait pour héritier universel son fils aîné Jacques Honorat, et lui donnait tout ce qui pourrait lui appartenir sur les biens de feue Madeleine de Montpezat, entre autres les fruits de cent mille francs qu'on lui avait constitués en mariage, « desquels M. le marquis de Villars en doit de reste et le reste feue dame la duchesse de Mayenne, sa mère ». Sans parler de ses dispositions à l'égard de ses autres enfants du second lit, j'arrive tout de suite à ce qui a trait à sa fille Marguerite (1). Conformément à l'usage du temps, elle fut réduite à n'avoir qu'une maigre part des biens de la famille échus à son frère aîné : « Voulons que nostre chère et bien aymée fille, Marguerite de la Baume, mariée avec monsieur le marquis de Lavardin, nostre première fille de nostre premier mariage, se contente de ce qui est porté dans son contrat de mariage, sans qu'elle puisse rien demander à nostre héritage, puisqu'elle en a esté contentée et satisfaite par nostre cher et bien aymé frère M. le marquis de Villars, qui en a fait le payement à nostre acquit et décharge sur et tant moins qu'il nous devoit, et ce, pour tous droits, parts et portions de légitime supplément et autres quelconques qu'elle pourroit prétendre et avoir sur nos biens et héritages ; et moyennant la dite somme, voulons qu'elle soit contente sans pouvoir prétendre ou quereller autre chose que ce soit ».

Le marquis de Villars, tout en faisant aussi son héritier l'aîné de la famille, Jacques Honorat de la Baume, légua par son testament, à sa nièce, une rente de quinze cents livres. Marguerite de la Baume put donc s'estimer heureuse de trouver son oncle plus libéral envers elle, que son père.

fonds, on n'y trouve, je le répète, aucune autre pièce relative à Marguerite de la Baume. Son contrat de mariage, les inventaires faits à la mort de ses deux maris, le partage de ses biens entre ses enfants, etc., qui devraient s'y trouver, au même titre que les documents relatifs à son père, font complètement défaut.

(1) Anne, l'aîné des fils de son second mariage, reçut la terre et seigneurie de Rochefort et fut l'exécuteur testamentaire de son père.

Le marquis de Villars, blessé au siège de Montauban, le 27 septembre 1621, mourut peu de jours après, sans postérité. Mais ce ne fut pas sans contestations que s'effectua le règlement, tant de la succession des biens de la mère de Marguerite, que celui de la délivrance du legs de M. de Villars. Trente ans après le testament de leur père, elle et son frère aîné plaidaient encore à cette occasion. A l'époque de sa mort en 1649, ces procès de famille étaient même loin d'être terminés. Ce fut seulement en 1666, dix-sept ans plus tard, que sa bru, Marguerite de Rostaing, tutrice de Henri-Charles de Lavardin, toucha la somme de 40,500 livres, à laquelle les arbitres, nommés par les représentants des héritiers du marquis Villars, évaluèrent le fonds et le principal des quinze cents livres de rente qu'il avait laissées à sa nièce, Marguerite de la Baume, quarante-sept ans auparavant, par son testament olographe du 17 décembre 1619 (1).

(1) Le 10 mars 1639, Marguerite de la Baume, devenue madame de Modène, alors à son château de Malicorne, donne procuration de poursuivre tous et chacun des procès mus ou à mouvoir au parlement de Dijon contre messire Jacques-Honorat de la Baume, comte de Suze, son frère, pour et en raison du legs à elle fait par feu messire Philbert de Savoie, marquis de Villars, sur la terre et marquisat de Villars, située au pays et comté de Bresse, ressort du parlement de Dijon, pour y poursuivre l'instance déjà commencée au dit parlement jusqu'à arrêt définitif.

Le 18 mai 1646, autre procuration de madame de Modène, « de s'opposer, affin de conserver, au décret poursuivy au siège du Chastelet de Paris sur les biens et héritages de feu Mgr le duc du Mayne, mesmes sur la terre de la duché d'Esguillon, comme créantier de deffunt M. le marquis de Villars, vivant son frère, pour le légat à elle fait de la somme de quinze cents livres de rente, par le dit sieur marquis de Villars son oncle par son testament, le tout sans préjudice des autres droits qu'elle a tant contre les héritiers de deffunt Mgr le comte de Suze que contre autres héritiers du dit deffunt seigneur duc du Mayne ».

Le 8 février 1647, nouvelle procuration par laquelle agissant en qualité « d'héritière en partye de dame Magdelaine de Monpezat, comtesse de Suze sa mère, et de légatère de deffunct messire Phillebert-Emmanuel de Savoye, marquis de Villars son oncle », elle donne mandat d'intenter tout procès pour raison de la succession de sa mère, et du legs à elle fait par le marquis de Villars, et « de poursuivre les saisies et arrests faicts pour

Telle était la famille de la fiancée que le fils aîné du maréchal de Lavardin était allée choisir au fond de la Touraine, tout près du Poitou, au château du grand Pres-

avoir payement de ce qui luy peut estre deu par la succession de *deffunt* messire Jacques-Honorat de la Baulme, comte de Suze son frère et cohéritier de la dicte dame Magdelaine de Monpezat leur mère ».

Les derniers mandats qu'elle donne à raison de ses affaires de famille, tous deux datés du 13 décembre 1647, sont un « pouvoir de faire enregistrer le don à elle fait par Sa Majesté sur les biens de deffunt M. le comte de Suze, vivant *nepveu* de la dite dame, tant ès chambres des comptes que trésoriers de France et parlement de Grenoble et de Languedoc et autres juridictions » et une autre procuration « d'intervenir pour et en son nom au procès pendant au conseil privé du Roy entre mesdames *les comtesses de Suze et de Rochefort*, pour le renvoy de leurs différents au parlement de Tholose que madame de Rochefort demande et que madame de Suze empesche, et demander estre faict au parlement de Paris », et en outre de faire faire toutes les poursuites en conséquence du don à elle fait *en 1640* par Sa Majesté sur les biens laissés par feu M. le comte de Suze, son neveu ».

Toutes ces procurations sont extraites des minutes de Jean Remars, notaire royal à Malicorne, faisant aujourd'hui partie du minutier de M. Bougeant, notaire et maire de Malicorne, que je ne saurais trop remercier de la parfaite obligeance avec laquelle il a bien voulu faciliter mes recherches dans ses minutes. C'est grâce à elles que j'ai pu recomposer l'histoire complètement inconnue jusqu'à ce jour de Marguerite de la Baume.

Le 24 septembre 1666, Pierre Lombard, intendant de Marguerite de Rostaing, agissant en vertu d'une procuration donnée par elle en qualité de tutrice de son fils, Henri-Charles, marquis de Lavardin, reconnait avoir reçu 92,000 livres, en déduction des 98,000 à elle dues en exécution de la vente faite du marquisat de Villars, en Bresse, par Louis de la Baume-Suze, évêque de Viviers, tant en son nom que comme ayant droit de Jeanne de la Baume de Suze, femme de Pierre de Fougasse, dont 40,500, à quoi les arbitres nommés par Françoise Apronne de Porcelet de Maillane, veuve de Jacques-Honoré de la Baume-Suze, Catherine de la Croix, comtesse douairière de Rochefort, procuratrice de l'évêque de Viviers, Marguerite de Rostaing, tutrice de son fils, héritier *par bénéfice d'inventaire* de feue Marguerite de la Baume, son aïeule paternelle, (et autres intéressés), ont évalué le fonds et principal de 1500 livres de rente que le marquis de Villars avait laissées à Marguerite de la Baume, par son testament. Le 29 septembre, Marguerite de Rostaing ratifia cette quittance en présence de Me Jacques Gautier, juge du marquisat de Lavardin (Voir Bibl. nat. ms. Clairambault, no 1,122, p. 96).

signy où, sans doute, elle habitait chez son oncle, depuis la mort de sa mère.

Le nom et la famille des Beaumanoir, marquis de Lavardin, sont trop connus pour que j'aie besoin de m'attarder longtemps à les mettre en relief (1). Le célèbre ami de Henri IV, Jean de Beaumanoir, maréchal de Lavardin, gouverneur pour le roi des provinces du Maine et du Perche et du comté de Laval (2) avait épousé le 27 décembre 1578 au château de Launac, en Gascogne, Catherine de Carmaing,

(1) Sur la famille de Beaumanoir-Lavardin, voir le P. Anselme, t. VII, p. 379, VIII, 944, IX, 184 et les différents dictionnaires de noblesse ; le *dictionnaire de Moréri;* les historiens du Maine, Lecorvaisier, Bondonnet, Pesche *(Biographie)*, Dom Piolin, *Histoire de l'église du Mans*, t. VI, p. 2 ; les lettres de Henri IV, *passim* ; aux ms. de la bibliothèque nationale cabinet des titres, pièces originales, le dossier Beaumanoir ; Fonds Franc. n° 22, 319, pp. 23-74 ; les *Mémoires de la vie du maréchal de Lavardin*, fonds Clarambault n° 1,122, f° 97 ; et à la bibliothèque du Prytanée de la Flèche, E 289, la « coppie d'un vieil manuscrit fait par le sieur de Marcilly au sujet de l'illustre maison de Beaumanoir-Lavardin, adressé à Mgr le maréchal de Lavardin par le dit sieur et recouvert par François Turquais, prebtre, curé de Brette et par lui transcript, 1674 ». (Les deux manuscrits sont malheureusement incomplets et s'arrêtent à l'année 1595). — L'érection de la baronnie de Lavardin en marquisat, et celle de la Châtellenie de Tucé en baronnie, en faveur de Mire Jean de Beaumanoir, eurent lieu par lettres du roi données à Paris au mois de juillet, l'an mil six cent un, signées Henry. Une copie en existe aux archives municipales du Mans. Ces lettres furent enregistrées au parlement et à la chambre des comptes les 6 février et 8 mai 1604, au présidial et à la sénéchaussée du Mans les 13 et 23 avril 1613. (Bibl. nat. Fonds franc., ms. 22, 319, p. 74.

(2) Jean était issu du second mariage de Charles de Beaumanoir avec Catherine du Bellay, fille de Martin, sgr de Langey et d'Isabelle Chenu. Né au château de Tucé en 1551, il fut tenu sur les fonts par son grand oncle, le cardinal du Bellay. Il avait pour sœurs, Marthe, femme de René de Bouillé, comte de Créance et Elisabeth, mariée à Louis de Cordouan seigneur de Mimbré, (par contrat de mariage passé au Mans le 10 août 1597), outre Madeleine, femme d'Olivier de Feschal, seigneur de Poligny, issue du premier mariage de Charles de Beaumanoir avec Marguerite de Chourches et née le 14 juillet 1554. Marthe, qui naquit le 4 octobre 1566 fut baptisée au Temple de Tucé par Jacques de Cordouan. Elisabeth, née le 1er février 1569, naquit au château de Bonnétable, et eut pour parrain et marraine le sieur de Baulac et Anne de Matignon, dame de la Freslonnière.

fille de Louis, comte de Négreplisse, baron de Launac, seigneur de Carcassonne, d'une noble famille du midi de la France, alliée aux maisons royales d'Albret, de Navarre et de Foix. Quatorze enfants naquirent de ce mariage :

1º Henri, l'aîné, le marquis de Lavardin, qui devait épouser Marguerite de la Baume, appelé d'abord comte de Beaufort, né le 8 juin 1580 entre les sept et huit heures du soir, nommé par *Henri de Bourbon, roi de Navarre*, et par sa femme Marguerite de France.

2º Françoise, née le 19 janvier 1582, morte jeune.

3º Jean, né le 4 avril 1583, (tenu par son frère aîné), connu sous le nom de baron de Tucé, marié dès 1612 à Catherine de Longueval, fille de Jean-Antoine de Longueval, et mort à la suite d'un duel en 1615.

4º Alexandre, né en 1585, mort jeune.

5º Charles, né le 20 avril 1586, le célèbre évêque du Mans.

6º et 7º François, né en 1587, mort jeune, ainsi qu'Anne qui naquit en 1590.

8º Claude, vicomte de Saint-Jean, né le 16 avril 1592, tenu par Claude d'Angennes, évêque du Mans et par sa tante Madeleine, dame de Poligny, marié à Renée de la Chapelle, dame de Varennes, mort le 4 février 1654.

9º Catherine, née le 14 février 1594, ayant eu pour marraine madame de Chourses, abbesse du Pré, et unie le 31 juillet 1612 à François du Plessis de la Roche Pichemer, marquis de Jarzé.

10º Claude, seigneur de Launac, né le 14 mars 1595, tenu par Claude de Bouillé et Rose de Thévalle, dame de Chéronne, sénéchal du Maine en 1618 après M. de Rambouillet, et mort en 1622, des blessures qu'il reçut au siège de Saint-Antonin.

11º Martin, baron de Milesse, né le 9 avril 1597, tué au siège de Saint-Jean-d'Angély en 1621.

12º Louis, né le 7 avril 1598, mort jeune.

13º Emmanuel, né le 13 décembre 1600, tué à Paris (1).

14º Jean-Baptiste-Louis, baron de Lavardin et d'Anthoigné, né le 29 septembre 1603, sénéchal du Maine après la mort de son frère, lieutenant général pour le roi aux comtés du Maine et du Perche, marié en 1633 à Marguerite de la Chevrière, fille de Jean, seigneur de la Roche de Vaux, etc, mort le 5 août 1652 et inhumé à Sainte-Jammes.

Malgré sa fortune personnelle, celle de sa femme et les pensions dont il était pourvu, le soin de pourvoir à l'avenir de tous ses enfants était une lourde charge pour le maréchal de Lavardin. Lorsqu'il avait été envoyé en qualité d'ambassadeur extraordinaire en Angleterre, en 1612, il avait transmis sa charge de gouverneur du Maine à Henri de Beaumanoir, son fils aîné.

Henri n'avait pas été pressé de contracter mariage. Alors que son frère cadet Jean et que sa sœur Catherine étaient déjà mariés, l'âge avancé de ses parents ne semblait pas lui donner le souci de continuer le nom des Beaumanoir. Il était déjà arrivé à l'âge de trente-quatre ans, lorsqu'il épousa Marguerite de la Baume (2).

Le mariage, dont le contrat avait été passé le 7 avril 1614, fut célébré le 11 au Grand-Pressigny, où Marguerite demeurait.

La grande situation de la famille de Lavardin dans le Maine, où elle tenait le premier rang après les maisons de Soissons (3) et de Lorraine, et où Charles de

(1) C'est lui que La Chesnaye-Desbois et autres à son exemple font abbé de Saint-Liguères, en le confondant sans doute avec son neveu Emmanuel-Philbert de Lavardin, évêque du Mans. — Si, au risque d'ennuyer le lecteur, j'ai donné cette longue liste des enfants du maréchal de Lavardin, c'est que personne jusqu'à ce jour n'avait pris la peine de fournir ces renseignements, et que leur absence a entraîné plus d'une erreur. Je l'ai établie à l'aide des pièces originales du Cabinet des titres.

(2) C'est déjà un motif de croire que Marguerite, née du premier mariage de son père, n'était plus elle-même de la première jeunesse.

(3) Jean de Beaumanoir avait même recherché en mariage la future belle-mère du comte de Soissons, mademoiselle de Lucé, la châtelaine de

Beaumanoir occupait brillamment le siège de l'évêché, tous ces frères puinés qui se pressaient autour de Henri et promettaient à la nouvelle marquise comme une petite cour de jeunes belles-sœurs autour d'elle, tout cela paraissait présager aux nouveaux époux une vie de bonheur, et pouvait faire croire leur union accomplie sous d'heureux auspices. Un seul événement, dont ils ne furent pas toutefois les témoins, vint attrister le moment de leur mariage. Le jour même où il fut contracté, mourait la mère de Henri, la maréchale de Lavardin. On lit sur les registres de la paroisse de Malicorne : « Noble Catherine de Karmen décéda en son château de Tussé, le jeudi 11 avril 1614, sur les quatre à cinq heures du matin et fut apportée le dimanche suivant prochain, quatorzième du dit mois, en l'église de M. Saint Silvestre de Malicorne, pour y estre inhumée. *Requiescat in pace* (1) ».

Peu de jours après, le mercredi 17 avril, M. de Lavardin était reçu par la ville du Mans, et bientôt la nouvelle marquise faisait elle-même son entrée dans la capitale de la province dont son mari était gouverneur. L'entrée fut solennelle : les registres municipaux mentionnent les dépenses qui y furent faites, la vaisselle d'argent et le linge présentés de la part de la ville à M. le gouverneur et à Madame. De son côté le chapitre envoyait le 15 mai ses membres saluer la marquise. La maison canoniale du *Grabatoire*, naguères choisie arbitrairement par le maréchal

Bonnétable, qui épousa Ludovic de Montafié, tué au siège de Lusignan, et plus tard le prince de Conti. On sait à quelle aventure tragique donna lieu cet amour de Lavardin, qui tua Randan, son rival auprès de Melle de Lucé.

(1) Extraits inédits des registres de Malicorne. — Le Chapitre de Saint-Julien inscrit aussi dans ses registres de délibérations capitulaires, aux dates des 13 et 14 avril 1614, la célébration du service de la maréchale de Lavardin. — Le Chapitre de Saint-Pierre-la-Cour en célébra un autre le 22 avril. Archives de la Sarthe G. 490. — Le 25 février 1614, la maréchale de Lavardin avait encore été marraine à Malicorne, avec son fils, le baron de Tucé.

pour son hôtel, pendant les guerres de la Ligue, continuait à être la demeure du nouveau gouverneur, de par la désignation même des échevins, qui l'avaient louée pour lui servir de logement, mais contre le gré du chapitre.

Les premiers mois de ce mariage furent pour Henri de Beaumanoir et sa femme une fête continuelle. Bientôt le maréchal de Lavardin rentrait dans le Maine « de retour d'avecques le roi » et la ville lui offrait le 14 août une pipe de vin blanc et un poinçon de vin d'Orléans, qu'elle faisait conduire jusqu'à son château de Tucé (1). Le duc de Mayenne était à son tour, à son arrivée au Mans, salué par MM. de Ville. C'est qu'il se préparait un événement tout extraordinaire pour la province, qui allait mettre en relief les Lavardin et leur château de Malicorne. Le jeune roi, sa mère et toute la cour, revenant de leur voyage de Poitou, s'étaient décidés à traverser le Maine sur les invitations pressantes qu'on était allé leur faire à Nantes. Après avoir quitté la Flèche le 4 septembre au matin, « ils honorèrent de leurs présences le chasteau de Malicorne, appartenant à monsieur de Lavardin, mareschal de France, où ils couchèrent. Grande faveur faicte par un grand Roy à un des premiers officiers de sa couronne, témoignage de la bienveillance qu'il luy porte, à cause de sa fidélité et des grands services qu'il a rendus à cet Estat (2) ».

Le château de Malicorne est situé au bord de la Sarthe qui coule à ses pieds ; les ombrages d'un immense parc et de grands bois l'abritent par derrière. Il offrait, grâce aux charmes d'un site délicieux, une halte agréable et un séjour dignes de plaire au jeune roi, las des étroites enceintes des villes qu'il parcourait depuis deux mois.

(1) La dépense totale de ce présent s'éleva à 140 livres.
(2) *Discours sur l'ordre tenu à l'entrée de leurs Majestés, en la ville du Mans*, par Charles Hardouin Lebourdais, au Mans, Gervais et François les Oliviers, MDCXIV. Une réimpression en a été donnée au Mans en 1880 par M. l'abbé Esnault.

Toutefois le château, tel que nous le représente le dessin des portefeuilles de Gaignières en 1695, ne répond pas à l'état où il se trouvait en 1614 (1).

Une autre marquise de Lavardin, que l'amitié de madame de Sévigné a rendue célèbre, Marguerite-Renée de Rostaing, belle-fille de Marguerite de la Baume, le fit réparer et augmenter, de même qu'elle fit aussi transformer le château de Tucé, au commencement de la seconde moitié du siècle, sur les plans et devis de Pierre Ricossé, sieur de la Brière, maître maçon et architecte demeurant au bourg de Courcelles (2). C'est postérieurement à cette date que nous le montre le dessin, dû au plus infatigable collectionneur du temps de Louis XIV.

Deux auteurs du dix-septième siècle se sont plu à célébrer ce château. L'un, l'auteur de la *Vie de Costar*, familier intime de Marguerite de Rostaing, parlant de « cet agréable lieu » l'appelle « une demeure pleine d'enchantements et par sa situation et par tous les embellissements que Mme de Lavardin y a sceu adjouster par ses soins habiles et entendus et par sa judicieuse dépense (3) » ; l'autre, René Desboys du Chastelet, un Fléchois nomade, le mentionne dans son *Odyssée ou diversité d'aventures, rencontres et voyages....* La Flèche, Laboë, 1665, in-4º : « La dame marquise de Lavardin, veuve du seigneur de ce nom, demeure presque toujours, dit-il, dans ce château que la rivière flotte le long de ses murailles et de ses jardins, n'osant y passer qu'en rampant avec un doux murmure qui marque plutôt un remerciment de sa part qu'une plainte qu'elle fasse de

---

(1) Voir dans les portefeuilles de Gaignières « Le Plan du Chasteau et du parc de Malicorne dans le Maine, à trois lieues en deçà de la ville de la Flesche, 1695 », et « la vue de la ville et du chasteau » à la même date.

(2) Le mardi 13 septembre 1661, l'évêque du Mans, Philbert de Lavardin, mit la première pierre du château neuf de Tucé, bâti par Marguerite de Rostaing, pour son fils Henri-Charles de Lavardin, neveu de Mgr de Beaumanoir. Le marché de la reconstruction fut signé le 23 septembre 1659.

(3) V. Tallemant, t. IX, 69.

se voir arrêtée et retenue par ses digues ». Mais ces pastels du château des Lavardin pâlissent tous devant le charmant tableau fait en deux coups de pinceau par Mme de Sévigné. C'est elle qui a écrit : « Nous avons prévenu l'aurore dans ces bois pour voir *Sylvie*, c'est-à-dire Malicorne ». Et ailleurs « jamais je n'ai vu plus agréable maison. Il me fallait toute l'eau que j'y ai trouvée pour me rafraîchir du fond de chaleur que j'ai depuis six jours (1) ».

Aujourd'hui le site a toujours le même charme qu'autrefois, mais le château en grande partie détruit, n'ayant du moins conservé que quelques-uns de ses lambeaux tout modernes peut « sembler petit pour son passé illustre (2) ». Le souvenir de Madame de Sévigné contribue à l'embellir, et à le dorer à toujours d'un frais rayon de soleil (3), alors

(1) C'est bien là en effet l'impression qui se dégage du dessin de Gaignières. Malicorne est alors un château qui semble sortir des eaux, comme un palais de Venise. Entouré de tous côtés, sur toutes ces façades, d'eaux vives qui circulent à travers les jardins, il n'est relié à la terre que par des ponts. La façade sur la Sarthe, comprenant le principal corps de logis à longs toits surélevés comme au seizième siècle, était terminée à chacune de ses extrémités par une tour ronde. Sur les côtés de la cour, de forme irrégulière, qui s'étendait par derrière, s'élevaient au fond et à droite des constructions formant, par leur importance, comme un autre château. Celles de gauche n'étaient que de simples servitudes. Tout cela bâti sans aucun plan d'ensemble, formé d'édifices se raccordant vaille que vaille. Il est à souhaiter qu'on puisse préciser les dates et l'architecture des différents châteaux élevés à Malicorne, au moins depuis le XVIe siècle, pour remplacer celui qui avait joué un rôle si glorieux pendant les invasions anglaises. Pesche *(Dictionnaire de la Sarthe,* t. III, p. 111), attribue la construction du château à « un architecte nommé *Simon* ». L'ancien château du XVIe siècle aurait-il donc été l'œuvre du fameux architecte Simon Hayeneuve, plus connu sous le nom de Simon du Mans ? Le fait vaut la peine d'être éclairci.

(2) Du moins c'est ce qu'ont écrit MM. de Wismes et Jules Clère dans le *Maine et l'Anjou*. Mais il ne faut pas oublier de dire que Mme Perron, née Oudinot, y continue dignement la dynastie des nobles châtelaines de Malicorne.

(3) Voir *Lettres de Madame de Sévigné,* édition des grands écrivains de France, t. II, p. 223-224, lettre du 23 mai 1671, et p. 430, lettre du 13 décembre. Voir aussi IV, 390, lettre du 28 mars 1676, etc., etc.

que le passage de Louis XIII est oublié depuis longtemps, et n'a été pour lui qu'une embellie d'un jour qui n'eut pas de lendemain.

Le jeune roi parti de La Flèche à huit heures, le jeudi 4 septembre, arriva au château à dix heures un quart, y dîna, y passa la journée et ne repartit que le vendredi 5 pour le Mans, après avoir couché chez le maréchal de Lavardin. Un habitant de Malicorne lui bailla un arc de Brésil et six flèches pour un hommage qu'il devait au roi de France. Le jeune prince alla chez la reine jouer aux échecs en sa chambre, puis, afin de prendre ses ébats et de se reposer de la tragédie de *Godefroy de Bouillon* et de la comédie de *Clorinde* qu'il avait dû écouter la veille au collège des Jésuites de la Flèche, il s'en alla « en la pescherie » à un quart de lieue, courut et resta longtemps à pied, nous apprend Héroard son médecin et son fidèle historiographe (1).

Mais ce fut la nuit qui fut marquée par le plus curieux événement. Bassompierre s'était contenté de dire : « Il parut à Malicorne, la nuit que le roy y fut, plus de huit cents feux qui avancoient et reculoient, comme si c'eut été *un ballet* (2) ». Héroard a encore été plus intéressant dans le récit qu'il a eu soin de ne pas omettre de la *bataille* des feux follets : « Le matin (vendredi 5) on *lui* raconte comme le corps de garde des François avoit été en alarme pour un nombre infini *d'ardents*, qui paroissoient en diverses figures de batailles et approchant jusques auprès de la sentinelle, qui faillit à tirer, disparurent peu après. Un pourvoyeur se trouva parmi ces ardents avec toutes les frayeurs du monde. Autres disoient que c'étoient des sorciers et qu'il y en a beaucoup en cette contrée-là ». Le jeune roi dut certes regretter de n'avoir pas été réveillé, afin de jouir du spec-

(1) Voir *Journal d'Héroard*, t. II, p. 156 et suiv.
(2) *Mémoires de Bassompierre*, édition de la Société de l'histoire de France, t. I, p. 376.

tacle de ce ballet ou de cette bataille de follets et de sorciers du Maine, qui voulaient aussi sans doute lui donner une fête de leur façon.

Le vendredi 5, à 7 heures, il déjeunait, et quittait à onze heures Malicorne, d'où les Lavardin l'accompagnèrent au Mans. Ce furent eux qui remplirent les premiers rôles dans la solennelle réception que la ville fit à la cour. « Le gouverneur, monsieur le marquis de Lavardin, suivi d'une belle et généreuse noblesse, élite de la province au nombre de quatre cens cinquante, fut au devant de leurs Majestés » son éloge ne fut pas oublié dans les trop nombreuses harangues prononcées en ce jour, qui dûrent mettre à une rude épreuve l'éloquence des Manceaux et la patience de Louis XIII.

Le maréchal de Lavardin, avec le Roy et monsieur de Guise, passa en revue la garde nationale mancelle, comme nous dirions aujourd'hui, c'est-à-dire la petite armée des bourgeois du Mans, qui avait été formée en bataillon carré entre Pontlieue et la Maison Dieu de Coëffort. La ville avait du reste à l'avance invité les députés, qu'elle avait envoyés au roi à Nantes, à passer par Malicorne, afin de ne rien faire contre la volonté du maréchal. De son côté, l'évêque Charles de Beaumanoir, suivi de tout le chapitre et du clergé, reçut le roi à l'entrée de la cathédrale, prononça à son adresse, puis à celle de la reine mère, deux magnifiques harangues, bien qu'il fut déjà sept heures du soir et que la nuit approchât (1). Il eut de plus l'honneur de loger le jeune Louis XIII à son évêché, pendant que la reine allait loger, sans doute avec ses filles, au *Grabatoire*, à l'hôtel du marquis de Lavardin, honneur dont la jeune marquise dut tout particulièrement être fière (2).

(1) Voir la réimpression du *Discours tenu à l'entrée de leurs Majestés*, p. 33, 42, 64 et suiv.

(2) Cette particularité inédite nous est révélée par les curieuses notes inscrites sur les registres de la paroisse de Saint-Martin de Connée, par

L'oncle de la marquise de Lavardin, monsieur du Maine, Henri de Lorraine, duc de Mayenne et d'Aiguillon, pair et chambellan de France, chevalier des ordres du roi, fils du fameux chef de la Ligue, né le 20 décembre 1578, et qui devait mourir sans postérité au siège de Montauban, eut aussi une place d'honneur en cette journée. Seigneur dans le Maine de la Ferté-Bernard, de Sablé, de Mayenne, cette province était en partie pour lui comme un fief héréditaire et les vieux Manceaux, en le voyant passer, dûrent se rappeler la réception qu'ils avaient faite à son père en des jours plus troublés, en pleine Ligue, au cours de l'année 1589. Il quitta le Mans à l'avance pour préparer la réception du roi à la Ferté-Bernard (1).

Louis XIII arrivé au Mans le 5 septembre au soir n'en partit que le 9. Cette semaine dut laisser de longs souvenirs dans l'esprit de Marguerite de la Baume, qui ne comptait encore que cinq mois de mariage. Ce temps fut sans contredit celui de toute sa vie où elle se trouva le plus en vue, au milieu des princesses de la cour, reine de toutes les grandes dames de la province, et ayant l'insigne honneur

un vicaire de cette église, Me Pierre Caillard. Les rares historiens manceaux, qui ont parlé du séjour du roi, répétaient tous à tort, d'après Maulny, que la reine et ses filles avaient couché à l'hôtel de Tessé. L'hôtel de Tessé n'existait pas encore. La maison et les jardins où il s'éleva depuis étaient alors la propriété de l'évêque Charles de Beaumanoir, et ce ne fut qu'après la mort de l'évêque Philbert de Beaumanoir, qu'ils passèrent, par achat, ainsi que tout le marquisat de Lavardin, en la propriété du maréchal de Tessé en 1705. C'est lui qui a rendu célèbre l'hôtel de Tessé, comme l'auberge de tous les grands seigneurs passant au Mans au commencement du dix-huitième siècle. — Quant à la maison du Grabatoire, j'espère quelque jour lui consacrer une notice pour compléter les renseignements donnés sur elle par M. d'Espaulart, (Note sur le Grabatoire dans les *Archives historiques de la Sarthe*).

(1) Voir dans le *Page disgrâcié*, 1667, in-12, t. II, pp. 220, 237, 239 et suiv. l'éloge que Tristan l'Hermite fait de « ce prince de grand cœur » dont il fut le secrétaire. Voir aussi les notices que j'ai consacrées aux personnages figurant à l'entrée du roi au Mans, en 1614, dans le journal l'*Union de la Sarthe* des 9 et 10 juillet 1880.

de loger sous son toit la mère de son roi, l'altière Marie de Médicis, alors dans tout l'épanouissement de sa royale beauté qu'a immortalisée le pinceau de Rubens.

Bientôt son mari devenait le chef de la maison de Lavardin. Le maréchal qui avait accompagné le jeune roi jusqu'à Paris, mourait en cette ville, dans son hôtel de la Place Royale, la nuit entre le jeudi et le vendredi 7 novembre 1614, moins de deux mois après avoir reçu Louis XIII en son château (1). La nouvelle de cette mort, portée promptement à Malicorne dès le dimanche au soir suivant, s'y répandit partout le lundi au matin. Le 13 et le 14 novembre ses funérailles furent célébrées au Mans par la ville et par le chapitre. L'année d'après il était suivi dans la tombe par son second fils, monsieur de Tucé.

Henri de Beaumanoir réunit dès lors sur sa tête les titres de sa maison. On le voit désormais désigné avec les qualités de marquis de Lavardin, comte de Beaufort (2), seigneur de Malicorne, etc., conseiller du roi en ses conseils d'état et privé, capitaine de cinquante hommes d'armes de ses ordonnances, maréchal de camp en ses armées, gouverneur et lieutenant général pour sa majesté en ses païs et comtés du Maine, Laval et le Perche.

La liquidation des successions assez embrouillées de son père et de sa mère, dont il était le principal héritier en sa

(1) Voir le portrait gravé de Jean de Beaumanoir « chevalier des ordres du Roy, conseliers *(sic)* en ses conseils, capitaine de cent hommes d'armes de ses ordonnances, gouverneur pour Sa Majesté des païs et conté du Maine, Laval et Perche, marquis de Lavardin, conte de Neygreplisse, baron de Tussé, Millesse et Antoigné, mareschal de France ». Il fait partie de la collection de Moncornet. Il représente le Maréchal avec le type de la figure de Henri IV, vaste collerette et écharpe ; à gauche ses armes, des lauriers à droite. Je ne parle pas ici de la mauvaise lithographie de 1826 qui le représente en maréchal « d'opéra comique ».

(2) Le maréchal de Lavardin était devenu comte de Beaufort, par suite de l'échange qu'il avait fait, avec le maréchal de Bouillon, de la terre de Négreplisse contre la terre et comté de Beaufort. Le comté de Nègreplisse ui appartenait du chef de sa femme.

qualité d'aîné, fut longue et épineuse. Ses débats d'intérêts avec sa sœur et ses frères laissent percer un réel état de gêne, sous l'apparence d'une grande fortune (1).

En sa qualité de gouverneur du Maine, et par suite des troubles si fréquents de la régence de Marie de Médicis, le marquis de Lavardin était tenu de résider dans la province. Aussi le voit-on, ainsi que sa femme, demeurer la plupart du temps soit au Mans, soit à Malicorne (2).

Alors qu'il est parrain au Mans le 22 mars 1615, paroisse du Crucifix, la marquise tient un enfant le 24 du même mois à Malicorne, avec son beau-frère Jean-Baptiste-Louis de Beaumanoir, chevalier de Lavardin. Le 23 juin 1616 elle était marraine à son tour au Mans dans la paroisse de sa résidence. Lorsque M. le gouverneur était à Malicorne où l'on

(1) Il fut menacé de poursuites, et ses biens frappés de saisie par sa sœur Catherine de Beaumanoir, marquise de Jarzé. Le maréchal et sa femme avaient assuré à leur fille en faveur de son mariage « six vingt mille livres tournois », sur les quels restaient dues 60,008 livres, sans compter les intérêts ou rentes. Pour mettre fin aux différends aux quels donnait lieu le défaut de paiement de ce reste du contrat de mariage de sa sœur, Henri transigea avec elle le 13 juillet 1617 au château de Malicorne, devant Michel Gomboust, notaire en la cour royale du Mans, et promit de lui payer la dite somme dans le délai de dix ans avec les intérêts au sol la livre, sans parler de 30,000 livres dues à la mère du marquis de Jarzé. Le fermage dû par le maitre des forges d'Anthoigné fut affecté en partie au paiement des intérêts de la créance de Catherine de Beaumanoir. — Trois mois plus tôt, le 18 avril 1617, il avait fait devant Me Christofle Tricquet, notaire en la cour royale du Mans, un règlement de compte avec son frère Claude, vicomte de Saint-Jean, pour ce qui revenait à ce dernier de la huitième partie de l'hérédité paternelle, déduction faite de la huitième partie des dettes et du douaire dû à madame de Malicorne. Il paya à son frère ce huitième en argent qui, brut, s'élevait à 27,880 livres.

(2) C'est surtout à la fin de décembre 1615 et en janvier 1616 que le gouverneur, lors de la révolte des princes, eut à se préoccuper de l'approche du duc de Vendôme, qui de Montfort-le-Rotrou menaçait le Mans, et ne s'éloigna que moyennant le paiement d'une contribution de 12,000 livres, et l'entremise de l'évêque du Mans, plus autorisé que son frère. — Dans son *Dictionnaire*, p. 146, Jal indique à la date de 1616, un contrat passé à Paris entre Henri et son frère Charles, l'évêque du Mans.

voit le corps de ville aller le trouver, il était suppléé pendant son absence par le baron de La Flotte, lieutenant pour le roi au Mans, en l'absence du gouverneur, « lieutenant du roi, sous M. de Lavardin, gouverneur » disent les registres du chapitre, dont les commissaires étaient allés le saluer le 4 septembre 1616.

M. de La Flotte était plutôt chargé de surveiller que de seconder M. de Lavardin (1).

Il y eut alors en effet dans la vie du marquis une courte éclipse de faveur. On sait de combien d'intrigues et de révoltes fut remplie la régence de Marie de Médicis, que de ligues furent formées contre son favori Concini. A la tête des princes ligués contre lui figuraient le duc de Nevers et le duc de Mayenne, tous deux parents de la marquise de Lavardin. Ce dernier surtout avait une grande situation dans le Maine, ainsi que le comte de Soissons. Tous deux étaient venus dans cette province au cours de l'année 1616 et le corps de ville était allé saluer Henri de Lorraine à Malicorne, où il s'était rendu pour tenir sur les fonts le premier enfant de sa nièce, le 18 mai. Le duc de Mayenne avait sans doute déterminé le marquis de Lavardin à embrasser son parti, où l'on voyait groupés les descendants des ligueurs et des royaux. La cour eut peur que le Mans ne fut entraîné dans la cause des confédérés ; non contente de neutraliser l'action du marquis par celle du baron de La Flotte, gouverneur du Mans en son absence, elle envoya le comte d'Auvergne dans le Maine. Il y arriva le 11 février, pour tenir les Manceaux en respect, faire démolir le château qui était à la discrétion des princes et réprimer les entreprises du marquis de Lavardin. Je me bornerai à dire un mot de ce qui concerne

(1) Les renseignements sont nombreux sur la participation prise par M. de Lavardin aux événements de la ville du Mans, grâce au « *Registre des délibérations de l'hôtel de ville du Mans, portant pour titre : Papier et livre du conseil de ville commençant le dernier jour de juillet 1614* » et allant jusqu'à la veille de sa mort, vers le milieu de septembre 1619. Voir pp. 42, 59, 75, 210, 233, 301, 323, 329 etc.

le mari de Marguerite de la Baume. Le 23 février 1617, Richelieu, écrivant à Charles de Valois, comte d'Auvergne, lui mandait «qu'on avait reçu ses lettres, que leurs Majestés ont approuvé ce qu'il a fait pour le contentement des quatre personnes qu'il estime principales au pays où il est ; qu'elles croyent que leur service sera advancé par cest établissement ; *quant au marquis de Lavardin, qu'elles l'estiment si léger* qu'elles persistent en la résolution de lui faire fermer les portes du Mans quand il y voudroit entrer ; qu'elles croyent que le chasteau sera maintenant ouvert ; que pour moy je le désire grandement, afin qu'il y ait lieu de s'en revenir en ces quartiers (1) ».

Ce jugement des confidents de Richelieu sur le marquis de Lavardin est le renseignement le plus précis que nous ayons sur le premier mari de Marguerite de la Baume. La légèreté, pour ne pas dire davantage, était un défaut héréditaire chez les Lavardin, plus grave que leur goût pour la table et la bonne chère. Au lieu de parler de l'inconstance politique et religieuse de Jean de Beaumanoir, je préfère indiquer de quel compliment Anne d'Autriche, sur l'ordre de Mazarin, dont elle n'était qu'un écho docile, salua le 26 novembre 1649 le marquis de Jarzé, lorsqu'il osa lever les yeux jusqu'à elle ; elle lui rappela qu'un grain de folie avait hanté le cerveau de son grand-père. Le maréchal de Lavardin, s'était en effet donné le ridicule de se poser aussi en amoureux de Marie de Médicis (2), et Jarzé fils de la sœur du

(1) *Lettres de Richelieu*, I, p. 318-319.
(2) Voir *Mémoires de Madame de Motteville,* t. III, 95, édition Charpentier et les extraits des carnets de Mazarin, donnés par M. Chéruel dans les notes du *Journal de d'Ormesson*, 1,780 et dans son *Histoire de France pendant la minorité de Louis XIV*, 1879, ainsi que la notice sur *le marquis de Jarzé*, de M. Pavie dans la *Revue d'Anjou,* 1881. La reine lui dit : « Vous me faites pitié, il faudroit vous envoyer aux Petites-Maisons. Au surplus, il ne faut pas s'étonner de votre folie. Car *vous tenez de race* ». Mazarin lui avait dit d'ajouter : « car *le bonhomme Lavardin estoit aussi galant de la reine mère,* avec la même joye de toute la cour qu'elle tesmoigne en présence de vostre amour ».

marquis, était, il ne faut pas l'oublier, le petit-fils du maréchal, qui, en tuant Randan, avait même mêlé du sang à ses folies amoureuses.

Peu de jours après la lettre de Richelieu, le roi en écrivait une autre, restée inédite, aux échevins de la ville du Mans, pour leur défendre de laisser entrer le marquis dans leur ville.

« Chers et bien aimés, notre cousin le comte d'Auvergne nous faict savoir comme il vous a trouvé tous disposés à nous obéir et exécuter ce qui est de nostre commandement. Nous vous escrivons la présente pour vous tesmoigner le contentement que nous en avons et pour vous advertir que vous preniez garde du marquis de Lavardin, vous deffendant expressément de le laisser entrer en vostre ville, car tel est nostre plaisir.

Fait à Paris, le xxviii febvrier 1617.

LOUIS.

DE RICHELIEU. »

Le 12 mars le comte d'Auvergne leur écrivait à son tour, du camp de Verneuil, pour leur réitérer la même défense qu'il leur avait déjà faite pendant sa présence au Mans.

Mais cette disgrâce du marquis ne devait pas être de longue durée. Dès le 25 avril 1617, le maréchal d'Ancre était mis à mort, et ses adversaires rentraient en faveur. Le 7 juin le roi écrivait au gouverneur du Mans, le baron de La Flotte :

« M. de La Flotte,

« Mon intention estant que le marquis de Lavardin jouisse de sa charge de gouverneur et mon lieutenant général au pays du Maine, ainsi qu'il y faisoit auparavant le voyage que mon cousin le comte d'Auvergne y a faict par mon commandement, je vous escrits ceste lettre pour vous en advertir, affin que vous vouliez tenir la main en ce qui despend de vous.....

Escrit à Paris le viie jour de juin 1617.

LOUIS.

POTIER ».

Le même jour, le roi écrivait aux échevins qu'il levait les défenses qu'il avait faites à la ville d'obéir au marquis, et leur mandait de le reconnaître en la charge de gouverneur et de lieutenant général au Maine, qu'il exercerait avec douceur et modération. Il leur intimait l'ordre de lui obéir comme avant le voyage du comte d'Auvergne et de lui rendre les honneurs et les respects qui lui étaient dûs (1).

M. de Lavardin put donc rentrer au Mans et s'installer de nouveau à l'hôtel du Grabatoire. Quand elle revint de son court exil, la marquise se plaignit de ce que divers objets, qu'elle avait laissés au Mans, lui avaient été soustraits. Le

---

(1) « A nos chers et bien aimés les eschevins et officiers de la ville du Mans.

    Chers et bien aimés,

Ayant trouvé bon de lever les défences qui vous ont été faictes de recognoistre le marquis de Lavardin en la charge de gouverneur et nostre lieutenant général au païs du Maine, nous vous en avons voulu advertir par ceste lettre et vous mander de lui obéir, ainsi que vous faisiez davant le voyage que notre cousin le comte d'Auvergne a faict par nostre commandemant au dit pays..... Aussi est notre intention que vous lui rendiez les honneurs et respects qui sont deubz et autrement à sa dite charge. A quoy vous ne ferez faulte, car tel est notre plaisir.

Donné à Paris le VIIe jour de juin 1617.

LOUIS.   POTIER ».

Voir *ut suprà* pp. 362-385, 394-395, 431-432.

conseil de ville lui écrivit le 7 juillet qu'il n'avait pas connaissance qu'il lui eut été rien pris ; en tous cas il déclarait n'avoir consenti en rien au dommage dont elle se plaignait, et promettait d'apporter toute sa diligence à la punition de ce vol. La lettre était adressée à Malicorne, où nous trouvons en effet M. de Lavardin le 13 juillet (1).

De ce jour, jusqu'au moment de sa mort si prématurée, on ne voit pas traces du marquis dans les événements politiques du temps ; son histoire ainsi que celle de sa femme, se réduit à celle de la naissance de ses enfants, tous baptisés à Malicorne. Le premier, Henry de Beaumanoir, né au Mans le 17 novembre 1615, à dix heures du matin, (probablement au Grabatoire), avait été baptisé le 18 mai 1616 par Me Michel Bussy, chanoine de l'église du Mans. Il fut tenu sur les fonts par Henry de Lorraine duc de Mayenne, un parrain d'importance, et par sa tante paternelle dame Catherine de Beaumanoir, marquise de Jarzé. Le second, Philbert-Emmanuel, le futur évêque du Mans, né le 13 octobre 1617 à dix heures du matin, eut pour parrain et marraine, le 12 novembre 1618, deux parents de sa mère, « Messire Philbert-Emmanuel de Savoie, marquis de Villars, et madame Suzanne de Grandmont, femme de M^{ire} Henry des Prés, marquis de Montpezat » (2). Leur troisième enfant fut une fille, Madeleine, qui épousa le comte de Tessé. Elle fut tenue sur les fonts par deux parents de son père, René, marquis de Bouillé, époux de dame Marthe de Beaumanoir et par Madeleine de Beaumanoir, dame de Poligny ; née en 1619, Madeleine ne fut baptisée que le 4 octobre 1620. Enfin un dernier fils Charles, né le 13 août 1620, reçut le

(1) Voir *ut suprà* pp. 422, 424, 441, 538, La délibération du V janvier 1619, p. 598, a trait au logement du gouverneur au Grabatoire.

(2) Tallemant, III, 182, dit que Mme de Montpezat, Claire-Suzanne de Gramont, grande tante du maréchal, reçut de grands héritages de son mari, et fit la fille ainée de M. de Gramont son héritière à condition qu'elle épouserait un des neveux de Montpezat. Marguerite de la Baume ne pouvait donc avoir rien recueilli de la succession d'Henri de Montpezat.

baptême le 6 septembre. Il eut pour parrain son oncle « révérendissime père en Dieu M[ire] Charles de Beaumanoir évêque du Mans » et pour marraine « très honorée dame Madame Louise de Maillé, épouse de M. le baron des Arcis et de la Pichelière ». Ce Charles, qui reçut le nom de M. de Tucé, ne vécut pas longtemps. Un an environ après sa naissance, il mourait. Les registres de Malicorne mentionnent à la date du 21 septembre 1621 l'inhumation de Charles de Beaumanoir, fils troisième de M. et dame de Lavardin ; « Et était appelé M. de Tussé ».

Lorsque ces deux derniers enfants furent portés au baptême, ils étaient déjà orphelins. Charles était même un posthume.

Le marquis de Lavardin était mort dès le commencement de l'année 1620, laissant Marguerite de la Baume veuve, après une courte union de moins de six ans, et chargée du lourd fardeau de l'éducation et de la gestion des biens de ses jeunes enfants.

On lit dans les registres de la paroisse de Malicorne : « Henry de Beaumanoir, chevalier, gouverneur du pays et comté du Maine, marquis de Lavardin et seigneur de Malicorne, décéda en son hôtel à la place Royale, à Paris, le *1er janvier 1620* et avons fait service pour lui en cette église le 7 du dit mois (1) ». Le 8 janvier, le chapitre du Mans célébrait de même les funérailles du marquis. Il n'est pas inutile d'appuyer sur cette date ; avant que j'eusse

(1) C'est par erreur que l'*Inventaire des archives de la Sarthe*, t. Ier, p. 407 col. 1, a imprimé le 1er février comme date de la mort de M. de Lavardin inscrite dans les registres de Malicorne, et c'est pour avoir eu confiance, bien à tort, dans cette indication que j'ai donné naguères cette date du *1er février* 1620 comme celle du décès du marquis. (V. *La troupe du Roman comique dévoilée*, 1876, in-8º p. 12. C'est après inspection du registre que je donne la date véritable. — Il est bon d'avertir ici que les extraits des registres des paroisses donnés dans l'*Inventaire des archives de la Sarthe*, faits pour la plupart, non pas par l'archiviste d'alors, mais par des secrétaires de mairie, exposent ceux qui en font usage à de fréquentes erreurs, qui ne doivent pas leur être imputées.

fait connaître, dans mon livre sur la *Troupe du Roman comique dévoilée*, le commencement de l'année 1620 comme époque de la mort de M. de Lavardin, tous les historiens et même les écrivains locaux s'étaient trompés sans exception sur l'époque de sa mort, comme ils ont continué de le faire encore, du reste, en ces derniers temps (1).

L'hôtel de la place Royale, où était déjà mort le maréchal de Lavardin, a été mentionné par les historiens de Paris. On lit dans le *Supplément du théâtre des Antiquités de Paris*, de Jacques du Breuil, par D. H. I. advocat à Paris, 1639, in-8, p. 70 : « Entre les hostels qui se voyent en ceste place sera remarqué premier l'hostel de Laverdin que le feu maréchal de Laverdin fit accommoder pour sa maison. Il est grand, spacieux en salles, chambres, antichambres, offices, escuries et autres lieux ». Cet hôtel, où dut souvent résider Marguerite de la Baume pendant son veuvage, a été après elle la demeure d'habitants illustres ; il reste seulement à fixer la date précise à laquelle il cessa d'être en la possession des Lavardin (2).

(1) Les historiens de M. de Lavardin le font tous mourir en effet en mai 1633, c'est-à-dire 13 ans et demi environ après la date réelle de son décès et 3 ans après le nouveau mariage de sa veuve. Comme ils trouvaient dès 1620 un autre gouverneur du Maine et du Perche, ils étaient réduits à croire que M. de Lavardin avait été remplacé, par suite d'une nouvelle disgrâce, dans son gouvernement.

(2) Lorsque Henri IV commença à faire bâtir la place Royale, qui débuta par la bâtisse de deux gros pavillons au centre du côté méridional et septentrional (le pavillon du roi et le pavillon de la reine), plusieurs grands officiers de la couronne et autres seigneurs voulurent être agréables à leur maitre ; ils s'y firent aussi construire des hôtels, avec d'autant plus d'empressement que Henri IV avait manifesté l'intention d'y venir habiter le pavillon du roi. Le maréchal de Lavardin fut un de ceux qui tinrent à honneur de faire bâtir leurs pavillons le plus près possible de celui-ci. Il éleva le sien à l'angle de la place, à droite en venant de la rue Saint-Antoine, sur la même ligne que le pavillon de son royal ami. De même que les autres hotels de la place Royale, tous en briques à bordures et encadrements de pierre blanche avec grands combles d'ardoise, celui du maréchal de Lavardin est toujours debout. Il forme le

La mort prématurée de Henry de Beaumanoir était un rude coup pour sa femme, devenue veuve après moins de six ans de mariage et chargée d'élever trois petits orphelins. Elle enrayait aussi pour un temps le cours de la fortune de la famillle des Lavardin privée de son chef, mais qui cependant gardait comme son principal représentant le grand évêque du Mans.

On ne voit pas paraître les noms des Lavardin, sauf celui de Charles de Beaumanoir, au second passage du roi au Mans le 28 juillet 1620, lorsqu'il vint dans cette ville avec le connétable de Luynes, à la veille de *la drôlerie* des Ponts de Cé. Mais en revanche, on y voit figurer celui de M. de Modène, François de Rémond, le parent et le principal agent du Connétable, qui fut chargé d'une mission auprès de la reine mère à Angers, et dont le fils devait, dix ans plus tard, devenir le second mari de la marquise de Lavardin (1).

Chargée de la tutelle de ses enfants, Marguerite de la Baume dut occuper son veuvage à défendre leurs intérêts, et à gérer les affaires de leur maison, riche surtout en gloire, mais « en mauvais ordre et presque entièrement

n° 6 de la place, et est surtout connu sous le nom de l'hôtel de Guéménée. Il a eu pour habitants des célébrités de plus d'un genre. Après les Lavardin, il fut habité par Marion de l'Orme (qui y mourut en 1650 et fut enterrée par le curé de Saint-Gervais, voir Tallemant, IV, p. 65 et 71.) Puis il passa aux Rohan Guéménée. Enfin pendant ce siècle, c'est là qu'a demeuré Victor Hugo. Plus tard, il est devenu la pension Jauffret, et n'est plus aujourd'hui qu'une école municipale. Voir *Paris à travers les âges*, in-f°, Didot, 1875, la place Royale, p. 50 ; comte d'Aucourt, *Les hôtels de Paris*, Vaton, 1880, in-18 ; Lefèvre, *Les anciennes maisons de Paris*, in-8°, tome IV, p. 445 ; Cousin, *Jeunesse de Mme de Longueville*, in-12, 5e édition, p. 248, note.

(1) V. *Archives curieuses de l'histoire de France*, Cimber et Danjou, 2e série, tome II, p. 230 : « Véritables relations de ce qui s'est passé de jour en jour au voyage du roi ». En allant de la Suze à la Flèche, M. de Modène put apercevoir le château de Malicorne, dont il devait choisir la châtelaine pour sa belle-fille.

ruinée (1) ». Le décès, en 1625, d'une sœur du maréchal, Magdeleine de Beaumanoir, dame de Poligny et d'Antoigné, une amie des belles lettres, à qui Luc Percheron a dédié, ainsi qu'à sa sœur Marthe, la tragédie de *Pyrrhe*, donna lieu à de nouvelles contestations entre ses co-héritiers. Marguerite mit fin à ces débats, après évaluation des biens, par un partage en forme de transaction attesté par Mes Michel Gomboust et Charles Gilles, notaires en la cour du Mans, le 2 mai 1626 (2). Son beau-frère l'évêque du Mans la secondait heureusement pour elle dans l'éducation de ses enfants ; il s'était chargé spécialement de celle de son second fils Philbert-Emmanuel, qu'il destinait dès lors à être l'héritier de ses bénéfices ecclésiastiques et qu'il élevait pour lui succéder sur le siège épiscopal du Mans.

L'ombre était descendue sur Mme de Lavardin au lendemain de la mort de son mari. Il est vrai que les veuves honnêtes n'ont pas d'histoire et ne font pas parler d'elles. Il y en a cependant de célèbres alors par leur piété ou leur goût pour le bel esprit. Si Marguerite de la Baume avait aimé les lettres, comme le faisait dès lors la société de l'hôtel de Rambouillet, ou comme sa belle-fille Marguerite de

(1) C'est du moins ce que dit des affaires de la maison avant la gestion de Marguerite de Rostaing, devenue marquise de Lavardin en 1642 et veuve en 1644, l'auteur de *La Vie de Costar* si bien informé de la vérité. V. Tallemant, IX, 74.

(2) Par cet acte, elle baillait et lotissait à son beau-frère Jean-Baptiste-Louis, baron de Lavardin, futur baron d'Anthoigné, et sénéchal du Maine, pour partie de son partage en l'hérédité de défunts M. et Mme la maréchale de Lavardin, les deux parts et le préciput de la terre d'Anthoigné, pour la somme de 44,000 livres tournois, et promettait de lui fournir des deniers pour payer les portions héréditaires qu'avaient en la dite terre l'évêque du Mans et la marquise de Jarzé, part qui était pour chacun d'eux un neuvième, évalué à 6,000 livres. Cette promesse ne put pas être accomplie et donna lieu plus tard à de nouveaux différends. Ces discussions d'intérêts, ainsi que les nombreux aveus rendus à madame de Lavardin, ou par elle-même, n'intéressent guère l'histoire aujourd'hui, parce que tout cela ne nous apprend rien sur l'histoire intime de Marguerite de la Baume.

Rostaing, elle eut pu avoir une petite place dans l'histoire de la société polie du temps. On s'étonne au contraire de ne pas voir son nom célébré par les poètes ou les auteurs manceaux, qui n'ont pas oublié de faire l'éloge des membres de sa famille. Dans les *Essais poétiques* de Barthélemy Boutier (1), on trouve de nombreux vers dédiés à l'évêque du Mans, au vicomte de Saint Jean, Claude de Beaumanoir et à la vicomtesse, d'autres encore en forme d'épitaphe, en l'honneur du seigneur de Launac, du baron de Milesse et de Henri de Lorraine, duc de Mayenne, mort au siège de Montauban. On n'en découvre aucun en l'honneur de sa nièce la marquise de Lavardin. Il en est de même dans les *Ebats d'innocens loisirs*, publiés par Rousseau en 1637, et émaillés malheureusement de trop nombreuses étoiles, qui dissimulent les noms des personnes auxquelles sont adressées les harangues ou les lettres de l'auteur. Ils contiennent quelques pièces d'éloquence à l'adresse de l'évêque du Mans, et peut-être aussi d'autres membres de sa famille, mais n'en renferment certes aucune ayant trait à la veuve du marquis de Lavardin (2). Marguerite de la Baume n'aimait sans

(1) La Flèche, Georges Griveau, 1623, pp. 18, 24, 25, 26, 27, 95, 96. Boutier dit dans un sonnet au vicomte de Saint-Jean :

« Magnanime seigneur, le foudre de la guerre,
Race renommée, perle des Lavardins ».

Et à propos de la mort du baron de Milèce après avoir célébré « ce puissant maréchal de Lavardin, l'honneur des preux », il ajoute :

« Il faut d'un père fort qu'un fils qui soit fort nesse ».

(2) Les *Ebats d'innocens loisirs*, 1637, s. l. petit in-4º. Voir p. 79, « Harangue à M. l'évesque du *** à son retour d'Italie » et p. 114 celle « à Madame de *** à son arrivée le lendemain de ses nopces en cette ville ». Cette dernière est surtout curieuse ; elle est peut-être adressée à Marguerite de la Chevrière, femme de Jean-Baptiste-Louis de Beaumanoir, lieutenant général de Sa Majesté au pays et comtés du Maine, Laval et Perche, que le Chapitre saluait aussi de son côté, le 21 mai 1633, à son arrivée au Mans, au lendemain de son mariage. « Le bonheur qu'icy nous avions desjà d'avoir M. vostre mary pour nous gouverner » est en effet une phrase du discours de Rousseau « à cette autre Diane », qui autorise cette conjecture.

doute ni les vers, ni l'éloquence. De là le complet silence gardé sur son compte par les poètes de son temps qui ont sauvé de l'oubli des noms plus obscurs que le sien. Peut-être aussi avait-elle quitté le Maine pour veiller à Paris à l'instruction de ses enfants (1).

Le veuvage lui pesait-il ? Aspirait-elle à quitter ses habits de deuil ? Toujours est-il que, chose étonnante, après être restée fidèle pendant dix ans au nom de Lavardin, on la voit contracter un second et singulier mariage, qui, loin de lui apporter le bonheur, allait lui donner une comédienne pour rivale auprès de son mari et mêler le grand nom des Lavardin à celui de la famille de l'huissier Béjart.

§ II.

Le premier mariage de M. de Modène.

Le nouveau mari qu'épousa en 1630 la veuve du marquis de Lavardin n'est autre en effet que monsieur de Modène. La part qu'il a prise à l'expédition du duc de Guise à Naples, le récit qu'il en a fait, ses relations avec Madeleine Béjart, auraient dû appeler, à plus d'un titre, sur le compte de M. de Modène, l'attention des historiens ; sa vie est néanmoins restée dans l'ombre, ou du moins n'a été étudiée que très-superficiellement jusqu'à ce jour. Les généalogistes, plutôt que les historiens, se sont occupés de lui et Dieu sait quelles erreurs on a commises sur son compte.

Esprit de Rémond de Mormoiron, seigneur de Modène, était fils de François de Rémond, issu d'une ancienne famille du Comtat Venaissin, et seigneur de Modène à partir de 1620, par la cession que sa cousine Marie lui avait faite

(1) Je ne la trouve à Malicorne que le 5 septembre 1629, donnant pouvoir à un mandataire de bailler à ferme la terre et fief du Mortier.

de cette seigneurie. Il avait pour mère Catherine d'Alleman, fille d'Elie, co-seigneur de Châteauneuf et d'Isabelle de Giraud (1). François était issu lui-même de Laurent de Rémond et de Françoise Gautier de Girenton, fille de Jeanne de Rodulf, et c'est par là, par son aïeule maternelle, qu'il se trouva parent du connétable de Luynes qui fut l'auteur de la fortune de sa famille.

Luynes, à partir de 1617, fit de François de Modène, son oncle à la mode de Bretagne, un agent actif de sa politique et l'associa intimement à lui. M. de Modène, qu'on voit assister au mariage du favori de Louis XIII, fut tour à tour mis par lui auprès de la reine mère pour la surveiller, pourvu du gouvernement de Fougères, nommé conseiller d'Etat le 29 juillet 1617. Le 7 février 1620, il eut entrée au conseil des finances, fut envoyé ambassadeur à Madrid et à Turin, chargé de négocier la remise de Verceil au duc de Savoie ; enfin le 24 mars 1621, il était pourvu de l'importante charge de grand prévôt de France.

Mais si la fortune de Luynes fut rapide, ainsi que celle de sa famille, elle ne fut pas de longue durée. Après sa mort, ses partisans ne demeurèrent pas longtemps en faveur auprès de Richelieu. M. de Modène, «le gros Modène», comme on disait alors, ne tarda pas à être enveloppé dans la disgrâce de son parent le maréchal d'Ornano (2), devenu chef

---

(1) Voir Pithon-Curt, *Histoire de la noblesse du Comtat Venaissin*, in-4º, 1743 ; La Chesnaye-Desbois, *Dictionnaire de la noblesse*, nouvelle édition, t. XVI, p. 723 ; Fortia d'Urban, *Supplément aux œuvres de Molière*, in-8º, p. 18 et suiv. et 162-166 ; de Courcelles, *Histoire des pairs de France*, t. VI, p. 32 ; Barjavel, *Dictionnaire du département de Vaucluse;* M. l'abbé Prompsault, curé de Modène, *Histoire de Modène*, in-8º 1883, et surtout Fortia d'Urban, *Généalogie* de la maison de Raimond-Modène, en tête de son édition de l'*Histoire des Révolutions de Naples*, 1826, in-8º, Sautelet, t. 1er, p. 1-62, et les nombreux ouvrages relatifs à l'histoire de la maison de Modène qui y sont cités p. 62.

(2) Une Marie de Rémond avait épousé le maréchal d'Ornano. Voir, sur sa parenté avec les d'Ornano et la maison de Lorraine, Fortia d'Urban,

de la maison de Monsieur, auprès de laquelle il avait groupé tous ses amis. Il fut arrêté et mis en prison, ainsi que lui, en mai 1626, avec Chaudebonne, Déagent et autres, accusés par Richelieu d'avoir entretenu des relations secrètes avec Monsieur, « parce qu'ils avoient trop de cœur et de vertu » dit un favori de Gaston.

Plus heureux qu'Ornano, M. de Modène ne mourut pas en prison ; il en fut quitte pour se démettre de sa charge de grand prévôt en 1630, et s'en aller finir ses jours loin de la cour, relégué dans le comtat d'Avignon (1).

généalogie en tête des *Révolutions de Naples*, p. 35 et *Supplément aux éditions de Molière*, 157.

(1) Voir encore sur la vie politique de M. de Modène, *Mémoires de Bassompierre*, édition de la société de l'histoire de France, II, 152, 334, 355, III, 245 ; *Lettres de Richelieu*, III, 475, V, 975, VII, 429 ; mémoires de la collection Petitot, 2ᵉ série, t. XXI bis, 476, XXIII, p. 72 ; Bazin *Histoire de Louis XIII*, I, 328, 337, 375, et surtout le président de Gramond, *Historiarum Galliæ libri XVIII*, 1643, in-fº, p. 213, 382, 661, 678 ; les *Mémoires d'un favori de Monsieur* (Bois d'Annemets), Leyde, 1668, in-12, pp. 56, 132, 138, et ceux de *Déagent*, Grenoble, 1668 ; Cousin, *Mᵐᵉ de Chevreuse*, in-12, p. 59 et 340 et *Journal des Savants*, 1882, p. 681. Voir aussi M. Zeller, *Richelieu et les ministres de Louis XIII*, p. 9. et le *Connétable de Luynes*, p. 5. et aux ms. de la Bib. nat. Fonds franc. nº 4,132. — Il y a de nombreux documents sur François de Modène, mêlé à l'histoire politique de son temps et que sa charge de grand prévôt mettait en pleine évidence à la cour. Ils font au contraire le plus souvent défaut sur la personne de son fils Esprit, qui y resta étranger, sauf un instant en deux circonstances (1641 et 1647-1648). C'est le seul de sa famille dont j'aie à m'occuper ici.

Je ne dois pas omettre non plus de rappeler, à propos de François de Modène, ce qu'en dit un ami de son fils, qui s'était même un instant proposé, ainsi qu'on le voit dans la dédicace de la *Chute de Phaéton*, d'écrire son histoire. Voici ce qu'on lit dans *Les Corses François* du chevalier de l'Hermite, à propos de la captivité du maréchal d'Ornano, avec qui M. de Modène fut arrêté : « Il avoit formé une étroite amitié avec le grand prévôt de France, François de Rémond, seigneur de Modène, au quel il estoit allié de par sa femme, Marie de Rémond, nièce à la mode de Bretagne du dit grand Prévôt, le quel touchoit aussi de parenté au Connestable, qui, par son alliance autant que pour illustrer sa fortune, l'appela au ministère et gouvernement de l'estat. Ce seigneur s'acquitta dignement de divers *[sic]* ambassades et particulièrement de celuy d'Italie, où il fût envoyé extraordinairement, conjointement avec M. de Béthune.

Ce fut pendant sa captivité ou son exil qu'il employa ses loisirs à écrire l'histoire des événements auxquels il avait été mêlé et à faire l'éloge du duc de Luynes. Chose rare en politique, il savait être reconnaissant. Les mémoires qu'il rédigea subsistent-ils encore aujourd'hui ? En tous cas, ils furent utilisés par le président de Gramond qui écrivit l'histoire de France depuis la mort de Henri IV jusqu'à 1629. L'auteur a eu soin de mentionner les emprunts qu'il leur a faits, et les avantages qu'il en a retirés pour son livre. Malgré cet aveu formel, on s'est obstiné jusqu'à ce jour à répéter les allégations du Père Lelong, qui a attribué sans aucun fondement les mémoires de François de Rémond à son fils Esprit, le baron de Modène ; je suis le premier à démentir cette attribution erronée, et à rétablir sur ce point la vérité (1).

François de Modène eut plusieurs enfants, Esprit, l'aîné ;

---

pour traiter l'accomodement d'entre le roy d'Espagne et le duc de Savoye ». Voir *Les Corses François*, par M. le chevalier de l'Hermite-Souliers, gentilhomme ordinaire de la chambre du roi, Paris, Langlois, in-12, 1667, pp. 141 et 155.

(1) Voir *Historiarum Galliæ ab excessu Henrici IV, ad annum 1629, libri XVIII*, auctore G. B. Gramondo, Tolosæ, Colomerii, 1643, in-f°. Le président de Gramond y appelle Modène « Luynæi præcipius administer et consiliarius in arcana regni..., fidelis historiographus de expeditione regis in sectarios, *seclusâ* Luynœi adulatione, » pp. 213, 382. Il dit qu'il s'est servi de ses mémoires manuscrits depuis l'expédition de Béarn, jusqu'au siège de Montauban : « scripsit ille quæ vidit et quorum pars magnâ haud injuriâ dici potuit, stylo sanè fideli et expedito, si nihil de Luynœo memorasset ». L'histoire de nos jours plus indulgente pour le connétable de Luynes, (ainsi que le montrent les ouvrages de Cousin et de récents auteurs), ne reprocherait peut-être pas autant à M. de Modène ce que le président de Gramond appelle sa partialité envers ce ministre, ce qui, dit-il, enlève de l'autorité à son témoignage.—Le baron de Modène a eu soin de ne pas omettre de rappeler que son père avait été associé à la politique de Luynes. Il a fait lui-même un bel éloge de ce ministre de Louis XIII, surtout dans la dédicace de son *Histoire des révolutions de Naples* à la duchesse de Chevreuse, veuve du connétable, dédicace qu'a reproduite M. Cousin dans son histoire de la célèbre duchesse. V. Mme *de Chevreuse*, in-12, p. 341 et suiv.

Charles, né le 3 août 1614, qui continua la famille; François, que cite seul Fortia d'Urban, dans la généalogie de la maison de Modène qu'il a mise en tête de son édition de l'*Histoire des révolutions de Naples* ; Marie qui épousa, le 28 février 1639, Jean-Gabriel Motier de La Fayette ; Jean-Baptiste, reçu chevalier de Malte le 14 avril 1633 et qui est peut-être le même que Jean-Aristides, mort abbé de Saint-Loup, en la ville de Troyes vers 1646 et dont personne n'a parlé jusqu'ici.

L'aîné, Esprit, le seul dont nous ayons à nous occuper, naquit dans le comtat d'Avignon, à Sarrians, le 1er novembre 1608, où habitait alors son père, qui ne devint possesseur de la seigneurie de Modène que 12 ans plus tard. Voici la copie inédite de son acte de baptême que je reproduis d'après les registres paroissiaux :

Anno a nativitate Domini millesimo sexcentesimo octavo et die decima nona novembris, ego infrascriptus parrochus baptisavi infantem die tali natum ex nobilibus Francisco de Reymond, dicto domino de Modène et Catharina d'Allemand, conjugibus dicti loci, cui impositum fuit nomen Spiritus. Patrini fuerunt Silvester Chaput et .... Chauvette hujus loci.
Mercerius vicarius (1).

Grâce à la faveur dont jouissait alors son père, Esprit de Modène fut attaché comme page à la maison de Monsieur, né la même année que lui et dont le maréchal d'Ornano, son parent, était devenu gouverneur. Il nous dit qu'il avait été placé à l'académie du sieur de Benjamin à Paris (2) ; c'est à peu près le seul renseignement que nous ayons sur sa jeunesse. A son âge de dix-huit ans il dût subir le contre-

(1) Livre des baptêmes de la commune de Sarrians, côte A 1606-1619, f° 17. Je dois cette copie à l'obligeance de M. le secrétaire de la mairie de Sarrians.

(2) *Mémoires du comte de Modène*, Edition Mielle, in-8°, t. II, 262.

conp de la disgrâce et de la captivité de son père, mais il se ressentit toujours de son passage à la cour de Gaston, qui, loin d'être une école de bonnes mœurs, était bien plutôt celle du jeu et des plaisirs les moins nobles, n'ayant rien de commun avec la belle galanterie de l'hôtel de Rambouillet. M. de Modène ne sut jamais vieillir, et chez lui le page percera toujours, même sous le vieillard.

Son père, sans doute dans la pensée de l'assagir et de le morigéner, chercha à le marier avant de mourir. Sa fortune avait été grandement atteinte par la perte de sa faveur ; il voulut tâcher de rétablir celle de son fils, en lui faisant faire un mariage de raison, ou un mariage d'argent, comme on dit de nos jours. Parmi les familles nobles il y en avait qui fumaient leurs terres en contractant des mariages dans la roture, M. de Modène préféra faire épouser à son fils une douairière.

Le nom des La Baume de Suze était aussi connu dans le Comtat que dans la Provence, puisque cette maison avait fourni des gouverneurs à ces deux provinces. Leurs alliances communes avec la maison de Nevers, avec Anne et Marie de Gonzague, avec les d'Ornano et les d'Alleman, servaient aussi de trait d'union entre les deux familles (1). Cela fit sans doute que le père passa par dessus l'âge de la veuve du marquis de Lavardin. C'était bien imprudent. Marguerite de la Baume devait avoir plus de trente-six ans, (soyons galant envers elle) (2). Esprit de Modène n'en avait

(1) Les La Baume-Suze étaient même seigneurs de Montfrin. On voit aussi, *Inventaire des Archives de Vaucluse*, B, 39, un Charles de La Baulme, rendre aveu pour la baronnie de Caromb; mais la façon laconique, dont étaient rédigés, à leur début, les inventaires des archives départementales, ne permet d'être renseigné ni sur la date de l'acte, ni sur l'identité de cette famille, probablement différente de celle des La Baume-Suze.

(2) En 1614 elle épousait un mari âgé de 34 ans. Son père s'était marié en 1583. Elle dut probablement naître vers 1590 au plus tard. Fortia d'Urban, *Supplément aux diverses éditions de Molière*, a remarqué cette grande différence d'âge, entre M. et Mme de Modène.

que vingt-deux, et Honoré de Balzac n'avait pas encore fait le panégyrique de la femme de trente ans. Le jeune gentilhomme se laissa sans doute traîner malgré lui à l'autel, par pure déférence pour la volonté de son père. L'union qu'il contractait ne devait pas être heureuse. C'était fatal; étant données son éducation et sa vie à la cour du duc d'Orléans.

Le mariage contracté au cours de l'année 1630 (1), ne débuta pas cependant sous de mauvais auspices. Dès 1631, Mme de Modène devenait mère, et son enfant Jean-Baptiste-Gaston était tenu sur les fonts de baptême par le duc d'Orléans, qui lui donna son nom. Gaston se souvenait à la fois de son ancien page devenu un de ses chambellans d'affaires et de son amitié pour Marie de Gonzague, cousine des deux époux, avec laquelle il avait été sur le point de se marier. Par une heureuse conjoncture, le baptême put avoir lieu dans un des rares instants pendant lesquels, Monsieur, réconcilié pour un moment avec son frère et avec Richelieu, grâce à Puylaurens, n'était pas exilé de la cour et réduit à courir les grands chemins en Lorraine ou dans les Flandres (2).

Ce baptême est, à vrai dire, le seul acte qui mette un instant en relief la personne de M. de Modène. Depuis ce moment, jusqu'à celui où il donnera une rivale à sa femme, c'est à peine si l'on rencontre son nom dans une circonstance un peu notable. Il semble qu'une ombre épaisse enveloppe en même temps le gentilhomme avignonnais et

(1) Leur contrat fut signé le 19 janvier 1630, dit Fortia d'Urban, généalogie en tête des *Révolutions de Naples* I, 28 ; cette date est aussi donnée par Barjavel. Le mariage aurait-il été reculé jusqu'en mai ? Fortia, *Révolutions de Naples*, p. 50 et La Chesnaye-Desbois disent qu'ils furent épousés par contrat des *19 janvier et 23 mai 1630*.

(2) A la suite de Fortia d'Urban, *Supplément aux éditions de Molière*, qui, p. 28, écrit que Mme de Modène « ne survécut pas longtemps à cet accouchement tardif », tous les historiens ont fait mourir Marguerite de la Baume dès 1631, jusqu'à ce que j'aie fait connaître dans la *Troupe du Roman comique dévoilée*, p. 13, in-8°, 1876, la date réelle de la mort de Mme de Modène, en 1649.

sa femme amoindrie par son second mariage. Tandis que les Mémoires de Bois d'Annemets, de Goulas, de Montrésor et d'autres sont remplis du récit des intrigues de tous les favoris de Monsieur, tandis qu'on rencontre partout de 1630 à 1638 les noms des d'Elbenne, de Brion, des Goulas, de du Gué, (chambellan de Gaston), de Coudray-Montpensier, de l'abbé de la Rivière etc, on ne voit pas une seule fois, à leurs côtés, celui de M. de Modène, et l'on s'étonne que les historiens comtadins, qui ont parlé de lui, l'aient appelé le chambellan *préféré* du duc d'Orléans. Sans doute il était jeune et n'était pas mûr pour les intrigues de la politique, qui devaient peu lui sourire au lendemain de ses vingt ans ; mais les autres favoris de Monsieur savaient cependant mener de front le jeu, la galanterie et les conspirations et n'étaient pas plus sérieux que le fils du favori du duc de Luynes (1).

Esprit de Modène a parlé plus d'une fois avec fierté de son père, associé à la politique du duc de Luynes. Il eut dû songer à l'imiter et à pouvoir faire bonne figure à son exemple sur la scène de la Cour (2).

Peut-être faut-il dire à sa décharge qu'il en fut empêché par Richelieu ? Le fils de Francois de Modène devait être un suspect pour le cardinal qui, plus d'une fois, chassa de la cour ceux qu'il soupçonnait seulement de ne pas lui être favorables, et s'ingénia à ne composer la maison de Monsieur que de gens entièrement dévoués à ses intérêts ?

(1) Son nom ne figure dans le *Recueil des noms des seigneurs étant au service de Monseigneur*, par Pierre d'Hozier, Cabinet des Titres, n° 694, ni sur la liste des premiers chambellans p. 5 et suiv., ni sur celle des chambellans d'affaires p. 10 à 15. M. de Modène cessa dès 1641, au plus tard, d'occuper cette charge de chambellan, et le recueil de d'Hozier parait postérieur à cette date.

(2) Voir, outre sa préface de l'*Histoire des révolutions de Naples*, ce qu'il dit de son père « l'un des premiers ministres du royaume dans la faveur du connétable de Luynes », t. II, p. 68 de cette histoire, Edition Mielle, 1827, publiée sous le titre de *Mémoires du comte de Modène*.

Peut-être, au début de son mariage quitta-t-il Paris ou Orléans pour mener sa femme en Provence ? Aussi bien, son père vieillissait-il. *Le 16 avril 1631*, François de Rémond pe Modène fit son testament, resté inédit jusqu'à ce jour, ainsi que sa date, et qu'on peut consulter aux archives de Vaucluse (1). Bientôt après il mourait à Avignon, le 25 août 1632 (2).

Son fils aîné, qu'il instituait son héritier, et auquel en cas de mort sans postérité il substituait ses autres enfants, semble être resté quelque temps dans le Comtat, dans cette terre ensoleillée et pleine d'enivrantes senteurs. On le voit rendre hommage pour la seigneurie de Modène le 27 juillet 1633 (3).

D'autres documents permettent encore de présumer sa résidence dans le château de cette paroisse, après la mort de son père, tels que la confirmation de la fondation de la Chapellenie de Saint-François et de Sainte-Catherine dans la chapelle près le château de Modène, datée du 12 décembre 1633. Cette fondation, faite par le testament de François de Raymond, venait d'être achevée par son fils qui avait assigné un capital de mille écus sur sa seigneurie de Modène, capital produisant une rente annuelle de 50 écus, pour la dotation de ce bénéfice (4).

(1) Voir le testament de M. de Modène portant cette date aux archives de Vaucluse, B. 13. On lit dans le ms. 169 de la collection Chérin (Bib. nat.) qu'Esprit fut institué héritier de son père par un testament du *29 avril* 1631, suivi d'un codicille du 11 juillet 1632.

(2) L'auteur de l'*Histoire de Modène,* p. 35, dit qu'il fut enseveli dans la chapelle des Pénitents gris, a côté du maitre autel et que son épitaphe a été sauvée de l'oubli par MM. les abbés Devéras et Corenson. Son portrait est conservé au château de Bacchus.

(3) V. Archives de Vaucluse B. 12. et Giberti *Histoire de la ville de Pernes,* tome II, p. 1622 des généalogies, ms. de la bibliothèque d'Inguimbert à Carpentras, n° 532.

(4) Extrait d'un inventaire de pièces concernant le diocèse de Carpentras, dressé par le Père Justin et conservé au musée Calvet d'Avignon et dont je dois la connaissance à l'obligeance du savant conservateur de ce

De son côté Madame de Modène paraît avoir suivi son mari et abandonné le Maine, qui eut été un trop triste séjour pour le jeune gentilhomme habitué au beau ciel de la Provence. On ne voit son nom figurer ni sur les registres paroissiaux de Malicorne, ni dans les grandes réunions de famille qui groupaient au Mans tous les Lavardin (1).

Son second mariage l'avait déchargée de la tutelle de ses enfants. Elle figure dès lors comme leur « ci-devant tutrice ». Après avoir eu d'abord un instant pour curateur leur parent messire Jacques de Cordouen, seigneur de Mimbré (2), leurs intérêts furent gérés pendant le restant de leur minorité par Louis de La Fontaine, écuyer, sieur de la Grand-Maison, curateur onéraire ordonné par justice à leur personne et à leurs biens, familier de l'évêque de Beaumanoir et habitant alors avec lui la plupart du temps le château de Touvoie (3).

musée, M. Deloye : « Confirmatio fundationis capellaniæ, sub titulo Sancti Francisci et Sanctæ Catherinæ in sacello prope castrum Maudenæ : quæ fundatio facta fuerat ex testamento Francisci de Raymond, domini de Maudenâ, postea completa per Spiritum, ejus filium ; qui pro dote ipsius assignavit summam capitalem mille scutorum monetæ currentis, cum ejus pensione annuâ 50 scutorum, super dominium Maudenæ. Rector debet celebrare missam aliquoties in anno, vel saltem orare pro fundatore et ejus parentibus. Jus patronatus reservatur possessori feudi Maudenæ, 12 décemb. 1633 ». Voir aussi sur cette chapellenie M. l'abbé Prompsault, *Histoire de Modène*, p. 74.

(1) Je ne constate à Malicorne que la présence de Renée de Rostaing, comme marraine le 19 août 1631, qui pourrait faire croire à celle de madame de Modène. Le 11 novembre 1632, Emmanuel de Lavardin, resté dans le Maine et probablement alors écolier au collège de la Flèche, est parrain à Pirmil. Le 18 décembre 1633, on trouve, au Mans, au bas du contrat de mariage du jeune marquis de Jarzé les signatures de tous les membres de la famille de Beaumanoir, y compris celle d'Emmanuel, sauf celle de Marguerite de la Baume. Elle fait également défaut le 12 mai 1633 au contrat de mariage de Louis-Baptiste de Beaumanoir, chevalier des ordres du roi, sénéchal du Maine, lieutenant général de sa Majesté aux païs et comtés du Maine, Laval et Perche, baron d'Anthoigné, avec Marguerite de la Chevrière.

(2) Voir *Archives de la Sarthe*, G. 859, un acte de 1630 où M. de Mimbré figure en cette qualité.

(3) C'est M. de La Fontaine qui représente les mineurs en 1633 dans le

Ce qui indique encore que Mme de Modène n'habitait plus le Maine, c'est qu'on n'entend nullement parler dans cette province de son fils aîné Henri, le chef de la maison de Lavardin ; il y apparaît quasi pour la première fois aux funérailles de son oncle l'évêque, le 6 février 1638. Son autre fils Emmanuel, l'abbé de Lavardin, y avait au contraire été élevé par l'évêque du Mans, qui, après l'avoir placé momentanément au collège des Jésuites de la Flèche, l'avait emmené avec lui en 1635 en Italie, lors de son voyage à Rome, où il eut aussi Scarron pour compagnon de voyage (1).

Marguerite de la Baume avait sans doute conservé auprès d'elle sa fille Madeleine. Melle de Lavardin, dès l'année 1635, comptait déjà autour d'elle des soupirants dont l'un devait mourir d'une bien tragique façon. Un des poètes qui, bientôt, devait être un des familiers de M. de Modène, a adressé de bonne heure ses hommages à la jeune Madeleine de Beaumanoir. C'est de François-Tristan l'Hermite que je

partage fait entre eux et dame Elisabeth de Beaumanoir, veuve de Loys de Cordouan, seigneur de Mimbré, de la succession de feue dame Marthe de Beaumanoir, femme de messire René de Bouillé, marquis de Bouillé. C'est lui qui, l'année suivante, règle le compte de ce qui était dû à Catherine de Longueval, veuve de Jean de Beaumanoir, baron de Tucé, demeurant au Mans, en vertu du contrat du 2 mai 1626 entre elle et Marguerite de la Baume et de l'arrêt du parlement intervenu en conséquence contre lui le 7 septembre 1632. C'est encore lui qui, vers le même temps, (13 avril 1633, et 12 janvier 1634) finit de régler, avec l'évêque du Mans et le sénéchal du Maine, ce qui leur était dû de la succession de madame de Poligny et ne leur avait pas été payé par Marguerite de la Baume.

(1) Voir, dans *les Ebats des innocens loisirs*, la harangue que l'auteur, Rousseau, prononça au retour de l'évêque au Mans le 7 octobre 1635. L'évêque du Mans et son frère le Sénéchal, dont la position de fortune était malheureusement gênée, étaient désormais les principaux représentateurs de la famille de Lavardin dans le Maine, où leur autorité avait à subir des entraves de la part du gouverneur, M. de Tresmes, avec qui ils n'étaient pas en bonne intelligence. Cependant on voit Charles de Beaumanoir envoyé avec le comte de Belin vers le roi Louis XIII au siège de la Rochelle, le 10 mai 1628, pour l'assurer de la fidélité de ses sujets de la province du Maine. C'est aussi Jean-Baptiste-Louis de Beaumanoir qui, en sa qualité de sénéchal, est à la tête de l'arrière-ban de la noblesse du Maine en 1635.

veux parler. D'abord secrétaire, dès sa première jeunesse, du marquis de Villars au château du Grand-Pressigny, puis du duc de Mayenne, tous deux oncles de Marguerite de la Baume, c'est auprès d'eux sans doute, avant d'être attaché à la maison de Gaston, que l'auteur du *Page disgrâcié* avait connu la marquise de Lavardin, ce qui explique comment il put aussi connaître sa fille (1). Dans ses *Lettres meslées*, on en trouve une adressée « à Melle de Lavardin en luy donnant un livre de principes de cosmographie ». J'ai déjà remarqué ailleurs que dans son *Page disgrâcié* Tristan disait qu'il avait étudié cette science. L'enseignait-il à Madeleine de Beaumanoir ? En tous cas, voici la curieuse lettre qu'il lui écrivait (2) :

« En vous présentant cette description du monde, j'ose faire l'office de la fortune et vous offrir au moins en peinture ce qu'elle vous devoit donner en effet. Véritablement, vous n'étiez pas née pour connoistre seulement beaucoup de peuples ; il semble que vous estiez encore faite pour leur commander, et la clarté de vostre esprit où le ciel a mis tant de grâces demandoit que vous fussiez assise sur un trône bien eslevé, afin qu'un si rare exemple de sagesse et de vertu fust en veue à toute la terre. De moy, depuis le temps que j'ai l'honneur d'estre connu de vous et d'observer votre mérite, je ne m'estonne pas de la gloire de vos parens ; je ne scaurois treuver estrange qu'on ait vu dans ce mesme siècle tant de héros de vostre nom et qu'on ne puisse remarquer aucune personne de vostre sang qui ne soit illustre. Il paroist bien que la nature et le ciel ont un soin tout particulier de vostre Race et qu'on ne doit appercevoir en vostre maison que de merveilleux ornemens. On treuve des filles dont la jeunesse et la beauté ne sont pas accompagnées de beaucoup d'esprit ny de connoissance et

---

(1) Les l'Hermite comprenaient aussi les ancêtres de Marguerite, les Montpezat, au nombre des familles illustres auxquelles ils se prétendaient alliés.

(2) *Lettres meslées*, 1642, in-8º, p. 41. Voir la *Troupe du roman comique dévoilée*, p. 12.

l'on en rencontre quelques-unes en qui l'art de s'exprimer et la bienséance des actions semblent vouloir réparer les manquemens de la nature ; mais de voir une beauté naissante qui soit parfaite de l'âme et du corps, dont l'esprit soit aussi brillant que les yeux, qui fasse montre tout ensemble de l'agréable éclat des fleurs d'un printemps et de la bonté des fruits d'un automne, qui fasse estat des sciences, de l'éloquence et de la poésie, remarquant parfaitement leurs beautés, leurs justesses et leurs deffauts, ce sont des qualités et des avantages qu'on n'apperçoit guère qu'en vous et ceux qui ont observé les merveilles du nouveau monde n'y virent jamais rien de si rare. Aussi, Mademoiselle, la passion que jay de servir à vostre gloire en publiant hautement vos louanges, me vient plutost de la cognoissance que j'ay de votre mérite que de la considération de vostre naissance. Je scay que vous sortez d'un Mareschal de France qui moissonnoit les Lauriers dans les Batailles dès l'âge de quatorze ans ; que vous estes encore la petite nièce du costé maternel de ce grand duc du Mayne, qui passoit pour un nouveau Mars ; je n'ignore pas que vous avez eu des oncles et qu'il vous en reste encore qui ont enrichy leur réputation de tout l'honneur qu'on peut acquérir à la guerre ; je scay que vous appartenez encore et que vous estes l'objet des soins d'un evesque du Mans estimé de tout le monde et qui fait paroistre en chaire et dans les assemblées par de nobles expressions et des pensées courageuses la mesme vertu que Messieurs ses frères ont tesmoigné dans les hasars ; que vous estes sœur du marquis de Lavardin qui a desja fait voir, par beaucoup de preuves de sa valeur et dans la France et dans les païs estrangers, qu'il est un digne rejetton d'une glorieuse souche ; mais après tout cela, c'est particulièrement avec des biens qui vous sont plus propres que vous m'avez acquis et c'est principalement en considération de vos excellentes qualités que je prens avec passion celle

Mademoiselle
de
Vostre tres humble et tres obéissant serviteur ».

Plus tard Tristan n'oublia pas cette charmante élève ; nous le verrons, après son mariage, faire le plus galant éloge de sa beauté, de même aussi qu'il aura soin de chanter l'éloge de la comtesse de Suze, ce qui achève de prouver qu'il avait gardé le souvenir du château du Grand-Pressigny (1).

Madame de Modène réapparaît à Malicorne à l'automne de 1635. On y voit sa fille Madeleine, marraine le 19 octobre. Mais cette apparition d'un instant n'est à vrai dire que le prélude d'une absence qui s'annonçait comme devant longtemps durer. C'est alors que se produit un acte, qui semble révéler de sa part l'intention de rester, plus longtemps encore que pendant ces dernières années, étrangère au château de Malicorne. Le 8 novembre 1635, elle fait dresser l'inventaire des meubles garnissant ce château, pour les donner en garde à Pierre de Bouillé.

Cet inventaire, j'en reproduis les principales mentions, afin de montrer combien le luxe et la variété des meubles modernes ne ressemble guère à ce qu'on pourrait appeler la pauvreté du mobilier d'autrefois dans certains châteaux. Naguères, M. d'Espaulart, donnant libre carrière à son imagination, s'est plu à doter l'hôtel du Grabatoire, pendant le séjour des Lavardin, d'un fouillis de meubles dont la beauté artistique égalait la richesse ; on verra ce qu'était en réalité le maigre mobilier de ce château de province, jadis habité par un maréchal de France, ami de Henri IV, et où le jeune roi Louis XIII avait un instant séjourné avec sa cour.

Voici l'énumération des meubles du château de Malicorne en 1635, ce qui, malgré la sécheresse de ce document, en apprendra plus long que bien des phrases :

« Inventaire des meubles les quelz, haulte et puissante dame Marguerite de la Baume, à présent femme et espouse

---

(1) V. *Meslanges poétiques*, p. 90 « pour Mme la comtesse de Tessé-la-Jeune » et p. 96 « vers à la comtesse de Suze ».

de hault et puissant seigneur messire Esprit de Ramond, chevalier, seigneur de Modène, auparravant veuve feu messire Henry de Beaumanoir, vivant chevalier des ordres du Roy, seigneur marquis de Lavardin et de Malicorne, a baillé et laissé en son château du dit Malicorne, des quels Pierre de Bouillé, escuyer, sieur de la Gilberdière s'est chargé pour les représenter à ma dicte dame toutesfois et quantes que bon luy semblera et aussy quant le dit sieur de la Gilberdière les voudra rendre et s'en descharger.

Au quel présent inventaire a esté procéddé devant nous Jean Remars, notaire royal au Mans, résidant à Malicorne, comme il suit : du huitiesme jour de novembre mil six cens trente et cinq après midi.

Et premièrement en la chambre de ma dite dame une tapicerie d'Auvergne d'animaux, contenant unze pièces.

Item dans la dite chambre un lict garny d'un tour vert brun, sur le quel il y a des bandes d'ouvrage doublé de tafetas et la couverture aussy de tafetas de mesme coulleur, deux matelats, deux couvertures blanches de laine, dont l'une est toutte neufve et l'autre de peu de valleur.

Item un tapy de table de tafetas.

Deux tables dont il y en a une petitte sur la quelle il y a un petit tapy vert.

Item quatre chesses de vellours vert.

Un petit lit de repos, couvert de tapy de Turquie, dans le quel lict est une petitte couette, un matelas, un travers de lict, une couverte de laine blanche et une paillasse (1).

Item deux vieilles chesses à bras, trois sièges plians couverts de damars vert.

Item un petit coffre de cuir fermant de clef.

Item trois tabourets bas, couverts de mocquette.

Item deux landiers de fer, une palette et des pincettes de fer.

(1) J'omettrai désormais de rappeler « les dedans de lit » qui n'offrent aucun intérêt et qui, la plupart du temps sont dits n'être que de peu de valeur. — Il ne faut pas oublier l'état de gêne dans lequel se trouvait la famille de Lavardin.

Item dans la salle basse une tapicerye de Flandre d'animaux, toute neufve, contenant huict pièces, un tapy de Turquie sur la cheminée.

Item trois tables, l'une des quelles est ronde et une des deux autres tirante et l'autre fort petitte, de peu de valleur.

Item un petit lict de repos garni de sarge verte.

Item cinq chesses à bras, et huict tabourests haults, le tout garny de trippe de vellours rouge fort effacé.

Item seize autres chesses sans bras, quinze des quelles garnies de mocquette et l'autre de mesme velours rouge effacé.

Item deux grands landiers de fer et un bacquet de cuivre et un jeu de billart garni de vert.

Item dans la chambre des filles, une vieille tapicerye de nulle valleur.

Item deux licts garnis, l'un garny d'écarlatte rouge avecq la couverte et l'autre d'un meschant tour de lict vert brun...

Item une vieille table et une vieille armoire.

Item trois vieils bahusts couverts de cuivre, l'un grand et les autres petits.

Item une paire de landiers de fer.

Item dans l'antichambre un bahut et coffre de boys et un vieil buffet.

Item dans la salle haulte une tapicerie de Bergame, une table et deux landiers de fer.

Item *dans la chambre du Roy* une vieille tapicerie de verdure contenant sept pièces.

Item un lict garni d'un tour de sarge vert sur le quel y a des bandes d'ouvrage doublé de tafetas incarnat, la couverture de mesme tafetas picqué.

Item cinq chesses à bras de tapicerye, une autre chesse de vellours, et trois petits tabourets aussy de vellours.

Item un buffet dans le quel y a une couette, un travers lict et une méchante couverte de sarge bleue.

Item une table et deux landiers de cuivre.

Item dans le cabinet de la dicte chambre, un lict garni d'un tour de lict rouge.

Item dans la chambre bleue une vieille tapicerye à personnages, contenant huict pièces.

Item un lict, le tour du quel est de sarge violette et garni d'ouvrage doublé de tafetas, le tapy de table, un tapy de buffet de mesme sarge, non doublé.

Le dict lict garny d'une vieille couverte picquée, une autre couverte de laine coulleur feuille morte,.....

Item un lict dans un buffet, garny d'une couette, un travers lict et une méchante couverte de laine blanche.

Item trois chesses à bras et deux sièges ploians.

Item un vieil buffet, une petite table, et deux landiers de fer.

Item dans la garde robbe de la dite chambre un pavillon rouge avecq la couverture de mesme, une couette, un travers lict et une vieille paillasse.

Item dans la chambre de sur la vieille cuisine, une vieille tapicerye à personnages, contenant en tout neuf pièces.

Item un lict, le tour de quel est de sarge jaune, doublé de tafetas incarnat, une couverture de thoile blanche picquée, une autre meschante couverture de laine blanche, un matelast, une couette, un travers de lict et une paillasse.

Ung vieil buffet, une table avecq les tapis de paraille sarge et le tour du lict, deux vieilles chesses à bras et deux landiers.

Item dans la garde robbe de la mesme chambre une couchette dans la quelle y a une meschante petitte couette, une couverte et ung travers lict, le tout de nulle valleur.

Item dans la chambre de sur l'office une meschante vieille tapicerye.

Item un vieil lict aiant les pantes rouges et les rideaux verts,

Item un vieil buffet et une vieille table et deux petits landiers de fer.

Item dans la grand chambre du bout de la gallerye, *après la chambre de M. du Mans*, une meschante vieille tapicerye de neuf pièces à personnages.

Item un lict, le tour de sarge jaulne pacementé de parrement rouge et jaulne, une couverture de mesme, une autre couverture rouge de peu de valleur, une petite couchette avecq un pavillon jaulne et vert....

Item une table avecq le tapy de parraille sarge que le tour du lit.

Un vieil buffet, une vieille chèsse à bras violette, et six tabourests couverts de mocquette et de sarge jaulne, et deux petits landiers de fer.

Item dans la garderobbe de la mesme chambre une couchette dans la quelle y a une couette.....

Item dans la chambre de sur la chapelle une vieille tapicerie à personnages.

Item un vieil lict, les pantes de vellours et soubastement de mesme, les rideaux de damars, le tout rouge, une couverture de laine couleur feuille morte.

Item une petite table avecq un viel tapy de Turquie, deux chesses, l'une à bras et l'autre sans bras,

Item dans la garde robbe de la dite chambre un lict entouré d'un vieil tapy vert...., et une meschante table, un meschant buffet et une meschante chesse.

Item dans chacune des deux chambres d'au dessus de la dite chambre, et sur la chapelle un lict garny....

Item en la chambre de sur la cuisine neufve, un lict entouré de meschant vieil tour de nulle valleur.....

Item deux tables sur tréteaux, un meschant bahut et deux vieils landiers de fer, l'un des quels est rompu.

Item dans la chambre de sur le portail de derrière, un lict avecq un vieil tour de nulle valleur....

Item une table sur tréteaux et deux landiers de fer.

Item dans une petite chambre proche la porte de la cour, une **petite couchette garnie**...., une meschante petite table.

Item dans la chambre du puidz deux licts garnis de meschants rideaux vers....

Item une table attachée à la muraille, deux petits buffets à armoires, un vieil bahut, non fermant à clef et deux meschants landiers de fer.

Item dans la boullengerie deux huges et un coffre.

Item dans la chambre de sur le portail de devant, une couette, un travers de lict et deux vieilles couvertes de nulle valleur.

Item dans la chapelle un calice d'argeant, deux choppinettes d'argeant doré, un petit benistier aussy d'argeant, une clochette d'argeant, quatre chasubles, trois aubes, trois devant d'autel et cinq nappes et un drap mortual.

Item dans la chambre de Madame de Malicorne un lict garny de velours jaune avecq les bandes d'ouvrages et les soubastemens de mesme, les rideaux et coutres pointes de damars rouge, la couverte rouge de laine....

Item ung autre petit lict garni d'une pente de velours couleur jaulne et les rideaux de damars couleur d'isabelle...

Item une table, ung tapy de table de sarge jaune avec une bande d'ouvrage..... etc., etc., (1) ».

Le mobilier des autres chambres, de la chambre des galetas, de la galerie, de l'office, de la cuisine, n'offre que fort peu d'intérêt, sinon quelques tapis de Turquie et « des coffres fermans de clef », qui pouvaient contenir bien des objets ne figurant pas sur l'inventaire.

Tel était le mobilier du château que Mme de Modène, en quittant Malicorne, confiait à la garde de Pierre de Bouillé.

Allait-elle se fixer avec son mari, soit à Paris, soit en Provence ou bien à Blois? Monsieur faisait sa résidence dans cette dernière ville la plus grande partie du temps, depuis sa réconciliation avec son frère en septembre 1634. Les fonctions de chambellan des affaires de Gaston devaient y appeler temporairement M. de Modène.

Un seul acte à cette époque rappelle le nom du mari de Marguerite de la Baume dans le Comtat, mais n'implique pas d'une façon absolue sa résidence dans sa seigneurie. C'est une permission donnée par l'évêque à M. de Modène, de faire dériver l'eau de la rivière de Mède sur le territoire de St-Pierre-de-Vassols, pour la faire servir à alimenter le moulin de Modène ; elle est datée du 18 février 1636 (2).

(1) Copie prise sur la minute existant à l'étude de Malicorne.

(2) « Licentia data ab episcopo, domino loci Maudenæ, ducendi aquam alvei dicti la *rivière de Mède* per territorium sancti Petri de Vassols Domini episcopi, pro servitio molendini dicti loci Maudenæ, sub censu

Il est plus probable, ainsi que le fait présumer la lettre de Tristan l'Hermite à Melle de Lavardin, que M. et Mme de Modène étaient alors moins éloignés des beaux esprits et de la cour, et qu'ils habitaient, tantôt à Paris, l'hôtel de Lavardin, place Royale, tantôt auprès de Gaston, lorsque le service de M. de Modène l'appelait près de ce prince.

Ce séjour de M. de Modène au milieu de la cour de Monsieur et au centre du quartier du Marais, le quartier de la galanterie où se groupaient les beautés faciles et en renom, était un danger pour le repos et le bonheur de sa femme. Le moment critique était venu, où elle cessait absolument de pouvoir passer pour jeune ; malgré les artifices de l'art, il était difficile à son mari de ne pas s'apercevoir des ravages que le temps avait faits sur sa personne. La comparaison qu'il devait établir entre elle et cet essaim de jolies femmes de toute sorte qu'il rencontrait autour de lui n'était pas à l'avantage de Madame de Modène.

Marguerite de la Baume en 1637 était bien près d'avoir quarante-cinq ans. Avait-elle jamais été belle ? Le seul portrait que je connaisse de la marquise de Lavardin permet d'assurer qu'il lui manqua absolument le charme et la grâce encore plus belle que la beauté.

Ce portrait de Marguerite de la Baume, le seul, je le répète, qui doive exister, se trouve aujourd'hui au château de Chailland (Mayenne), près de Château-Gontier. C'est à la courtoise obligeance de monsieur le marquis de Chavagnac, son possesseur, que je dois la photographie qui m'a permis de faire connaissance avec la physionomie de madame de Modène. Ce portrait doit provenir de l'hôtel de

---

annuo 12 solidorum, 18 febr. 1636 ». Extrait comme ci-dessus de l'inventaire du Père Justin, ms. du musée Calvet d'Avignon. — Voir sur ce moulin, *Histoire de Modène*, pp. 50 et 91. — Pour être fixé sur le lieu du séjour de M. de Modène, il faudrait connaître les dispositions de Richelieu à son égard. Peut-être le ressentiment du cardinal l'avait-il fait se reléguer dans le Comtat, comme son père ?

Tessé ou du château de Vernie, c'est-à-dire de la riche collection de tableaux qu'avait formée le maréchal de Tessé. Confisquée révolutionnairement, en 1793, cette collection se trouve encore en grande partie aujourd'hui au musée du Mans dont elle a pour ainsi dire formée le noyau. D'assez nombreuses épaves, provenant plus particulièrement de l'hôtel de Tessé, se retrouvent cependant encore aujourd'hui au château de la Rongère, chez madame de Saint-Mauris, fille de M. le marquis de Chavagnac, dont la famille avait hérité du dernier comte de Tessé, mort au commencement de ce siècle. Le portrait de Marguerite de la Baume, bien qu'il soit aujourd'hui la propriété de M. le marquis de Chavagnac, oncle de Mme de Saint-Mauris, ne provient pas de la collection de la Rongère. Il fut acheté par lui au Mans, il y a environ vingt ans de mademoiselle du Pouget, professeur de peinture en cette ville, ainsi que deux autres portraits provenant également de Tessé ou de Vernie, celui de la maréchale de Tessé et celui de René de Froulai, comte de Tessé, père du Maréchal et mari de Madeleine de Beaumanoir, fille de Marguerite de la Baume, marquise de Lavardin. Le portrait de la marquise avait sa place marquée dans la collection du maréchal de Tessé, son petit-fils, et devait nécessairement s'y trouver ainsi que celui de Madeleine de Beaumanoir, comtesse de Tessé, aujourd'hui au musée du Mans (1).

(1) Voir le catalogue du musée du Mans de 1864, n° 286. Voir n° 284, le portrait du maréchal de Tessé et n°s 283, 285, 286 bis d'autres portraits de membres de sa famille paternelle et surtout n° 145 son portrait en pied, H. 0-35, L. 0-49, signé Laumosnier, et n° 142 la toile du même artiste représentant la remise de l'ordre de la Toison d'or au maréchal. La partie la plus considérable de l'œuvre de Laumosnier, peintre du maréchal de Tessé, se trouve au château de la Rongère, où se voient réunis la plupart des portraits et tableaux concernant les illustres familles de Tessé et de Lavardin, qui ont pu échapper aux malheurs de l'époque révolutionnaire. Sur la collection de Vernie, voir l'inventaire fait en 1794, conservé aux archives municipales du Mans, mais qui est loin de mentionner toutes les richesses de cette collection.

Le portrait a 2^m 25 de hauteur, sur 1^m 35 de largeur et n'est pas signé. Il est tellement sombre et poussé au noir aujourd'hui qu'il y a certains détails qu'il est presqu'impossible de distinguer. Au bas se trouve une inscription portant ces mots :

MARGUERITE DE LA BAVME DE SVZE FEMME DE JEAN
SIRE DE BEAVMANOIR GOVVERNEVR DV MAINE

On remarquera l'erreur commise à propos du nom du mari de Marguerite de la Baume, qui était Henri de Beaumanoir et non pas Jean (1) ; cela indique que l'inscription doit être postérieure au portrait, et avoir été tracée en même temps que celles qu'on voit au bas d'autres tableaux de la même collection. On s'étonnera seulement que le maréchal ait été si mal renseigné sur le nom de son grand-père, mort il est vrai prématurément et avant d'avoir eu le temps de devenir célèbre. Les blasons, surmontés d'une couronne de marquis, peints à droite du portrait vers le bas de la toile, ne permettent cependant pas de croire à une erreur de personne. A droite se voit bien l'écu d'azur à onze billettes d'argent posées 4, 3, 4, qui est celui des Lavardin, et à côté de lui, le blason particulier à Marguerite de la Baume, formé de celui de son père et de celui de sa mère : celui des la Baume *d'or à trois chevrons de sable, au chef d'azur chargé d'un lion naissant d'argent*, et celui de la maison de Montpezat *d'or à trois bandes de gueules au chef d'azur chargé de trois étoiles d'or*.

Le portrait est celui d'une femme grande et forte, longue à n'en pas finir, mais sans embonpoint, altière et hautaine, à l'air impérieux et sans aucun charme. L'aspect de cette tête quasi virile, avec son menton déjà épais, annonce une

---

(1) Jean, frère cadet de Henri, et connu sous le nom de baron de Tucé, mort dès 1615, avait épousé Catherine de Longueval qui lui survécut.

personne d'au moins quarante-cinq ans, c'est-à-dire de l'âge qu'avait Marguerite de la Baume vers 1637. La physionomie est tout l'opposé de celle des frêles poupées à la mode au XVIII° siècle ; si elle se rapproche davantage du type des robustes femmes du XVII° siècle, elle n'a cependant rien de la beauté opulente des Longueville et des Hautefort et des autres héroïnes de M. Cousin (1).

En un mot Marguerite de la Baume n'avait rien de ce qui faisait paraître Mme de Maintenon belle encore à cinquante ans. Son jeune mari, au milieu de cette cour de Gaston, vouée à la galanterie, et toujours prête à ne pas épargner ceux qui prêtaient au ridicule, pût regretter de voir sa vie enchaînée à une femme dont l'âge et le défaut de beauté devaient lui causer d'amers regrets. De là, à donner pour rivale à Marguerite de la Baume une femme plus jeune, « plus moderne », il n'y avait qu'un pas. Il fut franchi en cette année 1637 au plus tard, et l'orage éclata, comme un coup de foudre dans un ciel en apparence serein.

Ce qui indique bien la brouille entre les deux époux, c'est le retour dans le Maine, de madame de Modène avec sa fille, et sa réinstallation dans son château de Malicorne, où elle vivra désormais loin de son mari.

Le 4 avril 1637, elle y déchargeait Pierre de Bouillé, de la garde de ses meubles, et reprenait posession de son château, bien que la peste fut alors au Mans et dans le Maine. On voit dès le 22 avril Madeleine de Beaumanoir, marraine à Malicorne, comme elle l'est encore le 17 décembre avec

---

(1) Madame de Modène est debout dans une allée de jardin, et se présente presque de face. Elle étend la main droite en signe de commandement ; la gauche retient un pli de la robe ou plutôt du riche manteau dans lequel elle se drape. La gorge est décolletée, et le tour de gorge garni d'une dentelle. Un collier de perles entoure le cou. Marguerite de la Baume les aimait, car son corsage en est orné à profusion. — Le mauvais état de la photographie, dû à celui du tableau, ne m'a malheureusement pas permis de la faire reproduire par l'héliogravure, ainsi que je le désirais.

son oncle Jean-Baptiste, baron de Lavardin, gouverneur et lieutenant général des pays du Maine, Laval et Perche, ce qui dénote bien une habitation continue en toute saison. Tous les actes qui la concernent depuis ce moment, 16 avril, 18 mai 1637, comme ceux qui suivent, la disent « Autorisée par justice à la poursuite de ses droits, au reffus du dit seigneur son mari ». Cela révèle bien aussi que l'accord ne régnait plus entre eux.

Un autre acte plus significatif encore que cette séparation de fait, qui dévoile déjà bien clairement une rupture définitive, allait ne plus laisser d'illusions sur les sentiments de M. de Modène à l'égard de sa femme et montrer qu'entre eux tout était bien désormais fini.

M. de Modène s'était lassé d'une femme dont la vieillesse s'accusait chaque jour de plus en plus. La cour de Monsieur était loin d'être l'asile de la moralité ; le jeu, les ballets grossiers (1) et les aventures galantes reposaient Gaston de ses conjurations. Pas n'est besoin de recourir aux récits apocryphes du comte de Rochefort, c'est-à-dre, de Sandras de Courtils pour se faire une idée de sa vie réelle. A son exemple, ses amis rivalisaient de folies de toute sorte ; le plus illustre de tous, le futur duc de Guise, Henri de Lorraine, malgré les dignités ecclésiastiques dont il avait pour ainsi dire hérité, affichait ses amours avec la Villiers, alors une des plus célèbres actrices de la scène du Marais, voisine de l'hôtel de ce prince, qui ne se contentait pas, de protéger les poètes de théâtre. Le jeune chambellan du duc d'Orléans imita son maître et ses amis. Une comédienne devint la rivale de Madame de Modène, dont le fils eut pour sœur la fille de Madeleine Béjart.

(1) M. Fournel, *Les Contemporains de Molière*, II, 183, 185.

§ III.

M. de Modène et Madeleine Béjart.

La rivale de Mme de Modène n'est autre en effet que Madeleine Béjart, destinée à devenir l'une des plus fameuses comédiennes du XVIIe siècle, mais qui alors, en 1637, n'était qu'une jeune fille de dix-neuf ans, dont rien ne faisait encore prévoir la célébrité, Cependant elle avait déjà fait parler d'elle, et son nom devait être connu des poètes de théâtre, comme des jeunes gentilshommes du Marais.

Madeleine était la fille d'un pauvre huissier à la maîtrise des eaux et forêts de France, Joseph Béjart et de Marie Hervé. Née ou du moins baptisée le 8 janvier 1618, paroisse Saint-Gervais, elle était l'aînée des filles de ses parents qui, pauvres d'argent, furent du moins riches d'enfants, puisqu'ils en eurent presque une douzaine. Le maigre office d'huissier à la table de marbre du Palais n'était pas une grasse provende pour faire vivre toute cette tribu des Béjart ; aussi la voit-on incessamment forcée, par la gêne sans doute ou par son développement, de changer de logement. Elle est sans cesse errante de 1615 à 1632 de la paroisse St-Gervais, à la paroisse St-Paul, alors, il est vrai, si bizarrement enchevêtrées l'une dans l'autre.

Madeleine était belle et sa famille peu chargée de scrupules. Au lieu de la misère qu'elle eut trouvée dans la maison trop pleine et trop étroite de ses parents, elle préféra de bonne heure faire bande à part, chercher fortune elle-même dans les aventures d'une vie plus libre, moins bourgeoise, plus large et plus risquée que celle qu'elle eut obscurément menée à l'ombre du foyer de la famille en restant pauvre et digne d'être rosière. Elle eut le talent de faire bien jeune de précoces économies. L'acte par lequel elle se révèle à nous pour la première fois, le 10 janvier 1636, nous la montre à l'âge de dix-huit ans, possédant déjà deux milles livres, et en empruntant deux mille autres pour payer une petite maison, avec jardin, qu'elle venait d'acheter moyennant quatre mille livres, cul de sac Thorigny, au Marais, le quartier de la galanterie. Elle était « émancipée d'âge », ayant à peine dix-huit ans révolus. Bien que si jeune, elle était déjà propriétaire : cela était plein d'espérances pour l'avenir. Le dit jour, son conseil de famille, assistant son curateur, Simon Courtin, et assemblé devant le lieutenant particulier civil, Michel Moreau, se montra plein de tolérance et de facile composition. Meilleur appréciateur de l'économie que de la vertu, il l'autorisa à contracter l'emprunt des deux milles livres, qui lui faisaient défaut. Madeleine, ainsi encouragée à continuer ses épargnes était bel et bien émancipée de toute façon (1).

La seconde fois que la fille des Béjart se révèle à nous, presqu'au lendemain de cette assemblée de famille, c'est par un acte d'un intérêt plus piquant qui nous permet de nous rendre compte plus sûrement de la carrière qu'elle avait embrassée et de mieux apprécier sa vie intime.

En 1636, le poète Rotrou faisait imprimer sa tragédie d'*Hercule mourant*, représentée dès 1632, et la dédiait au cardinal de Richelieu, en la faisant précéder d'une ode et d'une dédicace en son honneur. Il habitait alors au Marais, rue Neuve-Saint-François, tout près de l'impasse Thorigny. En pleine possession de sa renommée théâtrale à la veille de l'apparition du *Cid*, il n'avait pas moins de réputation dans les ruelles qu'au théâtre. « Type de cavalier accompli,

---

(1) Voir cet acte dans les *Recherches sur Molière*, de Soulié, p. 172 et dans M. Loiseleur, *Les points obscurs de la vie de Molière*, p. 388. Je ne crois guère que Madeleine ait fait quelque héritage particulier qui la tirât hors de pair, comme M. Vitu le croit possible à propos de son frère Joseph Béjart, prenant le titre de sieur de la Borderie, titre qui est simplement un nom de comédie, comme paraît aussi l'être celui de s[r] de Belleville, porté par son père.

presque de raffiné », s'il fallait en croire son buste du foyer de la Comédie française, *héroïsé* par Caffieri, il était l'objet des regards de toutes les beautés du Marais (1). Il avait le cœur tendre et était destiné à ne guère trouver de cruelles.

Au nombre de celles qui ne manquèrent pas de l'admirer figura en première ligne Madeleine Béjart.

Elle lui décocha un quatrain, terminé selon l'usage du temps par une jolie pointe, et le poète eut la galanterie de le faire imprimer en tête de sa pièce.

Voici les vers de la jeune admiratrice de Rotrou (2) :

« Ton Hercule mourant va te rendre immortel ;
Au ciel comme en la terre, il publiera ta gloire,
Et laissant ici-bas un temple à sa mémoire,
Son bûcher servira pour te faire un autel ».

(1) Il faut cependant bien se garder de lui supposer la tête quasi fascinatrice du buste de Caffieri, qui nous a donné un Rotrou complètement apocryphe. Depuis que j'ai écrit mon livre sur le poète de Dreux, j'ai pu voir chez M. de Rotrou, grâce à sa parfaite obligeance, les deux seuls portraits authentiques de l'auteur de *Saint-Genest*. L'un, le seul vrai, en réalité, est le Rotrou en magistrat d'après lequel a été faite la gravure de Desrochers. L'autre est un Rotrou *appollonisé*, ainsi que me le disait si justement son possesseur. Il tient une lyre dans la main, sa tête est ceinte d'une couronne de lauriers ; il est vêtu d'une tunique retenue par une agrafe. Il faut déjà bien de la complaisance pour retrouver une ressemblance vague avec le premier portrait. Quant au buste de Caffieri, fait d'après la communication, par la famille, du portrait de Rotrou en *Parnassien*, c'est simplement une œuvre de fantaisie magnifique, mais qui ne ressemble en rien à son modèle. Il est d'autant plus facile de s'en convaincre dans le salon de M. de Rotrou, qu'on y trouve aussi la maquette du célèbre buste du foyer de la Comédie française.

(2) Voir *La vie de Rotrou mieux connue, Documents inédits sur la société polie de son temps et la querelle du Cid*, Paris, in-8º, Picard, 1884, pp. 45, 75. — Madeleine Béjart n'est pas la seule comédienne française de ce temps, qui ait fait des vers. On trouve deux épigrammes de Melle de Beaupré et de Melle d'Orgemont dans *Les Chevilles* de Mme Adam, édit, de 1654, in-12, p. 76 et 83. Le même ouvrage, p. 82, contient aussi douze vers de Floridor. Dans *La muse naissante du petit de Beauchasteau*, 1657, in-4º, on voit une épigramme de M. de Villiers, comédien de la troupe royale, sans parler des vers de la signora Aurelia, *comica incomparabile*. — Quant aux vers adressés à la Béjart, ce n'est pas le lieu d'en parler ici. Me Charles Livet en a récemment fait connaître qui ont pour auteur Georges de Scudéry.

Le quatrain était flatteur et n'était pas trop mal tourné. Madeleine, en le voyant imprimé, dut être charmée de pouvoir participer, pour une petite part, à l'immortalité d'Hercule et de Rotrou. Elle ne ressemblait certes pas à la jeune fille, à propos de laquelle Tallemant a écrit la seule anecdote qu'il ait consacrée au poète de Dreux (1) : « Rotrou, le poète comique ou tragique ou tragicomique, comme il vous plaira, cajoloit une jeune fille à Dreux sa patrie. Elle le recevoit assez mal. On luy dit : Vous maltraittez bien cet homme : Scavez vous bien qu'il vous immortalisera ? — Luy ? » dit-elle, « ah qu'il y vienne pour voir ». Madeleine devait être plus facile à se laisser immortaliser par Rotrou, peut-être son maitre en poésie, comme il fut celui de Madeleine de Lyée, la future femme de M. de La Calprenède. Ses vers, presque contemporains probablement de l'achat de la maison de l'impasse Thorigny, car l'achevé d'imprimer de l'*Hercule mourant* est du 28 mai 1636, sont les seuls qui nous restent de Madeleine. Molière, ne paraît pas en avoir obtenu autant d'elle pendant les trente années où leur vie devait se trouver si étroitement mêlée et n'en a pas besoin d'ailleurs pour sa gloire (2). Indépendamment de la piquante rencontre de la Béjart et de Rotrou qu'ils nous dévoilent, ils ont encore pour nous un autre intérêt : ils permettent de conclure, selon moi, que Madeleine était déjà comédienne.

Pour qu'une petite bourgeoise de dix-huit ans se mêlât de faire des vers, annonçant qu'elle connaissait les tragédies à la mode, et osât les adresser à un poète de théâtre aussi en vue que Rotrou, après lui avoir sans doute aussi lancé

(1) Voir Tallemant, VII, p. 534. Je cite ici cette anecdote que j'ai oublié de relater dans *La vie de Rotrou mieux connue*, et que les éditeurs de Tallemant ont omis de relever la table de leur édition.

(2) Il faut s'empresser de dire que la mode des vers liminaires, inscrits en tête des pièces de théâtre, ne se prolongea guère au-delà de l'époque du *Cid*, du moins entre poètes *di primo cartello*.

ses œillades, il fallait qu'elle eut elle-même monté sur les planches. Là seulement elle put trouver, avec le goût de la poésie, l'aplomb de la scène et la bravoure, qui lui permirent de décocher ses vers à un grand poète qu'elle avait eu la bonne fortune de rencontrer dans les coulisses. A pareille époque, sa présence sur un théâtre explique seule ce quatrain ; elle aide aussi à faire mieux comprendre comment cette jeune fille, dont le père n'allait pas tarder à mourir insolvable, avait déjà su se faire des revenus particuliers, avec l'approbation d'un conseil de famille prêtant les mains à ses épargnes (1).

Madeleine était dès lors comédienne, le fait est pour ainsi dire certain ; mais sur quel théâtre avait-elle débuté ? C'est ce qu'on ignore. La plupart des auteurs parlent d'une troupe de campagne ; son dernier biographe, M. Larroumet, hésite entre une troupe foraine, et une des nombreuses troupes d'amateurs que, suivant lui, Paris possédait (2). Déjà, j'ai écrit ailleurs, qu'elle était comédienne du Marais (3) ; j'eusse dû être moins affirmatif et indiquer seulement cette qualité comme probable. Mais me suis-je trompé ? N'est-ce pas en effet là le théâtre auquel elle devait être plus probablement attachée de 1636 à 1638 ? Je le crois encore aujourd'hui.

C'est sur la limite de ce quartier du Marais et de la rue Saint-Antoine qu'a été élevée et qu'a grandi Madeleine ; c'est à la porte de ce théâtre qu'elle achète une maison au commencement de 1636. C'est tout près de là que se trouve

---

(1) Voir aussi dans l'édition de *La Fameuse comédienne,* donnée par M. Livet, Liseux, 1876, p. 119, la note relative à l'emprisonnement de son oncle, Pierre Béjart, le 15 octobre 1643. Sur les biens personnels de Marie Hervé, voir la note de M. Loiseleur, *Les points obscurs de la vie de Molière*, p. 383 et suiv. Jusqu'à ce jour, il n'y a guère que M. Baluffe (*Le Moliériste*, t. VII, p. 82), qui se soit posé en défenseur de la complète honorabilité et de la bonne situation de fortune des Béjart.

(2) Voir *Revue des Deux-Mondes*, tome 69e, (1er mai 1885*)*, pp. 125, 127.

3) V. *La vie de Rotrou mieux connue*, p. 45.

l'hôtel de Guise, où habite, lorsqu'il vient à Paris, le duc d'Orléans, dont M. de Modène est le chambellan ; c'est à ce théâtre que Modène eut une occasion toute naturelle de la voir et de s'en éprendre, de même que Henri de Lorraine, son ami, le futur duc de Guise s'y éprit de la Villiers (1). C'est là que dut la voir Rotrou, qui, s'il était plus familier avec l'hôtel de Bourgogne où avaient été jouées d'original la plupart de ses pièces, n'en fréquentait pas moins le Marais, le théâtre de Mondory, le théâtre de prédilection de ses deux protecteurs, le cardinal de Richelieu et le comte de Belin. La coïncidence de l'achat de la maison de la rue de Thorigny et de l'envoi d'un quatrain à Rotrou, au commencement de 1636 prouve d'ailleurs qu'elle habitait bien alors à Paris et ne faisait pas partie d'une troupe de campagne (2).

Qu'on n'objecte pas qu'on ne la trouve point sur les listes des actrices de la troupe du Marais, et qu'elle ne prend pas elle-même la qualité de comédienne. Bien des comédiens de passage dans cette troupe du Marais, si peu stable, composée d'éléments si souvent renouvelés, à part les chefs

(1) Je citerai encore, comme preuve de la séduction exercée alors par les femmes de théâtre, l'amour de d'Armentières pour Mlle Valliot, et celui de Benserade pour la Bellerose. — Si l'on connaissait mieux la date des premières amours de M. de Modène et de Madeleine, on pourrait attribuer au chambellan de Monsieur l'entrée de la jeune actrice au théâtre du Marais. Elles durent précéder et amener la retraite de madame de Modène dans le Maine en avril 1637, ce qui permet de les faire remonter à 1636.

(2) Quant au *tripot de la Perle* au Marais, situé dans la rue où Marie Hervé possédait une maison (qu'elle habitait en 1643), et où d'aucuns disent que Molière a pu jouer avant la constitution de l'*Illustre théâtre* (Voir le *Moliériste*, 5e année, p. 280), j'avoue ne rien savoir à son égard. Le *Tripot* du Marais était si voisin de la rue de la Perle, comme on le voit dans tous les documents du temps (notamment dans le *Journal de Dubuisson d'Aubenay*, II, 288, 291), que le prétendu *tripot de la Perle* pourrait bien faire double emploi avec lui. — On a remarqué aussi que lors de la constitution de l'*Illustre théâtre*, le 30 juin 1643, tous les acteurs de cette troupe demeurent au Marais, ou dans le voisinage.

d'emploi, nous sont restés inconnus. Qui saurait, sans un mot dit incidemment par Tallemant, que la petite Saint-Amour Frerelot « une mignonne qui avait été un temps de la troupe de Mondory » avait appartenu à ce théâtre (1). Eh bien, Madeleine devait être, comme elle une mignonne, une belle petite du Marais, ayant été *un temps* de la troupe de Mondory (2). Peut-être, n'y avait-elle paru d'abord qu'en passant, comme une recrue, comme les gagistes d'alors, ou comme les figurantes d'aujourd'hui ; mais toujours est-il que c'est-là sur cette scène, dans son centre, dans son quartier, qu'étant données, toutes les raisons que j'ai citées il est plus vraisemblable de se la représenter alors. De même, on voyait, il n'y a pas bien longtemps, les demoiselles du passage du Saumon, qui croyaient avoir le goût du théâtre, faire leur apprentissage sur la scène de l'*Ecole de Molière*, où débutèrent, quasi en famille, bien des jeunes actrices il n'y a guère plus de trente ans. Madeleine, comédienne d'avenir, avec sa beauté, sa jeunesse, son esprit, qu'annoncent les pointes du quatrain à Rotrou, et les germes du talent qu'elle avait en elle, ne devait pas être déplacée sur le théâtre du Marais, où figuraient dans les premiers rôles, la Villiers, la Beaupré et Melle de Beauchâteau. Tout cela sert à expliquer comment elle put avoir l'honneur, auquel ne parvinrent pas beaucoup de ses pareilles, de débuter sur ce théâtre. Rotrou ne se fut pas sans doute paré de ses vers sans la notoriété qu'elle dut y trouver. Sa renommée empêcha Richelieu d'être surpris de rencontrer, en tête de l'*Hercule mourant*, le quatrain de la jeune actrice que Rotrou avait osé placer à côté de l'ode dédiée au grand Cardinal.

(1) On peut dire la même chose de l'actrice du Marais, Melle Roste, que Racine consulta, ainsi que La Roque, sur sa tragédie d'*Amasie* et dont le nom serait inconnu sans sa lettre à l'abbé Le Vasseur, du 5 septembre 1660. Quand aurons nous enfin l'histoire du théâtre du Marais ?

(2) Il y a longtemps qu'Edouard Fournier a dit qu'elle s'était fait de bonne heure un nom parmi les demoiselles du Marais.

Si Madeleine n'avait été qu'une comédienne de campagne, Rotrou n'eut certes pas eu cette témérité, qui se comprend mieux dès lors que « la jeune Muse » faisait partie de la troupe patronnée par le ministre (1).

Si l'on élimine la scène du Marais, on ne sait à quel théâtre de Paris la rattacher. Il ne faut pas songer alors à la troupe royale de l'hôtel de Bourgogne ; c'est déjà un bonheur inespéré pour elle de figurer avec les petits comédiens du Marais. Quant aux troupes de la rue de la Harpe, du duc d'Angoulême, du duc de Vendôme, qui sait quelque chose de leur composition ? Celle de M. le Prince, que j'ai commencé à faire connaître, n'était qu'une bande de comédiens de campagne. Ce n'est pas non plus dans une troupe d'amateurs parisiens que je suis tenté, pour ma part d'aller chercher Madeleine. Je sais bien que dans tous les mondes d'alors, parmi ceux de la haute vie, comme dans la petite bourgeoisie, il y avait des sociétés qui jouaient la comédie pour leur propre plaisir. Les familiers de l'hôtel de Rambouillet la représentaient, tout comme Perrot d'Ablancourt, Laffemas et d'autres (2). Mais ce n'est pas là ce qu'on entend par des acteurs de profession et Madeleine

(1) La seule objection à faire à cette opinion, c'est qu'il est étonnant de voir plus tard Madeleine descendre du Marais à une troupe de campagne. Ce n'était pas l'habitude, il est vrai ; mais on peut très-bien comprendre comment ayant quitté le théâtre par suite de ses relations avec M. de Modène, puis étant retombée dans la gêne, au lendemain de l'abandon où ne tarda pas à la laisser son protecteur, elle fut réduite par le besoin et pour aller au plus pressé, sans parler d'autres raisons que j'indiquerai plus tard, à entrer dans une troupe de province.

(2) Les *mémoires de Bassompierre*, édition de la Société de l'histoire de France, t. I, p. 147, parlent dès 1620 d'une comédie « de personnes particulières chez Chanvollon, qui ne faisoient point de profession de comédiens ». Les théâtres de collège devaient donner le goût de ces théâtres de société. — Je trouve ici l'occasion de citer une curieuse page inédite de l'histoire du théâtre de société à cette époque. Je l'extrais d'un manuscrit de la bibliothèque de Rennes, n° 291, œuvre du père Balthazar de Bellesme, capucin du Mans, né à Beaumont-sur-Sarthe, qui fit profession le 9 janvier 1627, à 23 ans, et a consigné dans ce manuscrit, qui s'arrête à

Béjart au contraire, était bel et bien une comédienne qui était montée sur la scène pour y trouver des moyens d'existence (1).

Si la profession théâtrale, à l'heure des bravos, a ses éblouissements, ses rêves de fortune, il ne faut pas oublier non plus le revers de la médaille. Il n'est guère facile à la femme qui l'aborde de ne pas laisser aux buissons du chemin un peu de sa vertu. Il en est peut-être qui se font l'illusion de pouvoir rester honnêtes au milieu des conditions difficiles et des dangers multiples de cette vie factice; mais le nombre devait encore en être relativement moins grand en 1636 que de nos jours, alors que l'état de comédien était à la fois réprouvé par l'église et par la société (2).

1663, un certain nombre d'événements de son temps, intéressant le Maine et même tout le royaume :

« Le 14 septembre 1644, Bertou, bourgeois de Paris, d'honneste parenté et autrefois fort riche, représentant le personnage d'un mort en une comédie, entreprise pour son plaisir avec autres de son humeur, au bourg de Vitry à 2 lieues de Paris, comme le magicien vint le ressusciter avec sa baguette, il se trouva effectivement roide mort au grand étonnement et effroy de toute la compagnie et la mort se mocqua de celuy qui vouloit rire d'elle (p. 113 v°). » Ne sont-ce pas les termes mêmes qu'on répéta à la mort de Molière, au sortir de la représentation *du Malade imaginaire?*

(1) Il n'y a rien à conclure de ce qu'elle ne prend pas cette qualité dans les rares actes où elle figure. Tous ceux qui ont pratiqué les registres de l'Etat-civil savent que bon nombre de comédiens ne la prennent pas davantage et la dissimulent même sous celle de bourgeois de Paris.

(2) Voir, sur les épines qu'offre, pour les femmes qui veulent rester honnêtes, la carrière dramatique, la Jeunesse de Fanny Kemble de madame Craven, livre inspiré des *Records of girl hood*, écrits par l'actrice. Sur l'opinion générale d'alors à l'égard des comédiennes voir ce que Tallemant dit en deux mots, V, 475, de Catherine de Surlis, qui fit un instant partie de la troupe de l'*Illustre théâtre*. — Il est curieux de rapporter sur cette question les dires de Tristan, qui a successivement plaidé le pour et le contre. Dans ses *Lettres meslées*, 1642, p. 147, voir lettre XX, « *à une belle comédienne, en 1620, expressions de pitié de sa condition* ». L'auteur dit qu'il ne fait que la plaindre, pendant que d'autres l'admirent, et l'invite à prendre bien garde au choix de ses affections. Au contraire, dans son recueil de *Poésies galantes et héroïques* (in-4° édit. de 1662) pp. 324-328, on lit une curieuse pièce de vers écrite entre la représentation de *Pantée* et la mort de Richelieu, « à Melle D. D. excel-

Madeleine Béjart eut-elle cette illusion en embrassant la carrière du théâtre ? Je l'ignore, mais elle ne tarda pas à rencontrer son prince charmant qui lui soupira de douces paroles d'amour, et auquel elle dut céder assez promptement. La forteresse ne devait pas faire une longue résistance à un assaillant de bonne race, riche et de belle mine ; il n'y avait pas besoin d'être un Duguesclin pour démanteler la place, qui ne demandait qu'à se rendre à un personnage d'importance. Ce prince charmant à qui Madeleine donna son cœur, ce fut M. de Modène.

Où la connaissance se fit-elle entre eux ? Pas n'est besoin je pense de recourir à une rencontre dans le Comtat, en Provence ou en Languedoc. Madeleine, non-seulement rue de Thorigny, mais sur le théâtre du Marais où elle était plus en vue, se trouvait à la fois à la porte de l'hôtel de Guise, où sa qualité de chambellan de Gaston appelait M. de Modène, et tout près de la place Royale, c'est-à-dire de l'hôtel de Lavardin, où habitait peut-être encore sa femme.

Ayant le goût des lettres et *du théâtre* (ce qu'il ne faut pas oublier), vivant comme Henri de Lorraine au milieu de poètes et d'auteurs dramatiques, Esprit de Rémond dut surtout fréquenter la scène du Marais en 1637, l'année du

---

lente comédienne pour lui persuader de monter sur le théâtre ». Tristan attribue au Cardinal la réforme de la scène, qu'il a nettoyée, dit-il, de tous ses vices. La pièce mériterait d'être citée en entier. Je ne puis en donner qu'un court extrait :

> « Di moy qui te peut t'empescher
> De parestre sur le théâtre.
> Est ce que tu crains de pécher
> En rendant le peuple idolâtre....?
>
> Pourquoy donques différes tu
> De mettre cet art en usage
> Où la fortune et la vertu
> S'exprimeront sous ton visage.... ? »

« Le comte brave et charmant », dont Tristan se dit aussi le protégé dans cette ode, est sans doute le comte de Saint-Aignan, à qui il dédia *La mor de Senèque*.

Cid de Corneille et de la *Mariamne* de Tristan et y apercevoir souvent la belle Madeleine. Peut-être aussi la connaissance, commencée de la sorte à Paris, s'acheva-t-elle ailleurs, ainsi que permet de le présumer un simple rapprochement de dates.

A l'automne de 1637, Monsieur réconcilié avec son frère depuis le mois de février, et alors épris d'amour pour une Tourangelle, Louison Roger, « embarqué avec elle », comme dit son favori Goulas, avait envoyé sa musique à Tours ; il y avait fait venir des comédiens, des danseurs et des violons, et avait eu recours pour ses ballets aux poètes illustres, aux baladins célèbres et aux beaux esprits (1). Les plaisirs du théâtre avaient été mis à la mode par Richelieu. Sa protection avait réveillé la verve des poètes, et les grands seigneurs à son exemple s'intéressaient vivement aux plaisirs de la comédie. A Paris, madame la comtesse de Soissons, et madame la princesse de Condé rivalisaient à qui aurait la plus belle chambrée pour entendre les pièces qui se jouaient à leurs hôtels.

M. de Modène, chambellan de Gaston, dut assister à Tours aux comédies qu'y fit jouer son maître en l'honneur de Louison Roger et dont Mademoiselle a parlé aussi bien que Goulas (2). Quelle était la troupe à laquelle il eut recours pour être agréable à son amoureuse ? Il est difficile de le préciser. J'ai déjà dit qu'on pouvait cependant présumer que ce fut celle du Marais. Le 30 octobre 1634, l'acteur de Villiers, Claude Deschamps, alors marié à Françoise Olivier, et dès cette date acteur du Marais est dit « Comé-

---

(1) *Mémoires de Goulas*, I, 323. — Peu d'auteurs dédièrent leurs pièces à Monsieur, je ne trouve guère à lui dédiées à cette époque que *la Filis de Scire* de Pichou, 1632, les *Aventures amoureuses d'Omphale*, de Grandchamp, 1630, et la *Mariamne* de Tristan, en 1637.

(2) *Mémoires de Mademoiselle*, 1746, in-12, t. I, pp. 22, 35. Mademoiselle dit qu'à Blois, à la Toussaint, Monsieur eut les mêmes comédiens qu'il avait eus à Tours.

dien de Monsieur, frère du roy », lors du baptême de sa fille Charlotte, célébré dans la paroisse de Saint-Jean-en-Grève (1). La troupe du Marais, habituée aux excursions en province, devait être familière avec les bords de la Loire, auprès desquels on rencontre Floridor à Saumur en 1638 (2). On peut donc supposer que Madeleine Béjart se trouvait au nombre des acteurs qui jouèrent à Tours pendant l'automne de 1637, et à Blois à la Toussaint, à la cour de Monsieur et que là s'acheva la connaissance entre elle et monsieur de Modène. Je ne crois pas qu'il soit besoin de recourir à cette hypothèse ; mais j'ai voulu cependant la signaler.Neuf mois après le commencement d'octobre 1637, c'est-à-dire le 3 juillet 1638, venait au monde une fille, née de M. de Modène et de la jeune comédienne, et qui, huit jours après, était baptisée paroisse Saint-Eustache à Paris.

J'ai déjà parlé dans *La Troupe du Roman comique dévoilée* (p. 10-11) de l'acte de baptême de cette enfant, qu'il me faut bien rappeler ici (3) : « Onziesme de juillet 1638 fut baptisé

(1) V. *Dictionnaire* de Jal, 1274. Ce n'est pas sans un certain étonnement qu'on voit un acteur du Marais, c'est-à-dire du théâtre patronné par le Cardinal, appelé comédien de Monsieur. Dès 1631, la Villiers était au Marais. — Sur Villiers, appelé Philippin dans ses rôles de valets, et sur sa femme, voir Tallemant, t. VII, pp. 172, 174, 177, 183, 190. On sait que ce fut la Villiers qui joua d'original *Chimène* dans le *Cid*. Il ne faut pas oublier que Jal dit que Villiers eut deux femmes, Charlotte Olivier, et Marguerite Chaufourriel. (Un acte de baptême de la paroisse Saint-Sauveur du 25 mai 1643, reproduit dans les ms. de Beffara, nomme cette dernière Marguerite Berquain). — L'abbé de Mervesin, dont les dires auraient besoin d'être confirmés, *Histoire de la poésie française*, 1706, p. 216, dit aussi que le duc d'Orléans fit rebâtir vers cette époque le jeu de paume du Marais, qui fut victime de plusieurs incendies.

(2) Voir *La troupe du Roman comique dévoilée*, p. 45, et ce que j'ai déjà dit de lui à propos du passage des Œillets au Mans en 1633. — Monsieur accorda successivement son patronnage à différentes troupes de comédiens, à celle du Marais, à l'*Illustre théâtre*, à la troupe d'Abraham Mitallat, qu'on voit à Lyon dès 1644 avec sa femme, qu'il avait épousée à Sens en 1630. Voir *La troupe du Roman comique dévoilée*, pp. 145-149.

(3) Je reproduis d'après Jal, (p. 179), qui l'a emprunté au registre de Saint-Eustache, ce baptistaire déjà donné moins exactement par Beffara et par Fortia d'Urban, *Supplément aux éditions de Molière*.

Françoise, née du samedy troisiesme de ce présent moys, fille de messire Esprit Raymond, chevalier, seigneur de Modène et autres lieux, chambellan des affaires de Monseigneur frère unique du Roy et de damoiselle Magdeleyne Béjard, *la mère*, demeurant rue Saint-Honoré ; le parrin Jean-Baptiste de l'Hermitte, escuyer, sieur de Vauseille, tenant pour messire Gaston-Jean-Baptiste de Raymond, aussi chevalier, seigneur de Modène, la marraine damoiselle Marie Hervé, femme de Joseph Béjard, escuyer ».

C'est là un singulier baptême, vrai comble d'étrangeté et que j'ai qualifié comme il le mérite. M. Larroumet pense qu'il ne faut pas « grossir la voix à ce propos et appliquer à M. de Modène et à Marie Hervé les strictes règles de la morale bourgeoise : « Il y a ici, dit-il, plus à sourire qu'à s'indigner (1) ». Sourire de la complaisance de Marie Hervé, vraie mère d'actrice, vraie matrone de comédie et digne ancêtre de *Madame Cardinal*, l'héroïne de Ludovic Halévy, je le veux bien. Sourire de la faiblesse de M. de Modène, dominé par Madeleine au point d'afficher d'une façon aussi dégagée sa paternité et son oubli de toutes convenances, c'est déjà bien difficile (c'est déjà plus roide, dirait-on dans l'argot d'aujourd'hui). Mais sourire de l'absence de sens moral de ce père, qui descend jusqu'à mêler le nom de son fils à ses amours de contrebande, cela n'est pas possible. On pourrait peut-être pardonner tout le reste à M. de Modène, comme à Marie Hervé, d'après la morale indulgente de nos jours. Le jeune gentilhomme a aimé cette belle jeune fille à la folie et n'a pas eu la force de rien lui refuser ; il a déclaré hautement son amour pour elle, peut-être pour se venger de la femme qu'on lui avait imposée, pour se dégager à sa façon de ce mariage disproportionné qu'on lui avait fait contracter sans consulter ses préférences huit ans auparavant. Marie Hervé, qui devait d'ailleurs

(1) *Revue des Deux-Mondes*, t. 69e, p. 126.

s'attendre à bien des choses en laissant sa fille embrasser la carrière du théâtre avant dix-huit ans, et lui avait seulement donné le conseil de bien placer ses affections, a été toute fière de voir sa fille avoir un tel protecteur (1). Elle n'a eu garde de lui reprocher d'avoir songé de la sorte aux intérêts de la famille et elle a tenu sur les fonts l'enfant de Madeleine, ce qu'elle n'eut sans doute pas fait si le père eut été un pauvre comédien. Tout cela se conçoit, et il vaut mieux en rire, je le veux bien, pour n'avoir pas à en pleurer (2). Mais le jeune Gaston, pourquoi le faire figurer dans cette tragi-comédie ? C'est un enfant de sept ans à peine ; il est bien innocent des démêlés de Monsieur et Madame de Modène, innocent du manque de jeunesse et de beauté de sa mère. Son père n'a aucune raison pour le rendre responsable de ce qu'il a pu souffrir ; pourquoi salir son nom du contact de cette bohême, alors qu'il n'est pas même présent et que M. de Vauselle est là pour servir de digne compère à la vieille Béjart ? Il y a là un raffinement de vengeance qui n'est pas à l'honneur de M. de Modène. Dira-t-on que peut-être on l'avait privé de son enfant, élevé auprès de Madame de Modène, et qu'il se vengeait, comme il le pouvait, de cet éloignement, qui semble cependant bien naturel ? Cela ne suffirait pas pour le justifier. S'il a agi de la sorte, c'est qu'il n'avait pas d'entrailles de père.

Jadis cet acte de baptême ne soulevait pas une semblable répulsion. On ignorait, jusqu'à ce que je l'eusse fait connaître en 1876, l'existence actuelle de madame de Modène,

(1) On se rappelle les dires de *La Fameuse comédienne*, édition Livet, p. 4, à propos de Madeleine : « elle assuroit que dans son dérèglement (si l'on en exceptoit Molière), elle n'avoit pu souffrir que des gens de qualité ».

(2) On peut en rire comme des tours de page, qu'on lit dans le *Page disgrâcié* de Tristan ou de ceux des valets effrontés des comédies de Regnard, si gaies et si dénuées de sens moral. Mais il ne faut pas oublier qu'ici c'est un gentilhomme qui se conduit en *Frontin*, en valet de comédie.

que d'après Fortia d'Urban on supposait morte depuis bien longtemps. En voyant le jeune gentilhomme avignonnais afficher si crûment, en 1638, sa liaison avec Madeleine Béjart, bel et bien approuvée par la mère de l'actrice, tout le monde disait qu'il annonçait clairement par là l'intention de l'épouser (1). Personne n'osait en douter : il s'agissait d'une sorte d'union morganatique, et Fortia d'Urban le crut si bien qu'il alla jusqu'à faire de Madeleine l'épouse légitime de M. de Modène.

Depuis il a fallu en rabattre et renoncer à tout ce roman. Mme de Modène étant bien vivante alors, n'annonçait nullement l'intention de vouloir bientôt mourir (sa fin n'arriva que onze ans plus tard (2). Force a été, bien qu'à regret, de ne plus parler que d'espérances de mariage, reléguées dans un lointain avenir ? M. de Modène, ne dut probablement pas même les avoir pour sa part, puisque, devenu libre, il n'épousa nullement Madeleine, et la comédienne seule pût les concevoir un instant. C'est en voyant encore reparaître aujourd'hui à propos de leurs amours les mots « *d'union morganatique* » (3), (jamais il n'y eut d'euphémisme plus trempé de miel), qu'il y a réellement lieu de sourire. Ce n'est pas de ce terme qu'alors la coutume de Paris et qu'aujourd'hui le code civil eussent qualifié le cas de M. de Modène et de Madeleine Béjart. Se fussent-ils mariés plus tard, leur enfant n'eut pas pu même être légitimé, puisque la petite Françoise était bel et bien un enfant adultérin.

(1) Voir *La troupe du Roman comique dévoilée*, pp. 10-11.

(2) Je ne sais pourquoi M. Loiseleur, *Les Points obscurs de la vie de Molière*, p. 105, a parlé *de son état maladif*. L'acte que j'ai fait connaître, montre seulement qu'elle était malade au moment de sa mort, ce qui est assez naturel. Depuis M. Loiseleur, on a encore renchéri sur ses dires et l'on a écrit, sans qu'il y ait le moindre fondement à une pareille allégation, que Mme de Modène « était dans le plus triste état de santé ».

(3) Voir M. Vitu, préface en tête des *Etudes sur la vie et les œuvres de Molière*, par Edouard Fournier, Laplace et Sanchez, 1885, in-12, p. VIII et M. Larroumet, *Revue des Deux-Mondes*, t. 69e, p. 127.

Le vicaire qui rédigea cet étrange baptistaire connaissait l'illégitimité de cette naissance ; mais savait-il que M. de Modène était encore engagé dans les liens du mariage ? On peut en douter, et Jal me semble ne pas s'être trompé en disant qu'il ne fit que copier une note fournie par M. de Modène ; à lire cet acte (où le mot « *la mère* » trahit seule la tâche originelle), on croirait n'avoir à faire qu'à des noms dignes de figurer dans l'armorial de d'Hozier, au lieu de se trouver mêlé à des gens qui, s'ils ne sont de la pure bohême, la cotoient du moins de fort près ! Il n'y a pas jusqu'au pauvre Béjart lui-même qui ne soit qualifié du titre d'écuyer, de même qu'ailleurs il est appelé sieur de Belleville, ce qui sent d'une lieue la noblesse de comédie. Quant au parrain, Jean-Baptiste de l'Hermite, sieur de Vauselle, si sa noblesse était réelle, il n'en était et n'en resta pas moins toute sa vie un aventurier, tout en demeurant l'ami de l'ancien amant de la Béjart. Son nom devait rester accolé à celui de M. de Modène jusqu'à la mort du gentilhomme avignonnais ; plus encore que Madeleine Béjart, ce fut la tunique de Nessus qu'Esprit de Rémond ne put ou ne sut dépouiller pendant le reste de son existence. La femme de l'Hermite, Marie Courtin de la Dehors, était destinée à devenir la rivale de Madeleine Béjart. En se mariant plus tard à leur fille, M. de Modène épousa l'enfant de sa maîtresse et de son ami. L'acte de baptême du 11 juillet 1638 était le digne prologue d'une vie, dont l'acte de mariage du mois de décembre 1666 devait être le suprême couronnement.

La femme de l'Hermite était-elle réellement parente des Béjart, ainsi que l'a écrit Fournier? Il serait curieux d'éclaircir cette prétendue parenté. On voit Madeleine Béjart déjà émancipée, lorsqu'elle sollicite une autorisation d'emprunter en 1636, procéder sous l'autorité de Simon Courtin, bourgeois de Paris. Ce curateur était sans doute un parent. La femme de J.-B. l'Hermite, Marie Courtin de la Dehors, appartenait à une branche de cette famille Courtin, ce qui rend la parenté entre elle et les Béjart assez probable (1). Il ne serait pas impossible alors que l'Hermite eut été le complice de la mère Béjart, qui devait surveiller les amours de sa fille et que, de compère à commère, ils eussent préparé l'intrigue qui eut pour résultat final le baptême du 11 juillet et jeté les filets dans lesquels on peut dire que monsieur de Modène se trouva pris aussi bien que Madeleine.

Jean-Baptiste de l'Hermite était en effet l'ami de M. de Modène, poète à ses heures lui-même et se frottant aux poètes de théâtre. C'était le frère du pauvre François-Tristan de l'Hermite, qui nous a raconté les curieuses aventures de sa jeunesse dans son *Page disgrâcié*, et venait de débuter au théâtre par un coup d'éclat, sa tragédie de *Mariamne*, dont le succès avait balancé celui du *Cid*. Tristan faisait partie de la maison de Monsieur, auquel il dédia cette tragédie (2). Il était également bien vu du beau-frère du duc d'Orléans, de Henri de Lorraine, dont il fut une bonne partie de sa vie le familier, l'hôte, *le domestique*. A son exemple, son frère puiné, Jean-Baptiste de l'Hermite, s^r de Vauselle, commença par s'adonner à la poésie. Cette communauté de goûts, jointe aux rapports qu'il avait avec son frère, dont j'ai

(1) Fournier, qui, trompé par la double qualification de s^r de Vozelle et de s^r de Souliers, dont s'est tour à tour affublé Jean-Baptiste l'Hermite, a vu en eux deux personnages différents, a écrit p. 35 de son *Roman de Molière* : « la femme de l'Hermite de Souliers était parente de la Béjart ; elle s'appelait Marie Courtin de la Dehors et était par *Les Porcher*, parente de la Béjard (*Descente généalogique d'Etienne Porcher, habitant de Joigny*, 1650, in-8º p. 8) ». Cette généalogie des Porcher n'établit nullement, au contraire, qu'ils fussent parents des Courtin, et cite seulement une Isabeau femme *d'Oléovolin de Ladehors*.

(2) Tristan figure au nombre des seigneurs étant au service de Gaston, p. 56 du ms. de Pierre d'Hozier déjà cité, (Cabinet des titres, nº 694). Il dédia sa tragédie de *Mariamne* à Monsieur et *La Folie du Sage* en 1644 à Madame. Dans les *Lettres meslées* du s^r de Tristan, Courbé, in-8º, 1642, se lit p. 25 la lettre à Mgr le duc d'Orléans en lui présentant la tragédie de *Mariamne*.

révélé les relations avec la famille de Marguerite de la Baume, le mit sans doute en relations avec M. de Modène, plus fait pour briller dans l'antichambre de Monsieur et du duc de Guise et pour écrire ou pour lire des vers et discourir avec des gens de lettres que pour mener la rude vie des camps, et conquérir la gloire des champs de bataille.

Tout ce que nous savons sur le caractère d'Esprit de Rémond, indépendamment de la mauvaise réputation que lui valut jusqu'à la fin de sa vie son goût pour les comédiennes, se borne à quelques mots du duc de Guise. Henri de Lorraine parle de son « trop de douceur et de bonté naturelle, qui luy firent faire des fautes quoy qu'il eut toujours eu de bonnes intentions (1) ». Sa faiblesse fut sans doute une des causes qui le portèrent à céder en tout, lors du baptême de 1638, aux exigences et à la vanité de Madeleine. Est-ce pour en arriver enfin à cette victoire de la Béjart, que le baptême n'eut lieu que huit jours après la naissance de l'enfant ? Madeleine alors, avait quitté le Marais et habitait la rue Saint-Honoré, où l'avait peut-être établie M. de Modène (2). Tous ces déménagements successifs et qui sentent l'actrice nomade contribuent à empêcher de bien suivre son histoire, qu'il serait cependant intéressant de connaître plus à fond pendant sa liaison avec le mari de Marguerite de la Baume (3).

(1) Il le qualifie de la sorte, après avoir dit qu'il « étoit homme d'esprit et se laissoit aller avec trop de facilité aux conseils d'autrui ». Voir Les mémoires du duc de Guise, édition de 1681, in-12, pp. 167, 321, 464.

(2) La rue Saint-Honoré, qu'on ne l'oublie pas, est celle où est né et qu'habitait Molière chez son père, au coin de la rue des Vieilles-Etuves. Voir M. Vitu, la maison des Poquelins, *Mémoires de la Société de l'Histoire de Paris*, t. XI, 1884, p. 249 et suiv.

(3) En voyant en 1639 le père de Madeleine habiter paroisse Saint-Sauveur, lors de la naissance d'une fille dont elle est marraine, on se rappelle que c'est la paroisse des comédiens et on se demande si *le sieur de Belleville* n'avait pas emprunté le nom laissé vacant par la mort de Turlupin (Henri Legrand) et ne s'était pas fait lui aussi comédien à l'exemple de sa fille. Tous les comédiens se paraient ainsi de beaux noms

On ne sait en effet rien, je ne dirai pas sur le caractère plus ou moins passionné, du moins sur la durée de cette liaison des deux amoureux. Ce que l'on connait sur M. de Modène, au lendemain de cette équipée, c'est la dédicace de la tragédie de *La chute de Phaéton* (inspirée par les souvenirs d'Ovide), qui lui est adressée en 1639 par son ami Jean-Baptiste de l'Hermite de Vauselle, sans doute poète à ses gages et qui est la premièee preuve de son goût pour la poésie.

§ IV.

Les débuts poétiques de J.-B. de l'Hermite.

Jean-Baptiste de l'Hermite, je viens de le dire, était le frère puiné de François de l'Hermite, dit Tristan. Le troisième frère n'arriva pas à la même célébrité. L'auteur du *Page disgrâcié* a dit de lui : « J'avois un cadet dans le régiment des gardes, Séverin, enseveli dans la mine de Royan. L'autre on l'appelle *le chevalier de l'Hermite* (1) ».

Cet autre, qui se faisait appeler en 1642 le chevalier de l'Hermite, changea plus d'une fois de nom : après s'être

de fantaisie. Joseph Béjart, le fils, s'est fait appeler lui-même *sieur de la Borderie*. Dans l'*Illustre théâtre* nous trouverons Germain Clérin, sieur de Villars, Poquelin, sieur de Molière, Georges Pinel, sieur de la Couture; plus tard les noms de nouveaux compagnons de Molière, de Brie, du Parc, de La Grange, etc, seront des noms de même fabrique. — Béjart le père pouvait bien, lui aussi, n'être qu'un écuyer de comédie. (Voir Soulié, *Correspondance littéraire*, 1865, p. 83).

(1) V. le *Page disgrâcié*, édit. de 1667, tome II, p. 289. L'achevé d'imprimer de la 1re édition du *Page disgrâcié*, Quinet, 1643, est du 28 octobre 1642 pour la première partie et du 5 novembre 1642 pour la seconde. L'auteur débute par faire l'éloge de sa famille diminuée de sa grandeur par la ruine qui l'a frappée. — La première édition ne renferme pas la curieuse clef, où s'étalent les prétentions généalogiques des l'Hermite, et qu'on attribue à Jean-Baptiste, sieur de *Vauselle* ou de *Vozelle*.

nommé d'abord M. de Vozelle, il finit par se dire s^r de Souliers, en empruntant aussi plus d'une fois, entre temps, à son frère le nom de Tristan. C'est lui qui fut l'ami et le confident de M. de Modène. Fils de Pierre de l'Hermite *écuyer*, sieur de Souliers dans la Marche, et d'Isabelle Miron (1), Jean-Baptiste, de même que son aîné François, s'attribua l'honneur d'une généalogie fabuleuse. On peut voir le tableau gravé de ses VIII quartiers paternels et de ses VIII quartiers maternels. Il se dit là, comme en tête de plusieurs de ses ouvrages, issu des anciens comtes de Clermont d'Auvergne, fils de Pierre, *chevalier*, seigneur de Souliers et gouverneur pour le roi dans le château de la Chapelle-Taillefer, et d'Elisabeth Miron, dame et baronne de Castera et des Prés, descendante d'une famille espagnole (2). Mais là ne se bornent pas ses prétentions généalogiques ; ce n'est pas à cette place qu'elles sont étalées dans toute leur impudence. Il se disait, ainsi que son frère, descendant à la fois de Tristan l'Hermite, le fameux grand prévôt de Louis XI, et de Pierre l'Ermite, le prédicateur de la première croisade, deux ancêtres, ayant chacun une célébrité bien différente, qu'il réunissait à la fois et d'un seul coup dans sa personne. C'est dans les curieuses notes qui donnent la clef du *Page disgrâcié* que se fait jour cette

---

(1) Voir au Cabinet des titres, pièces originales, dossier 1516, un acte du 21 juin 1632 par lequel Isabelle Miron, veuve de feu Pierre de l'Hermithe, écuyer, fait saisir la terre de Souliers, pour sûreté des reprises auxquelles son contrat de mariage lui donnait droit.

(2) Ce tableau, qni se termine par Jean-Baptiste de Souliers, chevalier, seigneur de Souliers, donne la gravure des armes des soi-disant ancêtres paternels et maternels de celui qui l'a fabriqué. Il remonte jusqu'à un Geoffroy, sieur de Souliers. Voir Cabinet des Titres, pièces originales, dossier 1516. Pierre d'Hozier, p. 56 du ms. 694 du même cabinet, dit simplement François Tristan fils de Pierre, s^{gr} de *Soullières* et d'Ysabelle Miron. — De tous les historiens de Molière et des Béjart, Soleirol est celui qui a donné le plus de renseignements sur la famille de L'Hermite (en les mêlant d'erreurs sans nombre). Voir *Molière et sa troupe*, 1858, p. 10.

généalogie fabuleuse, qu'il est inutile d'examiner ici (1). Nous verrons plus d'un poète du temps rappeler à Jean-Baptiste son ancêtre de la première croisade, le compagnon de Godefroy de Bouillon ; mais c'est de faits réels que je veux parler, et non de ces inventions sans vergogne auxquelles ce serait faire trop d'honneur que de les discuter.

Jean-Baptiste de l'Hermite de Vozelle voulut marcher sur les traces de son frère Tristan qui, dès 1633, s'était fait connaître comme poète par ses *Plaintes d'Acante* (2), et profiter de la notoriété que le succès de la *Mariamne* venait de donner à leur nom. Pour exploiter ce succès, il fit donc à son tour une tragédie, *La chute de Phaéton* (3), et la dédia à M. de Modène, comme à l'inspirateur de sa pièce, dans la dédicace que je reproduis ici :

« A M[r], M[r] DE MODÈNE.

Monsieur,

« Il est bien juste que je vous offre cette tragédie et que vous me faciez l'honneur de la protéger ; puisqu'elle est presque autant à vous d'origine que d'adoption et que je vous suis redevable de la plus grande part de ses beautés. Vous m'avez fait l'honneur de me dire vostre avis sur toutes les parties de cet Ouvrage et de redresser par la bonté de vos sentimens beaucoup de conceptions essorées : Tellement qu'on peut dire avec vérité que ce Phaéton ne s'est élevé

---

(1) V. *Le Page disgrâcié*, 1re partie, p. 332 et suiv. et pp. 6, 339, 340 et suiv.

(2) V. *Plaintes d'Acante et autres œuvres du s[r] de Tristan*, 1633, in-4°. L'approbation est datée d'Anvers, le 10 juin 1633.

(3) V. *La Chute de Phaéton,* par M. de Vozelle, tragédie dédiée à M. de Modène, Paris, Cardin Besongne, aux Roses vermeilles, à l'entrée de la petite Galerie des Prisonniers, 1639, in-4°. — Les frères Parfaict, *Histoire du théâtre françois*, t. VI, p. 51-54. Ed. Fournier, *le Roman de Molière,* 1863, p. 44, etc.

qu'a vostre faveur et *n'est tombé* que par ma faiblesse. Aussi, Monsieur, ce n'est icy qu'un petit interest d'une grande debte, que je ne puis jamais acquiter avec assez de services. Il est vray que j'espère de me ressentir plus dignement de l'honneur de vostre amitié, lors que je mettray vostre nom sur *les cendres glorieuses* que je m'efforce de recueillir. On y verra des sépultures de vos ayeux de qui la gloire n'est point esteinte et dans le plus digne rang, celle de feu Monsieur vostre père, dont la vertu fut si généralement estimée de tout ce siècle. Je ne puis m'empescher de mettre icy quelque chose de ce monument sacré qu'un assez excellent burin a gravé dessus.

Celuy de qui ce marbre environne les os,
Fut digne également de bonheur et d'estime :
Passant, garde toy bien de troubler son repos,
Il ne troubla jamais de repos légitime.

Cet esprit généreux abhorrait la noirceur,
Il se montroit si franc et paroissoit si sage,
Que malgré ses Rivaux, n'eust esté sa douceur,
On l'auroit appelé le Caton de son âge.

Il se portoit au bien d'un esprit ingénu ;
D'aymer son intérest il ne fut point capable,
Et dans une rencontre il auroit soustenu
L'estranger innocent contre son fils coupable.

Son automne esprouva la rigueur des Autans ;
Il se vit affligé de colères celestes :
Mais durant sa disgrâce il fut des plus constans,
Comme dans sa fortune il fut des plus modestes.

C'est ainsi, Monsieur, que je me sers de tout pour ne paroistre plus ingrat, empruntant de mes amis pour y satisfarie, ne vous pouvant payer de mon propre bien. Je vous supplie après cela, de croire que je suis avec passion

    Monsieur   Vostre tres humble serviteur,

                         Lermite de Vozelle. »

Dans l'avis *à qui lit*, M. de Vozelle supplie le lecteur de regarder sa pièce d'un œil favorable, puisque c'est une production qui a plus besoin d'indulgence que de justice. Il ne la donne point comme un tableau de Phidias ou de Praxitèle : « ce n'est rien qu'une simple esbauche d'un pinceau qui n'est pas célèbre et qui ne se vante pas aussi de travailler pour l'immortalité. Si j'avois peu vaincre les prières de mes amis je ne l'aurois point mise au jour. Excusez donc de grâce les fautes que je n'ay faites que par faiblesse et par violence ».

L'auteur annonçait son œuvre comme un coup d'essai et de jeunesse. Il ne se trompait pas dans son appréciation ; il y a des vers de cette mauvaise tragédie, dans le portrait des *Destinées* entre autres, qui sentent par trop le jeune homme, et montrent bien l'absence de moralité qui règnait dans l'entourage de M. de Modène. La pièce n'eut pas de succès ; *elle tomba*, avoue l'auteur lui-même. Ne nous en étonnons pas trop : une tragédie de Phaéton était vouée fatalement à une *chute*.

Le privilège accordé à Cardin Besongne est du 28 avril 1639 et l'achevé d'imprimer du 10 mai. Après cette tragédie, on lit dans le même volume plusieurs sonnets : l'un « à Mgr l'éminentissime cardinal de Richelieu sur ses armes », l'autre, « sur la mort de très-haut et très-puissant prince Charles de Gonzagues, duc de Mantoue et de Nevers », un troisième « à son altesse sérénissime, Mme Marie de Gonzagues, princesse de Mantoue sur la mort de son père et de Mme d'Avenay, sa sœur », un dernier enfin « sur le portrait de M. de Caumartin, peint en Amour l'an 1632 (1) ».

---

(1) Plusieurs de ces sonnets sont signés « de Lermite Vauselle », ou « Lermite de Vozelle ». (Il admet lui-même ces deux orthographes de son nom ; j'ai fait comme lui et j'en préviens le lecteur une fois pour toutes). On les retrouve tous dans les *Meslanges de poésies héroïques et burlesques* du chevalier de l'Hermite, Paris, Guillaume et Jean-Baptiste Loyson, 1650, in-4°, pp. 74, 75, 76, 79.

L'Hermite de Vozelle, en suivant l'exemple de son frère, qui en tête de sa tragédie de *Panthée* avait loué à la fois Richelieu et le futur duc de Guise, n'avait pas su imiter son talent (1). Au reste, la tragédie de *Panthée*, cette sœur puinée de *Mariamne*, n'avait pas eu le succès de son aînée ; elle s'était ressentie du coup dont le théâtre du Marais fut atteint par l'apoplexie qui vint frapper Mondory.

La *Chute de Phaéton*, malgré la retraite du grand acteur, fut représentée sur le même théâtre (2). Peut-être Madeleine Béjart, la protégée de M. de Modène, y joua-t-elle un rôle, celui d'une des sœurs de Phaéton ?

On s'est demandé même si le sieur de Vozelle n'avait pas adressé des vers et aussi des soupirs à la maîtresse de son ami.

M. Paul Lacroix a cru pouvoir rapporter à Madeleine, comme témoignage des galanteries de M. de l'Hermite à son égard, ces huit vers qui se lisent à la page 64 des *Mélanges de poésies héroïques et burlesques du chevalier de Lhermite* et qui sont intitulés :

Réponse à la lettre de M. B.

« Que de puissans efforts par de si faibles armes,
  Si par mes soupirs et mes larmes

(1) Voir la tragédie de *Panthée*, Courbé, 1639, in-4º. Elle est dédiée à très haut et très puissant prince Henri de Lorraine, archevêque et duc de Reims, premier pair de France : « Je ne scaurois, dit Tristan, retenir mon zèle et m'empescher de produire un acte public de la passion dont je vous honore, encore que l'ouvrage que j'ose vous présenter ne soit pas digne de vostre grandeur et qu'une pièce de si petit prix vous face autant paroistre mon impuissance que ma très humble affection ». Le privilège est du 23 février 1638, et l'achevé d'imprimer du 10 mai 1639, c'est-à-dire du même jour que celui de *La Chute de Phaéton*. A la suite de la tragédie se lisent deux pièces de vers, dont l'une est intitulée : Tombeau de François Bridieu, abbé de Saint-Léonard, intendant de la maison de Mgr l'archevêque de Reims. En tête est un beau frontispice gravé par Daret, d'après La Hire. On voit jointe au volume, dans plusieurs exemplaires, une ode à Mgr Le Grand (M. de Cinq-Mars), 1641.

(2) De Mouhy, dans son *Journal ms. du théâtre français*, t. II, p. 787, la dit en effet représentée sur le théâtre du Marais.

Ce beau cœur se réduit sous les traits de pitié,
Et s'il conçoit pour moy quelque peu d'amitié !
Mais o divin objet dont mon âme est blessée,
Un reste de soupçon demeure dans ma pensée,
Si pour me l'oter de l'esprit
Je ne lis dans tes yeux ce que ta main m'écrit (1) ».

Il est possible même que ce ne soient pas les seuls vers qu'il ait envoyés à Madeleine, et qu'il s'en trouve d'autres à son adresse, parmi les vers amoureux écrits pour les Cloris et les Philis qu'on trouve en assez grand nombre dans le volume et dont plusieurs sont d'une galanterie des plus libres (2). M. de Vozelle courtisait les demoiselles du Marais, dont il fait dire « par les grenouilles » dans des vers de ballet :

« Toutefois ces belles Cloris
Ces courtisanes de Paris
Ne vivent plus qu'à notre exemple ;
Comme nous, bien souvent elles cherchent le frais ;
Et si nous aimons le marais,
Tout leur plus grand plaisir est au Marais du Temple (3) ».

Il pourrait se faire qu'il fut encore question de Madeleine Béjart dans une lettre de Tristan à son frère « pour luy donner des conseils sur la conduite de sa vie (4) ».

(1) *Meslanges de poésies héroïques et burlesques,* 1650, p. 64. — Dans ce recueil Jean-Baptiste a réuni toutes ses poésies antérieures à cette date. Le privilège accordé à Jean-Baptiste de Souliers, chevalier de Lhermite, est donné à Paris le 16 novembre 1649 et l'achevé d'imprimer du 20 décembre 1649. C'est dire que le recueil parait antérieur à l'entrée de l'auteur dans la troupe des Béjart et de Molière. Voir aussi Paul Lacroix, *Iconographie Moliéresque,* 2e édition, 1876, p. 148 et 104.

(2) Voir *ut suprà,* p. 66-67, 71, etc.

(3) V. *Meslanges de poésies historiques et burlesques,* p. 97, vers d'un ballet dansé à Saincte-Jalle. On y voit figurer le baron de Saincte-Jalle, le chevalier de l'Hermite, les s[rs] Porte et Bernard, Melle de Saincte-Jalle, Melle D. R., monsieur S. Les vers que je viens de citer sont de l'entrée des Vilains changés en grenouilles.

(4) V. *Lettres meslées du sieur de Tristan,* 1642, p. 451-459, lettre 91.

Dans cettre lettre, qui paroit écrite de 1640 à 1642, il dit à son frère : « Je suis bien aise que vous ayez vu 30 de ma part et qu'elle vous ait fait bon accueil. C'est une agréable personne à mon sentiment ». Après avoir parlé des beautés, des qualités charmantes de cette personne, il entame le chapitre de ses défauts et de sa légèreté. Il invite Vozelle à « ne pas se laisser séduire aux veines aparances de la bonté de cette dame, comme si elle étoit sans artifice » sans quoi, ajoute-t-il, elle vous aurait « adjouté au nombre des foux languissans dont elle se moque et feroit vanité publique de votre secrette imprudence (1) ».

Ce ne sont là que des lueurs ; mais d'autres peut-être pourront en tirer plus de lumière. Quoi qu'il en soit, L'Hermite de Vozelle avait débuté par aspirer « aux lauriers du Parnasse », comme disent ses amis. Il s'était fait une petite place parmi les poètes de son temps, et nous verrons bientôt ses confrères en Apollon, d'Assoucy, Laisné, de Marcel, célébrer son éloge. Que dis-je ? l'émule de Corneille, Rotrou lui-même, qui, il faut bien le reconnaître, a prodigué ses vers avec trop de complaisance aux auteurs bohêmes de son temps, a décerné un brevet de poète à M. de Vozelle. Il était, il est vrai, ami de Tristan, disons-le bien vite pour lui servir d'excuse. Voici ces vers du poète de Dreux, qui a aussi, comme Tristan, dédié une de ses tragédies au duc de Guise:

(1) Ce qui peut faire supposer que la lettre s'adresse à Madeleine, c'est le voile dont l'auteur a soin de recouvrir son nom. Elle peut avoir été écrite pendant la disgrâce de Gaston d'Orléans. Tristan y dit en effet : « Il ne faut pas que je m'esloigne de M***. Il m'a tesmoigné quelque bonne volonté dans son bonheur et je m'estimerois bien lasche si je l'abandonnois dans ses disgrâces ». Il proteste qu'il veut suivre la fortune de M*** — S'il s'agissait du duc de Guise, il faudrait alors que Tristan eut quitté Paris en 1641.

*Au chevalier l'Hermite de Soliers, frère du sieur
Tristan l'Hermite :*

EPIGRAMME.

« Digne rival d'un digne frère
Dont les magnifiques travaux
Ont confondu tant de rivaux,
En les obligeant à ce taire.

Chevalier, si tu nous fais voir
Autant de brillant, de scavoir
Que sa muse est majestueuse,

La gloire propice à tes vœux,
Va devenir incestueuse,
Vous la posséderez tous deux.

DE ROTROU (1) ».

De Vozelle avait espéré sans doute que, la camaraderie aidant, ses vers lui vaudraient le même profit qu'à son frère, qui dut aux siens une charge de gentilhomme de la maison de Gaston et les bienfaits du cardinal de Richelieu, ainsi

(1) Ces vers de Rotrou se trouvent, là où on ne serait guère tenté d'aller les chercher, dans un livre imprimé neuf ans après sa mort : *Les Présidents nés des estats de la Province de Languedoc*, de Jean-Baptiste l'Hermite de Souliers, dit Tristan, in-4º, Arles, Mesnier, 1659. L'Hermite avait ainsi tenu en réserve les vers du grand poète de Dreux pendant plus de dix ans. On ne peut guère les croire postérieurs à l'impression des *Meslanges de poésies héroïques et burlesques,* terminée le 20 décembre 1649, et l'on se demande comment il ne les a pas placés en tête de ce volume, et pourquoi il a attendu la mort de Rotrou pour s'en parer. — Bien que *Les Présidents nés des estats de Languedoc* soient un livre rare, il est inexact de dire, ainsi que l'a fait M. Baluffe, *Le Moliériste*, 5º année, p. 207, qu'il est inconnu même de nom dans les bibliothèques de Paris, puisque c'est dans l'une d'elles que je l'ai trouvé sans peine. — Il n'est guère de recueil de poètes du temps où l'on ne rencontre des vers de Rotrou. Il y en a même, c'est tout dire, en tête des *Chevilles* de Mᵉ Adam, le menuisier de Nevers, voir édition de 1654, in-12, p. 85.

que la faveur malheureusement bien platonique du duc de Guise. L'insuccès de sa tragédie dut lui prouver qu'il n'avait pas la vocation du théâtre. Il devait bientôt changer son fusil d'épaule, et se mettre à fabriquer des livres soi-disant historiques et surtout des généalogies ; mais auparavant il allait se trouver entraîné avec M. de Modène et le duc de Guise dans de singulières aventures restées inconnues jusqu'à ce jour, et dont il ne devait pas sortir à son honneur ; au reste, parler d'honneur à propos de Vozelle, c'est parler d'une chose qu'il ne devait guère bien connaître et prononcer un mot qui convient fort peu à un bohême de son acabit.

§ V.

Madame de Modène reléguée dans le Maine.

Pendant qu'Esprit de Rémond, avec son ami M. de Vozelle, compromettait dans des intrigues de coulisses son nom et celui de son jeune enfant, qu'il exhibait si follement comme le frère et le parrain d'une fille de comédienne, pendant qu'il vivait au milieu des poètes parasites, prêts, eux aussi, à exploiter sa générosité, que devenait Marguerite de la Baume, l'épouse dédaignée de M. de Modène ? Elle continuait à vivre reléguée et cachée dans le Maine, pour tâcher d'y oublier ses chagrins. Le décès de son beau-frère l'évêque, mort de la pierre le 21 novembre 1637 (1) et aux

---

(1) Je ne connais pas de portrait gravé de Charles de Beaumanoir. Mais il existe un beau portrait de lui à la sacristie de la cathédrale du Mans, ainsi qu'un dessin à la pierre noire au cabinet des Estampes, le représentant également avec les cheveux courts, un grand collet, petite moustache et barbiche, et ses armes au bas du dessin. — Voir aussi à la Bibliothèque nationale, un curieux jeton de Charles de Beaumanoir, sur lequel sont gravés, d'un côté ses armes surmontées d'une

funérailles duquel avaient assisté, le 6 février 1638, tous les Lavardin, avait porté un rude coup à la fortune de la famille de son premier mari. Son fils, l'abbé de Lavardin, qui n'avait encore que dix-neuf ans, avait été trouvé trop jeune pour occuper l'évêché du Mans, sur lequel il comptait presque comme sur un héritage de famille. Les espérances que lui et les siens nourrissaient depuis longtemps ne s'étaient pas réalisées, malgré de nombreuses sollicitations, et Emmanuel de Beaumanoir avait dû se contenter provisoirement des abbayes de Beaulieu et de Saint-Liguières dont son oncle avait également été pourvu et du prieuré de Saint-Célerin que lui fit donner Richelieu.

On comprend que les rapports devaient être rares entre M. et Mme de Modène. Cependant pour faire face aux dépenses qu'entraînait son genre de vie et payer ses dettes, M. de Modène était parfois obligé d'avoir recours à sa femme, afin d'obtenir son consentement aux aliénations nécessitées par ses prodigalités. Six à sept semaines environ avant que Madeleine devint mère, il envoyait à Malicorne un de ses domestiques, Antoine Moulin, (le procédé est tout-à-fait galant), pour obtenir de sa femme la ratification de ventes de rentes déjà faites par lui, et l'autorisation d'en aliéner d'autres encore.

Le 16 mai 1638 est passé, devant le notaire de Malicorne, Jean Remars, le premier de ces deux actes qui révèlent la mauvaise situation de fortune, résultant des aventures dans lesquelles s'était embarqué Esprit de Rémond. Mme de Modène, après que lecture lui a été faite d'un contrat de vente de deux mille livres de rente, vendues par M. de Modène, comme se faisant fort de sa femme, à M. Dominique Chaufourneau, bourgeois de Paris, par contrat passé devant

crosse et d'une mitre, et autour pour légende : CHARLES DE BEAUMANOIR ÉVESQUE DU MANS. Au revers : au centre, un vase de fleurs avec la date, de 1628 (coupée en deux par le vase) et autour la légende : *utrius que auxilio*.

Chappron et Salmon notaires au Châtelet de Paris, confesse avoir la dite vente pour agréable, et la ratifier.

Le lendemain 1638, nouvel acte plus grave encore, dont voici la teneur tout au long :

« Le 20 mai 1638, devant Jean Rémars, Marguerite de la Baume « authorisée à la poursuite de ses droits, demeurant en son chatel de Malicorne, fait, nomme, constitue le dit seigneur de Modène son procureur général et spécial d'ester et sa personne représenter tant en jugement que dehors..... et par espécial de vendre et alliéner avec le dit sieur de Modène jusques à la somme de mil troys cens trente et trois livres six sols huitct deniers de rente appartenant au dit s^{gr} de Modène et à lui constituée sur l'hostel de ville de Paris par M^{rs} les provost des marchands et eschevins de la dicte ville, en la partye de trois millions sur le sel, par contrat du dernier jour de décembre mil six cent trente et cinq. Au garentaige de la quelle vente donne pouvoir la dite la dite dame constituante d'obliger et affecter tous les biens, droicts et prétentions, hipotèques que la dite dame a sur les biens du dit seigneur de Modène son mary, et à elle acquis en vertu de son contract de mariage avec ledit s^{gr} de Modène, *mesmes troys mille livres de rente à elle donnez par le dit contract, par feu Monsr de Modène père, en faveur du dit mariage,* par raison de quoy et jusques à la concurrance de la garantie de la dite rente de mil troys cens trente et troys livres six sols huict deniers, la dite dame met et subroge l'acquéreur d'icelle rente en son lieu et place, sans y obliger autres biens à elle appartenant...... Faict et passé au dit chastel en présence de Me Urban Durand, maistre d'hostel de la dite dame et Anthoine Moulin, domestique du dit s^{gr} de Modène, tesmoings à ce requis et appelez par la dite dame (1) ».

(1) Moulin avait été témoin en la même qualité de l'acte de la veille. Cette procuration et tous les actes passés par Mme de Modène, à Malicorne, devant le notaire Jean Remars, ont été copiés par moi sur les minutes existant encore aujourd'hui à l'étude de Malicorne.

Ces ventes devaient éclairer madame de Modène sur les prodigalités de son mari, et elle ne dut pas ignorer les suites de sa liaison avec la fille des Béjart. Son fils Emmanuel était allé habiter Paris ; il avait voulu goûter de la haute vie avant de se retirer dans son abbaye de Saint-Liguières, « faire un peu de bruit à la cour et y lier quelque société avec la jeunesse la plus spirituelle et la plus galante ». Il passait son temps au milieu des « jeunes messieurs du Marais qui venaient s'asseoir à sa table aussi friande que polie (1) ». Répandu, ainsi que son cousin le marquis de Jarzé, dans la société la plus brillante et la plus dissipée de Paris, il ne pouvait pas ne point entendre parler les folies de son beau-père le comte de Modène, qui étaient ainsi connues de toute la famille de Lavardin (2).

Ce fut sans doute le chagrin causé par l'abandon où la laissait son mari et par ses prodigalités pécuniaires qui fit que madame de Modène, blessée dans sa dignité de femme et de mère, comme dans ses intérêts de fortune, demeura étrangère à un événement qui la touchait de bien près. Au lieu d'aller assister au mariage de son fils aîné Henri de Beaumanoir, qui se mariait dans le Maine même, à quelques lieues de Malicorne, elle resta dans son château pour y cacher son humiliation et sa douleur, et elle constitua un procureur pour la représenter à cette cérémonie de famille, qui eut lieu huit à dix jours après les actes auxquels elle avait consenti à donner sa signature. Voici cette procuration :

« En la cour royale du Mans, par devant nous Jean Remars, fut présente..... dame Marguerite de la Baulme.....

(1) Voir l'auteur de la *Vie de Costar*, Tallemant IX, p. 187, et *Lettres de Costar*, t. Ier, lettre 72 et p. 184, 255.

(2) Jal indique précisément parmi les minutes du notaire Galin un acte passé par Emmanuel de Beaumanoir à Paris *le 11 mai 1638*. Celui qu'il indique à la date du 19, doit être de Henri, frère aîné d'Emmanuel et non de « Charles » de Beaumanoir.

veuve de Henry, chevalier des ordres du roy, marquis de Lavardin, seigneur de Malicorne, Tucé......, gouverneur et lieutenant pour Sa Majesté aux pays et comté du Maine, Laval et Perche, la quelle a fait et constitué son procureur... au quel elle a donné pouvoir et mandement spécial de déclarer qu'elle a agréable le mariage de Mre Henry de Beaumanoir, marquis de Lavardin, fils du dit deffunct s^r marquis de Lavardin, son premier mary, et d'elle, avec damoiselle Catherine de Vassé, fille de deffunct Mre Henry de Vassé, vivant baron de Vassé et de la Roche Mabille et de dame Renée Le Cornu de la Courbe, et assister pour et au nom de la dite dame au contract qui sera faict du dict mariage, sans préjudice des droicts qui peuvent compéter et appartenir à la dite dame sur les biens et succession du dict deffunct sieur de Lavardin, son premier mary, aux quels elle n'entend déroger par le dit consentement. »

Le 29 mai 1638, fut célébré dans l'église de Rouessé-Vassé, le mariage du marquis de Lavardin avec mademoiselle de Vassé (1), union qui devait être bientôt brisée par la mort de la jeune épouse, morte moins de six mois après, dès le 24 septembre 1638 et enterrée à Paris à l'*Ave Maria*.

Mme de Modène ne put, au contraire, priver de sa présence

(1) Extrait des registres paroissiaux de Malicorne : « M. le marquis de Lavardin, fils aisné de la maison de Lavardin, a esposué Melle de Vassé au dit Vassé, le samedi 29 mai 1638, vigile de la Trinité, aagée de 22 ans et l'a amené en ce lieu le 4 juin suivant ». Voir aussi les registres paroissiaux de Rouessé-Vassé, qui mentionnent qu'ils furent épousés par vénérable et discret Me François Nicolon, licencié ès-droits et chanoine en l'église de Monsieur Saint-Julien du Mans. Catherine de Vassé était née (mêmes registres) le 2 juillet 1620 ; sa mère dans cet acte de naissance est dite dame d'Esguilly. Henri de Vassé avait été tué le 9 mai 1622 et avait été enterré à Rouessé le 27. Un frère posthume de Catherine, Henri dit de Grognet de Vassé eut pour parrain, le 23 novembre 1622, son parent Charles de Sévigné, baron du dit lieu, sieur des Rochers. Le 27 novembre 1624 était inhumée à Rouessé, noble et puissante dame Marguerite de Vassé, dame de Sévigné et des Rochers. Henri de Sévigné, le mari de la célèbre marquise, eut pour mère Marguerite de Vassé, fille de Lancelot de Vassé et de Françoise ed Gondi. Voir *Lettres de Mme de Sévigné*, t. I, notice p. 33 et p. 531.

quelques mois plus tard, (quatre mois après le baptême de Françoise), un autre mariage, celui de Madeleine de Beaumanoir. Madeleine habitait avec sa mère le château de Malicorne ; elle avait déjà vingt ans. « C'était une belle personne, a dit Tallemant lui-même (1). Pendant plusieurs années elle avait été l'objet d'une cour assidue de la part de Henri de Conflans, marquis d'Armentières, petit-fils de la vicomtesse d'Auchy. « Il la tint quatre ans le bec en l'eau, disant qu'il l'épouseroit et n'étant pas fasché qu'on crut qu'il étoit bien avec elle ». Ce fut son manque de parole et sa fatuité qui blessèrent le jeune marquis de Lavardin. Il voulut venger l'injure faite à sa sœur. Il tua d'Armentières en duel. Tallemant rapporte qu'il avait résolu sa mort et qu'on disait qu'il l'avait tué à terre (2).

Au lieu de devenir femme de d'Armentières, Madeleine de Beaumanoir épousa, le 8 novembre 1638, René de Froullay, comte de Tessé. Voici leur acte de mariage extrait des Registres de Malicorne : « Haut et puissant seigneur, messire René de Froullay, comte de Tessé, baron d'Ambrière et de Vernie, fils aîné de feu Mre René de Froullay, aussi comte de Tessé et de dame Marie Descoubleau de Sourdis, son épouse, fut par nous, curé, soussigné, de l'église paroissiale de Malicorne, conjoint en mariage avec demoiselle Madeleine de Beaumanoir, fille de haut et puissant seigneur messire Henri de Beaumanoir, marquis de Lavardin.... et de dame Marguerite de la Baume son épouse, en présence des dites dames Descoubleau et de la Baume, des seigneurs de Froullay, frères du dit sieur comte, de

---

(1) V. t. III, 130.

(2) Ce ne fut toutefois que postérieurement au mariage de Madeleine de Beaumanoir avec le comte de Tessé que mourut d'Armentières, s'il faut s'en rapporter à la date du 28 février 1639, donnée comme celle de sa mort par les annotateurs de Tallemant. Scarron a parlé de la mort d'Armentières dans une de ses lettres à Villarceaux. Voir *Les dernières œuvres de Scarron*, 1720, in-12, t. I, p. 20. Voir sur d'Armentières, Tallemant, III, 129, 130, 142, 143, 152, 156.

Claude de Beaumanoir, seigneur vicomte de Lavardin, de messire Henri Beaumanoir, marquis de Lavardin, d'Emmanuel de Beaumanoir, seigneur de Malicorne, de M. de La Fontaine, sieur de la Grand-Maison, de M⁰ Jean Lorgueilleux, prestre, et de plusieurs autres en grand nombre, en la chapelle du château de Malicorne, ce 8ᵐᵉ jour de novembre 1638 ». « Ce dut être une éclaircie dans la vie si attristée de Mᵐᵉ de Modène, et peut être le jour de son dernier sourire. Scarron, le *domestique* de feu l'évêque du Mans, le familier des Lavardin qui, comme eux, aimait à manger « par grand'gloutonie », (aussi était-il déjà « en danger d'être cul de jatte »), Scarron célébra ce mariage dans un épithalame, dont les libertés du temps ont peine à faire pardonner les grossières gauloiseries. Il chanta l'éloge de toute la famille, celui de l'infante Lavardine et de son mari, du marquis, du baron, du vicomte de Lavardin, celui de Jarzé, et il eut soin de placer en première ligne Mᵐᵉ de Modène « (la) *grand'dame de Malicorne* (1) ».

(1) Epithalame du comte de Tessé et de Mᵉˡˡᵉ de Lavardin, *Œuvres de Scarron*, édition Bastien, in-8⁰, 1786, t. VII, p. 206. — Ce n'est pas madame de Modène que visent d'autres vers de Scarron que M. Baluffe a cru se rapporter à elle (V. *Le Moliériste* t. VII, p. 83) :

« Adieu la comtesse de Suze,
A quoy donc si longtemps s'amuse
Monsieur le comte votre époux,
D'être si longtemps loin de vous. »

Ces vers, qu'on lit dans l'*Adieu aux Marais* et à la Place Royale, (*Œuvres de Scarron*, t. VII, p. 30) ne concernent en rien madame de Modène, qui ne s'est jamais appelée comtesse de Suze, et dont le mari n'a pris le titre de comte que longtemps après 1649 et se qualifiait alors simplement sous tous ses actes seigneur de Modène. Le titre de comtesse de Suze appartenait à la belle-sœur de Marguerite de la Baume, Françoise Apronne des Porcelets de Maillane, ainsi que les montrent les pièces relatives à leurs différends de famille que j'ai citées, et qu'on peut le voir dans le *Dictionnaire* de Moréri, 1732, t. VI, p. 391 et suiv. Ce n'est pas non plus à Marguerite de la Baume par conséquent que s'adressent les vers de Tristan l'Hermite à *Madame la comtesse de Suze*, p. 96 de ses *Meslanges*.
Ce que M. Baluffe dit, d'après les vers de Scarron, de la vie «d'assez

Un autre poète, Tristan, qui, lui aussi, connaissait depuis longtemps Marguerite de la Baume, a célébré d'une façon plus grâcieuse la nouvelle mariée, ainsi qu'on peut le voir dans ses vers « pour Mme la comtesse de Tessé la jeune » :

« Le bruit que vous venez icy
A semé des fleurs de soucy
Sur des teints de lys et de roses ;
Mais Paris a peine à penser
Que vous luy vouliez effacer
Tout ce qu'il a de belles choses (1) ».

Madame la comtesse de Tessé, dont Costar a fait aussi plus d'une fois le panégyrique et dont il fut le zèlé correspondant, fut du reste une des femmes les plus accomplies du dix-septième sième siècle. Elle ne s'éteignit qu'en 1682, le 25 décembre, à Paris, âgée de soixante-quatre ans. Ce n'est pas ici que je puis faire le portrait de ses charmes et de son caractère, ni raconter son histoire. Elle a droit à une place dans la galerie des femmes célèbres du Maine, et sa figure devrait bien tenter le crayon d'un pastelliste de cette province.

Bien que son mariage lui eut fait quitter Malicorne pour le château de Vernie, Madeleine ne fut pas sans revenir souvent voir sa mère, dont la solitude, devenue chaque jour plus profonde, avait besoin d'être égayée par la présence d'un visage ami (2).

gaillarde humeur » menée par la femme séparée de M. de Modène, n'a donc pas le moindre fondement. Il suffit pour le réfuter de mettre la vie réelle de Mme de Modène à côté de la description de fantaisie qu'il en a faite.
(1) *Meslanges poétiques*, 1659, p. 90.
(2) Emmanuel de Beaumanoir, après avoir demeuré environ vingt mois à Paris, l'avait quitté pour se rendre dans le Poitou avec Costar. Il était déjà à Niort en octobre 1639, ainsi que le montre la correspondance de Chapelain et de Balzac. Voir *Lettres de Chapelain*, I, 517, note. La mort de Guérin de la Pinelière, qui avait d'abord dû accompagner

Peu de temps après le mariage de son fils aîné le marquis de Lavardin, madame de Modène avait dû faire avec lui un règlement de leurs intérêts réciproques, qui venait changer sa situation. Jusque-là elle avait eu la jouissance de la terre de Malicorne ; son douaire et les intérêts de ses deniers dotaux avaient été évalués à un revenu annuel de 4,825

l'abbé de Lavardin en qualité de Mentor est donc antérieure à 1640, date que M. Port a donnée comme celle de son décès dans le *Dictionnaire de Maine-et-Loire.* Le séjour de l'abbé de Lavardin dans le Poitou « dura cinq années, sans être interrompu qu'un mois ou deux tout au plus sur la fin, qu'il fut obligé de faire un voyage dans le Maine ». Voir sur cette époque de la vie de l'abbé de Lavardin l'auteur de la *Vie de Costar*, édition de Tallemant, in-8º, t. IX, pp. 61-68. L'abbé de Lavardin revint à Paris au bout de cinq ans. Un acte inédit de lui est passé le 29 avril 1645 à Paris dans sa maison. Il était alors logé rue des Petits-Champs, paroisse Saint-Eustache.

Pour se représenter la physionomie de l'abbé de Lavardin à cette époque de sa vie il faut voir son portrait gravé par Roussel, *P. Roussel, excudit, 1640.* Ce portrait ne le montre pas en beau. Il a une grosse figure, qui, loin d'avoir rien de noble, ni de fin, lui donne même l'air un peu niais. Les cheveux sont frisés, il porte une soutane nouée autour du corps, et un long collet. Au bas du portrait sont les armes des différents membres de sa famille, surmontées d'une crosse et d'une mitre d'abbé et d'une couronne, mélange de sacré et de profane bien en harmonie avec l'étalage des quinze blasons gravés à cette place.

Un autre portrait, en médaillon, de l'évêque encore jeune, sans nom de graveur, mais rappelant la manière de Rousselet et un peu celle de Michel Lasne le représente, au contraire, avec une figure allongée, portant une petite moustache et une mouche, de longs cheveux et une calotte. L'air est encore un peu naïf, mais n'est pas sans charmes. Il se rapproche quelque peu du Nanteuil de 1651, d'après Philippe de Champagne.

Je n'ai pas besoin de parler longtemps ici des magnifiques portraits de Mgr de Beaumanoir gravés par Nanteuil. Le 1er en médaillon, *Ph. Champagne pin., Rob. Nantueil sculpebat 1651*, dont je viens de dire un mot, et qui le représente avec une figure encore jeune, et sans le grand air épiscopal de ses autres portraits. Le 2e un chef-d'œuvre *R. N. ad vivum faciebat 1660*. Le 3e, en médaillon, *R. N. faciebat 1666*. Ces deux portraits ont le visage moins allongé que celui de 1651 et la tête noble, fine et souriante d'un prélat de grande race. Le 4e, est une répétition retouchée du troisième, ayant seulement en plus des chiffres dans les coins.

livres, et elle jouissait de cette terre pour la dite somme. Le marquis de Lavardin voulut à son tour jouir de Malicorne, et en échange il assura à sa mère la jouissance des terres de Lavardin, d'Assé-le-Riboul (évaluées 3,000 livres), celle de la terre et seigneurie du Mortier (280 livres) de la métairie de Landivon (six vingt livres) le tout situé en Saint-Chéron, Mézières, Assé et la Bazoge ; les taillis de Dureil, les métairies de Dureil, de Bréhermon, du bas et haut Tertre etc., pour 1,425 livres, faisant un total de 4,825 livres. Il s'obligeait de plus à lui faire délivrer pour son chauffage dix milliers de fagots, cinquante charges de gros bois, et huit minots de sel par an. En raison de cet échange, madame de Modène consentait à ce que son fils aîné jouit de la terre de Malicorne, sans que cette jouissance put préjudicier aux clauses portées par son contrat de mariage ni à son hypothèque et sans faire novation de l'assiette de son douaire et derniers dotaux. Elle pourrait disposer des meubles garnissant le château de Malicorne comme à elle appartenant, et son fils conserverait les officiers créés par sa mère en la seigneurie de Malicorne.

Tel est le résumé d'un long acte du 20 juin 1638, fait au château de Malicorne par l'avis et en présence de Claude de Beaumanoir, de Jean-Baptiste de Beaumanoir, et de René du Plessis marquis de Jarzé, et portant les signatures de toutes les parties (1). Il révèle de la part de madame de Modène, une certaine âpreté à défendre ses intérêts, que faisait présumer d'ailleurs sa physionomie et la situation compromise de sa fortune et que ne démentent pas du reste les actes sans nombre qui ont trait à la gestion de ses biens. Un autre acte du 13 juillet 1638, entre elle et son fils, en

---

(1) Claude de Beaumanoir, vicomte de Lavardin, profite de sa présence à Malicorne le 18 juin 1638, pour y constituer un procureur, auquel il donna pouvoir « d'enthériguer », les lettres de bénéfice d'inventaire qu'il avait obtenues en chancellerie pour se porter héritier à ce titre de feu son frère l'évêque du Mans.

forme de transaction pour éviter un procès, et relatif au paiement d'une somme de 4,800 livres que Marguerite de la Baume avait été condamnée à payer, en est une preuve morale encore plus démonstrative (1).

L'abandon qu'elle avait fait de la jouissance de la terre de Malicorne ne semble pas même avoir été longtemps suivi d'effet, sans doute à cause de la mort prématurée de la jeune marquise de Lavardin (2). Le 4 mai 1641, devant Jean Remars, notaire royal, et Pierre Pillon, notaire en la cour du marquisat de Sablé, demeurant aussi à Malicorne, on voit Mme de Modène céder et transporter à son fils la terre fief et seigneurie de Bréhermon, et différentes métairies dépendant de la seigneurie de Malicorne : « *la dite cession faite pour demeurer quitte la dite dame vers le dit seigneur de ce qu'il peut prétendre sur la terre de Malicorne, de la quelle au moyen des présentes la dite dame jouyra comme elle verra bon estre* ». En tous cas, Marguerite de la Baume ne paraît pas avoir cessé d'habiter le château de Malicorne, où depuis 1637 on la voit toujours demeurer.

C'est en cet endroit même que se résigna à venir la trou-

(1) Mme de Modène soutenait que cette somme, réclamée par Me Chouet, sieur du Vieux-Moulin, devait être acquittée par son fils, comme ayant été employée en l'acquit et paiement des dettes du feu marquis de Lavardin, tandis que le fils prétendait que Mme de Modène étant sa tutrice, lors de la création de cette dette, ne pouvait prétendre aucun remboursement contre lui qu'après lui avoir rendu son compte de tutelle.

(2) Depuis son mariage, Henri de Beaumanoir avait continué a confier la gestion de ses intérêts à son ancien curateur. On voit le 25 juin 1639 à Malicorne, Louis de La Fontaine, écuyer, sieur de la Grand-Maison, demeurant au château de Lavardin, paroisse de Mézières, agissant comme procureur du marquis, s'occuper de la gestion de la terre de Blanchardière, échue en partie à Henri, de la succession de Marthe de Beaumanoir sa tante, marquise de Bouillé, qui avait eu aussi pour héritière dame Elisabeth de Beaumanoir, autre tante du marquis, ce qui avait donné lieu entre ces deux héritiers, à un procès terminé par arrêt définitif donné en la cour du Parlement, le 5 juin 1639.

ver M. de Modène, lorsqu'à la veille de quitter Paris et de courir les aventures d'une nouvelle vie, le souci de ses propres intérêts, et peut-être aussi celui de la personne de son jeune fils, le décidèrent à affronter la présence de sa femme. Toutefois, il ne s'agissait pas entre eux d'un rapprochement de deux cœurs, mais de celui de deux bourses seulement. M. de Modène partait pour une longue absence, qui pouvait être pleine de hasards ; il s'éloignait plus que jamais du Comtat où ses biens étaient situés. Il crut que nulle ne pouvait être plus intéressée que sa femme à la gestion de ces biens qui, au cas de sa mort, devaient échoir à leur commun enfant, à ce jeune Gaston qu'on regrette de ne presque jamais rencontrer. Il était peut-être aussi allé donner un dernier adieu à ce jeune fils, ou le confier avant son départ à Mme de Modène, auprès de laquelle on le voit quelques mois plus tard.

On aimerait à penser que c'est surtout un réveil de sentiment paternel dans le cœur d'Esprit de Rémond qui le conduisit à Malicorne, où on le voit le 5 mars 1630, donner à sa femme la procuration que voici (1) :

« Du cinquiesme jour de mars, mil six cens trente neuf davant midy.

En la court royal du Mans, par devant nous Jehan Remars, notaire juré d'icelle, demeurant à Malicorne, fut présent personnellement estably et deuement soubsmis haut et puissant seigneur Messire Esprit de Rémond, chevallier, seigneur de Modène, conseiller et premier chambellan d'affaires de Monseigneur frère unique du Roy, estant de présent au chastel de Malicorne, le quel de son bon gré et volonté à ce jourd'huy fait, nommé, créé, constitué, estably, et ordonné par les présentes sa procuratrice génsralle et spéciale haute et puissante dame Margueritte de la Baume de Suze, sa femme demeurant au dit Malicorne, à ce présente et acceptante et d'iceluy suffisamment octorisée quand à ce, à la

(1) C'est la seule fois que j'ai constaté sa présence dans le Maine.

quelle il a donné plein pouvoir et otorité d'ester et sa personne représenter tant en jugement que dehors par devant tout juge......, acquiescer, transiger, paciffier et accorder et substituer ung ou plusieurs autres procureurs... et par especial, d'affermer la terre et seigneurie de Modène, au dit seigneur appartenant, située dans le pays et Conté Venaissin et consistant en haute, moyenne et basse justice, terres labourables, prés, vignes, bois, fours et moulins bannaux, et droits de quart et quint, censives et autres droits domaniaux et generallement en quoy qu'elle consiste, à telles personnes qu'elle advisera bon estre pour le temps et sous telles conditions et clauses qu'elle jugera à propos et du dit bail à ferme en tirer tous et chacun les revenus du fermier ou des fermiers qu'elle y mettra, qui les luy paieront sous ses quittances purement et simplement, sinon la tenir en recepte et y mettre une ou diverses personnes pour en recueillir tous et chacun les revenus et en percevoir et retirer ensuitte les deniers de ses propres mains, comme aussi pour retirer au nom du dit seigneur constituant toutes et chacunes les rentes qu'il a sur diverses communautés du dit pays du Comté Venaissin et sur divers particuliers dont les débiteurs seront vallablement deschargés en payant à la dite dame et generallement faire...... etc., etc.

Faict et passé au chastel du dit Malicorne en présence de Urban Durand, maistre d'ostel de la dite dame et de Louis Compaing, demeurant au dit Malicorne ».

M. de Modène a signé « de Remond Modene » ainsi que l'indique la reproduction de sa signature que l'on voit ici (1) :

Deremond modene

(1) Son contrat de mariage du 26 octobre 1666, est signé : *Esprit de Remond de Modene.* — Mme de Modène dont j'ai vu plus de cinquante signatures, signe presque toujours « *de la Boume de Suse* ». L'écriture est vieille et grande, peu aisée et sentant la fin du seizième siècle. Le D et l'E sont conjoints: parfois elle signe seulement «*de la Boume* » et bien rarement « *de Suse de la Boume* ».

M. de Modène, une fois cette procuration donnée, ne tardait pas à quitter le Maine et Paris : mais son fils Gaston était resté à Malicorne. Cinq mois plus tard, le 6 août 1639 (c'est la seule fois que je l'aie vu apparaître en personne), il y est parrain du fils d'un laboureur (1).

Marguerite de la Baume ne devait pas tarder à mettre à exécution le mandat que lui avait confié son mari dans l'intérêt de leur fils (2). Mais ce ne fut pas là le seul pouvoir dont l'investit M. de Modène. Après son départ de Paris, déjà fixé à Sedan, il lui donna une nouvelle procuration, le 27 septembre, devant Mes Jean du Cloux et Pierre Marchand, notaires jurés et établis en la ville et bailliage de Sédan, pour exiger et recouvrer en son lieu et place les rentes qui lui étaient dues au païs et comté d'Avignon et autres lieux.

Madame de Modène, ne pouvant se transporter dans le Comtat, où devaient être perçues les rentes mentionnées en la dite procuration, s'empressa d'user des pouvoirs qui lui étaient délégués, et *dès le 14 octobre* elle se substitua et mit en son lieu et place, pour remplir cette mission, un personnage portant un nom bien connu dans l'histoire de Provence, Me Baltazard Ruffy, archiviste et secrétaire de la chambre apostolique de la légation d'Avignon.

On voit qu'elle ne négligeait pas le soin des intérêts de son mari, qui étaient en même temps le siens (3). Parfois elle était obligée de les défendre contre les créanciers de

(1) Le 12 novembre 1639, Mme de Modène y est marraine, avec son gendre René de Froulay, d'un fils de son maître d'hôtel.

(2) Peu de jours après, le 25 mars, Mme de Modène donnait à M. Guillaume Sabeau, s[r] du Moullin, demeurant à Savigné-l'Evêque, pouvoir d'afferner en son nom la terre et seigneurie de Modène, à charge de rendre compte de la recette et de la dépense.

(3) Le 9 décembre 1639, agissant tant en son nom que comme procuratrice de son mari, elle charge son maître d'hôtel, Urbain Durand, de se transporter devant Jean Douet, marchand à Tours, pour y recevoir de lui la somme de 747 livres 14 sols.

M. de Modène. Le 14 avril 1640 elle faisait choix d'un mandataire auquel elle donnait pouvoir de « s'opposer pour et au nom de la dite dame aux saisies, cryées et ventes par décret que les sieurs Le Prestre, Chaufourneau et Poisson, prétendus créantiers du dit sieur de Modène ou autres, ont fait ou prétendent faire de certainnes rentes que le sieur de Modène a sur l'hôtel de ville de Paris et pour cause d'opposition dire et déclarer devant juges compétans qu'icelles rentes sont affectées et hypothéquées à la dite dame pour son douaire, qui est assigné sur icelles et sur tous les biens du dit s^{gr} de Modène, son mari et partant elles ne peuvent estre vendues ni aliénées...... (1) ».

Les aventures dans lesquelles s'était embarqué son mari allaient bientôt lui causer d'autres alarmes. Un événement capital dans la vie de M. de Modène s'était accompli et en l'éloignant de Paris l'avait aussi arraché pour un temps à l'amour de Madeleine Béjart. Ce sont ces nouvelles aventures, bien peu élucidées jusqu'à ce jour, et dont le contre coup vint atteindre la fortune de la jeune comédienne, qu'il nous faut maintenant raconter.

§ VI.

Du rôle de M. de Modène et de l'Hermite de Vauselle dans la conspiration de Sedan.

Avec l'année 1639, une vie nouvelle commençait pour M. de Modène. Il allait se trouver engagé dans les aventures des ducs de Guise et de Bouillon et du comte de Soissons. Son nom fut inscrit alors pour la première fois, mais d'une façon peu brillante en somme, ainsi que celui de son parasite, Jean-Baptiste de l'Hermite, dans l'histoire générale de France à côté des noms du duc de Guise et des complices de sa rebellion. Le rôle bien différent que MM. de Modène

(1 V. les minutes du notaire Jean Remars, à l'étude de Malicorne.

et de l'Hermite jouèrent dans cette conspiration des émigrés de Sedan n'a jamais été jusqu'à ce jour clairement exposé. Force m'est donc de le raconter, en me bornant à quelques renseignements sommaires sur la part qu'y prit le prince, à la suite duquel Esprit de Rémond se trouva mêlé dans les rangs des adversaires de Richelieu.

Henri de Lorraine, le futur duc de Guise, de retour de Florence où son père vivait en exil, s'était pris d'une violente colère contre le Cardinal. Le tout-puissant ministre de Louis XIII n'avait pas voulu lui laisser résigner tous ses bénéfices ecclésiastiques (leurs revenus s'élevaient, dit-on, à 400,000 livres), à la veille du mariage qu'il voulait conclure avec Anne de Gonzague, la future princesse palatine. L'héritier des Guise était déjà si intimement engagé avec l'héritière des Nevers qu'on les croyait unis tous les deux par un mariage secret. Dans son dépit, il s'était retiré à Sedan, le refuge des mécontents, auprès du duc de Bouillon et du comte de Soissons, déjà vivement soupçonnés de conspirer contre le Cardinal. Il y arriva au commencement de 1639, et bien qu'il n'eut pas pris tout d'abord l'attitude d'un rebelle, ne tarda pas à voir ses bénéfices saisis et mis sous le séquestre (1).

C'est précisément à cette époque critique de l'histoire de Henri de Lorraine que M. de Modène se trouva appelé dans le voisinage immédiat de Sedan par la nouvelle fonction dont il fut pourvu. On le voit alors figurer en qualité de

(1) Voir sur le rôle joué par le duc de Guise dans la conspiration de Sedan : *Le Mercure de Vittorio Siri*, traduit de l'italien, in-4°, 1756, t. I, liv. II, p. 213 et suiv. ; Aubery, *Mémoires pour servir à l'histoire de Richelieu*, t. II, in-f°, 1660 ; Levassor, *Histoire du règne de Louis XIII*, Amsterdam, 1712, in-12, t. X ; le Père Griffet, *Histoire de Louis XIII*, 1758, in-4°, t. III, p. 344 et suiv. ; Leclerc, *La Vie de Richelieu*, Amsterdam, 1724, in-12, t. III ; Bazin, *Histoire de France sous Louis XIII ;* les histoires de Gualdo Priorato, de Nani, etc. ; *Les Mémoires* de Montrésor, de Montglat, du duc de Bouillon, de Puységur, d'Omer Talon, etc. ; l'introduction en tête des *Mémoires* du duc de Guise, Collection Petitot, t. LV, 2e série. Voir aussi Bibl. nat. ms. Fr. 3345, f° 52, une lettre du duc de Guise à Marie de Gonzague du 9 janvier 1641.

lieutenant du sieur de Biscara gouverneur, pour le roi, de de Charleville et du Mont-Olympe, places frontières de la Champagne et exposées à recevoir les premières attaques des Espagnols, avec lesquels la guerre durait toujours. M. de Biscara, dont le nom paraît souvent dans l'histoire militaire du temps, venait d'être investi depuis peu de ce gouvernement. C'est ce qu'indique une lettre de Richelieu. Le 31 mai 1639, le Cardinal écrit d'Abbeville à M. de la Meilleraye : « Mon cousin, le roi aiant donné le gouvernement de Charleville et du Mont-Olympe à M. de Biscarat, cet officier m'a laissé une compagnie de chevaux légers (1) ».

Faut-il voir une coïncidence préméditée entre les futurs projets de rebellion de Henri de Lorraine et la charge de lieutenant de places voisines de Sedan, dont M. de Modène s e trouvait pourvu au même moment, par suite d'achat ou de tout autre mode de provision ? La famille de Nevers avait la seigneurie de Charleville, place à laquelle le duc Charles de Gonzague avait donné son nom. Henri de Lorraine et sa quasi femme Anne de Gonzague avaient-ils songé à cette lieutenance pour M. de Modène, qui était leur parent à tous deux, et dont la présence aux portes de Sedan, à un moment donné, pouvait apporter un précieux concours à leurs projets ? C'est-là une combinaison bien machiavélique pour des amoureux. Y croire, est cependant plus raisonnable et plus plausible que de se contenter de répéter, comme on l'a fait jusqu'ici, qu'Esprit de Rémond avait accompagné M. de Guise dans son émigration. Contentonsnous de dire que le voisinage du Mont-Olympe et de Sedan vint rapprocher, d'une façon fort opportune pour eux, le lieutenant de M. de Biscara et le jeune chef de la maison de Lorraine et ne pas tarder à servir bien à point les conjurés de Sedan dans l'accomplissement de leurs desseins.

(1) *Lettres du cardinal de Richelieu*, VII, 227 ; voir aussi p. 281, lettre du 20 mars 1641. *Mémoires de Puységur*, édition de la Société bibliographique, 1883, t. II, p. 257. *Mémoires de Sirot*, Barbin, 1683, in-12, t. I, p. 321,

La conspiration fut lente à s'organiser. Richelieu et Guise n'avaient pas d'abord renoncé aux négociations ; l'affaire resta assoupie pendant toute l'année 1639. Mais bientôt la mort de son frère aîné, le prince de Joinville (novembre 1639), puis celle de son père, le 30 septembre 1640, qui rendirent Henri de Lorraine chef de sa maison, enfin l'ardeur croissante de son amour pour Anne de Gonzague, le rendirent plus que jamais hostile au Cardinal. Il n'était plus d'humeur à se remettre à la discrétion de Richelieu, qui de son côté n'était pas fâché de trouver une occasion de le dépouiller à jamais de ses bénéfices. Les dernières négociations entre eux eurent lieu en janvier 1641.

Je ne parle pas ici des tergiversations du comte de Soissons et du duc de Bouillon, sur lesquelles on peut se renseigner dans les *Mémoires* de Campion et du cardinal de Retz. Bientôt les alliés traitèrent avec l'Empereur et le Roi d'Espagne, qui s'obligèrent à mettre des troupes à leur service. Le duc de Guise s'en alla à Bruxelles pour mieux assurer la conclusion du traité. Dès avril 1641 il n'y avait plus de doute sur les agissements des confédérés. Chavigny écrivait le 15 avril : « Nous avons certain que MM. de Rheims et de Bouillon ont traité avec le roi d'Espagne. » Le Cardinal indiquait par une de ses lettres à madame de Guise le déplaisir que lui causait la mauvaise conduite et l'infidélité de M. de Reims, lettre à laquelle la mère de ce prince répondait le 28 du même mois (1).

La haute société de Paris n'ignorait pas, ainsi qu'on le voit par la correspondance de Henri Arnauld, cette connivence de M. de Guise avec les Espagnols. Sa conduite était jugée sévèrement, bien qu'il s'agît d'un homme dont les extravagances n'étaient plus à surprendre : « Cette action, écrivait Henri Arnauld, passe pour une des plus grandes folies dont un homme pouvoit être capable. » Le 24 avril, il mandait à son correspondant habituel, le président Baril-

(1) *Lettres de Richelieu*, VII, 857 ; VI, 783.

lon : « On prétend avoir découvert deux entreprises du costé de Sedan sur le Mont-Olympe et sur Rocroy (1) ».

C'était faire allusion à la part dont M. de Modène s'était chargé dans la conspiration. L'ami de M. de Guise était devenu un des principaux intermédiaires, ou même un des agents les plus actifs des princes. En sa qualité de lieutenant de M. de Biscara, il s'était efforcé de le séduire, de le corrompre, pour l'engager à remettre la place qu'il commandait entre les mains du duc de Bouillon. Il écrivit quatre billets de sa main pour servir à la dite entreprise du Mont-Olympe, et souscrivit des promesses de la somme de 26,670 livres au profit des nommés de la Courbe et Saint-Martin pour services importants qu'ils s'étaient engagés à rendre au duc de Guise et aux autres confédérés (2). Vittorio Siri, dans son *Mercure*, nous a renseigné de la façon la plus précise sur cette tentative qui n'aboutit pas : « *[Vers la fin d'avril]* les princes ne masquant plus leurs desseins, tentèrent de surprendre la citadelle de Charleville par le moyen *du lieutenant* de Biscara, qui en était le gouverneur. *Celui-ci, faisant semblant de prêter l'oreille à leurs propositions, en tira quelques sommes et instruisit aussitôt le Cardinal de tout* (3) ». Il y eut même un commencement d'exécution ; car dans le manifeste du Roi du 3 juin 1641, où sont dévoilés les agissements et les complots des conjurés, on trouve au nombre des principales charges relevées contre eux : « L'entreprise ouverte sur le Mont-Olympe, dont le complot a esté non seulement fait dans Sedan, mais qu'on a tasché par deux fois d'exécuter avec les troupes qui sont en ceste place, jointes à celles du roi d'Espagne (4) ».

(1) V. Bib. nat. mst. Franç. n° 3774, p. 91.
(2) *Mémoires de Montrésor*, Leyde, 1667, in-12, t. II, p. 338.
(3) *Mercure de Vittorio Siri*, traduction de l'italien, Didot, 1756, in-4°, t. I. liv. II, p. 213 et suiv.
(4) Voir ce manifeste dans les *Mémoires de Montrésor*, t. II et dans *les Lettres de Richelieu*, etc.

Là ne se borna pas, dans la conjuration, le rôle de M. de Modène, qui ne fut pas plus heureux dans sa nouvelle tentative, au lendemain de son échec du Mont-Olympe. Déjà les conjurés avaient commis bien des légèretés, bien des folies et bien des fautes. Il leur en restait encore à commettre. Eux qui n'avaient pas reculé devant l'alliance de l'Espagne voulurent embarquer dans leur parti et se donner comme chef le frère du Roi, Gaston d'Orléans. Ses nombreuses trahisons avaient cependant dû déjà bien le discréditer ; mais son nom, à défaut même de sa personne, devait d'après les espérances des confédérés, être d'un grand poids dans le succès de leur entreprise. M. de Modène était l'ancien ami et un des chambellans de Monsieur, dont Henri de Lorraine était de son côté quasi le beau-frère (1). Ils étaient naturellement appelés à servir d'intermédiaires auprès de lui pour tâcher d'obtenir son assentiment.

Gaston se trouvait alors dans ses châteaux de Chambord et de Blois, au milieu de la petite cour où il vivait depuis la retraite du comte de Soissons à Sedan. M. de Modène écrivit le 5 mai au duc d'Orléans, et de son côté le duc de Guise lui adressa une autre lettre à la même époque. Leur but était de le déterminer à se joindre à ceux qui voulaient délivrer la France du Cardinal (2).

Le messager chargé de porter ces deux missives à leur adresse, n'était autre que l'ancien ami, le poète, le *domestique* de M. de Modène, Jean-Baptiste de l'Hermite, sr de Vauselle, l'auteur de *la Chute de Phaéton*.

L'Hermite, ainsi que sa femme Marie Courtin de la Dehors, avaient suivi Esprit de Rémond à Sedan, ou du moins, ils lui servaient d'agents à ses gages entre Sedan et Paris ; ils habitaient tantôt l'une, tantôt l'autre de ces deux villes (3).

---

(1) Gaston avait épousé une sœur utérine du duc de Guise.
(2) *Mémoires de Montrésor*, II, 339.
(3) On lit dans un document que je ferai connaître plus tard que

A Sedan, l'auteur de la *Chute de Phaéton*, avait même voulu tirer deux moutures du même sac. Afin de bien disposer en sa faveur la générosité du comte de Soissons, il lui avait dédié sa tragédie, dont il avait adressé bien peu de temps avant la première dédicace à M. de Modène. Voici quelques-uns des vers qu'on peut lire p. 62 des *Meslanges des poésies héroïques et burlesques du chevalier de l'Hermite*, et qu'il adressa à « Mgr le comte de Soissons, prince du sang, pair et grand maistre de France, en luy dédiant la tragédie de *Phaéton* » :

> Prince pour la valeur comparable aux Césars...
> Quiconque apperçoit vos rares qualitez,
> Jure que Phaéton, gouvernant la lumière,
> Apperçeut moins d'estats que vous n'en méritez (1).

Le poète, un instant transformé en courrier de cabinet et en conspirateur, joua dans l'affaire de la conspiration de Sedan et de sa mission vers Monsieur un rôle resté presqu'inconnu jusqu'à ce jour, et qui n'est pas l'épisode le moins piquant ni le plus honorable de son histoire. C'est tout à la fois une page honteuse de plus à ajouter à la vie de Monsieur, dans laquelle, il est vrai, les défaillances et les trahisons sont sans nombre, et un chapitre aussi curieux qu'inattendu à joindre aux dossiers des agents et des espions de Richelieu. On pouvait bien se douter que M. de Vauselle n'était de trempe ni à faire un martyr, ni à imiter la courageuse fidélité d'un chevalier de Jars ou d'un Laporte. Au reste, les gens auxquels il était attaché ne méritaient guère qu'on se dévouât ou qu'on se sacrifiât

---

l'Hermite et sa femme « du temps que le dit seigneur Esprit estoit à Sedan ont esté vus très pauvres, entretenus de biens et rentes dudit seigneur. »

(1) Parmi les vers écrits par l'Hermite à la même époque on peut encore ranger (p. 84, *ibidem*) le sonnet de l'*Epitaphe de Mgr le duc de Joinville, mort à Florence*.

pour eux ; mais voir le poète de M. de Modène, celui qui avait tenu sur les fonts la petite Françoise, en 1638, trahir si vite ses amis, ses patrons, livrer leurs secrets, et risquer de livrer leurs têtes au Cardinal, dont il était devenu l'espion à Sedan, c'est là une lâcheté faite pour surprendre ceux même qui étaient disposés à attendre bien des bassesses de la part de cet insigne parasite (1).

Pendant longtemps on a ignoré ou du moins on n'a pas mis en relief que le sieur de Vauselle était tout simplement un espion à la solde de Richelieu. Faute de se reporter aux documents originaux ou aux auteurs bien informés, on eut été plutôt porté à le considérer comme une victime de la police du puissant Cardinal. Son rôle n'avait cependant pas été sans paraître louche aux contemporains. Henri Arnauld écrivait de Paris, le mercredi 29 mai 1641, à son correspondant, le président Barillon (2) :

« Paris, mercredi 29 mai 1641. Vous aurez sceu bien mieux que nous icy tout ce qui regarde *un certain Tristan*, que M. de Guise a envoyé à Monsieur. Il s'estoit sauvé comme vous scavez ; mais il a esté pris et mis au bois de Vincennes. *C'est une chose étrange que M. le Cardinal eut sceu ponctuellement le jour et l'heure qu'il partit de Sedan* et l'ait envoyé dire à Monsieur, auquel en mesme temps, le roy manda tout ce qu'il avoit à faire en cette rencontre. Vous scavez le reste mieux que nous. On ne manque pas de remarquer que ce *Tristan* demanda Monsieur de Montrésor, qui étoit lors à *Selle*. Cela ne servira pas a le raccomoder de deçà ».

---

(1) Les l'Hermite se disaient même alliés à la famille de Rémond de Modène par les Venasque. Voir *Cabinet des titres,* n° 777, *Généalogie de Provence,* t. III, p. 204.

(2) Voir le journal de Henri Arnauld, ms. de la Bibl. nat. F. Fr. 3774, p. 223.

Vittorio Siri, dans son *Mercure*, a dévoilé de bonne heure la vérité tout entière (1) :

« Le duc de Guise avait communiqué à un de ses gentilshommes nommé *Vauselle*, qui avoit sa confiance, le dessein où il étoit, de l'envoyer secrètement vers le duc d'Orléans, avec une lettre, pour attirer ce prince dans le parti des mécontents. Mais ce gentilhomme, quelques jours avant son expédition, *ne manqua pas d'avertir le Cardinal*, qui fit dire aussitôt à Monsieur que Vauselles se rendroit dans peu, auprès de sa personne, avec une lettre du duc de Guise, pour l'engager à prendre les armes contre le Roi ; que, comme c'étoit une affaire de si grande importance pour sa couronne, il le prioit de le faire arrêter par ses gardes et de le remettre tout de suite avec sa lettre entre les mains de Sa Majesté. Monsieur consentit sans difficulté à remettre la lettre, mais il refusa de livrer ce malheureux au bourreau (ce furent ses termes). *Il ne savoit point qu'il s'entendit avec le Cardinal.* Il convint dont avec le ministre qu'il le feroit arrêter par ses gardes, qui lui donneroient moyen de s'échapper en le gardant avec négligence et qu'il s'en remettroit pour le reste aux soins du Cardinal. Vauselles parut devant Monsieur, à qui il présenta la lettre dont il étoit chargé ; mais il n'étoit non loin de ce prince, *qu'il fut arrêté par ceux qui l'observoient dans la vue seule de mieux couvrir sa trahison, qui fut peu après largement récompensée par le Cardinal* ».

Goulas, confident de Monsieur et lui-même un des agents de Richelieu, qui n'avait voulu laisser autour de Gaston que des personnes gagnées à sa cause, a consigné dans ses *Mémoires* le secret de la comédie (2) :

« Nous ne demeurasmes guères à Blois sans avoir avis

(1) Voir *Mercure de Vittorio Siri*, traduction française, t. I, liv. II, p. 237.
(2) *Mémoires de Goulas*, publiés par la Société de l'Histoire de France, t. I, p. 19.

de M. de Chavigny, qu'un gentilhomme de M. de Guise y arriveroit bientôt, et chargé d'une lettre de son maître pour Monseigneur, tendant à le détacher du service du Roy et des intérêts de l'Etat et lui faire embrasser la cause des princes mécontents, qui estoient à Sedan et il conjuroit son Altesse royale d'envoyer la lettre à Sa Majesté, et celuy qui auroit l'audace de la présenter. A trois ou quatre jours de là, le gentilhomme nommé *Vauchelles* arrive et donne sa lettre, et Monseigneur ne manqua pas de la faire porter au Roy selon le conseil de M. de Chavigny, et pour l'envoyer, il lui fit dire de se sauver parce qu'il n'y avoit pas de sûreté pour luy à la cour. Il partit donc brusquement ; mais il ne fut pas à demi journée de Blois qu'il tomba dans les mains de ceux qu'on avoit mis sur sa piste ; je ne sais ce qui avoit mis M. de Guise à faire cette pièce, mais je sais bien que Monseigneur n'estoit pas homme à s'embarquer sur sa lettre. Enfin, il en usa comme il devoit en cette rencontre, car il témoigna au Roy qu'il garderoit toujours exactement le respect qui estoit dû, lui envoya la lettre et il se rendit ce qu'il devoit à soy mesme, faisant retirer *Vauchelles* de bonne heure pour ne pas le livrer au bourreau. Ce fut sa première pensée et ce qu'il dit quand on lui parla de le faire arrester. *Mais M. Goulas assuroit et il étoit vray que ce compagnon avoit été gagné par M. le Cardinal, qui s'en servoit d'espion* et il lui apprenoit de Sedan ce qui se passoit à Sedan de sa connaissance, et afin de couvrir le jeu, on luy avoit découplé des archers qui le prirent et le menèrent à Paris *où après quelque formalité on le laissa aller avec récompense*, à ce que l'on nous manda ».

Enfin, la correspondance de Richelieu ne laisse pas le plus petit doute sur le rôle joué par Vauselle et nous initie par le menu à tous les détails de sa mission. Au commencement de mai 1641, le Cardinal écrit à Chavigny :

« Si M. de Chavigny scait, comme je n'en doute point, que Monsieur ayt assez de force pour envoier les lettres qui lui sont escrites de Sedan au roy et *le gentilhomme*, je crois qu'il lui faut envoier... Si ce n'est qu'on aime mieux adjuster avec ce gentilhomme qu'il servira à Sedan (1), ainsi que M. de la Barde, peu instruit de ce qu'il scait et peut faire, me l'a proposé ; et en ce cas se contenter que Monsieur envoie les lettres au roy qu'il aura données au s^r Dumont (2) et qu'au mesme temps que le dit gentilhomme aura donné les lettres à Dumont, qu'il se sauve sans attendre la réponse de Monsieur et qu'il s'en vienne icy traiter avec vous de ce qu'il faut faire pour le service du roi ».

Le Cardinal avait soin de ne rien oublier pour le succès de son plan. Bientôt après, peu avant le 20 mai, il mandait à Chavigny de faire en sorte d'obtenir que Monsieur aidât à convaincre les conjurés de leurs trames :

« Il est a propos que vous envoyez quelque personne de confiance à Monsieur, pour luy dire que nous scavons qu'il est party *un gentilhomme* de Sedan de la part de M. le Comte ou de M. de Rheims, pour tascher de l'embarquer dans leur beau party, qu'il est important pour son service qu'il envoye les lettres toutes fermées au roy et qu'il fasse cognoistre qu'il n'est point capable de prester l'oreille à de telles propositions. Vous me renvoyerez demain M. de la Barde, après que vous vous serez esclairez de toutes les particularités que scait ce gentilhomme et de tous les moyens qu'il y a de le mettre en estat de servir et Monsieur de faire paroistre son affection ».

Afin d'être plus sûr du succès, il eut un entretien avec le principal favori de Monsieur, Léonard Goulas, qu'il savait être à sa discrétion, et il en instruit de la sorte Chavigny par une lettre écrite de Ruel, le 14 may :

« Ce billet est pour donner avis à M. de Chavigny que je

---

(1) C'est-à-dire qu'il y fera l'office d'espion.
(2) Domestique de Monsieur.

n'ay dict à M. Goulas sinon que nous avons esté averti de Sedan qu'on envoyoit *un gentilhomme* à Monsieur et qu'il se devoit addresser au petit Dumont et que je conseillois à Monsieur de prendre cette occasion de faire valoir au roy sa fidélité et son affection au bien de l'Estat, tirant la créance de ce gentilhomme par escrit et envoyant par après ses lettres et la dicte créance au roy.

« M. Goulas m'ayant représenté qu'il craignoit que Monsieur fist difficulté à envoyer le gentilhomme au roy, après avoir un peu contesté sur ce sujet, je luy ai dict que pour s'accomoder à l'esprit de Monsieur, je porterois le roy à se contenter que Monsieur fist prendre ce gentilhomme en donnant ordre à trois lieues de Blois. Il a approuvé cet expédient ; reste pour l'exécution que M. Goulas aille à Blois, et que M. de la Barde me vienne trouver ponr adjuster avec *Vauselle* comme il se conduira. *M. Goulas ne sait point que Vauselle soit icy, qu'il vous ayt parlé, ny qu'il s'entende avec vous. Valetudinem tuam cura* ».

Les choses se passèrent du côté de Gaston, comme avec Vauselle du reste, ainsi que l'avait désiré Richelieu.

Monsieur, écrivait de Chambord à Chavigny, le 21 mai, cette lettre qui le peint tout-à-fait sur le vif :

« J'ay suivi ponctuellement les conseils de son Eminence, que je pourois appeler prophéties, car la chose s'est passée comme il l'avait creu. J'envoie toutes les choses que son Eminence a désirées ; mais priez encore de ma part M. le Cardinal qu'en cette occasion *je ne puisse point passer pour délateur, ni pour témoin contre des gens qui me sont si proches*. Je suis extêmement aise que la chose ayt mieux réussi que je ne pensois ».

Ainsi Gaston avait bel et bien livré au Cardinal l'envoyé de son beau-frère et de son chambellan. La correspondance de Richelieu nous dévoile encore mieux que les Mémoires de Goulas la série d'aventures par laquelle passa Vauselle. Après avoir révélé ce qui se passait à Sedan, il était d'abord resté caché dans la maison de Chavigny. Richelieu, parti avec le Roi, pour le voyage de Picardie, avait d'abord écrit de Vigny, près Pontoise, à Chavigny, le 24 mai : « M. de Chavigny se souviendra de donner ordre de faire revenir l'homme qui est allé à Blois, de Sedan, à Abbeville, afin que nous ajustions bien ce qu'il faudra faire ». Mais après avoir réfléchi, il donna contre-ordre, et imagina la comédie qu'il explique tout au long dans une nouvelle lettre à Chavigny, écrite le 25 mai :

« ... M. de Goulas vous dira ce qui s'est passé entre lui et moy qui exorte Monsieur à quitter ses faiblesses, qui ne luy peuvent estre que désavantageuses.

Sans donner la peine au gentilhomme, qui est maintenant entre vos mains, de venir à Abbeville, après avoir bien pensé à son affaire, il ne sauroit nous donner aucun avis de Sedan sans se mettre au hazard de se faire prendre par des gens fols et violens.

« Pour le garentir d'un tel malheur, il faut luy persuader qu'il vaut beaucoup mieux qu'il trouve bon que nous le fassions prendre au sortir de Paris et le mettre entre vos mains, en luy donnant parolle, comme vous pouvés faire, qu'il n'aura aucun mal et qu'au contraire on luy fera du bien.

« Cette affaire est importante pour convaincre M. de Rheims, sans que Monsieur puisse paroistre cause de sa conviction. Je vous prie la faire réussir, soit que le gentilhomme y consente, ce qu'il fera à mon avis, soit qu'il n'y consente pas. *Expedit, expedit*. Je suis à vous à l'accoustumé.

« Le cardinal duc de Richelieu ».

Chavigny eut soin de sauver les apparences, ainsi que le désiraient à la fois le Cardinal et Monsieur. Il répondait le lendemain à Richelieu : « L'homme sera aujourd'hui dans le bois de Vincennes. Cela donnera moyen de satisfaire à la fantaisie de Monsieur ».

Le bois de Vincennes, qu'on ne s'y trompe pas, était bel et bien le château, situé à l'orée de ce bois, et Vauselle pouvait désormais passer aux yeux de tous pour un prisonnier d'Etat, sans que M. de Guise soupçonnât le triste rôle qu'il avait joué dans ce curieux épisode de l'histoire de la police du Cardinal (1). Son témoignage allait être la base principale, tant des accusations portées contre les princes confédérés dans le manifeste du Roi du 8 juin, que du procès qui fut aussitôt commencé contre le duc de Guise et ses adhérents.

Dans le manifeste, on relate « l'envoy d'un nommé Vauselle à nostre très-cher et très-aymé frère le duc d'Orléans » et l'on ajoute : « Le dit Vauselle étant tombé entre nos mains lorsque, s'en retournant à Sedan, il pensoit avoir évité tout péril, reconnoist avoir esté envoyé pour faire scavoir à nostre dit frère, que le comte de Soissons, le duc de Guise et le duc de Bouillon, ont traité avec le Cardinal infant pour le roi d'Espagne ».

L'information contre les chefs de la conspiration commença dès le 28 mai, en vertu d'un ordre du 27. Le procès fut instruit par le célèbre Isaac de Laffemas, conseiller et maitre des requêtes ordinaires de l'hôtel, en vertu d'une commission particulière du Roi. Le 7 juin, Jean-Baptiste de l'Hermite, s[r] de Vauselle, prisonnier au château de Vincennes, fut interrogé. Les premiers jours du mois suivant, le procureur général, Omer Talon, prit des conclusions de décret de corps contre MM. de Guise et de Bouillon et autres dénommés dans les informations. Enumérant les charges relevées contre eux, il les accusait entre autres crimes « d'avoir par le moyen *d'un nommé Modène*, lieu-

---

(1) Voir toutes ces lettres, aux dates indiquées, dans *les Lettres de Richelieu*, t. VI, VII et VIII.

tenant du sieur Biscaras, gouverneur pour le Roi au Mont-Olympe, voulu corrompre le dit Biscaras pour leur mettre la dite place entre les mains (1)...; d'avoir escrit a plusieurs seigneurs de se joindre à eux, même à son Altesse royale, frère unique du Roy et que pour cet effet ils luy avoient envoyé le nommé Vaucelle, lequel avoit esté renvoyé par Monsieur à Sa Majesté avec les lettres qu'il avoit receu d'eux ».

On lut les interrogations faites au dit Vauselle prisonnier à la Bastille et à sa femme « *qui avoient fait plusieurs voyages de Sedan à Paris* et qui tous deux ont recogneu *ingénuement* tout ce que dessus et tous les desseins des accusez ». Plus tard récolé en ses interrogatoires, M. de l'Hermite reconnut les deux lettres par lui paraphées, qu'il avait portées à Monsieur, frère unique du Roi (2). Il ne fut pas le seul agent de M. de Modène qui fut alors emprisonné. Un autre des gens au service d'Esprit de Rémond, Toussaint de Bordeaux, se trouvait aussi à la Bastille le 29 mai, jour où il fut interrogé (3). Son immixtion dans l'affaire devait se rapporter à l'entreprise sur le Mont-Olympe, et sa déposition fut relative au rôle qu'y joua M. de Modène (4).

L'issue de ce procès eut pu être tragique, et les mains du s[r] de Vauselle rester à jamais tachées du sang des victimes

(1) Bien que les documents judiciaires ne pèchent jamais par excès de politesse, on voit que celui-ci fait peu d'honneur à M. de Modène et le traite tout à fait en comparse. V. *Mémoires de Montrésor*, II, 334 et suiv.

(2) *Mémoires de Montrésor*, II, 335.

(3) *Mémoires de M. de Modène*, édition Mielle, t. II, p. 160. Toussaint de Bordeaux servit durant vingt années M. de Modène, nous dit lui-même ce dernier dans ses *Mémoires*. Plus tard il fut maréchal des logis du duc de Guise, qu'il n'accompagna pas d'abord à Rome, mais qu'il alla rejoindre quelque temps après, de la part de Mlle de Pons, pour le presser de retourner à Paris.

(4) Il y avait eu des prises faites par les coureurs de l'armée du maréchal de Châtillon. Voir Aubery, *Mémoires pour servir à l'histoire de Richelieu*, II, 676, 678. On voit aussi le nom d'Anne Gobert parmi celui des prisonniers.

dont il avait livré les secrets à Richelieu. Son témoignage eut pu conduire M. de Guise et ses adhérents à l'échafaud, comme Chalais, le duc de Montmorency et M. de Marillac. Leur sortie de France et bientôt aussi la mort de Richelieu les mit à l'abri des suites sanglantes qu'eut pu avoir sa trahison. La main de Dieu vint aussi brusquer à sa manière la fin de la conspiration.

Le 6 juillet avait eu lieu la bataille de la Marfée aux portes de Sedan. Le duc de Guise ne s'y trouva pas ; il était allé à Liège lever des troupes, et se plaignit plus tard au duc de Bouillon qu'on ne l'eut pas attendu pour livrer la bataille. M. de Modène chargea à la tête de sa compagnie et fut même blessé d'un coup de pistolet.

On sait que les confédérés ne surent pas profiter de leur victoire sans lendemain, dont les résultats furent pour eux presqu'aussi désastreux qu'une défaite. La mort du comte de Soissons vint complètement changer la face des choses. Le duc de Bouillon s'accommoda avec la cour dès le 7 août. Seul le duc de Guise, se comportant en *Forfante*, en Matamore et en aventurier, persévéra dans sa rébellion, quitta Sedan, prit l'écharpe rouge et passa en Flandre avec les Impériaux. Les efforts de Puységur et du duc de Bouillon pour négocier sa réconciliation avec la cour furent infructueux. Aussi fut-il formellement excepté de l'amnistie et de l'abolition du 6 août, qui suivirent immédiatement l'accomodement conclu avec le duc de Bouillon. Tous ceux qui avaient pris part à la conjuration de Sedan et s'étaient unis aux princes révoltés reçurent au contraire leur pardon. Un mois plus tard, le 6 septembre, un arrêt du parlement de Paris condamnait à mort par contumace le dernier représentant de la grande famille de Guise.

Ceux qui jusqu'à ce jour ont écrit sur M. de Modène, depuis Fortia d'Urban et Barjavel jusqu'à Edouard Fournier et M. Loiseleur, ont répété tous, sans exception, qu'après la bataille de la Marfée, Esprit de Rémond avait accompagné

M. de Guise à Bruxelles et persévéré dans sa révolte (1). D'après eux, il aurait été condamné à mort, comme lui, par l'arrêt du parlement du 6 septembre 1641 ; il aurait partagé son exil jusqu'au lendemain de la mort de Louis XIII, ne rentrant en France qu'à la première heure clémente de la régence d'Anne d'Autriche, vers le mois de juin 1643. Y a-t-il à ces allégations, un commencement de preuves ? Ont-elles le plus léger semblant de vérité ?

Contrairement à l'opinion de tous ces auteurs, qui d'ailleurs n'ont fait que se répéter l'un et l'autre, aucun document n'établit que M. de Modène ait été excepté de l'amnistie qui a suivi la paix faite avec M. de Bouillon.

Il existe des documents tant imprimés que manuscrits, tant publiés qu'inédits, sur les conditions de cette amnistie et les différentes exceptions qu'elle devait d'abord comprendre; aucun ne mentionne le nom de M. de Modène (2). Je me bornerai à citer des extraits des lettres inédites de Henri Arnauld qui donnent à cet égard les plus nombreux renseignements. Il écrit le 17 juillet : « Pour ce qui est des domestiques, on leur donnera une abolition générale, dans la quelle quelques-uns seront exceptés comme Campion et quelques autres qui peuvent avoir traité avec les ennemis ». Il ajoute le 24 : « On a envoyé à Sedan une abolition pour tous les domestiques de M. de Guise et du comte de Soissons et ceux qui les ont suivis à la réserve de quatre ou cinq, entre lesquels sont le marquis du Bec et Chambes, et dans le quartier que le Roy a accordé pour les prisonniers les mêmes sont exceptez. On croit qu'à la fin il faudra lever l'exception ». Il indique comme partis avec les ennemis au nombre des gens du comte de Soissons, Campion,

---

(1) Dans son récent article du *Temps* du 27 octobre 1885, M. Loiseleur, au lieu de le montrer retiré à Bruxelles, comme dans *Les points obscurs de la vie de Molière*, p. 105, va même jusqu'à prétendre, sans doute par suite d'un *lapsus calami*, que M. de Modène vécut alors réfugié en Espagne.

(2) Voir entre autres les *Mémoires de Puységur*, I. 274.

Beauregard, et le jeune La Barre et deux autres. Il n'est nullement question dans les lettres qui ont trait à M. de Guise de la personne d'Esprit de Rémond (1).

Une fois M. de Guise à Bruxelles, on ne remarque pas davantage le nom de M. de Modène à côté du sien, dans les nouvelles aventures où il eut de nouveau la folie de s'engager. Enfin l'arrêt du parlement, du 6 septembre 1641, qui condamne à mort le chef de la maison de Lorraine est rendu contre lui seul ; on ne voit aucune condamnation portée contre Esprit de Rémond, ce qui achève de montrer qu'il avait été bel et bien compris dans l'amnistie.

Au lieu de suivre M. de Guise dans son émigration, d'aller lui servir de témoin lors de son singulier mariage à Bruxelles le 11 novembre, et de l'accompagner plus tard dans ses courses errantes à Amsterdam et ailleurs, où il dissipe la fortune de sa femme, il est probable que M. de Modène resta d'abord à Sedan pour guérir sa blessure ; puis il alla sans doute chercher le repos dont il avait besoin et en même temps un asile et un refuge, dans son château du Comtat, contre le ressentiment de Richelieu. (Le pardon du Cardinal ne lui inspirait qu'une confiance limitée). Il se croyait plus en sûreté en terre papale, dans cet état d'Avignon, dont il a écrit lui-même :

« On y vit sous les lois d'un prince pacifique
Dont le joug est léger et le règne clément (2) ».

C'est du moins ce que permettent de croire les actes, malheureusement trop rares, de la fin de 1641 et de 1642, qui se rapportent à M. de Modène.

Je ne connais que deux pièces relatives à sa personne,

---

(1) V. le journal de *Henri Arnauld*, mst. de la Bib. nat. n° 3775, pp. 17 et 27.

(2) Voir Poésies du comte de Modène, dans le *Supplément aux Editions de Molière*, publié par Fortia d'Urban, Paris, 1825, in-8°, p. 93.

ayant trait à cette époque (1). L'une est malheureusement entachée d'une erreur de date. C'est la mention d'une procuration donnée par M. de Modène à sa mère, à Sedan, le 21 décembre 1691. C'est probablement 1641 qu'il faut lire (2). Il en résulterait que M. de Modène n'aurait pas suivi M. de Guise, qui, dès la première quinzaine de novembre, s'était marié à Bruxelles avec la veuve du comte de Bossut.

L'autre document de 1642, tend à le faire croire revenu dans le Comtat ; le voici tel que le rapporte le manuscrit de Chérin :

« *Spiritus de Remond, dominus in temporatibus loci de Modène et ejus fratres laici* et leur sœur obtiennent du pape Clément, le jour des nones de septembre 1642, une bulle contre des particuliers qui avaient soustrait leurs effets ». Comme il s'agit d'actes accomplis dans les états du Pape, on peut croire que leur date n'est pas de beaucoup antérieure à l'obtention de la bulle. Il s'ensuivrait, qu'au cours de l'année 1642 M. de Modène serait revenu résider dans le Comtat.

Nous verrons également plus loin qu'en 1643, au lieu de se trouver à Paris, où on le fait revenir dès le mois de juin, au commencement de la Régence, avec le duc de Guise, il était encore tout simplement alors dans son château de Modène.

J'espère que ces renseignements vrais et authentiques sur la vie d'Esprit de Rémond, de 1639 à 1643, permettront d'éliminer les récits légendaires qu'on débitait sur son compte, et que, mis sur une bonne piste, les historiens locaux pourront à leur tour apporter un contingent de nou-

---

(1) Toutes les deux proviennent du ms. de la Bibliothèque nationale, Collection Chérin, 169.

(2) Il serait peut-être possible de s'en assurer en cherchant dans les minutes des deux notaires de Sedan devant lesquels, en septembre 1639, Esprit de Rémond avait donné procuration à sa femme, et dont j'ai fait connaître les noms.

veaux documents à l'appui de ceux que je viens de faire connaître.

§ VII.

Madeleine Béjart et la naissance d'Armande.

Pendant ce temps-là, qu'était devenue Madeleine Béjart ? Son dernier historien, exagérant encore les tendances de quelques-uns de ses défenseurs, a cru « que la protection dont elle avait besoin lui fut continuée à distance par M. de Modène ». Jusqu'à présent nous n'avions guère eu que la réhabilitation d'Armande Béjart, par les *Armandistes*, dont M. Fournel s'est moqué avec tant d'esprit. Sans tenter formellement en faveur de Madeleine « une réhabilitation qui n'irait pas sans un peu de ridicule », M. Larroumet a présenté cependant son apologie. Il a paru croire que « sa liaison avec M. de Modène avait été *la première et la dernière* », qu'elle ne s'était pas donnée à d'autres qu'à lui, pas même à Molière, qu'il y avait entre elle et le comte une amitié dévouée, « une sorte d'union morganatique ». S'il n'est pas allé jusqu'à dire de la liaison de Modène avec Madeleine,

> Son amour lui refait une virginité,

c'est que ses accointances avec les finesses de Marivaux, le garantissaient facilement de ce ridicule ; mais il les a entourés tous les deux, surtout Madeleine, de l'auréole de fidélité qui décore les cheveux blancs de Philémon et de Baucis (1).

---

(1) Voir *Revue des Deux-Mondes*, t. LXIX, n° du 1er mai 1885. Si sur ce point particulier je ne partage pas l'opinion de M. Larroumet, je me hâte

Eh bien, cette continuité de l'amour de M. de Modène pour la fameuse comédienne me semble tout simplement une légende ou plutôt une invention récente de Moliéristes, soucieux à leur manière de l'honneur de Molière, au point de faire fléchir la vérité au profit de leur système. Ce n'est pas là en effet une légende traditionnelle, courant depuis longtemps les livres de littérature comme celle du rôle de Rotrou dans la *Querelle du Cid*, dont j'ai récemment fait justice, c'est une hypothèse sortie des rêveries de Fortia d'Urban, ou qui du moins a survécu au roman du prétendu mariage de M. de Modène et de Madeleine.

Malgré que l'acte de baptême du 11 juillet 1638 montre le jeune gentilhomme alors pleinement dominé par sa passion et tout-à-fait *empaumé* par la belle comédienne, rien ne prouve que cet amour ait été de sa part autre chose qu'un caprice et surtout qu'il ait résisté à l'éloignement. Rien ne démontre qu'il ait duré d'une façon permanente pendant près de trente ans et qu'il ait créé entre eux des liens à la vie et à la mort, comme on voudrait le faire croire. Elevé à l'école de Gaston d'Orléans, à côté du duc de Guise et de ses pareils, qui devinrent les *Importants* de la Régence d'Anne d'Autriche, M. de Modène était en avance sur la plupart des gentilshommes de son temps. Loin de ressembler aux hôtes de Mme de Rambouillet, qui soupiraient aux pieds des Précieuses, il pourrait être comparé déjà aux roués de la Régence du siècle suivant. Il aima un instant Madeleine à en être fou, puis il l'oublia. Grâce à la ténacité et à l'adresse de la comédienne, il put sans doute y avoir parfois des reprises, après de longues intermit-

---

de dire que personne ne fait plus de cas que moi de la science de ce fin lettré et de sa critique toujours si courtoise. M. Larroumet, d'ailleurs, a atténué lui-même ce que son opinion avait d'excessif en écrivant depuis : « Madeleine Béjart a toutes les qualités féminines et masculines que l'on voudra, sauf la chasteté ». Voir *Revue des Deux-Mondes*, t. LXXI, p. 597, 1er octobre 1885.

tences. Mais il y eut surtout des infidélités... de part et d'autre. Il y en eut de la part de M. de Modène, à qui sied moins qu'à personne ce rôle d'amoureux fidèle dont on veut l'affubler.

Cependant, à lire ce que dit de lui le dernier historien des Béjart et en songeant au mystère et aux énigmes de sa vie, on serait tenté de se rappeler le sonnet d'Arvers et de croire à

Un éternel amour en un instant conçu.

Ce serait se laisser aller à une étrange illusion. Je ne veux pas aller jusqu'à représenter M. de Modène volage comme un papillon, ou comme M. de Guise ; mais force est bien de reconnaître qu'il fut infidèle à Madeleine .... comme à sa femme, et qu'il était assez friand de comédiennes, puisque nous verrons une autre *amie* que la Béjart, qui monta un instant sur les planches comme elle et avec elle, installée au château de Modène, et y jouant auprès du châtelain le rôle qu'avait rempli Madeleine en 1637 et 1638.

Voyons du reste les faits se dérouler dans leur éloquente et brutale réalité. Neuf mois environ après la naissance de la petite Françoise (1), M. de Modène quitte Paris et Madeleine (fin mars 1639), ce qui n'annonce déjà pas une passion bien vivace ni bien absorbante ; on conçoit néanmoins qu'il ait pu sacrifier, bien qu'à regret, son amour aux intérêts de ses amis ou aux exigences de son avenir. Mais, sans doute, il s'efforcera, dès qu'il lui sera possible, de renouer les liens qui l'unissent à la mère de son enfant. Il appellera Madeleine près de lui à Sedan ou à Charleville, ou bien il fera

---

(1) Inutile de rappeler qu'on ne sait rien sur son compte et que malgré la différence d'âge, existant entre elle et Armande Béjart, Fortia d'Urban et ses imitateurs l'ont identifiée avec cette dernière. Si elle vint à mourir de bonne heure, sa mort contribua peut-être à relâcher les liens entre sa mère et M. de Modène.

lui-même des échappées à Paris. Rien au contraire ne dit qu'il en ait été de la sorte. On trouve Madeleine à Paris le 20 novembre 1639 et le 5 juin 1640 (1) ; quant à M. de Modène, je ne sache pas qu'au milieu de ses dangereuses intrigues il ait eu la témérité de venir dans la capitale s'exposer aux colères et aux prisons de Richelieu, qui ne s'était pas montré tendre à l'égard de son père. Ceux qu'on voit alors auprès de lui ce n'est pas la Béjart, c'est Jean-Baptiste de l'Hermite et sa femme Marie Courtin de la Dehors, qui depuis ...., mais alors elle n'était sans doute pas encore la rivale de Madeleine.

Après la paix qui suit la bataille de la Marfée, puisqu'il y a amnistie générale, dont le duc de Guise seul est excepté, sans doute aussi M. de Modène en profitera pour rentrer immédiatement en France, revenir à Paris, revoir Madeleine, guérir sa blessure auprès d'elle et se reprendre à la vie à ses côtés. Les documents que j'ai révélés montrent qu'au contraire il attendit sa guérison à Sedan où il se trouvait encore le 21 décembre 1641 ; puis, qu'il se retira loin de Paris dans sa terre du Comtat Venaissin.

Ce qui fait douter en outre qu'il ait toujours accompagné le duc de Guise, c'est que, quand Henri de Lorraine revint à Paris après la mort de Louis XIII, à la fin de juin ou au commencement de juillet 1643, il ne semble pas que Modène soit auprès de lui. En 1643, 1644 et même une bonne partie de 1645, on voit le gentilhomme avignonnais dans le Comtat, ainsi que nous le dirons plus au long tout à l'heure. Cela achève de prouver que son amour pour Madeleine était bien

(1) V. *Dictionnaire* de Jal, 177, 180. Le 20 novembre 1639 elle est marraine, *paroisse Saint-Sauveur*, de sa sœur Benigne-Madeleine. Le 5 juin 1640 elle tient sur les fonts de Saint-Sulpice un enfant d'un valet de chambre du nom de Robert de la Voypierre. L'intérêt principal de ces deux actes de baptême est de montrer que Madeleine, alors à Paris, n'est pas dans une troupe de campagne.

refroidi, et que l'ardente passion qui s'étalait si violemment en 1638 avait été suivie d'un bien court lendemain.

Madeleine n'avait donc pas dû marcher longtemps « dans son rêve étoilé ». Si l'acte de baptême de 1638, et l'aveugle condescendance de son amoureux à ses caprices, lui avaient donné quelques illusions et l'espoir d'un long attachement, elle ne devait pas tarder à être promptement désabusée. Elle voyait dès le printemps de 1639 M. de Modène s'éloigner de Paris, et elle était trop femme de théâtre pour ne pas savoir que l'absence donne le coup de mort aux plus solides amours. Elle devait prévoir qu'une fois parti, M. de Modène trop faible par caractère, trop dominé pour secouer le joug en sa présence, ne tarderait pas à courir à de nouvelles conquêtes. Que fit-elle au milieu de l'abandon où la laissait le départ du chambellan de Gaston, et des intrigues que nouaient avec tant de témérité et d'étourderie les conjurés de Sedan ? A part les deux mentions du *Dictionnaire de Jal* qui prouvent sa présence à Paris le 20 novembre 1639 et le 5 juin 1640, on ne sait rien de certain sur son compte jusqu'à la formation de l'*Illustre Théâtre*, c'est-à-dire jusqu'au 30 juin 1643, et l'on est réduit à des conjectures et à des probabilités.

L'abandon où elle se trouvait la rejeta sans doute dans le tripot comique ; puisqu'elle était déjà très vraisemblablement montée sur les planches, elle dut essayer, une fois privée de son protecteur, de se créer des ressources en y remontant, et en se faisant un nom sur la scène comme la Bellerose, la Villiers, la Valliot et la Beaupré. Lorsqu'on rencontre son père, le sieur de Belleville, habitant vers la fin de l'automne de 1639 la paroisse de Saint-Sauveur, c'est-à-dire la paroisse par excellence des comédiens, on se prend à supposer, non pas qu'elle put être un instant attachée à la Troupe de l'Hôtel de Bourgogne, *le nec plus ultrà* des comédiens, mais que la famille Béjart, cherchait à se créer des liens nouveaux dans le monde des théâtres. On se rappelle que l'auteur de la *fameuse Comédienne* parle des amours de Madeleine en Provence et en Languedoc, ce qui donne à penser qu'au lendemain de la ruine des espérances des conjurés de Sedan, ensevelies dans leur victoire de la Marfée, la fille des Béjart put elle aussi aller chercher à la fois l'oubli et le pain de chaque jour loin de Paris, sous un ciel plus clément, dans le Midi de la France.

Chaque auteur à propos de la Béjart et de Molière a bâti son petit roman. Pourquoi ne ferais-je pas le mien à mon tour ?

A la fin de mai 1641, Madeleine, voyant l'emprisonnement au château de Vincennes de ses amis, Jean-Baptiste de l'Hermite et de Marie Courtin de la Dehors, Madeleine qui n'était pas dans le secret de la comédie, a pu et a dû être effrayée, ainsi que sa famille, de la captivité des agents et des familiers de M. de Modène, dont un autre domestique Toussaint de Bordeaux, on l'a vu, fut aussi mis sous les verroux. C'est alors qu'elle a dû songer, avec les siens peut-être, à s'éloigner prudemment, et à aller se faire oublier, sinon se cacher, en des lieux où le souvenir de sa liaison avec l'ami du duc de Guise n'était pas vivant comme à Paris. C'est de la sorte qu'elle est entrée dans une troupe de comédiens de campagne.

Cela est assez vraisemblable. Reste à savoir de quelle troupe elle fit choix comme d'un refuge et d'un lieu d'asile. Ici encore il n'est pas trop téméraire d'essayer de deviner, ou plutôt de désigner d'après un ensemble de présomptions probantes la bande de comédiens avec laquelle elle dût parcourir la Provence et le Languedoc, c'est-à-dire le pays que lui assigne comme son champ de courses nomades l'auteur de *la Fameuse Comédienne*. Jal ayant fait connaître un état des gages payés par la maison du roi pour l'année 1642 à la bande des *Petits Comédiens*, M. Loiseleur et après lui M. Larroumet ont cru ou donné à entendre, je ne sais pourquoi, que cette troupe était celle où Madeleine avait pu alors se produire dans le Midi de la France (1). La troupe des *Petits Comédiens*, ce que n'a dit aucun de ces auteurs, est sans contredit celle du Marais, toujours ainsi dénommée vers cette époque. Mais rien ne prouve, rien même n'indique que les Comédiens du Marais aient alors quitté Paris, ni que Madeleine ait *alors* fait partie de leur compagnie.

La troupe dans laquelle il est, il me semble, le plus judicieux de la présumer entrée, est celle où se trouvaient à Lyon en 1643 Charles Dufresne et Nicolas Desfontaines. Voici pourquoi cette présomption me paraît des plus probables.

Jamais voyage du roi ne se fit guères sans qu'on voie des comédiens à la suite de la cour, ou du moins profitant de son arrêt dans les principales villes, pour tirer parti de cette bonne fortune, et la sauver de l'ennui, en lui continuant les plaisirs de la capitale. Dès 1614 le *Journal* d'Héroard nous montre Louis XIII, lors du voyage qu'il fit en cette année dans les provinces de l'Ouest, assistant à Tours et à Loudun à des représentations qui lui sont données par des troupes de Comédiens. Plus tard à Poitiers en 1651 et 1652, à Lyon en 1658, à Bordeaux, à Cadillac, à Saint-Jean-de-Luz en 1659 et 1660, nous voyons la cour avoir de même le divertissement de la comédie, pour parler le langage du temps.

Il est fort probable que le grand voyage du roi dans le Midi en 1642, qui fut marqué par des séjours en différentes villes, ne se passa pas sans qu'une troupe de Comédiens vint parfois rappeler aux courtisans les grandes tirades tragiques qu'ils étaient habitués à entendre sur les théâtres de l'Hôtel de Bourgogne et du Marais. Le roi et son ministre malades tous les deux étaient fort tristes, il est vrai. Les derniers mois de l'année 1641 s'étaient plutôt écoulés à

---

(1) Voir le *Dictionnaire* de Jal, p. 180, col. 2 ; M. Loiseleur les *Points obscurs de la vie de Molière*, p. 106 ; M. Larroumet, *Revue des Deux-Mondes*, ut suprà.

Paris dans l'ennui qu'au milieu des plaisirs et des représentations théâtrales, jusque-là si nombreuses et si brillantes à la cour. La tragédie se jouait aussi trop réellement entre le roi, Richelieu et Cinq-Mars, pour qu'il y eût place pour les jeux tragiques de la scène, qui n'eussent été qu'une bien pâle et bien froide copie de la réalité.

Cependant ce terrible voyage, dont on veut, ne l'oublions pas, que le jeune Pocquelin ait fait partie, en qualité de tapissier valet de chambre du roi, pour suppléer son père pendant le temps de son service, correspondant au second trimestre de cette année, ce voyage ne se termina pas sans que la cour eut le plaisir de la comédie.

Après que Cinq-Mars eut été arrêté à Narbonne le 11 juin 1642, le roi s'était lentement mis en marche vers Paris ; mais il s'était arrêté une quinzaine de jours, pendant la seconde moitié de juin pour prendre les eaux, sur les bords du Rhône, dans le village de Montfrin, à courte distance de Tarascon où était gisant son ministre abattu par la maladie, mais triomphant dans sa politique (1). Selon l'habitude des courtisans qui n'aiment pas à être privés longtemps des plaisirs auxquels ils sont habitués, on s'était empressé de secouer le souvenir des tragiques événements dont Narbonne avait été le théâtre. Gaie et brillante était cette petite cour. On y était en fête et en joie, on y dansait, on y chantait, *on y jouait la Comédie*, pour oublier l'ennui qu'on respirait autour du roi morose et malade comme l'était Richelieu. La preuve nous en est fournie par Henri Arnauld dans son curieux *journal*, qui est une mine de renseignements bien précieux pour l'histoire du temps. Il écrivait de Paris, le 29 juin, à son correspondant habituel le président Barillon, en lui parlant de la vie qu'on menait à Montfrin (2):

(1) Montfrin est situé en face de Tarascon de l'autre côté du Rhône.
(2) Ce journal de Henri Arnauld, dont j'ai déjà parlé, composé de ses lettres au président Barillon exilé à Amboise et qui va de 1639 au 19 avril 1643, fait partie des mss. de la Bibliothèque nationale, F. Fr. 3774-3778. Il

« On eut hier des lettres de Tarascon du 24. Le roi étoit à Montfrin où il prenoit les eaux. Sa santé étoit meilleure heureusement. Mme de Rohan étoit là chez laquelle il y avoit tous les jours bal et *Comédie* (1). C'etoit le divertissement de toute la cour et particulièrement de M. le duc d'Anguin, qui de Tarascon, où il étoit avec M. le Cardinal, y alloit tous les soirs passer les après dinées. »

Le 30 juin le roi prenait la route de Lyon, après être allé le 28 à Tarascon visiter son ministre, dont le voyage devait avoir pour terme le supplice de Cinq-Mars et de M. de Thou.

Quelle est cette troupe qui jouait à Montfrin (2) et avait auparavant peut-être donné des représentations à Narbonne? Il est assez naturel de croire que c'était celle qu'on rencontre à Lyon, le 8 février 1643, composée de Charles Dufresne, Nicolas Desfontaines, Pierre Réveillon, etc., assistant dans l'église Sainte-Croix au mariage de François de la Court avec Madeleine Dufresne (3).

Ce qui le donne à penser, indépendamment de l'habitude qu'avaient les troupes de comédiens de Lyon de parcourir la vallée du Rhône et le Languedoc, c'est qu'on trouve précisément une tragi-comédie de l'acteur poète Nicolas Desfontaines, « *les Galantes vertueuses*, histoire véritable et arrivée de ce temps pendant le siège de Thurin, dédiée à M. d'Imbert, imprimée à Avignon, chez J. Piot, imprimeur du Saint-Office, demeurant à la place Saint-Didier,

n'y en a eu jusqu'ici que de trop rares extraits publiés. V. cette lettre qui est la dernière du 1er volume de 1642, F. Fr., n° 3776.

(1) Mme de Rohan aimait le théâtre. En 1636 Raységuier lui avait dédié sa tragi-comédie de *Filidor et Oronte*.

(2) Dans les villes d'eaux, lors de la saison thermale, on trouve généralement des acteurs. On connaît la présence de Mondory à Forges en 1633, de la troupe d'acteurs à Bourbon en 1640 dont parle Scarron dans sa première *Légende de Bourbon*, etc. Je ne doute pas, je l'ai dit déjà, que les registres de l'état civil de Forges, de Bourbon, de Vichy, etc. ne contiennent plus d'un renseignement sur le séjour des troupes de comédiens.

(3) V. M. Brouchoud, les *Origines du théâtre à Lyon*, 1865, in-8, p. 49 Eudore Soulié, *Molière et sa troupe à Lyon*, p. 5, etc.

1642, in-12. 97 pages ». La publication de cette pièce de Desfontaines, en 1642, à Avignon, c'est-à-dire aux portes de Tarascon et de Montfrin, implique forcément la présence de cet acteur en ces lieux, avec celle de la troupe dont il faisait partie, et permet d'affirmer, sans se tromper, que c'est bien la bande des comédiens de Dufresne et de Desfontaines qui jouait à Montfrin devant la cour en juin 1642 (1).

Eh bien ! lorsqu'on se rappelle qu'on retrouve Nicolas-Marie Desfontaines faisant partie de l'*Illustre Théâtre* à Paris en 1644 avec les Béjart, et qu'on voit quatre ans plus tard les comédiens du duc d'Epernon Charles Dufresne, Pierre Réveillon et sa femme, Molière, Madeleine Béjart, et sa mère Marie Hervé tous réunis ensemble à Nantes, le 18 mai 1648, dans la même troupe dont ils faisaient déjà partie depuis plus de deux ans, ne se prend-t-on pas à supposer que Madeleine et ces autres comédiens s'étaient déjà connus antérieurement, que c'était dans leur « bande » que l'ancienne maîtresse de M. de Modène s'était engagée en 1642, et qu'elle se trouvait à Montfrin au mois de juin de cette année, peut-être même les mois précédents à Narbonne ?

Chose curieuse, les La Baume-Suze étaient seigneurs de Montfrin, et c'était dans ce village relevant des parents de sa femme que M. de Modène, s'il était dans le Comtat, comme c'est probable, dût revoir celle qu'il avait aban-

(1) L'auteur, dans son avertissement au lecteur, dit qu'il s'est contenté de changer les noms de la scène et des acteurs d'une histoire récente, arrivée à Remiremont au passage du maréchal de La Force. La pièce imprimée à Avignon a paru, bien entendu, sans privilège du roi de France, et seulement « avec permission des supérieurs » non datée. Je parlerai plus loin des autres œuvres et de la personne du poète acteur et romancier Desfontaines, qui mériterait certes d'être l'objet d'une notice spéciale. — On trouve encore imprimée à Avignon en 1642, in-4º, Jacques Brumereau, la tragédie d'*Agamennon*, dédiée à Monseigneur l'archevêque de Bordeaux, œuvre d'Arnaud, provençal.

donnée depuis 1639, ou s'il craignait Richelieu, c'est de là que Madeleine dut aller le trouver à Modène ou à Avignon. On peut choisir entre ces deux hypothèses, dont la dernière est la plus probable, Madeleine étant la plus intéressée à ressaisir son ancien amant. J'appelle de la façon la plus pressante l'attention des écrivains comtadins et celle des Moliéristes sur cette question du séjour de M. de Modène dans le Comtat en 1642. J'ai levé un coin du voile et montré ce séjour comme probable ; j'espère que les historiens locaux ne tarderont pas à apporter des preuves à l'appui et que la présence d'Esprit de Rémond à Modène en cette année 1642 sera bientôt établie comme un fait absolument certain. C'est là un point qui a son importance, ainsi qu'on le verra tout à l'heure (1).

Un autre que M. de Modène, destiné à occuper encore une plus large place que lui dans la vie de Madeleine, devait se trouver alors à Montfrin, et c'est là que le fils du tapissier Poquelin dut sinon voir pour la première fois la fille de l'huissier Béjart son ancienne voisine de la rue Saint-Honoré, du moins faire plus ample connaissance avec elle. On considère comme admis aujourd'hui que le jeune Poquelin remplaça son père dans sa charge de valet de chambre tapissier du roi, lors du voyage du roi à Narbonne et à Perpignan, pendant le second trimestre de 1642 (1er avril *au 30 juin*) ; je n'ai pas à revenir sur ce point, n'ayant aucun goût à répéter ce qu'on peut trouver ailleurs (2). Il me suffit d'avoir précisé le lieu de sa ren-

---

(1) Si M. de Modène était dans le Comtat, il n'est pas douteux que Madeleine, engagée dans une troupe lyonnaise, peut-être même avec l'intention de se rapprocher de lui, ait cherché à le retrouver près d'Avignon, à *le relancer;* voyant son ancien amant ne pas revenir à elle, elle aurait pris l'initiative de revenir à lui. S'ils se sont revus, (ce qui est fort probable, en cas de présence de M. de Modène dans le Comtat), elle l'aura sans doute, pour un instant au moins, reconquis et il y aura eu réconciliation et le reste.

(2) V. M. Loiseleur, *Les Points obscurs de la vie de Molière*, p. 74 et 92.

contre avec Madeleine, de l'avoir rendue vraisemblable, et de l'avoir tirée des nuages de la légende pour la faire entrer dans le domaine de la réalité.

C'est ici que je rencontre la troublante énigme de la naissance d'Armande. Ceux qui sont familiers avec l'art de vérifier les dates ne manqueront pas de rapprocher celle du séjour à Montfrin, deuxième quinzaine de juin 1642, de la déclaration du 10 mars 1643, devant le lieutenant civil de Paris, par Marie Hervé, la mère des Béjart, faisant mention de « la petite non encore baptisée », dont elle dit être la mère. Aussi vaut-il mieux dire une fois pour toutes que neuf mois séparent ces deux événements.

Cette énigme de la naissance d'Armande, j'aurais bien voulu n'en point parler. Assez d'autres l'ont fait sans moi, et M. Brunetière a adjuré, sinon sommé les Moliéristes d'avoir à laisser dormir cette question pour l'honneur de Molière et de n'en plus dire un mot. Malgré cette sommation M. Larroumet (vulgarisant pour le grand public la thèse de Beffara, de Taschereau, de Soulié, de MM. Schuchardt (1), Gaston Paris, Moland, Vitu, etc.), l'a réveillée dans la *Revue* même où M. Brunetière avait invité les Moliéristes à désormais garder le silence sur ce point ; sa conclusion du moins a été tout en l'honneur de Molière. Mais on peut être sûr que, la lice étant rouverte, il aura des contradicteurs (2).

Si j'ai eu l'idée, à propos des amours de M. de Modène et de Madeleine, d'intervenir à mon tour dans le débat, ce

(1) En Allemagne cette question est aussi controversée qu'en France. MM. Paul Lindau et Lotheissen y sont les principaux défenseurs de l'opinion qui voit en Armande une fille de Madeleine. — Tous les moliéristes connaissent aussi le livre de M. Mahrenholtz, *La vie et les œuvres de Molière*, Heilbronn, 1882.

(2) Depuis que ces lignes sont écrites, la thèse contraire vient d'être en effet soutenue à nouveau par M. Loiseleur, dans ses récents articles du *Temps, Les nouvelles controverses sur Molière*, et spécialement dans le n° du 27 octobre 1885.

n'était pas avec la pensée, ni la présomption de faire mieux, ni d'être meilleur devin que mes devanciers, c'était avec l'intention de faire autrement ou du moins d'indiquer une nouvelle marche à suivre à la découverte de la vérité.

Chaque Moliériste a *tranché* le nœud de la question à sa manière ; j'aurais voulu simplement *le dénouer*. Chacun, suivant son instinct, ses préférences, a cherché à *deviner* le mot de l'énigme ; ne serait-il pas possible, en mettant de côté tout sentiment personnel, de laisser les pièces et les documents parler seuls et *résoudre eux-mêmes le problème* indépendamment des présomptions morales, sans qu'il y ait besoin de rien deviner ? Quand je parle ici de documents et de pièces, j'entends viser des actes autres que ceux de l'état civil et les pièces analogues ayant trait directement à Armande et rédigés sous la dictée de sa famille, puisque ce sont précisément ceux-là dont on soupçonne, dont on incrimine, dont on nie la véracité (1).

Voyons d'abord l'état de la question. On sait qu'il y a deux opinions sur la naissance d'Armande. Parmi les Moliéristes, les uns la considèrent comme sœur, les autres comme fille de Madeleine Béjart. La première opinion, celle qui voit en elle une fille de Marie Hervé et s'appuie sur les actes authentiques produits par Beffara et Eudore Soulié, est bien simple, bien claire et n'a pas besoin d'explications. L'autre, qui au contraire incrimine la sincérité de ces actes et donne Madeleine pour mère à Armande, se divise en une foule de systèmes de nuances diverses et bien tranchées ou du moins s'appuie sur des explications tout à fait différentes les unes des autres. L'opinion traditionelle, celle qui a régné seule pendant tout le dix-huitième siècle ou mieux depuis Grimarest jusqu'à la découverte de Beffara, voyait

---

(1) C'est-à-dire la déclaration du 10 mars 1643, le contrat et l'acte de mariage d'Armande et de Molière. Voir sur les autres actes authentiques M. Moland, *Œuvres de Molière,* 2e édition, t. Ier, p. 179.

purement et simplement en Armande (comme la plupart des contemporains, il faut bien le dire) une fille de Madeleine, sans trop se préoccuper de la question de paternité. Je me trompe ; la plupart des auteurs lui donnaient pour père le comte de Modène. Cela même, en 1824, a amené M. Fortia d'Urban sinon à supposer un mariage entre Madeleine et le comte, du moins à regarder celui-ci comme le beau-père de Molière nonobstant la découverte des actes de l'état civil d'Armande faite par Beffara.

Il y a lieu de s'étonner que l'idée de l'union secrète, à laquelle a cru Grimarest, n'ait pas été rejetée de plus loin par Fortia d'Urban ; mieux que personne, il était en mesure d'en connaître et d'en prouver la fausseté puisqu'il avait à sa disposition la généalogie et les archives aujourd'hui dispersées ou détruites de la famille de Modène. Il y trouvait la preuve d'un premier mariage du comte en 1630, et celle d'un second en 1666, du vivant de Madeleine Béjart, ce qui ne laissait pas place en vérité pour une troisième union légitime du comte avec son ancienne maîtresse. Ce système rappelait quasi un vaudeville de notre temps : « *Trois femmes pour un mari* ». Mais de ce que le baron de Modène n'était pas le mari de la Béjart, il ne s'en suit pas qu'Armande ne soit pas sa fille, et l'opinion de Grimarest de Pithon-Curt et de Voltaire (un instant compromise ou du moins reléguée sur le second plan par les exagérations fantaisistes de Fortia d'Urban) est encore aujourd'hui soutenue par bon nombre de Moliéristes, notamment par M. Livet.

Ce n'est pas cependant l'opinion la plus en faveur aujourd'hui parmi ceux qui considèrent Armande comme fille de Madeleine, mais sans avoir étudié assez à fond la vie de M. de Modène. L'opinion la mieux cotée, la plus répandue, la plus récente, (en France, en matière d'érudition, ce sont trop souvent les derniers venus à qui l'on donne raison) attribue au contraire pour cause au faux état civil d'Armande le désir de Madeleine de cacher au comte de Modène, alors soi-disant en exil, une preuve de son infidélité. La vieille Marie Hervé aurait consenti à se dire la mère de cette enfant, pour sauvegarder les intérêts de sa fille et lui ménager la facilité de ne pas briser ses relations avec son ancien amant et de devenir peut être un jour châtelaine de Modène. Ce n'est au fond que l'ancienne opinion naguère soutenue par Fournier dans son *Roman de Molière*, rajeunie et accomodée aux documents de Soulié, suivant les besoins de la cause, par M. Loiseleur, et également adoptée par M. Fournel.

Ce sont là les deux thèses des partisans de la maternité de Madeleine. Il en est d'autres encore, car l'imagination a beau jeu à créer des hypothèses et des romans ; mais on peut dire qu'elles ne sont guères que des quantités négligeables. Mentionnons seulement, à titre de curiosité, les dires de ceux qui, pour concilier les deux systèmes opposés des champions de Madeleine ou de Marie Hervé, supposent que l'une et l'autre furent mères vers la même époque, mais que l'enfant de Marie Hervé étant venu à mourir, Madeleine lui substitua le sien, substitution d'enfant d'où serait résulté pour Armande un faux acte d'état civil. C'est là de l'éclectisme, s'il en fut jamais.

J'arrive à l'examen des deux thèses, sans entrer toutefois dans tous les détails de la question, bien connus de ceux à qui ces discussions sont familières. Voici d'abord l'opinion qui voit dans Armande une fille de Madeleine, dissimulant sa maternité, et faisant consentir Marie Hervé à se reconnaître pour mère de son enfant, afin de pouvoir cacher sa faute au comte de Modène. Qu'elle ait été produite en 1863 par l'auteur du *Roman de Molière*, il n'y a pas lieu de s'en étonner. Tout le monde croyait Madame de Modène morte presqu'au lendemain de son mariage, même avant 1632. Dès lors en voyant M. de Modène afficher publiquement sa liaison avec Madeleine en 1638, et arracher de sa propre main les voiles dont bien d'autres l'eussent couverte, on était autorisé à penser que la jeune commédienne pouvait se bercer de l'espoir de l'épouser, et de devenir châtelaine en Provence, au lieu de n'être qu'une misérable princesse de comédie. Si la longue absence du comte retiré à Sedan et son exil dans les Flandres avaient été cause de l'infidélité de Madeleine (on n'est pas comédienne pour rien, et les absents ont toujours tort), elle avait un sérieux intérêt à supprimer le témoignage de sa légèreté à la veille du retour de M. de Modène, afin de ne pas laisser s'évanouir son beau rêve, et de pouvoir réaliser son ardent désir de se faire épouser par son ancien amant. C'est ainsi qu'Edouard Fournier expliquait comment l'intrigante et rouée comédienne avait été amenée à faire prendre en charge son enfant par sa mère, qui, en matrone complaisante, avait bien voulu, malgré son âge avancé, en assumer la maternité et ajouter Armande à la liste des dix enfants qu'elle avait mis au monde.

Ce roman était assez vraisemblable, jusqu'à ce que j'eusse en 1875, produit l'acte de décès de Mme de Modène, et prouvé qu'elle n'était morte qu'en 1649. Mais ce jour-là un rude coup était porté à la thèse de Fournier ; sa supposition ne tenait pour ainsi-dire plus debout, et l'on s'est étonné déjà que M. Loiseleur l'ait adoptée, sinon dans ses articles du *Temps*, dont la lecture me détermina à lui faire connaître *La troupe du Roman comique dévoilée*, du moins dans son livre sur les *Points obscurs de la vie de Molière*, et qu'un critique aussi sagace que M. Victor Fournel ait continué de la soutenir. Mais une fois que le siège est fait, il n'est pas aisé de changer de plan d'attaque ; chacun le sait, et ce n'est pas moi, appréciant plus que personne la valeur et l'autorité des ouvrages de ces deux savants Moliéristes et leur tenant le plus grand compte de leurs sympathiques appréciations, qui leur reprocherai d'être restés fidèles à leur première opinion (1)

Il faut cependant bien montrer que la preuve de l'existence de Marguerite de la Baume jusqu'en 1649 lui a enlevé toute créance. Dès lors qu'en 1643 M. de Modène n'est pas veuf, dès lors que sa femme continue de vivre dans le Maine, où elle n'est nullement malade, le bel échafaudage de rêves ambitieux qu'on prête à Madeleine, s'écroule tout d'un coup. Plus d'espoir dès lors d'épouser M. de Modène ; elle sait que la polygamie est un cas pendable ; deux femmes, « c'est trop pour la coutume ». Plus moyen, dès lors, je l'ai dit déjà, de considérer provisoirement sa liaison comme un mariage de conscience. Mais, dit-on, la Béjart conservait du moins l'espoir de rester maîtresse déclarée, femme de la main gauche de M. de Modène ou plutôt de renouer ses liens avec un amant riche et généreux que la mort (prochaine) de Louis XIII allait ramener de l'exil. Et c'est simplement pour ne pas briser cette espérance, et afin de pouvoir reprendre ses relations, que Madeleine a fait endosser sa maternité par sa mère et doté Armande d'un faux acte de l'état-civil ! En vérité, c'était courir de grands risques et se mettre en dépense de combinaisons fort ténébreuses, pour en arriver à un résultat bien hypothétique. « Cela n'a pas l'ombre de la vraisem-

(1) M. Gaston Paris écrivait dès le 3 août 1878 dans la *Revue critique :* « Entre ses articles du *Temps* et l'impression de son volume, M. Loiseleur a connu l'excellent ouvrage de M. Chardon sur la *Troupe du Roman comique*, dans lequel il a appris que, contrairement à ce que tout le monde épétait, la femme à M. de Modène était vivante en 1643 et ne mourut que six ans plus tard. La base du roman ainsi détruite, le roman aurait dû tomber de lui-même...... Cela n'a pas l'ombre de la vraisemblance et on ne peut voir dans cet acharnement à maintenir une hypothèse inutile et dénuée de tout fondement qu'un exemple de la force d'une opinion préconçue ». M. Larroumet écrivait hier à propos du même système : « Malheureusement tout cela ne tient guère. » *Revue des Deux-Mondes*, t. 69e, 1er mai 1885, p. 129. Voir aussi M. Moland, *Œuvres de Molière*, 2me édition, 1885, t. Ier, p. 182.

blance », a dit M. Gaston Paris. Le peu d'intérêt de Madeleine à cette fraude n'est en effet désormais pas suffisant pour l'expliquer, surtout si l'on veut bien se rappeler ce que j'ai dit des sentiments probables et de la conduite de M. de Modène à l'égard de Madeleine depuis 1639.

En mars 1643, il y a presque quatre ans que M. de Modène est absent de Paris. La protection dont il couvrait naguères la fille de l'huissier Béjart semble s'être interrompue depuis son départ, et l'on ne voit pas qu'il ait cherché à se rapprocher d'elle, ni que cet amant soi-disant « riche et généreux » (riche surtout de dettes), lui ait donné à défaut de preuves d'amour des témoignages de sa générosité. Madeleine a été, et va de nouveau être contrainte, pour vivre, de se rejeter dans le tripot comique. Femme de théâtre, elle connait le proverbe « *loin des yeux, loin du cœur* »; elle sait ce que valent les serments de fidélité de ces jeunes gentilshommes de la cour de Gaston passant tour à tour chez Marion Delorme ou chez Ninon. Elle n'ignore pas que l'ami d'Esprit de Rémond, le duc de Guise, après avoir délaissé la Villiers, a abandonné Anne de Gonzague qui le croyait déjà son mari, et la comtesse de Bossut qui était bel et bien sa femme ; et l'on veut qu'elle ait espéré que Modène, qui a le cœur tendre, se piquera de constance contrairement à ses amis, qu'il voudra renouer sa chaîne après quatre ans d'absence, que sa passion se rallumera, et qu'il sera lui-même assez confiant, assez naïf pour croire à une aussi longue fidélité de la part d'une comédienne !

Tout cela est bien gros d'illusions ; mais enfin le cœur des femmes, celui des comédiennes surtout, a ses raisons que la raison ne peut connaître. On va donc jusqu'à comprendre que Madeleine, habituée aux intrigues de la scène, ait voulu cacher la naissance de son enfant à M. de Modène et l'on se dit avec M. Fournel : « quelle famille que ces Béjart! Quels *bohêmes* dépourvus de tout scrupule et de tout sens moral (1) ». Mais qu'avait-elle besoin pour réussir de recourir à un faux acte de l'état civil ? En vérité, c'était là une ruse bien naïve, trop facile à découvrir, une vraie ruse cousue de fil blanc eut pu lui dire sa mère. Au lieu de songer à cet acte de l'état-civil, dont l'utilité n'existait guère que pour l'avenir et dont la fausseté pouvait entraîner pour les Béjart de fâcheuses conséquences, c'était au présent qu'il fallait veiller. Ce qui était le plus pressant à faire vis-à-vis du jeune gentilhomme, c'était de lui cacher la présence de cette enfant ; c'était de l'écarter, c'était, ainsi que l'a fort bien dit M. Larroumet, de l'envoyer en nourrice loin de Paris. Car si l'enfant restait dans la maison des Béjart, il n'y aurait pas d'acte d'état civil capable d'endormir les soupçons et la jalousie de M. de Modène. Quoi ! la critique soupçonne aujourd'hui la sincérité de ces actes, et M. de Modène beaucoup plus intéressé qu'elle encore à flairer la ruse et à deviner la vérité eut cru béatement à la maternité de la vieille Béjart ! Il eut accepté les yeux fermés ses déclarations et se fut laissé duper par les intrigues dans lesquelles *Madame Cardinal* et sa fille (c'est Marie Hervé et Madeleine que je veux dire) avaient cherché à l'enlacer. En vérité, c'est doter à la fois M. de Modène d'une crédulité bien enfantine, et attribuer à Madeleine une supercherie bien niaise pour une femme aussi fine et aussi délurée.

On a été plus loin même encore dans la voie de l'invraisemblable, et M. Loiseleur, qui a supposé le plus énergiquement, chez Madeleine, la volonté de cacher la naissance d'Armande à M. de Modène, est allé jusqu'à croire que cette enfant, dont on devait chercher par tous les moyens à lui dérober la vue, avait fort bien pu être élevée, ... par qui ? Grand Dieu ! .... par les Vauselle (2).

(1) M. Fournel, *De Malherbe à Bossuet*, Didot, in-12, 1885, p. 99.
(2) Voir les *Points obscurs de la vie de Molière*, p. 256. Je ne parle pas ici de l'erreur continue de M. Loiseleur qui a toujours vu dans Madeleine de l'Hermite *une sœur* et non pas une fille de l'Hermite de Vauselle.

Or, qu'étaient les Vauselle ? C'étaient les agents, les confidents, les familiers intimes de M. de Modène. Ils l'étaient à tel point qu'en 1644, ils devaient habiter avec lui au château de Modène ; il leur vendait (?), à la porte de son domaine, le moulin de la Souquette, le 13 février, et la Vauselle, Marie Courtin de la Dehors, était devenue, déjà sans doute, la rivale de la Béjart, à qui elle succéda dans les bonnes grâces de M. de Modène. En vérité, Madeleine n'eut pu jamais plus mal choisir pour cacher sa faute, et c'eut été véritablement se jeter dans la gueule du loup (1).

Tout cela ressemble à un pur roman dont rien ne justifie l'invention. Rien n'est venu annoncer de la part de M. de Modène l'intention de renouer des relations avec Madeleine. Au lieu d'accourir à Paris en 1643, après la mort de Louis XIII, comme le duc de Guise qui y rentre tout gaillard à la fin de juin ou au commencement de juillet, Esprit de Rémond est retiré dans le Comtat où nous le trouverons encore en 1644 et 1645.

Madeleine de l'Hermite, par qui M. Loiseleur croit possible qu'Armande ait été élevée, n'avait que deux ans de plus qu'elle, étant née vers 1640. On verra plus loin l'histoire de Madeleine de l'Hermite, seconde femme de M. de Modène.

(1) La prétendue parenté de Marie Courtin de la Dehors avec les Béjart et avec Simon Courtin, dont j'ai parlé d'après Edouard Fournier et M. Baluffe, n'est aussi qu'une pure hypothèse qui aurait besoin d'être appuyée de preuves. Cependant, à l'appui des rapports de parenté ou plutôt d'alliance que Simon Courtin, qui figure comme curateur de Madeleine en 1636, pouvait avoir avec sa pupille, je dirai que sa femme était la marraine de cette fille aînée des Béjart. D'après son acte de baptême, inscrit sur les registres de la paroisse Saint-Gervais et que personne, à ma connaissance, n'a cité dans son entier, on voit (tome 1er des msts. de Beffara, pp. 384 et 597) que Magdelaine, fille de Joseph Béjart, huissier au palais, fut tenue sur les fonts, le lundi 8 janvier 1618, par Charles Béjart, bourgeois de Paris *(son oncle)* et par Magdelaine Nolles (?), femme de *Simon Courtin,* bourgeois de Paris. Madeleine, première fille des Béjart, dut être tenue, selon l'usage, par ses parents paternels et *maternels.* — Les documents réunis par Beffara sur tous les membres de la famille Béjart sont beaucoup plus nombreux que ceux rassemblés par Jal ; mais il faut se défier des erreurs de noms qu'il a commises dans ses extraits des registres des paroisses de Paris, aujourd'hui détruits.

Comment, du reste, pouvait-on concilier ce prétendu retour de Modène à Madeleine, au commencement de la seconde moitié de 1643, avec la formation de l'*Illustre Théâtre*? Est-ce que, si le gentilhomme avignonnais lui avait rendu alors son amitié et lui en avait donné des preuves sonnantes, est-ce qu'elle eut été réduite à inventer cette nouvelle troupe de comédiens, qui fut une si mauvaise affaire pour les Béjart? Est-ce qu'elle eût eu recours à ce moyen extrême, à cette *ultima ratio vivendi* qu'elle embrassait, quoiqu'on puisse dire, non pas tant pour se livrer aux plaisirs d'une vie pleine de liberté et d'imprévu, que, contrainte par l'abandon de son protecteur, par son manque de ressources, et la nécessité de la lutte pour la vie. On a réellement peine à comprendre comment ceux qui ont cru que Modène était alors revenu à la fois à Paris et à Madeleine ont pu expliquer, tant de son côté que de celui de sa soi-disant maîtresse, l'entrée de la Béjart dans la société des acteurs de l'*Illustre Théâtre* (1).

La vérité c'est que M. de Modène en 1638 n'avait nullement recherché Madeleine dans la pensée d'en faire sa femme en cas de mort de Marguerite de la Baume, mais pour *l'autre motif*, par pur caprice et sans vouloir s'enchaîner pour longtemps. Si la rupture ne fut jamais complète entre eux, ou du moins si plus tard l'amitié fit place à l'amour, c'est là, il faut le reconnaître, l'énigme de la vie de M. de Modène comme celle de la vie Molière. Mais comprend-on que si Armande était la fille dont Madeleine, pour couvrir son infidélité, avait voulu cacher la naissance en

---

(1) Cette association fut formée officiellement le 30 juin ; mais elle devait être déjà prévue par Madeleine à une époque antérieure, voisine du 10 mars, date de la renonciation de Marie Hervé à la succession de son mari et de la déclaration de la *petite non baptisée*. Du moins, dès le 6 janvier, la rupture de Molière avec son père, et la remise de 630 livres qui lui est faite, tant en avancement d'hoirie que sur sa part de la succession maternelle, semblent déjà faire prévoir la prochaine association du fils du tapissier Poquelin avec la famille Béjart.

1643 à Esprit de Rémond, il eut été assez dénué de sens moral, assez faible, ou si l'on veut, assez disposé à l'oubli et au pardon, pour tenir sur les fonts en 1665, avec Madeleine, la fille de cette Armande et de Molière? Non, tout cela ne se conçoit pas. La faiblesse de ce système est bien et dûment percée à jour, et c'est même s'arrêter trop longtemps à prodiguer les preuves de son invraisemblance.

Arrivons maintenant à l'ancienne opinion sur la naissance d'Armande, à celle qui la considère comme fille de Madeleine et du comte de Modène. Celle-là, soutenue par M. Livet, voit en Armande une seconde fille de M. de Modène et de Madeleine, sans toutefois prendre la peine d'expliquer pourquoi la vieille mère Béjart en a assumé la maternité; elle peut, je l'avoue, sembler plus vraisemblable (1).

Voilà, pour ma part, l'explication de ce système, qui me paraîtrait la plus plausible. En juin 1642, à Montfrin, aux portes du Comtat, Madeleine a revu un instant M. de Modène, qui, malgré le peu de souci qu'il a montré d'elle depuis 1639, a faibli à la vue de son ancienne maîtresse; étant donné le peu de fermeté de son caractère, cela devait fata-

(1) Je ne parle pas du système de Fortia d'Urban qui identifie Armande avec Françoise, baptisée le 11 juillet 1638. Ce qui rend cette opinion peu plausible, c'est la différence des noms de Françoise et d'Armande-Claire-Elisabeth-Grésinde qu'il est difficile d'expliquer. C'est aussi la différence d'âge entre les deux filles. Françoise eut eu 23 ans et demi au moment de son mariage, avec Molière. Le contrat d'Armande lui donne seulement *vingt ans ou environ*. Bien qu'on se rajeunisse d'ordinaire à la veille d'un mariage, ce rajeunissement (encore plus grand même dans l'acte de décès d'Armande) n'est pas sans créer des objections contre l'identification faite par Fortia d'Urban. Par contre, comme j'écris avant tout un livre de bonne foi, j'indiquerai que si Armande est bien, comme on paraît s'accorder à le reconnaître aujourd'hui, *la petite non encore baptisée* du 10 mars 1643, elle n'avait fort probablement que dix-neuf ans accomplis lors de son mariage et était seulement dans sa vingtième année. Le notaire, *chose surprenante,* se fut montré peu galant envers elle et l'eut plutôt vieillie dans le contrat; c'est peut-être l'âge de la vieille Béjart qui en fut la cause.

lement arriver. Engagée dans une troupe de campagne, la Béjart a ensuite repris la route de Paris, où l'ont ramenée et l'époque du carême, temps de la recomposition des troupes de campagne, et la mort de son père. A la fin de février, elle est devenue mère. M. de Modène n'est pas à Paris. Madeleine voudrait bien avoir pour sa fille une reconnaissance comme celle de 1638, non pas tant par vanité, ni par espoir d'un mariage relégué dans les futurs contingents d'un avenir trop lointain et trop incertain, qu'afin d'avoir le droit de compter sur la cassette du gentilhomme pour l'aider à élever son enfant. Elle espère que cela ne sera pas impossible, lorsque M. de Modène viendra à Paris après la mort de Louis XIII, qui, à cette date, rongé par la maladie et l'ennui, traîne péniblement sa vie et achève de mourir. Elle se décide donc à ajourner la déclaration de naissance, qui, alors, se confondait avec les cérémonies du baptême. Peut-être aussi n'a-t-elle pas voulu faire connaître le nom de M. de Modène comme père de l'enfant (1), parce que le complice du duc de Guise est encore un suspect, et qu'elle peut toujours craindre de se compromettre en révélant les liens qui l'unissent à lui. Pour ces diverses raisons, elle préfère ne pas faire connaître sa maternité. Et pour tout couvrir, on donne provisoirement pour mère à l'enfant une fois *ondoyée*, et dont la naissance hors de Paris permet cette supercherie, la vieille Marie Hervé qui, dans l'acte du 10 mars la reconnait, pour sa fille.

Mais l'espoir de Madeleine ne s'est pas réalisé. M. de Modène est demeuré dans le Comtat ; il n'a pas voulu cette fois endosser cette nouvelle paternité, et est resté sourd à l'appel de la comédienne. Il n'est plus aussi fou que jadis. Endetté, ayant du plomb dans l'aile, il veut se refaire, se mettre au vert à la campagne, aux pieds du mont Ventoux ;

---

(1) D'après l'usage de l'époque le nom du père des enfants naturels est la plupart du temps déclaré dans les actes de l'état civil.

peut-être aussi de nouvelles amours à Modène lui font elles oublier la fille des Béjart, dont la fidélité a bien pu lui inspirer des doutes ? Madeleine voit donc encore une fois s'évanouir son rêve, et peut-être est-il résulté de là que Armande, jusqu'en 1662, n'a pas eu d'état civil (1).

Voilà pourquoi on a pu dire que « sa naissance était obscure et sa *mère* très incertaine (2) ». Fille de deux mères l'une la vraie, l'autre simplement putative et à peine légale puisqu'il n'y eut peut-être que la déclaration du 10 mars, Armande fut élevée entre la vieille Marie Hervé, et Madeleine jouant le rôle de sœur-mère, (si fréquent dans les romans de Dickens). Ce n'est guère qu'au moment de son mariage, alors qu'il fallait lui donner un acte d'état civil, qu'on jugea préférable de continuer et de rendre définitive la déclaration faite en 1643 par Marie Hervé, qui fut dès lors légalement reconnue pour sa mère. C'était plus honorable pour tous, puisque de la sorte Armande était un enfant légitime, et que la fille de Madeleine et de M. de Modène était simplement un enfant adultérin. Voilà comment, dans cette hypothèse, je me figure que les choses ont pu se passer.

Ce roman, à tout prendre, n'est pas invraisemblable. Il

---

(1) Ceux qui supposent que son acte de naissance se trouve hors de Paris me paraissent en effet devoir se tromper. Armande a pu fort bien naître à la campagne; mais si ses parents l'y avaient laissée, ils l'eussent fait *baptiser* avant de l'abandonner aux mains de la nourrice. Si elle n'était *pas encore baptisée* le 10 mars, époque à laquelle la famille était revenue à Paris, c'est donc très probablement qu'elle était rentrée avec eux dans cette ville où devrait dès lors se trouver son acte de naissance, et où il n'a jamais été rencontré. — On a remarqué aussi son long cortège de noms, et parmi eux celui de Gresinde, comme chose fort rare sur les registres de baptêmes.

(2) Factum de Guichard de 1676. Voir l'édition de *La fameuse Comédienne*, donnée par M. Livet, chez Liseux, 1876, p. 224. Guichard fait de « la Molière » tantôt la fille, tantôt la sœur de Madeleine Béjart. Voir sur son factum, l'article de M. Livet dans le journal *le Temps* du 28 octobre 1885.

peut, lui aussi, offrir prise à la critique, comme tous les autres, par quelque côté (1); mais du moins il aurait l'avantage d'expliquer comment, malgré plus d'une infidélité avérée de part et d'autre, il n'y eut jamais rupture complète entre Madeleine et M. de Modène, comment ils restèrent en relations d'amitié ou d'affaires une fois l'amour éteint. Enfin, il permettrait aussi de comprendre la présence d'Esprit de Rémond comme parrain, aux côtés de Madeleine, au baptême de la fille d'Armande et de Molière (2), et peut-être aussi l'origine de la fortune de Madeleine et de celle d'Armande.

Cette thèse, qui n'est autre, je le répète, que l'opinion du dix-huitième siècle, mais appuyée d'explications qu'on n'avait jamais données, est vraisemblable ; mais est-elle vraie ? Je ne dis pas cela ; je me contente de l'exposer, sans l'adopter en ce moment. Je sais que le grand public n'aime pas qu'on lui soumette des hypothèses sans les résoudre. Il préfère qu'on lui impose des opinions toutes faites, lors même qu'elles ne sont étayées que de mauvaises raisons ; mais ce n'est pas pour lui que j'écris, c'est seulement pour les curieux et les chercheurs, auxquels je me plais à suggérer des aperçus nouveaux, et dut-on m'accuser d'excès de scrupules et de conscience, je préfère ajourner

(1) Je ne parle pas de l'opposition que les frères et sœurs de Madeleine auraient pu mettre à cette fraude, qui lésait leurs intérêts, de même que dans l'hypothèse précédente que je viens de réfuter. Dans les deux cas, l'espoir de voir leur sœur avoir part aux faveurs de M. de Modène pouvait les faire passer sur l'éventualité de voir diminuées leurs parts dans la maigre et future succession de leur mère.

(2) On ne s'explique guère en effet sans cela comment Molière s'est résigné à accepter en 1665 ce singulier parrain pour son enfant, à réveiller ainsi les souvenirs, douloureux pour tous, d'un passé, que M. Larroumet a considéré comme trop étrange pour pouvoir y croire. Voir *Revue des Deux-Mondes*, t. LIX, p. 140. Comment eut-il, pour ainsi dire, justifié à l'avance les écarts de sa femme en lui mettant sous les yeux un pareil oubli de sens moral? Je reviendrai du reste sur ce singulier parrainage ?

une conclusion plutôt que de risquer d'induire les gens en erreur.

D'ailleurs, pour se prononcer sur la question de la paternité de M. de Modène, il faut être bien fixé préalablement sur celle de sa rencontre dans le Comtat avec Madeleine, et sur la date du commencement de ses amours avec Marie Courtin de la Dehors. Ce n'est que s'il était déjà revenu dans le Comtat, s'il avait le cœur libre, et si Madeleine faisait certainement partie de la troupe jouant à Montfrin, que cette rencontre devient plausible. Il y a seulement une différence entre cette hypothèse et celle de MM. Fournier et Loiseleur, c'est que des documents certains pourront établir sa fausseté ou son bien fondé, tandis que l'autre ne peut être étayée que par des présomptions morales.

Je m'explique. Dès lors qu'il ne s'agit plus uniquement de Madeleine, mais bien de M. de Modène, il peut, il doit même exister des actes dont la sincérité n'a pas lieu d'être suspectée et dans lesquels il y a chance de trouver la clef de ses relations avec Madeleine et le mot de l'énigme de la naissance d'Armande, si, bien entendu, elle est sa fille.

Si M. de Modène lui-même était intéressé à jeter un voile, je ne dirai pas sur ses folies de jeunesse, car il fut jeune en amour toute sa vie, du moins sur ses trahisons conjugales, Marguerite de la Baume, au contraire, souffrant des écarts de son mari dans sa dignité de femme, comme dans ses intérêts pécuniaires, n'avait pas le même intérêt à cacher les folies amoureuses d'Esprit de Rémond. Elle devait chercher à sauvegarder sa fortune compromise, comme on le verra, par les prodigalités de son mari qui la gaspillait *in partibus infidelium*.

C'est uniquement avec la pensée de trouver dans ses papiers des renseignements sur les relations de M. de Modène avec Madeleine que j'ai étudié les différentes phases de sa vie. La pièce qui devait me révéler le résumé et l'ensemble des événements notables de son existence, je veux parler de l'inventaire dressé au lendemain de sa mort, m'a malheureusement fait défaut. Je n'ai pu trouver la minute manquant dans l'étude du notaire (où j'ai rencontré toutes celles des actes passés par elle pendant sa vie), et qui devait, je l'espérais du moins, me renseigner sur une séparation de corps ou de biens que je supposais être intervenue entre les deux époux. Mais j'ai rencontré un acte qu'on trouvera plus loin, et qui indique que Mme de Modène eut bien réellement l'idée de cette séparation.

C'est une procuration du 12 octobre 1646, par laquelle Mme de Modène donne pouvoir à son fils de présenter requête au lieutenant civil du Châtelet de Paris, afin d'obtenir une séparation de biens contre son mari. Cette requête, si elle a été rédigée et présentée au lieutenant civil, doit contenir le détail des griefs que Mme de Modène avait à formuler contre Esprit de Rémond, le résumé de ses doléances à l'égard de ses rivales, en un mot des révélations sur Madeleine Bejart, qui nous en apprendraient plus sur son compte que nous n'en savons jusqu'ici. Malheureusement pour la satisfaction de notre curiosité, je ne pense pas que la requête ait été suivie d'effet. Elle n'a dû être, on le verra, que le simple prologue d'une instance qui ne s'est jamais engagée. Il n'y a dès lors guères chance qu'on puisse en trouver trace aujourd'hui. Aussi, l'ai-je vainement cherchée dans les minutes du Châtelet aux Archives nationales. Des chercheurs parisiens, qui seront en mesure de consacrer plus de temps à la quête de cette pièce, pourront peut-être, (et je le souhaite sans l'espérer) avoir la main plus heureuse. Qu'il me suffise de les mettre sur la piste et de leur suggérer l'idée d'aller demander à cette pièce capitale le mot, qu'elle seule peut contenir, de l'énigme de la naissance d'Armande.

Quant au testament de M. de Modène, il n'aurait pas été impossible qu'il contint une lueur, à défaut d'une claire lumière, sur les secrets de sa vie ; mais ce serait se tromper que de fonder un espoir quelconque sur ses révélations. A l'époque où il fit ses dispositions testamentaires, le baron (à cette époque il était devenu baron et se disait même comte) était tellement accaparé par sa seconde femme, Madeleine de l'Hermite, qu'il lui légua toute sa fortune. Lors même qu'il eut voulu laisser à Armande un simple legs d'amitié, un souvenir permettant de voir dans ce témoignage *in extremis* le souvenir longtemps voilé d'une amitié paternelle, Madeleine de l'Hermite eut précisément usé de toute son influence pour empêcher son mari de faire une pareille disposition. Ce testament, que je ferai connaître plus loin, ne contient, je le dis tout de suite, aucune révélation relative à la femme de Molière.

Rien donc dans les actes authentiques découverts jusqu'ici, qui vienne à l'appui de la paternité de M. de Modène. Rien aussi dans les débris de la correspondance écrite ou reçue par Esprit de Rémond, où j'espérais trouver quelque lettre qui vint m'édifier sur ses sentiments à l'égard de Madeleine ou d'Armande.

Je n'en connais qu'une seule ayant trait à Armande, écrite au baron, au lendemain de la mort de Molière, par sa belle-mère, c'est-à-dire par Marie Courtin de la Dehors, mère de Madeleine de l'Hermite, et l'on jugera bientôt que s'il est possible d'en induire une probabilité pour ou contre la paternité de M. de Modène, c'est plutôt contre elle qu'elle pourrait offrir un argument (1).

(1) J'exposerai aussi, à propos de la vente de la Souquette à Madeleine en 1661 par les l'Hermite, l'argument qu'il est peut-être possible d'en tirer contre la paternité de M. de Modène et l'horizon tout différent qu'ouvre cet acte sur les visées de Madeleine.— On peut remarquer encore que, si Madeleine avait été la mère d'Armande, elle eut dû lui laisser toute sa fortune au lieu de faire des legs à son frère Louis et à sa sœur Geneviève. — La soi-disant tradition, existant dans la famille de Modène et constatée par Fithon-Curt et par Fortia d'Urban, peut s'appliquer uniquement à la naissance de Françoise en 1638, et ne suffit pour prouver ni l'identité de Françoise et d'Armande, ni les prétendus liens de cette dernière avec le comte de Modène.

On le voit, aucune pièce encore, jusqu'à présent, ne vient rattacher Armande à M. de Modène, ni à Madeleine Béjart. Jusqu'à preuve contraire, tenons nous en donc à l'opinion qui, si elle semble avoir contre elle plus d'une présomption morale, est la seule du moins à s'appuyer sur des actes authentiques, et donne Marie Hervé pour mère à Armande, comme à Madeleine. C'est, on l'a dit, un point qui n'est pas sans intérêt pour l'honneur de notre grand poète.

Quant aux accusations que les ennemis de Molière ou de sa femme ont élevées contre eux de leur vivant, je ne leur ferai pas l'honneur de les discuter (1). Si j'y fais allusion, c'est que je ne voudrais pas que ce que j'ai dit de la rencontre de Molière et de Madeleine à Montfrin put être pris pour un acquiescement de ma part à ces vilenies. Dès lors que Molière a épousé Armande, c'est qu'il croyait et savait n'être pour rien dans sa naissance. Qu'on lui donne tant qu'on voudra les mœurs des comédiens de son temps, qu'on le suppose sali par le contact de cette bohême à laquelle il était mêlé, et « peu chargé d'articles de foi » comme le dit le *Patiniana*, qu'on lui reproche justement bien des faiblesses résultant de l'influence de ce milieu dans lequel il vivait et qui sont déjà bien étranges, mais qu'on s'arrête devant cette infamie !

Cette rencontre de Montfrin a pu y donner lieu, et lui servir de prétexte ; mais de ce que le jeune Poquelin et Madeleine se sont connus là pour la première fois, il ne s'en suit pas que leur liaison ait dès lors commencé. Bien que « peu farouche », Madeleine n'en était pas descendue à céder tout de suite à un jeune garçon de vingt-deux ans et demi, bien perdu dans la foule, alors qu'elle ne manquait

---

(1) Celles de Montfleury ne disent pas ce qu'on a voulu pendant longtemps leur faire dire. Racine écrit seulement que Montfleury accusait Molière d'avoir épousé sa maitresse. C'est ce que fit précisément, on le verra, M. de Modène en épousant la fille de l'Hermite.

pas de courtisans qui, à bien des titres, devaient plutôt fixer ses regards. La première connaissance entre eux dût se faire là ; le goût du jeune Poquelin pour la comédie les réunit lors qu'ils se retrouvèrent à Paris. Plus tard les libertés de la vie de théâtre et le rapprochement de chaque jour créèrent entre eux des liens, dont leurs ennemis, peu enclins à les ménager, firent méchamment remonter l'origine jusqu'à l'époque du voyage de la cour en Languedoc, afin d'incriminer la naissance d'Armande ; mais ce n'est pas sur ces calomnies que l'histoire doit baser ses jugements. Ce serait compromettre sa dignité que d'aller ramasser dans la boue les inventions haineuses d'obscurs pamphlétaires (eussent-elles été adoptées par Bayle), pour en salir le piédestal des statues des grands hommes qui font notre gloire.

Pour l'honneur de Molière, c'est déjà trop qu'on puisse le soupçonner d'avoir épousé une fille de Madeleine Béjart. *Tant que la preuve contraire ne sera pas faite,* tenons nous en donc, je le répète, aux actes authentiques et voyons en Armande une fille de Marie Hervé. C'est l'opinion de Beffara, de Taschereau, de Soulié, de Sainte-Beuve, de MM. Gaston Paris, Moland, Auguste Vitu, Larroumet etc. On voit que la mémoire de l'auteur du *Misanthrope* et des *Femmes savantes* ne manque pas, Dieu merci, de défenseurs aussi nombreux qu'autorisés.

Cette énigme de la naissance d'Armande, encore plus que celle des amours de Madeleine, est comme le sphinx qui arrête au passage tous les Moliéristes (1). Sans plus m'attar-

(1) Je n'ignore pas que M. Brunetière a dit que c'était là une question insoluble qu'il fallait laisser dormir, au lieu de remuer toujours à nouveau et sans profit l'*odor di loto* qu'exhale la prétendue maternité de Madeleine Béjart. Il aime mieux couvrir d'un manteau les nudités du poète que de les voir étaler au grand jour. Pour d'autres motifs, un autre critique, moins soucieux de l'honneur du grand comique, M. Jules Lemaître, s'est plus récemment encore moqué des scrupules « des hagiographes et des lévites de Molière », et s'est contenté de n'avoir aucune opinion sur la filiation d'Armande.

der, j'ai grande hâte de reprendre le récit des événements relatifs à la vie de M. et de Mme de Modène et de Madeleine Béjart, auprès de laquelle on trouvera désormais le jeune comédien, qui allait rendre si célèbre le nom de Molière.

§ VIII.

L'Illustre Théâtre.

Qu'était devenue Madeleine Béjart depuis son retour à Paris, au commencement de 1643, pendant que M. de Modène s'attardait dans le Comtat ? Elle avait présidé à la formation de la société de l'*Illustre théâtre.* Ennuyée de courir les provinces, et de n'être qu'une comparse parmi des comédiens de campagne, réduite à se créer des ressources personnelles, elle avait préféré se mettre elle-même à la tête d'une compagnie d'acteurs et tenter la fortune à Paris. Le moment pouvait sembler propice. Louis XIII venait enfin de mourir, six mois après Richelieu. Paris s'épanouissait dans un sentiment de délivrance et se livrait tout à la joie.

> C'était le temps de la bonne régence,
> Temps où la ville, aussi bien que la cour,
> Ne respirait que les jeux et l'amour.

C'est qu'il y a des esprits que ne possède pas le démon de la curiosité, tandis que d'autres veulent connaître la vérité de tout, et croient qu'avec un peu de peine, en apportant en histoire littéraire les procédés d'un juge d'instruction, on peut résoudre bien des problèmes restés longtemps sans solution, et se débarrasser des ennuis du doute.

Si j'éprouve le regret de n'avoir pas éclairé de plus de lumière l'origine d'Armande, j'ai mis du moins les chercheurs sur une piste nouvelle, en leur signalant les recherches à faire du côté de M. de Modène. D'autres papiers de sa femme que ceux que j'ai exhumés peuvent encore exister. Bientôt je préciserai ceux de M. de Modène, relatifs à sa vie intime, qu'il m'a été donné de rencontrer. Pendant qu'ils étaient encore intacts nul, pas même Fortia d'Urban, ne s'est sérieusement préoccupé d'en tirer tout ce qu'ils pouvaient contenir de curieux pour l'histoire de Molière. On verra l'intérêt que présente la part de leurs débris que j'ai eu la bonne fortune de pouvoir utiliser. Des Moliéristes mis en haleine, pourront faire de nouvelles découvertes parmi d'autres épaves des archives de M. et de Mme de Modène. Bref, il ne faut pas, selon moi, désespérer d'en connaître

C'est à l'aurore de cette régence et pour profiter de ce réveil de plaisirs qui s'emparait de la nation, que Madeleine se risqua à se mettre à la tête d'une nouvelle bande de comédiens à Paris, alors que déjà celles de l'hôtel de Bourgogne et du Marais, et les comédiens italiens, très en faveur, ne laissaient pourtant guère de place pour le succès d'une quatrième troupe. Louis XIII étant mort le 14 mai; la constitution de la nouvelle société se fit le 30 juin entre les enfants de famille qui se liaient ensemble « pour l'exercice de la comédie affin de *conservation* de leur trouppe soubz le titre de l'*Illustre théâtre* (1) ». L'acte fut passé rue de la Perle (2) chez la mère de Madeleine, qui habitait alors avec elle et qui fut le chef réel et l'âme de la compagnie, dont elle et les membres de sa famille formaient du reste le principal noyau (3). Depuis sept ans et demi environ qu'elle était montée sur les planches, elle avait plus d'expérience et d'autorité que le jeune Poquelin, n'ayant que vingt-trois ans seulement et qui, moins âgé qu'elle, n'avait du reste abordé la scène que depuis peu de temps. La rencontre qu'il avait faite de Madeleine, lors du voyage de Narbonne, avait sans doute achevé de déterminer sa vocation pour le théâtre, dont il avait peut-être tout simplement pris le goût (et

plus long sur la naissance d'Armande qu'on n'en sait encore aujourd'hui.

(1) De cette phrase de l'acte constitutif de l'*Illustre Théâtre* on peut conclure que la troupe était déjà formée, qu'elle avait joué antérieurement, « pour se divertir », sur des théâtres de société, c'est-à-dire que ses acteurs s'étaient déjà exercés dans des réunions particulières. Voir Soulié, *Correspondance littéraire* du 25 janvier 1865, M. Vitu *Le jeu de paume des Mestayers,* Lemerre, 1883, in-8°, et M. Moland, *Œuvres de Molière,* 2ᵉ édition, Garnier, in-8°, 1885, t. Iᵉʳ, p. 43.

(2) La maison de la rue de la Perle, paroisse Saint-Gervais, appartenait bien à Marie Hervé (voir M. Loiseleur, *Les points obscurs de la vie de Molière*), et n'était pas la propriété de Madeleine.

(3) Aussi réserve-t-on à elle seule la prérogative de choisir le rôle qui lui plaira. — Le 30 juin est bien voisin de la date à laquelle le *Journal d'Olivier d'Ormesson* (t. Iᵉʳ, p. 78) mentionne au 8 juillet le retour du duc de Guise. On remarquera qu'il eut été singulier, si Modène l'eut accompagné, que la date de ce retour fut aussi celle de la constitution de la troupe des Béjart. C'eut été un singulier rapport de cause à effet.

surtout celui des rôles tragiques) aux représentations du collège de Clermont.

Molière est dit demeurant impasse Thorigny, au Marais. Etait-ce dans la petite maison avec jardin, que Madeleine avait achetée quatre mille dix livres, au commencement de 1636, et dont on s'étonne de ne plus entendre parler depuis cette date, pendant tout le cours de son existence? Si elle lui appartenait encore en 1643, il est surprenant qu'en 1644 elle n'ait pas été hypothéquée, comme le fut par sa mère la maison de la rue de la Perle, pour la garantie des dettes de l'*Illustre théâtre*. M. Vitu a tout récemment passé à côté du problème sans le résoudre en disant qu'alors Molière « séparé de son père, depuis l'arrêté de compte du 6 janvier précédent, était domicilié rue de Thorigny au Marais, avec sa nouvelle famille, les Béjart, *ou tout près d'elle* (1) ». Il eut cependant été bien intéressant de savoir si Molière était dès lors logé chez Madeleine, ce qui en eut dit plus long que bien des phrases sur le caractère de leurs relations dès cette date. Mais je ne pense pas qu'au milieu de toutes les alternatives de hausse et surtout de baisse qu'avait subies la fortune de Madeleine depuis janvier 1636, elle ait pu conserver cette propriété où on ne le voit pas résider. La maison a dû être vendue après 1639, après le départ de M. de Modène, et la gêne qui l'avait forcée à rentrer dans le tripot comique et à courir la province. Molière devait simplement habiter, comme naguère le poète Rotrou en 1636, une chambre dans un immeuble de cette rue, située en plein Marais, c'est-à-dire dans le quartier des beaux esprits et des gens de théâtre. C'est précisément dans ce quartier, ou sur ses limites, que demeurent tous les acteurs de la nouvelle troupe.

Un bel esprit, auteur de pièces dramatiques, dont le nom

---

(1) Voir la *Maison de Pocquelins*, par M. Auguste Vitu, extrait des *Mémoires de la Société de l'Histoire de Paris et de l'Ile de France*, 1884.

figure aussi dans l'acte de société du 30 juin et n'a pas été remarqué jusqu'ici, parce qu'il est qualifié du titre d'avocat en parlement, n'est autre que le poète *Antoine Mareschal*, qu'on y trouve en qualité de témoin ou plutôt d'avocat consultant et consulté. Son expérience et ses conseils avaient sans doute été réclamés par les jeunes acteurs. Son nom est des plus intéressants à relever, parce qu'il est certain, comme on le verra, qu'il donna quelqu'une de ses pièces à jouer à la nouvelle troupe, dont jusqu'à ce jour du Ryer, Tristan l'Hermite, Desfontaines et Magnon, sont les seuls auteurs connus. Je sais bien que Eudore Soulié, qui le premier a fait connaître la minute de ce contrat de société et M. Moland (1) l'ont appelé « noble homme *André* Mareschal, avocat en parlement ». Mais, à mon avis, il n'y a pas l'ombre d'un doute ; j'ai moi-même dans *La vie de Rotrou mieux connue* cité des pièces de vers de *A. Mareschal, avocat en parlement*. La lecture du nom d'*André* tient sans doute à une erreur de copiste, provenant d'une abréviation, sinon à une erreur du notaire rédacteur lui-même.

Il y avait longtemps que Mareschal avait abordé le théâtre où il avait débuté en 1631 par la *Généreuse Allemande ;* il était à la fois un auteur fécond et en renom. Rotrou, Mairet, Scudéry, Corneille, en 1634, avaient loué la *Sœur Valeureuse*. Une de ses pièces, l'*Inconstance d'Hylas* avait été dédiée par lui en 1635, plusieurs années après sa représentation, au patron et à l'ami de M. de Modène, à Henri de Lorraine. Le *Railleur*, dédié au cardinal de Richelieu en 1638, avait été joué sur les théâtres de l'hôtel du Cardinal et du Louvre, ainsi que sur celui du Marais, où fut également joué en 1637 le *Véritable Capitan*. La troupe royale elle-même avait représenté *Le Mausolée*. Si l'on cherche quelle pièce nouvelle de Maréchal put jouer d'original l'*Illustre Théâtre*, en outre de ses anciennes comédies ou

(1) V. *Correspondance littéraire* du 25 janvier 1865, p. 79 et M. Moland, *Œuvres de Molière*, 2ᵉ édition, t. Iᵉʳ, p. 45.

tragi-comédies imprimées, et qu'il était libre dès lors de représenter, on ne trouve que deux tragédies, *Le jugement équitable de Charles le Hardy, dernier duc de Bourgogne*, représenté en 1644 (1), et *Papyre ou le dictateur romain*. Cette dernière tragédie ne fut imprimée que pendant l'année 1646 (Toussaint - Quinet, in-4º), avec une dédicace au duc d'Epernon, ce qu'il ne faut pas oublier. Nous aurons d'ailleurs à insister longuement sur cette pièce et sur ses acteurs. Sauf ces deux tragédies, toutes les œuvres dramatiques de Mareschal sont antérieures à l'apparition de Molière sur la scène (2).

Je ne veux pas aborder l'histoire de l'*Illustre Théâtre* bien qu'elle soit encore loin d'être connue d'une façon complète ; je me bornerai à quelques observations de détail qui ne me semblent pas hors de propos. La troupe des Béjart et de Molière paraît avec le titre de troupe entretenue par son Altesse royale, c'est-à-dire par Gaston, duc d'Orléans. Tous les historiens de Molière ont attribué cette protection, ce patronage du prince, ou du moins cette autorisation de se parer et de se couvrir de son nom, à l'entremise de M. de Modène. Je crois que c'est une erreur à rayer désormais de l'histoire de Molière. M. de Modène qui, je ne me lasse pas de le répéter, n'était point à Paris (3),

(1) Elle fut imprimée en 1646, in-4º, chez Quinet, avec dédicace à M. le comte de Ranzau. De Mouhy, toujours si peu sûr, la dit jouée au Marais dans son journal manuscrit du Théâtre français.

(2) Voir sur Mareschal, *Bibliothèque du Théâtre français* du duc de La Vallière, t. II, p. 64 ; *Histoire du Théâtre français* des frères Parfaict, t. IV, p. 496 et suiv., t. V, 51, 175, 347, 447, t. VI, 47, 280, 345, et dans le *Théâtre français au XVII*e *siècle*, in-4º, Laplace et Sanchez, la notice de Fournier en tête du *Railleur*, p. 348.

L'originalité de Mareschal consiste à avoir tiré sa tragédie de *Charles le Hardy* d'événements modernes, contemporains de Louis XI, et à avoir produit sur notre scène un fragment de l'*Arcadie* de Sidney, cette *Astrée* anglaise, à laquelle il emprunta sa pastorale ou tragi-comédie de *Lizidor ou la Cour bergère*.

(3) Le voyage de la troupe à Rouen, où elle alla faire l'essai de son

ne paraît nullement alors s'être préoccupé des Béjart. Il semble même avoir rompu avec Gaston depuis l'aventure de 1641, et le triste rôle que le frère du Roi avait joué dans cette affaire, en livrant à Richelieu les secrets et les agents de son chambellan (1). Lorsque nous reverrons le gentilhomme comtadin à Paris, il n'y figurera plus avec le titre de chambellan du duc d'Orléans, mais bien comme celui du duc de Guise. C'est donc à un intermédiaire moins éloigné de Paris, et en meilleurs termes avec le prince, que la troupe de l'*Illustre Théâtre* dut recourir pour se ménager sa protection, et la faveur d'aller jouer chez lui en visite (2). On la trouve se parant du titre de comédiens entretenus par son Altesse royale, depuis le 17 septembre 1644 jusqu'au 4 août 1645. On aime à se figurer que ce fut la troupe de Molière, bien que déjà éprouvée par la mauvaise fortune et ayant émigré au quai Saint-Paul, au jeu de paume de la Croix-Noire, qui joua au Luxembourg, le mardi 7 février 1645, dans la grande fête donnée par le duc d'Orléans. *La Gazette* n'a

talent en novembre 1643, avant de débuter devant le grand public à Paris, est encore un indice de l'absence de M. de Modène.

(1) Cette rupture était peut-être même une des causes qui retenaient Modène dans le Comtat.

(2) On songe à Tristan l'Hermite, un des auteurs de la Troupe, qui lui acheta et joua *la Mort de Crispe*. Voir *La Mort de Crispe ou les Malheurs domestiques du grand Constantin,* tragédie dédiée à Mme la duchesse de Chaulnes, Paris, Cardin Besongne, 1645, in-4º; le privilège est daté du 17 juillet, et l'achevé d'imprimer, du 20. Deux autres pièces de Tristan, la *Folie du Sage*, tragi-comédie dédiée à S. A. R. Madame, (privilège du 17 octobre 1644, avec un achevé d'imprimer du 8 janvier 1645), et la tragédie la *Mort de Sénèque* (même privilège, avec le 10 janvier pour date de la fin de l'impression), venaient de paraître chez Quinet en 1645. C'est dans le rôle d'Epicharis de la *Mort de Senèque*, jouée pour la première fois en 1644, que brilla surtout Madeleine. « Son chef-d'œuvre c'estoit le personnage d'Epicharis à qui Néron venoit de donner la question», écrivait vers 1657 Tallemant des Réaux, qui ne l'avait jamais vue jouer (preuve de l'obscurité de l'Illustre Théâtre), mais qui rapporte qu'on la disait alors « la meilleure actrice de toutes ». Voir *Historiettes*, t. VII, p. 177, 192.

pas été seule à en parler et nous en trouvons des compte-rendus dans plusieurs documents du temps, qui, à côté de sa magnificence, font ressortir la grande confusion et les incidents auxquels elle donna lieu (1). Malheureusement le nom de Molière était trop obscur alors, comme sa troupe elle-même, pour pouvoir attirer l'attention d'un chroniqueur, si obscur même qu'on se demande si dans cette représentation de *gala* ce fut bien à lui que Gaston recourut. Il est permis d'avoir des doutes sur ce point ; plus tard, en effet, le frère du Roi, Monsieur, après avoir accordé à la troupe de Molière non plus ignorée alors, mais déjà célèbre, treize ans environ après ces événements, le patronage de son nom, n'en continuait pas moins d'appeler plus souvent en visite celle de l'*Hôtel de Bourgogne*. Gaston avait peut-être fait de même et lorsqu'on songe à la détresse de l'*Illustre Théâtre*, on se prend à penser que lui aussi, comme son neveu le jeune duc d'Orléans, put également oublier de payer la subvention promise à ses comédiens (2).

(1) Voir notamment le *Journal* de d'Ormesson, t. I, p. 253-254, où l'on trouve aussi la lettre de Jacques Dupuy à M. de Grémonville du 10 février : « Il y eut mardy dernier Comédie françoise et bal chez Monsieur où l'ordre fut très mauvais..... » Cette lettre a été également reproduite à la suite du tome Ier de l'édition, donnée par la Société de l'histoire de France, des *Mémoires de Goulas*, qui parlent aussi de cette fête, à laquelle assistait le duc d'Enghien et à laquelle « toute la France s'étoit trouvée ». Voir t. Ier, pp. 79 et 475 Le passage de la *Gazette*, où elle est mentionnée, a été seul cité par Eudore Soulié, *Recherches sur Molière*, pp. 41-42.

(2) D'Ormesson, dans son *Journal*, parle souvent alors de la Comédie italienne (voir 16 juin, 27 août 1644, 27 décembre 1645, etc., etc.), mais il ne dit pas un mot de l'*Illustre Théâtre*. On a trop négligé jusqu'à ce jour d'interroger les mémoires contemporains sur ce qu'ils peuvent contenir de renseignements à l'état latent sur la troupe de Molière et aussi sur l'histoire du théâtre de cette époque dont il ne faut pas isoler celle de l'*Illustre théâtre*. C'est ainsi qu'on a oublié de rappeler que l'incendie du jeu de paume du Marais, au commencement de janvier 1644, put attirer momentanément des spectateurs au jeu de paume des Mestayers. On lit dans le *Journal d'Ormesson*, t. I, p. 138. « *Le vendredi 15 janvier 1644, sur les neuf à dix heures, le jeu de paume des Marais, où jouoient les petits comédiens*, fut tout bruslé et le feu eust bruslé *les jeux de paume*

Peut-être cependant était-ce afin d'obtenir plus facilement son patronage et pour lui être agréable, que la troupe, connaissant son goût pour la danse et les ballets, avait engagé dès le 28 juin 1644 un danseur de Rouen, Daniel Mallet, qu'elle avait enlevé ou disputé à la troupe de Cardelin (1).

Paul Lacroix et Edouard Fournier ont aussi parlé, mais sans preuves à l'appui, de la part qu'aurait prise Molière dans la composition des ballets dansés alors à la cour du Luxembourg, et notamment des ballets des *Vrais moyens de parvenir* et de l'*Oracle de la Sibylle de Pansoust*, (ce dernier de 1645). Peut-être y a-t-il un autre indice plus probant des

voisins, s'ils n'eussent esté secourus puissamment et avec bon ordre. Les capucins s'employèrent très-utilement. Je le vis brusler avec horreur tant le feu estoit grand. Il fut vu de tout Paris ; l'on y accourut de toutes parts et l'on voyoit aussi clair que le jour ».

(1) Sur Cardelin, voir *Mémoires de l'abbé de Marolles*, in-8º, t. II, p. 239. Il dit à propos du ballet de la *Prospérité des armes de France* représenté au palais Cardinal au commencement de février 1641 : « Ce qu'il y eut de plus exquis furent les sauts périlleux d'un certain italien appelé Cardelin, qui représentoit la Victoire en dansant sur une corde cachée d'un nuage et parut s'envoler au ciel. »

Il faut cependant se rappeler, à propos de l'engagement du danseur Mallet, que Monsieur était parti pour l'armée dès mai 1644. Dans l'étude de ses rapports avec l'*Illustre théâtre*, on ne doit pas oublier ses nombreuses absences de Paris en 1644 et 1645. Il est peu probable qu'il ait « entretenu » ces comédiens dès leur début, c'est-à-dire dès les premiers mois d'hiver de 1644. Ce n'est sans doute que quelque temps après leur séjour dans son voisinage, et d'après la recommandation de Tristan, son gentilhomme, et un des auteurs de la troupe, qu'il voulut les prendre sous sa protection. Mais, dès le milieu de mai il partait pour commander l'armée de Picardie, d'où il ne revint qu'à la fin d'août, pour aller un instant à Fontainebleau. Ce n'est qu'à son retour à Paris, en septembre, au milieu de ses amours avec Melle de Saint-Mégrin, qu'il put songer aux plaisirs du théâtre. Le 17, nous voyons la nouvelle troupe se dire entretenue par son Altesse royale.

Dès avant la fin de l'année, Molière résiliait le bail du jeu de paume des Métayers. Bien qu'au port Saint-Paul sa troupe continuât à se dire entretenue par le duc d'Orléans, ce déplacement prouve cependant que la protection de Gaston et le voisinage du Luxembourg n'avaient guère contribué à son succès. Il est probable, toutefois, que Gaston eut recours à ses comédiens pendant l'hiver de 1645, puisque nous allons le voir les appeler auprès de lui à une date postérieure.

rapports de l'*Illustre Théâtre* avec le duc d'Orléans ailleurs même qu'à Paris, rapports restés jusqu'à ce jour tout-à-fait inaperçus, ainsi qu'on va pouvoir s'en rendre compte ?

On s'est demandé récemment, si de mars à juillet 1645 Molière ne s'était pas absenté de Paris. M. Baluffe, qui se plait à le faire voyager à sa fantaisie, au gré de son imagination, a considéré une campagne de la troupe des Béjart à Bordeaux comme très probable à cette époque (1). Il eut fallut d'abord parler comme point de départ d'avril et non pas de mars ; car le 31 de ce mois, Molière est encore à Paris (2). Il n'est nullement probable que l'*Illustre Théâtre*, pendant ces quatre mois ait poussé jusqu'à Bordeaux, où on peut considérer comme certain qu'il n'alla que lorsque la plupart de ses acteurs furent devenus comédiens du duc d'Epernon. Mais il n'est pas impossible qu'ils soient allés jouer hors de Paris, sur la demande de Gaston d'Orléans, en leur qualité de troupe entretenue par son Altesse royale.

Avant de commencer sa campagne de 1645 dans la Flandre, Gaston était allé tout d'abord refaire sa santé aux eaux de Bourbon, pendant les mois d'avril et de mai (3).

Il avait l'habitude de s'y rendre au printemps, les médecins lui ayant ordonné ces eaux comme « excellentes et salutaires à la goutte (4) » ; il s'y trouvait en avril, mai et juin 1642, à la veille de la découverte de la conspiration de Cinq-Mars. Scarron a longtemps parlé de son séjour d'alors dans sa *Seconde Légende de Bourbon*. Des troupes de comédiens venaient souvent dans cette ville pendant la

(1) V. *Le Moliériste*, t. VII, p. 85, et aussi p. 214, sur la date et la durée de l'emprisonnement de Molière au Châtelet.

(2) V. Soulié, *Recherches sur la vie de Molière*, p. 185.

(3) Voir Bazin, *Histoire de France sous Louis XIII*, 2ᵉ édition, 1846, in-12, t. III, p. 313. Le *Journal* de d'Ormesson dit, que le dimanche 9 avril M. le duc d'Orléans était parti la veille pour aller aux eaux devant que d'aller à l'armée, et qu'il était de retour le mardi 16 mai à Paris, qu'il quitta ensuite le 28. Voir pp. 275 et 281.

(4) *Mémoires de Goulas*, t. I, p. 383. — Voir aussi *Traité des eaux de Bourbon l'Archambaud, selon les principes de la nouvelle physique*, par

saison des eaux ; Scarron lui-même, dans sa *Première Légende*, a vanté la générosité du duc de Longueville, à l'égard des comédiens qui s'y trouvaient en 1641 (1). Ayant une troupe d'acteurs entretenue par lui, il est tout naturel que Gaston ait pensé à la faire venir à Bourbon, afin de combler le vide et de remédier à l'ennui des longues journées qu'il avait à passer loin de Paris et de se procurer, pendant le temps de sa cure, les mêmes plaisirs qu'il était habitué à goûter dans la capitale (2).

Ce qui le donne à penser, c'est une phrase écrite alors par un acteur de la troupe de l'*Illustre Théâtre*, poète et auteur dramatique lui-même, Nicolas-Marie Desfontaines. Dans l'*advis au lecteur*, placé en tête de sa tragédie de l'*Illustre comédien ou le Martyre de Saint-Genest*, dont le privilège porte la date du dernier avril 1645, et dont l'achevé d'imprimer est du 8 mai, l'auteur dit : « *Qu'ayant été commandé par S. A. R. de le suivre en son voyage de Bourbon*, il n'a pu surveiller l'impression de son livre ni même faire son épître *luminaire* (3) ». C'est un « seigneur de condition » qui a bien voulu se charger de ce soin.

Puisque Desfontaines a suivi Gaston aux eaux de Bourbon, n'est-il pas probable qu'il a fait le voyage en qualité de comédien de la troupe entretenue par son Altesse ? Au commencement de 1645, il avait suivi au jeu de paume de la Croix-Noire Molière, qui, le 2 août de cette année, se dit encore comédien de l'*Illustre Théâtre* entretenu par son Altesse royale. En quelle autre qualité aurait-il été *commandé* d'accompagner le prince ? Celle de poète et de

le s[r] J. Pascal, docteur en médecine, Paris, 1699, in-12, pp. 268-283, « des saisons propices aux eaux de Bourbon ».

(1) Voir ce que j'ai dit de ces comédiens dans *La troupe du roman comique dévoilée*, p. 17.

(2) Les *Mémoires de Nicolas de Goulas* nous apprennent que Monsieur retourna encore à Bourbon au commencement d'avril 1647, t. II, p. 214.

(3) Voir l'*Illustre comédien ou le martyre de Saint-Genest*, Paris, Cardin Besongne, au Palais, 1645, in-4°, 87 pages.

romancier ne motiverait pas suffisamment un pareil commandement ? Il est plus simple de croire qu'il est allé lui procurer les plaisirs de la comédie avec ses camarades de l'*Illustre théâtre*, et que le silence qui se fait à Paris sur Molière, d'avril au 2 août 1645, tient précisément en partie à cette absence motivée par le service de comédien qu'il était allé faire auprès du prince son patron. A son retour à Paris au mois de juin, ayant contre lui la température brûlante de cette saison si peu propice aux comédiens, oublié déjà dans ce quartier après un départ si rapproché de son installation au Port Saint-Paul, il aura joué devant les banquettes vides et la ruine aura promptement suivi son insuccès. Gaston, alors près de Cassel, était bien loin de Paris, où il ne revint qu'en septembre. Dès le 2 août les portes du Châtelet s'étaient fermées sur Molière, heureusement pour peu de temps (1).

En somme, rien de plus vraisemblable que le voyage de l'*Illustre théâtre* à Bourbon. Les registres de l'état-civil de cette ville pourront peut-être le confirmer ; il serait absolument certain si on retrouvait dans l'énumération des noms des acteurs de la troupe au 13 août 1645 celui de Desfontaines, qui, malheureusement, n'y figure pas à cette date (2).

---

(1) On sait qu'il y fut détenu pour dettes envers Antoine Fausser, le fournisseur de chandelles des comédiens, François Pommier leur caution, et le linger Dubourg. Dès le 20 juin, Jeanne Levé, marchande publique, avait obtenu sentence contre lui. Dès le 19 mai, à la requête de Pommier, une sentence des requêtes du Palais avait été rendue contre la troupe ; il avait été sursis à son exécution en vertu de lettres de répit et de défenses du lieutenant civil des 19 et 20 du même mois. Voir Soulié, *Recherches sur Molière*, p. 187.

(2) Il ne serait pas impossible que tout en ayant suivi Molière au jeu de paume de la Croix-Noire, au commencement de 1645, Desfontaines se fut détaché de sa troupe à la veille de Pâques. Mais cela est peu probable ; d'autant plus que Pâques n'eut lieu en 1645 que le 16 avril, c'est-à-dire à une époque qui correspond au séjour de Gaston à Bourbon et à l'impression de l'*Illustre comédien*. — Desfontaines donnant à entendre que s'il

Il est à regretter qu'on n'ait pas encore serré de plus près l'histoire de Desfontaines, au moins depuis l'époque des débuts de la troupe de Molière et des Béjart, ou mieux depuis l'impression des *Galantes vertueuses* à Avignon en 1642, dont j'ai déjà parlé. Le 8 février 1643, on le voit figurer seulement en qualité d'acteur, à Lyon, dans la troupe de Dufresne. Cette année même recommence l'impression de ses pièces de théâtre. *Le martyre de Saint-Eustache* paraît chez Quinet et Nicolas de Sercy, en 1643. Le privilège est du 13 janvier et l'achevé d'imprimer, du 20 juillet. L'année suivante, 1644, vers les premiers mois sans doute, chez les mêmes libraires, est mise en vente la tragi-comédie d'*Alcidiane ou les Quatre Rivaux*, dont l'achevé d'imprimer est daté du 18 décembre 1643, et le privilège du même jour que le précédent. On lit en tête quatorze vers à Madame de Chasteauneuf, à qui la pièce est dédiée. Bientôt voit le jour *Perside ou la suite d'Ibrahim Bassa*, tragédie dédiée à

---

n'était pas allé à Bourbon, il eut corrigé les épreuves de sa tragédie à Paris, il n'y a pas lieu de penser qu'il fit dès lors partie de la troupe de Mitallat qui, ainsi que je l'ai dit dans les nombreux renseignements que j'ai donnés sur les troupes du duc d'Orléans et de Mademoiselle (*La troupe du roman comique*, pp. 146 et suiv. et 44), se disait probablement dès 1644, à Lyon, troupe des comédiens de son Altesse royale, titre qu'elle porte expressément le 22 janvier 1646. (Joindre à ces renseignements ceux que M. Jules Rolland dans son *Histoire littéraire d'Albi* et dans le *Moliériste*, I, 141, a fournis sur les comédiens portant le nom de troupe de Mgr le duc d'Orléans à Albi et à Castres, en septembre et en octobre 1657, comédiens parmi lesquels se trouvait Mignot, dont j'aurai moi-même à parler).

Que devint Desfontaines au sortir de la compagnie de l'*Illustre théâtre*, que son insuccès lui fit sans doute abandonner? Il fit probablement partie d'une nouvelle troupe, puisqu'on voit le comédien *Nicolas-Marin de Fontaine* tenir sur les fonts à Carcassonne, le 21 décembre 1649, la fille d'un autre comédien, (le *Moliériste*, II, 266). Etait-il alors dans la même « bande » que François de la Cour, son ancien camarade de Lyon en 1643, qui mourut à Carcassonne le 29 mai 1655 ? — Cette date de la fin de décembre 1649 est la dernière que je connaisse de l'histoire de Desfontaines.

Mgr le Duc de Guise « le plus illustre et le plus généreux de tous les hommes (1) ».

Nous arrivons enfin à l'époque à laquelle Nicolas-Marie Desfontaines, demeurant rue Neuve-Dauphine, figure comme acteur de l'*Illustre théâtre*. Il signe en cette qualité le 28 juin 1644. Soulié a cru qu'il avait remplacé dans la troupe vers cette date Joseph Béjart, qui suivait le traitement d'Alexandre Sorin, médecin de la faculté d'Angers, pour être guéri de son bégaiement (2). C'est le temps auquel il fait imprimer l'*Illustre Olympie ou le Saint-Alexis*, sorti des presses le 4 décembre 1644, avec un privilège du 7 mai. La pièce est dédiée à « Madame de Talmant (3) », à laquelle l'auteur adresse aussi une épigramme en tête de sa tragédie, qui ne parut que l'année suivante, 1645, chez Pierre Lamy, « en la grand salle du Palais, au second pilier ». C'est également en 1645 qu'est publié l'*Illustre Comédien ou le Martyre de Saint-Genest* et que l'acteur poète est commandé, pendant l'impression de cette pièce, pour suivre Gaston d'Orléans à Bourbon (4).

Desfontaines n'était sans doute pas plus ignoré alors de Gaston comme romancier que comme acteur. Avant même d'écrire des tragédies, il avait commencé par composer des romans, et même des romans à clef, ce qui leur laisse aujourd'hui encore un certain intérêt. En 1636, il avait mis au jour *Les heureuses infortunes de Céliante et Marlilinde, veuves pucelles* (5), et en 1638 l'*Inceste innocent*, dédié à la

(1) Paris, Quinet, 1644, in-4°. Le privilège est du 16 avril 1644, l'achevé d'imprimer du 24 mai. On peut juger de la générosité du duc de Guise, par le nombre des dédicaces qui lui sont alors adressées.

(2) *Correspondance littéraire*, 1865, p. 84.

(3) Marie du Puget *de Montauron*, femme de Gédéon Tallemant, maitre des requêtes.

(4) C'est au commencement de la même année que Tristan dédie à Madame, femme de Gaston, *La folie du sage*. L'année suivante, 1646, Gilbert dédiait à Monsieur *Rodogune*, dont l'achevé d'imprimer est du 13 février.

(5) Paris, Trabouillet, 1636, in-8°. Le privilège est du 22 novembre 1635,

duchesse de Lorraine, et dont la clef se trouve imprimée dans l'édition de Quinet, 1644, in-8°. L'année même de l'impression de *Saint-Genest* (1645), il dédiait son nouveau roman, l'*Illustre Amalasonte*, à son Altesse royale (1). Dans sa dédicace, il prodigue les plus grands éloges à Gaston, célèbre sa victoire de Gravelines, montre César sortant du tombeau pour admirer ses vertus héroïques, et annonce qu'il fait son portrait sous le nom du vainqueur des Gaules. Après une semblable dédicace, il devait être bien venu à jouer devant le prince à Bourbon, si toutefois ce n'est pas plutôt l'accueil qui lui fut fait alors, qui le décida à dédier son œuvre à l'oncle du jeune roi (2).

La verve tragique de Desfontaines n'était pas encore tarie. En 1647 on le vit faire paraître chez Lamy, avec un privilège du 17 avril, *Belissante ou la fidélité reconnue*, et *La véritable Sémiramis* (3), cette dernière tragédie dédiée au comte de Saint-Aignan, le généreux protecteur de tous les poètes d'alors.

Les treize pièces de théâtre qu'avait fait imprimer

'achevé d'imprimer du 2 janvier 1636. Le livre est dédié à Mme Marie de la Baulme, marquise de Grimault. En tête on voit des vers adressés à l'auteur par Friquet, du Pelletier, L. Deshayons, etc.

(1) Voir l'*Illustre Amalasonte*, dédié à son Altesse royale, par le sieur Des Fontaines, à Paris, chez Antoine Robinot, en sa boutique sur le Pont-Neuf, devant le Louvre, 1645, 2 vol. in-8°, avec privilège du roy. Le privilège est du 21 février 1645.

(2) Je ne parle pas ici de la seconde partie du roman, dédiée à Mgr de Bragelogne, et qui, sous le couvert de l'histoire de Rufinus et de Balisthène, nous expose les péripéties de l'assassinat du président Baillet, l'histoire du plus fameux criminel de ce siècle et celle de plusieurs familles de robe de Dijon et de Grenoble, ainsi que le fait connaître la clef. Plusieurs bibliographes ont attribué au Père jésuite Cerisiers l'*Illustre Amalasonte* ; si cette attribution a quelque fondement, elle me parait devoir être restreinte à cette seconde partie du roman.

(3) Si Desfontaines donne à sa pièce le titre de *La véritable Sémiramis*, c'est sans doute pour l'opposer à la *Sémiramis* de Gilbert, représentée par la troupe royale et parue chez Courbé en 1647, avec une dédicace à la duchesse de Rohan. (Privilège du 13 mai, et achevé d'imprimer du 1er juin).

Desfontaines pendant dix années, de 1637 à 1647, et ses nombreux romans ne suffisaient pas encore à épuiser sa verve et sa fécondité (1). L'année même où on le voit figurer comme acteur à Lyon, il avait fait paraître à Paris, chez Lamy, 1643, 19 pages in-16, des poésies religieuses, une *Paraphrase sur le memento homo quia pulvis es*, dédiée « à M. de Talman », maitre des requêtes, conseiller du roi en ses conseils et accompagnée d'une épigramme en dix vers, adressée au même personnage (2).

Ce sont également de nouvelles poésies religieuses qui viennent clore la série de ses œuvres : « *Le Poète Chrestien passant du Parnasse au Calvaire*, par M. des Fontaines, Caen, Mangeant, 1648, in-12, avec permission de son Altesse ». Le livre est dédié à la duchesse de Longueville, et cependant « son Altesse » était loin d'être encore entrée dans les voies de la pénitence. La dédicace explique d'ailleurs le titre choisi par l'auteur : « Je me disposois à vous dédier la dernière tragédie que j'ai fait paroistre sur la scène, quand la mémoire de vostre vertu m'inspira un meilleur conseil... Vostre dévotion ... m'a fait vestir en religieuse une vierge que j'avois habillée en courtisane ». Cette dédicace est suivie d'une épigramme en vers à la duchesse. Puis viennent une version paraphrasée en vers du petit office de l'Ange Gardien ; un sonnet à Jésus sur la

(1) On rencontre déjà de ses vers, ainsi que je l'ai dit dans *La troupe du roman comique dévoilée*, p. 125, dès 1632, en tête des *Passions égarées* du poète Saumurois Richemont Banchereau, à côté des vers de Racan, de Mairet et de Gombauld. — On voit aussi de lui des stances et des épigrammes dans *Les Chevilles* de M[tre] Adam, édit. de 1654, in-12, p. 48. La première édition est de 1644.

(2) Voir sur Gédéon Tallemant et sur sa femme, l'historiette écrite par son parent Tallemant des Réaux, t. VI, pp. 247 et suiv., et spécialement sur les dédicaces qui lui furent adressées, pp. 259-260. — Desfontaines fait l'éloge des vertus de M. de Tallemant, à la femme de qui il dédiait l'année suivante l'*Illustre Olympie* ou le *Saint Alexis*, et fait allusion à ses courses d'acteur nomade en lui disant : « La générosité de vostre maison, que la renommée m'a apprise *en l'une des extrémitez de la France*...»

croix, p. 43 ; des plaintes de l'âme chrétienne sur la mort de Jésus-Christ, p 45 ; une paraphrase du psaume cxxxviii, *Domine probasti me* ; enfin p. 65, la réédition de la paraphrase du *Memento*, dédiée cinq ans plus tôt à M. de Tallemant, divisée en seize stances et commençant de la sorte :

« Eclair qui ne luis qu'un moment,
Matière inconstante et mobile...

Le poète dit en finissant (p. 71) :

« Souviens toy doncques aujourd'huy
Que tu retournes à la source....
Et songe dès la matinée
Qu'avant le déclin du soleil,
Il te faudra peut estre achever la journée ».

C'est là le chant du cygne d'un acteur de l'*Illustre théâtre*. Qui l'eut cru ? Qui eut été tenté d'attribuer ces vers à un poète comédien, *roulant* à travers la France avec Dufresne, et plus tard jouant avec les Béjart et Molière dans les jeux de paume de Paris ? Le fait n'est cependant pas si rare qu'on serait tout d'abord disposé à le croire. La déclaration de 1641, ainsi que les beaux vers du *Cid* et de *Polyeucte*, avaient relevé les comédiens à leurs propres yeux et fait entrer alors bien des recrues dans leurs rangs. Parmi ces nouveaux venus, plusieurs, qui sans cela ne seraient peut-être pas mêlés parmi eux, furent sinon des petits saints, comme Chappuzeau voudrait le faire croire plus tard, avec moins de chance d'être alors dans le vrai, du moins d'honnêtes gens comme Lagrange et du Croisy. Desfontaines, du reste, avait un illustre modèle dans le poète comédien Pierre Gringore, qui finit aussi ses jours en translatant en français des *Heures de Notre-Dame*. Cet amusant Protée, comme l'appelle M. Petit de Julleville (1), avait ouvert la

(1) Voir M. Petit de Julleville *Les comédiens en France au Moyen-Age*,

voie à ses successeurs et leur avait de bonne heure appris à devenir sur la fin de leur vie des poètes édifiants et à terminer leurs jours dans la piété comme le firent tant de comédiens poètes de l'Espagne. Il n'est cependant pas moins piquant de trouver parmi les acteurs de l'*Illustre théâtre*, où on ne s'attendait guères à rencontrer cette merveille, un poète chrétien, traducteur des plus beaux chants du Psalmiste (1). J'espère que pour cela surtout on voudra bien me pardonner d'avoir appelé un peu longuement l'attention sur Desfontaines et d'inviter les curieux à étudier plus à fond qu'on ne l'a fait jusqu'ici et sa vie et ses œuvres.

Je reviens à Molière et aux compagnons de sa mauvaise fortune. On sait quelle fut la détresse de la troupe sur laquelle on cesse de trouver des documents au 13 août 1645 ; elle n'avait commencé à représenter à Paris que vers le 1er janvier 1644. Indépendamment des trop nombreuses dettes qu'elle dut contracter par suite de son insuccès, sa malechance fut telle, qu'elle vit, je l'ai dit, celui qui était devenu promptement son chef, détenu prisonnier au Grand-Châtelet.

Molière, dans ces premières années de lutte, commença par faire un dur apprentissage de la vie, mais en revanche il ne fut pas humilié par le voisinage de M. de Modène, qui eut dû être cent fois plus pénible pour lui que le bruit des sifflets du parterre. Ni son honneur, ni son cœur n'eurent à souffrir (alors du moins) de la présence du gentilhomme avignonnais, que les historiens de Madeleine et surtout M. Larroumet montrent continuellement auprès de son

---

1885, in-12, p. 162 et les *Heures de Nostre-Dame, translatées en françois par Pierre Grégoire, dit Vaudemont, chez Jean Petit, 1525.*

(1) Ce mélange de sacré et de profane était du reste passé dans les mœurs et dans les habitudes des poètes du temps. L'Hermite de Souliers, comme son frère Tristan, et M. de Modène lui-même nous en offriront des exemples, qui nous dispensent d'invoquer les noms des plus illustres poètes d'alors.

ancienne maîtresse (1). Au milieu des misères de ce temps si sombre et de si mauvais augure pour l'avenir, ce fut pour lui une cruelle peine de moins. Peut-être est-ce l'amour sans partage, dont le payait alors Madeleine, qui lui donna le courage de ne pas se laisser abattre par un début si pénible, et la force de courir à de nouvelles aventures, au bout desquelles il devait trouver enfin, à défaut de bonheur, la fortune et la gloire?

§ IX.

M. et Mme de Modène depuis le commencement de la régence d'Anne d'Autriche jusqu'à l'expédition de Naples (1643-1647).

La plupart des historiens de Molière, et le dernier historien de Madeleine Béjart plus que tous les autres ont cru que depuis le retour de Guise en France jusqu'à son départ pour Rome, c'est-à-dire depuis le commencement de juillet 1643, jusqu'à la fin d'octobre 1646, M. de Modène était resté à Paris aux côtés de la fameuse comédienne. Cela ne laisse pas que de jeter un certain froid parmi ceux qui s'obstinent (et le nombre en est grand) à voir dans Molière autre chose qu'un camarade et un amoureux platonique de Madeleine Béjart.

(1) M. Larroumet, préférant ne voir dans Molière qu'un camarade d'abord, puis un associé et un ami de Madeleine, écrit en effet : « Au moment ou Molière se fait comédien, M. de Modène est près d'elle....... Donc s'il aima Madelaine dès ce moment, il eut à subir un partage humiliant, intolérable pour un cœur vraiment épris ; il eut à tromper un homme dont il devint aussitôt l'ami. » *Revue des Deux-Mondes*, ut suprà, p. 140. — Comment dans ce système arrivait-on à concilier la présence de M. de Modène à Paris, auprès de Madeleine, avec les dettes de l'*Illustre Théâtre* et les hypothèques dont la mère des Béjart fut obligée de grever ses biens?

Cette présence continue de M. de Modène à Paris et son prétendu retour des Flandres en compagnie de Henri de Lorraine sont encore autant d'erreurs légendaires, qui ne reposent absolument sur aucun fait. On ne trouve aucune mention du séjour d'Esprit de Rémond à Paris, ni lorsque le duc de Guise revient en France, ni lorsqu'il parade au milieu des Importants ou aux pieds de Mme de Montbazon ; on ne le voit près de lui, ni dans le fameux duel de la place Royale du 12 décembre, où il se bat avec Coligny pour les beaux yeux de la rivale de Mme de Longueville, ni les années suivantes pendant les campagnes de 1644 et de 1645 ou bien dans les cavalcades où il étale sa magnificence au Cours, sous les yeux des Parisiens éblouis.

C'est que M. de Modène était alors bien loin de Paris, ce qui montre qu'il se souciait assez peu de la Béjart. Il prolongeait son séjour dans le Comtat, même après la mort de Richelieu et de Louis XIII, peut-être tout à la fois pour y prendre du repos et pour se tenir loin des atteintes et des visées de Madeleine, qui ne désespérait pas de reprendre sur lui son ancien empire. Les historiens locaux ont négligé de donner et de rassembler les preuves de la présence d'Esprit de Rémond à Modène à cette époque ; il me faut donc les réunir pour la première fois.

On voit le vice-légat d'Avignon accorder alors à M. de Modène la permission de construire une chapelle dans son château ; la bénédiction en eut lieu le 7 octobre 1643 (1).

---

(1) Extrait d'un inventaire de pièces concernant le diocèse de Carpentras dressé par le Père Justin et conservé au musée Calvet, inventaire dont je dois la connaissance à l'obligeance de M. Deloye. « Licentia a vice legato data, favore Spiritus, domini de Maudenà, construendi sacellum ad sacrum celebrandum in Castro Maudenæ. — Item benedictio dicti Sacelli sub invocatione B. Mariæ Annunciationis, 7 octobre 1643. » M. l'abbé Prompsault (*Histoire de Modène*, p. 91, a rapporté au 30 octobre la bénédiction de cette chapelle.

Le 17 février 1644, Esprit de Rémond consent un bail à ferme à Jean Bertrand (1).

L'historien de la commune de Modène mentionne aussi, au cours de la même année, le don fait par lui à l'église paroissiale d'une statue de Saint-Gênes, solennellement inaugurée le jour de la fête patronale (2).

C'est aussi en 1644, à Modène, qu'a lieu entre lui et Jean-Baptiste de l'Hermite un acte dont on a négligé jusqu'à ce jour de faire ressortir la singularité.

On ne s'attendait guère, après le rôle de Judas joué par le sieur de Vauselle et sa femme dans la conspiration de Sedan, à les voir établis à côté de M. de Modène, dont ils avaient livré la lettre et les secrets à Richelieu. Sans doute le jeune gentilhomme, qui s'était bravement battu à la Marfée, ignorait la vilenie et la trahison commises par ses protégés. Ils étaient sans doute venus auprès de lui se poser en victimes, lui raconter ce qu'ils avaient souffert *sur la paille humide des cachots* de Vincennes et de la Bastille, et faire appel à ses sentiments, d'humanité, de générosité et de reconnaissance. M. de Modène fut-il complètement leur dupe ? Il n'avait pas d'argent à leur donner et avait dépensé près de 30,000 livres de ses deniers dans la conspiration de Sedan, ainsi qu'il le dit dans ses *Mémoires.*

Pour récompenser les espions de Richelieu de leur beau dévouement, il vendit à Jean-Baptiste de l'Hermite et à damoiselle Marie Courtin de la Dehors son épouse, par devant Gabriel Vaudran, notaire royal à Modène (3), le 13

---

(1) *Mémoires des Consuls de Modène*, p. 83. (Renseignement dû à la bienveillante communication de M. l'abbé Prompsault.)
(2) *Histoire de Modène*, pp. 71 et 91.
(3) Voir Soulié, *Recherches sur la vie de Molière*, p. 202. Il faut plutôt lire : « *notaire royal à Caromb*), *greffier à Modène* » et c'est dans l'étude de notaire de Caromb que l'acte devra être recherché. Il n'y avait pas, paraît-il, de notaire à Modène.

février 1644, une grange jadis moulin, consistant en six membres, située dans le terroir de Saint-Pierre-de-Vassols, appelée la Souquette, avec toutes les terres, prairies et autres choses en dépendant, contenant environ 13 saulmées et cinq esminées. La Souquette, en Saint-Pierre-de-Vassols, était à la porte de Modène (ces deux petites paroisses sont contiguës, et ont même été pendant ce siècle réunies l'une à l'autre pour l'exercice du culte). Elle avait été achetée en 1621, le 23 octobre, par François de Modène (1). Celui-ci l'avait transmise à son fils Esprit son héritier universel, qui la vendit aux l'Hermite. Quand je dis qu'il la vendit, je me sers du terme figurant dans l'acte ; mais je ne crois guère à une vente, si dénué d'argent que pût être M. de Modène (2). Je vois plutôt là une donation déguisée, faite par le gentilhomme avignonnais à Marie Courtin de la Dehors, c'est-à-dire à .... sa nouvelle maîtresse. Car hélas ! Mme de l'Hermite et cela va dissiper bien des illusions, bien des légendes, n'était autre qu'une rivale de Madeleine Béjart, qu'elle avait remplacée dans les bonnes grâces de M. de Modène. Alors qu'on se figurait voir Esprit de Rémond soupirer à Paris aux pieds de la comédienne, et rester toujours fidèle à ses amours de 1638, il était bien loin des bords de la Seine, et c'était Marie Courtin de la Dehors, installée au château de Modène, qui était désormais, comme on le verra clairement plus loin, la charmeuse et la maîtresse de ce don Juan. Molière, devenu à son tour amant de la Béjart à Paris, n'avait, pour le moment du moins, rien à craindre de lui, ni aucun humiliant partage à endurer. Ce n'est pas là, pour son histoire et pour son honneur, une révélation sans importance. On voit que cette soi-disant vente de la Souquette nous en apprend plus long qu'elle n'en a l'air. En se dépouillant de cette part de son domaine,

(1) Voir Fortia, *Supplément aux éditions de Molière*, p. 148.

(2) Il est d'ailleurs encore plus singulier de voir l'un des deux contractants acheter que l'autre vendre.

M. de Modène n'était donc pas aussi dupe qu'on pouvait le croire, et lui seul savait le motif réel de sa reconnaissance. Quant à M. de l'Hermite, après avoir trahi son ami, il était à son tour victime d'une trahison d'un autre genre. Esprit de Rémond se vengeait en don Juan qu'il était. Les deux compères pouvaient bien, comme en 1638, marcher de pair à compagnon.

Cette vente de la Souquette, du 13 février 1644, suivie d'un acte du 12 mars, par lequel madame de l'Hermite reconnait la dite grange comme se mouvant de la directe du prieuré de Saint-Martin-de-Bedouin (1), n'est pas le dernier acte que nous voyions passé par Esprit de Rémond dans le Comtat. En voici un autre encore :

« L'an 1645 et le 7e jour du mois de janvier, haut et puissant seigneur messire Esprit de Rémond, seigneur de Modène, fonde un chanté anniversaire à perpétuité pour le repos de l'âme de feu messire François de Rémond son père, a célébrer tous les ans dans la chapelle du dit seigneur dans la nouvelle église, le 26e août jour d'après son décès, sous la dotation de 14 florins payables tous les ans le jour et fête de St-Michel, 29e septembre ..... (2) ».

D'autres chercheurs pourront sans doute trouver de nouveaux documents prouvant à une date postérieure la résidence de M. de Modène dans le Comtat ; ceux que j'ai cités suffisent pour établir qu'il ne se trouvait à Paris, ni en 1643, ni en 1644, ni au commencement de 1645. Etant dans le Comtat-Venaissin sujet du Pape et non du roi de France, il n'y avait pour lui obligation d'aucune sorte de prendre part à la campagne de 1645. Il put donc encore ajourner quelque temps son retour à Paris.

L'époque précise de ce retour reste à déterminer. Je ne le trouve en cette ville qu'en octobre 1646 ; mais certes, il

(1) Voir Fortia, *ut suprà*, p. 149.
(2) Extrait du Registre des anniversaires fondés dans l'église de Modène. Communication de M. l'abbé Prompsault.

devait y être arrivé depuis un certain temps déjà. Il allait accompagner le duc de Guise dans une nouvelle aventure, et le départ du duc, bien qu'il n'ait été réalisé, comme on le verra, qu'à la fin d'octobre de cette année, était résolu plusieurs mois à l'avance. Je regrette de ne pouvoir établir d'une façon plus précise l'époque de l'arrivée de M. de Modène à Paris. Il sera intéressant de chercher à la mieux déterminer ; car de sa date dépend la possibilité d'une nouvelle rencontre d'Esprit de Rémond avec Madeleine, qui, comme nous le dirons, vers les premiers mois de 1646, quitta Paris, où le gentilhomme avignonnais ne dut plus la rencontrer s'il ne rentra lui-même en cette ville qu'après le commencement de cette année (1).

Quand il est de retour à Paris, il paraît attaché à la personne du duc de Guise et non plus à celle du duc d'Orléans. La lâcheté de Gaston détachait de lui ses familiers, tandis que le partage de la même fortune dans l'affaire de Sedan avait intimement rapproché Modène de son nouveau patron. Aussi, figure-t-il alors comme premier gentilhomme ordinaire de la chambre de monseigneur le duc de Guise, demeurant en l'hôtel de Guise, (acte notarié du 25 octobre 1646) ; le duc lui-même dans ses *Mémoires* l'appelle gentilhomme de sa chambre (2).

Henri de Lorraine allait s'engager dans une aventure singulière, véritable roman de chevalerie, vrai conte des *Mille et une nuits*. Ayant pour ainsi dire contracté déjà deux mariages, le premier plus apparent que valide avec Anne de Gonzague, le second très valable cette fois avec la comtesse de Bossut, pris d'un nouveau caprice pour une fille de la reine, Melle de Pons, qui voulait se faire épouser par lui, le duc se disposait à se rendre à Rome, pour faire

---

(1) On verra établie plus loin la date, restée inconnue jusqu'ici, à laquelle les Béjart et Molière devinrent comédiens du duc d'Epernon.

(2) *Mémoires de Henri de Lorraine duc de Guise*, édition de 1681, in-12, p. 16.

déclarer nul par le Pape son mariage avec la comtesse de Bossut et pouvoir contracter une troisième union avec Melle de Pons. S'il avait le cœur tendre, il respectait peu les liens du mariage et les trouvait trop bourgeois pour lui. Mais parti pour se débarrasser d'une femme, et devenir libre d'en épouser une autre, il allait s'embarquer dans une entreprise plus difficile encore et celle-là plus héroïque, la conquête d'un royaume, afin de pouvoir déposer une couronne dans la corbeille de noces de sa fiancée. Toutefois au moment du départ il n'était question que de se démarier, et c'était pour cela que M. de Modène, qui naguères avait déjà demeuré quelque temps à Rome (1), accompagnait M. de Guise dans son voyage auprès du Pape. Son caractère, qui le portait de préférence à l'étude des lettres et à la poésie, semble l'avoir éloigné d'abord des habitudes militaires de la noblesse française, et l'avoir destiné plutôt à ces emplois intimes et domestiques de familier et de chambellan des princes, dont les petites cours se modelaient sur celle du Roi.

Il se borne à écrire sur son compte dans ses *Mémoires*, à propos du départ du duc : « Il fut suivi en ce voyage par le baron de Modène, *qui s'était attaché à lui plutôt par une mutuelle et fatale inclination* que par cet intérêt qui meut aujourd'hui la plupart des hommes ». Lors de ses démêlés à Naples avec Guise, il rapporte qu'il lui dit : « qu'il s'étonnait de se voir traiter de cette sorte par un Prince auquel, aux dépens de son bien et au péril de sa vie, il avait fait paraître qu'il avait quitté toutes choses pour s'attacher à lui ; qu'il ne l'avait point tiré de la boue ni de l'hôpital, quand il avait approché de sa personne, étant entré dans son hôtel, non pour y chercher un refuge et pour *être à couvert de ses créanciers*, ou de ses ennemis ; mais seule-

(1) *Mémoires du comte de Modène*, 3ᵉ édition publiée par Mielle, 1827, in-8º, tome II, p. 49. Il reste à savoir à quelle époque précise se rapporte cette présence de M. de Modène dans la ville des Papes.

ment pour être près d'un Prince qu'il estimait et qu'il aimait uniquement (1) ».

S'il faut ajouter foi aux *Mémoires* de Modène, qui sont avant tout une apologie de sa conduite, écrite quinze à vingt ans après les événements et à laquelle il est prudent de ne pas croire comme à parole d'Evangile, il se serait « employé de tout son possible pour détourner le prince de ce voyage ». Il lui aurait prédit d'avance l'échec de ses espérances auprès de la cour de Rome, aurait essayé de calmer sa nouvelle passion, et se serait attiré une haine implacable de la part de Melle de Pons, qui le savait opposé à ses intérêts (2). Ce rôle de Mentor étonne de la part de l'ancien amant de la Béjart. Fut-il bien en réalité celui du baron de Modène ? En tous cas après son passé, Esprit de Rémond manquait par trop d'autorité pour prêcher avec succès le respect de la famille au duc de Guise. Celui-ci pouvait lui fermer la bouche en lui rappelant son équipée de 1638. A tout prendre, c'étaient deux compagnons de voyage bien appareillés pour s'en aller poursuivre la rupture d'un mariage à Rome. Ce départ du duc résolu contre l'avis de tout le monde « servoit d'entretien et de *raillerie* à Paris », nous rapporte d'Ormesson dans son *Journal* (3).

M. de Guise ne se faisait pas faute du reste de prodiguer les folies. Sans rappeler celles qu'il fit pour Melle de Pons et qui sont bien connues des curieux, disons qu'il « vendit tous ses meubles, le tiers de ce qu'ils valaient en argent, et donna quittance d'une fois autant qu'il en avait reçu d'argent (4) ».

(1) Voir *Mémoires de M. de Modène*, II, 49 et 340.
(2) *Mémoires de M. de Modène,* II, 49-51, et 160-161. Ce que M. de Modène dit de la haine de Melle de Pons à son égard montre qu'il dut revenir à Paris un certain temps avant le départ du duc.
(3) Voir *Journal d'Ormesson*, à la date du 17 janvier 1646, p. 344.
(4) *Journal d'Olivier d'Ormesson,* I, 367. Il faut rapprocher cette mention du *Journal de d'Ormesson*, relative à la vente de meubles du duc de Guise, de la distribution de ses habits faite aux Comédiens de toutes les

Modène dans ses *Mémoires* parle avec fierté et d'un cœur léger de l'absence de créanciers à ses trousses ; n'avait-il pas pourtant, lui aussi, des prodigalités à se reprocher, et était-il bien sûr de ne pas avoir cherché à se procurer de l'argent par tous les moyens possibles afin de faire face à ses folles dépenses ?

C'est précisément bien peu de temps avant son départ que nous voyons sa femme, toujours reléguée dans le Maine, essayer de lui disputer, pour les conserver à leur fils, quelques bribes de la fortune de ce jeune enfant, que le père était tout disposé à gaspiller comme ses autres biens.

Depuis qu'Esprit de Rémond était de retour de Sedan, Madame de Modène avait été frappée par de nouveaux malheurs en 1644. Jusque-là, de rares événements de famille étaient seuls venus interrompre la tristesse de sa vie. Le 8 avril 1642 avait eu lieu à Malicorne le baptême de sa petite-fille, Marguerite de Froullay, (sœur du Maréchal de Tessé), née au château de Vernie. Elle avait été marraine de l'enfant avec Charles de Froullay, chevalier, capitaines des gardes du Roi. Son fils aîné Henri, le marquis de Lavardin (1), veuf

troupes, et célébrée dans des stances bien connues, imprimées en 1646 dans un *Recueil de diverses poésies*, publié chez Toussaint du Bray. « La Béjart, Beys et Molière » ayant eu part à ce présent, et ayant quitté Paris au début de l'année 1646, comme on le verra plus loin, il semble que M. Loiseleur (*Les points obscurs de la vie Molière*, p. 129) a eu raison de rapporter cette distribution à une date antérieure au départ du duc pour l'Italie c'est-à-dire à 1644 ou 1645. Le duc de Guise faisait assez le *Forfante* pour avoir distribué ses habits aux comédiens bien avant qu'il fut question de son départ pour Rome. Ce qui ne serait pas vraisemblable chez un autre peut l'être de la part d'un héros de roman. La date de cette distribution n'est pas indifférente pour une histoire de la vie de Molière, ni pour celle des amours de Madeleine et de M. de Modène, qu'on aurait pu croire mêlé aux libéralités de M. de Guise, si elles n'avaient eu lieu qu'en 1646. — Peut être les rubans mis en gage par Molière chez Jeanne Levé lui venaient-ils du duc de Guise ?

(1) On voit rarement Henri à Malicorne. Le 4 mai 1641, le jour même où il a passé avec sa mère l'acte qui la laisse jouir de Malicorne, il donne

après une union de bien courte durée avec Melle de Vassé, venait de contracter un second mariage. Le 10 mars, (le contrat est du 8) au commencement du carême de 1642, il avait épousé, *à Paris*, damoiselle Marguerite Renée de Rostaing, fille de Charles, marquis de Rostaing, seigneur de Sainte-Sabine et comte de la Guierche dans le Maine et d'Anne Hurault de Chiverny.

Cette famille était originaire du Forez et avait eu pour principal auteur de sa fortune Tristan de Rostaing, grand maître et général réformateur des eaux et forêts de France, chevalier des ordres du Roi, seigneur baron de la Guierche, né en 1513 et dont on voit encore un portrait gravé, en médaillon, en 1591 l'année de sa mort, alors qu'il avait soixante-dix-huit ans. Son fils Charles, qui avait épousé la fille du chancelier de Chiverny, vécut lui-même fort vieux, et mourut presque nonagénaire (1).

Après lui, son magnifique château du Bury, destiné à disparaître de si bonne heure, passa à son second fils François, chambellan de Gaston. C'est dans ce magnifique château du Blaisois, une des œuvres les plus curieuses de la Renaissance, due au goût éclairé des Robertet pour les beaux-arts, que fut élevée Marguerite-Renée de Rostaing.

Née le 19 janvier 1616, elle avait été nommée par messire René de Thou, seigneur de Bonœil, introducteur des ambassadeurs et par dame Marguerite de Gondi, marquise de Meignelay, le 7 mars 1617 (2). Sa mère était morte dès 1635.

à bail à Me René Ferrand, bailli de Malicorne, la terre de Bréhermon, et il cède à François Levillain, marchand cordonnier au Mans, la somme de huit vingt-cinq livres à prendre et recevoir dans un mois des fermiers des moulins de Malicorne. Cette obligation indique la gêne qui continuait à peser sur lui.

(1) Les Rostaing portaient *d'azur à la fasce en devise d'or accompagnée en pointe d'une roue de même.*

(2) Voir *Recueil Mémorial des fondations que Mre Charles marquis de Rostaing et son épouse ont faites et du changement du nom de Bury en comté de Rostaing*, Paris, Pierre Valiquet, 1656, petit in-4°, p. 152 et 161.

Elle devait lui survivre jusqu'au 12 mai 1694. Les éloges qu'ont faits d'elle Mme de Sévigné et Costar, qui dit qu' « elle n'étoit pas moins un habile homme qu'une honnête femme », l'ont rendue célèbre.

Il n'existe malheureusement pas de portrait gravé de l'amie de la marquise de Sévigné. On trouve bien dans les planches des *Trophées médalliques des seigneurs de Rostaing*, de Henri Chesneau, in-f° 1661, gravées par Lepôtre, une planche des « Récompenses de la foy dans l'éternité ou pièce des demi-dieux, à la mémoire perpétuelle de Marguerite-Renée de Rostaing, marquise de Lavardin, exemple de vertu et de parfaite économie ». Mais bien que cette planche par ses emblèmes, ses devises, ses armoiries etc., soit tout entière un éloge des vertus de la marquise (1), elle ne reproduit malheureusement pas ses traits, tandis que celles qui sont consacrées à ses deux frères reproduisent leurs portraits.

Au château de Bury, elle put puiser à la fois le goût des beaux édifices et celui des lettres et du bel esprit qui la destinait à devenir l'amie de Madame de Sévigné. Les Rostaing, malgré leur penchant pour l'avarice qu'ils transmirent aussi quelque peu à leur fille, protégeaient les poètes de théâtre. Nicolas Desfontaines, dont j'ai déjà parlé plus d'une fois, le poète acteur de l'*Illustre Théâtre* en 1644, avait dédié *La vraye suitte du Cid*, en 1638, à François de Rostaing, comte de Bury, et trois ans plus tard, en 1641, il lui avait encore adressé, avec force compliments, la dédicace d'une nouvelle tragédie, *Bélisaire* (2), dont Rotrou

---

(1) On lui fait dire en parlant de son fils :
  « J'ay gouverné son bien en vraye bonne mère,
  Mon fils dès le berceau ayant perdu son père. »
La galerie des portraits de Malicorne, qui passa au marquis de Lavardin et d'où Gaignières a tiré plusieurs de ses dessins, devait cependant posséder un portrait de Marguerite de Rostaing.

(2) Il lui dit dans cette dédicace, en parlant des enfants de sa muse : « Son aisné a reçeu de vostre bonté un traitement si favorable que son

devait lui emprunter le titre, comme celui de l'*Illustre comédien* ou *le Martyre de Saint-Genest*. Le père de Marguerite avait fait de son côté son poète ordinaire de Henri Chesneau, avocat et *domestique* de la maison de Rostaing, qui prodigua les hyperboles jusqu'au grotesque pour exalter la noblesse de son patron et célébrer l'érection des terres de Bury et d'Onzain en comté de Rostaing. Les habiles graveurs que Henri Chesneau s'associa pour illustrer ses divers ouvrages en l'honneur des châtelains de Bury, Jaspard Isac, Israel Silvestre et Jean Lepôtre ont encore fait plus que lui pour la gloire de cette grande famille (1).

La nouvelle marquise de Lavardin ne tarda pas à venir habiter au château de Malicorne, dont elle devait ressusciter l'ancienne splendeur. On la voit marraine dans cette paroisse le 29 juillet 1642 ; le 5 octobre elle tenait de nouveau un enfant sur les fonts avec l'oncle de son mari, Claude de Beaumanoir.

Son arrivée dut être un comme un clair rayon de soleil venant rajeunir le château sur lequel la vieillesse de l'antique douairière semblait avoir projeté un voile de tristesse. Mais Marguerite de Rostaing devait, elle aussi, être plongée de bonne heure dans les larmes, au bout de deux ans de mariage. Malicorne allait avoir pour châtelaine une veuve de vingt-huit ans.

Henri de Beaumanoir, nommé maréchal de camp le 12 mai 1644, avait pris part contre les Espagnols, à la campagne de 1644, ouverte au printemps (2). Presque toute la

cadet ne pouvoit sans ingratitude embrasser en sa naissance un autre autel que celuy de vostre mérite. Si le premier dans la vie du Cid vous a fait voir un tableau de vostre valeur, le second, par celle de Bélisaire, vous mettra devant les yeux l'image de vostre vertu ».

(1) Voir, sur Henri Chesneau, M. Eug. Grésy, *Société des Antiquaires de France*, t. XXX, p. 1 et suiv.

(2) La généalogie de Lavardin au Cabinet des Titres (Pièces originales) dit qu'il n'a pas perdu une campagne depuis la guerre déclarée, pendant laquelle il signala sa valeur en plusieurs combats généraux et particuliers.

noblesse française y figurait, sous le commandement de Gaston, secondé par les maréchaux de la Meilleraye et de Gassion et le comte de Rantzau.

Le siège de Gravelines, place devant laquelle toute l'armée se trouva réunie le 1ᵉʳ juin, était l'objectif de la campagne. La ville fut réduite à capituler le 28 juillet ; mais le siège avait été meurtrier. Un bon nombre de nos principaux officiers y succomba (1). Henri de Beaumanoir y reçut, dans la nuit du 28 au 29 juin 1644, un coup de mousquet, dont il mourut cinq jours après à l'âge de 26 ans. On lit sur les registres de l'église de Malicorne : « Henri de Beaumanoir, fils aîné de la maison de Lavardin, confessé, communié et oint de sainte huile et blessé au siège de Graveline, d'une mousquetade dans les reins, mourut au dit siège le 3ᵉ juillet 1644. Il avoit été blessé le jour Saint-Pierre précédent, fut apporté en cette église et inhumé au sépulcre de feu M. de Malicorne, le 20 juillet 1644 ..... (2) ».

Le malheur planait sur la famille de Lavardin. Il n'y avait pas trente ans que le Maréchal était mort, et déjà deux générations des aînés de sa famille étaient couchées dans

(1) V. Bazin, *Histoire de France sous Louis XIII et le cardinal Mazarin*, 2ᵐᵉ édition, in-12, 1846, t. III, 280.

(2) Voir aussi ce que dit de sa mort le *Journal d'Olivier Lefèvre d'Ormesson*, t. I, p. 195. Voir aussi Pesche (*Biographie*) qui rapporte la donation faite par Marguerite de Rostaing au chapitre Saint-Julien du Mans, pour la fondation de messes et d'un service à perpétuité pour le repos de l'âme de son mari et des seigneurs et dames de la maison de Beaumanoir. — Le dossier relatif à cette fondation du 4 novembre 1684 est conservé dans les archives du château de Malicorne, et m'a été communiqué avec la plus gracieuse obligeance par Mᵐᵉ Perron. — Mᵐᵉ de Lavardin y est dite demeurant ordinairement en son hôtel, à Paris, *sur le quai Malaquais*, où était mort en l'année 1671 son beau-frère, l'évêque du Mans, qui habitait avec elle. Marguerite de la Baume est comprise au nombre des personnes en commémoration desquelles est faite la fondation et l'on peut s'étonner de ne pas voir son nom figurer dans l'inscription de l'église Saint-Julien du Mans, due au maréchal de Tessé, qui rappelle les membres ou les alliés de la famille de Beaumanoir inhumés dans la dite église.

la tombe. Les Beaumanoir ne ménageaient pas leur sang pour la France ; Henri était mort, comme deux de ses oncles, quasi sur la brèche, et laissait intact après lui l'héritage de gloire qu'il avait reçu de son grand-père, l'ami et le compagnon des victoires de Henri IV. Costar pourra bientôt écrire à Mascaron, en faisant un juste éloge de l. famille de Beaumanoir à l'ancien professeur du collège de l'Oratoire du Mans (1) : « Sans vous parler de ses autres héros, vous savez aussi bien que moy que M. le Maréchal de Lavardin ne s'est pas élevé moins haut que sa source, que de sept de ses enfans qui prirent l'épée, la pluspart sont morts les armes à la main dans le service de leur Roy, que son petit-fils a eu la même fortune et la même gloire et qu'ainsi le successeur qu'il a laissé et dont vous avez conceu des espérances si avantageuses peut dire aussi véritablement que le disoit autrefois le bon homme Froissart que nous avons allégué: « Il y a peu de mes ancêtres qui soient morts en chambre ».

Ce successeur, dont parle Costar, était un fils de Henri de Beaumanoir, né au Mans, bien peu de temps avant le départ de son père, pour la campagne de Picardie.

Marguerite de Rostaing l'avait mis au monde en cette ville « dans leur maison (2) » le 15 mars 1644. On avait sans doute attendu le retour du père pour faire baptiser l'enfant avec plus de solemnité. Mais ce n'avait été qu'un espoir trompeur ; les cérémonies du baptême n'eurent lieu que six semaines après la mort de Henri. Le 11 juillet 1644, on voit le chapitre de Saint-Julien charger ses commissaires de visiter la marquise pour lui présenter ses compliments de

---

(1) *Lettres de Costar*, t. II, p. 25.

(2) L'hôtel de Lavardin, le futur hôtel de Tessé, appartenait alors au marquis de Lavardin ; il en est plus d'une fois question dans la *Vie de Costar*. En 1644, on voit le conseil de ville accorder à M. de Lavardin la permission de faire venir de l'eau tirée du réservoir d'Isaac pour ses jardins.

condoléance (1). Un mois après, le 12 août, dans l'église Saint-Vincent du Mans, était baptisé le fils du marquis de Lavardin, Henri-Charles, destiné à devenir célèbre grâce à son ambassade de Rome et à l'amitié de Madame de Sévigné. Il fut tenu par sa grand'mère Mme de Modène, Marguerite de la Baume, qui a signé le registre et par Louis-Henry de Rostaing, chevalier, comte de Bury et d'Onzain, baron de Brou, son oncle maternel.

La marquise de Lavardin passa dès lors le temps de son veuvage à Malicorne et au Mans (2).

Le château de Malicorne abrita désormais deux douairières ; l'une qui représentait l'avenir, et l'autre le passé. Il en résulta quelques changements dans la situation de Madame de Modène. Son maître d'hôtel Pierre Lombard, ancien maître d'hôtel de la maison du comte de Tessé pendant qu'il avait servi le Roi dans ses armées (1635-1639), et qui avait remplacé auprès d'elle son serviteur dévoué Urbain Durand, à la fois son maître d'hôtel et son chirurgien, devint secrétaire de la jeune marquise de Lavardin (3).

Marguerite de Rostaing était désormais la principale châtelaine de Malicorne. Parfois la petite fille de Marguerite de la Baume, la jeune Marguerite de Froullay, venait distraire la vieillesse de sa grand'mère ; on la voit marraine à Malicorne le 15 mars 1646 et le 30 septembre à Arthézé. Mme de Modène suivait aussi de loin la vie de son fils Emmanuel qui était revenu à Paris « pour y faire sa cour à la Royne et à M. le cardinal de Mazarin.... pour tascher de s'y faire paroistre digne de l'épiscopat » et s'efforçait malgré des débuts peu encourageants d'acquérir un nom dans la

---

(1) Un mois plus tard, on voit le conseil de ville députer le lieutenant-général et un des échevins pour faire part au baron de Lavardin, lieutenant du roi et oncle du défunt, de la prise de Gravelines.

(2) Elle est marraine au Mans le 1er février 1645.

(3) La jeune marquise avait aussi pour écuyer en 1647 Claude Le Blanc, sieur du Fresne.

chaire (1). Ce fut en cette année 1646 que la vieille douairière voulut, avant le départ de M. de Modène pour Rome, tâcher de conserver au jeune Gaston, leur fils, quelques lambeaux de son patrimoine.

Un frère d'Esprit de Rémond, Messire Jean-Aristide Rémond de Modène, abbé de Saint-Loup, à Troyes, que les généalogistes de la famille ont oublié de mentionner, venait de mourir. Il avait légué à son jeune neveu, Jean-Baptiste-Gaston de Rémond, écuyer, une modeste somme de trois mille livres. Le père, comme c'était son droit du reste, se disposait à mettre la main sur ce legs. La mère qui pensait à l'éducation du fils, dont elle paraît avoir été chargée, voulut conserver ce débris de sa fortune au jeune Gaston, et sauver cette épave du naufrage. Elle fit signifier aux exécuteurs testamentaires de l'abbé de Saint-Loup, de ne pas avoir à verser la somme à M. de Modène ni à d'autres, avant qu'il n'eut été ordonné par justice. Voici le texte de son opposition :

« Du quatriesme jour d'aoust mil six cens quarante six apres midy :

« Par devant nous Jean Remars, notaire en la cour royal du Mans, demeurant à Malicorne, fut présent en sa personne... haulte et puissante dame Margueritte de la Baulme, femme de puissant seigneur Messire Esprit de Raymond, chevalier, seigneur de Modène, non commune en biens avec luy..... demeurante en son chastel audit Malicorne, laquelle a faict, nommé, créé, constitué, estably, et ordonné, par ses presentes faict, nomme......... son procureur général et spécial d'ester et sa personne représenter tant en jugement que dehors......... et par espécial de faire déclarer pour et au nom de ladite dame constituante à Révérand Pérot, archidiacre en l'église cathédralle de Troyes, à Mre Tetel, advocat en parlement et à Villemeaux, marchand, tous

---

(1) V. *Vie de Costar*, à la suite des *Historiettes* de Tallemant, IX, p. 68, Le *Journal de d'Ormesson*, t. I, 341, mentionne le lundi 1er janvier 1646 **un sermon** de l'abbé de Lavardin à la Mercy.

demeurant en la ville de Troyes, exécuteurs testamentaires de deffunct Monsr l'abbé de St Loup en ladite ville de Troyes ou aux environs, que la dite dame est opposante à ce que les dicts sieurs.......... delivrent au dit s^r de Modène, ne à autres personnes, jusques à ce qu'il en aict esté ordonné par justice avec la dite dame constituante, la somme de trois mille livres par le dit deffunct s^r abbé de St Loup donnée par testament ou autrement à Jean-Baptiste-Gaston de Raymond, escuier, fils du dit s^r de Modène et de la dame constituante, pour causes, raisons et moiens qu'icelle dame a à dire et déclarer en temps et lieu, et protester pour elle, au cas que les dits exécuteurs testamentaires vuident leurs mains de la dite somme de troys mille livres avant qu'il n'en ay esté ordonné par justice, qu'ils paieront deûx foys.........

« Faict et passé au chastel du dit Malicorne, en présence de Pierre Lombard, escuier, sieur du dit lieu, maître d'hôtel de la dite dame constituante et Jehan Rottier, garennier de la dite dame, demeurant au chastel du dit Malicorne. »

C'était une bonne précaution vis-à-vis de son mari dont le prochain départ était connu dès le mois de janvier 1646. C'était un premier acte préservatif et ce ne fut pas le dernier. Bientôt après, une nouvelle démarche de Madame de Modène indique qu'elle était lasse des agissements et des dilapidations d'Esprit de Rémond, et qu'elle voulait, s'il en était temps encore, mettre ses biens à l'abri de la ruine.

Son fils, l'abbé de Lavardin, après avoir passé quatre années de prudente retraite dans le Poitou, avec Costar, à son abbaye de Saint-Liguière, était de retour. Aussi répandu qu'il était dans le monde de la cour et du Marais, il était mieux placé que personne pour renseigner sa mère sur les faits et gestes de M. de Modène. Celle-ci ne pouvait trouver personne plus dévouée, ni plus intéressée à défendre ses intérêts. Ce fut à lui qu'elle donna sa procuration, du fond du Maine, le 12 octobre 1646, pour poursuivre sa séparation de biens contre son mari. Voici cette procuration qui n'est pas le moins curieux des actes ayant trait à l'histoire de M. et de Mme de Modène :

« Du douziesme jour d'octobre mil six cens quarante et six après midy :
Par devant nous Jean Remars, nottaire royal au Mans, résidant à Malicorne, fut présente en sa personne establie et deuement soubzmise, haulte et puissante dame, Marguerite de la Baume de Suze, femme et épouse de hault et puissant seigneur, Messire Esprit de Raymon, chevalier, seigneur de Modène, demeurant en son chastel du dit Malicorne, laquelle de son bon gré et vollonté a ce jourd'huy fait, nommé, créé, estably et ordonné et par ces presentes crée et constitue son procureur général et spécial Messire Phillebert Emmanuel de Beaumanoir, abbé de Lavardin, son filz, et de deffunct hault et puissant seigneur Messire Henry de Beaumanoir, vivant chevalier, seigneur, marquis de Lavardin, seigneur dudit Malicorne, son procureur général et spécial d'ester et sa personne représenter tant en jugement que dehors par devant tout juge ou juges qu'il appartiendra pour plaider, faire plaider etc........ et par spécial de présenter requête à Monsieur le lieutenant civil du Chastelet de Paris ou autre juge compétent, tendant affin de parvenir à la séparation de biens à quoy la dite dame constituante prétend estre fondée (contre) le dit s^r de Modène son mary, pour les raysons qui seront remonstrées au dit juge *par la requeste qu'en fera le dit s^r procureur*, poursuivre la dite séparation, pour icelle jugée demander et requérir contre le dit sieur de Modène, qu'il soit condamné à remplir l'inventaire des meubles que la dite dame constituante a portés à la communauté du dit seigneur de Modène et elle, suivant et conformément l'inventaire qui en a esté passé. Ce faisant, qu'il sera adjugé à la dite dame constituante pension suffisante sur les biens immeubles du dit seigneur de Modène selon la condition d'icelle dame constituante et génerallement faire et procurer par son dit procureur ou procureur substitué tout ce que eust peu ou pourrait faire la dame constituante etc...
Fait et passé au chastel du dit Malicorne, en présence de

Mre Lombard, m^tre d'hostel de la dite dame et Jean Rottier, domestique d'icelle dame, tesmoings appelez.

De la Boume de Suze.

Lombard.   *J. Rottier.*

Remars. »

Cette procuration fut-elle suivie d'effet ? La requête devant le lieutenant civil fut-elle déposée, et l'instance en séparation de biens s'engagea-t-elle entre les parties ? Je ne pense pas, (et je dirai tout à l'heure pourquoi) que l'instance se soit engagée ; mais je ne suis pas éloigné de croire que la requête ait été déposée, signifiée à M. de Modène, et que devant cet acte comminatoire, celui-ci ait, comme on dit vulgairement, couché les pouces, et donné à sa femme, avant son départ, des garanties qui la firent renoncer à sa demande de séparation de biens ou du moins la déterminèrent à l'ajourner jusqu'au retour de son mari. J'appelle sur cette requête, de la façon la plus pressante, l'attention des Moliéristes. Elle pourrait se trouver, soit dans les papiers de Marguerite de la Baume existant ailleurs que dans l'étude de Malicorne, soit à la section judiciaire des archives nationales. Les motifs sur lesquels elle se fonda, durent faire connaître de la façon la plus précise la vie intime de M. de Modène. Là donc doivent se trouver les renseignements les plus complets sur sa liaison avec Madeleine Béjart et sur la petite Françoise, et qui sait ? peut-être aussi quelques lumières sur Armande Béjart elle-même (1).

(1) Il est évident que si elle était la fille du comte de Modène, sa naissance serait invoquée au nombre des griefs de Mme de Modène contre son mari. S'il n'est pas question d'elle, il est évident que l'opinion de ceux qui en font une seconde fille de M. de Modène tombe par là-même ; quant à ceux qui, avec Fortia d'Urban et malgré le grand écart des dates

Ce qui eut été plus curieux encore que la requête, c'eut-été certes l'ensemble des pièces du procès, enquêtes, jugement et le reste ; mais le procès ne dut pas avoir lieu. M. de Modène était pressé de partir, ou du moins bien proche était la date du départ du duc, qu'il devait accompagner. Il craignait sans doute un jugement par défaut, dont l'issue, il le savait, ne pouvait être douteuse pour lui. Le souci de ses intérêts l'amena donc à récipiscence et le réduisit, bon gré mal gré, à donner à sa femme un commencement de satisfaction (1).

Six jours avant son départ pour l'Italie et douze jours après le pouvoir délégué par Marguerite de la Baume à l'abbé de Lavardin, M. de Modène donnait à sa femme à Paris, le 24 octobre, une procuration qui l'autorisait à toucher le legs fait à leur fils :

« A tous ceux qui ces présentes lettres verront, Louis Seguier, chevalier, baron de St-Brisson, seigneur des Ruaux et de Saint-Germain, conseiller du Roy..., gentilhomme ordinaire de sa chambre, garde de la prevosté de Paris, salut : Scavoir faisons que par devant Charles Richer et Nicolas Robinot, notaires du Roy au Chastelet de Paris soubsignés, fut présent en sa personne Messire Esprit de Rémond, chevalier, seigneur de Modène, premier gentilhomme ordinaire de la chambre de monseigneur le duc de Guise, demeurant en l'hostel de Guise, le quel a fait, cons-

de naissance, confondent Armande avec Françoise, il est probable que cette requête ne serait pas encore sans fournir des renseignements pour ou contre ce système.

(1) Ce qui indique que la séparation de biens n'eut pas lieu, c'est qu'aucun des nombreux actes notariés dans lesquels agit Mme de Modène, depuis cette époque jusqu'à sa mort, ne la dit séparée de biens. Elle figure toujours simplement comme autorisée par justice à la poursuite de ses droits au refus du seigneur de Modène. Un seul acte antérieur au 12 octobre 1646, et daté du 4 août de cette année la dit, ainsi qu'on l'a vu, « non commune en biens avec M. de Modène ». C'est le seul de plus de soixante actes émanés d'elle, que j'ai eus sous les yeux, qui la qualifie de la sorte, sans doute par erreur.

titué sa procuratrice générale et spéciale dame Marguerite de la Baume de Suze, son espouse, qu'il a aucthorisée pour l'effet des présentes, à la quelle il a donné pouvoir et puissance de recevoir des sieurs Perrot, Tetel et Villemeaux, exécuteurs testamentaires de deffunt messire Jean-Aristides Rémond de Modène, abbé de l'abbaye de St-Loup en la ville de Troyes ou de tout autre qu'il appartiendra, la somme de mil livres tournois sur tant moins de la somme de trois mille livres qui a esté donnée et léguée par le dit deffunct s^r abbé de St-Loup par son testament et ordonnance de dernière volonté à messire Gaston-Jean-Baptiste de Rémond Modène, fils du dit s^r constituant ; du receu de la dite somme de mil livres en donner par la dite dame telle quitance et descharge qu'il appartiendra et à faulte et reffus de payement de la dite somme de mil livres poursuivre les dits s^{rs} exécuteurs par toutes voyes de justice deues et raisonnables, en outre plaider par davant tous juges qu'il appartiendra, opposer en tous cas appels de toutes sentences et jugemens, ellire domicile, substituer à tous le pouvoir contenu en ces présentes et génerallement faire pour le dit s^r constituant ce qui sera nécessaire, promettant iceluy constituant avoir agréable tout ce qui sera fait, géré, négotié par la dite dame sa femme en vertu des présentes sous l'obligation de tous ses biens.

« En tesmoin de ce, nous à la relation des dits nottaires avons à ces présentes fait mettre le scel de la dite prevosté de Paris, qui faites et passées furent ès estudes des dits notaires, l'an mil six cens quarante-six, *le vingt-quatriesme jour d'octobre* avant midy et a le dit s^r constituant signé la minute des présentes demeurée vers Robinot, l'un des notaires soubsignés : ces présentes subjectes au scel dans le temps et soubz les peines portées par l'édict et arrect. Ainsy signé Robinot, Richer et scellé le vingt-cinquiesme octobre mil six cens quarante-six. Signé Desjardins. *Ce fait, avons rendu la dicte procuration à la dicte dame pour y avoir recours* ».

Il semblerait ressortir de cette dernière mention que madame de Modène s'était transportée à Paris, bien que la procuration elle-même ne mentionne ni sa présence, ni son acceptation. A la veille du départ de son mari, auquel peut-être elle avait mené son fils dire un dernier adieu, il n'y aurait rien d'étonnant à cette réunion d'un instant entre les deux époux, d'où serait résulté pour eux sinon une réconciliation ou une paix fourrée, du moins une suspension d'hostilités que les événements devaient rendre définitive. Cependant ce voyage me paraît assez peu probable.

Si madame de Modène s'était transportée à Paris pour y négocier *in extremis* le règlement de ses intérêts avec son mari, il faut reconnaître aussi que son absence ne fut pas longue. Dès le 2 novembre nous la trouvons à Malicorne, faisant sans retard et immédiatement usage de la procuration de son mari, pour pouvoir toucher mille livres tournois à valoir sur le legs fait à son jeune fils.

« Du deuxiesme jour de novembre mil six cens quarante-six... par devant nous Jean Remars, nottaire royal au Mans, demeurant à Malicorne fut présente en sa personne, haulte et puissante dame Marguerite de la Baume de Suze......, authorisée par justice à la poursuitte de ses droits, tant en son nom que comme procuratrice du dit seigneur de Modène, fondée de procuration spécialle passée soubz le scel du Chastelet de Paris devant Charles Richer et Nicolas Robinot nottaires, le vingt-quatriesme jour d'octobre dernier passé ....., la quelle a ce jourd'huy fait, nommé ..... son procureur général et spécial, d'ester, sa personne représenter.... et par espécial de recepvoir des s^r Perrot, Tetel et Villemeaux exécuteurs testamentaires de deffunt Mre Jean-Aristides Rémond de Modène, vivant abbé de St-Loup... la somme de mil livres tournois sur et tant moins de la somme de trois mil livres que le dit deffunt abbé a donné par son testament et ordonnance de dernière volonté à Messire Gaston-Jean-Baptiste de Rémond Modène, fils du dit seigneur de Modène et de la dame constituante, et la quelle somme de trois mil livres la dite dame avoit cy-devant fait saisir et arrester entre les mains des dits Perrot,

Tetel et Villemeaux et du reçeu de la dite somme de mil livres en donner quittance et à faucte d'en recevoir le payement poursuivre les dits exécuteurs par toutes voyes de justice...... Faict et passé au chastel du dit Malicorne, en présence de Pierre de Rieuloy, escuyer, s^r de Montesargues, estant de présent au dit lieu et Pierre Lombard, escuyer, sieur du dit lieu, maistre d'hostel de la dite dame, tesmoings appelez ».

Cinq mois plus tard, le 29 mars 1647, agissant tant en son nom qu'en vertu de la procuration de son mari, Mme de Modène faisait choix à Malicorne d'un mandataire auquel elle donnait pouvoir de « faire appeler, jusques en nombre suffisant de parents tant paternels que maternels de Messire Gaston-Jean-Baptiste de Rémond Modène, fils du dit s^{gr} et de la dame constituante, devant juge compétant, pour nommer, eslire une personne capable pour recevoir des s^{rs} Perrot, Tetel et Villemeaux exécuteurs testamentaires de l'abbé de Saint-Loup, la somme de 3,000 liv. tournois que le dit deffunt abbé avait léguez au dit s^{gr} Gaston ; pour retenir la somme par celui qui sera nommé par les dits parents, jusqu'à ce qu'elle lui soit demandée pour être employée à ce qu'elle sera destinée par les dits parents nominateurs, et les intérêts en être employés pour aider aux pensions et aliments du dit s^{gr} Gaston et à faire ses études. » C'est la dernière fois que j'aie rencontré le nom de Gaston de Modène, dont l'acte de décès ne se trouve pas dans les Registres de Malicorne et sur lequel on regrette d'avoir si peu de renseignements.

Quant à son père, il était parti de Paris presqu'au lendemain de la procuration donnée par lui à Marguerite de la Baume. Le *Journal de d'Ormesson* inscrit à la date du 29 octobre 1646 le départ de M. de Guise avec M. l'abbé d'Elbeuf pour Rome, afin de faire rompre son mariage et d'épouser Melle de Pons (1). Modène avait ainsi quitté la

(1) *Journal d'Olivier d'Ormesson*, I, 367.

France avec un prince qui voulait se démarier et qui, pour arriver plus facilement à ses fins, allait entreprendre en véritable héros de roman la conquête d'un royaume.

Un an environ avant son départ, son ancienne maîtresse, Madeleine Béjart avait, elle aussi, dit adieu à la capitale avec un jeune déclassé, comédien inconnu, sortant des prisons du Châtelet, qui, douze ans plus tard, après une vie de luttes et de courses errantes, devait rentrer à Paris, déjà en passe de devenir célèbre et de se faire un nom plus illustre et plus glorieux que celui du compagnon du duc de Guise dans l'expédition de Naples.

§ X.

La formation de la troupe des comédiens du duc d'Epernon.

Jusqu'à présent on n'a pas fourni de preuve formelle des attaches de la troupe de Molière au duc d'Epernon avant le 9 octobre 1647. Ce n'est qu'à partir de cette date qu'on trouve une troupe portant le titre de comédiens du duc d'Epernon. Comme le dernier renseignement qu'on a sur la présence de l'*Illustre théâtre* à Paris s'arrête au 13 août 1645, il y a entre ces deux dates environ deux années pendant les quelles la vie de Molière reste dans l'ombre (1).

Etait-il encore à Paris pendant 1646 ? Ne quitta-t-il cette ville qu'à Pâques, époque ordinaire de la reconstitution des troupes de campagne, voire même à la fin de cette année 1646, ainsi que l'ont pensé Soulié et M. Monval (2) ? On n'en

(1) La sentence du Châtelet, du 7 janvier 1646, dans l'affaire Amblard, (voir le *Moliériste*, t. III, p. 239), n'implique pas forcément la présence de Molière à Paris.

(2) Voir Soulié, *Recherches sur Molière*, p. 47 et M. Monval, notes de la préface de l'édition de 1682 reproduite par lui en tête de son édition du

a rien su jusqu'ici et chacun lui a composé un itinéraire à sa fantaisie. La date de son premier séjour en Guyenne et à Bordeaux n'a pas encore été bien déterminée et l'on n'est pas arrivé à mieux préciser les dires de M. de Tralage. Les premières attaches de Madeleine Béjart à la troupe du duc d'Epernon paraissent seulement indiquées pour la première fois, mais sans beaucoup de précision, par la dédicace du *Josaphat* de Magnon, tragi-comédie, dont l'achevé d'imprimer est du 12 octobre 1646, et dans laquelle il est question de la plus malheureuse et de l'une des mieux méritantes comédiennes de France, que le duc vient de tirer d'un précipice, où son mérite l'avait jetée, actrice qu'il semble judicieux d'identifier avec Madeleine Béjart. Encore tout le monde n'est-il pas d'accord pour reconnaître dans la protégée du duc l'ancienne comédienne de l'*Illustre théâtre* (1).

Cette preuve formelle de la constitution dès le commencement de 1646 de la troupe du duc d'Epernon, composée en grande partie des éléments de l'ancienne troupe des jeux de paume des Métayers et de la Croix-Noire, je viens la donner aujourd'hui. En voyant dès cette année bon nombre de tragédies dédiées au puissant gouverneur de la Guyenne, qui aimait et protégeait le théâtre à l'exemple de Richelieu, des comtes de Belin et de Fiesque, de M. de Liancourt, j'ai pensé que c'était l'indice que le duc avait dès lors une troupe de comédiens à ses gages, et j'ai espéré trouver dans les dédicaces qui lui étaient adressées une allusion plus nette que celle de Magnon, aux acteurs qu'il avait pris sous sa protection. Cette fois mon espérance n'a

Théâtre de Molière, Paris, Jouaust, Nouvelle Bibliothèque classique. — M. Larroumet va même, jusqu'à ajouter le départ de Molière à l'année 1647, voir le *Moliériste*, VII, 112.

(1) Il n'y a pas longtemps que M. Vitu m'écrivait qu'il ne partageait pas sur ce point l'opinion commune. — De plus, on n'a pas trop su pendant longtemps à quelle époque rapporter d'une façon bien nette cette protection accordée par le gouverneur de la Guyenne à Madeleine. Voir M. Moland, *Œuvres de Molière*, 2ᵉ édition, 1885, t. I, p. 66.

pas été vaine, et j'ai rapporté de mes recherches un témoignage fixant le point de départ de la protection accordée par Bernard de Nogaret à la troupe de Molière d'une façon plus précise que ne permettait de le faire la dédicace de *Josaphat*.

Dans ces deux années 1646, 1647, les dédicaces de pièces de théâtre au duc d'Epernon sont relativement en assez grand nombre. Je ne m'arrêterai pas à parler ici longuement du *Josaphat* de Magnon, dont l'*Illustre théâtre* avait représenté *Artaxerce* à Paris (1). Publiée chez A. de Sommaville en 1647 (107 pages in-4º), avec un privilège du dernier août 1646, cette tragédie fut achevée d'imprimer le 12 octobre. C'est dans cette pièce que Magnon, au lieu de louer le duc « aussi glorieux père qu'heureux mary » pour ses vertus guerrières, lui dit qu'il veut choisir la *dernière* de toutes ses belles qualités, la protection et le secours qu'il a donnés à la plus malheureuse et l'une des mieux méritantes comédiennes de France, et le remercie, au nom de tout le Parnasse, de l'avoir *remise* sur le théâtre où elle n'est *remontée* qu'avec l'espérance de jouer un jour dignement son rôle dans la tragi-comédie de l'auteur (2). Sous les noms supposés d'Abenner, roi des Indes, de Josaphat son fils, de Barlaam son courtisan *disgrâcié*, Magnon s'était proposé de traiter une histoire française sur le théâtre, celle du duc d'Epernon lui-même, disgrâcié à la fin du règne du fils de Henri IV. « Là, disait l'auteur, sous de faux incidens, vous verrez vos véritables avantures et je vous verray rougir d'une imposture agréable (3) ». Tout cela est trop connu pour que j'insiste plus longtemps. J'indique seule-

(1) Le privilège d'*Artaxerce* est du 11 juillet 1645 et l'achévé d'imprimer du 20 du même mois.
(2) Il semble bien résulter de ces dires que Madeleine a cessé de paraître sur la scène après l'insuccès de l'*Illustre théâtre*, et qu'il y a eu une interruption certaine de sa profession de comédienne, entre cette déroute et son entrée dans la troupe du duc d'Epernon.
(3) Voir le *Josaphat* de Magnon, Paris, A. de Sommaville, 1647, in-4º.

ment qu'après le nouveau témoignage que je ferai connaître il sera désormais certain que c'est bien Madeleine Béjart que le duc a couverte de sa protection et que sa générosité a remise sur la scène, après l'insuccès de l'*Illustre théâtre* à Paris (1).

Je ne parlerai pas longtemps non plus d'un autre *Josaphat*, publié à Toulouse l'année précédente, 1646, avec un privilège daté du 4 août, chez François Boude (2). C'est sinon l'œuvre d'un écolier, du moins celle d'un tout jeune homme. L'auteur y dit de lui-même dans son *Avis au lecteur* qu'on ne doit pas attendre « d'un jeune homme de vingt ans et qui n'a mis la main à la plume qu'en se jouant ce qu'on a sujet d'espérer d'une personne de quarante ans et qui aurait travaillé sérieusement ».

L'épitre dédicatoire au duc d'Epernon ne contient aucun renseignement de nature à nous intéresser. L'auteur qui fait vœu d'être toute sa vie le très-humble et très-obéissant serviteur du duc et qui signe DLT (?) se borne à y faire un éloge banal de son patron. Il débute de la sorte : « Le bon accueil que vous fites hyer au petit livre que j'eus l'honneur de vous présenter, semble m'en promettre aujourd'hui un aussi favorable pour cette pièce. Elle vous est deue pour beaucoup de raisons, et n'a pas tant d'obligation à son autheur, qu'elle vous en aura si vous daignez la recevoir. C'est une de vos créatures, puisque celuy qui la met au jour veut tâcher de se rendre digne d'être la dernière des vôtres... » Cette pièce, qu'il faut ranger parmi les tragédies chrétiennes, fut-elle représentée ? On pourrait

---

(1) On sait que Magnon resta fidèle à Molière, qui devait jouer sa *Zénobie*, lors de sa rentrée à Paris. Voir sur Magnon une étude dans la *Jeune France* du 1er juin 1881, et ce que j'en ai dit moi-même dans la *Troupe du Roman comique*, p. 126.

(2) *Josaphat ou le triomphe de la foy sur les Chaldéens*, (105 pages, in-12), à Tolose, chez François Boude, imprimeur, à l'enseigne Saint-Thomas d'Aquin, devant le collège des PP. de la Compagnie de Jésus.

même en douter, et dès lors, elle ne saurait nous intéresser pour l'objet de ces recherches (1).

Je dirai encore peu de mots de *La mort d'Asdrubal*, dédiée au duc d'Epernon par son auteur Z. Jacob, sr de Montfleury, comédien de la Troupe royale, achevée d'imprimer en avril 1647, avec un privilège du 11 mars de la même année (2). La pièce avait d'abord été représentée à Paris ; l'auteur ne se fait pas faute de déclarer que tout Paris y avait assisté, et il ajoute (3) : « Si vous entreprenez sa protection, on verra crever l'envie et malgré sa rage vous en ferez durer *Asdrubal* autant que l'éternité... Toute sa gloire dépend du favorable accueil qu'il recevra de votre grandeur. » Il serait seulement piquant de savoir si le duc d'Epernon fit représenter par sa troupe la pièce de Montfleury, et si le comédien auteur, dont Molière devait se moquer plus tard dans l'*Impromptu de Versailles*, avait lui-même été satisfait ou non de la façon dont les comédiens du duc avaient joué sa tragédie. Quoiqu'il en soit, les rapports entre Molière et Montfleury, devaient, on le voit, dater de loin, et l'inimitié qui poussa l'auteur d'*Asdrubal* à calomnier, de la façon qu'on sait, l'ancien acteur de la bande des comédiens du duc d'Epernon, provenait sans doute des causes antérieures aux railleries que Molière se permit contre lui en 1663.

J'arrive enfin à la dédicace révélatrice, et qui est restée inaperçue jusqu'ici. Elle émane cependant d'un auteur connu, dont Edouard Fournier a étudié les pièces et publié une biographie. C'est Antoine Mareschal dont je veux parler, l'auteur de bien des tragédies et de la comédie du *Railleur*. Ainsi que je l'ai dit, il avait servi de conseil aux

(1) Voir cependant ce que de Mouhy dit sans preuve de sa représentation à Paris, ainsi que de celle du *Josaphat* de Magnon, t. II de son Journal manuscrit du Théâtre Français, pp, 906 et 919.

(2) Voir *La mort d'Asdrubal,* tragédie du sieur de Montfleury, comédien de la Troupe royale, Paris, Quinet, 1647, in-4º.

(3) De Mouhy, journal du Théâtre français, t. II, fº 933, vº, dit que l'auteur y joua le rôle principal supérieurement.

jeunes débutants de l'*Illustre théâtre*, en sa double qualité d'auteur dramatique et d'avocat en parlement, lors de la constitution de leur société en 1643. Avec une grande habitude du théâtre, il possédait l'art des dédicaces, à telle enseigne qu'il n'avait pas négligé en 1642 d'adresser celle de sa tragi-comédie du *Mausolée* à M. de Montauron. Il venait de dédier pendant la présence de Molière à Paris, *Le jugement de Charles le Hardy*, au comte de Rantzau (1).

Ce fut à haut et puissant prince Bernard de Foix, duc d'Epernon, de la Valette et de Candale, pair et colonel général de France, chevalier des ordres du roi et de la jarretière, prince et captal de Buch, comte de Foix, d'Astarac, etc., sire de l'Espare et lieutenant général pour le roi en Guyenne, qu'il dédia sa tragédie de *Papyre ou le dictateur romain* (2). Le privilège du roi, accordé à Quinet pour cinq ans, est donné à Paris le 19 février 1646, et l'achevé d'imprimer porte la date du 18 avril. Qu'on n'oublie pas ces dates ; elles montreront de la manière la plus évidente que Molière avait quitté Paris avant Pâques 1646 et très-probablement dès le commencement de cette année (3). Voici cette dédi-

---

(1) Le privilège est du 25 avril 1645 et l'achevé d'imprimer du 27 mai. — Le *Matamore* de Mareschal, en 1640, avait été joué, ainsi que l'indique le titre lui-même, par la troupe du Marais.

(2) Voir *Le Dictateur Romain*, tragédie dédiée à Mgr le duc d'Epernon; Paris, Toussainct Quinet, au Palais, sous la montée de la cour des Aydes, 1646, in-4º, avec privilège du roy, 95 pages.

(3) Pâques en 1646, tombait le 1er avril. Ce ne sont pas là les seules dédicaces adressées au duc d'Epernon. Je citerai encore, mais à une date postérieure, celle de *La mort de Manlie*, par de Noguères. Voir *La mort de Manlie*, tragédie dédiée à Mgr le duc d'Epernon, à Bourdeaux, Jacques Mongiron-Millanges, imprimeur ordinaire du roi, avec privilège, 87 pages. — Parmi les nombreux vers adressés au duc d'Epernon je me contenterai de citer, comme se rapportant davantage à l'histoire du théâtre, ceux qui lui furent adressées, ainsi qu'à la duchesse, par le petit de Beauchasteau. Voir *La Lyre du jeune Apollon ou la muse naissante du petit de Beauchasteau*, 1657, in-4º, 2e partie, p. 51.

cace, dont le début a une importance capitale pour l'histoire de Molière :

« Quand par une douce force vous n'auriez pas gagné tous mes vœux en un moment dans l'accueil favorable avec le quel vostre Grandeur a daigné recevoir les offres de mes très humbles services. Quand votre bouche n'auroit pas avecque joye accepté le don que je luy ay fait avec crainte et respect de cette pièce de théâtre, *pour la faire passer heureusement de vos mains libérales en la bouche de ces comédiens destinez seulement aux plaisirs de vostre Grandeur et dont la troupe, que vous avez enrichie par des présens magnifiques autant que par d'illustres acteurs, se va rendre sous vos faveurs et sous l'appuy de votre nom si pompeuse et célèbre qu'on ne la pourra juger indigne d'estre à vous.* Quand, dis-je, monseigneur, mes inclinations ne m'auroient pas tourné vers vostre Grandeur, quand mes intérêts ne m'auroient pas justement porté à chercher l'honneur de vostre protection en vous dédiant cet Ouvrage, la raison seule m'obligeoit d'adresser un des plus grands héros et des plus vertueux de l'ancienne Rome, à un des plus généreux, des plus nobles et des plus parfaits de notre siècle.

« En effect, Monseigneur, qui est ce qui pouvoit plus noblement que vous faire honneur à ce grand *Papyre*, et par droict de bienséance accueillir un DICTATEUR ROMAIN, qu'un Colonel de France de qui le commandement et l'autorité s'étend dans toutes nos armées et le fait autant de fois capitaine, qu'il y a de divers régimens qui le composent ? C'est cette charge illustre que vous soutenez aussi glorieusement qu'elle soutient la couronne, dont elle est aussi le plus fort et le plus nécessaire appuy ; c'est elle par qui l'on peut dire que vous estes, bien que quelquefois absent, toujours de toutes nos armées, de nos combats, de nos victoires et de nos triomphes. Mais quoy que par elle votre Grandeur paroist si recommandable et d'une puissance si étendue, je vous regarde plus brillant du côté de vous même et en votre personne et je vous trouve plus noble et plus admirable en votre courage et en vos vertus que magnifique et pompeux en vos dignitez. Vous vous estes de tout temps montré digne fils, comme aujourd'huy l'on vous voit digne successeur du plus grand homme que le siècle puisse opposer à l'antiquité et que la France ose bien comparer aux Grecs et aux Romains ; que trois roys avoient élevé et que pas un n'a ni abaissé ni détruit ; que le temps en n'osant toucher à ses années a respecté, aussi bien que la cour, les peuples et les nations ; que la Fortune même a craint aussi bien que ses ennemis ; que la bonne et la mauvaise toujours ont treuvé égal, et que toutes deux ont laissé dedans la gloire et en la même assiette. Comme luy, monseigneur, vous avez senti les traits de l'une et de l'autre et vous les avez soutenus généreusement comme luy..... (1). C'est par votre prévoyance et hardiesse admirable que vous avez conservé votre maison et qu'il m'est permis de vous voir dans ce premier éclat où je vous considère et vous admire tout brillant d'honneur et de gloire et qui, ayant attiré un Dictateur pour vous rendre hommage me force même de me déclarer et de vous dire que je suis, monseigneur, de votre grandeur,

Le très-humble et très-obéissant serviteur.

A. MARESCHAL ».

Tout est à retenir dans les premières lignes de cette longue dédicace. On voit qu'il y est question d'une troupe de comédiens attachée exclusivement au duc d'Epernon. Bernard de Nogaret, revenu d'exil après la mort de Richelieu, réhabilité et justifié par arrêt du Parlement dès le mois de juillet 1643 rétabli, dans son gouvernement de Guyenne, profitant de la célébrité de son père, qui sous Louis XIII avait été le premier seigneur du royaume, enfin bien vu du cardinal Mazarin, cherchait à oublier dans les plaisirs les chagrins de sa disgrâce. Il s'était donné, comme

(1) Mareschal parle à cette place de « la prudente retraite » et de l'exil du duc. Il le représente « en cette dernière extrémité d'une fortune injurieuse » enlevant « sa femme, sa fille, et ses autres trésors pour les sauver d'un embrasement général qui alloit perdre et consommer sa maison ».

M. le Prince, le luxe d'une troupe d'acteurs destinée seulement à ses divertissements. Cette troupe, il l'avait enrichie par des présents magnifiques autant que par d'illustres acteurs. Cela ne rend-il pas un compte exact de la fusion de la bande de Dufresne et de celle des acteurs formant le noyau de la société de l'*Illustre théâtre* (1) ? Cette fusion, ce patronage accordé par Bernard de Nogaret à ses comédiens étaient encore chose toute récente au moment où Mareschal écrivait sa dédicace, puisqu'il dit que la troupe *se va rendre*, sous les faveurs et sous l'appui du nom du duc, si pompeuse et si célèbre qu'on ne la pourra juger indigne d'être à lui. L'achevé d'imprimer de *Papyre* est du 28 avril 1646. Pâques cette année était tombé le 1er de ce mois.

En faut-il conclure que c'était seulement à cette date de réorganisation habituelle des troupes de campagne que le duc d'Epernon avait fait choix de ses comédiens, ou ne les avait-il pas plutôt attachés à sa personne pour se donner pendant l'hiver le plaisir de la comédie, si toutefois il passait cette saison non pas à la cour, mais dans son gouvernement (2) ? Toujours est-il qu'à partir de Pâques 1646 au plus tard, et peut-être dès le commencement de cette année, les Béjart et Molière, les fondateurs de l'*Illustre*

(1) Les *illustres* acteurs sont naturellement ceux de l'*Illustre théâtre* qui jouaient aussi d'*illustres* pièces, telles que celles de Desfontaines, dont les titres étaient bien faits pour eux. — Peut-être Mareschal avait-il contribué lui-même à cette fusion de la troupe de Dufresne et de celle des Béjart?

(2) Le privilège accordé à T. Quinet est daté du 19 février. Le plus souvent l'imprimeur terminait l'impression des pièces de théâtre par celle de la dédicace et l'on sait qu'elle était toujours précédée par la représentation. — Mareschal avait fort bien pu dédier au duc un exemplaire manuscrit de sa pièce. De la sorte on se trouverait presque dans les termes des frères Parfaict, *Histoire du théâtre français*, t. X, p. 74, note: « Si l'on en croit les mémoires manuscrits de M. de Tralage, Molière avait commencé de jouer la comédie en province sur la fin de l'année 1645. » Voir d'ailleurs les *Notes et Documents sur l'histoire des théâtres de Paris*, extraits du manuscrit de M. de Tralage, et publiés par Paul Lacroix dans la *Nouvelle collection Moliéresque*, 1880, in-16, p. 1.

théâtre, faisaient partie de la troupe de Bernard de Nogaret et avaient quitté Paris. Le témoignage de Magnon, du quel il était permis d'induire, avec plus ou moins de certitude, la plus ancienne date de leurs attaches au noble duc, n'était pas antérieur au mois d'octobre 1646. Désormais cette attache est certaine, et sa date remonte d'une façon précise aux premiers mois de cette année (1).

C'est un point qui a bien son importance. Cette date achève de rendre bien peu probable les représentations de l'*Illustre théâtre* au jeu de paume de la Croix-Blanche, au carrefour Buci, sans parler des prétendues pérégrinations sorties de l'imagination de M. Baluffe, qui parle de voyages de la troupe en Bretagne, en Champagne, en Bourgogne, dans le Lyonnais et la Provence avant le départ pour Bordeaux (2). Cela encore, achève de montrer la non réalité de la rencontre de Madeleine Béjart et de M. de Modène à Lyon, où le même auteur suppose la belle comédienne attirée à la fin d'octobre 1646, pour y rencontrer son ancien amant parti pour Rome avec le duc de Guise (3). Cela prouve aussi que Madeleine n'était plus à Paris lors du départ d'Esprit de Rémond, et indique que leurs anciens liens étaient sinon brisés, au moins bien relâchés ; peut-être même le retour du gentilhomme comtadin dans la capitale (mais cela reste douteux), ne se fit-il qu'après la formation de la troupe du duc d'Epernon ?

Enfin je pourrais ajouter que cela porte le dernier coup à la légende de la rencontre de Molière et de Scarron dans le

(1) On avait supposé même, je l'ai dit, que Molière avait pu ne quitter Paris qu'à la fin de 1646, d'après deux actes de Catherine Bourgeois, une actrice de sa troupe, et du père de Molière, datés des 4 novembre et 24 décembre de cette année; voir Soulié, *Recherches sur Molière*, p. 47.

(2) Voir le *Moliériste*, VII, 84, 85, 87, 145.

(3) Voir le *Moliériste*, t. VII, pp. 85 et 146. Cela indique aussi que la troupe des Béjart n'est pas la troupe des *comédiens de son Altesse royale* qu'on rencontre à Lyon le 22 janvier 1646 et que d'aucuns, après les dires de M. Baluffe, eussent pu être tentés de confondre avec elle.

Maine. J'ai insisté ailleurs trop longtemps, à différentes reprises, sur l'impossibilité de cette rencontre pour m'attarder à la mettre en relief de nouveau. Il ne peut en aucune façon, je le répète une fois de plus, être question ni de Molière ni de Madeleine Béjart dans le *Roman comique*. Les dates aussi bien que le caractère des personnages, s'opposent à leur identification avec Destin et Melle de l'Etoile. C'est avant 1640, du temps de sa belle jeunesse et de la vie du comte de Belin, le patron des comédiens et des poètes de théâtre (mort en 1637) que Scarron a vu au Mans les acteurs qu'il a mis en scène ; c'est alors que se sont passés les divers événements qu'il a encadrés dans son roman. Quand même il aurait emprunté à plusieurs troupes les traits et les couleurs sous lesquels il a produit ses comédiens de campagne pour en créer une troupe à sa fantaisie, on peut être sûr que la bande des Béjart ne figura pas parmi celles qu'il put entrevoir dans leurs courses errantes à travers la France. S'il vit Molière avant la composition de son œuvre, ce ne put être qu'au jeu de paume des Métayers ou à celui de la Croix-Noire à Paris, pendant la courte durée de la société de l'*Illustre théâtre*, qui n'était nullement alors une troupe de campagne. Il avait pris soin du reste, de prémunir ses lecteurs présents et futurs contre toute confusion de sa troupe de comédiens avec celle des Béjart, en faisant dire par Destin à son arrivée au Mans : « Notre troupe est aussi complète que celle de son Altesse, d'Epernon (1) ».

Pendant longtemps on n'a pas su d'une façon précise que la troupe du duc d'Epernon était précisément celle des Béjart. Depuis que M. Jules Rolland, en 1879, dans son *Histoire littéraire d'Alby*, a établi cette identité à partir d'octobre 1647, et maintenant que je viens de la montrer moi-même existante dès le commencement de 1646, on voit

---

(1) *Roman comique*, 1re partie, chap. II.

bien clairement que Scarron a éliminé les comédiens du duc, c'est-à-dire Molière et les Béjart, des troupes qui lui ont fourni les personnages de son roman. S'il vint au commencement de 1646 faire un bien court séjour dans le Maine, qu'il avait quitté depuis six ans, quand même il y aurait alors rencontré une troupe de comédiens (ce qui, je l'ai dit, n'est nullement probable, malgré les assertions de Bruzen de la Martinière, dont la *Vie de Scarron* n'est bien souvent qu'un tissu d'erreurs), on peut être sûr que cette troupe n'était pas celle des Béjart. Les comédiens du duc d'Epernon eussent-ils quitté Paris avant Pâques, on peut être certain qu'attachés dès lors à leur Mécène, ils n'auraient pas pris la route du Mans, c'est-à-dire le chemin des écoliers, pour se rendre en Guyenne, et surtout qu'ils ne se seraient pas arrêtés alors aussi longtemps dans la capitale du Maine que le suppose le récit de Scarron (1). J'ai rappelé aussi qu'une autre raison, toute morale, s'opposait au séjour de Madeleine dans cette province. Quand même l'ancienne maîtresse de M. de Modène, fière de sa jeunesse et de sa beauté, n'eut pas reculé devant l'idée d'aller braver par sa présence l'épouse vieillie et dédaignée d'Esprit de Rémond, dont un caprice l'avait faite naguères la rivale, elle savait trop bien que le beau-frère de Marguerite de la Baume était lieutenant général pour le roi dans la province, et qu'elle n'y trouverait pas dès lors un favorable accueil. Pour se tirer du précipice où elle était tombée, ainsi que dit Magnon, pour sortir de la mauvaise fortune où l'avait jetée la chute de l'*Illustre théâtre*, elle avait besoin de se diriger vers un pays plus hospitalier pour elle, et de se hâter d'aller contribuer aux divertissements du nouveau patron de sa troupe, au lieu de s'attarder d'une façon bien inopportune sur les bords de la Sarthe.

(1) On supposait aussi naguères que Molière avait pu passer par le Mans en se rendant à Nantes. On sait maintenant qu'il ne vint dans cette dernière ville que du sud-ouest de la France.

En vérité, je ne sais comment on saurait défendre la thèse contraire par des arguments plausibles. C'est à ceux même qui aiment les légendes plutôt que l'histoire vraie, à faire encore leur deuil de celle-là, comme de tant d'autres (1). Molière n'a rien à voir dans les personnages ou dans les types qui doivent à Scarron une vie immortelle. Au lieu de sa troupe, j'ai précisé deux des personnages de la bande de comédiens que Scarron avait très probablement rencontrée au Mans et mise en scène. Cette indication de ma part, toute vraisemblable qu'elle m'a paru être, n'a pas le même caractère de certitude que l'élimination de Molière et de la Béjart des comédiens du *Roman comique*. Plus d'une troupe d'acteurs passa dans le Maine pendant le séjour de Scarron, ainsi que je viens de le montrer moi-même par le séjour de la troupe de Des Œillets au Mans, en novembre 1633. Il y vit donc plus d'une bande de comédiens de campagne, et il en rencontra également ailleurs, aux eaux de Bourbon. Il put de la sorte emprunter à plus d'une troupe les originaux de ces personnages comiques, parmi lesquels je n'ai réussi à spécifier que deux d'entre eux. Si l'identification de Filandre, sieur de Mouchaingre et d'Angélique Meunier avec le *Léandre* et l'*Angélique* du roman de Scarron n'est pas encore entrée dans le domaine de l'érudition rigoureuse, elle est néanmoins en passe d'y pénétrer. Adoptée par MM. Fournel, Loiseleur, Brunetière, Célestin Port, et bien d'autres Moliéristes, elle a, je puis le dire, des patrons autorisés et il me sera permis dès lors de laisser gronder les censeurs qu'elle pourra rencontrer.

Au lieu de se trouver dans le Maine dans les premiers mois de 1646, la troupe des Béjart devait être déjà rendue

---

(1) M. Moland, qui s'était plu un des premiers à accepter cette légende, en est réduit à dire, pour ne pas se déjuger complètement, *Œuvres de Molière*, 2ᵉ édition, I, p. 64 : « Elle reste une *imagination amusante* que rien ne contredit absolument ».

en Guyenne, sinon à Bordeaux, ville peu sympathique sans doute à l'altier gouverneur, dont les procédés tyranniques étaient peu du goût des habitants et qui devait mieux se plaire loin d'eux, dans ses châteaux ou dans les autres villes de son gouvernement. On n'a pas jusqu'à ce jour relevé de traces certaines du séjour de Molière dans ces parages avant la seconde moitié de l'année 1647, époque à laquelle d'août à octobre ses compagnons paraissent successivement à Toulouse, à Albi, à Carcassonne (1).

Mais je ne doute pas que le jour où les historiens locaux voudront prendre la peine de relever les lieux de séjour du duc d'Epernon pendant 1646, de même que pendant les années suivantes, on n'arrive à mieux connaître les pérégrinations de Molière à cette époque. Dès cette date au château de Cadillac, ou à Agen, pour contribuer aux plaisirs de Nanon de Lartigue, de même que dans les autres résidences du duc, il dut le suivre la plupart du temps, et les séjours de son Mécène peuvent dès lors servir à marquer ses étapes (2).

(1) Il est impossible de dire désormais que les anciens acteurs de l'Illustre théâtre pouvaient ne pas encore faire partie de la troupe du duc d'Epernon ou de Dufresne, comme le croyait naguères M. Brunetière, *Etudes critiques*, p. 162.

(2) Les nombreux documents snr les différends du duc avec les Bordelais, entre autres ceux qui sont contenus dans le ms. Clérambault de la Bib. Nat. n° 138, fournissent des renseignements sur les divers séjours du duc à partir de 1648, mais sont muets à cet égard pour l'époque antérieure, ainsi que *La troupe de Molière à Agen*, de M. Adolphe Magen, 1877. — Voir sur le magnifique château de Cadillac bâti par Bernard de Nogaret, *Essai sur l'histoire de Cadillac*, par Delcros ainé, Bordeaux 1845. — Nous parlerons plus tard des représentations données dans ce château en 1659, lors du passage de la cour. A Agen, le duc d'Epernon, s'était épris d'une jeune Agenaise qui le dominait. Pour plaire à Nanon de Lartigue, il éblouit les habitants par une rapide succession de fêtes, dont ja plus remarquable fut le fameux carrousel de 1647. M. Adolphe Magen, qui a relevé uu passage de Molière à Agen à une date postérieure, est préparé mieux que personne pour trouver des indices de la présence de sa troupe pendant ces fêtes donnés à Agen en l'honneur de Nanon de Lartigue.

Madeleine et Molière parcouraient la Guyenne et le Languedoc pendant que M. de Modène était soit à Rome, soit à Naples, aux côtés du duc de Guise. Le temps n'est plus, où l'absence de leurs traces en France, à cette époque, avait amené certains Moliéristes à supposer qu'ils avaient pu accompagner M. de Modène à Naples et à faire jouer de la sorte le rôle de Sigisbée ou un autre plus triste encore au pauvre Molière (1).

Le fils du tapissier Poquelin, devenu comédien à la fois par amour et par une vocation irrésistible pour le théâtre, était, Dieu merci, pour lui et pour son honneur, loin du gentilhomme avignonnais. Pendant ces années de luttes et de courses nomades, il faisait de bonne heure son apprentissage du théâtre et de la vie. Il ramassait partout, sur les grands chemins, comme dans les châteaux et dans les jeux de paume des villes, au milieu des caractères si variés et si originaux de la vie provinciale, un riche butin d'observations qui furent tout un trésor pour le jeune auteur comique. Ce butin, c'est la vraie valise de Molière, celle qu'il ne perdit pas, et d'où « le plus créateur et le plus inventif des génies », comme l'appelle Saint-Beuve, tira les types de ses immortelles comédies.

Pendant ce temps-là, M. de Modène parti à la suite du duc de Guise, poursuivait le cours des romanesques aventures de l'expédition de Naples, qui divise sa vie en deux tomes, dont il nous faut maintenant aborder le second.

---

(1) Il n'y a cependant pas longtemps que cette supposition de M. Hillemacher, *Galerie historique des portraits des comédiens de la troupe de Molière*, 2ᵉ édition, 1865, in-8º, p. 17, a été présentée comme un fait certain par M. Arsène Houssaye, *Molière, sa femme et sa fille*, Dentu, 1880, in-fº p. 36.

§ XI.

M. de Modène à Naples.

Depuis le mois de novembre 1646 jusqu'à avril 1650 M. de Modène reste éloigné de France et prend part aux aventures du duc de Guise. C'est la partie la mieux connue de sa vie, ou pour mieux dire la seule qu'on connaisse jusqu'ici. Les Mémoires qu'il a lui-même rédigés, ceux qui ont paru peu de temps après les siens sous le nom du duc de Guise (1), les nombreux ouvrages tant anciens que récents, français ou italiens, qui ont raconté les divers événements de la

(1) Voir les *Mémoires de feu M. le duc de Guise,* Paris, 1668, in-4°, avec privilège du 6 juin 1667, donné au sieur de Sainctyon, secrétaire du duc, à qui on a attribué une grande part dans la rédaction de ces mémoires. Outre leurs diverses éditions du dix-septième et du dix-huitième siècle, ils ont été compris dans la collection Petitot, 2me série, t. LV-LVI.

Consulter sur ces *Mémoires* l'introduction mise en tête de l'édition donnée dans cette collection et ce qu'en disent les éditeurs de l'*Histoire des Révolutions de Naples* et des *Mémoires de M. de Modène*, le marquis de Fortia d'Urban et Mielle, t. I, p. 90 et suiv. (On sait que l'édition de Mielle, malgré le changement de titre, n'est autre chose que celle donnée par Fortia d'Urban sous le titre plus exact d'*Histoire des Révolutions de Naples*, sauf les soixante-trois pages de l'introduction qui remplacent la généalogie de la famille de Modène, insérée en tête du premier volume de M. de Fortia.)

Le duc de Guise ne fait qu'une part très modeste à M. de Modène dans le récit de l'expédition de Naples ; il a eu toutefois le bon goût de ne pas y laisser de traces des ressentiments qu'il eut longtemps contre lui et de lui épargner les railleries qu'il n'a pas ménagées à Cérisantes. On peut dire que les *Mémoires* du duc et de son mestre de camp doivent se contrôler mutuellement d'ailleurs ; il y aurait une intéressante étude à faire à ce sujet. Toutefois pour connaître la vérité, mieux vaut encore consulter des auteurs moins disposés qu'eux à présenter leur propre apologie et plus désintéressés dans le récit des faits.

Les *Mémoires* de M. de Guise jouissent auprès des critiques d'une autorité moindre que ceux de M. de Modène.

Révolution de Naples, les romans historiques eux-mêmes qui l'ont exploitée, permettent de se rendre compte du rôle que joua alors M. de Modène, soit au point de vue politique soit au point de vue militaire. Je serai donc très-bref sur sa vie d'alors, pour cette raison d'abord, et par ce que son éloignement de France l'empêcha, pendant les trois ans et demi de son séjour en Italie, d'avoir des rapports avec les diverses personnes qui font le principal objet de ces études (1).

Quand j'ai parlé des Mémoires de M. de Modène, j'ai reproduit tout simplement le titre donné en 1826 par Mielle à l'œuvre composée par Esprit de Rémond sur les Révolutions de Naples, mais que son auteur n'avait pas intitulée de la sorte. Rien en effet ne ressemble moins à des Mémoires, comme je le montrerai plus longuement à propos de leur publication, que l'*Histoire des Révolutions de Naples* de M. de Modène. On n'y trouve, à la différence de ceux de

(1) Sur les événements de Naples auxquels prirent part MM. de Guise et de Modène voir, outre leurs mémoires, les divers ouvrages tant italiens que français indiqués en tête des éditions des Mémoires de M. de Modène données par Fortia d'Urban et Mielle, pp. 74-103 ; les Mémoires du comte de Brienne, de l'abbé Arnauld, de Montglat, de Mme de Motteville, de Goulas, ceux contenus dans le volume LVIII de la 2me série de la collection Petitot ; les journaux d'Olivier d'Ormesson, de Dubuisson-Aubenay ; Fortia d'Urban, *Supplément aux diverses éditions de Molière*, 1825, pp. 32-75. (Il a eu le tort de se servir presque uniquement du roman de Mlle de Lussan, *Histoire de la dernière révolution de Naples*, 1757, 4 vol. in-12) ; *Lettres de Mazarin*, t. II et III; *Négociations de l'abbé de Saint-Nicolas*, 1748, 5 vol. in-12; M. Bazin, *Histoire de France sous Louis XIII et le cardinal Mazarin*, t. III; M. Chéruel, *Histoire de France pendant la minorité de Louis XIV ;* M. de Bouillé, *Les ducs de Guise ;* MM. Loiseleur et Baguenault de Puchesse, *l'Expédition du duc de Guise à Naples*, lettres et instructions de la cour de France, Didier in-8º 1873. M. Loiseleur avait déjà publié l'introduction qu'on lit en tête de ce livre dans la *Revue contemporaine* et à la fin de *Ravaillac*, Didier, 1873, in-12, et M. Baguenault de Puchesse inséré dans la *Revue des questions historiques*, le *marquis de Fontenay et son ambassade à Rome, 1647-1648.* Voir aussi les manuscrits français de la bibl. nat. nos 18,021 et suiv., 18,024, 18,025-18,035.

M. de Guise, rien de primesautier, rien d'intime, rien d'anecdotique. C'est un livre en style soutenu, compassé, une véritable histoire à la manière antique et dans laquelle l'auteur n'a fait entrer que le récit des événements qu'il a choisis à l'avance.

On a fait l'éloge dans ces derniers temps de la véracité de M. de Modène, et célébré la confiance qu'on pouvait attacher à ses dires. Sans doute Esprit de Rémond a dit la vérité, ainsi qu'on peut le voir en rapprochant ses témoignages des récits contemporains ; il a écrit son livre avec un certain esprit d'impartialité, d'autant plus louable que le traitement qu'il avait reçu du duc de Guise eût pu lui inspirer contre Henri de Lorraine des paroles de haine et de ressentiment, tandis qu'ils se borne à être à son égard sévère, mais juste. Cependant a-t-il dit toute la vérité ? Il est permis d'en douter. Ces prétendus Mémoires, rédigés à une époque voisine de sa vieillesse, ont été visiblement arrangés par lui pour se donner le beau rôle dans tous les événements, pour « se justifier », comme dit l'abbé Arnauld. Il y pose non-seulement pour le bon conseiller, le bon politique, le bon diplomate, le bon capitaine, il y joue les Mentors en tout genre. En le voyant désapprouver l'amour du duc pour Melle de Pons, et ses projets d'union avec elle, on dirait Mentor voulant arracher Télémaque à la séduction d'Eucharis ; en l'entendant se donner le rôle d'apôtre et de vengeur de la morale, de défenseur des liens du mariage, on se prend à douter de sa sincérité, et à croire qu'il veut tout simplement poser pour la galerie et qu'il cherche à faire oublier son passé.

L'ancien amant de Madeleine Béjart était-il changé, autant qu'il veut le dire, lors de son séjour à Rome ? Ce serait vraiment bien étonnant. C'est du reste un parti pris chez lui de ne rien dire de la vie intime du duc, ni de la sienne, dans un livre qui, au lieu d'avoir le laisser-aller des Mémoires écrits au courant de la plume, a toute la grave allure d'une histoire portant l'empreinte des longs labeurs du cabinet. On y chercherait vainement sur les amours du duc de Guise à Marseille, à Rome et à Naples, des révélations compromettantes comme celles de Tallemant des Réaux (1), de l'abbé Arnauld (2), ou du *Patiniana* (3), voire même des dires analogues à ceux que rapporte la correspondance de Mazarin sur les excès de galanterie des Français à l'égard des Napolitaines (4). On n'y voit pas même de simples anecdotes comme celles que racontent les *Aventures de d'Assoucy* (5), ou des peintures de la cour Romaine et de la signora Olympia, sœur d'Innocent X, telles que s'en permet dans sa relation de 1647 l'ambassadeur vénitien, Contarini (6).

M. de Modène n'a pas cru apparemment la gravité de l'histoire compatible avec ces racontars trop intimes ; il a pensé avec raison que sa fonction de gentilhomme de la chambre du duc l'obligeait à plus de discrétion, et il a sans doute couvert ses propres galanteries du même voile que celles du duc son patron. Charité bien ordonnée commence par soi ! C'est là du moins ce qui nous semble le plus approchant de la vérité à propos de ce que n'a pas dit M. de Modène sur les mystères de sa vie privée, soit à Rome, soit à Naples (7).

(1) *Historiette* de Tallemant, V, 342, 347.

(2) *Mémoires de l'abbé Arnauld*, collection Petitot, 2me série, t. XXXIV p. 254. C'est l'abbé Arnauld qui a raconté les aventures de Guise à Rome avec la Nina Barcolara.

(3) *Naudœana et Patiniana*, Paris, 1701, p. 112.

(4) Voir *Lettres de Mazarin*, t. III, p. 44. On y cite un mémoire à Mazarin dans lequel les Napolitains critiquent la *licence* et la familiarité trop grande des Français dans la pratique de leurs femmes.

(5) *Aventures de d'Assoucy*, édit. Colombey, in-12, p. 172.

(6) On n'y trouve pas non plus de renseignements sur le missel d'un genre nouveau, enluminé par du Guernier et emporté par le duc en Italie, ainsi que l'a dit Félibien dans ses *Entretiens* et que l'a rappelé récemment d'après lui M. Ponsonailhe, *Sébastien Bourdon*, gr. in-8o, Montpellier, 1883, p. 56.

(7) A part les ouvrages que je viens de citer, il en est peu d'autres qui

Sa vie publique est heureusement plus connue ; aussi n'en dirons nous que quelques mots. On sait comment il passa un an à Rome, avec le duc de Guise, à attendre en vain la rupture du mariage de son maître avec la comtesse de Bossut, et contribua à le mettre en rapport avec les Napolitains en quête d'un chef pour diriger leur insurrection contre l'Espagne (1). Il s'embarquait lui-même, le 13 novembre 1647, à Sancta-Félicita, en même temps que « le héros de la Fable » et les vingt-deux compagnons de ses romanesques aventures, qui aussi confiants que lui dans sa bonne mine, sa bravoure et son heureuse étoile, s'en allaient en vrais paladins de l'Arioste à la conquête d'un royaume.

M. de Modène dût partager les rêves de fortune et de gloire de M. de Guise, mais ce rêve fut bien court, et suivi d'un triste réveil. Il semble qu'Esprit de Rémond ne pouvait échapper à la *jettatura* et au mauvais œil, et que toutes les entreprises où il s'engageait fussent destinées à n'avoir qu'une lamentable fin.

Le 18 novembre il entrait à Naples ; un instant il put croire être arrivé à une haute fortune. Moins de trois mois après son débarquement, le 15 février 1648, il était arrêté par ordre de son maître, de son ancien ami le duc de Guise, accusé du crime de haute trahison et jeté dans un cachot d'où il ne devait sortir qu'après vingt-six mois de captivité.

Je ne raconterai pas cette équipée étourdissante, à la fois

---

parlent du séjour du duc de Guise à Rome. Il est vrai qu'il « n'y étoit qu'*incognito*, sans cet équipage qui faisoit sa grandeur quand il étoit en France », dit M. de Modène dans ses *Mémoires*, t. II, p. 132. — On sait qu'il fit faire alors son portrait à Rome par Mignard, qui devait plus tard revoir M. de Modène à Avignon à la fin de 1657. V. *Vie de Mignard*, par l'abbé de Monville, 1730, in-12, p. 22.

(1) M. de Modène dit qu'il prit l'initiative de lancer le duc de Guise dans l'aventure de Naples « afin de l'arrêter à Rome et de le détourner du précipice où il s'alloit jeter si aveuglément » en retournant à Paris pour obéir à Mlle de Pons, irritée des lenteurs de son « démariage » II, 57.

héroïque et insensée du duc de Guise, où l'histoire est plus romanesque que le roman lui-même, et ressemble à un véritable conte de fées. D'abord la fortune sourit à M. de Modène, favori de son maître ; mais bientôt il est battu en brèche par des rivaux qui veulent le supplanter dans la confiance du duc, et sont jaloux de sa faveur. Nommé mestre-de-camp, presqu'en dépit de Henri de Lorraine, il l'emporte sur Cérisantes, grâce à l'appui d'Annèse, rival du duc et chef du parti populaire, et fait dès lors, comme il le dit lui-même, « un personnage assez considérable en ces révolutions.... La prise d'Averse, le blocus de Capoue et la réduction de tant de places et de terres qu'il soumit au parti du Peuple, fit voir qu'il ne manqua pas de bonheur ni de résolution dans les fonctions de sa charge (1) ».

Il est vrai qu'il sût à la fois réussir dans ses entreprises et s'attirer après leur succès l'affection et l'estime du peuple de Naples (2). Le duc de Guise, qui savait mieux faire le *Forfante* et le paladin que le bon politique, fut-il jaloux de la gloire de son lieutenant ? M. de Modène, grisé par l'ambition, blessé par le mauvais accueil du duc, qui, indisposé contre lui par ses rivaux, affectait de le traiter avec rudesse au lieu de lui tenir compte de ses services, eut-il des velléités d'indépendance ? Prévoyant aussi l'échec de Henri

---

(1) *Mémoires du comte de Modène*, t. II, p. 500. Il dit de même dans son *Avis au lecteur*, t. I, p. 4 : « Les personnages différens que j'ai faits dans les derniers actes de cette grande tragédie où en faisant celui de mestre de camp général des armées du peuple, on m'a vu prendre Averse, bloquer Capoue, écarter d'alentour de Naples toute la noblesse assemblée contre moi et ravitailler cette ville dans sa famine.....»

M. de l'Hermite, devenu son beau-père, a encore agrandi le rôle de son gendre en parlant de lui dans son *Inventaire de l'histoire généalogique de la noblesse de Touraine*, p. 27 et 28. Après avoir indiqué qu'il avait été élevé près du duc d'Orléans, il rappelle qu'il fut « maistre de camp général de la ville et du royaume de Naples, de la quelle charge il s'acquitta si dignement qu'en moins de six semaines il réduisit au party du peuple plus de trente villes dont la plupart portoient le titre d'évesché ».

(2) *Mémoires de M. de Modène*, I. 4.

de Lorraine crût-il plus politique et plus sûr de sa part de s'appuyer sur Annèse que sur un héros de roman ? Il est assez difficile de bien savoir la vérité au milieu de toutes ces intrigues, sur lesquelles on peut recourir à la fois aux témoignages de M. de Guise et de M. de Modène dans leurs Mémoires. Ce qui reste assez louche, c'est l'abstention gardée par Esprit de Rémond le 12 janvier, lors de l'attaque des postes occupés par les Espagnols et dans laquelle Cérisantes fut blessé à mort. Trois jours après il était arrêté, ainsi que ses principaux partisans et son parent M. des Isnards, par ordre de M. de Guise. Le duc commandait d'instruire son procès et faisait dresser contre lui un violent manifeste, où il l'accusait entre autres crimes « d'avoir séduit, par divers et illicites artifices, tous les officiers de guerre à s'enfuir avec lui et à passer au service des ennemis du Peuple (1) ». Plus heureux que bon nombre de « ses complices » M. de Modène n'était pas du moins mis à mort au lendemain de son arrestation ; il était encore en prison le 3 avril, lorsque les Espagnols reprirent Naples, et que le duc de Guise lui-même, à bout de fortune, échangea sa couronne éphémère contre une dure captivité, qui devait se prolonger pendant quatre années (2).

On peut lire tout au long l'habile apologie d'Esprit de Rémond présentée par lui dans ses Mémoires. Le pardon que lui octroya le duc de Guise fut long à venir, et ne lui fut guères accordé qu'*in extremis*. Ce fut à vrai dire celui d'un mourant (3). Nous aurons occasion d'en reparler. Dans ses *Mémoires* Henri de Lorraine reconnait toutefois que M. de Modène avait su se rendre agréable à tout le peuple

(1) Voir ce manifeste du duc de Guise dans les *Mémoires de M. de Modène*, t. II, p. 434.

(2) L'étrange fortune de M. de Guise lui a certes bien mérité de devenir un héros d'opéra ou de tragédie comme Masaniello, dont les aventures furent le prologue des siennes.

(3) *Mémoires de M. de Modène*, II, p. 501.

et se faire considérer et aimer, ayant l'envie et l'ambition de faire la guerre et d'acquérir de la réputation les armes à la main. Il attribue à la bonté, à la douceur et à la délicatesse de son humeur et de son tempérament son trop de laisser-aller en matière de discipline, et aux inspirations d'autrui les écarts inconscients de sa conduite envers Annèse. Il dit enfin que, malgré son arrestation, il avait résolu « de le renvoyer en France, *l'ayant reconnu innocent*, et n'avoir eu d'autres crimes que son malheur, qui l'avait accablé pour avoir eu trop de douceur et de bonté naturelle, qui luy firent faire des fautes, quoy qu'il eut toujours eu de bonnes intentions (1) ».

La critique moderne s'est montrée assez bienveillante à l'égard de M. de Modène, et a reconnu en lui un esprit politique, qui faisait défaut à son aventureux patron. Bazin, l'historien de Louis XIII et de Mazarin, montre d'abord autour du duc de Guise « chacun et jusqu'aux gentilshommes de sa maison essayant de se faire valoir à part, de se rendre indépendants du maître, à ce point que dès les premiers jours le baron de Modène, venu avec lui sans autre titre que d'être à son service, fut fait son mestre de camp général par une autre autorité que la sienne et qu'il se vit obligé de l'accepter au lieu de le choisir ». Mais il s'empresse d'ajouter: « le dissentiment d'ailleurs, qui paraît avoir été entre *ce fort habile gentilhomme* et le duc consistait en ce que le premier conseillait de chercher tout son appui dans le peuple, sans avoir recours aux gens de plus haute condition, vers lesquels le second se trouvait trop naturellement porté (2) ».

M. Loiseleur, qui connaît si bien les dessous des intrigues de l'expédition de Naples, accuse M. de Guise d'avoir été

(1) Voir *Mémoires du duc de Guise*, 1681, in-12, *passim* et notamment p. 147, 320, 391, 392, 406, 464.
(2) Bazin, *Histoire de France sous Louis XIII et le cardinal Mazarin*, in-12, III, 365.

« jaloux des succès de Modène, le seul qui tentât de l'arracher à la voie fatale qu'il suivait... et d'avoir fait emprisonner en sa personne *le meilleur et le plus utile* de ses amis, coupable d'avoir contrecarré ses desseins (1) ».

Mgr le duc d'Aumale écrivait plus récemment encore : « M. de Modène est surtout connu pour avoir servi de lieutenant-général au duc de Guise dans l'expédition de Naples, dont il fut le narrateur exact, après avoir déployé dans l'action une prudence et une vigueur dignes d'être employées par un chef plus habile (2) ».

Il faut reconnaître que les contemporains ne professaient pas la même tendresse à l'égard du compagnon de Henri de Lorraine, et ne donnent pas sur son caractère (le seul point intéressant pour nous) des références empreintes d'une grande bienveillance.

Mazarin peut-être partial, il est vrai, mais que sa qualité de vice-légat à Avignon de 1634 à 1637 avait mis naguère à même de connaître le gentilhomme comtadin, écrivait à notre ambassadeur à Rome le 2 décembre 1647, à propos de l'aventure dans laquelle s'était étourdiment embarqué le duc de Guise (3) : « Je considère que le courage et la valeur, qui est la partie qu'il possède principallement, n'est pas la plus nécessaire en ce rencontre et *d'ailleurs il se laisse entièrement conduire aux conseils de Modène, qui est un homme léger, de meschantes inclinations et peu sensé à ce qu'on me dict* et qu'enfin le chatouillement continuel qu'il aura de la royauté, qu'on m'asseure *que ce Modène lui promet, se meslant d'astrologie,* pourra le porter à practiquer

---

(1) V. M. Loiseleur, *l'Expédition du duc de Guise*, p. LXI, introduction.

(2) V. *Histoire des princes de Condé*, t. III, p. 97, note écrite à propos des rapports du père de M. de Modène avec le prince de Condé en mai 1617, après la mort du maréchal d'Ancre.

(3) Voir *Lettres du cardinal Mazarin*, t. II, p. 526. M. Chéruel, a reproduit ce témoignage au tome II de son *Histoire de France pendant la minorité de Louis XIV.*

des moyens non-seulement de le ruiner, mais de faire perdre à cette couronne les advantages qu'elle pourroit autrement espérer, avec raison, dans une si favorable conjoncture ». Il ajoutait le 21 décembre 1647 : « Il y a grand sujet de trembler de voir que Mgr le duc de Guise ne soit conseillé dans une affaire si importante et si espineuse que par les sieurs de Modène et de Cérisantes (1) ».

Il n'est pas le seul à émettre cette opinion sur le favori du duc. L'abbé Arnauld, dont l'appréciation a d'autant plus de poids qu'il se trouvait à Rome à cette époque, au palais du cardinal Antoine Barberini, où il logeait aussi avec son oncle, l'abbé de Saint-Nicolas, le futur évêque d'Angers, parle comme Mazarin : « Celui qui gouvernoit alors M. de Guise et qui avoit tout pouvoir sur sa maison étoit le baron de Modène, *homme de mérite assurément, s'il n'eut point corrompu par ses débauches les belles qualités de son esprit.* Il faisoit d'aussi beaux vers qu'homme de France... Cet homme eut les premiers emplois à Naples auprès de M. de Guise ; mais il fut bientôt disgracié pour des causes qu'on n'a pas bien sues (2) ».

Les causes de sa disgrâce ont même été interprétées par les contemporains d'une manière qui tendrait à lui faire peu d'honneur.

L'auteur des Mémoires insérés au tôme LVIII de la collection Petitot dit de lui (3) : « Modène eut un secret dépit de voir son autorité bornée et depuis ce temps il ne servit plus le duc avec le même zèle qu'il avait témoigné autrefois. Il écrivit même en France pour rendre sa conduite suspecte et insinuer que ce prince aspirait à la couronne, malgré qu'il eut établi un gouvernement démocratique, dont il était

---

(1) *Ut suprà*, 563.

(2) *Mémoires de l'abbé Arnauld,* collection Petitot, 2e série, t. XXXIV, p. 259 et 260. Je donnerai plus loin la suite des dires de l'abbé Arnauld sur M. de Modène.

(3) Voir *Mémoires de la collection Petitot*, 2e série, t. LVIII, p. 45 et 46.

le chef comme le prince d'Orange dans les Provinces unies »…. Il est difficile de savoir ce qu'il y a de vrai dans cette accusation. On remarquera seulement que Mazarin, dans sa correspondance avec le cardinal Grimaldi et Fontenay-Mareuil, accuse précisément le duc de Guise de vouloir se faire roi ; à propos des dissentiments du duc avec Annèse, il les invite à écarter de lui plusieurs de ses confidents, Lorenzo Tonti, Agostino de Lieto son beau-frère et autres ennemis de Modène. En un mot il n'est là que l'écho des récriminations d'Esprit de Rémond contre Henri de Lorraine et ses favoris (1).

Tallemant a également reproché à Modène d'avoir été jaloux de Cérisantes, et d'avoir été indirectement cause de sa mort en ne le soutenant pas dans l'attaque des postes occupés par les Espagnols (2).

Le témoignage le plus accablant contre M. de Modène est celui de Conrart, ordinairement si prudent, comme son silence, dans toutes ses appréciations. Il n'a pas été remarqué jusqu'à ce jour et personne, pas même les derniers éditeurs de Conrart, n'a su à qui il se rapportait. Voici ce qu'écrit Conrart, le 20 mars 1648, à son correspondant Félibien, alors à Rome en qualité de secrétaire de notre ambassadeur

(1) Voir *Lettres du cardinal Mazarin*, t. III, p. 13, 29, 41, 59, 84, 87 etc.
(2) *Historiettes*, V, 444. « On dit que Modène fut cause de cela et qu'il ne donna pas comme il en avoit ordre, de sorte que tout fondit sur notre aventurier ». Tallemant, dit aussi auparavant p. 443 : « Ce fut Modène qui voyant que Cérisantes le traversoit lefit arrêter comme un homme suspect » M. de Modène (qu'on ne l'oublie pas) n'a aucunement parlé de ces deux faits, sur les quels on peut consulter les *Mémoires du duc de Guise*, qui, de son côté, s'est montré bien peu reconnaissant à l'égard de Cerisantes. M. de Modène prétend qu'une indisposition l'empêcha de prendre part à l'attaque des postes à laquelle Cérisantes fut blessé; mais on peut se demander s'il ne croyait pas de son intérêt de faire le malade ce jour là, afin de passer pour indispensable. Il avait pu être à bon droit un instant jaloux de Cérisantes, qui avait failli lui enlever la charge de mestre-de-camp général ; mais, en février 1648, s'il jalousait quelqu'un, ce n'était plus un simple comparse, ce devait être le duc lui-même.

le marquis de Fontenay-Mareuil, et auprès de qui il avait grand soin de s'entretenir de toutes les nouvelles de Naples (1) :

« Monsieur, j'ay receu en mesme jour vos lettres du 24 du mois passé et du 2 et 3 de celui cy, avec *le manifeste de M. de Guise,* qui a estonné icy tout le monde. Pour moy, je ne l'ay pas esté si fort, car ayant sceu dès longtemps la vie que *l'homme, dont il y est parlé,* a menée en tous lieux où il s'est trouvé, il y avoit grande apparence qu'il devoit finir par quelque chose de semblable. J'en parle ainsi, parce que je crois que cette trahison aura esté la catastrophe d'une vie aussi tragique qu'a esté la sienne (2) ».

On voit que le passé de M. de Modène et sa réputation

---

(1) Voir les *Lettres de Conrart à Félibien,* (1681, in-12). Elles vont du 19 août 1647 au 12 juin 1649. MM. Kerviler et Ed. de Barthélemy les ont reproduites dans *Valentin Conrart, sa vie et sa correspondance,* Didier, in-8, 1881. Voir p. 445 la lettre du 20 mars 1648. Conrart appréciant de la sorte M. de Modène a du peu s'empresser de recueillir ses poésies dans les précieux portefeuilles qui contiennent les *Reliquiæ* de tant de poètes oubliés du dix-septième siècle.

(2) Je parlerai plus loin de ce qui, dans la conduite privée de M. de Modène, indépendamment de ses amours avec Madeleine Béjart, légitime les appréciations qu'ont émises sur son compte l'abbé Arnauld et Conrart.

Tout le monde en France ne jugea pas de la même façon que Conrart l'arrestation de M. de Modène, qu'on put croire aussi n'avoir été que momentanée ; car le 27 mars, le comte de Brienne écrivait de Paris à notre ambassadeur à Rome, le marquis de Fontenay : « Si je ne convenois avec vous que M. de Guise n'a pas toute la solidité qui seroit à désirer, je blasmerois la légèreté avec laquelle il a fait arrester Modène et la mesure avec laquelle il l'a eslargi, etc. » Voir MM. Loiseleur et Baguenault de Puchesse, *l'Expédition du duc de Guise à Naples,* 1875, in-8º, p. 319.

On devrait trouver aussi aux archives des affaires étrangères sur le compte d'Esprit de Rémond le témoignage d'un autre agent de France, chargé d'affaires à Rome, M. Gueffier, originaire du Maine et resté de longues années en Italie. Il devait être en mesure de bien juger le mari de Mme de Modène. Son nom a droit, à plus d'un titre, d'être remis en honneur dans son pays. L'église Saint-Julien du Mans possède encore aujourd'hui, dans son trésor, la preuve de sa généreuse piété et de son goût pour les arts.

bien ou plutôt mal établie pesaient lourdement sur lui. Avouons-le cependant pour nous résumer, Modène fut malheureux dans cette singulière équipée du duc de Guise. C'est sans doute là une des raisons pour lesquelles les contemporains ne lui ont pas épargné jusqu'aux calomnies. Tout bien compté, s'il n'y avait contre lui dans sa vie que son rôle dans l'expédition de Naples il pourrait plaider *not guilty* ; mais il avait contre lui d'autres motifs d'inconsidération que les accusations portées contre sa personne par le duc de Guise. Tout cela réuni devait compromettre à jamais son avenir.

Comment M. de Modène sortit-il de prison après avoir fait le personnage d'un infortuné prisonnier dans la Vicairie et dans le Chateau-neuf pendant vingt-six mois moins quatre jours ? Il a malheureusement négligé de nous l'apprendre. M. de Guise, lui du moins, nous a raconté à la fin de ses Mémoires les tentatives faites pour obtenir sa liberté au lendemain de sa captivité, et nous connaissons les démarches faites tant par la cour de France que par le prince de Condé, auprès du roi d'Espagne, pour traiter de sa délivrance, qui n'eut lieu que le 3 juillet 1652 (1).

L'échec final du duc de Guise et son emprisonnement n'avaient pas mis fin aux malheurs de M. de Modène, que

---

(1) V. *Mémoires du duc de Guise*, p. 568 et suiv. Conrart (lettre du 30 avril 1648 à Félibien) parle de l'intervention du chevalier de Guise en Flandres et il ajoute plaisamment : « Il y en a qui disent qu'on se servira de l'intercession de la comtesse de Bossu pour demander sa liberté. Ce seroit une rencontre assez plaisante que cette aventure finist par leur mariage et l'on pourroit dire alors que le roman seroit achevé » — Plus tard le roi de France intervint lui-même. Voir au ms. fr. n° 4,182, f° 186, de la bibl. nat., l'ordre de Louis XIV au sr Verderonne, allant en Espagne, pour traiter de la délivrance du duc de Guise, 26 mai 1651. Ce fut seulement le 3 juillet 1652 que le duc fut mis en liberté grâce au prince de Condé, envers qui il fut loin de se montrer reconnaissant. Voir sur les négociations engagées par le prince, M. le comte de Cosnac, *Souvenirs du règne de Louis XIV,* in-8°, 1871, t. IV, p. 429-452. Voir aussi les Mazarinades ayant trait au duc de Guise.

les Espagnols retinrent captif comme prisonnier de guerre après leur rentrée à Naples. Il demeura dans les prisons du Château-neuf « jusqu'au sixiesme jour d'avril de l'an 1650, au quel temps le vice-roi le mit en liberté moyennant la rançon qu'il lui fit payer ». Esprit de Rémond a parlé plus d'une fois dans ses Mémoires de sa dure captivité, et du mauvais traitement qu'il eut à souffrir du vice-roi, le comte d'Ognatte. Il dit dès leur début, dans son avis *au lecteur :* « Tous les mauvais traitemens que me fit le comte d'Ognatte, vice-roi, pendant ma prison et dans laquelle en me traitant en tout comme un simple soldat, il ne témoigna de me prendre pour officier de qualité qu'alors qu'il me fit demander *trente milles écus de rançon*, ne me sauraient jamais contraindre.... de satisfaire à mes dettes aux dépens de la vérité (1) ».

Il proteste que l'honneur fut le seul bien qu'il sauva du grand débris de sa fortune, et n'oublie pas de dire que son équipage fut pillé, qu'on ne lui laissa que l'habit qu'il portait lorsqu'il fut arrêté. Il rappelle ailleurs que la mort de M. de Guise lui fit perdre plus de trente mille écus que le duc lui devait depuis longtemps. Mais il ne nous apprend rien sur la manière dont sa captivité prit fin et dont sa rançon fut payée, ni sur l'entremise des tiers qui purent aider à sa mise en liberté (2). Sa fortune, déjà entamée par ses prodigalités et par les pertes qu'il avait faites pour le compte du duc de Guise dans la conspiration de Sedan, ne lui permettait guère le facile paiement de la rançon exorbitante exigée pour sa sortie de prison. Il fallut sans doute qu'une main amie vint l'aider dans les négociations qui précédèrent sa mise en liberté, et s'occupât de recueillir et de lui procurer l'argent, sans lequel les portes du Château-neuf ne se fussent

---

(1) *Mémoires de M. de Modène*, I, 5.
(2) L'abbé Arnauld dans ses *Mémoires* se borne à dire qu'il revint en France « après bien des misères », collection Petitot, 2me série, t. XXXIV, p. 259

pas ouvertes pour lui. La trouva-t-il dans sa famille ? Son frère Charles était brouillé avec lui, sa femme morte, ainsi, peut-être, que son jeune fils ; la survie de sa mère (encore vivante en 1641) reste problématique à cette époque. Il était sujet du Pape et non du roi de France, ce qui rend incertaine l'intervention que les ministres ou les ambassadeurs de Louis XIV auprès de la cour de Rome auraient pu tenter en sa faveur, comme ils le firent pour le duc de Guise. Il ne serait pas impossible cependant que l'ancien ami de M. de Modène, François l'Hermite de Vauselle, ne se fût employé pour lui en cette occurrence, et ne fût allé en Italie, avec une mission même du roi de France, pour lui faire ouvrir les portes de sa prison.

Ce qui le fait supposer, c'est que l'Hermite de Vauselle parle lui-même, ainsi qu'on le verra bientôt plus au long, dans celui de ses ouvrages qui est le plus inattendu de sa part, d'un voyage en Italie fait par lui sur l'ordre du roi. Il y dit en effet, à propos du dessin d'un monument qu'il a rapporté d'Italie et qu'il décrit dans un livre sans date, dédié par « le chevalier de l'Hermite » à l'archevêque de Bourges, Mgr de Lévis de Ventadour : « *J'ai rapporté de Rome cette figure lorque je fus envoyé par leurs Majestés en Italie* ». Ce voyage pourrait se rapporter aux préliminaires de la rançon du captif de Naples. Encore n'est-ce qu'une pure hypothèse que des découvertes postérieures pourront seules confirmer.

La mise en liberté de M. de Modène, « après toutes les indignités et toutes les disgrâces que l'on peut souffrir en l'honneur et en la personne », ne fut néanmoins pour lui ni une absolue délivrance, ni un retour à un bonheur complet. Accusé d'avoir trahi le duc de Guise dont il était le gentilhomme, il sortait de prison avec plus de déconsidération qu'avant son départ de France, « son honneur noirci dans toute l'Europe et par la bouche d'un Prince dont ses veilles et son épée avaient amené le pouvoir ». Aussi la fortune allait-elle encore, ainsi qu'il le dit lui-même, lui lier les bras pendant bien des années. Il semble d'ailleurs avoir compris la mésestime qui pesait sur lui et s'être tenu à l'écart, et même absolument caché dans le Comtat, pour se faire oublier et se dérober aux suites de cette accusation de trahison qu'il ramenait de Naples avec lui. Il fit le mort pendant près de dix ans. Le paiement de sa rançon, la brèche énorme faite à sa fortune, tout en un mot lui faisait une loi absolue de cette retraite. Des historiens fantaisistes de Molière et de Madeleine Béjart, en voyant à l'inventaire de Madeleine un collier de soixante-dix perles baroques, ont rappelé que ces perles étaient à la mode de Naples, et cru que c'était M. de Modène qui les avait rapportées à son retour d'Italie (1). Hélas !... quand même Esprit de Rémond eut pensé alors à son ancienne maîtresse, il sortait de prison pauvre comme Job, presque aussi nu que ces Lazzaroni qui avaient pu l'acclamer naguère un instant sur la Chiaja ; il ne pouvait semer l'argent, ni les perles au-devant de la belle comédienne (2) !

A la place de ses racontars fantaisistes mettons la vraie réalité.

En cessant d'être prisonnier, si M. de Modène ne trouvait pas le bonheur, il recouvrait doublement toutefois sa liberté. Quand il remit le pied sur la terre de France, il y avait quatorze mois que Mme de Modène n'était plus. La mort avait brisé l'union qui pesait depuis si longtemps au gentilhomme comtadin. Comment allait-il user de cette liberté recouvrée

(1) Voir M. A. Houssaye, *Molière sa femme et sa fille*, 1880, in-8º. C'est dans ce livre, et dans les *Comédiennes de Molière* du même auteur, 1879, in-8º, qu'ont été écrites les choses les plus étranges et en même temps les plus contradictoires sur les relations de M. de Modène, de Madeleine Béjart et de Molière. Comparer la page 45 de *Molière et sa femme* à la page 31 des *Comédiennes*.

(2) L'auteur de la *Vie de Costar* (voir *Historiettes* de Tallemant, IX, 74) la dit «toute remplie de zèle pour les avantages de son fils et la gloire de sa maison ».

au bout de vingt ans de mariage ? Après avoir goûté longtemps du fruit défendu, s'il avait quelque souci de ses amours d'antan n'allait-il pas se reprendre à les renouer ? S'il avait au fond du cœur quelque vieille tendresse pour la fille des Béjart, à laquelle on l'a tant de fois montré uni par une union morganatique, n'allait-il pas la sentir se rallumer sous le chaud soleil de la Provence, et couronner enfin par un bel et bon mariage son amourette sérieuse ou soi-disant telle de 1638 ? Et cette autre amoureuse, qui dès 1644 était installée avec lui dans le Comtat et le consolait de ses disgrâces de Sedan, Marie Courtin de la Dehors, la femme de Jean-Baptiste de l'Hermite, allait-il l'avoir oubliée ? N'était-ce pas plutôt cette amie de plus fraîche date et de la dernière heure qui allait refaire la conquête du Don Juan retour de Naples. Ou bien Esprit de Rémond, comme le Don Juan de la comédie, au lendemain du jour où il avait trompé Dona Elvire, n'allait-il pas se jouer à la fois de Charlotte et de Mathurine ?

Après avoir montré Mme de Modène s'éteignant dans le Maine et lui avoir dit un dernier adieu, voyons donc vite ce qu'étaient devenus pendant l'absence de son mari, et ce que firent au retour d'Esprit de Rémond, la tribu des l'Hermite, et Madeleine Béjart engagée avec Molière dans la troupe des comédiens de son Altesse d'Epernon.

XII.

Mort de Mme de Modène.

Bien peu d'années s'écoulèrent entre le départ de M. de Modène pour Rome et la mort de sa femme ; aussi peu de renseignements existent-ils sur les derniers jours de Marguerite de la Baume, déjà près de sa fin dès 1647. Elle vécut cependant assez pour apprendre la brouille de son mari avec le duc de Guise et sa captivité. Les derniers actes que je connaisse d'elle sont tous relatifs à la gestion de sa fortune et sans intérêt pour son histoire.

Sa belle-fille, la jeune marquise douairière, Marguerite-Renée de Rostaing, habitait avec elle le château de Malicorne, où on la rencontre assez fréquemment avec son jeune fils, Charles-Henri, marquis de Lavardin. Le 28 novembre 1647 madame de Lavardin assiste au mariage de son secrétaire, René Lombard, ci-devant maître d'hôtel de Mme de Modène, avec Jacquine Durand, fille de feu Urbain Durand, naguères lui-même chirurgien et maître d'hôtel de Marguerite de la Baume. Le jeune Charles-Henri figure de bonne heure comme parrain sur les registres de Malicorne ; on l'y trouve plusieurs fois en 1648 assisté de Thomas du Cormier, écuyer. Le 12 août sa cousine, Marguerite de Froullay, qui cette année et la précédente habite souvent avec sa grand'mère, y est marraine avec lui. Ces jeunes visages venaient égayer la vieillesse de Mme de Modène.

La dernière signature que j'aie vue d'elle est apposée au bas de la résiliation d'un bail des jardins du château, et datée du 28 juillet 1648 ; antérieure de six mois seulement à sa mort, elle est tracée d'une écriture traînante, d'une main visiblement allourdie par la vieillesse, et presque déjà même défaillante.

Marguerite de Rostaing, qui donnait tous ses soins à l'éducation de son jeune fils, et commençait grâce à son économie et à sa sage administration à refaire la fortune des Lavardin si compromise, et à « bien conduire sa barque », contribuait par ses attentions délicates à rendre moins sombre la vieillesse de sa belle-mère.

L'abbé de Lavardin, après avoir passé trois ou quatre années à Paris à son retour de son abbaye du Poitou, était venu lui-même se retirer à Malicorne, avec son singulier Mentor Costar, auprès de sa mère et de sa belle-sœur, afin d'y faire des économies devenues nécessaires après les dépenses de son séjour à Paris, et d'y attendre en repos et sans nouvelles brèches à sa fortune l'évêché qui s'obstinait à lui faire défaut. L'auteur de la *Vie de Costar* et les lettres elles-mêmes du futur chanoine du Mans nous apprennent malheureusement fort peu de choses sur ce séjour de Philbert-Emmanuel de Lavardin à Malicorne (1).

Bientôt un événement inespéré, qui devait avoir pour lui de graves conséquences, venait l'y surprendre. L'évêque du Mans, Emeric-Marc de la Ferté, mourait le 30 avril 1648, après vingt jours seulement de maladie. Sans perdre de temps, l'abbé de Lavardin qui voulait à tout prix ressaisir l'occasion qu'il avait manquée dix ans auparavant à la mort de son oncle, et qui la guettait sans doute depuis la maladie de Mgr de la Ferté, écrivait en grande hâte le jour même, quelques heures à peine après le décès, à Mazarin (tant était ardente la chasse aux bénéfices et tant était vive son ambition). Il faisait valoir dans sa lettre tous ses titres et étalait, sans en omettre aucun, tous ceux de sa famille (2). Peu de temps après l'abbé se rendait à Paris dans l'intention de se faire bien voir en cour et auprès des membres du

---

(1) L'auteur de la *Vie de Costar* se borne à dire qu' « il n'y avoit encore que peu de mois qu'il se trouvoit en cet agréable lieu » quand mourut l'évêque du Mans, Mgr de La Ferté, décédé le 30 avril 1648, *Historiettes*, IX, 69.

Le 13 décembre 1647, sa mère lui avait donné une procuration pour la représenter dans un procès pendant au conseil privé entre les comtesses de Suze et de Rochefort, ses parentes. — Parmi les lettres de Costar, au nombre desquelles il y en a tant d'adressées à la marquise de Lavardin, à Mme et à M. de Tessé, à l'abbé de Lavardin, avant et après sa promotion à l'évêché du Mans, à madame de Tucé, à M. le comte de Bury de Rostaing, frère de la marquise de Lavardin, etc., etc, il s'en trouve d'écrites à Malicorne ou correspondant à ce temps de sa vie. — Voir entre autres les lettres écrites à l'abbé de Lavardin depuis la mort de Mgr de La Ferté jusqu'à sa nomination à l'évêché du Mans, t. I. pp. 230-244.

(2) Cette lettre a été récemment publiée par M. André Joubert dans la *Revue du Maine*, dernière livraison de 1885, t. XVIII, p. 452 et suiv.

conseil de conscience et s'en allait dire pendant trois mois tous les jours la messe à Saint-Lazare. D'un autre côté son Mentor Costar, qui était un personnage compromettant et de nature à nuire à la réalisation des projets du fils de Mme de Modène, quittait lui-même Malicorne et se retirait à La Flèche (1).

Je n'ai pas à rapporter ici les obstacles qu'il rencontra à la poursuite de l'évêché « de mai à la saint Martin », ni les noms de ses concurrents (2) ou ceux des opposants à sa nomination, parmi lesquels on rencontre celui de M. Vincent. Grâce à des appuis moins chrétiens que celui du saint membre du conseil de conscience, grâce à son cousin le marquis de Jarzé, un des favoris de Mazarin et de la Régente, à cette époque correspondante aux débuts de La Fronde, grâce au coadjuteur de Paris, l'âme la moins ecclésiastique qui fut au monde, l'abbé de Lavardin, bien vu de la cour, triompha de ses adversaires. Le cardinal ministre récompensait de la sorte les services des Lavardin, et ceux que lui rendait alors même dans le Maine le beau-frère de Mme de Modène, Jean-Baptiste de Beaumanoir, baron de Lavardin, lieutenant-général pour le roi dans cette province, où il faisait tous ses efforts pour s'opposer aux Frondeurs et contenir la ville du Mans.

Le 13 novembre 1648, Philbert-Emmanuel obtenait enfin le brevet royal pour l'évêché du Mans, depuis si longtemps l'objet de ses convoitises. Mme de Modène eut ainsi avant de mourir le bonheur de voir ses espérances maternelles réalisées, et le nom des Beaumanoir attaché de nouveau à l'antique siège de saint Julien. Ce fut sans doute pour elle

---

(1) Voir *Historiettes* de Tallemant, V, 152, 157, 158, 166, l'auteur de la *Vie de Costar*, *ibidem*, IX, 70, et les *Lettres de Costar* aux pages indiquées plus haut.

(2) Conrart écrivait à Félibien le 8 mai 1648 : « L'évesque du Mans est mort depuis quelques jours. On parle de cet évesché pour M. de Saint-Nicolas, et je crois qu'il le pourra bien avoir, si ce n'est qu'on le donne à monsieur l'abbé Servien, lequel semble n'estre pas trop porté pour l'épiscopat ». V. *Valentin Conrart*, Didier, in-8°, p. 464.

une grande joie, qui compensa bien des douleurs amères ; ce fut aussi la dernière qu'elle put goûter. Elle touchait presque à sa fin. Elle était arrivée depuis longtemps à cette période de la vie à laquelle on dit que l'âge des femmes a droit à notre ignorance autant qu'à notre respect. La devise de la maison de Suze, si pleine de mélancolie « A la fin tout s'use » pouvait bien du reste s'appliquer à son existence. Moins de trois mois après la bonne fortune échue à son fils, elle mourait en son château de Malicorne, âgée de cinquante-cinq à soixante ans.

Les registres paroissiaux mentionnent ainsi son décès : « Marguerite de la Baume, épouse en secondes noces de M. de Modène et en premières noces de M. le marquis de Lavardin, confessée et contrite, non communiée à cause d'un mal de cœur qu'elle avoit continuellement, ointe des extrêmes onctions, fut inhumée dans le chanceau de l'église de céans le 9 février 1649 (1) ».

Ainsi que je l'ai déjà dit ailleurs, le doyen du chapitre de l'église cathédrale du Mans fut prié par ses confrères de visiter M. de Lavardin, nommé évêque du Mans, arrivé dans

---

(1) J'ai déjà cité cet acte de décès dans *La Troupe du roman comique*, p. 13.

Sous la chapelle à droite du chœur de l'église de Malicorne se trouvait le caveau servant de sépulture aux membres de la famille de Beaumanoir. Il ne reste plus dans cette église d'autres vestiges des tombeaux des châtelains de Malicorne qu'un tombeau de l'extrême fin du XVe ou du commencement du XVIe siècle, bien curieuse œuvre d'art, surtout à cause des « pleureuses » sculptées sur ses parois, et qui devrait bien être reproduite par la photographie, pour pouvoir être comparée à des tombeaux analogues. Ce tombeau est la principale curiosité artistique de l'église de Malicorne, où il faut encore signaler, disons-le en passant, le tableau du grand-autel, représentant la Résurrection, et dû à un artiste local de talent, le peintre Besnard. On lit au bas de la toile : « *Besnard m'a fait et donné pour une place de banc à perpétuité en* 17(?)7 ». L'église de Villaines-sous-Malicorne possède aussi une toile du même artiste, dont a seul parlé jusqu'ici, M. Port, *Les artistes angevins*, in-8°, 1881, pp. 23, et 322, mais sans mentionner celles de ses œuvres qu'on trouve à Malicorne et aux environs.

sa ville épiscopale le 22 janvier et de lui exprimer les doléances des chanoines à l'occasion du décès de Mme de Modène sa mère. Ce jour là et le lendemain un service solennel fut célébré pour le repos de l'âme de la mère du nouvel évêque dans l'église de Saint-Julien.

Mme de Modène était morte à temps ; si elle avait survécu un mois de plus elle eût vu son fils, presque au lendemain du jour où il avait obtenu ses bulles à Rome, chassé du Mans par les Frondeurs, et une dure humiliation infligée à la famille de Lavardin, qui depuis plus d'un demi siècle était en possession de toutes les sympathies de la province dont elle fut désormais privée (1). D'un autre côté elle ne put entendre parler de l'éloge que fit des Beaumanoir à l'occasion de l'entrée de l'évêque au Mans, lorsqu'il prit possession personnelle de son évêché le 1er juin, un poète manceau, Etienne Doudieux, qui dans près de six cents vers

(1) Je ne saurais m'étendre ici sur cet épisode de la première Fronde au Mans, dont l'histoire est encore à faire. J'en ai toutefois réuni tous les éléments dans mon cabinet ; il me suffira de rappeler qu'au commencement de mars « le Mans chassa son évêque et toute la maison de Lavardin qui étoit attachée à la cour ». *Mémoires du cardinal de Retz*, 1718, Amsterdam, in-12, I, 255.
Dès le milieu de mars (le 17), le *Courrier françois* annonçait aux Parisiens cette fuite de l'évêque du Mans :

> C'est ce mesme jour qu'on a sceu
> Qu'au Mans avoit esté receu
> Le grand marquis de La Boulaye
> Et que c'estoit chose très-vraye,
> Qu'ayant fait fuir l'abbé Costard,
> Devenu soldat sur le tard
> Et qui depuis peu dans le Maine
> Battoit le tambour pour la Reine,
> Ensemble l'évesque du Mans
> Qui contre son devoir *armans*
> Troussa ses vénérables guestres
> Quand le marquis avec cent Maistres
> Dedans le Mans mesme est entré.

latins célébra alors l'illustration de cette grande maison et des familles auxquelles elle s'était alliée (1).

Il serait intéressant de connaître ce qui a trait au partage de la succession de Mme de Modène, dont, il est vrai, le plus clair revenu devait consister dans son douaire. Les actes notariés qui m'ont permis de recomposer une partie de la vie de Marguerite de La Baume font malheureusement défaut à sa mort, ce qui laisse tout-à-fait dans l'ombre la liquidation de ses biens. Le notaire Jean Remars était mort lui-même l'année précédente, le 7 mars ; les minutes de son successeur n'existent à Malicorne qu'à l'état fragmentaire. Peut-être aussi la jeune marquise eut-elle recours pour le réglement des intérêts de son fils au notaire du Mans auquel elle confiait d'ordinaire le soin de ses affaires et dont les minutes n'ont pas été non plus conservées (2). L'acte du 24 septembre 1666, que j'ai cité, fait voir que la succession de Mme de Modène fut acceptée sous bénéfice d'inventaire et que son principal héritier, le représentant du fils aîné de son premier mari, le jeune marquis Henri-Charles de Lavardin, fut bien longtemps sans toucher les 98,000 livres lui provenant de son aïeule en vertu du testament du marquis de Villars (3).

(1) Voir *Illustrissimi ecclesiæ principis domini Emmanuelis Philiberti de Beaumanoir, dignissimi episcopi, felix adventus, in xenium*. Le Mans, Hiérome Olivier, 1650, in-4°.

Un exemplaire, peut-être unique, de cette plaquette existait, il y a peu de temps encore, à la bibliothèque du Mans, sur l'ancien catalogue de laquelle elle figure dans un volume de Mélanges. Mais depuis le nouveau rangement commencé des volumes de cette bibliothèque elle a été, paraît-il, changée de place et il faudra attendre qu'il soit terminé pour la retrouver. Je le regrette d'autant plus que là peut-être se rencontrent (en faisant bien entendu la part du panégyrique) les renseignements les plus précis donnés par un Manceau et par un contemporain sur le caractère de la mère de l'évêque du Mans.

(2) A défaut de minutes, peut-être ne serait-il pas impossible de trouver des *grosses* de l'inventaire et des autres actes auxquels dût donner lieu la mort de Mme de Modène ?

(3) Sur les héritiers du marquis de Villars, voir *Bulletin de la Société*

Outre ses deux autres héritiers, l'évêque du Mans, et Mme la comtesse de Tessé, en laissait-elle un quatrième ? Le fils qu'elle avait eu de son mariage avec M. de Modène, le jeune Gaston de Rémond, était-il encore vivant en 1649 ?

La date du décès du fils de M. de Modène n'a jamais été nettement déterminée. On a pu voir que ceux qui, comme Barjavel, le font mourir dès 1646 étaient dans l'erreur, puisque les documents que j'ai fait connaître le montrent encore vivant en 1647. Mais survécut-il à sa mère ? Etait-il encore de ce monde au moment où son père sortit de captivité ? Cela vaudrait la peine d'être éclairci. Des généalogistes ont prolongé sa vie jusqu'en 1650. Fortia d'Urban dans sa généalogie de la famille de Rémond-Modène, qu'il a placée en tête de son édition de l'*Histoire des Révolutions de Naples*, (Sautelet, 1826, in-8º, t. Ier) dit Gaston né en 1631 et mort à vingt ans, ce qui prolongerait sa vie jusqu'au retour de son père en France. Le seul écrivain contemporain qui ait parlé de la mort de ce jeune homme, mort si prématurément et donnant, dit-on, de grandes espérances, est Jean-Baptiste de l'Hermite, tout-à-fait en situation d'être bien informé ; mais il a négligé de donner la date et n'a pas même indiqué d'une façon bien nette le lieu du décès. Dans son *Histoire généalogique de la noblesse de Touraine*, dans la page qu'il consacre à Catherine Alamand, mère d'Esprit de Rémond, après avoir parlé du rôle que M. de Modène à joué dans la ville et dans le royaume de Naples, il ajoute : « il avoit eu de son mariage avec madame Marguerite de la Baume messire Gaston de Reimond n'a guère décédé en cette ville (1) ». C'est à Paris

archéologique de Touraine, 1885, t. VI, p. 419 et consulter aux pages précédentes les renseignements donnés sur les familles de Savoie-Villars et des Prez-Montpezat.

(1) Voir *Histoire généalogique de la noblesse de Touraine*, 1665, in-fº, p. 28.

qu'écrivait l'auteur ; il est probable alors que c'est bien Paris et non pas Naples qu'il vise dans cette mention malheureusement trop laconique.

L'oubli vint rapidement pour madame de Modène. Après la mort de ses deux enfants, l'évêque du Mans et Mme de Tessé, sa belle-fille la marquise de Lavardin fut peut-être la seule à garder sa mémoire dans le Maine. En 1684, trente-cinq ans après sa mort, elle eût soin, je l'ai dit, de ne pas l'oublier dans la fondation qu'elle fit dans l'église Saint-Julien du Mans, en l'honneur des divers membres de la famille de Beaumanoir, alors qu'elle demeurait en son hôtel du quai Malaquais (1). Quand Mme de Sévigné venait à Malicorne voir son amie, le nom de l'ancienne châtelaine devait aussi apparaître dans leurs conversations. Liée de bonne heure avec Mme de Lavardin, ainsi qu'on le voit par la visite qu'elles firent ensemble à Mademoiselle dans son lieu d'exil à Saint-Fargeau, Mme de Sévigné connût certes dès cette époque le nom de M. de Modène, que plus tard ses voyages en Provence lui rendirent encore plus familier. Plus d'une fois aussi elle avait vu jouer Madeleine Béjart sur le Théâtre du Palais-Royal, où elle applaudit Armande *(Célimène)* à la première du *Misanthrope*. Peut-être les deux marquises *bavardinant* les portes closes et jetant les yeux sur le portrait de Mme de Modène dans la grande salle du château, décorée des portraits de famille et qu'ont célébrée les chansons de Coulanges, parlèrent-elles parfois de ses infortunes conjugales et des aventures de toute sorte de son

(1) Il serait intéressant de savoir à quelle époque Mme de Lavardin alla habiter cet hôtel du quai Malaquais, bien éloigné du quartier du Marais. Ne séjourna-t-elle jamais à l'ancien hôtel de Lavardin, place Royale, dont j'ai précédemment parlé ? *L'Itinéraire ou table alphabétique contenant les noms et situation des choses les plus considérables descriptes sur le plan de la ville de Paris*, dressé par Jean Boisseau, enlumineur de sa Majesté, Paris, 1643, in-12, indique encore page 45, l'hôtel de Lavardin près la place Royale. Il n'en est plus question dans *La Guide de Paris* de Chuiyes, 1654, Cardin Besongne, qui mentionne l'hôtel de Rostaing, rue du Coq ou rue de Beauvais.

mari ? Puis le silence se fit pour toujours sur Marguerite de la Baume (1). Seule des diverses marquises de Lavardin, Marguerite de Rostaing, a vu son souvenir conservé à Malicorne grâce à l'amitié et aux lettres de Mme de Sévigné (2). C'est elle qu'on se plaît à y voir toujours vivante, alors que personne n'évoque l'ombre disparue de Mme de Modène. Aussi, lorsqu'il y a plus de dix ans déjà je rappelai à la vie Marguerite de la Baume en exhumant son acte de

(1) La table de marbre placée en 1715 par le maréchal de Tessé, petit-fils de Mme de Modène, et incrustée dans un mur de l'aile gauche de l'église Saint-Julien du Mans, où se trouve le caveau sépulcral des Beaumanoir, mentionne encore le nom de Marguerite de ls Baume, qui m'avait échappé tout d'abord. Après les noms du maréchal de Lavardin, de sa femme et de leur fils ainé Henri, on y lit : « Marguerite de la Baume, femme du dit Henri, petite-fille de l'amirail gouverneur de Proveuce et chevalier des ordres du roy ». Mais on voit que rien ne rappelle sa qualité de dame de Modène.

(2) Quand donc nous donnera-t-on un portrait en pied de l'aimable marquise de Lavardin, que Mme de Sévigné dans sa lettre à M. de Coulanges, du 10 avril 1691, appelait d'un ton si ému « cette femme d'un si bon et si solide esprit, cette illustre veuve qui nous avoit toutes rassemblées sous son aile » ? Qui nous la montrera dans le Maine ou à Paris à ses dîners du vendredi, si renommés comme tous ceux des Lavardin, dans son hôtel du quai Malaquais, avec son beau-frère l'évêque du Mans, et son cortège de grandes dames et de gens de lettres. Si j'avais vingt ans de moins, je ne laisserais pas à d'autres le plaisir, le fin régal d'écrire un livre sur Mme de Sévigné et ses amis dans le Maine.

Les lettres inédites de madame de Sévigné, publiées par M. Capmas, Hachette, 2 vol. in-8°, 1876 contiennent quelques renseignements nouveaux relatifs à Malicorne et aux Lavardin. Voir entre autres, I, 246, 253, 261, II, 142, 152. etc.

Qu'il me soit permis de dire en passant que Mme de Lavardin aimait les beaux arts aussi bien que les beaux livres. J'ai déja dit qu'on lui doit la transformation du château de Malicorne, et la reconstruction de celui de Tucé. Grâce à l'amitié de Paul Fréart de Chantelou, elle profita du séjour du Bernin en France pour faire contribuer son élève et son compagnon de voyage Mathia de Rossi, aux embellissements de ce dernier château aujourd'hui totalement détruit. M. de Chantelou écrit à la date du 24 septembre 1665 : « J'ai donné au signor Mathie les mesures pour l'escalier du palais de Tucé pour Mme de Lavardin ». Voir le *Journal du voyage du cavalier Bernin en France*, par M. de Chantelou, publié par M. Lalanne, 1885, in-4°, p. 178.

décès, elle était si bien oubliée que ce fut une véritable surprise dans le Maine, comme parmi les Moliéristes. Afin de recomposer sa figure bien effacée, et de la replacer dans le cadre de sa vie réelle, je me suis attardé à plus d'un détail de son histoire. C'est qu'il fallait lui redonner sa physionomie vraie, au lieu des traits risqués sous lesquels des peintres fantaisistes songeaient déjà à la représenter, et j'ai dû être long pour faire vrai (1).

§ XIII.

Dix ans de la vie de Jean-Baptiste de l'Hermite et de sa femme (1642-1652).

M. de Modène étant devenu veuf plus d'un an avant la fin de sa captivité, dans quelle situation allait-il trouver à son retour Marie Courtin de la Dehors, avec laquelle il s'était naguères facilement consolé dans le Comtat de l'éloignement de sa femme ? Qu'étaient devenus pendant son absence Jean-Baptiste de l'Hermite de Vauselle et Marie Courtin ?

Fort peu de renseignements existent sur leur compte pendant cette période, de même que depuis la fin de leur équipée de Sedan. Ils étaient sortis avec plus de profits que d'honneur du château de Vincennes et de la Bastille, au

---

(1) Dans *Molière inconnu*, Paris, Didier, 1886, in-12, p. 56-68, M. Baluffe a accentué les ombres du portrait qu'il avait déjà tracé de Mme de Modène dans le t. VII, p. 83, du *Moliériste*. Il en fait une femme joviale, coquette, aimant le plaisir ; tout celà d'après des dires qui, je le répète ici, ne se rapportent pas à elle (sauf ce qui a trait au goût des Lavardin pour la table). Aussi ne saurait-on discuter un pareil portrait, tout de fantaisie, qui vise la comtesse de Suze et non pas Mme de Modène. Quand même la comtesse de Suze de l'*Adieu*, de Scarron, *aux Marais et à la Place Royale*, serait Marguerite de la Baume, il ne s'en suivrait pas qu'elle fut de « la gaillarde nature » que lui attribue M. Baluffe.

lendemain de la fin du procès du duc de Guise. Après s'être ravalé jusqu'à trahir ses protecteurs et à livrer leurs secrets à Richelieu, il semble que Jean-Baptiste ait eu lui-même conscience de la honte que le prix de sa trahison faisait peser sur lui et qu'il ait cherché à se dérober à la curiosité publique. Dans ses ouvrages, il ne s'appellera plus M. de Vauselle, nom sous lequel il avait figuré dans l'affaire de Sedan et qui avait été livré à tous les vents de la renommée par le manifeste du roi et l'arrêt du parlement contre M. de Guise du 6 septembre 1641.

Ce n'est pas son frère, malgré sa pauvreté, qui se fut abaissé à de pareilles vilenies (1). François Tristan avait eu soin cependant de prodiguer les bons avis à Jean-Baptiste. Dans les lettres qu'il lui écrivait pour lui donner des conseils sur la conduite de sa vie, il lui disait qu'il s'estimerait bien lâche s'il s'éloignait de M... qui lui avait témoigné quelque bonne volonté dans son bonheur et s'il l'abandonnait dans ses disgrâces. Aussi ne peut-il l'accompagner « en Limosin », bien qu'il n'oublie pas l'honneur et la fortune de leur famille; il lui recommande de ne pas rester les bras croisés, s'il veut se faire remettre « dans le Patrimoine qui leur est usurpé (2) ». Après l'avoir invité à se défier des charmes trompeurs d'une coquette (peut-être de Madeleine Béjart), il le presse d'acquérir des biens plus solides et de se mettre bien avec Dieu : « On peut dire que vous estes de bonne naissance et qu'avec cela vous avez esté eslevé de bonne

---

(1) Aussi pouvait-il écrire le quatrain si fier et si plein d'honneur que l'on connaît, au bas de son portrait peint par du Guernier et gravé par Daret en 1648, quatrain qu'il a mis en tête de ses *Vers héroïques*, 1648, in-4°.

(2) Les l'Hermite étaient nés au château de Souliers dans la province de La Marche. A propos de sa généalogie, Tristan raconte dans son *Page disgrâcié*, que sa famille a été ruinée par le procès criminel qui tint sept ans son père prisonnier, à cause de la mort du vice sénéchal de la Marche. Voir le *Page disgrâcié*, 2e édition, p. 6, et p. 332-340 les notes qui sont de Jean-Baptiste. — Ils pouvaient se dire nés en *Marche en famine*.

main, il n'y a point de doute que vous ferez toujours ce qu'un honneste gentilhomme doit faire, pourvu que vous ne démentiez point votre propre sang et que vous n'oubliez pas les choses que vous avez apprises (1) ».

(1) Voir *Lettres meslées* du s[r] de Tristan, Courbé, 1642, in-8°, p. 451-459, lettre XCI.
Cette lettre parait avoir été écrite pendant une des disgrâces de Monsieur, dont Tristan veut, dit-il, suivre la fortune. Peut-on la rapporter à la dernière de ses disgrâces, à celle qui suivit la découverte de la conjuration de Cinq Mars ? Cela est difficile puisque les *Lettres meslées* ont paru chez Courbé en 1642. Il y avait longtemps que Tristan « gentilhomme ordinaire de la suite de Monsieur » suivait la fortune de Gaston, qu'il a loué sur tous les tons, ainsi que les gens de son entourage. Dans des vers *A son Altesse royale faisant l'estat de sa maison à Blois en 1630*, (V. *Meslanges*, 1641, p. 66), il lui rappelle qu'il y a *quinze années* que son cœur l'adore inutilement. A la fin de ses aventures du *Page disgrâcié* il dit du reste que « le roi le donna au duc d'Orléans qu'il suivit en Flandres et en Lorraine où il commença à mettre au jour ses poésies ». Les *Plaintes d'Acante* ont en effet paru avec une approbation datée d'Anvers, le 10 juin 1633. Jusqu'à présent ceux qui se sont occupés d'écrire la vie de Tristan ont surtout parlé de sa jeunesse, qu'il a racontée dans son autobiographie non terminée du *Page disgrâcié*, et ont négligé les 25 dernières années de son existence qui sont les plus intéressantes pour l'histoire littéraire. C'est de 1641 à 1648, qu'en dehors de son théâtre il a fait imprimer le plus grand nombre de ses vers et de ses œuvres. La *Lyre*, l'*Orphée* et les *Meslanges du sieur Tristan* paraissent en 1641, in-4°, 167 pages, chez Courbé, les *Lettres meslées* en 1642, puis le *Page disgrâcié* en 1643 chez Quinet. Il faut attendre jusqu'en 1648 les *Vers héroïques*, (J.-B. Loyson, in-4°) dont le privilège est du 17 juin 1647 et en tête desquels se trouve son portrait gravé par Daret. Il habitait alors « aux Marets du Temple, rue Neufve saint Claude, à la maison de M. Michault. C'est-là sans doute qu'il demeurait au quatrième étage où il faisait son ermitage, et où vint le visiter M. Bourdon (voir p. 335, de l'édition de 1662, in-4°, de ses *Poésies galantes et héroïques*). Ces vers héroïques, comme ses autres poésies, ont été tous réimprimés dans l'édition de 1662 des *Poésies galantes et héroïques*, J.-B. Loyson, in-4°, que je viens de citer. C'est surtout dans les *Vers héroïques* qu'on trouve en si grand nombre les vers de Tristan en l'honneur du duc de Guise, de ses amours avec Elise (Melle de Pons) et de ses aventures en Italie, mais seulement jusqu'à son arrivée à Naples (Voir pp. 201 à 242, et 289 et suiv. de l'édition de 1662).
On remarquera que François Tristan l'Hermite n'a pas prononcé une seule fois dans ses œuvres les noms de M. de Modène, de Madeleine

Si Tristan appuyait de la sorte sur les qualités qu'il souhaitait à son jeune frère, c'est qu'il n'ignorait pas sans doute qu'elles lui faisaient défaut et qu'il voulait réveiller chez lui le sentiment de l'honneur.

Ce qui montre qu'après son aventure de 1641, l'Hermite de Vauselle sentit sans doute le besoin d'être oublié pendant quelque temps, c'est qu'il est plusieurs années sans faire parler de lui. Ce n'est qu'à l'aide des vers de ses *Meslanges de poésies héroïques et burlesques*, imprimés en 1649 et publiés au commencement de 1650, qu'on peut essayer de combler les vides de son histoire à ce moment de sa vie. Malheureusement bien peu de ces vers portent leur date avec eux.

Béjart, ni de Molière et qu'on ne peut guère les y découvrir même en cherchant à lire entre les lignes ou en devinant les noms dont le poète n'a donné que les initiales. La lettre, p. 498 des *Lettres meslées* de 1642, à M. le comte de M... ne peut être adressée à Esprit de Rémond, qui n'a porté ce titre qu'à la fin de sa vie. Les vers pp. 324 à 328, des *Poésies galantes et héroïques,* écrits à une « excellente comédienne pour lui persuader de monter sur le théâtre » sont adressés à Melle D. D. et non à Madeleine qui, du reste, au moment où ils ont été composés, devait déjà avoir abordé la scène. Ils ont été écrits entre la mort de Richelieu et l'impression de *Panthée,* c'est-à-dire du 10 mai 1639, au 4 décembre 1642. L'auteur y dit :

> On enveloppe des anchois
> De *Mariamne* et de *Panthée.*

Enfin, disons-le en passant, (puisque cela est devenu utile aujourd'hui), il faut avoir soin de distinguer les *Meslanges* du sieur Tristan parus en 1641, chez Courbé, *des Meslanges des poésies héroïques et burlesques* du chevalier de l'Hermite, son frère, parus seulement en 1650, chez Guillaume et Jean-Baptiste Loyson.

Les deux frères ne restèrent pas longtemps en bonne intelligence. Tristan paraît avoir été brouillé à la fin de sa vie avec Jean-Baptiste, ainsi que le montre la vie de Quinault, quasi son fils adoptif, qu'on lit dans l'*Histoire de l'Académie,* de l'abbé d'Olivet. On sait qu'il avait perdu sa femme et son fils. « N'aimant pas ses parens, dit l'abbé d'Olivet, n'ayant point d'enfans, et son bien étant un bien dont il pouvoit disposer, on prétend qu'il laissa à Quinault de quoi se consoler de sa perte». Voir les frères Parfaict, *Histoire du théâtre françois,* VII, 435.

Il est cependant possible de rapporter à cette période son second sonnet au cardinal de Richelieu :

Source de tant d'éclat, lumière sans seconde...,

l'Epigramme à Mgr le mareschal de Schomberg « sur son retour près de sa majesté à Narbonne », et le sonnet au même « sur la levée du siège de Leucate », les vers sur la mort du cardinal de Richelieu et « l'allusion de ses armes avec celles de son successeur au ministère d'Etat », le sonnet à Mazarin etc. etc. (1).

S'il avait renoncé à la poésie dramatique (c'était assez pour lui d'une *chute*), il n'avait pas renoncé à écrire des vers : il en faisait entre temps, surtout des vers laudatifs en l'honneur de grands personnages, dans l'espoir d'en tirer quelque profit. Mais, malgré les vers de ballet qu'on rencontre dans deux endroits de ses *Meslanges* (2), rien ne prouve qu'à cette époque de sa vie il ait, au sortir de Vincennes et de la Bastille, fait partie dans une troupe d'acteurs, et que, comme le Didier et la Marion Delorme de Victor Hugo, il soit, pour ainsi dire, allé se cacher dans une bande de comédiens de campagne (3). Quand on ne sait où trouver les gens, il vaut mieux avouer son ignorance que de leur fabriquer de toutes pièces une histoire de fantaisie.

(1) Voir *Meslanges de poésies héroïques et burlesques du chevalier de l'Hermite*, 1650, in-4°, pp. 80, 77, 78, 81, 83. Parmi les personnages dont les noms figurent dans les vers qui ne sont pas adressés à des Tircis ou à des Cloris, je citerai encore M. le comte Gouffier, Mme de Chavigny, Mme la marquise de la Baume d'Autun, (la belle-nièce du maréchal de Villeroi), etc. Voir pp. 54, 65, 57.

(2) V. p. 53, vers d'un ballet, Madame représentant la charitable, la grâce, et p. 97, vers d'un ballet dansé à Saincte Jalle.

(3) Alors qu'il était détenu pour la forme et la frime à Vincennes, plus tard en 1642, et les années suivantes M. Baluffe se plaît à montrer l'Hermite de Vauselle parcourant la France dans une troupe de comédiens. Voir *Molière inconnu*, t. I. *passim*.

Serait-ce cependant une conjecture erronnée que d'attribuer à l'Hermite de Vauselle les *Plaidoyers historiques ou discours et controverses*, Paris, Ant. de Sommaville, *1643, in-8º*, parus avec une préface signée Tristan, et qui ont été jusqu'à ce jour attribués à son frère François Tristan L'Hermite, l'auteur de *Mariamne* ? Si je risque cette attribution c'est que ce livre, simple traduction, n'est nullement dans les cordes de François Tristan, qui n'a jamais fait de compilation de ce genre, et était alors occupé à composer des tragédies ou à terminer le *Page disgrâcié*. Il rentre bien mieux dans la spécialité de Jean-Baptiste, personnage bon à tout faire, et faisant flèche de tout bois. Jean-Baptiste, d'ailleurs, s'est aussi bien souvent lui-même désigné par ce nom de Tristan, qui est celui que Henri Arnauld lui donnait même déjà dans ses lettres de 1641 (1). Notez en outre que ce livre a été réimprimé à Lyon en 1650, in-12 (chez Claude La Rivière, rue Mercière, à la Science, 319 pages et la table). L'Hermite de Vauselle était déjà sans doute à cette dernière date à Lyon, qui allait être comme son lieu d'attache et son point de ralliement, tandis qu'on ne voit pas que François Tristan ait jamais mis les pieds dans cette ville, et qu'on ne s'explique pas dès lors, s'il était l'auteur de ce livre, comment il y a été réimprimé à cette époque.

L'ouvrage est dédié à M. de Caumartin, dont l'auteur vante « le mérite naissant ». Il le lui adresse comme une marque de sa passion, une offrande de sa personne, et dit qu'il a l'honneur de lui appartenir. Jean-Baptiste était surtout prodigue de ces flatteries. Sans doute les deux l'Hermite pouvaient se vanter d'appartenir ou du moins d'être alliés à M. de Caumartin. Mais Jean Baptiste seul, dans les curieuses notes qu'il a écrites pour la seconde édition du *Page disgrâcié* de son frère, et qui sont à la fois la clef de

---

(1) C'était du reste une manière d'allécher les acheteurs à l'aide d'un nom connu.

ce roman et l'étalage des prétentions généalogiques des l'Hermite, a bien soin de parler de sa parenté avec Louis de Caumartin, garde des sceaux, époux de Marie Miron, sœur de l'évêque d'Angers (1). Enfin c'est lui encore qui dans ses vers annexés à la suite de la *Chute de Phaéton*, comme dans les *Meslanges de Poésies*, p. 76, a célébré le portrait de M. de Caumartin peint « en amour l'an 1632. »

Pour ses diverses raisons il me parait donc plus à propos d'attribuer ce livre à Tristan l'Hermite de Vauselle qu'à son frère (2). Ce piètre ouvrage ne vaut pas d'ailleurs la peine qu'on s'en dispute la paternité. Tristan a simplement tiré une grande partie de ces plaidoyers d'un vieux recueil, *la Série des Procès tragiques* d'Alexandre Van den Bussche, dit le Sylvain, publié dès l'année 1575 (3). Ce recueil lui étant tombé sous la main il s'est avisé de les mettre tout simplement « en meilleur langage » que ne l'avait fait naguère l'auteur flamand.

C'était là une besogne, peu digne d'un émule de Corneille et tout à fait du goût de Tristan l'Hermite de Vauselle, ne comportant aucun esprit d'invention. Il n'en attendait

(1) Voir la deuxième édition du *Page disgrâcié*, Paris, André Boutonné, 1667, in-12, notes du tome II. Dans les notes du tome Ier, p. 341 et suiv., l'Hermite dit que Charles Miron évêque d'Angers, était son oncle à la mode de Bretagne, c'est-à-dire cousin germain de sa mère.

(2) On a négligé jusqu'à ce jour d'opérer une ventilation cependant nécessaire entre les ouvrages de deux frères. Brunet lui-même les a confondus, comme l'ont reconnu ses continuateurs. Il faut aussi éviter de confondre les deux Tristan l'Hermite avec leur contemporain, Jean-Baptiste Tristan, sieur de Saint-Amant, le numismate et l'auteur du *Traité du Lys*, 1656, in-4°, dont M. Tamizey de Larroque vient de publier les lettres à Peiresc.

(3) Voir *Le premier livre des procès tragiques contenant cinquante et cinq histoires avec les accusations, demandes et défenses d'icelles ; ensemble quelques pièces morales*, Paris, Nic. Bonfons, 1575, in-16. On sait que c'est la traduction anglaise de ce livre qui a fourni à Shakespeare le sujet du *Marchand de Venise*. C'est le plaidoyer XXVIIIme du recueil de Tristan p. 224 de l'édition de 1650 ; « d'un Juif qui veut pour sa debte une livre de la chair d'un chrestien ».

16

dit-il, « ny louange, ni blasme ». Je crois bien qu'il ne dut rencontrer en effet que l'indifférence. Ce recueil de trente-sept plaidoyers sur des sujets extraordinaires n'est cependant pas, comme on est tout d'abord disposé à le croire, un recueil de causes grasses. Ce sont plutôt des causes étranges. Bien que le plaidoyer n° 3 semble annoncer une gauloiserie dans le genre des *Nouvelles* du XVIe siècle ou des *Contes* de d'Ouville, on ne tarde pas à voir que, si l'expression est crue, le fond se rapproche de la tragédie de *Théodore* de Corneille. Si M. de l'Hermite n'avait à sa charge que la réédition de ce rare recueil arriéré de causes baroques du XVIe siècle, il pourrait certes lui aussi plaider non coupable.

La première fois qu'on rencontre l'Hermite de Vauselle en personne, après 1641, au lieu de ne faire que l'entrevoir à travers ses poésies ou sa prose, c'est dans le Comtat au commencement de 1644. Il semble qu'il y avait comme de la glu le retenant lui et sa femme auprès de M. de Modène, qui ignorait leur trahison, et les avait déjà « entretenus de ses biens et rentes » pendant son séjour à Sedan. L'Hermite après avoir reçu et dépensé l'argent de Richelieu, venait sans doute en demander à Esprit de Remond pour être indemnisé de ses malheurs apparents et de sa soi-disant captivité. Il savait recevoir des deux mains et était de ceux qui pensent que l'argent sent toujours bon et le préfèrent à l'honneur. J'ai dit aussi quel lien plus intime enchainait dès lors M. de Modène à Marie Courtin de la Dehors, femme de Jean-Baptiste l'Hermite.

Elle était accourue elle aussi pour consoler Modène dans sa retraite, et adoucir pour lui les ennuis de son exil, c'est-à-dire de son absence de Paris. Le singulier acte de la prétendue vente du moulin et des terres de la Souquette, situés à la porte de son château de Modène, que leur fit, le 13 février 1644, le gentilhomme comtadin, et qui n'est certes qu'une donation déguisée en dit plus long que bien des phrases sur ce qu'était ce couple si bien assorti (1).

Cependant l'Hermite de Vauselle, qui, comme on le verra plus tard, était un mari complaisant et n'avait garde de se faire suivre toujours par sa femme, ne paraît pas avoir longtemps prolongé son séjour dans le Comtat (2) ; d'ailleurs M. de Modène l'avait bientôt quitté lui-même pour rejoindre à Paris le duc de Guise. Lorsqu'on revoit l'auteur de la *Chute de Phaéton* à Paris, il semble qu'il ait fait peau neuve. Ce n'est plus un misérable poète de théâtre, traînant derrière lui une odeur suspecte de coulisses. Ce n'est plus ce Vauselle dont le nom rappellerait Judas et sa trahison. Le parasite de M. de Modène s'est complètement transformé ; il est devenu Jean-Baptiste de l'Hermite Souliers, et grâce à la récompense qu'il a reçue pour sa délation, il ajoute à son nom les qualités de « chevalier de l'ordre du roy et de gentilhomme ordinaire de sa chambre ». L'ouvrage qu'il signe de ce nom ainsi modifié et suivi de ces titres (3) est dédié, qui l'eut cru ! au chef auguste de la justice, au grand Mathieu Molé, le futur garde des sceaux. Il est vrai qu'il s'agit d'un livre tout à l'honneur des graves magistrats qui l'ont précédé à la tête du Parlement : « *Les éloges de tous les*

(1) On verra les l'Hermite revendre la Souquette, le 7 juin 1661, pour 2,856 livres.

(2) C'est sans doute, pendant ce séjour dans le Comtat qu'il alla danser à Saincte-Jalle, dans le Dauphiné, le ballet où il figura avec le baron de Saincte-Jalle, « les sieurs Porte et Bernard » dans lesquels M. Baluffe reconnait des comédiens, chanteurs chorégraphes. Voir dans les *Meslanges de poésies*, p. 97, les vers d'un ballet dansé à Saincte-Jalle, dont l'ai déjà parlé plus haut.

(3) Richelieu n'avait pas oublié que l'Hermite était gentilhomme et pour flatter sa vanité l'avait payé en titres autant qu'en monnaie. Toutefois à propos de la dernière de ces deux qualités, c'est le cas de se rappeler ce que dit Scudéry dans la *Comédie des comédiens* : « Les comédiens du roy, cela s'entend sans le dire ; cette qualité et celle de gentilhomme ordinaire de la chambre sont à bon marché maintenant, mais aussi les gages ne sont pas grands. »

fabriquant de généalogies. On ne sera donc pas surpris que leur association n'ait pas été longue et que chacun ait suivi une voie différente, l'un cherchant la vérité historique, l'autre voulant tirer profit de ses œuvres de complaisance, de ses pompeuses dédicaces et de la vanité de ceux qu'il savait pourvoir d'ancêtres de haute lignée et de soi-disant antique noblesse.

Le premier ouvrage généalogique, qu'il fit paraitre seul, fut publié la même année que les *Eloges des premiers présidents du Parlement*. Le privilège est du 26 juin 1645, et l'achevé d'imprimer du 1er juillet. Il est intitulé : *La Princesse héroïque ou la vie de la comtesse Mathilde*, in-4º, (106 pages), Paris, Cardin Besongne, 1645 (1). Ce n'est autre chose que la généalogie de la maison d'Este. On peut s'étonner tout d'abord qu'il n'ait pas été dédié à Henri de Lorraine, duc de Guise, un des descendants de cette maison, et dont le nom figure à ce titre dans le livre ; mais le duc, n'avait sans doute pas eu les mêmes raisons que Modène pour pardonner au traitre de Sedan, dont il avait vu les aveux, sinon les délations, figurer dans son procès (2). La *Princesse héroïque* est dédiée à un neveu de Richelieu, « à Mgr le duc de Brezé, grand maistre, chef et surintendant général de la navigation et commerce de France ». L'éloge que l'Hermite fait de cet « illustre chef des Argonautes », en lui disant qu'il a « tiré l'image de cette amazone morte pour la présenter aux yeux d'un héros vivant », va jusqu'aux dernières limites du panégyrique. Cependant

(1) La dédicace seule est signée « de l'Hermite-Souliers ».

(2) Dans les *Meslanges de poésies héroïques et burlesques* du chevalier de l'Hermite, on ne trouve qu'une seule pièce de vers en l'honneur de la maison de Guise, le sonnet, p. 84, en forme d' « *Epitaphe à Mgr le duc de Joinville*, mort à Florence » et frère du duc de Guise, mais ces vers sont antérieurs à l'affaire de Sedan. Les poésies de Tristan sont *saturées* de l'éloge de M. de Guise, son patron, tandis que celles de son frère, resté absolument étranger au duc depuis sa trahison de 1641, sont complètement muettes sur le compte de Henri de Lorraine.

premiers Présidents du parlement de Paris, depuis qu'il a été rendu sédentaire, jusqu'à présent, ensemble leurs généalogies, épitaphes, armes et Blazons en taille douce ». L'Hermite s'est associé pour cette œuvre à François Blanchard, escuyer, sieur de la Borde. Ils la font paraitre à leurs frais, « aux despens des autheurs », chez Cardin Besongne, en 1645, en un beau volume in-4°. Le privilège est du 14 janvier 1645, et l'achevé d'imprimer du 22 mai. En tête, une magnifique taille douce de Bouillon, d'après Stella, représentant la Justice. Aussi est-ce de la justice seule qu'il est question dans la préface et dans la dédicace du livre, à Mgr le premier président : « La justice a toujours esté le Bouclier de l'innocence et de la vérité...., le soulagement des pauvres ». Nous espérons que « vous daignerez jetter les yeux sur ces rudes craïons de vostre peinture que nous osons consacrer à votre gloire... La justice n'a jamais paru plus lumineuse que depuis qu'elle est passée entre vos mains ». Les auteurs dans leur « extrême faiblesse » se recommandent à la grandeur de la générosité de Mathieu Molé, dont ils font assez habilement célébrer l'éloge par ses prédécesseurs. On ne s'attendait sans doute pas à cette singulière volte-face de l'auteur de la *Chute de Phaëton*. Il y en aura cependant de plus surprenantes encore.

Quelle avait été sa part de collaboration dans l'œuvre commune ? Il est difficile de le dire ; cependant, alors que Blanchard l'a continuée, en publiant en 1647 *Les Présidens au mortier du Parlement de Paris, leurs emplois, armes, blasons, généalogies etc* (1), et en se faisant un nom respecté dans l'érudition historique, l'Hermite ne figure désormais plus à ses côtés, et compose seul des généalogies risquées, travaillant non plus en érudit mais en pique-assiette, et en

___
(1) Paris, Cardin Besongne, 1647, in-f°. Le privilège du dernier juillet 1647 est accordé à François Blanchard, « bourbonnois », l'un de nos héraults d'armes.

il proteste en finissant « que c'est plutôt par estime que par intérêt » qu'il prend la qualité de son très humble et très obéissant serviteur. La mort prématurée du jeune duc de Brézé à 26 ans, le 14 juin 1646, à Orbitello, ne permit sans doute pas à l'Hermite de Souliers d'être récompensé de sa dédicace de la façon qu'il avait désiré, et il dut regretter d'avoir dépensé tant d'hyperboles en pure perte.

Est-ce le dépit qui lui fit garder le silence pendant plus de quatre ans ? Toujours est-il qu'il ne donne pas de nombreux signes de vie après 1645. Cette année-là, l'historien Pierre d'Oultremain, faisant réimprimer à Paris, in-12, son « *Traité des premières croisades pour le recouvrement de la Terre Sainte* », avec une vie de Pierre l'Hermite, y joignait une suite généalogique des l'Hermite, seigneurs de Souliers, dont la paternité a tout lieu d'être attribuée à Jean-Baptiste de l'Hermite (1).

A la fin de 1645 se rapportent encore les vers de ses *Meslanges* « à Mme la princesse Marie, sur le digne choix qu'on a fait de son altesse pour estre reyne de Pologne » et le sonnet « à Marie de Gonzague, reine (2) ». Il était fidèle à

(1) Voir *Le vrai et le faux Pierre l'Hermite*, par Henri Hagenmeyer, traduction Furcy Raynaud, 1883, in-8°, p. 29 et 32 et L. Paulet, *Recherches sur Pierre l'Hermite*, p. 11, 29, 30, 71.

(2) V. *Meslanges de poésies héroïques et burlesques*, pp. 49, 75. — Puisque le nom de Marie de Gonzague, la nouvelle reine de Pologne, se présente sous ma plume, dans une étude sur des comédiens, je rappellerai en passant qu'après son départ, elle ne défendit pas la prééminence du théâtre français sur le théâtre étranger. Elle écrivait à Mazarin le 5 février 1646, charmée d'une comédie et d'un ballet donnés en son honneur près de Dantzick, sur un splendide théâtre qui avait coûté cent mille écus :

« Je n'ai jamais rien vu de si beau et je ne me résoudrois à cette heure qu'avec peine, à voir les comédies françoises et italiennes de l'ordinaire » (Voir Albert Vandal, *Un mariage politique au XVIIe siècle*, Revue des Deux Mondes, 1er février 1883, p. 684). Mazarin, qui venait de faire jouer la *Finta Pazza* le 14 décembre 1645, au Petit-Bourbon, dut être peu flatté du dédain de la reine de Pologne pour le théâtre de son pays d'origine.

la famille des Gonzague qu'il avait célébrée dès 1639 dans les vers imprimés à la suite de sa tragédie de *Phaëton*.

Dans ses *Meslanges de Poésies*, il cite ces vers sur le portrait de l'autheur représenté *dans le livre qu'il a composé des cent capitaines françois* :

> « Au rang de ces fameux dont tu descris l'histoire
> On eut pu voir ta vie avec la même gloire,
> Dont tes braves ayeux ont esté revestus ;
> Comme leur noble sang éclate en ton visage,
> Si le sort n'eut point mis d'obstacle à tes vertus
> Tes faits de leur valeur auroient esté l'image (1) ».

Ce livre des « cent capitaines françois », à propos duquel l'Hermite parle avec une emphase si comique de sa personne et de sa gloire *absente*, a-t-il été imprimé ? Ses dires semblent bien l'annoncer. Cependant je n'ai trouvé de lui aucun ouvrage portant ce titre. Est-ce une imitation des *Ritratit di cento capitaini illustri, intagliati* da Alipr. Capriolo, Roma, 1600, in-4º ? C'est possible. S'il a été au moins écrit par l'Hermite, sa composition a du avoir lieu entre 1645 et la fin de l'année 1649, date de l'impression des *Meslanges*, c'est-à-dire pendant la période la moins connue de sa vie.

En face du silence qui se fait sur son compte on eut pu, sans les motifs de répulsion que devait avoir pour lui le duc de Guise, le croire parti pour Naples afin de retrouver M. de Modène pendant sa courte période de haute fortune, ou bien tout simplement retourné dans le Comtat pour veiller sur le château solitaire du gentilhomme comtadin à la fois son ami et son allié. Mais quelques-uns de ses vers, imprimés au milieu de l'année 1648, prouvent qu'il était bien resté en France et même à Paris, lié avec

---

(1) V. *Meslanges de poésies*, p. 86.

les poètes ou plutôt avec la bohême poétique du temps. On les trouve dans le *Jugement de Pâris en vers burlesques,* de d'Assoucy, dont le privilège est du 10 mai et l'achevé d'imprimer du 24 juillet 1648. Au nombre des curieuses pièces liminaires qui figurent en tête de ce livre (1), figurent ces vers signés « le chevalier de l'Hermite-Souliers » :

(1) V. *Le jugement de Pâris,* in-4º, Quinet, 1648. On y voit des vers qu'on peut dire inédits, à lui adressés par Scarron, Tristan, François de la Mothe-Le Vayer le fils, Le Bret, de Chavennes, du Pelletier, de la Chapelle. Parmi ces pièces liminaires, je signalerai spécialement le « madrigal de l'abbé Scarron des plus longs qui se fasse », (il contient en effet quarante et un vers) :

« Ha vraiment, M. d'Assoucy,
Vous mettez au jour un ouvrage
Qui n'est pas fait coussi, coussi... »

D'Assoucy, dont on ne connait guère le jugement sur Scarron que par ses *Aventures,* a lui-même adressé dans le *Jugement de Pâris* trente-deux vers louangeurs à *l'auteur du Typhon,* son précurseur dans l'empire du Burlesque (V. p. 91 « à M. l'abbé Scarron ». Voir aussi *Nouveau recueil de poésies héroïques, satiriques et burlesques* de M. d'Assoucy, J.-B. Loyson, 1653, in-16, p. 161, lettre en prose à M. Scarron.— Il faut éviter de confondre M. Estienne Lhermite, ami de l'auteur, dont il est question dans ce dernier recueil p. 187, et dans d'autres œuvres de d'Assoucy, avec les deux Tristan l'Hermite.

Je n'ai vu cités nulle part les vers de l'abbé Le Vayer, l'ami de Molière et de Boileau, alors âgé de moins de vingt ans et qui n'avait pas encore fait paraitre sous le voile de l'anonyme son petit roman satyrique du *Parasite Mormon* (1650, in-8º). Ses relations avec Chapelle (qui ici, signe ses vers C. E. (Claude Emanuel) de la Chapelle), avaient sans doute mis le fils du célèbre philosophe sceptique. La Mothe Levayer en relations avec ces poètes bohèmes, que fréquentait aussi son oncle l'habitué du cabaret de la Croix de Lorraine. Voici ces vers de « F. de la Mothe la Vayer le fils » :

A Vénus.

Tu dois bien plus à d'Assoucy
Qu'à Paris, o belle Cythère,
Et si tu maintiens le contraire
Contre tous j'argumente ainsi,

« Le chagrin fera banqueroute
Au bruit de tes vers d'Assoucy,
Et le ris chassant le soucy
Mettra la tristesse en déroute.
C'est un ouvrage si plaisant
Qu'il n'est personne en le lisant
Qui soit capable d'en médire :
Car les censeurs les plus mordans,
N'auront pas, à force de rire,
Le loisir de serrer les dens ».

On pourrait croire que ces rimes remontent à une date antérieure à 1648, et que l'Hermite était peut-être absent

> Outre qu'en te donnant la pomme comme à elle
> Qu'il trouva la plus belle,
> Pâris de son devoir ne fit que s'acquitter,
> C'est que d'Assoucy t'en donne une
> Dont la matière est moins commune
> Et qu'il te donne encor de quoy la mériter. »

Je compte parler d'ailleurs, des relations de Molière avec l'abbé Le Vayer, et avec son cousin Le Vayer de Boutigny qui, dès 1645, avait fait imprimer chez Sercy sa tragédie du *Grand Sélim*, en tête de laquelle se lit un rondeau burlesque de Cyrano de Bergerac, et en cette même année 1648 dédiait à « M. de la Mothe le Vayer fils » son roman de *Mithridate*.

Enfin je signalerai dans le même volume les trois pièces de du Pelletier qu'on a appelé le *Portier des poètes*, précisément à cause des vers qu'il a placés obligeamment pour eux, et surtout pour sa renommée, en tête de tant de recueils poétiques du temps. (Voir sur du Pelletier, Moreau, *Bibliographie des Mazarinades*, I, 16 et suiv.) On retrouve des vers de La Chapelle à M. d'Assoucy « sur ses *Œuvres meslées* » et de du Pelletier, en tête des *Poésies et lettres de d'Assoucy contenant diverses pièces héroïques et satyriques*, Louys Chamhoudry, 1653.

Si je parle ici de du Pelletier, c'est qu'il est l'auteur ou plutôt qu'il a procuré l'édition du *Nouveau recueil des plus belles poésies* contenant le Triomphe d'Aminte, la Belle invincible, la Belle mendiante, l'Occasion perdue, le Pédant Parasite....., et autres pièces curieuses par MM. de Scudéry, Colletet, Tristan, de Lestoile, Maucroy, du Soucy (d'Assoucy), Morangle, Loret, Benserade, Sarrasin, Gomberville, Chapelain, des Yveteaux, du Pelletier, Théophile et autres, recueil publié par du Pelletier

lors de leur publication ; mais, dans le même recueil, des vers tels que ceux-ci, de du Pelletier, montrent au contraire qu'il se trouvait bien alors à côté de tous ces poètes « libertins » et nous font connaître le milieu qu'il fréquentait alors :

« Que Scarron, que Tristan, que la Mothe et Chapelle
Sont chéris de ces sœurs que j'aime et que je sers.
C'est pour eux qu'Apollon tient ses trésors ouvers,
Ainsi que pour Le Bret, Chavennes et *Vauzelle* ».

Bientôt, d'Assoucy, le plus décrié de tous ces poètes, mais qui n'avait pas alors encore passé par Montpellier, et était plus connu jusqu'alors par son luth que par ses vers, allait rendre à l'Hermite la monnaie de sa pièce. L'année suivante paraissaient *Les Meslanges de poésies héroïques et burlesques* du chevalier de l'Hermite (1), et en tête, après des strophes de Laisné, on ne voyait pas d'autres vers que ceux de

---

chez la veuve de G. Loyson, au palais, à l'entrée des prisonniers au nom de Jésus, Paris, 1 volume in-12, 1654. Ce recueil, dont le privilège (qui le nomme aussi l'*Elite des poésies*) est du premier décembre 1653, est dédié à Mme la comtesse de la Suze.

Paul Lacroix, *Poésies diverses attribuées à Molière*, Lemerre, 1869, in-12, p. 15 et 4, attribue aussi à du Pelletier et à l'acteur poète Desfontaines l'édition du *Nouveau Recueil des bons vers de ce temps* (Paris, Cardin Besongne, 1646, in-8º) dans lequel ont d'abord paru les stances à Mgr le duc de Guise *sur les présents qu'il a faits de ses habits aux comédiens de toutes les troupes*, stances dont l'auteur pourrait être Desfontaines lui-même, si toutefois le bibliophile Jacob ne s'est pas trompé sur le compte des *parrains* de ce recueil, comme sur les poésies qu'il a attribuées à Molière. Il serait grand temps qu'on fit une bibliographie exacte de tous ces recueils de vers ou de prose plus ou moins anonymes du XVIIe siècle, sur lesquels M. Tricotel n'a pas tout dit dans ses *Variétés*, Gay, 1863, in-12.

(1) Paris, Guillaume et Jean-Baptiste Loyson, 1650, 100 pages in-4º. Le privilège donné à Paris le 16 novembre 1649, appelle l'auteur « Jean-Baptiste de Souliers, chevalier de Lhermite. » L'achevé d'imprimer est du 20 décembre 1649.

d'Assoucy, ce qui montre que peu d'amis de l'auteur étaient empressés de lui donner un témoignage d'estime.

Etre presque réduit à un éloge de d'Assoucy, c'est maigre, c'est la portion congrue. L'Hermite s'en para néanmoins, et voilà les vers de son ami qu'il devait retrouver plus tard « en Avignon », dans le Comtat :

> « Brave chevalier dont la France
> Honnore le cœur et l'esprit.
> Et qui faites voir par écrit
> Que votre plume vaut bien lances,
> Sans à vos vers faire nuisance,
> Je vous diray que los et bruit,
> Gloire et déduit honneur et fruit,
> Muscat et jambon de Mayence,
> Des carolus et du pain cuit,
> (Lequel dans ce temps de souffrance,
> N'en déplaise à qui Laurier suit,
> Vaut bien Laurier comme je pense)
> Sera toujours la récompense
> De ce qu'Apollon vous apprit
> Au dépens de sa claire source ;
> Si vous demandez pourquoy ? pour ce
> Que mon petit doigt me l'a dit ».

Le recueil était cependant dédié à Mgr Claude, duc de Saint Simon, pair de France, chevalier des ordres du roi, l'ancien favori de Louis XIII, gouverneur de Blaye, et père du célèbre auteur des Mémoires. L'Hermite faisait le plus pompeux éloge du duc et de sa bravoure. Claude de Saint-Simon aimait-il la poésie ? Pour justifier sa dédicace l'auteur lui disait que les muses ont toujours recherché la protection de Minerve, que la poésie a besoin de l'appui des grands héros pour se mettre en vue, et que sa gloire serait un refuge pour mettre à couvert l'ouvrage qu'il lui offrait.

Il n'avait pas en outre oublié de faire célébrer l'éloge de
la générosité du duc dans les vers de Laisné ; c'était cette
générosité du gouverneur de Blaye, plutôt que sa bravoure,
qui devait surtout préoccuper le poète aussi roué que
besogneux.

Ce recueil de vers, si peu connu, et qui comprend toutes
les poésies qu'il avait commises depuis plus de quinze ans,
est cependant le livre de Jean-Baptiste d'Hermite qui nous
offre aujourd'hui le plus d'intérêt. C'est son œuvre la plus
personnelle, celle qui nous donne les renseignements les
plus intimes sur sa vie et ses relations. Quant à la valeur
littéraire de l'ouvrage elle est bien mince et toutes ces
poésies soi-disant héroïques (il y en a simplement quatre à
la fin sous le titre de vers burlesques), ne sont guère remarquables que par leur fadeur et leur platitude. On y trouve
des pièces de tout genre, surtout force stances et sonnets
amoureux, sans indication des personnes auxquelles ils
sont dédiés. J'ai déjà parlé des trop rares poésies adressées
aux personnages historiques, ministres et autres, sur
lesquels il *tirait à vue* en leur donnant des coups d'encensoir, ou aux grands seigneurs auxquels il se vantait « d'appartenir » par des liens de famille. On y voit même des vers
pieux tels que « Oraison à la Sainte-Vierge réclamée dans
l'église de Bonnelle en Auvergne (1) ». Mais ce qui s'exhale
de ce livre au milieu de tous ces sonnets à Philis, à Cloris,
c'est une morale plus que relâchée ; malgré que l'auteur ait
intitulé un de ces sonnets « l'amour honneste (2) », on ne
voit guère que ce soit celui-là qu'il ait pratiqué (3).

Ce qui en ressort également c'est l'immense vanité de
l'auteur. En tête s'étale son portrait, en médaillon, plus

(1) V. *Meslanges*, p. 61. Il y a aussi p. 63, des vers à l'auteur, « sur ses paraphrases de l'*Ave Maria* ».

(2) V. *ut suprà*, p. 68.

(3) Voir entre autres, le sonnet, p. 66, qui pourrait être mis dans la bouche de *Tartuffe*.

vrai que celui qu'a gravé Sanson en 1667 d'après Christ. Hubersen et dont nous parlerons plus loin. C'est bien là la tête avec laquelle on se représente ce chevalier.... d'industrie, vraie physionomie de Jodelet, à la mine peu franche et sournoise, avec ses longs cheveux, tels que les avaient mis à la mode les importants de la Régence, et se terminant en longs tire-bouchons qui n'en finissent pas (1). Au bas, dans la partie centrale, sont ses armes entourées du collier de l'ordre : *aux quatre coins, des ornements, avec la devise: Prier vaut à Lhermite*. Au-dessous des armes se lisent ces vers dont il a usé et abusé toute sa vie :

« Cet hermite en suivant le vol de ses ayeux,
Se seroit signalé dans une sainte guerre ;
Mais comme la vertu le porte vers les cieux,
Toujours *un mauvais sort* le retient sur la terre ».

Jean-Baptiste l'Hermite de Souliers, chevalier, gentilhomme ordinaire de la chambre du roi (ainsi que le porte la légende qui contourne le médaillon), tenait avant tout à ce qu'on connut son illustre origine. On lit encore p. 86 des *Meslanges* « sur le portrait de l'autheur représenté dans le livre qu'il a composé des cent capitaines français », le sixain où il est comparé à ses « braves ayeux » et que j'ai cité il y a un instant.

C'était surtout le souvenir de Pierre l'Hermite qui lui était cher ; il se faisait écrire à propos de ses paraphrases de l'*Ave Maria*, un épigramme *ad hominem* dont j'extrais ces vers où il est comparé tout simplement au célèbre promoteur de la première croisade (2) :

(1) Ce portrait sans nom est sans doute celui qu'a dessiné et gravé Patigny; je ne connais pas celui qu'a gravé C. Randon, in-8°, et qui se trouve indiqué, comme les deux autres, dans le Père Lelong.

(2) Voir *Meslanges*, p. 63, « à l'autheur sur ses paraphrases de l'*Ave Maria* ».

« Illustre successeur de tes nobles parens
Qui pour le bien du ciel conquirent tant de terre...
.... ta plume aujourd'huy, faisant plus que sa langue,
Conduit tout les chrétiens dans la route des cieux ».

Vauselle faisant plus pour les chrétiens avec sa plume profane que le grand entraîneur des Croisés, qui par ses paroles brûlantes précipitait les peuples sur la route de Jérusalem, sous la bannière de la Croix, c'est là le comble de l'impudence. *Comédiante*! a-t-on le droit de dire justement de lui, puisque bientôt il allait endosser l'habit des Matamores et des Pasquins.

Avant de quitter ce livre, on remarquera avec étonnement qu'il ne s'y trouve aucun vers en l'honneur de M. de Modène. Esprit de Rémond était alors, il est vrai, captif à Naples et sous le coup d'une accusatiou de trahison. Ce ne sont pas les gens de la trempe de l'Hermite qui sont fidèles à leurs amis dans le malheur. Il insère dans son recueil, p. 62, des vers « à Mgr le comte de Soissons en luy dédiant la tragédie de Phaéton » alors que cette pièce avait été imprimée avec une dédicace à M. de Modène. L'épigramme, p. 60. sur la maladie de *M. D. M.* se rapporte à une femme, qui, d'après le portrait fait d'elle par l'auteur, ne saurait être Marguerite de la Baume.

Enfin, s'il est possible, ainsi que je l'ai répété, d'après Paul Lacroix, de soupçonner dans les *Meslanges* des vers adressés à Madeleine Bejart (1), on n'en voit aucun qui se rapporte à Molière. M. Lacroix a dit dans son *Iconographie moliéresque* que Vauselle, le parrain par procuration de la fille de Madeleine et de M. de Modène en 1638, « fut certainement un des compagnons et des amis de jeunesse de Molière malgré les différences d'âge qui devaient exister

---

(1) Voir *Meslanges de poésies*, p. 64.

entre eux (1) ». M. Baluffe, moliériste encore plus aventureux, a récemment poussé cette assertion jusqu'à outrance et montré la parasite de M. de Modène aux côtés de Molière bien avant 1652. Qu'y a-t-il de vrai dans tout cela ? Si Madeleine et François Tristan l'Hermite purent un instant ménager des points de rapprochements entre Molière et Vauselle à Paris en 1645, y eut-il néanmoins quelque intimité entre eux avant l'entrée de Vauselle dans la troupe des Béjart et de Molière à Lyon vers la fin de 1652 ? Les liens de parenté entre Marie Courtin de la Dehors et le curateur de Madeleine, le mari de sa tante maternelle, Simon Courtin, ont été affirmés, mais non prouvés (2). Si cette parenté de Marie Courtin et de l'oncle de la Béjart était réelle, il y aurait là entre les deux femmes une cause toute naturelle d'amitié qui aiderait à expliquer bien des choses, et irait à l'appui des prétendus rapports de jeunesse de Molière et des Vauselle. Nous reparlerons bientôt, du reste, lors de leur présence commune dans la même troupe comique, de la cause occasionnelle de leurs relations, qui ne percent nullement, je le répète, à la fin de 1649, dans les *Meslanges de poésies héroïques et burlesques*.

Toutes les hâbleries de ce livre éclos en pleine Fronde, au moment où tous les poètes criaient famine, durent sans doute rapporter peu d'argent et d'honneur au chevalier de l'Hermite. Il ne récolta sans doute pas autre chose que le ridicule, et vit plutôt s'augmenter la mésestime qui déjà s'était attachée à sa personne.

Il dut être complétement déconsidéré à Paris, et réduit aussi à la gêne, faute de Mécènes, en ces jours de misère

(1) Voir *Iconographie moliéresque*, in-8°, 2ᵉ édition, 1876, p. 104.

(2) Après avoir dit que Marie Courtin de la Dehors appartenait à une autre branche des Courtin que le curateur de Madeleine, (V. le *Moliériste*, t. VII, p. 83) M. Baluffe, *Molière inconnu*, pp. 60 et 64, fait d'elle la propre sœur de ce même Simon Courtin.

générale, au point d'être obligé de s'en aller chercher fortune ailleurs. Où alla-t-il planter sa tente de nomade ? Je crois que Lyon fut la ville de son choix. Ce qui le donne à penser, c'est la réimpression à Lyon en 1650, in-12, des *Plaidoyers historiques*, par M. Tristan (1).

Lyon était sur le chemin du Comtat, du château de Modène et de la Souquette, et devait dès lors être fort connu des Vauselle. C'était aussi le refuge de bien des échappés de Paris. Jean-Baptiste, qu'on y verra plus tard à différentes reprises, pouvait dès lors y rencontrer un poète en détresse ainsi que luy, Cyprien Ragueneau, tour à tour pâtissier du cardinal de Richelieu et moucheur de chandelles dans une troupe de comédiens. Ce qui semble indiquer de sa part un séjour de plus longue durée et de plus de loisir que ne le comporte son court passage dans la troupe de Molière, et aussi une ample connaissance de cette ville, c'est le livre des *Forces de Lyon* qu'il devait faire paraître plus tard et dont nous aurons à reparler (2).

L'Hermite ne fit-il pas cependant vers cette époque une échappée hors de France ? Nous ne sommes plus au temps, je l'ai dit, où l'on supposait que Molière et la Béjart avaient pu accompagner M. de Guise à Naples et j'ai montré que l'Hermite n'avait pas suivi non plus M. de Modène dans cette aventure ; mais après l'échec du duc et l'emprisonnement

---

(1) Lyon 1650, in-12, Claude La Rivière, rue Mercière, à la Science, 319 pages, et la table.

(2) Pas n'est besoin de dire qu'il n'avait pas de liens avec la famille des Vauselle de Lyon, qui dès le XVIe siècle donnait une émule à Louise Labé, et avait encore des représentants à Lyon à cette époque. Voir Péricaud, *Notes et documents pour servir à l'histoire de Lyon sous Louis XIV*, 1re partie p. 61. — Le nom de sieur de Vauselle avait été sans doute simplement ajouté à son nom patronymique par l'auteur de la *Chute de Phaéton*. Voir toutefois ce qu'en dit Fortia d'Urhan, *Supplément aux éditions de Molière*, note de la page 85. Il ne faut aussi ne pas le confondre avec le chevalier de Vauselle, un des frondeurs de Bordeaux, voir dom de Vienne, *Histoire de la ville de Bordeaux*, 2e édition, 1862, t. I, p. 343.

d'Esprit de Rémond ne fut-il pas amené à aller par delà les Alpes ?

Le chevalier de l'Hermite parlant de sa présence à Rome nous apprend en effet qu'il a esté « envoyé par leurs Majestés en Italie », mais sans donner la date de ce voyage. Il le dit dans un ouvrage rarissime qu'on ne s'attendait guère à voir sortir de sa plume, que je n'ai jamais vu cité, ni attribué à plus forte raison à son auteur, par aucun bibliographe, bien que la dédicace soit signée de son nom.

Il s'agit d'un opuscule de 6 pages in-4º, ouvrage de piété ou mieux d'archéologie religieuse, dont je ne dirai qu'un mot, ne voulant pas mêler le sacré au profane (1). Il est intitulé : *Image de l'autel sur le quel Jésus-Christ fut circoncis, transporté du temple de Salomon en la ville de Rome, en l'église appelée Sangiacomo scossa cavallo*, présentée à Mgr l'archevêque de Bourges, par le chevalier de l'Hermite. L'auteur y donne la gravure, « le portrait de l'autel de la circonsciscion », et ajoute : J'ai rapporté de Rome cette figure lorsque je fus envoyé par leur Majestéz en Italie, laquelle j'ai crue très-digne d'être présentée en public ». Voici le début de la dédicace adressée « à Mgr l'illutrissime et reverendissime archevêque de Bourges »:

« Aujourd'hui, Monseigneur, le ciel vous a esleu pour relever la gloire de ses temples et le servir encore en ce haut ministère, dans lequel vos ayeuls ont fait éclatter leur zèle l'espace de tant de siècles, et veut encore donner à nos temps un patriarche du sang et du nom de ceux qui ont receu de sa main la Loy de ses premiers adorateurs. L'auguste sang de Montmorency, joint à celui de Lévy, ne nous fait espérer de vostre pieuse conduitte en cette nou-

---

(1) Je n'en dis pas davantage dans la crainte que l'auteur n'ait apporté dans ce livre les procédés suspects et les fraudes de ses livres généalogiques. — L'ouvrage est imprimé sans lieu ni date. — Voir, sur l'autel de l'église de la Piazza Scossacavalli, Forcelli *Iscrizioni delle chiese di Roma*, T. VI, p. 281.

velle dignité qu'une augmentation de lumières célestes dans tous les ordres de son église ».

Mgr de Lévis de Ventadour, dont il est ici question, a été pourvu par le roi du siège de Bourges le 11 novembre 1649, et l'occupa jusqu'au 15 mars 1662 (1). Il venait d'être élevé à cette dignité, lorsque cette dédicace lui fut adressée, ainsi que l'indique le texte de l'auteur ; donc par cela même le voyage de M. de l'Hermite en Italie peut-être rapporté à 1650 et à une mission relative à la mise en liberté de M. de Modène qui lui aurait été confiée par leurs Majestés, c'est-à-dire par le jeune roi et la reine sa mère.

Après 1650, il y a interruption dans les ouvrages de l'Hermite ; on ne retrouve pas d'œuvres signées de lui avant 1656. Il y eut dans sa vie, au lendemain de cette première date, une singulière évolution, pour ne pas dire une révolution. On eut pu croire qu'aussitôt après la mise en liberté de M. de Modène il serait accouru dans le Comtat avec sa femme, et qu'il aurait dès lors continué d'y résider, comme on le verra faire quatre ans plus tard. S'il y alla un instant, son séjour fut de courte durée. M. de Modène était sorti de prison sans ressources ; ces temps de misère de la Fronde étaient durs pour tout le monde, et surtout pour les parasites. Les l'Hermite durent chercher à se créer par eux-mêmes des moyens d'existence. Le métier d'acteur était dès lors la ressource suprême des affamés. L'auteur du *Paradoxe sur le comédien* l'a dit : « le théâtre est une ressource jamais un choix (2) ». N'eut été la misère,

(1) *Gallia Christiana*, tome II, col. 108. Il obtint ses bulles du pape aux ides de février, mais ne fut consacré à Paris que le 30 avril 1651. — Si L'Hermite dédia cet ouvrage à Mgr de Lévis de Ventadour, c'est qu'il était gouverneur du Limousin, son pays d'origine. Voir M. de Cosnac, *Souvenirs du règne de Louis XIV*, IV, 238 et suiv.

(2) Voir M. Larroumet, *Armande Béjart*, *Revue des Deux-Mondes*, 15 juin 1886. Il y rappelle cette opinion de Diderot, suivant laquelle trois motifs seulement chaussent aux comédiens de son temps le socque ou le cothurne : « le défaut d'éducation, la misère et le libertinage. »

le chevalier de l'Hermite, gentilhomme de la chambre du roi, si fier de son blason et de ses soi-disant illustres aïeux, se fut-il ravalé jusqu'à entrer dans une troupe d'acteurs de campagne, lui dont Scarron eut pu dire comme de son frère :

> Notre ami Tristan gentilhomme
> Autant qu'un dictateur de Rome ! (1).

On ne peut croire qu'il ait pris ce parti pour arracher sa femme à M. de Modène, puisqu'on le verra bientôt de plus facile composition. On ne peut dire qu'il ait voulu se cacher sous un nom d'emprunt parmi des comédiens, comme le font Marion de Lorme et son amant dans le drame de Victor Hugo, puisqu'il figure précisément parmi eux avec son véritable nom. C'était sa misère seule, sans doute, qu'il voulait cacher. C'est pour cela qu'à bout d'expédients, rencontrant soit en Avignon, soit à Lyon, où il pouvait également résider, une bande de comédiens de campagne de sa connaissance, le voilà avec sa femme et sa fille enrôlé parmi eux à la fin de 1652.

Cette troupe était précisément celle des Béjart et de Molière, dont il nous faut à grands traits rappeler l'histoire depuis qu'ils s'étaient placés sous le haut patronage de son Altesse d'Epernon.

XIV.

Le duc d'Épernon, sa cour et les comédiens de son Altesse (1646-1652).

Je pourrais me dispenser de parler des comédiens de M. le duc d'Épernon. Pendant que Madeleine Béjart put se dire

---

(1) Voir *Œuvres de Scarron*, édition Bastien, 1786, in-8°, t. VII, épitre chagrine à M. Rosteau (1652), p. 183.

appartenant à cette troupe de 1646 à la moitié de l'année 1650 (1), M. de Modène est loin de France et la vie de la belle comédienne n'intéresse pas immédiatement alors celle du gentilhomme Comtadin ; mais, l'histoire des acteurs de la troupe de son Altesse d'Épernon est encore tout entière à faire et je veux appeler sur elle l'intérêt des curieux. Si l'on a relevé en trop petit nombre hélas ! quelques-unes de leurs étapes de 1646 à la fin de 1651, on n'a absolument rien révélé de leurs rapports avec Bernard de Nogaret. On a trouvé seulement la preuve qu'ils ont donné des représentations devant lui en février 1650 à Agen, où ils avaient été mandés par son ordre. Et c'est tout ; on pourrait presque dire que ce n'est rien, lorsqu'on songe que pendant près de cinq années la troupe a du être appelée à contribuer aux plaisirs du puissant gouverneur de la Guyenne.

Au moins, lorsque plus tard la troupe sera pensionnée par le prince de Conti la verra-t-on, pendant que le prince n'aura pas renoncé à son goût pour la comédie, revenir chaque hiver, accourir de Lyon dans le Languedoc, pour donner devant lui de nouvelles représentations. Au moins sait-on quelque chose du caractère des rapports de Conti avec Molière, tant par les curieux *Mémoires* de Cosnac, que par les comptes des États du Languedoc, les dédicaces de Joseph Béjart et les lettres du prince lui-même. On ne connaît rien au contraire de la nature des rapports de M. d'Épernon avec le chef de la troupe de ses comédiens. Sa personne, sa figure, ses aventures sont pourtant pour le moins aussi curieuses à étudier que la vie du prince de Conti à la La Grange-des-Prés, à Montpellier et à Pézenas. Elles ne présagent pas moins de piquantes particularités ; les personnages qui se meuvent, les intrigues qui se nouent dans la petite cour du

---

(1) Si j'arrête à cette date l'époque à laquelle les Béjart purent se dire *en fait* les comédiens de M. d'Épernon, c'est que, comme on le verra, le duc quitta la Guyenne en juillet 1650.

duc à Cadillac ou à Agen ne dûrent pas avoir moins d'influence sur l'accueil fait alors à Molière que n'en eurent plus tard, aux portes de Pezénas, Cosnac, Mme de Calvimont et Sarrasin, amoureux de mademoiselle du Parc.

Qui nous donnera cette histoire intime de la cour du duc d'Épernon, et nous révélera le cas que Nanon de Lartigue fit du jeune acteur, appelé par le duc à lui donner le divertissement de la comédie ? Avant M. Brunetière (1), qu'on a cependant appelé un Moliériste malgré lui, on n'avait pas même encore mêlé ce nom de la jolie bourgeoise d'Agen à l'histoire de la troupe des Béjart, ni rattaché à vrai dire le comédien à la vie du gouverneur de la Guyenne. On se contentait, à propos des rapports du sieur Molière avec le duc d'Épernon, de répéter avec M. de Tralage, que le gouverneur de la Guyenne « estimoit cet acteur qui lui paraissoit avoir de l'esprit ». En vérité, c'était montrer bien peu de curiosité et ne guère se soucier de deviner quelle était la place, grande ou petite, obscure ou brillante, paisible ou contestée, qu'eu égard au caractère, et au genre de plaisirs du duc, Molière avait été appelé à prendre dans sa vie.

Le duc d'Épernon n'était nullement, ni cette grande, ni cette belle figure que décrivent dans leurs panégyriques Maréchal, Jean Magnon, Montfleury, le jeune Beauchasteau, Rangouze et autres flatteurs intéressés, qui voulaient simplement tirer le meilleur parti possible de leurs dédicaces et de leurs flagorneries. L'histoire n'a ni les complaisances, ni l'indulgence trompeuse de cette tourbe de caudataires ou de poëtes besogneux. Mgr le duc d'Aumale, après avoir portraituré le père du duc, l'ancien mignon d'Henri III, le prince des ténèbres de la Guyenne, « unissant la hauteur d'un grand seigneur de vieille race à l'insolence d'un par-

---

(1) V. *Études critiques sur l'histoire de la littérature française*, 1880, in-12, p.168. La notice sur Molière a paru d'abord dans la *Revue des Deux-Mondes*, 1er août 1877, p. 587 et suiv.

venu, vaniteux, rapace, prodigue, hardi, magnifique », montre Bernard de Nogaret « vicieux comme son père avec quelque chose de plus bas (1) » et le dit capable de trahisons comme de crimes, ainsi que le font penser les soupçons d'empoisonnement de sa première femme, fille naturelle de Henri IV, qui pèsent si généralement sur son compte. Ce n'est du reste qu'un écho des jugements des contemporains sur l'altier gouverneur de la Guyenne.

Que l'on consulte les Mémoires de Monglat, de Mme de Motteville, de Lenet, du cardinal de Retz, de Goulas, de Dubuisson-Aubenay, de Mathieu Molé etc., etc., on verra quel était l'orgueil, l'arrogance, la dureté et la violence de Bernard de Nogaret. Il fallait qu'il fut bien mal famé pour que Bautru, tout lâche courtisan qu'il était, fit un livre ayant pour titre : *Beaux traits de la vie de M. le duc d'Epernon*, livre dont tout le reste du volume était en blanc et pour cause. Ce qui fait surtout la contre-partie des éloges décernés au duc par les poètes, ses panégyristes, ce sont les nombreuses mazarinades fulminées contre lui par les Bordelais. C'est là qu'il faut voir le portrait en noir de ce « désolateur de la patrie », de ce prince des Vandales, qui a fait révolter contre lui tout le genre humain par son despotisme, de ce tyran dur, avide, hautain, qui veut qu'on le traite de très haut et puissant prince et s'intitule Altesse sérénissime.

Mme de Motteville, bien que fervente royaliste, après avoir mis en relief « sa hautaine et superbe manière » dit qu'il

(1) Voir *Histoire des princes de Condé*, III, 386 et 400. « Il eut tous les défauts de son père, n'hérita d'aucune de ses qualités, et fut doué sinon de plus d'orgueil du moins de plus de vanité », a dit de lui M. Durand, *Notice sur les ducs d'Épernon, leur château de Cadillac et leurs sépultures*, Bordeaux, 1854, in-8º. — Voir les nombreux portraits du duc gravés par Michel Lasne, Nanteuil (1650), Van Schuppen (1661), etc. Le Père Lelong indique huit portraits gravés de M. d'Épernon.

n'avait rien de bon que la magnificence (1). Il aimait le faste, les fêtes, et le luxe des châteaux princiers. De là son goût pour les artistes, les poètes, les comédiens et ses relations avec eux. De là ses points de contact avec Molière. Ce qui lui faisait encore déployer des allures plus fastueuses et ravivait son goût pour les fêtes, lorsque les débris ou plutôt le noyau de l'*Illustre théâtre*, recueillis par la troupe de Dufresne, furent rattachés à sa personne, c'est que peu de temps auparavant, bien qu'il fut déjà un barbon ayant dépassé la cinquantaine, il était devenu amoureux sur le tard et qu'il avait besoin de se faire aimer, sinon pour lui-même, au moins par les plaisirs qu'il procurait à son amoureuse (2).

Ce prince, devant qui tout tremblait, était lui-même l'esclave d'une simple bourgeoise d'Agen, qui avait trouvé le moyen de lui plaire et de le dominer en le flattant.

Il s'était épris de la belle Agenaise lors de son entrée dans cette ville le 17 avril 1644. Descendu chez M. de Maurès, avocat au siège présidial, maître de requêtes de la reine, seigneur d'Artigues, il était devenu éperdûment amoureux de l'aînée de ses cinq filles Anne, connue sous le nom de Nanon de Lartigue (3). Dès lors Agen était devenu l'objet de ses faveurs et de ses complaisances, sa ville de prédilection. Les fêtes s'y succédaient pour l'enchantement de Melle de Maurès Ce fut elle qui, dès 1645, fut la reine du *Ballet à sept entrées*, dont la relation fut alors imprimée à Agen chez Goyau (in-4°, 1645). C'est auprès d'elle, dans cette ville, que

(1) *Mémoires de Mme de Motteville*, édition Charpentier, III, 189 et suiv. et 207.

« Ses maisons étaient toutes belles et bien bâties, ses meubles magnifiques » dit de lui Mme de Choisy dans le portrait de sa femme. Voir *Galerie des portraits de Melle de Montpensier*, in-8°, Didier, p. 431.

(2) Le duc était né en 1592, et avait cinquante-deux ans lors du commencement de ses amours avec Mlle de Lartigue.

(3) Sur cette famille voir La Chesnaye Desbois, *Dictionnaire de la noblesse*, 2me édition, t. XIII, in-4°, p. 494.

le duc avait prolongé jusqu'à la fin de l'année son séjour, qui y durait encore le 29 décembre (1).

Ce fut sans doute lors de son voyage à Paris, au mois de mars 1646, qu'il profita de cette époque de l'année, qui ramenait dans la capitale les troupes de campagne en vue de leur recomposition, pour « *enrichir par des présents magnifiques autant que par d'illustres acteurs* », comme le dit Maréchal, la troupe des comédiens « destinée seulement aux plaisirs de sa Grandeur » (2). Son homme d'affaires, Thouvenin, dont il est bien souvent question dans sa correspondance et dans celle de Mazarin, eût bien pu traiter la jonction des acteurs de feu l'*Illustre Théâtre* avec la troupe de Dufresne, depuis longtemps familière avec le midi ; mais la présence du duc à Paris, et les termes mêmes de la dédicace de *Papyre ou le dictateur romain* permettent d'attribuer à Bernard de Nogaret lui-même cette attache de Molière et des Béjart à la troupe destinée aux divertissements du duc et à ceux de Nanon de Lartigue (3).

(1) Voir *Archives historiques de la Gironde*, t. IV, in-4°, 1864, p. 258, Correspondance du duc d'Épernon.

(2) Pâques tomba cette année le 1er avril. Le duc se trouvait à Paris pendant le carême. Tout bien pesé, c'est donc à cette époque que je crois le plus judicieux d'attribuer l'entrée de Molière dans la troupe de son Altesse d'Épernon.

Il est plus vraisemblable de supposer la présence de Dufresne à Paris lors du carême de 1646 que celle de Molière à Lyon, tout en reconnaissant qu'il ne serait pas impossible que les Béjart fussent allés rejoindre Dufresne à Bordeaux ; mais les actes de société entre comédiens se faisaient le plus souvent en présence de tous.

(3) Voir sur les amours du duc et de Nanon de Lartigue, *Mémoires de Lenet*, édit. de 1729, in-12, t. I, p. 298; Boudon de Saint-Amans, *Histoire de Lot-et-Garonne*, 1836, in-8°, p. 75 et suiv ; M. Magen, *Recueil des travaux de la Société d'agriculture d'Agen*, t. VII, 1854 ; M. Delpit, *Tablettes des bibliophiles de Guyenne*, t. I, p. 208, Bordeaux, gr. in-8° 1873, notes à une mazarinade de 1650 publiée par lui, *Le prince ridicule*; M. Tamizey de Larroque, *Note sur Melle de Maurès, plus connue sous le nom de Manon Lartigue ou de Nanon de Lartigue*, Cabinet historique, t. XX, 1874, p. 1 à 13. Les romanciers eux-mêmes se sont occupés de la maîtresse du duc. Alexandre Dumas a fait d'Anne de Maurès une des

Jusqu'à quelle époque le duc d'Épernon prolongea-t-il son séjour à Paris ? cela n'est pas encore bien éclairci à l'heure qu'il est. Dès le 8 mai la cour avait quitté la grande ville pour se rendre à Compiègne et prendre le chemin de la Picardie, où l'appelaient les opérations de la guerre. Est-il probable que Bernard de Nogaret soit resté dans la capitale, en son hôtel de la rue Platrière, après le départ du roi et de sa mère (1) ?

On ne le retrouve que le 24 août *à Agen*, écrivant à Mazarin : « Deux jours après mon arrivée en cette province, je me trouvay attaqué d'une maladie, la quelle quoy que peu dangereuse n'a pas laissé d'être longue et fâcheuse et je n'en suis guéry que depuis deux ou trois jours (2) ». C'est à Agen qu'il avait éprouvé cette maladie.... *de langueur*, c'est là qu'il acheva sa guérison toujours auprès de Melle de Lartigue. Sa correspondance le montre dans cette ville le 7 septembre, comme le 21 décembre 1646 (3). C'est précisément à cette année et à la suivante 1647 (4) qu'on rapporte les fêtes et les embellissements que le duc prodigua si largement à Agen. « Tout le temps de son séjour se passa

---

héroïnes du roman historique et du drame de *La guerre des femmes*. Voir encore M. O. Reilly. *Histoire complète de Bordeaux*, 1857, 1re partie, t. II, p. 579 ; Feillet, *La misère pendant la Fronde*, in-12, p. 184 ; Saint-Aulaire, *Histoire de la Fronde*, II, 237, etc.

(1) Que veut dire cette phrase d'une lettre de Ménage, publiée par M. Matter, *Lettres et pièces rares inédites*, in-8°, 1846, p. 231 : « Monsieur d'Épernon est parti le mesme jour (15 mars 1646) *pour l'autre monde* » ? N'y a-t-il pas erreur de transcription ?

(2) *Archives historiques de la Gironde*, t. IV, p. 266. Le 12 septembre Mazarin le félicite de son rétablissement, *Lettres de Mazarin*, II, 808. Il fallait que la maladie du duc n'eut pas été bien sérieuse, puisqu'il n'avait pas fait venir sa femme et sa fille restées à Paris. Il ne les rappela que le jour de Sainte-Thérèse, le 15 octobre, ainsi que nous l'apprennent les *Mémoires de Mademoiselle*, où l'on trouve les renseignements les plus précis sur la duchesse et sa belle-fille.

(3) *Archives historiques de la Gironde*, t. IV, p. 267-269.

(4) La correspondance du duc, qui a été publiée, ne fournit qu'une lettre pour 1647 et elle est d'Agen, le 31 mai. Voir *ut suprà* p. 273. Les lettres

en divertissements. Il fit des courses de bagues, des carosels, des parties de masques ; il voulut bien que cette ville se sentit de sa faveur (1) ».

C'est de 1646 qu'on date la construction des écuries du roi ; c'est à cette époque qu'il fit planter de belles promenades et les beaux jardins de Malconte, qu'il rendit un lieu de plaisance, et une agréable solitude propice pour y abriter discrètement ses amours. La présence de la duchesse fut aussi le prétexte d'une nouvelle succession de fêtes. Bien qu'en apparence célébrées en son honneur, elles s'adressaient en réalité à Melle de Lartigue, comme en 1664 celles de Versailles, *les Plaisirs de l'Ile enchantée*, avaient pour objet Melle de la Vallière. En 1647 la duchesse d'Épernon vint de Cadillac à Agen par la Garonne et fut reçue solennellement dans cette cité (2). Quelques jours après son arrivée la ville fut éblouie par le spectacle d'un carrousel resté célèbre, comme la plus splendide journée de cette série de fêtes. On y vit sept quadrilles, composés de seigneurs masqués, et le carrousel fut suivi d'une course de bagues. Molière n'eût-il

de Mazarin à M. d'Épernon abondent en 1647, voir *Lettres de Mazarin*, t. II, p. 840-982. Le duc ne quitta plus la Guyenne jusqu'à 1650. Il eut la velléité de se rendre en cour au printemps de 1648 ; mais Mazarin, par une lettre du 30 mai, le fit renoncer à ce voyage.

(1) Voir Boudon de Saint-Amans, *Histoire de Lot-et-Garonne*, p. 74 et suiv. Il faut cependant ne pas ajouter une foi aveugle aux dates qu'il indique. M. Tholin écrivait récemment. (Voir *Cahier des doléances du tiers-état du pays d'Agenais aux États-Généraux*, Picard, gr. in-8°, 1885. p. 80-81): « Saint-Amans a réalisé ce tour de force incroyable d'écrire une histoire du département sans consulter les archives d'Agen ». Voir aussi l'*Histoire manuscrite d'Agen, de Bernard de Labenazie*, t. I. 330, citée par M. Tamizey de Larroque dans sa *Notice sur Melle de Maurès*.

(2) Plus tard la duchesse maltraitée par son mari, humiliée par sa rivale, quitta la Guyenne et fut obligée de se retirer à Paris ; « objet de compasion à toute la cour ». Peut-être le spectacle de la vie de son père, outre ses mécomptes personnels, contribua-t-il aussi à jeter Mlle d'Épernon dans le cloître, chez les carmélites. Elle y entra en 1648, à vingt-quatre ans. Voir sur la duchesse la *Galerie des portraits de Melle de Montpensier*, p. 429, 490, et sur sa belle-fille, M. Cousin, *La jeunesse de Melle de Longueville*, in-12, p. 102-106, 365, 422.

pas dès lors sa place dans cette fête, comme plus tard à Versailles dans les *Plaisirs de l'Ile enchantée*? Les comédiens du duc d'Epernon ne furent-ils pas appelés à faire en 1647 ce que, devenus plus tard comédiens du roi, ils firent en 1664, pour contribuer aux plaisirs de leur nouveau Mécène, et de celle qui était l'objet de cette longue suite d'enchantements? Il n'y avait pas de grandes réunions mondaines à cette époque sans les divertissements de la comédie. Le théâtre était un plaisir essentiellement aristocratique, faisant partie intégrante des fêtes du *high life* d'alors. Puisque le duc avait une troupe de comédiens « destinés seulement aux plaisirs de sa Grandeur », n'est-il pas impossible qu'il ne les ait pas appelés auprès de lui, non seulement pour se distraire, au lendemain de ses jours de maladie en 1646, mais surtout pour leur donner une large part dans ces journées de gala, qu'il prodiguait en l'honneur de mademoiselle de Lartigue en 1647. Qu'on cherche dans le récit de ces fêtes, dont la date précise reste à connaître et l'on y verra certes trace de « comédies ». Et une fois cette trace trouvée, on pourra avoir, non seulement la certitude morale, mais la certitude complète, absolue, que Molière se trouvait alors à Agen, puisque c'était bien la troupe de son Altesse qui était naturellement appelée et non d'autres à contribuer à ses plaisirs.

Comment n'a-t-on pas compris cette coïncidence, quasi obligatoire, entre les séjours, ou plutôt entre les fêtes du duc d'Épernon et les étapes de Molière? Comment, au lieu de s'obstiner à le chercher à Bordeaux, surtout en ces années 1646 et 1647, n'a-t-on pas vu que c'était avant tout à Agen qu'il y avait chance de trouver sa trace et celle de ses compagnons auprès du duc, retenu lui-même auprès de Melle de Lartigue? Ce n'est que dans les intervalles des fêtes, lorsque le duc et son amie étaient blasés sur les tirades tragiques et les ballets, ou que la saison moins propice les appelait à d'autres plaisirs, que la troupe des comédiens de son Altesse recouvrait sa liberté et pouvait courir la Guyenne ou le Languedoc ou même d'autres provinces plus lointaines, quitte à ménager son itinéraire selon les besoins de son service auprès du duc ou à revenir en hâte pour répondre à des appels imprévus. Agen alors est, comme Lyon plus tard, le principal point d'attache et de ralliement de Molière : c'est de là qu'il doit rayonner vers toutes les directions qu'il a suivies et qu'il faut étudier les itinéraires qu'il a parcourus tant à l'aller qu'au retour. Ah ! si la Garonne avait voulu ! il y a longtemps que nous aurions dû en savoir davantage sur ces premiers débuts de la troupe de Dufresne et des Béjart auprès de Bernard de Nogaret. A mon tour, je me contente de l'invite que j'adresse de loin, de bien loin, du fond d'un bourg du Maine, aux Moliéristes de là-bas, ne voulant pas chasser sur leurs terres. J'aurais peur d'humilier ce beau fleuve, dont les rives ne sont pas d'ordinaires si muettes et dont l'écho, à défaut de vérités prouvées, est habitué à répéter tant de légendes et d'imaginaires fantaisies.

Ce n'est qu'à partir de juillet 1647 environ, grâce à l'*Inventaire des archives municipales d'Alby*, page 122, et à l'auteur de l'*Histoire littéraire d'Alby*, M. Jules Roland, en 1877, qu'on commence à être sur la piste de Molière. A cette date, les fêtes du carrousel d'Agen, qui ont dû être célébrées lors des beaux jours du printemps, sont terminées ; Molière est libre jusqu'à l'approche de l'hiver. Il use de sa liberté pour courir à d'autres fêtes, là où il a chance de trouver les plus belles chambrées, les plus grosses recettes, les seigneurs les mieux accueillants et les plus généreux. Après avoir séjourné d'abord dans la capitale du Languedoc, dans Toulouse la grande, ils viennent « *exprès* » à Alby, mandés par cette ville pour donner la comédie à l'occasion de l'entrée de monseigneur le comte d'Aubijoux, lieutenant-général pour le roy en la province du Languedoc, (le samedi 27 juillet 1647) et pour y demeurer pendant le séjour du dit

Mgr le comte. C'est aux entrées de ce genre qu'on est presque toujours sûr de rencontrer des comédiens. Qu'on cherche les entrées, dans les différentes villes de leur gouvernement, du comte d'Aubijoux, du marquis de Saint-Luc (1), du comte de Roure, du comte de Bieule, de Monseigneur d'Arpajon etc., il est bien rare qu'on ne voie pas une troupe d'acteurs appelés à leur donner le divertissement de la comédie. Mais c'est avant tous les autres François-Jacques d'Amboise, vicomte d'Aubijoux, qui intéresse les historiens de Molière. Favori de Monsieur, ami du plaisir, joyeux épicurien, convive empressé de Chapelle et de Bachaumont, Mr d'Aubijoux rencontrait en Molière et en ses actrices qu'il avait vu jouer au Luxembourg, lors des débuts de l'*Illustre Théâtre*, des visages de connaissance qui lui rappelaient le souvenir des fêtes de Paris au fond du Languedoc. Depuis cette rencontre de 1647 à Alby, jusqu'à sa mort en 1656, il ne cessa de protéger le comédien du jeu de paume des Mestayers ; gouverneur de Montpellier, il eût soin de l'appeler aux États et auprès de lui dans cette ville, à la fin de 1653, à son départ de La Grange-des-Prés. Il le retint même au commencement de 1654 après le départ du prince de Conti qui, avant d'aller à Paris épouser une des nièces de Mazarin, était venu faire la fête à Montpellier auprès du joyeux gouverneur, et enterrer sa vie de garçon dans de folles journées de plaisirs qui lui laissèrent des remords de plus d'un genre. En un mot, il fut un des protecteurs les plus empressés de Molière, j'allais dire un de ses amis, à cette époque de sa jeunesse folle. Les séjours de M. d'Aubi-

---

(1) A propos de François d'Épinay, marquis de Saint-Luc, maréchal-de-camp, lieutenant-général en 1650, j'indiquerai précisément une lettre de Mazarin, du 28 juillet 1650 (*Lettres de Mazarin*, t. III, p. 636), annonçant qu'il arrive pour faire sa charge de lieutenant-général en Guyenne. C'est précisément l'époque à laquelle le départ de M. d'Épernon laissait Molière en panne. — Il faut encore ajouter le nom du comte de Brion à ceux des anciens favoris de Monsieur que Molière dût rencontrer en Languedoc.

joux, comme ceux de M. d'Épernon, sont même des points de repère, dans l'histoire de la troupe des Béjart.

Après avoir séjourné à Alby probablement encore en août et en septembre 1647, Molière et ses compagnons sont le 9 octobre à Carcassonne, comme l'indique la curieuse lettre de l'intendant du Languedoc, Louis Le Tonnelier de Breteuil (1). Cette lettre est le seul document contemporain que nous possédions encore sur l'estime et le cas que l'on faisait déjà de la troupe des comédiens de M. le duc d'Épernon et qu'ils méritaient qu'on fît d'eux. « Cette troupe, dit-il, est remplie de fort honnêtes gens et de très bons artistes qui méritent d'être récompensés de leurs peines », témoignage moral cent fois plus précieux que tous les renseignements sur les séjours et les tournées de Dufresne et des Béjart. C'est là le premier titre de noblesse délivré à Molière, et comme la préface du *Journal de Lagrange*, ce livre d'or du grand comédien et de sa troupe.

D'octobre 1647, où ils se trouvaient à Carcassonne, quelle fut la marche probable des comédiens de M. d'Épernon? Revinrent-ils vers Agen où le duc acheva sans doute l'année ? La troupe assista-t-elle à la session des états du Languedoc à Carcassonne, qui dura du 13 février au 29 mai 1648 et fut ouverte par le comte d'Aubijoux (2) ? Pendant le cours de l'année 1648 Bernard de Nogaret est bien plus souvent absent d'Agen. En avril il est à Montauban. Sa correspondance est datée de Bordeaux du 21 mai au 5 septembre (3). C'est que la politique est venue jeter le trouble

(1) M. de Breteuil ne mourut que longtemps après en 1685, à 76 ans.

(2) Cette assemblée des États fut ouverte par lui et présidée par l'archevêque de Narbonne. Voir l'*Inventaire des archives* du Tarn, C. 64 ; voir aussi, *Lettres de Mazarin* t. III, p. 1,003, 1,004, 1,021, les lettres du cardinal du 20 mars au 8 mai relatives à la tenue des États et par lesquelles il remercie entre autres l'archevêque de Narbonne, président né des États et le comte d'Aubijoux du zèle avec lequel ils servent de roi dans les États du Languedoc.

(3) Aucune lettre de lui des quatre premiers mois de l'année, sauf une

dans ses amours ; les dissentiments qui se sont élevés entre lui et le parlement et les habitants de Bordeaux, dès le milieu d'août 1648, ont donné lieu déjà à des émeutes, l'ont forcé à renoncer à sa quiétude et aux ombrages des délicieux jardins de Malconte pour lutter contre les Bordelais, qui ne veulent pas se soumettre à sa fiscalité et se mutinent contre sa tyrannie. A Bordeaux, comme à Paris, la Fronde a fait ses premiers débuts.

Pendant que le duc d'Épernon parcourt son gouvernement ou qu'il est retenu à Bordeaux par les soucis de la politique, Molière est libre, il pérégrine au loin (1). Alors que le duc est à Montauban, il est lui, le 23 avril, bien loin de la Garonne, sur les bords de la Loire, à Nantes.

Le gouverneur, M. le maréchal de la Meilleraye, a dû de l'Arsenal aller voir jouer en 1645, au port Saint-Paul, les comédiens du jeu de Paume de la Croix-Noire ou plutôt les appeler chez lui en visite ; mais il est malheureusement malade et cela oblige la troupe à différer ses représentations dans cette ville. Ils sont encore à Nantes à la fin de mai et le 9 juin 1648 adressent une requête au lieutenant-particulier de Fontenay-le-Comte, afin d'être autorisés à jouer pendant vingt et un jours à partir du 15 dans cette ville du Poitou. Cette année paraît avoir été plus que toute autre pour la troupe celle des voyages lointains et des longues absences.

En 1649 les voilà revenus sur les bords de la Garonne. Le

datée de Montauban 21 avril, n'a été publiée dans sa correspondance. Une seule est écrite d'Agen le 13 octobre. Le 3 décembre il est à Bordeaux. On le retrouve à Agen le 21 janvier 1649. Voir *Archives historiques de la Gironde*, t. IV, aux dates indiquées. Voir aussi les *Lettres de Mazarin*, t. III, p. 235, 237, 248, 991-1,054.

(1) Chose étonnante, pendant qu'il est comédien du duc d'Épernon, Molière est presque toujours en l'air, ou du moins, au lieu de se montrer le plus souvent auprès du duc, il ne s'est guère laissé découvrir jusqu'ici, (peut-être par la faute des chercheurs) que loin de lui et courant les provinces. On pourrait presque dire qu'on ne le rencontre que là où n'est pas le duc et toujours errant, même dans les années de calme qui ont précédé la Fronde et qui ont été les plus fécondes en fêtes.

duc a probablement ouvert l'année à Agen pour ses étrennes ou plutôt pour celles de Nanon. Il y est le 21 janvier (1) ; mais dès le 26 on le voit à Bordeaux, où il reste jusqu'au commencement de mars. La lutte avec les Bordelais commence à être dans son plein, lutte ardente, bien qu'interrompue par des paix de courte durée et sans lendemain.

Le duc, tour à tour plein de rigueur et de violence, puis faible et timide (2), entre à Bordeaux, puis le quitte, y revient pour s'en retourner aussitôt ou plutôt s'enfuir à Cadillac. C'est ce château qui est le lieu de sa principale résidence en 1649 (3).

Comme Agen, Cadillac lui aussi a dû voir jouer Molière, Cadillac où, en 1659, nous montrerons une autre troupe célèbre jouant devant le roi et la cour, lors de la fastueuse hospitalité que leur donna le duc d'Épernon à l'époque de leur passage en Guyenne. Jusqu'à présent les historiens locaux ont négligé d'écrire la chronique des fêtes de Cadillac. L'abbé O. Reilly a simplement mentionné la magnifique réception que le duc fit le 2 août 1644 à la princesse de Carignan, la fille de la comtesse de Soissons, à Bordeaux et dans ce château où il la choya d'une manière quasi royale (4).

(1) C'est aussi le 26 février 1649 que se fit à Agen l'ouverture des *États de l'Agenais*.
(2) Voir *Journal de d'Ormesson*, I, 758.
(3) Sa correspondance l'y montre du 19 mars au 9 mai, et du 3 août à la fin d'octobre. Il y a une lacune dans la correspondance (publiée) du duc du 1er novembre au 2 juin 1650. On ne le voit à Agen que le 19 mai 1649, le 22 juin jour où il y fait sa rentrée en grande cérémonie aux dires de M. Magen, et aussi le 7 juillet. Le duc, au reste, dès cette époque devait commencer à se faire accompagner par Nanon de Lartigue. Voir en outre sur les résidences du duc en 1649, M. Magen, *La troupe de Molière à Agen*, 1877, in-8º, p. 23. Voir aussi les *Lettres de Mazarin*, t. III, p. 276-454 *passim*, et 1,081-1,123. La dernière des lettres analysées de Mazarin, est du 3 juillet 1649. Sur le séjour du duc à Cadillac, voir, O. Reilly, *Histoire complète de Bordeaux* ; D. Fonteneil, *Mouvements de Bordeaux*; Dom de Vienne, *Histoire de Bordeaux* ; M. Durand, *Notice sur les ducs d'Épernon, leur château de Cadillac*, 1854, in-8º ; *Journal de d'Ormesson*, I, 771 ; *Chronique Bourdelaise*, Continuation, p. 62, etc., etc.
(4) *Histoire complète de Bordeaux*, 1857, in-8º, 1re partie. t. II, p. 468,

L'histoire artistique seule de Cadillac commence à être mieux connue. Pour être bien renseigné sur celle de ses fêtes il nous faut attendre le livre de M. Arnaud Communay, sa *Chronique de Cadillac*, qui doit comprendre jour par jour tous les actes politiques, religieux et domestiques des d'Épernon, 1560-1661, et contiendra, je l'espère, sur les fêtes que le second duc donna dans sa fastueuse résidence, des documents aussi curieux que ceux déjà publiés sur les artistes qui ont embelli cette demeure princière (1).

M. d'Épernon avait à Cadillac jusqu'à une imprimerie personnelle, qu'il avait établie spécialement pour les ordonnances de son gouvernement, ce qui indisposait les frondeurs de Bordeaux. Quelle bonne aubaine pour un curieux s'il découvrait une affiche, un programme de spectacle, ou un livret de ballet, relatifs à la troupe de Molière, et imprimés à Cadillac même, lors de ses représentations par les presses du duc d'Épernon. Ne parlons pas trop haut même

note. Voir *ibidem.* p. 491, 528, sur le séjour du duc à Cadillac en 1649 et Dom de Vienne, 2ᵉ édition, t. I, 312 et Fonteneil, *Mouvements de Bordeaux*, 312 et 325.

(1) Voir sur la publication annoncée de M. Communay, et sur les artistes des ducs d'Épernon, la *Gironde littéraire et scientifique* du 17 janvier 1886, la *Revue de l'Art français*, décembre 1885, p. 177-183, et février 1886, p. 48, la *Gazette des Beaux-Arts*, février 1886, p. 135 et suiv. la *Renommée de Cadillac*, par M. Gonse. Voir encore outre la Notice de M. Durand sur les ducs d'Épernon et leur château de Cadillac, *Actes de l'académie de Bordeaux*, 1854, p. 353; *Revue des sociétés savantes*, 1876, t. I, p. 332, 1882, p. 81 et *Société archéologique de Bordeaux*, t. III, 1876, p. 1-6, les notices de M. Ch. Braquehaye sur le château, la chapelle funéraire, le mausolée des ducs d'Épernon à Cadillac et spécialement sur la statue de la Renommée. Voir aussi du même auteur, *Société archéologique de Bordeaux*, 1882, p. 57, le marché fait le 8 mars 1644 à Cadillac par le duc pour les restaurations de son château de Beychevelles et *Revue de l'Art français*, février 1886, p. 18, le document publié par le marquis de Castelnau d'Essenault sur deux peintres du premier duc d'Épernon, d'après les dépenses faites par l'intendant du duc, Honoré de Mauroy, pour les affaires de M. le duc d'Épernon. S'il existe un pareil état des dépenses faites par Léonard de Giac, intendant des affaires du second duc, il doit s'y trouver des renseignements sur les sommes payées à la troupe de Molière pensionnée par son Altesse.

de cette découverte inespérée, de peur que quelque faussaire,jaloux de marcher sur les traces de Vrain-Lucas, ne se mette à fabriquer la pièce et à la vendre à quelque émule de Soleirol (1).

Pendant cette année 1649, l'année pendant laquelle le duc fut engagé le plus avant dans les troubles et la guerre de la Fronde, et surveilla Bordeaux de plus près de son château de Cadillac, on ne trouve guère Molière qu'une seule fois, au mois de mai, à Toulouse, où Dufresne et les comédiens de sa troupe, le 16 mai, reçoivent soixante-quinze livres « pour avoir du mandement de messieurs les Capitouls joué et fait une comédie à l'arrivée en cette ville du comte de Roure, lieutenant-général pour le roi en Languedoc ». Quelques semaines plus tard le comte de Roure ouvrait à Montpellier les états du Languedoc, qui s'y tinrent du 1er juin au 23 novembre 1649 (2). La troupe de Dufresne et de Molière, qui venait de faire connaissance avec le comte, ne le suivit-il pas tout naturellement aux États de Montpellier ? Lorsqu'on la retrouve à l'extrême fin de l'année, elle est précisément dans le voisinage de cette ville, à Narbonne le 26 ou le 27 décembre. Cependant *le sieur Molière* avait adressé quelque temps plus tôt, par

(1) Voir sur cette imprimerie particulière du duc, Moreau, *Bibliographie des Mazarinades*, II, 197. Il faisait parfois sans doute transporter à Cadillac les presses d'Agen. Voir aux Archives de Lot-et-Garonne EE, 3, l'ordre de lui envoyer Fumadères avec les outils de son imprimerie. (C'est Jean Fumadères, imprimeur du roi et de la ville d'Agen, qui est à la fois l'imprimeur et l'éditeur du récit de la fête et du ballet, composé de douze entrées, donné à Agen le 3 mai 1651 en l'honneur de la nomination de Condé comme gouverneur de Guyenne, ballet dont il serait curieux de connaitre les acteurs qui purent y figurer). Les relations étaient fréquentes d'une ville à l'autre. Voir *ibidem*, l'organisation pour les messagers entre Agen et Cadillac et EE, 2, les états de frais de voyage pour un député d'Agen pour aller prendre les ordres du duc d'Épernon à Cadillac, 1648-1649.

(2) V. *Lettres de Mazarin*, t. III, p. 1,126 et 1,131, lettres à M. de Roure des 10 et 20 juillet 1649 et *Inventaire des Archives du Tarn*, C. 64.

lettre, au conseil de ville de Poitiers, la demande de venir dans cette capitale du Poitou « pour y passer ung couple de mois ». Cette permission lui fut refusée le 8 novembre 1649 « attendu la misère du temps et chèreté des bledz » (1). Il y avait loin de Montpellier à Poitiers ; si Molière ne reculait pas devant une aussi longue étape (dont la longueur pourrait seule faire naître une légère hésitation sur son séjour à Montpellier), (2) c'est donc que la guerre, l'extrême misère d'alors dans le midi comme ailleurs, et peut être aussi la présence d'autres troupes rivales lui avaient fait désirer de s'éloigner de la Guyenne comme du Languedoc.

Au commencement de 1650, le 10 janvier, Molière est encore à Narbonne, dans cette ville qui devait le voir revenir plus d'une fois avec les comédiens de sa troupe. C'est alors qu'il tient sur les fonts un enfant d'une comédienne de « sa bande » très probablement, avec demoiselle Catherine du Rosé, le future Melle de Brie, en présence de Charles Dufresne et de Julien Meindre, s[r] de Rochesauve.

On voit que Mademoiselle de Brie fit partie des comédiens

(1) Voir la note de la page 163 mise au journal d'Antoine Denesde, marchand ferron à Poitiers, *Archives historiques du Poitou*, t. XV, par M. B. de Verneuil, éditeur de ce journal, et le *Moliériste*, t. VII, janvier 1886, p. 300. Il reste à savoir de quel lieu Molière écrivait sa lettre au conseil de ville de Poitiers. — Je rappelle en passant que j'ai indiqué avec témoignages à l'appui qu'Édouard Fournier avait dû se tromper en pensant que la troupe de Molière avait joué devant la cour à Poitiers à la fin de 1651. Voir *La Troupe du Roman comique*, p. 44 et 149. M. Brunetière s'est aussi rangé à mon avis ; voir *Études critiques*, p. 170.

(2) Il faut pas oublier, qu'une session de six mois des États était trop longue pour que la même troupe de comédiens pût représenter devant eux, pendant 180 jours, et que Molière au bout de quelques mois devait être tenté d'aller jouer devant de nouveaux auditeurs. Je ne parle pas du désir de se rapprocher de Paris en vue de l'époque de Pâques. C'est précisément au commencement de 1649 que les comédiens de Paris avaient crié famine, comme on le voit par les curieuses mazarinades où ils exhalent leurs plaintes. Les temps n'étaient pas encore assez changés pour inspirer à des comédiens de campagne la pensée de rentrer à Paris, ne fût-ce qu'un instant.

de Molière bien avant leur arrivée à Lyon. Cela peut servir à réfuter l'assertion de M. Mahrenoltz, qui n'a pas hésité à regarder cette actrice, fidèle amie de Molière, comme l'auteur de l'odieux pamphlet de la *Fameuse comédienne* (1), où Molière est traité de la façon qu'on sait, et qui n'en serait pas moins une basse injure à sa mémoire, quand même le passage, qui le vise ainsi que Baron, serait interpolé dans la *Fameuse comédienne*. Il est dit dans ce livre qu'elle faisait partie, ainsi que Melle du Parc, d'une autre troupe établie à Lyon lorsque Molière y arriva (2). On voit que cette assertion est erronée, et que dès 1650 Catherine du Rosé accompagnait les comédiens du duc d'Épernon. Melle de Brie ne se serait pas elle-même trompée de la sorte sur son compte. Quelle singulière idée du reste d'aller chercher dans cette amie de Molière l'auteur de la diatribe immonde dans laquelle sa femme et lui sont traînés dans la boue ! Que Melle de Brie ait été l'ennemie d'Armande, on le conçoit ; mais celle qui avait été honorée de l'amitié de Molière ne pouvait pousser la jalousie jusqu'à salir de la sorte la veuve de son ami. Des Molièristes, excessifs dans leur tendresse pour tout ce qui touche à leur héros, sont allés jusqu'à appeler Melle de Brie *l'ange du sacrifice* (3). Le mot est singulièrement risqué, et le sacrifice n'a rien à voir dans la conduite trop accomodante de la complaisante comédienne. Melle de Brie avait des trésors de tolérance, mais il faut avouer que ce singulier ange n'eût été qu'un bien noir démon s'il avait rédigé les infâmes calomnies de la *Fameuse comédienne* (4).

(1) V. M. Mahrenoltz, Die Komposition der Fameuse comédienne, *Zeitschrift für neufranzösische sprache und litteratur*, Band IV, Liepzig, 1882, in-8°, p. 89-94.

(2) V. *La Fameuse comédienne*, p. 5, édition Livet, Liseux, in-12, 1876.

(3) V. M. H. de La Pommeraye, *Les amours de Molière*.

(4) Il était facile, même avant l'article du *Moliériste* du 1er avril 1881, de reconnaître Melle de Brie dans l'acte de baptême de Narbonne du 10 janvier 1650. M. Jal avait fait connaître qu'elle s'appelait Catherine Leclerc du

La troupe de Molière était sans doute encore à Narbonne à la fin de janvier 1650, lorsqu'elle en fut rappelée, pour se transporter à près de quatre-vingts lieues de là, à Agen, où Mgr d'Épernon mandait ses comédiens à venir lui donner le divertissement de la comédie. La troupe obéit à l'ordre du maître ; le 13 février Dufresne rendait ses devoirs à messieurs de ville d'Agen et leur apprenait que lui et ses compagnons « estoient en cette ville par l'ordre de monseigneur le gouverneur ».

Cette fois la présence de Molière à Agen, par ordre du duc d'Épernon, et commandé pour jouer devant lui, est indubitable. Elle a été formellement établie à cette date par M. Magen, l'auteur de cette découverte, dans la deuxième édition de la *Troupe de Molière à Agen* (1).

Rozet, et j'avais dit moi-même dans *La troupe du Roman comique*, p. 65, qu'elle était probablement la fille du comédien *du Rossay*, qualifié de comédien du duc d'Angoulême à Paris en 1630. Voir Soulié, *Recherches sur Molière*, p. 155, 157, 162.

Quant à Julien Meindre, sieur de Rochesauve, qu'on retrouve figurant de nouveau dans l'histoire de Molière à Montpellier, le 22 février 1655, voir sur le compte de cet homme de confiance de Baratier, employé par lui de 1644 à 1662 au recouvrement des tailles, fils d'un marchand, né vers 1626, puis revenu dans sa ville natale à Brioude, et mort en 1678, l'*Intermédiaire*, 1878, p. 63 et sur Baratier, M. Campardon, *Documents inédits sur Molière*, 1871, p. 69. Comparer à ces renseignements ceux de M. Baluffe sur Julien Meindre, le *Moliériste*, t. VII, p. 84. Voir, *Molière inconnu*, p. 75 et suiv., ceux qu'il donne sur le receveur des tailles de Montélimar, Baratier. — Disons en passant que c'est à propos de ce séjour de Molière à Narbonne à la fin de 1649, que M. Moland, *Œuvres de Molière*, 2e édition, 1885, t. I, p. 76, parle de la présence de Mme de Villedieu à Narbonne. Sans vouloir entrer ici dans l'examen des rapports de Molière et de Melle Desjardins, bien que le sujet soit tentant, disons que c'est certainement à un de ses passages postérieurs qu'il faudrait rapporter leur commune présence dans cette ville ? Sur la prétendue présence de Melle Desjardins dans sa troupe, voir M. de la Sicotière qui réfute cette opinion, *Bulletin de la Société historique et archéologique de l'Orne*, t. I, 1883, p. 326.

(1) V. *La troupe de Molière à Agen*, Paris et Bordeaux, 1877, in-8°. La première édition a été publiée à Agen, Noubel 1874. Sur le séjour du duc à Agen à partir du commencement de 1650, voir en outre les *Mémoires de Lenet*, I, 207 et suiv., et ceux de Montlgat, II, p. 95, (collection Petitot) ; *Archives historiques de la Gironde*, t. III, p. 85, et t. IV, p. 452 ;

Mais, après avoir eu la bonne fortune de rencontrer, par suite d'un heureux hasard, la preuve du séjour des comédiens du duc dans cette ville et à cette date, ce qui reste à faire, et ce qui n'a pas été tenté, c'est de montrer dans quel milieu moral se trouvait alors Molière dans la petite cour de M. d'Épernon et de Nanon de Lartigue, en face des haines déchaînées contre le duc et son avide maîtresse, et auxquelles on n'en saurait comparer d'autres que celles dont Mazarin, son ami, fut l'objet de la part des Frondeurs de Paris (1). Les renseignements puisés dans les registres des paroisses ou dans les comptes de villes, ce n'est là que le squelette de l'histoire de Molière ; ce n'est pas même un corps sans âme, c'est un corps sans chair et sans muscles. Ce n'est pas là l'histoire de sa troupe. Une page des Mémoires de Daniel de Cosnac, nous révélant les intrigues qui se nouent autour de lui, ainsi que les amours de ses comédiennes, et nous faisant pour ainsi dire pénétrer dans les coulisses de son théâtre, nous en apprend bien plus que les sèches mentions qui se bornent à constater son passage dans telle ou telle ville. Ce qui nous importe, ce n'est pas tant de connaître les contrées où il dirigea ses pas pendant qu'il n'était point retenu au service du duc, que l'accueil qu'il recevait de Bernard de Nogaret et de sa favorite et les souvenirs qu'il dut emporter de sa présence auprès d'eux. Ne servant qu'à leurs plaisirs, il devait sans doute être mieux traité par ses protecteurs que ne l'étaient les Bordelais.

O. Reilly, *Histoire de Bordeaux*, t. II, p. 579; Dom de Vienne, *Histoire de la ville de Bordeaux*, 2ᵉ édition, t. I, p. 363, dont les dires ont été reproduits par Bazin, *Histoire de France sous Louis XIII*, t. IV, p. 60 et 71 ; Feillet, *La misère au temps de la Fronde*, p. 184, etc.

(1) Je ne saurais parler de l'histoire politique du temps, c'est-à-dire des démêlés du duc et des Bordelais, sur lesquels on trouve des renseignements dans toutes les histoires de la Fronde, ainsi que dans les mémoires, les lettres et les mazarinades de cette époque. M. Hovyn de Tranchère, en en a annoncé récemment de nouveaux. (V. *Les dessous de l'histoire*, 2 vol. gr. in-8º, Bordeaux, Feret) puisés dans la correspondance de d'Épernon avec le chancelier Seguier et dans les relations du temps.

Qui n'aimerait à savoir si, en 1650, après bientôt quatre ans de service auprès de M. d'Épernon, Molière accourt de Narbonne à Agen d'un cœur léger, et fait gaiment cette longue étape de quatre-vingts lieues pour divertir son fantasque Mécène, « de qui Nanon est la sultane (1) ».

Qui n'aimerait à savoir quelle figure font celui qui doit bientôt rendre célèbre le nom de *Mascarille* et Madeleine Béjart au milieu de cette cour bruyante et affamée, où tout plie sous l'avide et despotique maîtresse du duc, tyran de toute la Guyenne et esclave d'une simple bourgeoise? De même qu'on est curieux d'être renseigné sur l'accueil que reçut plus tard la troupe au château de la Grange de la part de Mme de Calvimont et de la nouvelle maîtresse d'un jour du prince de Conti à Montpellier, que ne donnerait-on pour connaître la mine de Nanon de Lartigue en présence de Madeleine, la protégée du duc en 1646? La jalousie entraitelle dans son âme, plus gloutonne d'argent que de plaisirs (2)?. Molière dût sans doute lui prodiguer ses flatteries pour être bien vu de Bernard de Nogaret, ainsi qu'étaient réduits à le faire tous les habitants de la Guyenne, comme nous l'apprend l'*Apologie du duc d'Épernon*, pièce ironique à l'adresse de l'altier gouverneur que l'auteur termine en disant : « Si vous jugez que tout cela ne soit pas encore capable de l'émouvoir, adressez vous en toute humilité à dame Nanon. Priez cette belle de parler en vostre

---

(1) V. le *Prince ridicule*, cruelle mazarinade de 1650 contre le duc, réimprimée en 1873 par M. Jules Delpit dans le t. Ier des *Tablettes du Bibliophile* de Guyenne. Voir la note mise p. 213, par M. Delpit, sous ces vers de la strophe XII :

    Agen, le lieu de ses complaisances,
    Est la scène de *ses balets*.

(2) Voir comme renseignements sur son caractère, la lettre violente et hypocrite écrite par elle en 1661 à l'occasion de son renvoi de la cour, et le portrait que fait d'elle, dans sa réponse à cette lettre, le confesseur du duc d'Épernon, lettres publiées par M. Tamisey de Larroque dans sa *Note sur Melle de Maurès*.

faveur. Elle n'a jamais refusé personne. Une seule de ses œillades lui fera tomber les armes de la main. Ce sera le moyen assuré d'acheter ses bonnes grâces, de jouir d'une paix assurée et de voir la province comblée de biens et de bénédictions » (1). Alors que la reine et le cardinal ministre s'abaissaient jusqu'à accueillir grâcieusement Melle de Maurès et que les villes lui offraient des présents pour se concilier sa faveur, un pauvre comédien devait certes faire l'aimable auprès d'elle pour tâcher de lui plaire, et d'obtenir qu'elle se relâchât un instant de son insatiable avidité. Les gens de lettres avaient grand soin de la ménager, de la choyer dans leurs rapports avec le duc. Dix ans plus tard, au sortir de la splendide réception faite par Bernard de Nogaret au jeune roi et à la reine mère dans son château de Cadillac, Benserade, le poète favori du duc, et qui suivait la cour, écrivant de Toulouse, le 20 octobre 1659, à son Altesse pour lui faire part du contentement de leurs Majestés, rapporte que M. le Comte (de Soissons) lui a demandé s'il voulait être de son jeu : « Je lui dis que je le voulois bien et que je hazarderois la part que j'ai à ce qu'il doit à mademoiselle d'Artigue. Il y consentit et je gagnay ; mais je ne fus point payé, je n'en demeurerai pas à cette première tentative, et je verrai jusqu'où peut aller sa dureté pour le payement. Cependant je conseille à mademoiselle d'Artigue de ne pas tant conter sur cette debte qu'elle ne tasche à vivre d'ailleurs ». Quinze jours plus tard, le 4 novembre, il écrit encore au duc à propos d'une résolution qu'il a prise : « Que mademoiselle d'Artigue ne m'en veille point de mal (2) ». Quand Benserade, dont la réputation était déjà dans tout son

---

(1) Cette mazarinade a été reproduite à la fois par O. Reilly, *Histoire de Bordeaux*, t. II, p. 683, III, 626, et dans la 2e édition de dom de Vienne, t. II, note XIX, p. 350.

(2) Voir ces deux lettres dans la correspondance de Benserade avec le duc d'Épernon à la fin de 1659 et au commencement de 1660, Bibl. nat. mst, Fr. n° 20,478, f°s 51 et 55 v°.

éclat, se montrait si plein d'obséquiosité envers la favorite de la cour de Cadillac, que ne devait pas être celle d'obscurs comédiens envers la femme qui tenait leur fortune présente et leur avenir dans ses mains !

Et Nanon n'est pas la seule qui nous intéresse par rapport à la troupe de Molière dans l'entourage du duc d'Épernon. Si le beau Candale était parfois sur les bords de la Garonne, au lieu d'être à la cour, ne faut-il pas redouter le pouvoir de ses beaux yeux sur Madeleine ? je le crains pour le repos de Molière (1) ? N'y eût-il pas entre eux matière à un chapitre que Bussy-Rabutin eut pu ajouter à celui qu'il a consacré aux amours de ce vainqueur des belles dans son *Histoire amoureuse des Gaules ?* Qui pourra nous dire la vérité vraie sur les aventures de Madeleine en Guyenne et en Languedoc, pendant qu'elle et ses compagnons furent attachés au duc d'Épernon, au lieu des racontars haineux de *La Fameuse comédienne.* On ne trouve son nom que deux fois pendant cette odyssée de sa troupe, en 1648 à Nantes et à la fin de 1649 à Narbonne, où elle est maraine avec Dufresne. Elle continuait sans doute à user des libertés de la vie de théâtre, et à se montrer galante comédienne. Molière qui, de son côté, ne regardait pas d'un œil farouche les autres comédiennes de sa compagnie, avait dû, en vertu de la tolérance réciproque et du laisser-faire assez en usage dans le monde comique, prendre son parti de ces mœurs trop faciles des comédiens de campagne et de la capitale. Le point délicat est de savoir où s'arrêtaient ces mutuelles libertés, et quelle était la mesure des galanteries que se permettait la belle actrice. On s'en peut faire une idée par le portrait peint non plus par un ennemi, comme l'auteur

(1) M. de Senneterre disait à propos de Mazarin, qui soutenait quand même le duc d'Épernon, dans l'espoir de marier M. de Candale à une de ses nièces, celle qui devait plus tard épouser le prince de Conti : « Cet homme perdra la France pour les beaux yeux de M. de Candale » V. Saint-Aulaire, *Histoire de la Fronde,* in-8°, II, 235.

de la *Fameuse comédienne*, mais par un écrivain sans fiel, par M. de Scudéry (1), l'auteur d'*Almahide*, qui dans ce roman écrit par lui de 1660 à 1663 a esquissé d'une façon si piquante la vie galante de Madeleine Béjart (2).

Bien des intrigues devaient se nouer autour de mademoiselle Béjart, dans cette cour au petit pied, que mettent en scène la satyre de *La cour burlesque du duc* d'Épernon (3) et la comédie malheureusement impossible à rencontrer de *la Bernade* (4). A défaut même des personnages de la comédie, n'est-ce pas assez de ceux de l'histoire? A côté, du duc, de son fils, de Nanon, de ses sœurs, ne voilà-t-il pas le chevalier de la Valette, le frère de Bernard de Nogaret, qu'on va bientôt rapporter mort à Cadillac le 17 août 1650, et parmi les domestiques de monseigneur, ses trois favoris formant le triumvirat qui sous lui gouverne la Guyenne, le sieur de Giac qu'il a fait l'intendant de son conseil et de sa maison, Saint-Méard et Barrière, ses écuyers, ses gardes,

(1) Ce portrait a été reproduit par M. Livet dans le *Figaro* du samedi 22 août 1885, et en partie par M. Baluffe, *Molière inconnu*, p. 303 et suiv. mais sans indication de sources.

(2) Voir *Almahide*, par M. de Scudéry, gouverneur de N.-D. de la Garde 1660-1663, trois parties en huit volumes in-12.

Ce roman, qu'on a aussi attribué à Melle de Scudéry, est bien de son frère Georges, comme on peut le voir par la lettre de Chapelain du 25 août 1660. Voir *Lettres de Chapelain*, II, 92, note.

Le portrait se rapporte bien à Madeleine Béjart, mais rien n'assure que l'amoureux dont il est question soit Georges de Scudéry, et que l'auteur, ait voulu parler de lui-même.

(3) Voir dans Souffrain, *Essais sur Libourne*, 2e volume, t. III, 3e partie, p. 69, la *Cour burlesque du duc d'Épernon*.

(4) Voir *la Bernade* comédie en cinq actes et en vers, Dijon, Thibault, 1651, citée dans le *Catalogue Soleinne* art. 3,745, par M. Moreau dans la *Bibliographie des Mazarinades* I, 178, et par M. Tamizey de Larroque, *Notes sur Melle de Maurès*. On voit paraître dans le cadre alléchant de cette comédie, à côté du duc, sa maîtresse l'impérieuse Nanon de Lartigue, la sœur de celle-ci, Marie de Maurès ou Marion, maîtresse de Saint-Quentin (François de Bigot, chevalier, comte de Plessac, seigneur de Saint-Quentin) l'écuyer du duc, qui finit par l'épouser, et figure aussi dans la pièce.

MM. de Beauroche, de La Farge, de Montesquieu, son valet de chambre Dupré destiné à être l'objet d'un meurtre à Dijon, son chancelier M. de Virelade, ses secrétaires Simoni et Bertrandy.

Les mazarinades bordelaises, si friandes de tous les scandales commis à Agen, à Cadillac, dans l'hôtel de Puy-Paulin à Bordeaux, les *Courriers* burlesques ou autres de la guerre de Bordeaux, les *Testaments* ridicules et supposés de M. d'Épernon (1) ne contiennent-ils donc rien sur les plaisirs du duc, sur les comédiens *épernonistes* figurant dans les divertissements de Bernard de Nogaret et de sa maîtresse, et qui ne sauraient être autres que la troupe de Molière et des Béjart ? A Paris pendant la Fronde de 1649, les mazarinades parisiennes donnent plus d'un curieux renseignement sur les comédiens, les charlatans et les opérateurs d'alors, dont les noms et les personnes figurent plus d'une fois dans leurs vers. N'est-on pas fondé à croire, qu'il doit en être de même en 1650 de la part des mazarinades bordelaises, et qu'elles ont fait une petite place, ne fût-ce qu'à l'état latent, aux comédiens de son Altesse ? Elles eurent du temps sans doute pour mettre en scène les comédiens du duc ; car long dût-être en 1650 le séjour de Molière auprès de lui. M. d'Épernon était venu à Agen plus épris, plus affolé que jamais de Nanon, oubliant à ses côtés les soucis de la guerre, et s'oubliant lui-même au point de faire de la jolie bourgeoise la souveraine dispensatrice de toutes ses grâces. Et il y prolongeait outre mesure sa résidence, y restant de peur de ne plus pouvoir y rentrer s'il s'éloignait de ses murs (2). L'affection qui l'avait accueilli tout d'abord à Agen avait fait place à l'inimitié. Nanon par son avidité et son despotisme avait irrité contre elle et contre le prince jusqu'à

---

(1) Voir entre autres *Testament de M. le duc d'Épernon*, 1650, 8 pages daté d'Agen, 1er juin 1650.

(2) *Mémoires de Lenet*, t. I, l'*Épernonisme berné*, satyre d'alors contre les excès des agens du duc dans la ville.

ses plus anciens partisans. Aussi M. d'Épernon restait-il toujours tapi sous les mystérieux ombrages de son manoir de Malconte.

En vain la reine le pressait de faire un tour à la cour ; il résistait à ses fréquentes mises en demeure, retenu à la fois par son amour pour sa maîtresse, et par la crainte de perdre son gouvernement de la Guyenne (1). Ce ne fut qu'en juin qu'il se décida à quitter Agen (2), à partir, sans doute avec Melle de Lartigue, chargé de la haine publique ne se décidant que lentement et bien malgré lui à obéir à la cour qui avait pris la route de la Guyenne et le mandait à cor et à cris pour lui faire abandonner son gouvernement. Le 25 juillet il se résignait enfin à le quitter (3). On sait qu'à la fin de septembre la promesse de sa révocation ou de l'abandon par lui de ses fonctions de gouverneur de cette province fut une des conditions de la paix des Bordelais avec la cour.

(1) Voir *Lettres de Mazarin*, III, 544, 546. Dans la dernière lettre du 30 mai, Mazarin, en insistant sur son voyage, dit que la reine le désire depuis trois ou quatre mois.

(2) V. *Archives historiques de la Gironde*, IV, 452, une lettre de M. d'Épernon datée d'Agen le 3 juin, une du 20 sans date de lieu, une du 5 juillet datée de Castres.

(3) V. *Lettres de Mazarin*, III, 585, lettres du 10 juillet écrites d'Orléans le pressant de nouveau de venir ; 605, 17 juillet, lettre disant qu'on est sans nouvelle de M. d'Épernon, qui doit sortir de la Guyenne, et que Candale est envoyé vers lui pour hâter son départ. Le 13, on apprend que le retard de M. d'Épernon a été causé par un voyage fait par lui à Dax pour apaiser un soulèvement, et par l'état de sa santé qui l'a obligé à se faire saigner deux fois.

Une nouvelle lettre d'Angoulême du 26 juillet, nous apprend qu'il est « d'hier hors de son gouvernement ». Celle du 28 fait connaître qu'il y est arrivé, résigné à tous les sacrifices pour le service du roi.

On sait qu'il se retira à Loches, non sans regrets, et bien désireux de redevenir gouverneur de Guyenne.

J'ai cherché dans cette étude à révéler des faits nouveaux sans répéter ce qu'ont dit M. Tamizey de Larroque qui a parlé de Nanon à Agen sans faire à allusion à Molière, et M. Magen qui a parlé de Molière à Agen sans s'occuper de Nanon.

Pendant quatre mois Molière avait donc pu rester à Agen auprès du duc pour charmer ses loisirs et abréger les journées de sa longue retraite à Malconte. Une fois Bernard de Nogaret parti de la Guyenne, bien qu'il ne l'eût pas sincèrement quittée sans esprit de retour, la troupe ne put guère en fait s'intituler désormais « comédiens de son Altesse », titre qui d'ailleurs n'était pas de nature à lui attirer les sympathies du pays. A partir de la seconde moitié de 1650 le lien qui attachait Molière à son Mécène est donc brisé et tout-à-fait rompu (1).

Le protecteur et le protégé étaient cependant destinés à se revoir en d'autres lieux, avant l'arrivée de Molière à Paris en 1658. M. d'Épernon, en mai 1651, échangeait son gouvernement de Guyenne (dont en fait il n'était plus gouverneur depuis le 1er octobre 1650) avec celui de la Bourgogne, que lui abandonnait le prince de Condé. Sa nouvelle capitale, ainsi que je l'ai longuement montré dans la *Troupe du roman comique* (2), était hospitalière aux comédiens. Le goût du noble duc pour le théâtre, son amour du faste et ses grandes richesses dûrent encore attirer un plus grand nombre de troupes à Dijon qu'avant son arrivée (3). Les fêtes données lors de l'entrée solennelle de M. d'Épernon, puis lors de l'entrée de la reine de Suède, Christine, en 1656,

(1) La première partie du *Roman comique*, de Scarron, où il est question de la troupe de son Altesse d'Épernon (chap. II), parut en 1651, avec un privilège du 20 août 1650.

(2) V. *La troupe du Roman comique*, p. 72 et suiv.

(3) Les registres de ville de Dijon, si précieux pour l'histoire du théâtre de cette ville, mentionnent en avril 1655 le séjour des comédiens de son Altesse Mgr le duc d'Orléans et de Mademoiselle, tenus de verser *cent livres* pour les pauvres. (C'est la somme la plus élevée à laquelle des troupes aient été taxées dans cette ville à cette époque). A la fin de 1653, sans parler des opérateurs, on avait vu le conseil de ville enjoindre à des comédiens de ne pas prendre plus de douze sous par place, sous peine de cent livres d'amende et même d'expulsion.

Les années suivantes, les comédiens autorisés à jouer au tripot de la Poissonnerie sont aussi malheureusement innommés.

furent sans doute un attrait de plus pour les acteurs de campagne. Depuis la fin de 1652 au plus tard, Molière avait fait de Lyon le principal point de ralliement et le principal domicile de sa troupe. Il n'était pas de la sorte bien éloigné de Dijon, où le duc était arrivé l'année précédente. Il dût être pris du désir d'aller revoir son ancien Mécène, si toutefois il avait trouvé en lui un protecteur plus solide et moins changeant que ne devait l'être le frère du grand Condé.

J'ai donné le premier la date précise du séjour de Molière à Dijon, et montré les comédiens de M. le prince de Conti recevant *le 15 juin 1657* du conseil de ville la permission de donner des représentations au tripot de la Poissonnerie (1). Est-ce la première et la seule fois que les anciens comédiens de M. d'Épernon soient allés revoir leur ancien patron ? Je serais porté à croire que non et je pense que la session des États dans la capitale de la Bourgogne, les fêtes qui y furent célébrées, notamment en 1656, et le long séjour qu'y fit en cette année Bernard de Nogaret, ainsi que le montrent à la fois sa correspondance et les registres de ville, pûrent attirer antérieurement Molière à Dijon (2). C'est un point sur lequel il sera facile aux Moliéristes de Bourgogne

(1) V. *La troupe du Roman comique*, p. 72. — En prenant alors le titre de *comédiens du prince de Conti*, la troupe s'attribuait un titre auquel elle n'avait plus même à cette date un droit effectif, comme on le voit par la lettre écrite de Lyon par le prince de Conti le 15 mai à l'abbé Ciron.

(2) V. Bibl. nat. mst. fr. 20,478, f° 337 et suiv., lettres du 5 juin au 24 août 1656, et *Inventaire des archives municipales* de Dijon, p. 163 et suiv. — A l'occasion de l'entrée solennelle du duc en 1656, entrée dont les cérémonies sont décrites dans les registres, la ville décide que l'on fera à M. de Boroche, écuyer du duc, un présent d'argenterie d'une valeur de cinq cent livres et qu'on offrira à mesdemoiselles d'Artigues et de Méricourt (les favorites du duc) un brasier d'argent du prix de mille livres, fait par l'orfèvre Étienne Papillon. L'année suivante on voit le duc bâtir à Dijon pour contribuer à l'ornement de la ville, et promettre de donner ces bâtiments par son testament.

d'apporter la lumière. C'est aussi pendant le cours de l'année 1657, époque de la présence certaine de Molière à Dijon, que fut publiée à Paris, chez Charles de Sercy, petit in-12, *La nouvelle Stratonice* de Du Fayot, dédiée par son auteur au duc d'Épernon (1).

M. d'Épernon et Melle de Lartigue, qui ne fut obligée de se séparer de lui que bien peu de temps avant sa mort, en avril 1661, pûrent revoir Molière à Paris à partir de la fin de l'année 1658. Le testament du duc, fait après sa conversion et son retour à Dieu qu'avaient obtenu les prières de sa fille, ne pouvait dès lors contenir ni aucun souvenir, ni aucun legs à l'adresse de l'ancien comédien qui avait quitté son service depuis plus de dix ans. Aussi y chercherait-on vainement le nom de Molière (2).

Il nous faut maintenant revenir dix ans en arrière et voir ce que devint la troupe des Béjart au moment où le duc d'Épernon quittait Agen et où la Guyenne était en proie plus que jamais à la guerre civile.

On a pensé que Molière, ainsi mis en disponibilité, et que sa qualité de comédien du duc d'Épernon rangeait parmi les royalistes, avait du aller jouer devant la cour venue en Guyenne pour réduire les Bordelais révoltés. On sait qu'elle passa tant à Libourne qu'à Bourg les mois d'août et de septembre 1650. Le fait n'est pas invraisemblable, tout en tenant compte de la difficulté qu'offrait le transport du bagage comique d'Agen à Libourne, à ce moment de la lutte où on faisait la guerre « tout de bon », comme dit Mademoiselle. Cependant j'ai cherché en vain trace de comédie

---

(1) L'auteur ne travaillait pas habituellement pour le théâtre. Il dit dans sa dédicace qu'il ne fait point profession de poésie, qu'il ne s'y exerce que rarement, pour se divertir de plus sérieuses occupations.

(2) Voir ce testament dans le mst. de Clairambault n° 1, 138, Bibl. nat. ancien n° 28 du fond du Saint-Esprit, f° 140. Cet acte du 18 juillet 1661 contient de nombreux et curieux legs à ses domestiques, à son argentier, au maître de sa musique. On trouve dans le même mst. un bon nombre de pièces imprimées et manuscrites relatives à l'histoire du duc.

dans les nombreuses correspondances et dans les Mémoires du temps pendant ce séjour de la cour.

Mademoiselle se plaint de l'ennui qui régnait à Libourne, ce qui fit transporter la cour dans la ville de Bourg. L'ennui n'eut peut-être pas été si grand si Molière et sa troupe eussent été là pour divertir le jeune roi (1). De plus, si Molière avait suivi la cour à Bourg, il est probable qu'il serait lui aussi entré à Bordeaux, et qu'il eut pris part aux fêtes qui s'y donnèrent pendant la présence du roi jusqu'à la mi-octobre (2).

Or, au mois de décembre 1650, le 17, à Pézenas, il donne quittance de quatre mille livres allouées à ses comédiens « qui ont servy pendant *trois mois* que les Estats ont esté sur pied » dans cette ville (3). Cela nous reporte au 15 septembre, et se concilie assez mal, en somme, avec l'hypothèse de son séjour à Bourg et à Bordeaux. Enfin, j'ai toujours pensé que si Molière, enfant de Paris, et possédé du désir de retourner sur les bords de la Seine, avait joué devant la cour, soit alors en 1650, soit plus tard à Poitiers à la fin de 1651 et au commencement de 1652 (ce que j'ai dit ailleurs être invraisemblable), il serait rentré plus tôt dans la capitale et aurait tiré parti de la bonne fortune qu'il aurait eue de représenter devant la reine, le cardinal ministre, et les grands seigneurs de leur entourage (4). En fin de compte, la présence de Molière à Libourne et à Bourg, en août et septembre 1650, me semble une supposition sans aucun fondement et à laquelle il ne faut pas s'arrêter.

(1) Mazarin écrit lui-même de Libourne le 18 août (*Lettres*, t. III, 715), « Nous sommes ici dans la dernière misère ».

On voit à Bourg, en septembre, M. d'Aubijoux un des protecteurs de Molière, *Journal de Dubuisson-Aubenay*, I, 324.

(2) La cour séjourna à Bordeaux du 5 au 15 octobre. Le 13 il y eut un bal splendide.

(3) V. le *Moliériste*, t. VII, p. 233 et suiv.

(4) Il aurait commencé d'ailleurs par s'intituler alors comédien du roi, ce qu'il n'a fait en aucune façon.

Où alla la troupe des Béjart après le départ du duc d'Épernon? Elle avait encore, tant en Guyenne que dans le Languedoc moins éprouvé par la guerre civile, des protecteurs tels que le marquis de Saint-Luc et le comte d'Aubijoux. Elle devait ressentir le contre-coup des événements politiques et de la misère du temps qui plus d'une fois de 1648 à 1653 dûrent modifier son itinéraire (1).

A la fin de 1650 elle est loin de Bordeaux ; elle a franchi l'espace qui sépare les deux mers ; elle est au fond du Languedoc, en un lieu où elle est destinée à revenir plus d'une fois, à Pezénas, où la session des États du Languedoc a commencé le 24 octobre et où ils ont été ouverts par le comte de Bieule, dont le nom apparaît bien souvent dans l'histoire de Molière.

Il n'y a pas, on peut le dire, de session d'États sans comédiens dans la ville où ils sont réunis. Par l'idée que Mme de Sévigné donne de ceux de Bretagne, on peut juger de ce qu'étaient ceux des autres provinces et surtout ceux du midi. Partout ils donnaient lieu à des fêtes sans fin, à ce qu'elle appelle « la frenésie des États ». — « Quinze ou vingt grandes tables, un jeu continuel, des bals éternels, des comédies trois fois la semaine, une grande braverie, voilà les États (2) ». Il en était de même en Languedoc. Les

(1) Il faut en effet se donner bien en garde d'oublier que ces années sont une époque de guerre civile et de misère. Il reste un chapitre à écrire sur *Molière pendant la Fronde*. Pour l'écrire, en outre des événements politiques, il ne faudra pas omettre de consulter le livre de Feillet sur la *Misère pendant la Fronde*, si riche en documents, et spécialement sur la Guyenne et le Languedoc. Jusqu'à ce jour le refus de recevoir Molière à Poitiers « attendu la misère du temps et la cherté des bledz » le 8 novembre 1649, est la seule preuve de l'influence que les souffrances des populations, pendant cette période, exercèrent sur la marche et la fortune de la troupe des Béjart. Il faut aussi se préoccuper de la date des époques de peste, dont il est question si souvent alors dans les registres de villes du midi.

(2) Je parlerai longuement des comédiens qu'elle vit à la session de 1671, aux portes de son château des Rochers, à Vitré.

comédiens n'eussent-ils pas été incités à venir d'eux-mêmes à ces solennelles réunions par leur propre intérêt que les gens du roi les eussent appelés pour amuser, dérider, et étourdir les États et bien les disposer à dénouer largement les cordons de la bourse. Était-ce la première fois en 1650 que Molière venait représenter devant eux ? Je me suis déjà demandé s'il n'avait pas paru en 1649 à ceux de Montpellier, ouverts par le comte de Roure, et auxquels assistaient l'intendant M. de Breteuil, qui parlait de lui en si bons termes, en 1647, si même il n'était pas venu à ceux de 1648, à Carcassonne, dont l'ouverture fut faite par le comte d'Aubijoux (1).

On pourrait, en voyant sa troupe aller jusqu'à Carcassonne en 1647, se risquer à supposer qu'il avait déjà joué cette année là devant l'assemblée des États ouverte à Montpellier par César de Choiseul, comte du Plessis-Praslin, et dans laquelle le comte de Bieule (encore un des protecteurs de Molière) reçut une gratification de huit mille livres (2) ; mais ce n'est là qu'une simple hypothèse. Il ne faisait guère en 1647 que débuter dans le Languedoc et il y avait peut-être d'autres troupes de comédiens déjà en possession du privilège de jouer devant les États, en vertu d'une vieille habitude ou du commandement qui leur était adressé (3). Avant de se prononcer sur ce point, avec chance de la plus légère

(1) Les lieutenants-généraux étaient les présidents réels des États, bien que le président en titre fut l'archevêque de Narbonne, alors Claude de Rebé, dont le nom figure plus d'une fois dans l'histoire de Molière.

(2) V. *Inventaire des archives du Tarn*, série C. Procès-verbaux des États-généraux de la province, année 1647, C. 63. — Antérieurement, les États avaient été ouverts par M. de Schomberg, duc d'Halluyn ; voir entre autres, *ibidem*, le procès-verbal de la session de 1645 à Pézenas, et Trouvé, *Essai sur les États de Languedoc*, t. I. Ch. XVIII, des États pendant la minorité de Louis XIV, p. 145 et suiv.

(3) En un mot, au lieu de laisser au hasard le soin de nous renseigner sur les séjours de Molière, il faut faire à l'avance son plan de recherches, son siège, et tâcher de le découvrir aux États, aux Entrées solennelles, aux journées de gala etc., etc.

vraisemblance, il faudrait être renseigné sur l'itinéraire et l'histoire des autres troupes de comédiens qui parcouraient alors le Languedoc et la Guyenne et s'y rencontraient avec les acteurs de son Altesse d'Épernon (1).

Quoi qu'il en soit, nous voyons Molière, le 17 décembre

(1) Avant l'arrivée de Molière dans la région, on voit à Nîmes la troupe de Thoussaint recevoir des consuls, le 11 août 1644, la permission de représenter pendant quinze jours à charge de payer vingt livres à l'hôpital, *Inventaire des archives municipales de Nîmes*, 1880, FF. Police de la ville, p. 6. Voir aussi *ibidem* aux comptes de ville, RR. 17, p. 18, à l'année 1647, le paiement de trente livres fait au sieur Barthélemy menuisier « pour avoir abattu un théâtre que certains comédiens avoient fait dresser dans le grand jeu de paume sans permission ». Voir aussi M. Baluffe, *Molière inconnu* p. 276 et 288. — Je parlerai moi-même de Toussaint Le Riche et de son fils.

Le 4 février 1645, la troupe de La Pierre, qu'on rencontre bien souvent et dont j'aurai à reparler plus tard, représente à Narbonne ; voir *Inventaire des archives municipales de Narbonne*, série BB. t. Ier p. 589 ; M. Monval, le *Moliériste*, III, 24 ; M. Mortet, *Ibidem*, t. VIII p. 22 et M. Baluffe, *Molière inconnu*, p. 74, 91, 110, etc, qui la montre aussi la même année à Béziers. La bande de La Pierre, ayant été protégée par M. de Schomberg celà rend sa présence probable aux États de Languedoc pendant qu'ils étaient ouverts par le duc d'Halluyn. Un acte des mêmes archives de Narbonne tout récemment publié par M. Mortet, V. le *Moliériste*, t. VIII, p. 18, établit aussi la présence des *comédiens du prince d'Orange*, le 23 mars, aux États de Languedoc ouverts à Narbonne le 17 janvier 1645. Sur les troupes de comédiens, chanteurs et danseurs de ballets, parcourant alors les provinces du midi, voir M. Baluffe *passim* et entre autres page 320, ce qu'il dit de Dupré, opérateur, si je ne me trompe et dont M. Monval a aussi parlé dans les notes de son édition du *Théâtre françois* de Chappuzeau, p. 181.

M. Lacour, *Moliériste* II, 266, a fait connaître la présence à Carcassonne le 21 décembre 1649 des comédiens Estienne Munier et Françoise Segui sa femme, de Nicolas Marin de Fontaine et de Victoire de la Chappe. Était-ce des acteurs de la bande de Jean-Jacques de Hautefeuille, qui se mariait le 1er février 1644, à Lyon, avec Anne de la Chappe, ou François de La Cour, marié à Magdeleine du Fresne dans la même ville le 5 février 1643 et qui devait mourir à Carcassonne le 29 mars 1655, après que M. Fillon nous l'a montré à Fontenay-le-Comte en septembre 1654 avec la troupe du Marais? — Estienne Munier rappelle le nom d'Anhélique Meunier ou Moulnier, femme de Filandre, dont j'ai longuement parlé dans la *Troupe du roman comique* et que j'ai identifiée avec l'*Angélique* du roman de Scarron.

1650, donner un reçu de quatre mille livres « pour avoir servy » pendant trois mois devant l'assemblée des États de Languedoc à Pézenas (1). Il n'attendait pas pour quitter cette ville la clôture des États, qui devaient continuer jusqu'au 14 janvier 1651. On le retrouve de nouveau un an après aux États de Carcassonne (du moins sa présence, si elle n'est pas certaine, y est du moins vraisemblable, et elle a été admise par M. Moland). En le voyant donner plus tard encore annuellement des représentations devant l'assemblée des mêmes États, on peut conclure qu'il avait en fait le privilège de jouer devant les représentants de cette province, et qu'il y a chance depuis 1648, au moins, de saisir sa trace à chacune de leurs réunions.

Cette année 1650, qui se clôturait pour la troupe des Béjart à Pézenas, a son importance dans l'histoire de Madeleine. C'est l'année au cours de laquelle M. de Modène est sorti de captivité.

La plupart des historiens ont pensé que Madeleine et le baron s'étaient rejoints alors (2).

Telle a été l'opinion de Fournier, de M. Loiseleur, et tout récemment encore celle de M. Larroumet (3). Où se serait faite la réunion de Madeleine et de son ancien amant ? à Paris, suivant Fournier et M. Loiseleur, qui supposent tous deux que la Béjart revint cette année là avec Molière revoir son ancien quartier du Marais. Rien de moins prouvé que cette prétendue rentrée de l'actrice et de sa troupe dans la

---

(1) C'est à M. Lacour de la Pijardière, qui décidément a le privilège de découvrir des autographes de Molière, qu'est échue la bonne fortune inespérée de trouver cette quittance formant le pendant de celle qu'il avait découverte en 1873. Puisse, l'authenticité de ces pièces être formellement établie !

(2) Je parlerai plus loin des différents titres pris par M. Modène ou qui lui ont été donnés par autrui.

(3) V. Ed. Fournier, *Roman de Molière* ; M. Loiseleur, *Les points obscurs de la vie de Molière*, p. 146 et M. Larroumet, *Revue des deux Mondes*, 1er mai 1885, p. 132.

capitale. Elle ne repose que sur une allégation purement gratuite de Taschereau, émise dans ses premières éditions (1) et qu'il n'a pas même continué de reproduire, que je sache, dans la dernière édition de sa *Vie de Molière*. Ce n'est qu'à Pâques 1651 qu'on a une preuve formelle de la présence de Molière à Paris à cette époque ; rien au contraire ne permet de supposer, eu égard à son séjour à Agen et à la guerre d'alors, qu'il soit venu à Paris pendant le carême de l'année précédente.

Madeleine et lui, y fussent-ils restés jusqu'à Pâques de l'année 1650, n'y auraient pas d'ailleurs rencontré M. de Modène. Il n'était pas encore sorti de prison, et une fois libre dût bien se garder de venir à Paris. Accablé sous le poids de l'accusation de haute trahison, qu'avait élevée contre lui le duc de Guise, atteint dans son honneur de gentilhomme, à bout de ressources, brouillé de vieille date avec le duc d'Orléans, qui en outre était le beau-frère de M. de Guise et avait dû épouser sa querelle, mal vu de Mazarin (2), Esprit de Rémond avait plus d'une raison alors pour se tenir éloigné de la cour, sans parler de la misère de

(1) V. Taschereau, *Vie de Molière*, 3e édition, p. 15.

(2) M. de Modène dut cependant goûter une satisfaction à cette époque. Les rivaux qui l'avaient desservi auprès du duc de Guise, Lorenzo Tonti et Agostino Liéti, d'abord retirés en France, s'attirèrent enfin par leurs intrigues l'animosité de Mazarin, qui avait tout d'abord continué à correspondre avec eux, tout en s'étonnant que Lorenzo Tonti n'eut commencé à blâmer la conduite du duc de Guise que depuis sa chute (Voir *Lettres de Mazarin*, t. III, p. 1,015, 1,017, 1,023, 1,029, 1,041, lettres des 24 et 30 avril, 15 mai, 5 juin, 15 juillet 1648). Il écrivait de Blaye, le 18 septembre 1650, à Letellier, (t. III, p. 796) « La reine désire absolument qu'après avoir parlé à S. A. R. et qu'elle l'aura approuvé, on fasse arrêter Lorenzo Tonti, et Agostino Liéti, napolitains, qui sont à Paris et qu'on devroit avoir chassés il y a longtemps, comme j'en écrivis dès Dijon par ordre de sa Majesté ». Mazarin s'était trouvé à Dijon aux mois de mars et d'avril. Il accusait les deux Napolitains de donner des avis en Flandre, aux Espagnols, d'allumer des séditions à Paris et de s'entendre pour cela avec un italien, Gioanni, arracheur de dents, proche des Grands-Augustins.

ces temps si troublés de la Fronde. Il est probable qu'il resta confiné, caché en terre papale, à Modène et en Avignon. S'il revit au lendemain de sa mise en liberté Madeleine Béjart ou Marie Courtin de la Dehors, ce ne pût être que dans le Comtat. Mais cette prompte réunion reste à l'état d'hypothèse, surtout à l'égard de la première de ces deux femmes. Ceux qui représentent toujours M. de Modène aux côtés de Madeleine n'ont pas songé non plus qu'ils étaient obligés par là même de faire partager à Esprit de Rémond les pérégrinations de la troupe, de le faire pour ainsi dire entrer dans ses rangs et devenir un des comparses de la caravane comique, singulier rôle pour un gentilhomme de plus de quarante ans, rôle qui a pu tenter l'imagination de l'auteur du *Capitaine Fracasse*, mais qui cadre peu avec la réalité !

Rien ne prouve que les pérégrinations de Molière se soient dirigées alors du côté d'Avignon. Pézenas est le point le plus à l'est, le plus voisin du Comtat où on le rencontre à la fin de 1650. Jusqu'alors, depuis près de cinq ans qu'il a quitté Paris, on n'a pu glaner que de bien rares documents sur les différentes étapes de ses courses vagabondes ; pendant 1651 et 1652, la récolte de renseignements est encore plus maigre. A peine si depuis sa présence à Pézenas à la mi-décembre 1650, jusqu'à la preuve de son séjour à Lyon à la fin de 1652, à peine si on retrouve la trace de ses pérégrinations. On le revoit à Paris le 14 avril 1651, c'est-à-dire au moment de la réorganisation habituelle des troupes de campagne ; mais quelle route a-t-il suivie dans ce long voyage de Pézenas à Paris, et par quel chemin est-il revenu des bords de la Seine aux rives de la Méditerranée. Il paraît, on l'a dit, être retourné dans le Languedoc, pour jouer, suivant son habitude, devant les États et on croit le trouver devant eux à Carcassonne à la fin de 1651 et au commencement de l'année suivante? Ne lui a-t-il pas été possible pendant ce voyage, soit à l'aller soit au retour, de faire halte en Avignon, et n'est-ce pas au cours de 1651 qu'il a été possible à Madeleine de revoir M. de Modène ?

On a cru récemment pouvoir attribuer l'abandon de la Guyenne par Molière et son émigration à Lyon au départ du duc d'Épernon. Bernard de Nogaret, après avoir soutenu la longue lutte que l'on sait, contre les Bordelais, fut enfin forcé d'abandonner son gouvernement et n'obtint que l'année suivante celui de la Bourgogne. Mais la promesse formelle de sa révocation faite aux Frondeurs de Bordeaux est de la fin de septembre 1650 ; l'échange de son gouvernement contre celui du prince de Condé est du commencement de mai 1651, et ce n'est qu'à la fin de décembre 1652 qu'on a trouvé la première trace de la troupe des Béjart à Lyon. On voit que cette cause de départ, attribué à la rupture du lien qui l'attachait à la personne du duc, aurait été lente à produire son effet. Au commencement de 1652, Molière, s'il faut en croire la date, récemment attribuée à une lettre de d'Assoucy, est encore à Carcassonne, c'est-à-dire, suivant sa coutume, aux États de Languedoc (1) ; c'est assez vraisemblable d'ailleurs puisqu'il continuera de représenter devant eux les années suivantes et qu'ils seront comme le pôle autour duquel on le verra graviter. Un de ses protecteurs, le comte d'Aubijoux faisait précisément l'ouverture des États de Carcassonne, et son appui pouvait compenser la perte qu'avait faite la troupe en la personne de Bernard de Nogaret (2).

(1) Il n'est cependant pas absolument certain que Molière ait assisté aux Etats qui se tinrent à Carcassonne pendant la seconde moitié de l'année 1651. M. Baluffe, (V. *Le Moliériste*, VI, 174), a bien établi que le M. *Frésart*, de la lettre d'Assoucy à Molière devait être M. Frézals, député aux Etats par le parlement de Toulouse, dont il était membre. Mais, est-il bien sûr que c'est seulement à cette session, en décembre, que la cour de Toulouse a député aux Etats « cet ennemi des charges ? ».

(2) Si Molière avait quitté la Guyenne par suite du départ du duc, et comme entaché d'*Épernonisme*, ou simplement comme fidèle à son patron, on le verrait sans doute dès 1651 faire acte de présence à Dijon dans la nouvelle résidence de M. d'Épernon et l'on n'y a pas trouvé trace de son passage avant 1657, malgré l'abondance des renseignements donnés par les registres de ville sur les comédiens à Dijon. L'état de guerre qui

Le point sur lequel il me paraît plus intéressant d'appeler l'attention des chercheurs, c'est non seulement la direction du voyage fait par Molière à Paris du fond du Languedoc en 1651, à l'aller comme au retour, mais c'est surtout l'itinéraire qu'il suivit pour se rendre de Carcassonne à Lyon en 1652. Revint-il à Paris à Pâques de cette dernière année, c'est-à-dire à un des moments les plus troublés de la Fronde et les moins propices aux pérégrinations des comédiens dans le sud-ouest et le centre de la France, où les armées des princes et celles de la cour se faisaient une guerre sans relâche et prit-il ensuite la direction de Paris vers Lyon ? je ne le pense pas. J'ai déjà dit ailleurs que je ne croyais nullement qu'il eût joué devant la cour à Poitiers, ainsi que l'avait imaginé Fournier ; sa présence à Carcassonne à la fin de 1651 contribue encore à rendre plus invraisemblables ses représentations à Poitiers, qui se trouvait sur le chemin de Paris et où la cour séjourna pendant les derniers mois de cette année.

Un autre itinéraire me paraîtrait plus probable. La troupe me semble plutôt être allée de Carcassonne vers Avignon, et avoir abordé la ville de Lyon en remontant la vallée du Rhône. Ce chemin, bien connu de Dufresne, était à la fois le plus court, le plus facile, le plus libre, celui où la caravane devait rencontrer le moins d'encombres de tout genre. Ce chapitre des itinéraires de Molière en 1651, comme en 1652, vaut la peine d'être éclairci.

Si la troupe passa alors dans le Comtat, il est plus que probable que Madeleine dût y revoir le baron de Modène, et que c'est en 1652, sinon dès l'année précédente, que se fit la rencontre des deux amoureux depuis bien longtemps

---

se prolongea en Guyenne plus longtemps qu'ailleurs jusqu'au cours de l'année 1653 fut peut-être la seule cause qui le fit s'écarter de cette province. — Lors de sa présence a Paris, en avril 1651, Molière put apprendre le bris du carosse du duc d'Epernon, fait par les Parisiens au commencement de l'année.

séparés. Quand bien même ils se seraient un instant revus à Paris en 1645, ce qui reste encore douteux, il y avait six à sept ans que le passage d'Esprit de Rémond en Italie, sa captivité et l'odyssée de Madeleine étaient venus forcément les tenir éloignés. Il y avait près de quatorze ans qu'avait été célébré le fameux baptême de 1638 et bien des nouvelles aventures avaient apporté de part et d'autre de grands changements dans leur vie. Chacun pourra apprécier à sa convenance le caractère et les suites de la réunion des deux anciens amants. Madeleine et Molière ne ressentaient déjà plus l'un pour l'autre l'ardeur de leurs premières amours. La lassitude et la jalousie étaient venus pénétrer à la fin dans leur roman comique. Mademoiselle de Brie était devenue la rivale de Madeleine et les infidélités de Molière étaient un titre dont la belle et galante comédienne pouvait se prévaloir pour prendre ouvertement ses libertés. Elle avait maintenant barre sur lui. Profita-t-elle auprès de M. de Modène de l'heure d'épanchements qui dut accompagner le bonheur de se revoir après une longue absence et de communes traverses ? Se reprit-elle, même après avoir longtemps roulé à travers la France avec ses comédiens et avoir associé son existence à celle de Molière, à espérer pouvoir reprendre le cœur du gentilhomme pauvre ? Se berça-t-elle de l'illusion de devenir plus aisément la femme de ce don Juan, grâce à ses malheurs, à son changement de fortune et surtout à son veuvage, elle qui n'avait pas fait une fin, je veux dire qui n'avait pas épousé le fils du tapissier Poquelin ? Il est assez difficile de deviner ces secrets du cœur.

Je ne partage pas toutefois l'opinion des historiens de Madeleine qui se sont plu à lui faire recommencer son prétendu beau rêve au lendemain de la mise en liberté d'Esprit de Rémond. Je n'ai pas cru aux commencements de ce rêve ; je ne crois pas davantage qu'il ait pu continuer après quinze ans environ d'interruption. Madeleine s'était consolée avec Molière de l'abandon de M. de Modène (1), et elle savait qu'une autre femme, Marie Courtin de la Dehors, l'épouse de l'Hermite de Souliers, avait pris sa place depuis longtemps auprès du gentilhomme comtadin. La présence de Marie Courtin dans le Comtat était peut-être même alors le plus sérieux obstacle aux illusions dont Madeleine eut pu avoir un instant la velléité de se flatter. Il n'est pas aisé de savoir si après 1650 les l'Hermite étaient allés habiter auprès de M. de Modène dans leur petit bien de la Souquette (2), ou s'ils s'étaient fixés à Lyon. D'où sortaient-ils lorsqu'ils entrèrent dans la troupe des Béjart ? Si Molière les rencontra eux aussi dans le Comtat, auprès d'Esprit de Rémond, comment se décidèrent-ils à se réduire au rôle de comédiens de campagne ? La misère de la Fronde explique bien des déchéances. Il fallait cependant que le sieur de Vauselle fut bien à bout de ressources pour en être arrivé là et pour que sa femme consentit à figurer sur les planches d'un théâtre, à côté de Madeleine Béjart, malgré les sentiments de jalousie qui devaient animer ces deux rivales. On sait que la jalousie n'est pas le moindre défaut des femmes et que les comédiennes sont deux fois femmes sous ce rapport là. Sans doute M. de Modène était trop pauvre alors

(1) Comment de récents historiens de Madeleine ont-ils pu se figurer, malgré l'impossibilité grande, Madeleine toujours fidèle à M. de Modène même absent, et Molière pendant les pérégrinations de la troupe réduit à l'état de camarade et d'associé. C'est cependant ce qu'ont supposé MM. Arsène Houssaye, Vitu et Larroumet. Je me trompe toutefois sur le compte de M. Arsène Houssaye qui parle de l'amitié cordiale de Molière et de Modène, dans *Molière sa femme et sa fille*, p. 45 et écrit ces lignes plus que singulières dans *Les comédiens de Molière*, p. 31 : « Ce fut alors (de la part de Molière) un véritable amour pour Madeleine quoique Modène fut là. Mais M. de Modène était alors passé à l'état de mari ». Je parlerai plus loin du caractère des rapports des deux amoureux de Madeleine.

(2) Nous verrons plus tard leur fille dire qu'elle était « demeurante en 1655 avec ses père et mère en la ville d'Avignon, païs au quel ils possédoient et possèdent encore quelques biens ».

pour se laisser exploiter et pour nourrir autour de lui des parasites. Peut-être y avait-il eu entre elle et lui quelque scène de dépit amoureux, qui ne devait pas longtemps durer de même que dans la comédie de Molière, puisque nous ne tarderons pas à revoir Marie Courtin installée au château de Modène (1)?

Mais voilà assez, sinon trop d'hypothèses, que je me contente de suggérer aux curieux. J'arrive enfin au dernier mois de l'année 1652, moment auquel on trouve pour la première fois à Lyon la troupe de campagne dont font partie Molière, la Béjart, l'Hermite de Vauselle, sa femme et leur fille la future comtesse de Modène. Sans doute les anciens comédiens du duc d'Épernon avaient dû déjà séjourner dans cette ville depuis un certain temps, puisqu'un des leurs, Pierre Reveillon (un ancien compagnon de Dufresne, il est vrai) y était déjà assez connu pour être choisi comme parrain le 19 décembre. J'ajoute même que, d'après l'itinéraire probable suivi par Molière à son départ des États de Pézenas et de Carcassonne en 1651 et 1652, il est assez plausible de supposer que sa présence à Lyon est antérieure à ce mois de décembre, regardé jusqu'à ce jour comme celui de son début sur les rives du Rhône et de la Saône, pour lesquelles il avait dit adieu aux bords de la Garonne.

§ XV.

Les l'Hermite dans la troupe de Molière. Le premier mariage de Madeleine de l'Hermite et les amours de M. de Modène et de Marie Courtin.

Chose curieuse! les l'Hermite, c'est-à-dire M. de Vauselle, si fier d'avoir pour prétendu ancêtre le prédicateur de la première croisade, sa femme Marie Courtin de la Dehors et

---

(1) On ne peut croire, étant donné le caractère de M. de Vauselle, qu'il ait pris le parti héroïque de s'enrôler avec sa femme dans la troupe comique pour l'éloigner de M. de Modène.

leur fille Madeleine de l'Hermite, la future comtesse de Modène, ont un instant fait partie de la troupe des Béjart. Après les renseignements nouveaux que je donnerai sur leur passage parmi les compagnons de l'illustre comédien, leur séjour au milieu d'eux deviendra désormais indubitable. On peut dire d'ailleurs qu'il est reconnu par tous les Moliéristes qui se piquent d'exactitude. On n'est plus au temps où, lorsqu'on rencontrait sur la célèbre liste des acteurs, jouant l'*Andromède* de Corneille, les noms du sieur de Vauselle, de Melle Vauselle et de Melle Magdelon, on ne savait trop à quels personnages rapporter ces désignations (1). Il n'y a plus de doute sur l'identification de Vauselle et de sa femme ; quant à Melle Magdelon elle-même, depuis 1877, c'est-à-dire, depuis la découverte de l'acte de baptême de Montpellier du 6 janvier 1651, on peut dire qu'il était facile de reconnaître en elle Magdeleine de l'Hermite et même impossible de se méprendre sur son identité (2).

Cette liste des acteurs d'*Andromède*, qui nous fait connaître le personnel de la troupe de Molière, nous apprend que Vauselle remplissait dans cette pièce (véritable drame lyrique) les rôles d'*Eole* et d'*Ammon*, Melle Vauselle celui de *Cassiope*, et Melle Magdelon ceux de *Cydippe* et de *Liriope*.

De ces rôles, celui de *Cassiope*, reine d'Ethiopie, était certes le plus considérable ; c'est celui qui du reste ouvre la première scène. Le choix ainsi fait de Marie Courtin de la

(1) Je ne parle pas de la confusion faite entre Jean-Baptiste l'Hermite et son frère François Tristan, l'auteur de *Mariamne*, mais des erreurs commises à propos de Melle Vauselle, dans laquelle les uns voyaient une maitresse, les autres une sœur de Jean-Baptiste l'Hermite. Quant à Melle Magdelon, ce n'est que tout récemment qu'elle a été identifiée avec la future comtesse de Modène, prise encore par beaucoup d'auteurs d'ouvrages de seconde main pour la sœur de Jean-Baptiste l'Hermite, tandis qu'elle en est la fille. M. Copin, *Histoire des comédiens de la troupe de Molière*, vient encore de rééditer les anciennes erreurs sur les Vauselle, voir p. 63, *Les premiers camarades de Molière*.

(2) M. Moland a été vraiment trop timoré en émettant récemment un doute sur l'identité de Melle Magdelon et en posant un point d'interrogation à son égard. V. *Œuvres de Molière*, 2e édition, I, 115.

Dehors, pour le remplir, permet de bien augurer de son jeu et de ses avantages physiques. L'Hermite, *(Eole)*, n'avait pas à jouer parmi les dieux (dans les machines) un rôle bien important (voir acte II, scène V). Mais, celui d'Ammon, ami de Phinée, tient une certaine place dans l'acte IV. Melle Magdelon remplissait à la fois un rôle parmi les Néréides, et parmi les Nymphes d'Andromède. Les Nymphes, Aglante, Cephalie et *Liriope* ne figurent que, comme comparses, dans le chœur des Nymphes, acte IV, scènes I et III, tandis que les Néréides, Cymodoce, Ephyre (c'était Melle Menou), et *Cydippe* ne se contentent pas de s'élever au milieu des flots (acte III, scènes IV et V). Elles récitent des vers, comme les autres personnages de la pièce, sinon autant. Mademoiselle Magdelon en avait pour sa part quinze à débiter, alors que quatre vers formaient tout le rôle de Melle Menou, un vrai rôle presque muet de jeune cabotine (1).

Madeleine de l'Hermite n'avait guère alors que treize ans environ, (elle se dit née vers 1640); car, bien qu'on ne puisse fixer d'une façon fort précise la date exacte de l'année lors de laquelle la troupe de Molière joua l'*Andromède*, il y a lieu de croire que ce fut vers 1653 (2).

(1) Voir sur ces rôles, dans les *Œuvres de Corneille*, édit. des grands écrivains de France, la notice de M. Marty-Laveaux, en tête d'*Andromède*, t. V, p. 254.

(2) Voir sur la liste des acteurs inscrite sur l'exemplaire de l'*Andromède*, provenant de la bibliothèque de Pont-de-Vesle, et décrit pour la première fois par M. Lacroix dans le *Catalogue* Soleinne, *La jeunesse de Molière*, du même auteur, p. 67 et suiv ; Soleirol, *Molière et sa troupe*, p. 6 ; M. Loiseleur, *Les points obscurs de la vie de Molière*, p. 155 et suivantes ; M. Bouquet, *Molière et sa troupe à Rouen*, Claudin, 1880, page 104 ; M. Moland , *Œuvres de Molière,* 2e édition, I, 114, etc., etc. Tous ces auteurs exposent les raisons qui font reporter la représentation dont il s'agit à 1653, l'année de l'*Étourdi*, antérieurement à la mort de M. de Lestang, c'est-à-dire de Ragueneau (18 août 1654) et même, mais avec moins de certitude, antérieurement au mariage de Du Parc (23 février 1653). En reconnaissant en Melle Menou, Armande, encore plus jeune que Melle Magdelon et n'ayant guère environ que dix ans alors, on est par cela même forcé d'admettre qu'elle accompagna, au moins pendant un instant, les Béjart et Molière dans leurs pérégrinations et qu'elle avait débuté sur le théâtre en province, bien avant de figurer sur

C'est donc tout vraisemblablement vers la fin de 1652 que l'Hermite de Vauselle, déclassé au point de descendre au rôle de comédien de campagne, était entré dans la troupe de Molière. Ses liens avec les Béjart, le rôle qu'il avait rempli, près de quinze ans plus tôt, dans le baptême de 1638, sa familiarité avec M. de Modène, lui créaient des points de contact avec Madeleine. Quant à Molière, rien ne prouve, contrairement à l'opinion de Paul Lacroix, qu'il ait été pour lui un ami de jeunesse ; il n'a pas même daigné prononcer dans aucun de ses ouvrages le nom du jeune comédien, avec lequel sa vanité de gentilhomme lui faisait peut-être prendre des airs cavaliers. Reste ce qu'on peut appeler l'énigme des rapports de Marie Courtin de la Dehors et de Madeleine Béjart, les deux maîtresses de M. de Modène, qui toutes deux se retrouvaient côte à côte dans la même troupe, où Mme de l'Hermite n'était peut-être même entrée que lors d'un passage de Molière dans le Comtat. Ainsi rapprochées par les circonstances les deux anciennes rivales pouvaient se consoler mutuellement des trahisons de leur volage séducteur !

celui du Palais-Royal. Si elle a été utilisée une fois dans *Andromède*, il est probable qu'elle dut l'être plus tard dans d'autres pièces encore. Les quatre vers qu'elle avait à y réciter constituaient un vrai rôle de petite cabotine. Certains auteurs ont cru que ce rôle de Néréide n'était en réalité qu'un rôle plastique, qui eut mieux convenu à Melle Du Parc, en laquelle Soleirol proposait de voir Melle Menou. Ce serait vrai, s'il s'agissait d'une opérette jouée de nos jours ; mais dans les pièces représentées alors par les troupes de campagne, c'est-à-dire quasi par des comédiens en famille, ces rôles insignifiants étaient tout naturellement dévolus aux *enfants de troupe*, sans que les spectateurs y trouvassent à redire.

Ceux qui voient dans Armande une fille de Madeleine et de M. de Modène peuvent très bien expliquer sa présence toute exceptionnelle dans la troupe avec les l'Hermite, en supposant qu'élevée par Marie Courtin de la Dehors, c'est-à-dire non loin de M. de Modène, elle l'a suivie lors de son passage dans la troupe de Molière. On remarquera que c'est la seule fois qu'on rencontre Melle Menou, avant de la retrouver dans la lettre de Chapelle, et qu'Armande n'apparaît pour la première fois et sous son nom qu'à l'époque de son mariage. Si Marie Courtin avait été chagée de l'élever, ce n'est pas elle toutefois qui eut pu se mêler de l'instruire, à en juger par les défectuosités de l'orthographe de ses lettres, qui est ultra-fantaisiste.

En 1653 elles jouaient toutes les deux dans l'*Andromède* de Corneille. Cette date n'est pas sans importance, car il en résulte dès lors (et le fait est d'ailleurs certain) que les l'Hermite dûrent accompagner Molière dans les représentations qu'il alla donner à l'automne de 1653, vers le mois d'octobre, non loin de Pézenas, au château du prince de Conti, à La Grange-des-Prés, où il fut appelé par Daniel de Cosnac, qui savait qu'il se trouvait alors dans le Languedoc (1), et le seul témoin dont les dires, aussi curieux que précis, nous renseignent d'une façon certaine sur cette époque de sa vie.

Cette présence de Madeleine de l'Hermite au château de La Grange - des - Prés, lors de l'automne de 1653, résulte d'une façon évidente du curieux acte constatant le baptême dans lequel elle eut Molière pour compère à Montpellier, le 6 janvier 1654 (2). La troupe des Béjart n'avait pas suivi le prince de Conti à Lyon, ainsi qu'on la répété après M. Loiseleur (3). Conti, appelé à Paris par son mariage avec une des nièces de Mazarin, s'était d'ailleurs arrêté quelque temps lui-même à Montpellier, retenu par le comte d'Aubijoux, gouverneur de cette ville, et aussi par les charmes de mademoiselle de Rochette, qui avait succédé à Mme de Calvimont. Sous cette double influence il épuisa la

(1) V. *Mémoires de Cosnac*, I, 127. — Il ne paraît pas que Molière ait assisté à la session des États de Pézenas du 17 mars au 1er juin 1653, ouverte par le comte de Roure. Il est sûr au contraire qu'il figura après son départ de La Grange-des-Prés à celle de Montpellier (16 décembre 1653 au 31 mars 1654), ouverte par le comte de Bieule, puisque nous le verrons à Montpellier au mois de janvier.

(2) Cet acte, découvert par M. Gaudin, a été publié par M. Lacour de la Pijardière, dans le *Moliériste*, t. 1, p. 45.

« Le 6 janvier 1654 a esté baptisé, Jean-Baptiste du Jardin, né le troiziesme octobre 1653, fils de Jean et d'Élisabeth de la Porte. Le parrain a été mons^r Jean-Baptiste Poquelin, valet de chambre du Roy, *la marraine* Melle *Magdeleine de l'Hermite* ».

M. Loiseleur qui a reproduit cet acte, v. *le Temps*, 9 août 1880, a continué, comme dans son livre sur Molière, à voir dans Madeleine la sœur de l'Hermite de Vauselle, comme d'autres l'ont fait encore en ces derniers temps.

(3) *Les points obscurs de la vie de Molière*, p. 173.

coupe des plaisirs les moins relevés, qui furent le triste et singulier prélude de l'union qu'il allait contracter (1).

Molière dut-être le témoin de cette vie de folies et contribuer lui-même aux divertissements plus ou moins publics du prince pendant son séjour auprès du comte d'Aubijoux. Il avait été sans doute aussi amené dans cette ville par la réunion des États du Languedoc, que le comte de Bieule y ouvrit le 7 décembre et auxquels il venait assister selon son habitude et commandé pour leur service (2). Aussi resta-t-il à Montpellier après le départ du prince de Conti, qui dès le lendemain de Noël partait de Bagnols dans la direction de Vienne et se trouvait à Lyon le dernier décembre 1653 en route vers Paris (3). C'est alors qu'on voit dans cette ville, le 6 janvier 1654, Molière servir de compère à la jeune Madeleine de l'Hermite (4).

Revint-il à Lyon dès le milieu de février, pour y prendre part au ballet des *Moyens de parvenir*, dansé le 18 février, comme l'a cru M. Lacroix, toujours si enclin aux hypothèses les plus hazardées ? Dans tous les cas la troupe était de

(1) Sur le vicomte d'Aubijoux, la vie d'alors à Montpellier, et les amours du prince de Conti, voir *Mémoires de Goulas*, II, 22, 456, III, 221, 227 ; M. Ch. Ponsonailhe, *Sébastien Bourdon*, 145, 155 et la bibliographie qui y est citée p. 314 et suiv. ; Gariel, *Les gouverneurs du Languedoc*, nouvelle édition, Montpellier, 1873.

On sait que M. d'Aubijoux mourut en 1656 à Graulhet, le 9 novembre, bien peu de temps après le passage de Chapelle et de Bachaumont. Voir encore *Mémoires de Cosnac*, I, 133 137, et M. Pignot, *Un évêque réformateur*, Gabriel de Roquette, 1876, in-8° t. I, p. 27 et suiv.

(2) La session dura jusqu'au 31 mars 1654. Quarante mille livres y furent allouées au comte de Bieule.

(3) *Mémoires de Cosnac*, I, 139. La *Gazette de Loret* trop peu consultée pour tout cela annonce, le 10 janvier, son départ de Lyon. Voir *Muse historique de Loret*, édit. Livet, I, 452.

(4) L'enfant qu'ils tinrent sur les fonts était né depuis trois mois. Il était fils d'un sieur du Jardin et non fils de La Porte, ainsi que l'a dit M. Baluffe, *Molière inconnu*, p. 92. La mère seule s'appelait Élisabeth de la Porte. Était-elle sœur, fille ou parente du La Porte, dont parle M. Baluffe en plusieurs endroits de son livre ?

retour dans cette ville dès avant le 8 mars, jour où Du Parc y faisait baptiser son premier enfant. A l'aller comme au retour, Molière et les Béjart avaient passé en Avignon, traversé le Comtat, le pays de M. de Modène et suivi, tant par le Rhône que par terre, la route d'Avignon et de Nîmes, ce grand chemin si frayé du Midi, qu'ils devaient tant de fois encore parcourir.

L'acte de baptême du 6 janvier 1654 a son importance pour l'histoire des l'Hermite ; il montre que la jeune actrice, commère de Molière, était bien mademoiselle Magdelon de l'*Andromède*, et précise l'époque à laquelle sa famille, ainsi qu'elle même, faisaient partie de la troupe, époque laissée indéterminée par la liste d'acteurs où son nom figure, et dont la date reste malheureusement trop dans le vague.

Les l'Hermite et leur fille, ainsi qu'on le verra bientôt, ne restèrent pas longtemps dans la troupe de Molière ; mais la quittèrent-ils à Avignon avant son retour à Lyon et lors de son passage dans le Comtat pour retourner dans le Lyonnais ? Prolongèrent-ils au contraire leur séjour dans ses rangs encore une année, jusqu'au lendemain du *Ballet des incompatibles*, dansé à Montpellier pendant le carnaval de 1655 ? Il est assez difficile d'être bien fixé sur ce point. Ce qui donnerait à penser que les l'Hermite étaient revenus avec la troupe jouer devant les États de Montpellier à la fin de l'année 1654, c'est qu'il est supposable que l'idée de publier son *Recueil des tiltres, qualités, blazons et armes des seigneurs barons des États-généraux de la province du Languedoc, tenus par son Altesse le prince de Conti, en la ville de Montpellier en 1654*, ne vint pas à Joseph Béjart sans lui avoir été soufflée par l'Hermite. C'est ce fabricant émérite de généalogies qu'on se prend à considérer comme l'inspirateur, sinon le collaborateur de cette œuvre, qu'on ne s'attendait guère à trouver signée par un comédien (1). C'est aussi le mariage qu'on

---

(1) On sait que ce recueil, in-f°, se compose de deux parties, toutes les

verra Madeleine de l'Hermite contracter bientôt avec un écuyer du prince de Conti, qui dut la remarquer plus probablement à ce séjour à Montpellier, qu'un an plus tôt à la Grange-des-Prés, alors qu'elle n'avait guère encore que treize ans. Voilà les indices qui sembleraient indiquer que les l'Hermite ne quittèrent pas les comédiens du prince de Conti avant le printemps de 1655, avant leur passage dans le Comtat pour reprendre le chemin de Lyon.

Mais voici maintenant des dates qui semblent contredire ces présomptions et donnent à croire que la séparation se fit à une date antérieure et très probablement, au moins pour Jean-Baptiste de l'Hermite, au lendemain du commencement de l'année 1654, lors du passage des comédiens à Avignon. Elles sont contenues dans les curieuses notes de la seconde édition du *Page disgracié* de 1667, notes dont l'auteur est sans aucun doute Jean-Baptiste l'Hermite lui-même, qui prit soin de la sorte de commenter et d'élucider l'œuvre de son frère, mort depuis douze ans.

Dans ces notes, à propos de la parenté de l'Hermite avec Jean de Velasque, dont il est question dans le roman, il parle des services rendus par le connétable de Castille, Inique Melchior Fernand de Velasque, au chevalier de l'Hermite, cadet de l'auteur ; il dit qu'il rapporta lui-même

deux imprimées à Lyon par Jassermé, l'une en 1655, l'autre en 1657, avec un privilège du 14 mai 1655, et un consentement de M. le procureur du roi, Bollioud-Mermet, du 11 mai 1657. Je ne crois pas que l'Hermite y ait sérieusement collaboré, sans quoi il eut fait paraître l'œuvre seul, aimant mieux ne pas partager les gratifications des États et du prince avec d'autres et préférant les garder exclusivement pour lui-même. La seconde partie se rapporte aux États tenus à Pezénas en 1655. La troisième, qui devait contenir le tiers état héraldique du Languedoc, n'a jamais paru. Ce recueil, dédié au prince de Conti, où l'on trouve plus d'un renseignement sur les gentilshommes avec lesquels Molière a été en rapport, les comtes de Bieule, d'Aubijoux, du Roure, etc. mériterait d'être étudié plus à fond qu'il ne l'a été jusqu'ici. Paul Lacroix a considéré J. Bèjart, *Jeunesse de Molière*, 91, 93, 116, comme n'étant sans doute que le prête nom de l'Hermite.

d'Espagne « de sensibles témoignages de la bienveillance du dit Connestable, divers beaux présents et particulièrement un authentique en parchemin scelé du sceau de ses armes et signé de sa main, par lequel il recognoit ce gentilhomme comme son parent ». J.-B. de l'Hermite donne la traduction de ce parchemin délivré « à illustre et noble Jean-Baptiste, chevalier de l'ordre du roy et un des gentilshommes servans de sa Majesté », et portant comme date : « Donné à Ségovie, le 21e décembre 1654 (1) ». S'il a rapporté lui-même d'Espagne ce certificat de noblesse et de haute parenté, il était donc à cette date *tra los montes*, alors que Molière était à Lyon où on le retrouve le 3 novembre 1654. Cela prouve que Vauselle avait quitté la troupe, car il ne se serait pas montré comme comédien en Espagne devant les *hidalgos* ses parents (2). Avait-il, suivant son habitude, laissé un instant sa famille, dont il ne se préoccupait guère? Vint-il la rejoindre à Montpellier, où la session des États avait commencé dès le 7 décembre et donner là à Joseph Béjart l'idée de l'ouvrage généalogique sur les États, pour lequel ce dernier n'obtint toutefois un privilège que le 14 mai 1655 et qui ne devait-être jamais achevé ?

Ce point ne mérite pas la peine d'être longuement discuté. On ne rencontre pas non plus, il faut bien le dire, le nom des Vauselle, à côté de ceux de Molière et des Béjart dans le ballet des *Incompatibles*, bien qu'on ait voulu voir en Jean-Baptiste de l'Hermite un des auteurs probables des vers de ce ballet, attribué à l'auteur de *l'Étourdi* par M. Lacroix, si riche en attributions risquées ou erronées à l'égard de Molière.

Après avoir passé à Lyon une partie de l'année 1654, Molière, devenu comédien du prince de Conti, avait repris

(1) Voir le *Page disgrâcié*, edition de 1667, t. I, p. 350-364.
(2) Les parents de sa mère, les Miron (d'origine espagnole), n'étaient pas oubliés dans le Languedoc, où il est probable qu'il se montra cependant lui-même comme acteur.

avant la fin de l'année le chemin du Languedoc, par la vallée du Rhône et le Comtat, afin d'assister, selon sa coutume, à la session des États qu'ouvrit en personne le 7 décembre 1654, à Montpellier, le prince de Conti lui-même (1). « Ce prince, disent Lagrange et Vinot dans leur préface de l'édition des œuvres de Molière de 1682, donna des appointements à sa troupe et l'engagea à son service tant auprès de sa personne que pour les États du Languedoc » (2).

Molière était encore à Montpellier au moment du carnaval vers le 10 février (3). C'est alors qu'il figura dans le célèbre ballet des *Incompatibles* avec le sieur *Béjar*, (très probablement aussi avec Madeleine Béjart), et avec des acteurs et des actrices d'une autre troupe, celle de La Pierre. Celle-ci était vouée plutôt au chant, à la musique et à la danse, et pourrait-être appelée par anticipation une troupe d'opéra, tandis que celle de Molière, bien que ne s'abstenant pas de figurer dans les ballets, (où devait briller Melle Du Parc), s'adonnait plutôt à la tragédie et à la farce. J'aurai l'occasion de retrouver bientôt La Pierre à Avignon, dans le Comtat, d'où il était originaire ; je me bornerai à mentionner ici plus spécialement un des seigneurs figurant dans le même ballet avec les acteurs des deux troupes (4). Je veux parler du

_____

(1) C'était deux jours avant l'ouverture des États que Sarrasin, tour à tour appelé intendant chez Mgr le prince de Conti et secrétaire de ses commandements, avait été inhumé dans le chœur de la grande église de Pézenas, ainsi que l'indique son acte de décès. Voir *Bulletin des antiquaires de Normandie*, t. XI, 1881-1882 p. 71.

(2) C'est dans cette session, qui se prolongea jusqu'au 14 mars 1655, qu'on voit les États accorder une médaille et une chaîne d'or au sieur Boni préparateur d'orviétan. V. *Archives du Tarn*, procès-verbaux des États-généraux de la Province, C. 65, 1654.

(3) Pâques tomba le 28 mars en 1655. Voir dans la *Muse historique*, II, p. 15, ce que dit Loret du prince de Conti à la date du 6 février.

(4) Les acteurs et actrices de ces deux troupes qu'on y rencontre dénommés sont le sieur Molière, le sieur Béjarre, les sieurs Joachim, La Bruguière, La Pierre, Martial, et parmi les femmes, mesdemoiselles du Fey, Picar, Solas et *Gérar* qu'on croit-être Melle *Béjar*.

gentilhomme qu'on y rencontre portant le nom de « marquis de Lavardin » (1).

S'il fallait en croire tous ceux qui ont parlé des personnages du *ballet des Incompatibles,* depuis Despois jusqu'à M. Baluffe (accord rare et touchant), Madeleine aurait rencontré dansant dans ce ballet le petit-fils de madame de Modène, le fils de Henri de Beaumanoir tué à Gravelines en 1644, le jeune marquis de Lavardin.

Au nombre des seigneurs figurant dans ce ballet on rencontre en effet, d'après le livret imprimé à Montpellier, 1655, in-4º, chez Daniel Pech, un gentilhomme désigné sous ce nom, « le marquis de Lavardin ». Le bibliophile Jacob, qui a le premier réimprimé ce ballet (2), indique ce marquis de Lavardin comme appartenant à la maison militaire du prince. Despois, d'ordinaire plus exact, voit en ce danseur Henri Charles de Beaumanoir, marquis de Lavardin, fils de Marguerite de Rostaing, l'amie de Mme de Sévigné, le futur ambassadeur à Rome, excommunié en 1687 (3) ; M. Baluffe, à son exemple reconnait de même parmi les officiers de la cour du prince de Conti le fils de l'amie de Madame de Sévigné (4).

Cette identification était cependant bien surprenante, et

(1) Il représente un jeune homme à la quatrième entrée et débite ces vers :

    Aucun souci ne me travaille,
    J'aime tous les plaisirs et les sais goûter,
    Et je suis sans trop me flatter
    Un jeune homme de belle taille.

(2) Voir la *Jeunesse de Molière*, 1858, p. 192, 197. Il a été aussi réimprimé dans la deuxième édition des *Œuvres de Molière*, donnée par M. Moland chez Garnier, t. II, p. XI et p. XLV-LV, ainsi que dans le *Molière* des grands écrivains de France, t. I, p. 523 et suiv.

(3) Voir *Œuvres de Molière,* édit. Hachette, des grands écrivains de France, t. I, p. 527.

(4) M. Baluffe, le médecin volant à Pézenas, dans l'*Artiste*, 2ᵉ volume de 1881, p. 275.

l'on s'étonne que son impossibilité n'ait pas frappé tout d'abord M. Despois. Au commencement de 1655, le fils de l'amie de Mme de Sévigné, le petit-fils de Marguerite de la Baume, né, comme on l'a vu, le 15 mars 1644, n'avait pas encore onze ans accomplis. On avouera que c'est un âge un peu tendre pour faire partie de la maison militaire et des officiers d'un prince. Comment aussi le jeune gentilhomme manceau aurait-il été transporté du Maine au fond du Languedoc, sur les bords de la Méditerranée, pour remplir cet emploi d'enfant précoce et prodige ? On n'a eu garde de s'en préoccuper, et l'erreur une fois émise à la légère a été répétée sans broncher, comme il arrive toujours, par ceux qui trouvent plus commode d'adopter une opinion toute faite que de s'en faire une à eux-mêmes.

Disons-le bien vite, le marquis de Lavardin dont il s'agit à Montpellier, n'est point un Lavardin du Maine, ni même un Lavardin. Ce n'est nullement un enfant de dix ans, presque trop jeune pour figurer parmi les pages. On pouvait le voir clairement d'ailleurs par les dires de d'Assoucy qui parle également de lui, à propos de son passage à Béziers, où il retrouva Molière à la fin de 1656. Comparant sa détresse aux États de Béziers avec le séjour qu'il avait déjà fait lors des États à Montpellier, à la fin de 1655, avec Molière et les Béjart, et se lamentant de ne pas retrouver ses généreux Mécènes de l'année précédente, il dit : « je ne vis plus le prince de Conty, de Lavardin, ny de Guillerague (1) ». Ce n'est évidemment pas l'absence d'un jeune garçon de douze ans que déplore l'*Empereur du burlesque*, à côté de celle du prince et du secrétaire de ses commandements (2).

(1) Voir *Aventures de d'Assoucy*, édit. Em. Colombey, p. 162. C'est lors de cette rencontre de d'Assoucy et de Molière à Béziers, à la fin de 1656, que Molière fit le couplet de chanson relaté dans les *Aventures* (d'Italie), chap. VII, édit. Colombey, p. 240, et qu'on n'a guère su à quelle date rapporter jusqu'ici, je ne sais en vérité pourquoi.

(2) On voit d'ailleurs, puisqu'il s'agit d'une mention du nom de Lavardin faite plus de vingt mois après le *Ballet des incompatibles*, qu'elle se rap-

Quel est donc le Lavardin dont il est ici question ?

Il s'agit d'un gentilhomme qui figure précisément à la session des États de Montpellier de 1654-1655 et dont le nom se rencontre parmi les signataires de différents actes de cette assemblée : le marquis de Lavardens. On sait que, pour complaire à la volonté du roi, le prince de Conti fit signer par la noblesse de Languedoc un acte par lequel ces gentilshommes s'obligeaient à refuser toute provocation en duel. Au bas de cette délibération des États de Languedoc contre les duels, de janvier ou février 1655, on trouve précisément la signature de Lavardens (1).

Vers la même époque l'abbé de Cosnac, arrivé à Paris le 1er janvier 1655, avec la mission de faire à son Éminence la demande du château Trompette pour le prince, lui disait pour l'obtenir, que le gouvernement de ce château était promis déjà par Conti à *Lavardin*, frère de M. le duc de Roquelaure (2). La promesse de ce gouvernement faite à ce marquis de Lavardin était bientôt si notoire à Paris que Scarron écrivait dans ses épitres en vers, sa *Gazette* du 23 février 1655 :

> Conty, gouverneur, ce dit-on,
> Du chatouilleux Gascon,
> Au frère de mon Roquelaure,
> Duc que tant j'aime et tant j'honore,
> A donné gratuitement
> Un important gouvernement,

porte à une personne devant demeurer habituellement dans le Languedoc. Cela n'a pas empêché M. Emile Colombey de prendre aussi ce gentilhomme pour Henri-Charles de Beaumanoir, v. p. 162.

(1) Voir l'avant-propos en tête de l'édition des *Mémoires de l'abbé de Cosnac*, édit. de la Société de l'histoire de France, I, XXIX et XXXII et aussi 189.

(2) *Mémoires de Cosnac*, I, XXIV, 197, 200, 210, 215, etc.

C'est celui du château Trompette
D'où, comme l'on dit, à la baguette
On peut dans Bordeaux commander
En faisant le canon gronder (1).

Tallemant parle aussi de Laverdens, « un gros frère » du duc et du chevalier de Roquelaure, qu'il appelle « un grand gladiateur, un brave ». Il se nommait, disent ses annotateurs, Armand de Roquelaure, baron de Biran et de Lavardens (2). Toutefois l'éditeur des *Mémoires de Goulas*, M. Constant, appelle le marquis de *Lavardenx* Jacques de Roquelaure (3).

Il est donc bien établi que Madeleine Béjart ne rencontra pas à Montpellier le petit-fils de Marguerite de la Baume dont elle avait été un instant la rivale. Le petit marquis, Henri-Charles de Beaumanoir, était au Mans pendant les années 1655 et 1656, alors que le marquis de Lavardens est dans le Languedoc. Il habitait alors l'évêché du Mans, dont son oncle était pourvu et y étudiait sous la direction de Costar, ainsi qu'on peut le voir dans la vie de cet hôte célèbre de Philibert de Beaumanoir (4). S'il pouvait y avoir place pour le moindre doute à cet égard, je citerais ici des lettres inédites qui établissent de la façon la plus précise la

(1) V. *Réponse de la Samaritaine, horloge du Pont-Neuf, à Jacquemard, horloge de Saint-Paul*, p. 44, in-4°, Alexandre Lesselin, rue de la Barillerie, devant le Palais. Scarron termine son épitre en disant que le dimanche 21, il a fait chère très singulière avec que l'aimable *Molière* l'homonyme de l'auteur de *l'Étourdi*.

(2) V. *Historiettes de Tallemant*, V, 378, 380. Les *Lettres inédites de Feuquières*, I, 372 le montrent blessé en avril 1646, en secourant son frère le chevalier, et Tallemant p. 378, raconte les circonstances de sa mort.

(3) V. *Mémoires de Goulas*, II, 148. Il le dit également blessé au printemps de 1646 par les archers du roi, mort en 1678, et frère du chevalier de Roquelaure, fils d'Antoine de Roquelaure, maréchal de France.

(4) Voir la *Vie de Costar* à la suite des *Historiettes de Tallemant des Réaux*, t. IX, p. 76 et suiv.

présence du jeune marquis au Mans à cette époque.

Le nom de Henri-Charles de Beaumanoir ne devait figurer que dix ans plus tard dans les ballets. Du moins je ne rencontre pas cité avant le 4 octobre 1655, où on voit alors le marquis danser dans un ballet du roi (1).

Son oncle, l'évêque du Mans, Philbert-Emmanuel de Lavardin, connaissait le prince de Conti, sans toutefois que la connaissance ait été aussi intime, en 1655, qu'a bien voulu le dire M. Baluffe (2). L'abbé de Lavardin, avant d'être devenu évêque, avait pu connaître Sarrasin par Costar et Ménage; mais alors Sarrasin n'était pas l'intendant du prince de Conti, avec qui il ne devait se trouver en rapports intimes qu'à Bordeaux, après l'avoir entrevu à Chantilly. Pendant qu'il fut attaché à la personne du prince pendant la Fronde, à Bordeaux, et en Languedoc jusqu'en décembre 1654, l'évêque du Mans, dans sa ville épiscopale, ou à Paris, dans le parti royaliste, n'eut certes pas de relations avec le frère de madame de Longueville.

Ce n'est qu'après le mariage du prince avec la nièce de Mazarin, précédant de neuf mois seulement la mort de Sarrasin, que Conti et l'évêque purent avoir des relations un peu suivies. Je ne connais à cet égard qu'une phrase du *Menagiana* qui, mal comprise, a dû causer l'erreur de M. Baluffe. Ce n'est pas Sarrasin, mais bien un autre ami de Ménage que l'évêque du Mans « produisit auprès de M. le prince de Conti (3) ».

S'il fut impossible au jeune marquis de rencontrer Madeleine Béjart à Montpellier, l'évêque put revoir à Paris, à partir de 1658, celle qui avait été la rivale de sa mère. Des

(1) Voir la *Gazette de Robinet* dans les *Continuateurs de Loret*, t. I, 304. La même gazette mentionne aux dates des 3 et 6 février 1667 le premier mariage du marquis avec Melle de Luynes. Son oncle l'évêque y assista, v. p. 636, 648.

(2) V. le *XIXe siècle* du 25 août 1885.

(3) V. *Menagiana*, édit. de 1694, t. II, p. 120.

fenêtres de l'hôtel de sa belle sœur, du quai Malaquais, il pouvait apercevoir le petit Bourbon, et plus d'une fois dans ses célèbres diners, bavardinant avec La Rochefoucauld, MMes de La Fayette, de Sévigné, de Brissac, ou avec Boisrobert et Benserade, il dut causer de la célèbre actrice et du grand comédien qu'il avait pu voir à Paris dès le temps de l'*Illustre théâtre* (1).

La seule personne ayant des rapports de parenté avec Marguerite de la Baume que put voir la Béjart aux États du Languedoc à Montpellier en 1655, fut le propre frère de Mme de Modène. Joseph Béjart a eu soin de constater qu'il « estoit en personne à cette assemblée. » Je veux parler de « Mgr l'évêque de Viviers, Louys de la Baume Suze..... » fils de messire Rostain...... comte de Suze et de Rochefort et de Catherine de Meullion de Bressieux (2) ». Le prélat devait du reste revoir plus tard la troupe des Béjart à la fin de 1656 aux États de Béziers, qu'il présida en l'absence de l'archevêque de Narbonne, et ce n'est pas sans quelque raison qu'on peut être tenté d'attribuer à sa parenté avec Mme de Modène une part du froid accueil que reçut, dit-

---

(1) Je ne parle pas ici des relations d'affaires que les parents de l'évêque avaient eues avec les Poquelin, mais avec des Poquelin n'appartenant pas à la branche du père de Molière. Il y a longtemps que Jal a parlé des prêts faits par eux aux Lavardin, en raison même de la gêne de cette famille que j'ai souvent rappelée. V. *Dictionnaire* de Jal, p. 750 et 990. Mais Molière n'a rien à voir là dedans. Si je n'ai pas mentionné jusqu'ici ces relations d'argent, c'est que je me propose d'en dire un mot à propos des Poquelin dans le Maine et des rapports que Molière put avoir avec des manceaux ou des personnes tenant au Maine par divers liens.

(2) V. *Recueil des titres des seigneurs des États de Languedoc*, de J. Béjart, 1re partie. Il dit que ce prélat « *porte d'or à trois chevrons de sable, au chef d'azur chargé d'un lion naissant d'argent, couronné de mesme (d'or), qui est de la Baume de Suze.* M. de Viviers se fit représenter l'année suivante aux États de Pézenas par son vicaire-général, messire Anne de Vissac. Voir encore sur ce prélat les *Mémoires de Cosnac* I, 219, II, 106-108.

on, la troupe de Madeleine Béjart et de Molière à cette session des États de 1656 (1).

Mais nous ne sommes encore pour le moment qu'au printemps de 1655 dans la ville de Montpellier ; la troupe de Molière allait la quitter pour retourner à Lyon, où on la trouve à la fin d'avril. C'est dans cette ville que, pendant l'été, la rencontrait d'Assoucy, qui y passait trois mois en sa compagnie. Puis ils en partaient ensemble, sur le Rhône, pour se diriger vers Avignon, où la troupe resta tout le mois d'octobre, et aller de là aux États de Pézenas ouverts le 4 novembre 1655.

Quelques jours après son départ d'Avignon survenait un événement important dans la vie d'une des personnes qui font l'objet de ces études. La future épouse du comte de Modène, Madeleine de l'Hermite, contractait dans cette ville un premier mariage, resté jusqu'à ce jour complètement inconnu.

Son mariage se fit à Avignon le 11 novembre 1655 (2). Les renseignements inédits que je vais fournir sur elle et les l'Hermite, à l'occasion de cette première union que je suis le premier à révéler, donnent à penser que Mademoiselle Magdelon, comme sa famille, n'avait pas fait longtemps partie de la troupe de Molière.

Voici ce qu'on lit dans un mémoire présenté par « Damoyselle » Madgeleine Lhermite, elle-même, et dont

(1) Si le frère de Marguerite de la Baume était mal disposé à la fin de 1656 à l'égard de Madeleine, cela ne donnerait-il pas lieu de penser qu'outre les anciennes amours de M. de Modène avec la Béjart, il y avait eu une reprise de relations intermittentes entre lui et elle, qui avait pu raviver ou exacerber les ressentiments du prélat ? Mais il est plus vrai de dire que les États, alors en veine d'économie, en firent montre à l'égard de tous et non pas seulement de Molière.

(2) Il y avait deux mois à peine qu'elle avait perdu son oncle François Tristan l'Hermite, mort d'une maladie du poumon, dans l'hôtel de Guise, (mais n'ayant guère à se louer de la générosité de son protecteur), le 7 septembre 1655, à 54 ans, et enterré à l'église Saint-Jean. J'ai déjà dit que Tristan, pauvre mais honnête, était brouillé avec son frère.

nous ferons plus loin connaître les causes, la date, et les principales mentions (1).

« En l'année mil six cent cinquante-cinq étant demeurante avec ses père et mère en la ville d'Avignon, païs au quel ils possédoient et possèdent encore quelques biens, se trouvant lors la dite demanderesse aagée de quinze ans ou environ, fut recherchée en mariage par le sieur Le Fuzelier, défendeur, lequel lors estoit pareillement demeurant au dit Avignon et y avoit des emplois ; lesquelles recherches furent suivies de promesses et du contrat du dit.... mariage passé entre les parties, par devant N...... notaire apostolique et royal au dit Avignon, l'onzième novembre de la dite année 1655 et des cérémonies et célébration extérieure du dit mariage faites en la dite église de Saint-Agricol du dit Avignon... (2) ».

On lit en effet dans les registres de la dite église, conservés aujourd'hui à la mairie d'Avignon, cet acte de leur mariage, dont j'ai eu grand soin de me procurer la copie :

« *Die undecima novembris 1655, dominus Petrus Fusilier et domina Magdalena de l'Hermite parisienses, nunc vero hujus civitatis ab aliquo tempore habitatores, per me curatum subscriptum matrimonio conjuncti fuerunt in facie Sancte-Matris ecclesiæ per verba de presenti mutuâ corporum donatione intervenientia, simulque nuptias celebrarunt, super denunciationibus dispensati ab Illmo et R^{mo} D. Vice*

(1) Je suis obligé d'ajourner ces révélations, pour ne pas enlever aux faits, et à leur récit, leur imprévu et leur intérêt. Je me borne donc à dire, pour le moment, que ce mémoire date d'environ 1664. J'indiquerai aussi la provenance de ces documents, ainsi que l'obligeant intermédiaire auquel j'en dois la connaissance, et que je ne veux pas tarder plus longtemps à remercier.

(2) On lit de même dans un autre mémoire émané du frère de M. de Modène : « Les parties mettent en fait qu'... en l'année 1655 et dans le mois de novembre la dite dame l'Hermite, pour lors demoiselle, auroit contracté mariage en face de nostre mère Ste Église, dans cette ville d'Avignon, avec le nommé s^r Pierre Fuzelier, escuyer... »

legato. Prœsentibus D^{no} Fabricio Lapis et D^{no} Petro Sauveton, testibus ad ista vocatis et rogatis.

Gehiron Benef. et cur. Sancti Agricolœ ».

Rien de plus certain, on le voit, que ce mariage dont la date elle-même est curieuse. Au mois d'octobre 1655, la troupe de Molière avait précisément séjourné un mois à Avignon en venant de Lyon, ainsi que nous l'apprend d'Assoucy qui l'accompagnait (1). On eut pu dès lors espérer trouver Molière parmi les témoins, ainsi que d'Assoucy l'ancien panégyriste de Jean-Baptiste de l'Hermite ; mais la troupe était pressée d'arriver à Pézenas pour l'ouverture de la session des États (4 novembre). On l'y trouve en effet jouant la comédie à l'hôtel d'Alfonse dès le 9 novembre ; Molière ne pouvait donc se trouver à Avignon à cette date, ni par conséquent assister au mariage de son ancienne actrice, sa commère de Montpellier en 1654 (2).

Qu'était le mari qu'épousait la fille de Jean-Baptiste l'Hermite et de Marie Courtin de la Dehors ? C'est ce que nous fait connaître un témoin qui dépose dans une enquête ouverte, comme on le verra, à l'occasion des différends entre Madeleine de l'Hermite et les héritiers de son second époux, M. de Modène.

Ce témoin, Charles Mulot, lapidaire, dit qu'étant jeune il a suivi des comédiens de Paris, qui étaient allés en province et qu'il a connu à Avignon Le Fuzelier, avec lequel il était resté quelque temps, *assistant à son mariage avec Magdeleine l'Hermite*. Il quitta la troupe, dit-il, quelques

---

(1) Voir *Aventures de d'Assoucy*, p. 100 et 101.

(2) Il serait curieux de retrouver le contrat de mariage qui doit encore exister, et dont les témoins peuvent être intéressants à connaître (le nom du notaire fait malheureusement défaut). Une pièce qui insiste sur la pauvreté de Madeleine de l'Hermite dit « que le dit mariage fut fait sans aucun dot ou en tout cas peu considérable, s'il en fut constitué quelqu'un ».

années après pour rentrer à Paris. Il ajoute que Le Fuzelier était d'abord « écuyer du prince de Conti (1) ».

Cette déposition ne manque pas d'intérêt. Elle nous révèle que la connaissance entre Le Fuzelier et Madeleine a du se faire à La Grange-des-Prés ou à Montpellier, pendant que Molière et sa troupe, dont faisait partie la jeune actrice, représentaient leurs comédies devant la petite cour du prince de Conti, où les intrigues amoureuses ne manquaient guère (2).

Madeleine, qui n'était sans doute pas aussi jeune qu'elle veut bien le dire, sut plaire, dès l'année 1653, ou l'année suivante à Montpellier (si elle était encore alors de la troupe), à un écuyer du prince, et Le Fuzelier, séduit par sa beauté, épousa quelque temps après la jeune actrice.

Les renseignements, que nous donnent encore les documents relatifs aux contestations entre Madeleine de l'Hermite et les héritiers de M. de Modène, ne nous permettent pas de douter qu'elle et sa mère aient monté sur les planches. Un mémoire émané, en 1674, de Charles de Rémond, frère du baron, dit et avance en premier lieu (3) :

« Que la dite damoiselle de Courtin mère a été dans une troupe de comédiens et a monté sur le théâtre, mesme en cette ville d'Avignon et dans la maison et jeu de paume du s[r] Pierre (*le nom en blanc*) appartenant à présent à Mad[e] de Reynard, *estant appelée dans la dite troupe la Vauzelle*.

« Que de mesme la dite dame l'Hermite a paru aussi et a esté vue sur le théâtre faisant son personnage comme sa dite mère ».

---

(1) Ce Fuzelier (ou Fusilier, comme l'appellent son acte de mariage et d'autres documents) a-t-il quelques liens de famille avec l'auteur dramatique, un instant joueur de marionnettes, qui porta le même nom ? Voir sur ce Louis Fuzelier, né en 1673, mort en 1754, M. Campardon, *Les spectacles de la foire*, I, 345.

(2) Voir ce que Cosnac dit dans ses *Memoires* de Sarrasin et de Melle Du Parc.

(3) Cette pièce sans titre porte au dos : « Escritures en droit contre dame Magdeleine de l'Hermite».

Un autre mémoire rédigé pour et au nom du même messire Charles de Rémond, dit également que la dite mère de la dame de l'Hermite : « *a esté vue jouer en théâtre faisant la comédie dans la bande du dit sieur de Molière, comédien* ».

Ces curieux renseignements, qui corroborent ceux fournis par la distribution des rôles de l'*Andromède* de Corneille et par l'acte de baptême du 6 janvier 1654 à Montpellier, montrent en outre que Molière avait dû jouer à Avignon avant son passage d'octobre 1655 rapporté par d'Assoucy, et avant son séjour de la fin de l'année 1657. Il est en effet probable qu'il s'y arrêtait chaque année, soit en descendant de Lyon vers le midi, soit en y retournant ; cette mention en est la preuve. Il est certain que Marie Courtin de la Dehors et Madeleine de l'Hermite avaient fait partie avec lui à Avignon de sa troupe de comédiens. Peut-être même n'y avait-il pas longtemps, à l'époque de cette union, que mademoiselle Magdelon avait rompu les liens qui l'unissaient au monde comique (1).

On voit en effet plusieurs acteurs assister à son mariage, Charles Mulot, qui avait suivi des comédiens de Paris partis en tournée de province (2), et Fabrice La Pierre, qui fût un

(1) Quant à l'Hermite, comme il était un mari complaisant, qui ne se faisait pas suivre par sa femme, ainsi qu'on le verra, et que sa femme n'était pas tentée de dire comme les épouses de la vieille Rome « *Ubi tu Caïus, ego te Caïa* », on ne saurait affirmer qu'il ait fait partie de la troupe aussi longtemps qu'elle.

(2) Puisque la troupe de Molière était dès lors à Pézenas, il est peu probable que ce Mulot, qui fait songer aux Millot de l'*Illustre théâtre*, fut un de ses acteurs. Appartenait-il à la bande de La Pierre, dont il va être question, et qui n'était cependant pas un chef de troupe « de comédiens de Paris », ou bien à une des autres troupes qui parcouraient en grand nombre le midi et dont il serait grand temps de faire le dénombrement ? On n'a cité jusqu'à ce jour le nom d'aucun des acteurs de l'opérateur Cormier que sa présence à La Grange-des-Prés en même temps que celle de Molière, à l'automne de 1653, a condamné à la célébrité. Lui du moins venait de Paris. On l'a montré récemment (V. le *Moliériste*, VII, p. 53-54), à Marseille le 6 février 1654, faisant don de trois cents livres à l'hôpital de Caux près La Grange-des-Prés. — Voir aussi le *Magasin pittoresque*

de ses deux témoins (1). Ce Fabrice est sans doute le La Pierre du *ballet des Incompatibles*, La Pierre d'Avignon, La Pierre le Comtadin, le chef de la troupe qui parcourait depuis longtemps déjà le midi, et qui comme chanteur et danseur de ballets devait paraître pendant de longues années encore sur le théâtre (2).

Nous reprendrons bientôt la suite des curieuses aventures de Madeleine de l'Hermite, qui dit désormais adieu au tripot comique et ne tarda pas à quitter Avignon, tandis que ses parents restaient dans le Comtat auprès de M. de Modène.

Elle nous apprend elle-même à propos de ces parents qu'en 1655, « elle était demeurante avec ses père et mère en la ville d'Avignon, païs au quel ils possédoient et possèdent encore quelques biens ». Cela prouve, à une date fixe, leur présence dans le Comtat, où depuis 1644, il possédaient en effet aux portes du château de Modène, en Saint-Pierre-de-Vassols, le petit bien de la Souquette, en vertu de

d'octobre 1881, p. 342. — J'ai déjà parlé de la mort de François La Cour, « Parisien, de la bande des comédiens », décédé à Carcassonne le 29 mars 1655, âgé de quarante-cinq ans environ. (V. le *Moliériste*, II, 268). — Soulié a cité la permission donnée à Lyon le 6 juillet 1655 à l'opérateur Gilles Barry. — On trouve malheureusement vers cette époque dans plus d'une ville du midi la présence de comédiens innommés : à Vienne les 25 et 26 septembre 1654, et le 28 août 1656, sans parler de 1655, année où M. Brouchoud croit qu'il sagit de la troupe de Molière, comme en 1654 ; à Narbonne, le 21 février 1655 (le *Moliériste*, IV, 19, d'après les archives municipales de cette ville), etc. Je parlerai plus loin des comédiens signalés à Narbonne, Albi, Agen, en 1656 et 1657 et parmi lesquels. sauf Molière, puis Mignot et N. Dubois, comédiens de la troupe de Mgr le duc d'Orléans, aucun n'est désigné par son nom. Je me propose de parler ailleurs des comédiens qui parcouraient d'autres contrées que le midi.

(1) Reste à savoir si le deuxième témoin, Pierre Sauveton, était aussi un comédien.

(2) Je n'ai encore jamais vu cité jusqu'à ce jour le prénom de cet acteur. — Sur La Pierre voir M. Baluffe *Molière inconnu* p. 74, 91, 110, 111, 128, 164, 231, etc. — Je dirai cependant qu'il est surprenant de retrouver en 1688, sur les planches, un acteur qu'on y fait figurer dès 1640 à Dijon. Quarante-huit ans de théâtre, c'est beaucoup pour un seul comédien ; ne s'agit-il pas là de deux acteurs en réalité ?

la vente simulée que leur avait faite M. de Modène, qui dès son séjour à Sedan de 1639 à 1641 « les entretenait de ses biens et rentes ».

Les amours de Marie Courtin de la Dehors et d'Esprit de Rémond remontaient à une date éloignée. L'existence de leurs relations ne peut être mise en doute ; la date et le point de départ pourraient seuls être contestés, bien que l'abandon de la Souquette aux l'Hermite, et la générosité de M. de Modène envers eux, dès son équipée de Sedan, ne laissent guère de doute sur ses véritables sentiments envers la femme de son poète familier. Les apparitions que Jean-Baptiste fait à Paris ne permettent même pas d'induire que sa femme ne soit pas restée pendant ce temps là dans le Comtat, puisque nous verrons bientôt qu'il allait d'un lieu à un autre « sans se mettre beaucoup en peine de sa femme ». Les documents que je vais produire ont surtout pour objet de bien établir la réalité des relations existant entre M. de Modène et Marie Courtin de la Dehors, fixée dans le Comtat d'une façon certaine à partir de 1655, avec son mari, ainsi que le prouvent d'ailleurs les ouvrages de ce dernier, parus en Provence de 1656 à la veille de 1660. Ils montrent aussi la fausseté de la légende de la prétendue continuité, sans intermittence aucune, des amours d'Esprit de Rémond et de Madeleine Béjart, et prouvent qu'au lieu d'être resté fidèle à la fille de l'huissier Béjart, le baron avait installé, sans voiles et sans vergogne, son autre maîtresse dans son château de Modène.

Toujours disqualifié, toujours sous le poids de l'inimitié du duc de Guise, qui était devenu favori du jeune roi et « faisait, avec le comte de Saint-Aignan, l'esprit de cour » comme dit Guéret (1), c'est-à-dire donnait le ton aux courtisans, M. de Modène continuait à faire le mort, à cacher sa vie (2),

(1) Voir le *Parnasse réformé*, édition de 1674, in-12, p. 101.
(2) On dit que les honnêtes femmes ne font pas parler d'elles. On n'eut absolument rien su de M. de Modène de 1650 à 1660 sans ses amours de

loin de Paris, dans le Comtat, où le passage du duc venait parfois même le troubler jusque dans cette retraite reculée, soit en 1654 lorsque Henri de Lorraine alla tenter sa nouvelle expédition de Naples, soit en 1656, lorsqu'il fut envoyé à Marseille pour recevoir la reine Christine de Suède, et l'accompagner dans son voyage à travers la France jusqu'à Paris.

Esprit de Rémond n'avait rapporté qu'un titre de ses aventures d'Italie. Jusqu'à son départ de France, à la fin de 1646, on ne le voit qualifié que « chevalier, seigneur de Modène ». Depuis son séjour à Rome, on le voit appelé baron, comte et même marquis. Je ne parle pas de ceux qui l'ont de plus confondu avec le duc de Modène. Son père, François de Rémond de Mormoiron, n'était lui-même devenu seigneur de Modène qu'en 1620, par suite de la cession de cette seigneurie que lui avait faite une parente. Eut-il le titre de baron, qu'Esprit put bien ne porter qu'après la mort de sa mère ? Je serais plutôt porté à le supposer qu'à partager l'avis de Mgr le duc d'Aumale qui (parlant à la date du 19 mai 1617 de cet oncle du connétable de Luynes), dit qu'il « avait été récemment créé comte de Modène (1) ». Quoiqu'il

contrebande. Je n'ai uniquement à citer sur son compte, en dehors de son histoire amoureuse, pendant cette période qu'un extrait de lettres de *pareatis* du cardinal Chigi, légat à Avignon, du 10 septembre 1660, s'il faut en croire Chérin qui les rapporte, (Voir m^{ts} de la Bibl. nat. collection Chérin, 169) relatives à des dégats commis dans son château de Modène, lors de sa captivité à Naples, époque à laquelle *non nulli intraverunt in castrum de Modena*, etc.

M. l'abbé Prompsault, l'historien de la commune de Modène, indique aussi à la date du 24 novembre 1657 une convention entre Esprit de Rémond et la communauté de Crillon d'après le *Mémoire des consuls*, p. 84. En 1662 (p. 91), il mentionne un don fait par lui à l'église de Modène. Les poursuites criminelles intentées en 1650 par le seigneur de Modène contre un habitant qui avait chassé dans ses bois et dont parlent tous les historiens du Comtat, d'après le sommaire des délibérations du Comtat, (mst du musée Calvet d'Avignon), n'apprennent rien de relatif à Esprit de Rémond et sont même, peut-être, antérieures à sa sortie de captivité.

(1) *Histoire des princes de Condé*, III, 97.

en soit à cette époque où l'on était si jaloux de relater tous ses titres dans les actes notariés, je ne vois ni Esprit, ni sa femme, recevoir les titres de baron ou de baronne dans les actes qui les concernent. Marguerite de la Baume, à sa mort même, ne porte pas cette qualification.

Ce n'est qu'à partir de l'expédition de Naples qu'on la voit accordée à M. de Modène. Les mémoires du duc de Guise, aussi bien que ceux de l'abbé Arnauld, l'appellent le baron de Modène. Dans son *Histoire des révolutions de Naples*, parue en 1665, il prend lui même le titre de comte, qu'on lui voit donné aussi par Chapelain, qui n'était pas bien fixé sur ses qualités, puisqu'il l'appelle encore baron, marquis, ou tout simplement même M. de Modène dans ses lettres à Colbert (1).

Dans l'acte de baptême de la fille de Molière, en 1665, M. de Modène reçoit aussi le titre de marquis ; mais dans son contrat de mariage d'octobre 1666, il ne prend que celui de comte, sous lequel en somme il est le plus généralement connu et qu'il paraît avoir désormais toujours porté (2). D'où lui venait ce titre de comte ? Il lui avait peut-être été, en sa qualité de gentilhomme comtadin, conféré par le pape pendant son séjour en Italie. C'est un point que je laisse à décider aux généalogistes qui sont créés et mis au monde pour discuter et résoudre les questions de ce genre, et qui attribuent aussi du reste au fils d'Esprit de Rémond la qualité de baron de Gourdan (3).

---

(1) M. P. Clément dans son recueil de *Lettres de Colbert*, V, 604, 605, l'a même confondu avec le duc de Modène, et il faut se garer de faire une pareille confusion en lisant la *Muse historique* de Loret. Voir notamment t. II, p. 135, 368, etc.

(2) C'est celui que lui assignent Pithon-Curt et Fortia-d'Urban.

(3) Voir la note 4 de la page 35 de l'*Histoire de Modène* de M. l'abbé Prompsault ; La Chesnaye-Desbois, *Dictionnaire de la noblesse*, t. XVI, p. 723 ; Courcelles, *Histoire généalogique des pairs de France*, t. V. etc. Le fils de M. de Modène est appelé par d'autres baron de Gourdon.

M. de Modène, caché dans son château du Comtat, s'était refugié dans le culte des lettres, ces éternelles consolatrices, cet asile des désabusés, de ceux que la vie a blessés, et à qui elle a fait verser des larmes. Il préparait son apologie, en écrivant le récit des événements auxquels il avait pris part en Italie et cultivait aussi la poésie, qu'il avait aimée même avant ses disgrâces, ainsi qu'on le voit par la dédicace de *Phaéton*, et le portrait qu'a fait de lui l'abbé Arnauld (1). Mais il lui fallait d'autres consolations plus sensibles, moins immatérielles. Ce fut Marie Courtin de la Dehors qu'il appela à les lui donner.

Les documents qui nous l'apprennent consistent en mémoires judiciaires émanant de la famille d'Esprit de Rémond et produits en justice au lendemain de sa mort, en 1674, par son frère, Charles de Rémond, contre sa veuve Madeleine de l'Hermite, dans les longs démêlés où Charles attaquait à la fois la donation faite à Madeleine et la validité du mariage de son frère. Bien qu'ils proviennent d'adversaires de la famille de l'Hermite, portés à pousser les choses au noir et à la montrer plus tarée peut-être qu'elle n'était en réalité (ce qui devait être difficile), il est impossible de ne pas croire à la réalité d'affirmations produites en justice. Je parlerai plus au long de ces mémoires à propos de la succession de M. de Modène. A cette place, j'en extrais seulement ce qui a trait à ses relations avec Marie Courtin de la Dehors. Après avoir insisté sur la qualité de comédienne de la femme de l'Hermite et sur la pauvreté du mari, le mémoire continue de la sorte :

« Est mis en fait qu'en effet la dite demoiselle de Courtin de Vauselle seroit venue dans la maison et chasteau du dit seigneur comte dans le château de Modène, où elle auroit cohabité avec ledit seigneur comte seul et demeuré *durant longtemps*.

---

(1) Je parlerai bientôt plus au long de M. de Modène homme de lettres.

» Que par bruit commun leur commerce estoit très suspect, conversant ensemble comme s'ils fussent esté mari et femme.

» Que la dite fréquentation et cohabitation auroit continué durant longtemps avec soupçon apparent d'impudicité et scandale du prochain.

» Que l'apparence estoit très grande, veu que le dit seigneur comte avec la dite demoiselle de Courtin *demeuroient* dans une mesme chambre (1), en sorte mesme que leurs lits estoient joignants et à côté l'un de l'autre, outre plusieurs actes de familiarité indécents qu'auroient esté veus faire ensemble.

» *D'autant plus que le dit seigneur comte estoit communément réputé pour homme adonné aux femmes et coustumier d'avoir des concubines* » (2).

» Que toute la dite conversation et actes illicites auroient été faicts et continués devant le prétendu mariage qui fut puis contracté entre ledit seigneur et la dite dame de l'Hermite, fille de la susnommée ».

Le frère de M. de Modène se fonde incidemment sur ces faits pour arguer de nullité le mariage contracté en 1666 par Esprit de Rémond et Madeleine de l'Hermite. Ils prouvent la continuité des relations existant entre le comte et Marie Courtin de la Dehors, et le long séjour de celle-ci dans le Comtat. On a la preuve, ainsi qu'on le verra, du séjour de Jean-Baptiste de l'Hermite dans cette province de 1655 aux environs de 1660 ; mais sa femme put bien y habiter longtemps sans lui. Le *Sganarelle* était d'humeur assez débonnaire pour ne pas se préoccuper des faits et gestes de sa femme à Modène.

Le mémoire que je viens de citer dit de lui : « Est mis en

---

(1) Le mot du texte est le même que celui dont se sert Racine dans sa lettre à l'abbé Le Vasseur, en parlant de l'accusation portée contre Molière et Madeleine Béjart par Montfleury.

(2) Ceci est à la marge.

fait que ledit sʳ de l'Hermite père estoit fort pauvre, allant d'un lieu à l'autre pour chercher de quoy vivre, *sans se mettre beaucoup en peine de sa femme.* » Il allègue en effet comme preuve de cette indifférence la demeure de Marie Courtin au château d'Esprit de Rémond.

Ces documents une fois connus, il sera désormais impossible de soutenir que M. de Modène ait été fidèle à Madeleine Béjart, et qu'il lui ait gardé son amour de 1638 jusqu'à 1666, moment auquel il épousa Madeleine de l'Hermite, ce qui devait convaincre les plus incrédules qu'alors au moins leur amour était brisé. On voit qu'il est par là même impossible de prétendre que Madeleine garda une fidélité aussi longue qu'exemplaire à M. de Modène, et ne fut qu'une camarade et une associée de Molière. M. de Modène, bien loin de n'avoir eu qu'un seul amour était un Don Juan, un viveur. Il disait comme le poète :

Qu'importe le flacon pourvu qu'on ait l'ivresse,
Il faut aimer encore après avoir aimé !

J'ai déjà cité ce que l'abbé Arnauld dit de ses débauches, et reproduit les témoignages donnés sur son compte par Mazarin et par Conrart (1). Il existe encore sur la conduite privée de M. de Modène des renseignements tout-à-fait inconnus et qui confirment ceux du mémoire dressé pour le compte de son frère.

On les trouve dans une nouvelle de Donneau de Visé, qu'une clef des *Nouvelles galantes et comiques* (3 vol. in-12, 1669, Claude Barbin, au palais sur le second perron de la sainte Chapelle) dit se rapporter à Esprit de Rémond (2). Ils tendent

(1) M. Baluffe a mis ainsi au nombre de ses conquêtes ou de ses victimes jusqu'à Mᵉ de Villedieu, et la Du Parc. — V. *l'Artiste*, 2ᵉ semestre de 1881, p. 323.

(2) Le privilège des *Nouvelles galantes et comiques* est du 5 décembre 1668.

à le faire considérer, non-seulement comme un homme de plaisir, un homme à bonnes fortunes sachant faire « le languissant et le passionné », heureux auprès « d'une belle personne qui estoit une des plus charmantes femmes de Paris » mais comme un coureur de filles : « Si tu me veux croire, disoit un jour Philémon à Cléonime (*M. de Modène*) son ami, tu ne verras plus de ces femmes que l'argent rend traitables à tout le monde et tu éviteras sagement les maux qui t'en peuvent arriver. Tu es assez bien fait pour avoir de meilleures fortunes ou tu peux du moins trouver de ces femmes de bien qui se gouvernent un peu mal et qui ne sont infidelles à leurs maris que par ce qu'elles ne sont pas maistresses de leur cœur, etc., (1) ».

« C'est, dit la clef, l'histoire de M. le comte de Modène, qui étoit à feu M. de Guise, qui fut mené sans le savoir chez la femme d'un de ses amis (2) ».

Ces dires de Donneau de Visé, un ami de Molière ou du moins un homme qui connaissait tout son entourage, ne l'oublions pas, montrent bien que M. de Modène était volage en amour, qu'il courait de fleurs en fleurs, et qu'il n'était pas difficile dans ses choix. Il devait ressembler sous ce rapport à Duclos. Marie Courtin de la Dehors eut sans doute plus d'une fois à se plaindre de l'infidélité d'Esprit de Rémond, et Madeleine Béjart put parfois, bien que Marie Courtin fut implantée à Modène, voir ce cœur de papillon revenir à elle lors de ses séjours dans le Comtat, où, je le répète, la troupe passait et repassait en descendant de Lyon vers le Languedoc et en remontant de la Méditerranée

---

(1) Voir *Nouvelles galantes et comiques* de Donneau de Visé, t. III, nouvelle IX, p. 223-235, « On ne peut éviter sa destinée ».

(2) Voir sur cette clef Paul Lacroix, *Bulletin du Bouquiniste* du 15 mars 1869 et l'*Artiste* du 1er juillet de la même année. Il serait possible que cette aventure de M. de Modène, vu le narrateur et la date du livre, se rapportât même au temps de son dernier séjour à Paris de 1664 à 1667, ce qui montrerait, qu'il joua jusqu'à la fin son rôle de Don Juan.

vers les bords de la Saône. Peut-être la troupe allait-elle jouer en visite chez M. de Modène (1) ? On voit d'ailleurs en 1655 Madeleine rôder tout autour du Comtat, comme si elle cherchait à se rapprocher de son ancien amant, et comme si elle était lasse de Molière, épris de Melle de Brie et de Melle Du Parc. Le 18 février 1655, pendant le carême, elle est à Montélimar, alors que la troupe doit être à Montpellier. Le 22, elle est de retour dans cette ville, où elle figure avec Julien Meindre, sieur de Rochesauve, déjà en rapport avec la troupe à Narbonne en 1650. Le 1er avril on la voit aussi, devenue plus riche alors qu'elle ne l'était du temps de l'*Illustre théâtre*, faire un prêt à la province du Languedoc. Ce fut pendant ce mois qu'elle dut passer de nouveau en Avignon pour retourner à Lyon, où la troupe se montre le 29 avril 1655. On a vu qu'elle avait séjourné pendant le mois d'octobre dans cette ancienne ville des Papes (2) avec d'Assoucy et qu'elle ne dut en partir que bien peu de jours avant le mariage de Madeleine de l'Hermite. On peut s'étonner même que la future comtesse de Modène n'ait pas assez pressé son mariage pour qu'il put avoir pour témoin son ancien compère de Montpellier, et l'on se prend à se demander s'il n'y avait pas eu quelque brouille momen-

(1) Castilblaze, originaire du Comtat, raconte qu'il a vu jouer en 1838, à Mormoiron, (où M. de Modène avait un manoir, et dont il était seigneur) *Tartuffe* réduit en trois actes par des amateurs et traduit en vers provençaux. Voir ce qu'il dit de M. de Modène, *Molière musicien*, I, 476 et 477.

(2) J'indiquerai en passant une pièce qui put être jouée alors par la troupe, *Le Grand Magus*, tragi-comédie de La Motte, dédiée à M. de Sifredi. Orange, Édouard Raban, 1656, in-8°. Je rappellerai à propos d'Orange le séjour des *Comédiens du prince d'Orange*, à Narbonne, lors de la session des États au commencement de l'année 1645 (Voir le *Moliériste*, VIII, p. 18.), prouvé par la recette de 90 livres faite par l'hôpital, le 23 mars, lors de leur représentation au profit des pauvres. Je me réserve de donner des renseignements sur cette troupe, dont j'ai déjà parlé (V. la *Troupe du Roman comique*, p. 33-35 et *passim*) et qu'on est plus porté à chercher en Hollande que dans le voisinage de l'enclave possédée par les princes d'Orange au milieu du Comtat.

tanée, quelque scène de jalousie ayant déterminé de bonne heure le départ des l'Hermite de la troupe de Molière.

Avant de donner un résumé très succint des dernières années de séjour de la troupe des Béjart dans le midi antérieures à son retour à Paris, disons ce que faisait de son côté pendant ce temps Jean-Baptiste de l'Hermite, resté avec sa femme dans le Comtat.

§ XVI.

L'Hermite de Souliers généalogiste dans le Comtat.

Pendant que Marie Courtin de la Dehors restait à Modène, auprès d'Esprit de Rémond, son mari poursuivait dans le Comtat la série d'ouvrages généalogiques qui ont une si triste réputation et auxquels il avait déjà commencé à se faire la main dès 1645.

Alors qu'un des mémoires, rédigés par Charles de Rémond, dit que la femme a été la maîtresse d'Esprit de Modène et est restée longtemps avec lui dans son château, un autre dépeint ainsi le mari :

« Le père de la dite dame de l'Hermite a roulé longtemps en ce pays et pour avoir d'argent pour se pouvoir entretenir faisoit profession de faire la généalogie des familles et maisons et mettait au roolle des nobles et illustres des personnes qui ne l'estoient pas, ce que faisoit à mesure qu'il en retiroit du profit. ...Le dit père estoit si pauvre que, partant des lieux où il faisoit résidence, il auroit fait emporter avec soy les meubles qui luy avoient esté prêtés ».

Dans un autre mémoire il « est mis en fait que le dit sieur de l'Hermite père estoit fort pauvre, allant d'un lieu à un autre pour chercher de quoy vivre, sans se mettre beaucoup en peine de sa femme ».

L'opinion émise par Charles de Rémond sur les ouvrages

de J.-B. l'Hermite est, on va le voir, celle de tous les contemporains et c'est aussi celle qu'on a conservée d'eux jusqu'à ce jour. L'imagination de l'auteur, surchauffée par le soleil de la Provence et par le mirage des écus qu'il comptait retirer de sa besogne, lui a fait commettre plus d'un accroc à la vérité. On pourrait croire tous ses livres écrits par M. de Crac, ou plutôt, en songeant à leur impression à Arles sur les bords du Rhône, par un généalogiste de... Tarascon. Faut-il grossir la voix et s'indigner de trouver le chevalier de l'Hermite transformé en chevalier... d'industrie ? N'avait-il pas auprès de lui comme complices, sinon comme agents provocateurs, plusieurs des personnages dont il arrangeait la généalogie ? S'il exploitait la vanité de bien des gentilshommes de contrebande, plusieurs n'étaient-ils pas heureux de se laisser exploiter et ne prêtaient-ils pas complaisamment les mains à ces fables généalogiques faisant le digne pendant des étymologies de Ménage ? En songeant au genre d'ouvrages auxquels il s'était voué, il vaut mieux se contenter de sourire. Cela suffit pour indiquer qu'on est du nombre ni des naïfs, ni des dupes. Au lieu de regretter que la justice n'ait pas mis son nez dans les inventions de cet ancêtre de bien des fabricants de généalogies frelatées, il suffit de dire comme dans l'*Etourdi* :

Vivat Mascarillus fourbum imperator !

Le premier en date des ouvrages que l'Hermite ait composés pendant qu'il *roulait* dans le Comtat, la Provence et le Lyonnais, et auxquels les contemporains n'ont pas épargné les appréciations les plus dures, n'a qu'un intérêt fort restreint. C'est la *Généalogie de Dulaurens, originaire de Naples, par J.-B. Lhermite de Souliers, chevalier ordinaire du roi et l'un des gentilshommes servans sa Majesté*, Arles, Mesnier, 1656, in-4º. Ce fut là son début dans le pays. Il songeait dès lors à faire la généalogie des diverses familles françaises originaires d'Italie ou soi-disant telles. La maison de du Laurens comptait comme célébrités parmi ses membres un fameux médecin, un archevêque d'Embrun et un archevêque d'Arles (1). Ce fut sans doute la qualité de ce dernier prélat qui fit choisir cette famille par l'Hermite de Souliers (c'est un des noms qu'il prend alors, avant de s'en affubler d'un autre), comme la première dont il mit la vanité à contribution.

Bientôt parurent deux ouvrages d'un intérêt plus général, la *Toscane* et la *Ligurie françoise*.

La *Ligurie françoise*, « du chevalier de l'Hermite, dit *Tristan*, chevalier de l'ordre du roi et un de ses gentilshommes servans », fut imprimée à Arles, chez François Mesnier, imprimeur du roi et de la dite ville, 1658, in-4°, avec privilège du roi, donné à Paris le 8 mai 1656. Le livre est dit achevé d'imprimer le 10 mars 1658, « aux despens de l'auteur (2) ».

La *Toscane françoise*, du même chevalier de l'Hermite dit *Tristan*, paraît, d'après les dires du Père Lelong, avoir été publiée dès 1657, in-4°, sans nom d'imprimeur. Des éditions portent cependant Arles, 1658. La plus connue est celle qui porte pour date et pour lieu 1661, in-4°, Paris, Jean Piot, 560 pages et qui est dédiée à son Altesse sérénissime, Melle d'Orléans (3). Il est probable qu'il n'y avait là que le frontispice de changé, et que ce n'était nullement une édition nouvelle.

Samuel Guichenon, l'historien de la Bresse, écrivait au

(1) Voir le Père Lelong, édition Fevret de Fontette, 1771. in-f°, t. III, n° 42, 169.

(2) Le volume n'est ni paginé, ni précédé d'une dédicace. En tête, une planche gravée donne pour titre *La Ligurie françoise du chevalier de l'Hermite*. Cette description est faite d'après l'exemplaire que j'ai eu sous les yeux. *La Bibliothèque héraldique de la France*, de Guigard, indique, n° 3252, une édition de *La Ligurie*, s. l. 1657, in-4°. C'est aussi la date donnée par le Père Lelong, n° 40,791.

(3) Voir le Père Lelong, n° 40,790, et Guigard, n° 3,256.

sujet de ces deux ouvrages à Antoine de Ruffi, conseiller du roi, l'historien des comtes de Provence : « Il y a longtemps que je connois l'Hermite de Souliers, dont la plume est vénale, s'il en fut. Obligez moi de dire où il a fait imprimer ce dernier chef-d'œuvre de la *Ligurie françoise* et de la *Toscane françoise*. Car quoique je pense bien par le jugement que vous en faites et par les lumières que j'ai de son génie, que ce ne doit être rien qui vaille, toutefois, il est bon de voir, pour y remarquer les mensonges dont, sans doute, il est parsemé. Dans une république bien ordonnée, on devroit défendre d'écrire à des gens faits comme cela ».

Il mandait de même à d'Hozier, quelque temps plus tard : « où diable est aller pescher l'espiègle Tristan le marquis *Equipolle* (sobriquet du marquis de Lullin), à Genève et là s'est-il avisé de lui dédier la vie du maréchal de Montjoie ? Je lui en vais escrire afin qu'il se garde de ce fripon fieffé, que je ne voulus jamais voir à Lyon, pendant qu'il alloit débitant de porte en porte la *Ligurie françoise*, qui est un pot pourry de mensonges et de flatteries impudentes ». D'Hozier a ajouté en note sur la lettre de Guichenon, en tête de son exemplaire de la *Ligurie* « Espiègle ! il fallait dire : faussaire ! (1) ».

On lit de même, dans une autre note de Charles-René d'Hozier, écrite sur l'exemplaire de la *Toscane françoise* de la Bibliothèque nationale :

« C'est un ouvrage qui est du même style et du même genre que celui des familles de Touraine, par le même autheur. C'est toujours l'esprit de fausseté qui a composé ces ridicules généalogies, et pour en juger l'estime qu'on doit en faire, on n'a qu'à lire les notes que j'ai faites sur le volume de ses généalogies de Touraine, la *Naples* et la *Ligurie Françoise*, qui sont de la même main et méritent

(1) V. Paul Lacroix, *La jeunesse de Molière*, 118.

la même indignation contre ce hardi et impudent faussaire ».

Jean le Laboureur est encore moins tendre à l'égard de l'Hermite et nous révèle plus clairement ses procédés de fabrication. Il écrit dans le *Journal des Savants*, de décembre 1668, en parlant de vénalité : « Je ne suis guère d'humeur à nommer personne en mauvaise part ; mais je ne puis pardonner cette lâche profession au chevalier l'Hermite, malheureux auteur des livres de la *Toscane*, de la *Ligurie* et de la *Naples françoises*, dont il s'est avisé pour transplanter en France des familles qui n'ont qu'une faible conformité de noms et d'armes avec des étrangers et qui nous vient tout récenmment donner un recueil des Maisons nobles de Touraine, où tout est presque inventé et *où les plus illustres sont ceux qui ont contribué plus largement à la capitation qu'il a levée sur cette province* ».

C'est assez parler de ces ouvrages, sans indiquer les familles françaises, soi disant originaires de Toscane et de Ligurie, dont l'auteur recompose ou invente les généalogies (1).

J'incline à penser, sans toutefois en être certain, qu'il faut rapporter à la même époque un autre œuvre généalogique, sortie de l'officine de M. de l'Hermite : *La noblesse du Dauphiné*, à Mme la marquise du Guépean..., etc..., par Tristan l'Hermite de Souliers, s. l. ni date, in-f° plano. Cette généalogie, excessivement rare, presqu'inconnue, consiste, dit Guigard, dans une seule feuille contenant les blasons gravés des principales familles nobles du Dauphiné, avec une dédicace (2). Nous ferons connaître plus tard un autre

---

(1) C'est de la *Toscane françoise*, que l'Hermite a tiré un autre de ses ouvrages : *Discours généalogique de la maison Del Bene tiré du livre des illustres maisons de Florence, intitulé la Toscane françoise, fait depuis peu par J.-B. Tristan l'Hermite, gentilhomme ordinaire de la chambre du roi*, in-4°, Paris, 1662, avec privilège.

(2) Voir *Bibliothèque héraldique*, de Guigard, n° 2435. Tristan reparlera de la marquise de Guépéan, dans son *Inventaire généalogique de la noblesse de Touraine*, p. 28.

tableau généalogique du même auteur, celui de *La France espagnole*, mais postérieur au mariage de Louis XIV et de Marie Thérèse.

En 1658 paraissait un nouveau livre de l'Hermite, plus rare encore que les précédents, offrant aujourd'hui plus d'intérêt qu'eux et cette fois relatif à l'histoire de la ville de Lyon (1).

« *Les Forces de Lyon contenant succinctement le pouvoir et estendue de la domination de ceste ville depuis sa fondation et tandis qu'elle a esté au pouvoir des Romains jusques à présent, avec les noms, armes, blasons de tous les chefs de sa milice, capitaines du pennon et autres leurs officiers.* Le tout gravé en taille douce : Ensemble la grande figure représentant ces puissances supérieures qui commandent aujourd'hui ceste ville sous l'autorité du Roy. Dédié à Messieurs les prévosts des marchands et eschevins de ceste ville, par Messire Jean-Baptiste l'Hermite de Souliers, dit Tristan, aux despens de l'auteur, M CCCCC LVIII, Lyon, 1658, in-4º (2). »

Cet ouvrage du fécond et impudent généalogiste ne trouva pas plus grâce que les premiers auprès de Samuel Guichenon. L'année même de son apparition il écrivait de Bourg en Bresse à son correspondant habituel, M. de Ruffi, cettè curieuse lettre, qui nous apprend les procédés qu'employait

(1) Ce livre et les lettres de Guichenon, que j'ai rappelées, montrent que Tristan dut faire de fréquents séjours à Lyon et y revoir, entre temps, Molière et les Béjart, surtout Joseph qui, jusqu'en 1657, y continua ce qu'on peut appeler son armorial des Etats du Languedoc. On pourrait se demander s'il n'était pas à Lyon lors de l'entrée du jeune Louis XIV, en novembre 1658, sur laquelle on peut consulter l'*Entrée du roy à Lyon et réception faite à Madame Royale par sa Majesté*, Paris, 1658. C'est bien peu de temps avant l'impression de son livre que Chappuzeau avait fait paraître, en 1656, *Lyon dans son lustre*.

(2) Le Père Lelong l'indique aussi comme paru à la même date sous le titre de *Les forces de Lyon ou les armoiries des capitaines, lieutenants, enseignes de la ville*, etc. V. nos 37,403 et 40,108.

L'Hermite pour placer ses livres et nous donne quelques renseignements sur ses faits et gestes d'alors :

« J'ai lu le livre de l'Hermite à Lyon. Bon Dieu ! quel *farrago* et quelle fatrasserie. Le dessein en étoit assez joli, mais il a été mal ménagé et pourtant ce méchant livre se vend une pistole. L'auteur passa à Lyon à son retour de Provence, et le porta de maison en maison afin d'en tirer pièce, dont toutefois il n'eut pas satisfaction. Je mourrois de faim avant que de faire un si lâche métier (1). »

Son contemporain, le Père Menestrier, le célèbre auteur de l'*Histoire civile et consulaire de la ville de Lyon*, a écrit à propos de cet ouvrage à la page 262 de ses *Divers caractères des ouvrages historiques*, Lyon, 1694, in-12 : « Tristan l'Hermite, qui couroit le monde pour faire de l'argent en composant de méchants livres, particulièrement des généalogies qu'il remplissoit de faussetés, présenta au Consulat *Les Forces de Lyon*, qui sont les armoiries des capitaines, lieutenants et enseignes des pennonages avec beaucoup de verbiage. »

En songeant aux ouvrages de l'Hermite les contemporains voyaient surtout l'auteur et sa mauvaise réputation débordait sur ses écrits. Aujourd'hui on oublie Tristan pour ne voir que son œuvre et on le juge parfois avec plus d'indulgence. M. Péricaud, cependant très à même d'apprécier la valeur des *Forces de Lyon*, a écrit à ce propos sans se préoccuper de la véracité de l'auteur :

« Malgré le jugement du Père Menestrier le livre de Tristan contient des noms et des dates que l'on chercherait

---

(1) Samuel Guichenon, avocat au présidial de Bourg, conseiller et historiographe du roi, dont les manuscrits sont conservés à la Bibliothèque de la faculté de médecine de Montpellier, a lui-même travaillé à l'histoire de Lyon. Voir *Inventaire des titres recueillis par S. Guichenon, précédé de la table du Lugdunum sacroprophanum du P. Bullioud, publié d'après les manuscrits de Montpellier et suivi de pièces inédites, concernant Lyon*, par M. Allut, Lyon, 1851, in-8°.

vainement ailleurs et qui ne sont pas sans intérêt pour un certain nombre de familles Lyonnaises (1). » L'authenticité des documents mise à part, le livre de l'Hermite est un de ces ouvrages rarissimes que se disputent les bibliophiles ; mais les érudits et les historiens des institutions municipales de Lyon n'auront pas tort de le tenir en suspicion.

J'arrive au dernier ouvrage de l'Hermite composé et imprimé dans le midi de la France : *Les Présidents nés des Estats de la province de Languedoc ou chronologie des archevesques et primats de Narbonne*, Arles, Mesnier, imprimeur du roy et de la ville, 1659, in-4º. En tête se voit un frontispice gravé par Mellan qui l'a signé « *Mellan fecit Avenione, 1659* ». Le livre, d'une exécution beaucoup plus soignée que les précédents, est dédié « à Messeigneurs de l'illustrissime assemblée des Estats-généraux de la province de Languedoc ». C'est à eux et au prince de Conti que Joseph Béjart venait aussi quelques années auparavant de dédier son *Recueil*, dont celui-ci n'est pour ainsi dire qu'un appendice.

L'Hermite fait un pompeux éloge de Mgr le comte de Roure, lieutenant général du roi en Languedoc, qui avait présidé la dernière session des Etats. Il a soin aussi de ne pas s'oublier lui-même. Ses armes s'étalent orgueilleusement en tête du volume (2). Il s'intitule « J.-B. l'Hermite de Souliers, des anciens comtes de Clermont d'Auvergne, chevalier de l'ordre du roy et l'un des gentilshommes servants de Sa Majesté. » Enfin il a soin de faire célébrer son éloge dans des vers liminaires écrits par ses amis. C'est là que se lisent les vers de Rotrou en son honneur, qui étaient inédits lorsque je les ai tirés de l'oubli. D'autres

(1) V. M. Péricaud, *Notes et documents, pour servir à l'histoire de Lyon sous Louis XIV*, 1858-1860, 1re partie, p. 110.

(2) La Chesnaye-Desbois, 2e édition, X, 586, décrit ainsi les armes d'une famille de l'Hermite: « *Ecartelé, aux 1 et 4 d'azur, à 3 gerbes d'or liées de gueules; aux 2 et 3 d'argent à une tête ou massacre de cerf de sable* ».

« à l'autheur sur ses œuvres », où on le loue d'avoir, à la différence de ses ancêtres, « choisi les lauriers du Parnasse » sont signés « de Marcel (1). » Enfin on y lit comme dans d'autres ouvrages de l'Hermite les vers « pour mettre soubz le portraict du mesme Hautheur » où sont célébrés les illustres aieux, dont il eut voulu suivre le vol en se signalant dans une nouvelle croisade, et où il se plaint, alors que la vertu le porte vers les Cieux, d'être toujours retenu sur la terre par un mauvais sort. Ce sont là des perles qu'il tenait à montrer plutôt deux fois qu'une.

Quant au livre, il nous donne, dans les cent quarante-quatre pages qui le composent, les armes et l'histoire des prélats qui se sont assis sur le siège de Narbonne depuis saint Paul Sergius jusqu'à Claude de Rebé, soixante-neuvième archevêque de cette ville. Le nom de ce prélat paraît presque à chaque session des États de Languedoc,

(1) Qu'était ce Marcel ? Est-ce le personnage resté fort obscur, auquel on attribue une part de collaboration dans la *Préface* de l'édition des *Œuvres de Molière* de 1682 et dont Bruzen de la Martinière dit : « On l'attribue à Marcel qui joignait à la profession de comédien celle d'homme de lettres ». Le nom de Marcel se trouve trois fois dans le premier volume de l'édition de 1682, au bas d'un madrigal et d'épitaphes de Molière, en latin et en français. M. Edouard Thierry, voyant en lui un lettré et un humaniste, a douté qu'il fut comédien, et le Marcel auteur du *Mariage sans mariage*. On sait que M. Lacroix a cru qu'il s'agissait de Molière dans cette comédie « dont le sujet est en soi très-délicat et très-particulier » et qui fut publiée en 1672. Mais rien ne prouve qu'il y soit question du mari d'Armande Béjart. On ne saurait donc se prévaloir de cette comédie, pour y voir exprimés, à l'adresse de Molière, des sentiments tout autres que ceux que révèlent les épitaphes louangeuses de l'édition de 1682. La comédie du *Mariage sans mariage* pourrait, au contraire, avoir été inspirée par les aventures de la fille de L'Hermite de Souliers, ce qui permettrait d'identifier l'auteur des vers placés en tête des *Présidents nés des Estats de la province de Languedoc* avec le comédien auteur de la pièce jouée sur le théâtre du Marais douze ans plus tard. Voir sur Marcel, *Préface des œuvres de M. de Molière*, (Edit de 1682), publiée avec des notes par M. Georges Monval ; M. Ed. Thierry, le *Moniteur*, 11 avril 1882 ; M. Despois, *Œuvres de Molière*, t. I, XXII et suiv ; M. Paul Lacroix, préface de la réimpression du *Mariage sans mariage*, collection moliéresque, Gay, Turin 1869.

lors du séjour de Molière en cette province. En sa qualité de président né de cette assemblée, il avait eu la présidence honorifique des derniers Etats ouverts par le comte de Roure.

Malgré sa fécondité, l'auteur ne trouva probablement pas la richesse dans ce métier de généalogiste qu'il exploitait avec si peu de vergogne et une si grande ardeur. Ce fut sans doute un des motifs qui le déterminèrent à se transporter sur un autre théâtre, où il serait plus en vue qu'à Arles ou à Avignon, et à aller tenter à Paris la fortune qui lui faisait défaut dans le Midi. Si la misère continua d'abord à être son lot, il devait trouver enfin le moyen de faire sa fille comtesse de Modène. En arrivant à Paris, il allait aussi y rencontrer Molière et Madeleine Béjart, qui l'avaient précédé dans cette ville.

§ XVII.

Les dernières pérégrinations de Molière.

Nous avons laissé Molière arrivant à la session des Etats ouverte à Pézenas le 4 novembre 1655 et qui se prolongea jusqu'au 22 février 1656. C'est l'année où sa réputation est dans tout son éclat dans le midi, où le succès des comédiens du prince de Conti « commandés pour aller aux Etats », comme dit d'Assoucy, bat son plein. C'est l'année, ou si l'on veut, la campagne de Pézenas, pour laquelle le récit de d'Assoucy nous a laissé, sur la vie intime de la troupe, des des renseignements plus concluants encore que ceux de Daniel de Cosnac sur la visite à La Grange des Prés. C'est l'année de la dédicace par Joseph Béjart à Armand de Bourbon de son *Armorial des Etats de Languedoc*, c'est celle dans laquelle les souvenirs légendaires que Molière a laissés dans le Languedoc se sont pour ainsi dire concentrés à Pézenas et dans les villages voisins. C'est la session qui se termine pour lui par le don de six mille livres, que lui font les Etats, s'il faut accepter pour authentique le célèbre reçu du 24 février 1656, donné au trésorier de la bourse des Etats, et daté du même jour que celui signé par Joseph Béjart, pour les quinze cents livres que son livre lui valait alors de la générosité de la même assemblée (1).

Dès le 26 février la troupe est à Narbonne ; on l'y trouve également à la date du 3 mai, et l'on vient de publier un extrait des *Archives hospitalières* de cette ville constatant que « *le douctziesme juin de la présente année 1656*, il a été reçeu à la porte de la comédie la somme de quatre-vingts seize livres (2) ; ce reçu a bien l'air de se rapporter à la troupe qui était encore à Narbonne le 3 mai, y restant toujours, ou rayonnant dans les localités voisines. Molière et ses compagnons auraient ainsi fait un long séjour dans la la ville, où ils avaient passé, plus obscurs alors, six ans environ auparavant (3).

En arrivant à Narbonne le 26 février, les comédiens de Son Altesse de Conti avaient cependant annoncé qu'ils désiraient simplement passer quinze jours en cette ville,

(1) Le sieur Louvet, cette même année, ne reçut que 400 livres pour son *Histoire de Languedoc*.
(2) V. le *Moliériste*, t. VIII, p. 20.
(3) Je répète que ce ne peut être qu'au dernier séjour de Molière en 1656, à Narbonne, que se peut rapporter la présence de la future Mme de Villedieu dans la même ville. En 1650, Marie-Hortense Desjardins, née probablement en 1640, n'avait que dix ans ; à peine est-ce en faisant allusion aux souvenirs de sa seizième année, qu'elle pouvait dire à Molière «quand vous jouiez à Narbonne, on n'alloit à vostre théâtre que pour me voir », *Historiettes de Tallemant*, VII, 256 et 263. Vers juillet 1664, lorsqu'elle alla à Avignon, trouver Villedieu qui partait pour l'entreprise de Gigery, (V. *ibidem*, 255), et qu'elle dut faire dans cette ville « bien des gaillardises » aux dires de Tallemant, M. de Modène avait probablement quitté le Comtat pour venir à Paris , ce qui ne permet guère de la ranger, au moins alors, parmi les *mille e tre* de ce Don Juan, ainsi que l'a fait M. Baluffe. V. l'*Artiste*, 2me semestre de 1881, p. 323.

« sortans de Pézenas de jouer pendant la tenue des Estats et s'en allant à Bourdeaux pour attendre Son Altesse, où elle doibt aller à son retour de Paris ».

Molière alla-t-il alors à Bordeaux ? D'aucuns l'ont cru, et ont attribué même à cette année la présence du grand comédien dans cette ville, rapportée par M. de Tralage à une date antérieure de dix ans. De même que M. Moland (1) je ne crois guère à cette excursion. Le prince de Conti alla-t-il à Bordeaux en 1656 ? Cela n'est même pas probable. Parti de Narbonne il avait passé à Avignon le 26 février, à Lyon le 3 mars, se rendant à Paris où on le voit le 13 et le 28 du même mois (2). La maladie le retint à Paris pendant l'année 1656, ainsi que nous l'apprennent les *Mémoires de Cosnac* (3), et ce n'est qu'au commencement de l'année 1657 qu'il put séjourner à Bordeaux, s'il prit le chemin de cette ville pour retourner dans son gouvernement (4).

D'ailleurs, Armand de Bourbon fut-il revenu à La Grange des Prés *par Bordeaux*, (ce qui seul est douteux), il n'eut probablement pas appelé Molière, même en 1656, à lui donner le divertissement de la comédie. Une réforme dans la vie du prince de Conti, qui eut peut-être une influence sérieuse sur l'avenir du grand comédien, et put le porter à abandonner le midi, pour se transporter à Paris, avait commencé à s'accomplir. Dès le commencement de l'année 1656, Conti s'était trouvé malade, et dès lors, pendant qu'il était retenu au lit, les conseils de M. Pavillon, l'évêque d'Alet, et de son aumônier, l'abbé de Voisin, avaient semé les germes de sa prochaine conversion, qui allait bientôt le

---

(1) *Œuvres de Molière*, 2me édition, t, I, p. 104.

(2) C'est ce que disent les manuscrits de Beffara, dont les dires sont confirmés par Loret, qui annonce son retour dans sa Gazette du 18 mars, et celui de sa femme dans celle du 8 avril. Voir la *Muze historique*, t. II, p. 172 et 180.

(3) *Mémoires de Cosnac*, I, 246.

(4) Voir sur les incertitudes qui existent sur les séjours de Molière en 1656, *Le Moliériste*, VI, 211, 247, VII, 153.

jeter, ainsi qu'on disait alors, dans la haute dévotion, et en faire un adversaire décidé de la comédie et des comédiens (1).

Ce milieu de l'année 1656 est une des époques des pérégrinations de Molière restée la plus obscure. On ne le voit pas revenu à Lyon, bien qu'il soit étonnant qu'il ait ainsi manqué à ses habitudes d'y retourner à des époques fixes, et qu'il ait risqué de livrer la place à des troupes rivales, et de mécontenter les Lyonnais, comptant sur sa présence au moment de la saison théâtrale en leur ville (2).

D'un autre côté, on trouve à cette époque la présence de troupes de campagne dans le midi, en Languedoc et en Guyenne, sans trop savoir de quels comédiens il peut être question. Vers octobre, Chapelle et Bachaumont rencontrent à Carcassonne, lors de leur célèbre voyage, une troupe « qui n'étoit pas mauvaise » et qui leur donne le divertissement de la comédie (3). Chapelle, ce joyeux épicurien, aurait pu être assez égoïste, quand même il eut rencontré Molière, dont la personne n'intéressait pas d'ailleurs, alors, les beaux esprits de Paris, pour ne pas le nommer par son nom (4).

(1) Voir M. Pignot, *Un évêque réformateur, Gabriel de Roquette*, 1876, in-8°, t. I, p. 50; *l'abrégé de la vie du prince de Conti*, de l'abbé de Voisin; *Mémoires de Cosnac*, I, 246, et l'introduction de M. Vollmoller, en tête de son édition du *Traité de la Comédie* du prince de Conti, publiée à Heilbronn, en 1881, p. IX à XI. M. Huyot, *le Moliériste*, VIII, pp. 65-72, vient de reproduire les dires de ces auteurs.

(2) De la fin de juillet à novembre, sa présence pourrait être effective à Lyon, bien qu'elle n'eut pas laissé de tracer dans les registres des paroisses, ou des notaires.

(3) Sur l'année du voyage de Chapelle et de Bachaumont et la question de leur prétendue rencontre avec Molière, voir MM. Loiseleur et Brunetière, dans le *Temps*, des 12 et 18 août 1880, et les *Etudes critiques* de M. Brunetière, Hachette, 1880, in-12, p. 180. — C'est à Carcassonne qu'était mort l'année précédente, le 25 mars, le comédien François La Cour, mari de Magdeleine du Fresne.

(4) Les leçons de Gassendi reçues en commun, remontaient d'ailleurs à plus de quinze ans déjà. — Celui qui écrira un livre ou du moins un

Molière était-il allé à Bordeaux, malgré l'absence du prince de Conti. Une lettre du marquis de Saint-Luc aux consuls d'Agen annonce l'arrivée dans cette ville, le 9 décembre, d'une *troupe comique venant de Bordeaux* (1). Mais cette date est bien tardive, et coïncide si exactement avec le commencement de la session des Etats de Béziers, auxquels assista Molière, qu'il est, sinon impossible, du moins difficile d'identifier ces comédiens avec la troupe qui allait jouer à Béziers le *Dépit amoureux* (2). Il faut donc se résigner à ne pas tout savoir et à ignorer plutôt que de se lancer dans les hypothèses les plus inattendues, telles que celles de M. Baluffe. Tantôt il voit en décembre, à Agen, Molière revenant de Bordeaux, où il croit qu'il a longtemps représenté en 1656 ; tantôt il dit au contraire qu'il est en novembre et décembre à Béziers (3). D'autrefois il se plaît à le voir en septembre, tantôt à Essonne chez M. Hesselin recevant la reine de Suède, tantôt en Anjou

chapitre exact et documenté sur les amis de Molière, comme on l'a fait pour ses ennemis, (on n'a guère sur ce premier point que des *anas*) fera bien d'indiquer comment il peut se faire qu'après une aussi longue absence, de 1646 à 1658, interrompue par un seul voyage (prouvé jusqu'ici, à Paris en avril 1651, on voit tout de suite Molière entouré d'amis lorsqu'il rentre dans cette ville en 1658. On se demande en quelle année il aurait pu y revenir un instant du fond du midi en échappant à tous les regards. On voit qu'en 1656, à Pâques, il devait être à Narbonne.

(1) Voir M. Magen, *La troupe de Molière à Agen*, 1877.

(2) Voir outre M. Magen, M. Moland, *Œuvres de Molière*, 2me édition, t. I, p. 104.

(3) Voir le *Moliériste*, t. VI, p. 214, t. VII, p. 148, et *Molière inconnu*, p. 301. — Depuis que ces lignes ont été écrites, M. Baluffe, (voir la *Gironde littéraire et scientifique*, du 25 avril 1886, Molière à Bordeaux), a émis l'avis que Molière était allé à Bordeaux pendant la seconde moitié de l'année 1656, malgré l'absence du prince de Conti, que c'était bien lui qui, revenant de cette ville, se trouvait à Agen le 9 décembre 1656, qu'enfin, la troupe, dont les Etats, le 16 décembre, n'avaient pas voulu accepter les billets, était celle de La Pierre et de ses dix compagnons et non pas celle de Molière. Ce dernier, d'après lui, ne serait venu que plus tard à Béziers jouer le *Dépit amoureux* à l'extrême fin de l'année 1656, au plus tôt.

chez M. de Brissac, l'ami de Chapelle, sans doute pour avoir le moyen de mettre le Mans sur son passage pendant la période de ses années d'apprentissage et de voyages (1).

(1) Je n'ai pas besoin de répéter à cette place qui si tout concourt à prouver que Scarron ne put rencontrer Molière au Mans et le faire figurer dans le *Roman comique*, rien ne permet d'affirmer que le grand comédien soit venu dans cette ville après la publication de la première partie de ce roman, parue en 1651, avec un privilège du 20 août 1650, et composée même antérieurement. Cependant il n'est pas impossible qu'il ait passé au Mans, non-plus qu'à Laval (où existe encore la rue du Jeu de Paume, où les acteurs ont continué à jouer jusqu'à la récente construction du théâtre). Dès lors qu'on ignore quel chemin Molière a suivi pour revenir à Paris en 1651, et les autres années où il a pu y rentrer, on ne peut, avec certitude, éliminer de ces pérégrinations ni ces villes, ni bien d'autres encore. — Je me suis assuré que les comptes des recettes et mises du grand Hôtel-Dieu du Mans, c'est-à-dire de la Maison-Dieu de Coëffort, ne contenaient rien dans leurs recettes extraordinaires de relatif aux comédiens de 1630 à 1659. Ces comptes existent, pour la période qui intéresse à la fois Scarron et les pérégrinations de Molière, de 1631 à 1639, et de 1646 à 1659, toutefois avec quelques lacunes intermédiaires. Voir *Archives des hospices du Mans*, série D. 18/10, 11, 12.

En dehors du Coëffort, dont les délibérations du bureau existent de février 1632 au 22 mai 1651, (D 12/4, il y a aussi les Ardents (voir les comptes de 1646 à 1658, A, 10/8), la Maladrerie de Saint-Lazare et le Sépulcre auxquels la ville eut pu appliquer les produits de ce qu'on appelle aujourd'hui le droit des pauvres. Ce n'est qu'à partir du 13 juillet 1659 que commencent les délibérations du bureau de l'Hopital général, dont le premier registre des comptes va de Pâques 1666, à Pâques 1668. Mais alors les pérégrinations de Molière sont terminées.

Dans les villes où les comédiens jouaient dans les jeux de paume, le droit des pauvres devait être moins élevé que là où ils représentaient dans des édifices municipaux. A Angers, où il y avait cependant un parc des jeux établi à demeure sur la place des Halles, les comptes de recettes de l'Hôtel-Dieu ne constatent généralement chaque année, pendant le premier tiers du XVIIe siècle, que la remise par un des administrateurs, d'un escu neuf sols six deniers, touchés des comédiens et formant la moitié d'une représentation, l'autre moitié étant affectée à l'hopital des Renfermés. Voir *Revue d'Anjou*, nouvelle série, t. XII, 1886, notice sur le théâtre d'Angers au XVIIIe siècle par M. Quéruau-Lamerie, note p. 165. (Aucune de ces troupes n'est dénommée).

Au Mans, les comédiens devaient encore rester moins longtemps qu'à Angers, où il y avait une Université. Après les foires de la Pentecôte et

A la fin de 1656, à la session des Etats du Languedoc à Béziers, ouverte par le comte de Bieule et M. de Bezons, déjà le présent n'est plus aussi riant pour Molière et sa troupe. Pourtant c'est l'année du *Dépit amoureux*, qui fut suivi d'un succès, grâce à Gros René et à Marinette rompant la paille aux applaudissements du parterre. Mais le prince de Conti n'est plus là ; les Etats ne sont plus aussi accueillants. Le temps de la générosité est passé sans retour, et a fait place à l'économie. L'archevêque de Narbonne, Claude de Rebé, président né des Etats, qui depuis près de dix ans est habitué à voir revenir Molière et lui fait bon accueil, est remplacé cette année à la présidence par l'évêque de Viviers, le frère de Marguerite de la Baume de Suze, le beau-frère de M. de Modène. Il n'y a pas que les comédiens à pouvoir se plaindre des Etats, qui, le 16 décembre ont refusé les billets distribués à leurs membres, pour ne pas être entraînés à des dons, que les exigences de la cour et la misère publique ne leur permettent pas de continuer. D'Assoucy, le joueur de luth en comédie, qui suit les troupes d'acteurs à la piste et se trouve aussi à Béziers, au lieu d'avoir poursuivi son chemin

de la Toussaint au Mans, ils se rendaient souvent dans la capitale de l'Anjou, pour assister aux foires du Sacre et de la Saint-Martin.

Ce n'est guère qu'à l'aide des minutes des notaires ou bien des présomptions tirées de leur séjour dans les villes voisines qu'on pourra arriver à mieux connaître le séjour des troupes de comédiens au Mans, de 1630 à 1660, c'est-à-dire pour l'époque qui intéresse Molière et le *Roman comique* de Scarron et de son continuateur (j'entends par là l'auteur de la troisième partie dite d'Offray). Les registres de ville font défaut ; les comptes (ceux qui existent), n'indiquent pas de recettes provenant des comédiens ; il n'y a non-plus guère à espérer que les registres des paroisses, autres que celles dont j'ai consulté les actes de baptême et de mariage et où il y avait plus de chance de rencontrer trace des troupes de passage, mentionnent, pour cette époque du moins, les noms d'acteurs qui ne faisaient qu'un court séjour au moment des foires, ainsi que je l'ai dit à propos du comédien des Œillets, dont une minute de notaire m'a heureusement prouvé le séjour au Mans à la fin d'octobre 1633.

A défaut de Molière, comédien au Mans, je ferai connaître le Poquelin qui fut chanoine du Chapitre de Saint-Julien de cette ville.

vers l'Italie, fait grise mine. Il dit qu'il est tombé de fièvre en chaud mal et peste contre la lésinerie des Etats (1). C'est qu'ils ont aussi supprimé les allocations d'usage aux musiciens ; ils n'accordent cette fois à Joseph Béjart que cinq cents livres pour la seconde partie de son ouvrage, (avec invitation formelle de ne plus rien demander à l'avenir) au lieu des quinze cents qu'il avait reçues l'année précédente (2).

Aussi la troupe pourrait elle bien n'avoir pas prolongé longtemps son séjour à Béziers où la clôture des Etats n'eut lieu que le 1er juin 1657, après six mois et demi de session. Le 12 avril, Madeleine Béjart est à Nîmes, sur le chemin du Comtat. Il est vrai qu'il s'agit d'affaires d'argent. Madeleine n'est pas pour rien une fille d'huissier et peut fort bien avoir quitté ses camarades pour s'occuper de leurs intérêts pendant quelques jours. C'est elle qui est l'homme d'affaires de la troupe, la vraie directrice de la compagnie dont Molière est l'*impresario*, et le poète n'a pas assez de loisirs pour poursuivre les remboursements des créances et se défendre contre les débiteurs de mauvais aloi (3).

(1) Voir *Aventures* de Dassoucy, p. 162 et suiv. Sur les rapports de Dassoucy avec Molière, postérieurs à cette dernière rencontre, voir la préface d'Emile Colombey en tête de son édition des *Aventures*, la *Jeunesse de Molière*, de Paul Lacroix, p. 170 et suiv. et la préface de M. Monval en tête du *Recueil sur la mort de Molière*, nouvelle collection moliéresque, Jouaust, 1885, p. VI et suiv. Il survécut longtemps à Molière. Il ne mourut ni en 1674, comme on l'a dit, ni en 1679, d'après ce qu'on pourrait conclure des dires de M. Monval qui, p. VIII du *Recueil sur la mort de Molière*, le fait mourir à 74 ans, Son acte de naissance publié par M. Colombey, d'après M. Ravenel, le fait naître le 16 octobre 1605). D'Assoucy « pensionnaire de la musique du roi » mourut le 29 octobre 1677, à Paris, rue de la Calandre, à la Clef-d'Argent, et fut enterré le 30 octobre, ainsi que l'indique son acte de décès inscrit sur les registres de Saint-Germain-le-Vieil, et rapporté dans les manuscrits de Beffara.

(2) Cette somme lui fut payée le 16 avril, avant la clôture des Etats, « pour son livre des qualités, armes et blasons de MM. des Estats ».

(3) C'est comme je viens de le dire, quatre jours plus tard que Joseph Béjart reçoit à Béziers 500 livres pour son armorial du Languedoc. Ainsi réduit à la portion congrue, il ne crut pas devoir le continuer ; c'est pour

Si la troupe s'arrêta à Avignon à son passage en cette ville, elle n'y fit pas un long séjour, car en mai elle était revenue à Lyon, ainsi que le montre la lettre du prince de Conti écrite de cette ville à l'abbé de Ciron, le 15 mai 1657. Le prince, désormais converti et placé sous l'influence des jansénistes, désavoue ses anciens comédiens à qui il a fait dire, à son passage à Lyon, de quitter son nom, qu'ils portaient depuis deux ans et demi (1).

Renié par le prince de Conti, Molière s'avisait d'aller chercher fortune auprès de son ancien Mécène, le duc d'Epernon, gouverneur de la Bourgogne depuis cinq ans. Aussi le voyons-nous se rendre à Dijon au mois de juin.

La troupe continue à se dire celle des comédiens du prince de Conti. Elle n'a pas eu le temps de s'acquérir un nouveau nom, un nouveau protecteur dont elle puisse se réclamer. Il lui faut bien s'abriter sous une dénomination princière, sous peine de descendre au rang d'obscurs comédiens innommés. D'ailleurs, Conti est loin de Dijon, et il n'y a pas grand mal à continuer quelques jours encore à se présenter dans cette ville avec le nom sous lequel la troupe est connue depuis sa visite au château de La Grange. Le 15 juin, le conseil de ville l'autorise à donner des représentations au tripot de la Poissonnerie (2).

Bientôt après avoir sans doute repassé par Lyon, la troupe redescend vers le midi. Elle s'est contentée de pous-

cela sans doute que le livre n'a pas été terminé et ne contient pas la partie relative anx députés du Tiers-Etat.

(1) Cette lettre a été publiée pour la première fois par M. Ed. de Barthélemy, *La princesse de Conti*, Paris, Didot, 1875, in-8º, voir p. 90 et 111, notes ; puis par M. Lacour, *Le Tartuffe par ordre de Louis XIV*, p. 62. Conti allait alors un instant en cour avant de prendre part à la campagne d'Italie.

(2) V. *La troupe du Roman comique*, p. 72. Dans ce livre, j'ai le premier fait connaître la date *exacte* de ce séjour de Molière à Dijon, que ne donne pas l'*Inventaire des archives municipales* de cette ville, contrairement à ce qu'ont dit d'aucuns qui m'ont emprunté cette date, en ayant soin de démarquer leur emprunt.

ser une pointe vers le centre-est, plus au nord qu'elle n'avait fait jusque-là. Quand on la retrouve, elle est dans une ville qui lui est bien familière et où il semble qu'il y a un certain attrait invitant Madeleine à ne pas la perdre de vue. Elle est à Avignon en décembre ou en novembre 1657 (1). Cette présence de Molière à Avignon est établie d'une manière formelle par la *vie de Mignard* de l'abbé de Monville. C'est alors et c'est là que se fit la première rencontre du peintre et du grand Comédien, destinés à devenir deux amis. Pierre Mignard arrivait d'Italie avec la belle italienne qu'il avait déjà rendue mère. Il s'était arrêté chez son frère Nicolas, originaire de Troyes comme lui, mais qui, marié à Avignon, s'était fixé dans cette ville (2).

Quel fut le trait d'union entre l'auteur du *Dépit amoureux* et le peintre revenu d'Italie ? Tout donne à croire que ce fut M. de Modène. Mignard avait fait partie de la jeune colonie d'artistes français établis à Rome, et que Poussin nous fait connaître dans ses lettres à M. de Chantelou (3). Déjà hors de pair, lorsque le duc de Guise et M. de Modène étaient arrivés à Rome au commencement de 1647, c'est lui qui avait fait le fameux portrait du duc, envoyé à

---

(1) Voir sur cette date, M. Taschereau, *Vie de Molière* ; M. Brunetière, *Etudes critiques*, p. 181 ; M. Loiseleur, *Molière en province*, dans le *Temps* du 12 août 1880.

(2) Sur ce séjour de Mignard *le Romain* à Avignon, voir outre la *Vie de Mignard*, de l'abbé de Monville, les études publiées sur la vie du grand artiste, par M. Lebrun Dalbanne, *Mémoires de la société du département de l'Aube*, t. XXXI, XXXIV, et XLI, 1867, 1870, 1877. C'est alors que Mignard fit à Avignon le portrait de la célèbre marquise de Castellane. On lui attribue aussi à cette date le premier portrait de Molière, qu'il aurait peint, jouant le rôle de César, dans *Pompée*. (V. *Mémoires de la société de l'Aube*, t. XXXIX, 1875, p. 341 et la notice de M. Perrin sur les portraits de Molière). Le portrait du duc d'Epernon, l'ancien Mécène du comédien, fut le premier qu'il fit, dit-on, à son arrivée à Paris en 1660. — On sait que Pierre Mignard retourna à Avignon voir son frère, notamment en 1664.

(3) Voir ce que j'ai dit de ce petit clan d'artistes français dans *Amateurs d'art et collectionneurs*, *Les frères Fréart de Chantelou*, 201 pages, in-8°, p. 70 et suiv.

Naples, avant que Henri de Lorraine se décidât à risquer de passer à travers la flotte espagnole et devant lequel les Lazzarroni et leurs femmes se pâmaient d'admiration (1). M. de Modène connaissait donc de vieille date Mignard *le Romain*. Il avait un hôtel à Avignon, où il habitait pendant la saison d'hiver. Il était ainsi tout indiqué pour mettre en rapport les deux artistes, qu'une heureuse rencontre faisait séjourner à la même époque dans la ville des papes. Ce qui achève de faire croire à son intervention, c'est que Mignard paraît encore avoir été plus lié avec Madeleine Béjart qu'avec Molière, et qu'il fut choisi par elle comme un de ses exécuteurs testamentaires.

Ce fut aussi dans ce voyage que Madeleine vit sans doute pour la dernière fois M. de Modène avant que le baron vint six ans plus tard à Paris. Entre eux l'amitié avait sans doute fait place à l'amour. Marie Courtin de la Dehors était installée auprès d'Esprit de Rémond et maîtresse en titre ; si Madeleine à près de quarante ans avait gardé quelques illusions à l'égard de M. de Modène, il fallait donc qu'elle eut encore toute sa beauté, (ce qui n'a rien que de vraisemblable après tout chez une actrice, qui sait appeler l'art au secours de la nature) et qu'elle eut gardé grande confiance dans le pouvoir de ses charmes sur ce viveur endurci, que l'âge n'avait pas rendu plus sage.

Ce que l'on peut seulement affirmer, c'est que quand nous la verrons à Paris, elle s'y montrera l'homme d'affaires de M. de Modène, son bailleur de fonds, ou simplement l'intermédiaire entre lui et ses créanciers, et sa caution pour tout dire (2). Cela s'explique mieux par l'amitié que

---

(1) V. *Vie de Mignard,* de l'abbé de Monville 1720, in-12, p. 22 et 23.

(2) Cela en vérité ne s'expliquerait-il pas mieux si Armande était la fille de Madeleine et du comte ? Mais pourquoi alors M. de Modène n'aurait-il pas épousé Madeleine, au lieu de s'acoquiner avec la femme de l'Hermite ? L'aurait-il trouvée trop notoirement enfoncée dans le tripot comique, que Marie Courtin n'avait fait que traverser un instant, sans traîner derrière elle une odeur de coulisses ?

par l'amour, à moins de supposer une dose formidable de rouerie. Nous aurons occasion du reste de reparler de ce que pouvaient être les sentiments de Madeleine envers M. de Modène, lorsque Marie Courtin de la Dehors, dont elle eut pu à bon droit être jalouse, sera à son tour loin de M. de Modène et que les deux actrices rivales ou supposées telles se seront rejointes à Paris, loin du Comtat, et tout près du théâtre du Petit-Bourbon.

Madeleine était alors sur le point de dire adieu au Midi. On sait fort peu de choses des derniers voyages de sa troupe. On s'est demandé si Molière n'avait pas assisté, selon sa coutume, à la session des Etats de 1657-1658, ouverte à Pézenas, du 8 octobre 1657 au 24 février de l'année suivante par le duc d'Arpajon et présidée cette fois par l'archevêque de Narbonne. Peut être les mauvais résultats financiers de sa visite à Béziers, lors de la campagne précédente, l'avaient-ils dégoûté de revenir aux Etats? En outre, on voit une autre troupe de comédiens assister cette année à la session des Trois ordres du Languedoc, celle des *Comédiens de Mgr le duc d'Orléans*, oncle du Roi. Elle venait précisément de représenter devant le duc d'Arpajon à son château de Sévérac et repassait à Albi le 10 septembre 1657 en se rendant aux Etats. Ce lieutenant général en la province du Languedoc la patronnait et avait donné ordre aux villes de faire transporter à leurs frais le bagage de la bande comique, comme c'était l'usage à l'égard des troupes commandées pour de jouer devant les Etats (1).

Cependant il n'est pas rare de rencontrer deux troupes de comédiens jouant devant ces assemblées, soit à des époques différentes de la même session, soit même ensemble. On se rappellera à ce propos que les deux seuls comédiens de la

(1) V. *Inventaire des Archives municipales d'Albi*; M. Rolland, *Histoire littéraire d'Albi*, p. 241, et le *Moliériste*, I, p. 18 et 141. L'ordre de transporter les bagages de ces comédiens d'Albi à Castres a fait penser qu'ils étaient commandés pour aller aux Etats de Pézenas.

troupe du duc d'Orléans, qui soient alors nommés à Albi, sont Mignot (1) et N. Dubois. Or Mignot, n'est ni plus ni moins que le comédien Mignot dit Mondorge, dont je dois reparler moi-même, et qui devait ressentir plus tard, d'une manière si large et si délicate, les effets de la générosité de Molière, comme le savent tous les moliéristes d'après le récit de Grimarest. D'après ce récit Mignot rapporte à Baron « qu'il avoit été le camarade de M. de Molière en Languedoc » et Moliere dit à son tour : « Il est vrai que nous avons joué la comédie ensemble (2) ». Cela ne donnerait-il pas à penser que les deux comédiens, bien que n'appartenant pas à la même troupe, ont pu jouer ensemble pendant la session des Etats de Pézenas de 1657 à 1658 ? Une rencontre à une époque antérieure n'est pas impossible ; mais nulle date n'est plus vraisemblable que celle de cette session des Etats à laquelle Molière a pu assister, soit avant, soit après son passage à Avignon (3).

(1) C'est ainsi que ce comédien a signé, bien que le notaire l'appelle Mingot. Un autre comédien d'un nom presque semblable, Charles Mangot dit Lecoq, figure dans un contrat de société entre comédiens fait le 5 avril 1664 et cité par Soulié, *Recherches par Molière*, p. 210.

(2) Cette touchante anecdote de Grimarest doit se rapporter de 1670 à 1672, c'est-à-dire à l'époque qui suit la rentrée de Baron dans la troupe.

(3) Quelle était à cette date de 1657 la troupe des comédiens du duc d'Orléans ? Je rappellerai ici un résumé de ce que j'ai longuement rapporté dans la *Troupe du Roman comique*, p. 146-152. En avril 1655 la troupe qui représente à Dijon et verse pour les pauvres la somme de cent livres, c'est-à-dire une somme plus élevée que celle payée deux ans plus tard par la troupe de Molière, (il ne faut pas toutefois oublier que la quotité du droit des pauvres devait se régler plutôt sur la durée du séjour des comédiens que sur leur réputation et leur succès), cette troupe, dis-je, est appelée celle des comédiens ordinaires de Son Altesse Mgr le duc d'Orléans et de Mademoiselle. En novembre 1658 la troupe qui affiche à Lyon les *Comédiens de Mademoiselle* est celle de Dorimon. S'agirait-il à Albi de cette troupe ou celle de Mitallat ? On a longtemps regardé la troupe de Mitallat, qualifiée de *Comédiens de Son Altesse Royale* et qu'on trouve à Lyon de 1644 à 1659, comme étant celle du duc d'Orléans ; on la voit si intimement liée, en 1659, avec la troupe de Dorimon, qu'ils ne font plus alors qu'une seule bande au lieu de deux, qu'il y avait à Lyon. A Chambéry en 1659 tous ces acteurs s'intitulent à la fois « Comédiens de

On croit avoir la preuve de la présence de Madeleine
Béjart à Lyon, au commencement de janvier 1658, le 6 de

S. A. R. le duc de Savoie et de Mademoiselle d'Orléans. » M. Balluffe
prétend que, dès avant 1649, les comédiens de Son Altesse Royale sont
ceux du duc et de la duchesse de Savoie (V. *Molière inconnu*, 286 et
292). Cela ne manque pas d'une certaine vraisemblance ; disons cependant en passant que Hugues de Lan, qui figure à Lyon en 1649
comme comédien de la troupe de Son Altesse Royale, est précisément appelé en 1659, à Lyon, comédien de Mademoiselle. Après la présence du roi à Lyon en novembre 1658, présence causée précisément par
son entrevue avec la princesse de Savoie, qui put fort bien être suivie par
ses comédiens, on voit aussi plusieurs des acteurs des deux troupes, qui
ont joué alors dans cette ville, s'intituler à Lyon *comédiens du roi*. Ainsi
font en 1659 Abraham Mitallat lui-même, et le comédien, peintre ordinaire de la chambre du roi, Claude Pélissier, mari de Marie Belleville,
(Boldville, selon M. Brouchoud qui a défiguré bien des noms), couple
sur lequel la *Revue de l'Art français*, de décembre 1885, p. 184-185, a
donné de curieux renseignements.

Ce qui rend, je le répète, plus facile la confusion entre les deux troupes
qui jouèrent alors à Lyon, celles de Mademoiselle et de son Altesse royale,
c'est qu'on les voit ensemble ailleurs que dans cette ville. En 1659
la troupe d'Abraham Mitallat, dit la Source, se trouve pendant l'été à
Chambéry en Savoie avec Dorimon, ainsi qu'il résulte de deux actes
authentiques passés devant le notaire Georges de cette ville, actes que
M. Mugnier, conseiller à la cour de Chambéry, a bien voulu me signaler, et que je ne veux pas déflorer ici, parce qu'il se propose de bientôt
les publier. Je dirai seulement que ces actes sont signés de nombreux
comédiens (le fac simile de leurs signatures est sous mes yeux) : Philippe
Millot (c'est le nom d'un des acteurs de l'Illustre théâtre) et Anne Millot, sa
sœur qui méritent tous deux une notice ; Marguerite Prunier (veuve de
Hugues de Lan, comédien de Mademoiselle et qui devait bientôt épouser
Philippe Millot, au-delà des Alpes) ; Nicolas Dorimon, dont j'ai longuement parlé, ainsi que de plusieurs de ces comédiens dans la *Troupe
du Roman comique*, pp. 144, 158 ; La Source (Mitallat) ; Guérin (est-ce
bien décidément le futur mari de la veuve de Molière ? Chappuzeau cite
un Guérin comme faisant partie de la troupe du duc de Savoie en 1673,
et Guérin d'*Etriché* lors de la jonction de la troupe du Marais avec celle
de feu Molière était déjà certainement acteur du Marais, où il était entré,
dit-on, en 1672. Il semblerait donc qu'il y ait eu alors deux Guérin, si
Chappuzeau n'a pas commis d'erreurs de date) ; J. du Pin, le futur acteur
du Marais, le futur mari de Louise Jacob, fille de Montfleury ; Catherine
Bidault, qui se remaria plus tard an comédien Cromier ; N. Biés de Beauchamp, signature précieuse, en ce sens qu'elle identifie un comédien qu'on

ce mois (1). La troupe passa, nous dit La Grange, le carnaval à Grenoble ; elle en partit après Pâques, puis, prit le chemin de Paris (2), laissant Melle Du Parc, à Lyon, pour y faire ses couches (3).

Il serait curieux de rechercher quels comédiens allaient remplacer la troupe de Molière à Lyon et dans le sud-est de la France. J'ai longuement parlé déjà des troupes qui se trouvèrent à Lyon lors du séjour de la Cour en 1658, et l'on peut aussi consulter les renseignements donnés par MM. Brouchoud et Soulié. Toutefois on est encore loin de connaître ces différentes bandes de comédiens et les particularités relatives à ceux de leurs membres qui intéressent plus spécialement les Moliéristes.

C'est ainsi qu'on ne sait rien des troupes dont faisaient partie La Grange (Charles Varlet) et du Croisy, (Philibert Gassot) (4), avant d'appartenir à la troupe de Monsieur, où ils entrèrent à Pâques de l'année 1659. De ce qu'ils entrè-

---

rencontre bien souvent, sur qui on n'était pas encore bien fixé, et dans lequel on pouvait être tenté de voir deux comédiens différents, parce qu'on le rencontrait tantôt sous le nom de Nicolas Biès, tantôt sous celui de Beauchamp, qui l'a fait confondre avec Jean Uscet de Beauchamp. Voir ce que j'ai dit de Biès, de sa femme Françoise Petit (que M. Mugnier trouve faisant baptiser leur fils Thomas à Chambéry le 31 août 1659), de Beauchamp et de Marie Biès, *La troupe du Roman comique*, pp. 80, 83, 93, 94 etc.

(1) On dit qu'elle se sépara un instant de la troupe, afin de poursuivre le paiement de la créance contre Dufort, qui se libéra le 1er avril 1658.

(2) Pâques ayant eu lieu le 21 avril et la troupe étant à Rouen le 19 mai, on ne s'arrêta pas à Dijon. La mort récente de M. de Candale ne rendait pas le moment propice pour un séjour en cette ville des anciens comédiens de la troupe de M. d'Epernon.

(3) On peut se demander si, au cours de ses poursuites contre Dufort, Madeleine n'était pas allée revoir une dernière fois M. de Modène, ou même dans le cas où Armande aurait été élevée par Marie Courtin la reprendre pour l'emmener à Paris, la troupe quittant définitivement le midi et Armande étant âgée de plus de quinze ans.

(4) La femme de Bellerose s'appelait aussi Nicolle Gassot. — D'après M. Monval, *le Moliériste*, V, 243, du Croisy appartiendrait à la famille des Gassot, de Montargis.

rent chez Molière à la même époque et de ce que La Grange les mentionne alors tous deux « comme acteurs nouveaux à Paris », est-on en droit de conclure qu'ils faisaient partie de la même compagnie d'acteurs ? M. Edouard Thierry ne ne sait pas au juste où La Grange se rencontra tout d'abord sur le chemin de Molière (1). Quant à du Croisy, Philibert Gassot, sieur du Croisy, (soi-disant gentilhomme de Beauce?), l'acteur de mérite qui devait créer le rôle de *Tartuffe*, on ne sait rien non plus sur ses débuts, ni sur ceux de sa femme, Marie Claveau, veuve de Nicolas de Lécole, sieur de Saint-Maurice, qui avait beaucoup moins de talent que son mari, avec lequel elle entra dans la troupe de Molière.

On a souvent répété sur le compte de du Croisy les dires tout-à-fait légendaires de Soleirol, qui en fait le chef d'une troupe rencontrée par Molière à Rouen, en 1658, et se réunissant momentanément à celle des Béjart, qui lui avaient détourné son public (2). Ce n'est là qu'une assertion absolument dénuée de preuves. Voici une première mention, authentique et complétement inédite, sur ce célèbre comédien avant son entrée chez Molière. C'est la ville de Mâcon qui me la fournit, de même, qu'elle m'a déjà procuré de curieux renseignements sur la présence des Beauval, du jeune Baron et de la troupe de son Altesse royale le duc de Savoie, alors dirigée par Jean Deschamps, dans cette région de la Bourgogne, en 1670 (3).

(1) Voir *Charles Varlet de la Grange, et son registre*, 1876, p. 6.
(2) Voir Soleirol, *Molière et sa troupe*, p. 87 ; M. Loiseleur, *Les points obscurs de la vie de Molière*, p. 217 ; M. Bouquet, *Molière à Rouen*, p. 32 43 et suiv. Soleirol ajoute que les frères Parfaict supposent, d'après M. de Tralage, que du Croisy serait même déjà entré pour un instant dans la troupe de Molière à Lyon. Tout ce que je sais, c'est que M. de Tralage range du Croisy parmi les comédiens vivant chrétiennement. D'autres se contentent de supposer une première rencontre à Lyon, avant celle de Rouen ; voir sur les du Croisy, M. Hillemacher, *Galerie de la troupe de Molière* ; Edouard Fournier, *La valise de Molière*, p. 50 et M. Edouard Thierry, *Documents sur le Malade imaginaire*, 1880, in-8º, p. 251.
(3) V. *La troupe du Roman comique*, p. 91 et suiv.

Le carnet de police de Mâcon mentionne pour l'année 1658 : « Une permission accordée aux sieurs du Croisy, Hubert et *aultres comédiens de sa Majesté,* de réciter leurs comédies en ceste ville de Mâcon pendant un mois et dans le lieu le plus commode qu'ils pourront treuver ». Comédiens de sa Majesté ! avaient-ils donc déjà représenté devant le roi. Etait-ce bien à Paris, sur le théâtre du Marais, ou à Lyon, ce qui paraîtrait plus vraisemblable ? Quoi qu'il en soit on voit, que Molière put aussi bien rencontrer à Mâcon qu'à Rouen du Croisy, qui n'avait encore que vingt-neuf ans lorsqu'il entra l'année suivante dans la troupe de Monsieur (1).

Quant à André Hubert, même obscurité pour le temps de ses premiers débuts. Il ne suivit pas d'abord son camarade chez Molière. S'il était encore comédien de campagne en 1658, il ne l'était plus après Pâques 1659, date de l'entrée de du Croisy au Petit-Bourbon. Un acte de donation qu'il fait à sa femme Catherine Morant, le montre à la date du 29 juin 1659 « *Comédien du Roi,* demeurant au jeu de paume des Marests, Vieille rue du Temple, paroisse Saint-Gervais (2) » Ce ne fut qu'en 1664 qu'il quitta le théâtre du Marais pour devenir à Pâques comédien de la troupe de Molière. Il remplaçait Brécourt qui passait à l'hôtel de Bourgogne (3). Depuis cette époque la vie de théâtre de

---

(1) De Mouhy, dans son *Journal manuscrit du théâtre français*, t. II, p. 1072, se contente de dire : « Du Croisy, directeur d'une troupe de province, trouva tant de mérite à Molière, qu'il quitta sa troupe pour débuter dans celle de la célèbre compagnie. Molière, flatté de ce sacrifice et de l'attachement qu'il lui marqua, le reçut, le forma et en fit un bon comédien ». Cela ne nous apprend absolument rien sur les antécédents de Du Croisy et sur les motifs réels de sa jonction.

(2) Voir M. Campardon, *Nouvelles pièces sur Molière*, p. 190. — En 1658 Hubert n'avait encore que trente-quatre ans, d'après sa déposition du 19 mai 1679, v. *Le Moliériste*, VIII, 74.

(3) Je dois bientôt parler de la partie de la vie de Brécourt antérieure à 1660. Pour ce qui regarde la fin de sa carrière théâtrale et ses aventures après 1678, ajouter aux indications fournies par Ravaisson, *Archives de*

Hubert est bien connue. Je l'ai montré ailleurs figurant en 1683, à côté de Filandre, au mariage d'une fille de la Beauval.

la Bastille, VII, 50-71, que j'ai rappelées le premier dans la *Troupe du roman comique*, p. 126, les curieux renseignements donnés par le marquis de Sourches dans ses *Mémoires* et aussi par le janséniste Charles Lemaître qui. dans le récit de son voyage en Hollande en 1681 (mst. de la Bibliothèque du Hâvre), raconte, ainsi que l'a indiqué M. Fierville, l'aventure de Brécourt qui vaut toute une comédie. Voici du reste l'extrait des *Mémoires du marquis de Sourches,* relatif à l'année 1681, t. I, p. 59 et qui concerne ce comédien :

« Ce fut aussi dans ce temps là qu'il arriva une affaire en Hollande, qui donna matière à de grandes explications. Il y avait un certain comédien nommé Brécourt, lequel, ayant tué deux hommes à Paris en deux rencontres différentes, avait obtenu sa grâce de la bonté du roi qui l'avait pardonné toutes les deux fois ; mais en ayant tué un troisième, le Roi ne voulut plus lui donner de grâce et il fut contraint de sortir du royaume. *D'abord il alla à Rome, de là il vint à Venize,* ensuite étant venu en Hollande, il se donna au prince d'Orange qui le fit chef d'une troupe de comédiens français qu'il entretenait pour son plaisir. Cet homme naturellement inquiet s'ennuyant d'être toujours éloigné de son pays crut avoir trouvé moyen d'y revenir en faisant enlever à Amsterdam un nommé Sardan que le Roi avait depuis longtemps envie de faire châtier. Ce Sardan était de Langres ; il avait autrefois eu le maniement des deniers du roi et avait fait une banqueroute considérable. Outre cela, depuis qu'il était en Hollande où il s'était sauvé, toute son application était de susciter des ennemis à la France et d'entrer dans toutes les négociations qui pouvaient lui être désavantageuses. Brécourt entreprit donc d'enlever cet homme là ; il communiqua son dessein à M. d'Avaux, ambassadeur de France en Hollande, lequel écrivit au roi et Sa Majesté lui remit la conduite de cette affaire. D'Avaux, la trouvant faisable, mande aux officiers qui commandaient dans Ypres de lui envoyer neuf dragons commandés par un officier, avec ordre de venir à Amsterdam déguisé. L'officier avec ses dragons alla prendre un petit bâtiment à Dunkerque et vint débarquer auprès d'Amsterdam où il entra avec ses gens sans être connu. Le dessein de Brécourt était d'enlever Sardan quand il se serait embarqué pour aller en Angleterre où il avait résolu de passer. (C'était Brécourt qui l'avait engagé à faire ce voyage d'Angleterre dans le dessein de l'enlever.) Il n'avait rien communiqué à l'officier ni aux dragons, lesquels avaient seulement ordre de faire ce qu'il leur dirait et qui avaient caché leurs armes derrière une dune sur le bord de la mer. Il se trouva par hasard un de ces dragons qui était marié en Hollande, lequel pour faire sa fortune, alla trouver le prince d'Orange et lui découvrit la chose, disant qu'il ne savait pas le dessein qu'on avait, mais que selon toutes les apparences on en voulait à sa personne. Le prince d'Orange, ravi d'une occasion de discréditer la France, envoya le dragon déférer ses compagnons à

Cette mention de 1658 doit désormais être considérée comme le point de départ de la biographie de du Croisy et de Hubert (1).

Cette excursion parmi le futur personnel de la troupe de Molière à Paris m'a éloigné pour un instant de celui qui devait en être directeur si aimé et si célèbre.

Les anciens comédiens du duc d'Epernon et du prince de Conti rentraient enfin à Paris après douze ans d'exil. Molière caressait depuis longtemps l'espoir d'y revenir. Fort de sa longue expérience du théâtre, l'auteur de l'*Etourdi* et du *Dépit amoureux* pouvait, à bon droit, être assuré de s'y faire la place qu'il n'avait pu s'y tailler lors de sa prime jeunesse

la justice, qui les fit arrêter aussi bien que leur officier. Pour Brécourt il se sauva en diligence. »

Les dragons arrêtés, le prince d'Orange sollicita les juges de faire justice de l'attentat qu'on avait voulu faire à sa vie. L'officier fut condamné à perdre la tête, les dragons à une prison perpétuelle. Le roi les fit redemander par son ambassadeur, qui déclara naïvement toute la chose comme elle s'était passée, disant qu'il n'avait pas cru défendu d'enlever un fripon public que tous étaient intéressés à voir châtier. Les juges députèrent au prince d'Orange qui fit grâce à l'officier et le mit en liberté avec les huit dragons qui lui restaient.

Le marquis de Sourches ajoute à la fin de décembre, avant le 24 :

« Le même jour on vit arriver à Saint-Germain le comédien Brécourt qui vint se jeter aux pieds du roi et le remercier de ce qu'il lui avait accordé une troisième grâce, en faveur du service qu'il avait eu seulement envie de lui rendre à Amsterdam. »

Ce récit montre bien pourquoi Brécourt, comédien de l'hôtel de Bourgogne depuis son départ de la troupe de Monsieur, n'était plus en France à l'époque de la jonction des troupes de l'hôtel de Bourgogne et du théâtre Guénégaud, le 6 août 1680, et comment il put faire sa rentrée le 8 janvier 1682, ainsi que l'a indiqué M. Bonassies (*Histoire administrative de la Comédie française*, p. 73.) Ses courses en Italie avaient en effet précédé son arrivée en Hollande, pays où il avait pour ainsi dire naguères débuté, ainsi que je le raconterai plus au long que je ne l'ai fait, et où, non content d'être comédien, il voulait s'élever au rôle d'agent maron diplomatique.

(1) D'après le journal du chevalier de Mouhy, t. II, 1079, La Grange aurait aussi passé par la troupe du Marais avant d'entrer chez Molière. Si le fait est vrai, il aurait bien pu faire partie de la même troupe que Hubert en 1658.

et de son obscurité. Cette place lui appartenait désormais par droit de conquête et par le droit du génie. Il était parvenu au but de son ambition ; mais le chemin avait été rude nonobstant les bons diners racontés par d'Assoucy. Il lui avait fallu faire appel à toutes ses forces vives pour supporter sans défaillance et avec courage toutes les épreuves de ces douze années de vie d'aventures.

On a parlé de protecteurs sur le patronage desquels il comptait tout d'abord pour pouvoir se produire avec chance de succès. Un document nouvellement découvert montre qu'il comptait avant tout sur lui-même, et que Madeleine, l'homme d'affaires de la troupe, je le répète, la Montansier du XVIIe siècle, le secondait vigoureusement dans son projet, Le 12 juillet 1648, alors que la troupe est à Rouen trois mois environ avant le fameux début à Paris dans la salle des Gardes du vieux Louvre, on voit Madeleine prendre la suite du bail du théâtre du Marais, et louer ce jeu de paume « avec toutes les loges, décorations de théâtre » etc., pour dix-huit mois allant du 1er octobre 1658 au 1er avril 1660 (1).

Les troupes qui occupaient le théâtre du Marais n'avaient rien de stable; elles se débandaient sans cesse et ne faisaient guère qu'y passer, n'y figurant pour ainsi dire qu'à l'état intermittent. Rien d'étonnant donc à ce que Madeleine fut à même de prendre la rétrocession d'un bail de ce théâtre, concédé d'abord pour trois ans. Mais comment le *locataire* qui fait cette cession de bail, à lui consenti le 24 mars 1656, se trouve-t-il être un gentilhomme, messire Louis de Talhouet, chevalier, comte de Rhuys, qui a bien pris la location d'une salle de théâtre et non d'un jeu de paume, puisque cette salle n'a pas changé de destination et qu'elle a encore tout son mobilier théâtral ?

(1) M. de Beaurepaire, *Bulletin de la Société des Bibliophiles normans*, 1885, pp. 10 et 11, communication faite à cette société, le 7 mai, d'après un acte du tabellionage de Rouen, et le *Moliériste*, t. VII, p. 302.

Madeleine croyait sans doute plus sûr de louer de la sorte un théâtre, pour les débuts de la troupe à Paris, que de compter sur la protection d'un courtisan, pour se procurer une autre salle toute nouvelle. Mieux valait encore avoir un vieux jeu de paume auquel le public fut habitué, bien qu'il semblât frappé de *jettatura*, que de renouveler l'expérience si téméraire de l'*Illustre Théâtre*. Peut-être lors de passage à Paris avait-elle déjà commencé à traiter l'affaire dans cette ville avec le comte de Talhouet, qui par suite d'une coïncidence curieuse, se trouve aussi à Rouen le 12 juillet. Il ne faut point s'étonner de ne pas voir l'acte passé par Molière. Il est sans doute alors à Paris, ou il faisait des voyages secrets, cherchant aussi à se ménager des protecteurs. D'ailleurs Madeleine n'est-elle pas la véritable directrice de la troupe, lorsqu'il s'agit de contrats ou d'affaires d'argent ? N'est-ce pas elle qui dans le Languedoc a toujours opéré pour le compte de tous (1) ? Elle est d'ailleurs si bien l'associé de Molière qu'elle élit domicile chez son père « en la maison de monsieur Poquelin, tapicier, valet de chambre du Roy, demeurant soubz les Halles. »

Le vieux Poquelin content de voir rentrer à Paris l'enfant prodigue, parti quasi vagabond en 1646 et rentré sur un tout autre pied au bout de douze années, a consenti à fermer les yeux sur l'irrégularité de la situation de son fils, dont les rapports avec Madeleine durent depuis quinze ans, et qu'il espère, eu égard à cette durée même, voir bientôt se régulariser (2).

Cette sous location du jeu de paume du Marais, faite à Rouen le 12 juillet 1658, ne se rapporte-t-elle pas à ce que dit Thomas Corneille, dans sa lettre du 19 mai 1658? Il écri-

---

(1) Molière parait s'être peu préoccupé de toutes les affaires d'argent. Lui, que M. Baluffe, contre toute vraisemblance, a représenté riche comme un Crésus, en Languedoc, n'avait pas même songé à désintéresser Jeanne Levé avant le 13 mai 1659. Voir Soulié, *Recherches sur Molière*, p. 201.

(2) Voir aussi M. Larroumet, *Un bourgeois de Paris au XVIIe siècle, Jean Poquelin, Revue des Deux-Mondes*, 15 mai 1886.

vait à l'abbé de Pure, en parlant de la troupe de la Béjart : « je voudrois qu'elle voulut faire alliance avec le Marais ; elle en pourroit changer la destinée. Je ne sais si le temps pourra faire ce miracle (1) ».

Cette lettre montre bien que l'état de la troupe du Marais n'était pas florissant. Cependant, depuis le 1er avril 1657, date du commencement du bail de M. de Talhouet, au sortir du succès de *Timocrate* elle avait joué *Bérénice* du même Thomas, et à la fin de 1658, elle devait représenter *La mort de Commode* ; elle avait néanmoins été réduite, selon son habitude, à courir les provinces (2).

Loret, qui, dans sa Gazette, parle souvent, à cette époque, des Grands comédiens et même de la comédie italienne, ne dit mot du théâtre du Marais depuis la représentation de *Timocrate,* à laquelle le roi avait assisté en décembre 1656, et les frères Parfait n'indiquent pas d'autres pièces représentées alors sur ce théâtre que les deux tragédies de Corneille de Lisle, dont je viens de parler (3). La troupe existait cependant : on en a donné la composition pour l'année théâtrale 1658-1659, c'est-à-dire au moment de la création du théâtre de Molière. C'est ce qu'a fait Léon Guillard,

___

(1) *La troupe de Molière et les deux Corneille à Rouen,* par M. Bouquet, p. 57. On sait que Thomas Corneille dit aussi dans la même lettre : « J'ai remarqué en Melle Béjar grande envie de jouer à Paris et je ne doute point qu'au sortir d'ici cette troupe n'y aille passer le reste de l'année ». On sait que Thomas ne garda pas longtemps ces sentiments bienveillants à l'égard de la troupe de Molière « bonne qu'à la farce » ; voir sa lettre du 1er décembre 1659, relative à la représentation de *Pylade et Oreste,* de Coqueteau de la Clairière, rapportée par M. Guillard dans ses études sur la troupe de Molière dont il sera parlé tout-à-l'heure. — Les comédiens du Marais, depuis Mondory, étaient restés fidèles à leur habitude de venir chaque année à Rouen.

(2) M. Bouquet rappelle, p. 58, sa présence à Rouen en 1656 et 1657.

(3) On rapporte encore à 1657, sur ce théâtre, mais sans date plus précise, la représentation du *Campagnard,* de Gillet de la Tessonnerie, où il y a d'ailleurs un rôle de *Jodelet,* comme dans les comédies de Scarron, qui ne fit pas représenter de pièces nouvelles depuis 1657.

dans ses études sur la troupe de Molière (1). Il indique comme acteur du Marais, à cette date, Duclos, la Thorillière, Hauteroche, La Roque, Champlonneau, Brécourt, Lépy, des Urlis, Chevalier, Jodelet, et pour actrices M[elles] Duclos, Beaupré, Beauchamp, Clérin, Catherine des Urlis et Vallée. Il y aurait des réserves à faire pour quelques-uns de ces noms. Quelques-uns de ces acteurs ne dûrent pas entrer dès 1658 dans la troupe ; mais ces listes à dates fixes, malgré certaines erreurs, sont toujours utiles, et il est plus facile d'y recourir à loisir qu'a celles des manuscrits du chevalier de Mouhy. M. Fournel n'a pas donné de renseignements précis sur la troupe du Marais à cette date (2) et il est à craindre que l'histoire du théâtre du Marais de feu M. de Marescot qui, bien qu'imprimée, tarde tant à paraître, n'en contienne pas davantage.

Reste à savoir comment la sous location du théâtre du Marais par Madeleine ne produisit pas son effet, comment ce bail fut sans doute résilié, et Molière admis sous le patronage de Monsieur, de Philippe duc d'Anjou, frère du roi, à faire son début devant la cour, le 24 octobre 1658, sur un théâtre que le roi fit dresser dans la salle des gardes du vieux Louvre et bientôt pourvu, plutôt qu'il n'avait osé l'espérer peut-être, de la salle du Petit-Bourbon.

Madeleine avait compté, sans doute, briller prochainement sur le théâtre du Marais, où l'attiraient aussi ses souvenirs de jeunesse. Mais Molière, par ses instances à Paris auprès de ses amis, probablement auprès de La Mothe Le Vayer, précepteur du duc d'Orléans, avait obtenu de pouvoir se dire comédien de Monsieur, de débuter le 24 octobre devant leurs Majestés et toute la cour et de partager la salle du Petit Bourbon avec les comédiens italiens (3).

(1) V. le n° du 7 juillet 1871 de l'*Univers illustré*.
(2) Voir *Les Contemporains de Molière*, t. III, XIX et suiv.
(3) Ce qui me fait penser à cette ingérence, c'est que, d'un côté, La Mothe Le Vayer était ami de Gassendi, de Lullier et de Chapelle, et que

Je n'ai pas à dire comment il eut à lutter à la fois contre les deux scènes anciennes de l'Hôtel de Bourgogne et du Marais, à la fois en possession du public et des manuscrits des auteurs qui ne voulaient pas se brouiller avec les Grands Comédiens, comment aussi il eut pour concurrents les acteurs italiens dont il imitait le répertoire, et avec qui il devait partager son nouveau théâtre.

Désormais, je n'ai plus à parler du comédien, mais de l'homme seulement, en tant que ses rapports avec Madeleine, Armande Béjart et M. de Modène offrent un intérêt immédiat pour ces études.

De tous les personnages que j'ai eu à mettre en scène dans ces pages, Molière et Madeleine Béjart étaient rentrés les premiers dans la capitale. Bientôt, comme dans un drame ou dans un roman, tous les autres allaient bientôt les y rejoindre ; d'abord, l'Hermite et sa femme, puis leur fille, la mariée Avignon. Bientôt, quelques années plus tard, M. de Modène, qui depuis si longtemps était comme en exil, loin des bords de la Seine, allait y revenir lui-même. Ils allaient tous se revoir, se toucher, comme naguères dans le Comtat. Puis, ainsi que dans la dernière scène d'un cinquème acte d'une comédie, on allait, chose imprévue, surprenante, inouïe, (il faudrait rappeler ici tous les étonnements de Mme de Sévigné, à propos du mariage de Lauzun), on allait voir cette rencontre se couronner par le mariage du comte de Modène avec l'ancienne Magdelon de l'*Andromède*, avec la fille de l'Hermite, avec la mariée d'Avignon, devenue veuve, ou du moins redevenue libre, sans avoir perdu son premier mari.

Molière était intimement lié avec son fils, l'abbé Le Vayer, et avec sa nièce, Honorée de Bussy. — Je n'ai pas besoin de parler de sa lettre à La Mothe Levayer, la seule peut-être qu'on connaisse de lui. Fournier a fait ouer aussi un rôle en cette circonstance à l'abbé Le Vayer. Voir *Etudes sur la vie et les œuvres de Molière*, 1885, in-12, p. 153. D'autres auteurs ont mis en avant la recommandation de Mignard auprès de Mazarin, qui me semble moins décisive.

§ XVIII.

Les rapports des l'Hermite avec Madeleine Béjart à Paris. — La dissolution du premier mariage de Madeleine de l'Hermite et les derniers ouvrages de son père.

De tous les personnages que nous avons vus groupés dans le Comtat, Molière et Madeleine Béjart, l'Hermite et sa femme, la maîtresse de M. de Modène, leur fille, la mariée d'Avignon, enfin M. de Modène lui-même, c'était Molière et sa troupe de comédiens, qui étaient rentrés les premiers dans Paris en octobre 1658.

Ceux qui vinrent ensuite les rejoindre furent les l'Hermite. Les généalogies de complaisance du sieur de Souliers ne lui avaient été que d'un maigre rapport. Au lieu de sa devise « Prier vault à l'hermite » on eut pu croire qu'il eut été fondé à s'en attribuer une autre : « Mentir vaut à l'Hermite ». Ce serait se tromper. Le généalogiste de contrebande était resté pauvre malgré ses grands airs et ses excès de bonne volonté à l'égard des familles dont il exploitait la vanité. Lui aurait-on trouvé trop d'imagination, même dans le voisinage de Tarascon? On a vu le mémoire de Charles de Rémond exposer sa profonde misère, malgré ses quémanderies et toutes ses rouereries. Il put croire que Paris lui serait plus productif que la Provence, et qu'il trouverait là un champ plus large et plus riche des vanités à exploiter. Il s'y transporta donc avec la plus grande part de ses livres qui lui étaient restés sur les bras et qu'il n'avait pas vendus. Il allait essayer de leur redonner une nouvelle jeunesse et de nouveaux débouchés, en les décorant d'un nouveau frontispice ou seulement d'un autre nom de libraire.

Cette présence de l'Hermite à Paris est établie par les différents ouvrages qu'on l'y voit publier en 1661, et qui ne le firent pas sortir de la gêne extrême où il se trouvait. Sa femme, chose étonnante, l'avait suivi dans son émigration soit qu'elle fut momentanément brouillée avec M. de Modène, ou que ce dernier, à bout de ressources, ne se souciât plus de l'héberger, ou tout simplement que son mari, quittant le Comtat, n'eut pas voulu la laisser derrière lui auprès de son dangereux protecteur. Ils n'avaient pas trouvé la fortune sur les bords de la Seine. Le même mémoire de Charles de Rémond met en fait « que les dits père et mère ont este vus dans Paris, devant le mariage du dit seigneur Esprit, et au temps d'icelluy, fort mal logés et avec très-peu de meubles dans leur maison, qu'ils estoient à louage »... et « que leur pauvreté étoit notoire ». Ils étaient venus d'abord demeurer dans le voisinage de Molière, non loin de l'emplacement du théâtre du Petit Bourbon, afin de se trouver en pays de connaissance ; cela indique qu'ils ne vivaient pas en mauvais termes avec les anciens comédiens du prince de Conti.

Ce qui achève de montrer à la fois leur gêne extrême et leurs bons rapports avec la famille des Béjart, c'est la vente qu'ils font alors du petit bien de la Souquette qu'ils possédaient dans le Comtat, à Saint-Pierre-de-Vassols, aux portes du Château de Modène, et que depuis 1644, depuis bientôt dix-sept ans, ils tenaient de la libéralité d'Esprit de Rémond. Le 7 juin 1661, ils vendent la Souquette. A qui ? Grand Dieu ! A l'ancienne maîtresse d'Esprit de Rémond, à Madeleine Béjart elle-même. Cette seconde vente n'est pas moins singulière que la première. Elle est même plus énigmatique ; on ne pouvait guère s'attendre à une si bonne intelligence de la part de deux rivales, à moins que, délaissées toutes deux alors par M. de Modène, elles n'eussent contre lui les mêmes griefs. Il ne paraît pas au contraire qu'elles fussent mal disposées à son égard, et tout cela doit venir seulement d'une absence de sens moral de la part de toute cette bohème des Béjart et des l'Hermite.

Madeleine avait du loisir à ce moment. L'actrice était libre de se transformer en femme d'affaires. Son théâtre chôma et fit relâche du 27 mai au 12 juin. « On a esté ici quinze jours sans jouer pendant le jubilé », nous dit Lagrange (1). Elle eut donc tout le temps pour se décider mûrement à son acquisition et faire acte de propriétaire.

C'est Eudore Soulié qui a fait connaître d'une façon certaine l'acte de vente consenti le 7 juin 1661, à Paris, par Jean-Baptiste de l'Hermite, écuyer, sieur de Vauselle, chevalier de l'ordre de Saint-Michel, gentilhomme servant chez le Roi et damoiselle Marie Courtin de la Dehors, son épouse, à Madeleine Béjart, de la grange de la Souquette, à Saint-Pierre de Vassols, moyennant 2,858 livres. Les l'Hermite sont dits logés rue et devant le Petit-Bourbon, paroisse Saint-Germain-l'Auxerrois, c'est-à-dire en face le théâtre où avait débuté Molière, à Paris, au retour de ses pérégrinations à travers la France (2) Madeleine n'est pas bien éloignée de la demeure de ses vendeurs. Elle est logée, là où elle habita si longtemps, rue Saint-Honoré, devant le Palais-Royal, après avoir quitté son premier logement du quai de l'Ecole où était mort son frère Joseph. L'acte de vente lui-même constate qu'elle a payé son prix d'acquisition aux L'Hermite qui lui en consentent quittance (3).

Quel intérêt avait-elle à acheter ce petit bien dans le Comtat? Etait-ce par bonté d'âme pour les l'Hermite, pour les sauver du besoin qu'elle faisait cette acquisition à beaux

(1) V. *Journal de La Grange*, p. 33.

(2) La troupe avait commencé à représenter, le 20 janvier 1661, sur le théâtre du Palais-Royal, nous dit La Grange.

(3) Voir Soulié, *Recherches sur Molière*, p. 73 et 202, acte passé devant le notaire Pain. On peut voir dans Fortia d'Urban, *Supplément aux éditions de Molière*, p. 149 et suiv., les divagations auxquelles il s'est livré à propos de cet acte, dont il avait inutilement cherché la minute, et qu'a reproduites, d'après lui, Soleirol.

deniers comptants ? J'ai peine à croire à tant de générosité de sa part envers Marie Courtin de la Dehors, dont les relations avec Esprit de Rémond lui étaient bien connues. Dira-t-on qu'elle achetait pour le compte de M. de Modène, désireux de rentrer dans les biens de son père ? Elle n'est morte que plus de dix ans après cette acquisition, et rien ne prouve, ainsi qu'on le verra plus tard, qu'elle ait entendu rétrocéder la Souquette à M. de Modène, dont les héritiers durent la racheter d'Armande Béjart. L'achat de ce coin de terre, dont elle se préoccupa assez peu, puisqu'elle fut près de huit ans sans se faire donner une investiture par le seigneur direct de la Souquette (1), prouve simplement qu'elle était bien aise de se créer de nouveaux rapports, de nouveaux motifs de rapprochement avec M. de Modène et nous amène précisément à parler du singulier rôle qu'on voit alors Madeleine jouer vis-à-vis de son ancien amant. Elle est devenue son homme d'affaires à Paris ; elle prend soin de ses intérêts pécuniaires qui paraissent toujours en assez mauvais état. En 1638 elle était maîtresse du cœur d'Esprit de Rémond. En 1662, vingt-quatre ans plus tard, le premier rapport entre eux, dont nous ayons une preuve évidente après une si longue interruption, plus apparente que réelle il est vrai, nous la montre maîtresse de son coffre-fort, son bailleur de fonds, son *negotiorum gestor*. De la part de la fille d'un huissier, cela a moins lieu de nous surprendre que de la part d'un autre et indique que Madeleine était une habile femme ; mais cela ne suffit pas pour expliquer l'achat qu'elle fait de la Souquette.

Que les l'Hermite eussent besoin d'argent, cela n'a rien que de fort naturel. M. de Modène n'était rien moins qu'un Crésus. Si Madeleine venait à leur secours, ce ne devait pas être, je le répète, par libéralité, mais dans l'espoir de

---

(1) Cette investiture tardive n'eut lieu que le 18 avril 1669. Voir Fortia d'Urban, *Supplément...* p. 151.

tirer parti de la situation, d'avoir un pied dans le Comtat, de se raccrocher à M. de Modène. Si elle n'espérait plus rien pour elle de son ancien amant (1), n'avait elle plus aucun espoir de ce côté pour sa jeune sœur, pour Armande ?

Grimarest a parlé de la violente opposition que fit Madeleine au mariage de Molière, qui n'eut lieu, on le sait, que le 20 février 1662, (le contrat civil est du 23 janvier), et qu'on peut supposer prévu dès Pâques 1661, d'après les dires du journal de La Grange. Tous les moliéristes connaissent ce qu'il dit des suites de cette opposition neuf mois durant. Qu'y a-t-il de vrai dans son allégation, contraire à celle de la *Fameuse Comédienne* ? Il est difficile de le savoir (2). Ne peut-on cependant pas supposer que Madeleine aurait nourri l'arrière pensée, le secret espoir de faire épouser Armande (si elle était bien en réalité sa sœur) par M. de Modène et que c'est pour cela qu'elle n'aurait pas brisé tout rapport avec le gentilhomme comtadin. M. de Modène, bien qu'ayant dépassé la cinquantaine, aimait le fruit vert, et on verra bientôt le vieux débauché, le vieux libertin, épouser une femme presqu'aussi jeune qu'Armande, Madeleine de l'Hermite, la fille de son autre maîtresse.

La Béjart et Marie Courtin de la Dehors, tout en semblant amies, n'en étaient peut-être pas moins rivales au fond et

(1) Voir ce que disent à cet égard Taschereau, *Vie de Molière*, 2e édition, p. 15 ; Fournier, *Roman de Molière*, p. 58, et *Etudes sur la vie de Molière*, p. 64 ; M. Loiseleur, *Les points obscurs de la vie de Molière*, p. 254 et M. Larroumet, *Revue des Deux-Mondes* du 1er mai 1885, pp. 140, 151. Tous ces auteurs, ignorant les liaisons de M. de Modène avec Marie Courtin de la Dehors, n'ont pu évidemment se rendre compte de l'abandon qu'il avait fait de la Béjart.

(2) Je n'ai pas besoin de rappeler ici toutes les divagations auxquelles on s'est livré à propos des sentiments de Madeleine à l'égard du mariage d'Armande. Alors que les uns parlent de la fureur jalouse de l'ancienne maîtresse délaissée, Michelet a supposé de sa part les calculs les plus odieux pour arriver à ce mariage, tandis que d'après Madame Sand Madeleine aurait été une sainte, sacrifiant son amour tout platonique pour Molière à l'avenir de sa jeune sœur Armande.

jouaient au plus fin, comme on dit vulgairement. On verra bientôt l'une pousser sa fille à faire annuler son premier mariage, sans doute avec la pensée de lui faire épouser son vieil amant M. de Modène. L'autre pouvait fort bien acheter la Souquette, aux portes du château de Modène, avec la pensée de renouer des liens plus étroits avec Esprit de Rémond, soit en l'épousant elle-même, soit en la mariant à sa jeune sœur Armande Béjart. J'avoue que cette dernière hypothèse est purement gratuite. Mais comment expliquer sans quelque dessein, sans quelque visée de ce genre, l'achat fait par Madeleine de ce coin de terre situé à plus de cent quatre-vingts lieues de Paris, lorsqu'elle est arrivée à l'âge de quarante-trois ans, et sept mois et demi seulement avant l'union d'Armande avec Molière ? Pouvait-elle encore nourrir pour elle-même l'espoir de voir revenir à elle et d'épouser M. de Modène ? Il lui avait été infidèle depuis si longtemps et devait avec ses goûts de vieux galantin, comme le donne à penser la grossière critique faite de Madeleine à l'occasion de son rôle dans la représentation du *Fâcheux* à Vaux, préférer *une jeune nymphe à un vieux poisson*. Si elle ne se berçait pas de cette illusion pour elle-même, elle la caressait peut-être pour Armande Béjart (1).

Dans cette bataille de dames, dans cette lutte possible et secrète de Madeleine et de Marie Courtin de la Dehors, (d'aucuns diraient de deux mères rivales), ce fut cette fois encore Madeleine qui succomba. Armande Béjart dédaigna

(1) *Tant qu'on ne sera pas absolument fixé sur la filiation d'Armande, crue par tous les contemporains, même les plus indifférents, la fille de Madeleine Béjart (et même fille de M. de Modène), il sera difficile et même impossible de voir clair dans ces rapports d'alors de Madeleine avec la femme de l'Hermite et M. de Modène.* — La pensée de Madeleine de renouer des liens plus étroits avec M. de Modène, au moyen de l'achat de la Souquette, peut aussi bien se comprendre au cas où Armande serait fille de Madeleine et de M. de Modène. Cet achat indiquerait tout simplement de sa part le désir de rattacher plus étroitement le père à la fille et d'en tirer quelque libéralité au profit d'Armande.

une couronne de comtesse ou de baronne pour épouser Molière qui, quoique déjà bien plus âgé qu'elle, comptait quatorze années de moins que M. de Modène, âgé de cinquante-quatre ans en 1662.

Si le mariage ne se fit point, ce ne fut sans doute pas la faute de Madeleine. Armande, éblouie par l'éclat de la scène, effrayée peut-être par l'âge du baron, préféra devenir reine de comédie plutôt que comtesse de Modène, et Madeleine resta l'homme d'affaires d'Esprit de Rémond, qu'il n'avait pas tenu à elle de faire son gendre. C'était la fille des l'Hermite qui était destinée à épouser cinq ans plus tard l'ancien amant de sa mère, bien que son premier mari fût toujours vivant.

Ce sont ces curieuses aventures de Madeleine de l'Hermite, avant son mariage avec M. de Modène, dont il faut maintenant dire un mot.

Magdelon, la fille des l'Hermite, la mariée d'Avignon, qui avait épousé Le Fuzelier en novembre 1655, était elle-même revenue rejoindre ses parents à Paris. Son sort n'avait pas été le moins singulier de tous, et est assez difficile à raconter. Tout d'abord rien n'avait paru annoncer la singularité de son union.

Madeleine avait suivi son mari en la ville de Vienne en Dauphiné, où ils demeurèrent un an environ. De là ils furent demeurer en Auvergne en la ville de Brioude, où les affaires de Fuzelier l'appelaient (1). Ils y demeurèrent environ trois ans. Peu après, ils vinrent à Paris où ils habitèrent ensemble quelque temps. C'est alors que Madeleine de l'Hermite argua de la nullité de son union (2). Le Fuzelier, comme Langey,

---

(1) Brioude est aussi la ville qu'habitait Julien Meindre, dont le nom est mêlé dans le Midi à l'histoire de Molière et de Madeleine Béjart.

(2) Tout cela est tiré du mémoire, présenté vers 1664 par « Damoyselle Magdeleine l'Hermite, en déclaration de nullité du prétendu mariage célébré entre les parties, non consommé par l'impuissance du défendeur ».

— Le frère d'Esprit de Rémond, après la mort de ce dernier, contesta la

était, paraît-il, un inutile du mariage et n'était pas devenu, par sa faute, le mari de sa femme, Madeleine était toujours restée fille, et digne de la couronne de fleur d'oranger. Elle avait trouvé le veuvage au seuil de la chambre nuptiale, contracté en un mot un *Mariage sans mariage*, comme dit la comédie de Marcel, jouée au théâtre du Marais en 1671, où M. Paul Lacroix, sans aucune preuve, a voulu reconnaître Molière lui-même (1).

Prise, dit-elle, par un scrupule de conscience, Madeleine de l'Hermite avait quitté son mari et s'était retirée chez ses parents ; ce ne fut qu'un an après que, lasse de son veuvage anticipé, elle intenta un procès en nullité de mariage à Le Fuzelier. Elle était restée environ sept ans avec lui. Après visite et examen de médecins, chirurgiens et matrones jurés de la ville de Paris, l'official de Saint-Germain-des-Prés prononça la nullité dudit mariage *propter imbecillitatem mariti*. Je passe rapidement et pour cause sur ces faits qui auraient pu former un chapitre de plus au livre de M. Ulbach sur *Les Inutiles du mariage*. Continuer plus longtemps, serait s'exposer à marcher sur des char-

décision de l'officialité de Paris, prétendant « que le dit mariage aurait esté consommé entre lesdits mariés ayant cohabité ensemble, tant en cette ville d'Avignon qu'audit pays d'Auvergne, où ledit Fuzelier l'auroit conduite, de sorte que ledit sieur Fuzelier et ladite dame Lhermite seroient été réputés de tous pour vrays et légitimes espoux. »

(1) Il s'agit dans cette pièce d'un mari brusque, hypocondre et méchant, qui n'a d'un époux que les fureurs jalouses, le seigneur Anselme, et de sa femme Isabelle. Si, malgré les dires de Paul Lacroix, rien ne prouve que cette pièce du comédien Marcel (dont le privilège est du 17 novembre 1671 et qui parut chez Loyson, 1672, in-12), fasse allusion à Molière, rien ne montre aussi, malgré ce que j'ai dit des vers signés de Marcel, qu'on voit en tête des *Présidents nés des Estats de Languedoc* de l'Hermite, que l'auteur dans sa comédie ait visé le sort de Madeleine de l'Hermite et de Le Fuzelier, qui n'était pas simplement un invalide du mariage mais un inutile. Il dit dans sa préface : « Vous qui connaissiez le héros domestique avant qu'il parut en public » ; mais il ne va pas plus loin dans ses indications. S'il s'agissait réellement d'eux, on pourrait voir le baron de Modène dans le *Clotaire*, de la pièce qui y joue le rôle d'*ami*.

bons ardents, bien qu'il s'agisse d'un mari qui avait poussé la froideur plus loin que de raison.

Il n'y avait pas longtemps que la procédure en nullité du mariage de Langey, annulé par arrêt du 8 février 1659, (il s'était marié en 1653) avait été l'objet de si gauloises conversations, tant de la part des harengères de Paris que des honnêtes femmes de la société polie du temps, telles que Mme de Sévigné et Mme de Lavardin. Comme Madame de Langey, Madeleine de l'Hermite put donc voir son nom placé désormais à côté de ceux de Gabrielle d'Estrées, de Catherine de Parthenay, et autres victimes de leurs faux mariages.

Est-ce bien à un scrupule de conscience qu'elle avait obéi en demandant, comme c'était d'ailleurs son droit, la nullité de son union avec Le Fuzelier ? En ne la demandant que si tardivement et surtout un an après s'être retirée chez ses parents, ne céda-t-elle pas plutôt aux conseils intéressés de sa mère, qui avait d'autres vues sur elle, et qui voulait tirer parti de sa fille, pour lui faire contracter un nouveau mariage avec un mari ayant la bourse mieux garnie et faisant plus grande figure dans le monde ? Les l'Hermite étaient pauvres. Un mémoire de Charles de Rémond avance « que les dit père et mère ont esté vus dans Paris devant le mariage du dit seigneur Esprit et au temps d'icelluy fort mal logés et avec très peu de meubles dans la maison, qu'ils estoient à louage ». Le mariage n'avait pas non plus enrichi la mariée d'Avignon ; le même mémoire nie expressément « que Le Fuzelier aye restitué quelque dot à la dite dame de l'Hermitte, ny autre pour luy. » Il ajoute « que d'ailleurs la dame de l'Hermitte a aussy esté veue dans Paris très mal logée et très mal équipée et si pauvre que des personnes charitables la seroient allée visiter et lui auroient laissé de l'argent par aumosne à son chevet. » En un mot ce mémoire établit comme un fait « notoire » la pauvreté de la famille l'Hermite.

Rien d'étonnant après cela que Marie Courtin de la Dehors ait conseillé à sa fille d'invoquer la nullité de son mariage, pour lui faire contracter une union plus profitable et la tirer de la misère, elle et tous les l'Hermite. Elle avait vu Madeleine Béjart rêver, pour elle ou pour Armande, le titre de comtesse de Modène. Elle avait vu que Molière avait pris femme, il y avait bien peu de temps encore, dans la seule famille où il ne devait pas la choisir. Pourquoi, d'après cet exemple, ne reprendrait-elle pas pour son compte, des projets aussi ambitieux et d'apparence aussi irréalisable? Ancienne maîtresse elle-même du baron de Modène, ne pourrait-elle pas parvenir à marier sa fille à son ancien amant? Pourquoi en sa qualité de mère fort peu scrupuleuse, ne pas exciter chez Magdelon des scrupules qui paraissent avoir été lents à s'éveiller chez elle? Une fois sa fille démariée et devenue libre, cette union avec le baron, ne serait pas impossible. Marie Courtin avait passé par le théâtre ; actrice entre temps, et mère d'actrice, elle avait sans doute le goût des intrigues. Les obstacles ne l'effrayaient pas quand il s'agissait d'arriver à ses fins et de faire de sa fille l'épouse d'un baron, voire même d'un comte. Voilà par quel piquant concours de circonstances, grâce à la rouerie maternelle pour ne pas dire de la sienne, Madeleine de l'Hermite, redevenue jeune fille comme avant son mariage d'Avignon, allait pouvoir aspirer à mettre sur son front une couronne de comtesse, et à s'installer bientôt dans le Comtat, comme femme légitime de M. de Modène.

Un voyage du comte à Paris allait lui permettre de ne pas tarder à voir son rêve se réaliser.

Avant de montrer Marie Courtin de la Dehors, l'ancienne maîtresse de M. de Modène, ainsi arrivée à satisfaire enfin ses ambitieuses visées, il nous reste à ne pas négliger son mari, autant qu'elle devait le faire elle-même. Voyons quels furent les derniers produits du métier de généalogiste, que l'Hermite de Souliers continua à exploiter jusqu'à sa mort.

Installé à Paris, l'Hermite avait recommencé à opérer ses fabrications de généalogies et à chercher à vivre au moyen de ses dédicaces (1).

Dès 1661, on voit paraître divers ouvrages de lui, sans parler de sa nouvelle édition ou plutôt de son nouveau frontispice de la *Toscane françoise*. L'un est le *Cabinet du roi Louis XI*, Paris, Gabriel Quinet, 1661, in-12. L'auteur, « L'Hermite de Souliers, dit Tristan », céda au libraire Quinet, le privilège qui lui avait été accordé le 22 janvier. L'impression fut terminée le 15 avril. Ce livre était composé d'après un manuscrit interpolé de la *Chronique scandaleuse*, que l'Hermite ne citait même pas, disant la substance de son ouvrage « recueillie de divers archives et trésors ». Il était dédié à M. de Guénégaud, dont l'auteur faisait l'éloge sans le connaître, disait-il, espérant trouver en lui la générosité d'un autre Montauron (2). Etaient-ce ses recherches sur le fameux prévôt de Louis XI, auquel il avait emprunté sa devise *Prier vaut à l'hermite*, qui lui avaient fait rencontrer ce manuscrit, relatif à l'histoire du fils de Charles VII et surtout à Antoine de Chabannes comte de Dammartin, grand maître de la maison du roi (3) ?

Le second ouvrage vise de plus illustres patrons dont l'auteur attendait sans doute plus encore que de M. de Guénégaud. C'est le *Discours historique et généalogique sur l'illustre et ancienne maison de Mancini*, Paris, 1661, in-4º, par J.-B. l'Hermite de Soliers, dit Tristan. Ce n'est pas une de ses œuvres les moins rares, car je n'ai pas eu l'occasion de la rencontrer, même à la Bibliothèque Mazarine, où sa place était naturellement indiquée.

---

(1) V. aussi Paul Lacroix, *La Jeunesse de Molière*, p. 118.

(2) Messire Henri de Guénégaud, marquis de Plancy, fut enveloppé dans la disgrâce du surintendant Fouquet, peu de temps après cette dédicace.

(3) Voir Quicherat, *Bibliothèque de l'école des chartes*, t. XVI, p. 231 et suiv : « Un manuscrit interpolé de la chronique scandaleuse. »

A la même époque, paraît la *France espagnole*, sortie de l'imprimerie de Jacques le Gentil, rue des Noyers, avec privilège du roi. C'est un grand tableau in-f° plano, représentant d'abord les blasons gravés, puis les noms et qualités de trente-six familles françaises, originaires d'Espagne « et qui ont été en France ». La dédicace signée « le chevalier l'Hermite de Souliers » permet de dater cette pièce excessivement rare et presqu'unique. Guigard, la dit faite vers 1660 (1). Elle est postérieure à la naissance du Dauphin, né le 1er novembre 1661, ainsi qu'on va le voir par la dédicace « à très illustre et très excellent seigneur don Gaspard de Terves et de Gusman, marquis de la Fuente, ... ambassadeur extraordinaire du roy catholique en la cour de France », dédicace dont je reproduis les principaux passages.

« Monseigneur, nous avons assez long-temps sacrifié au jaloux démon de la guerre. Nous en avons assez enfumé les autels de ce fantosme. Enfin, le Ciel vient de nous faire connoistre que ses décrets sont comuables et, par la quinzième alliance formée entre les couronnes de nos monarques, que l'union de ces deux empires n'est pas moins nécessaire au repos de la chrestienté que la concorde des élémens sert à la conservation de la nature. Nos affections qui sembloient estre ensevelies dans le tombeau de l'incomparable Isabelle se réveillent aujourd'hui, se reproduisant en la personne de sa fille nostre Reine, le fruit des vœux publics, l'ange de la paix et *la mère de nostre Dauphin*. C'est, Mgr, par l'amoureuse chaisne de ce nouveau Mariage, que la France devient espagnole et que les terres d'Hybérie vous promettent encore des héros tels que furent les princes de la Cerda.....

« C'est avec autant de justice que je luy présente les peintures parlantes des plus braves de nos deux nations qui se sont autrefois dévouez pour cette mutuelle conservation des

---

(1) V. *Bibliothèque héraldique de la France,* n° 3257.

plus florissants royaumes de l'univers. *L'exemple de mes Ayeuls* me fait entrer dans cet intérest avec plus de zèle et m'oblige de publier avec cette vérité que je suis de vostre excellence, le très-humble serviteur, etc... »

Continuant d'exploiter le même filon, Tristan faisait bientôt pour Naples ce qu'il avait fait pour la Toscane et la Ligurie, afin de compléter l'historique des familles d'origine italienne, ou soi-disant telles, naturalisées françaises (1).

En 1663, paraissait, à Paris, chez Sébastien Martin, en un volume, petit in-4º, *Naples Francoise*, par messire J.-B. l'Hermite dit Tristan, chevalier, seigneur de Soliers et l'un des gentilshommes de la maison du roy. Le privilège est dit avoir été accordé le 8 mai 1656, pour les *Estrangers François*. C'est probablement le titre général sous lequel l'Hermite englobait toutes les publications du même genre qu'il se proposait d'entreprendre. Ce volume, qu'il dit devoir être le premier de cette série, fut achevé d'imprimer le 20 juillet 1663. Il était dédié « à Mgr le comte de S'Aignan », le protecteur de feu François Tristan l'Hermite. Il est consacré à l'éloge des familles françoises qui avaient suivi à Naples les princes de la maison d'Anjou. Parmi elles, l'auteur n'oublie pas celle des Scudéry, et a soin de faire grand éloge de son fameux confrère en poésie, Georges Scudéry, l'auteur d'*Alaric* (2).

Charles-René d'Hozier n'a pas plus ménagé ses critiques à cet ouvrage de l'Hermite, qu'à ses précédentes œuvres généalogiques. On lit sur son exemplaire aujourd'hui à la Bibliothèque nationale : « On accorde des privilèges pour

(1) En 1662, il avait fait imprimer à nouveau un extrait de sa *Toscane françoise*. Voir *Discours généalogique de la maison Del Bene, tiré du livre des illustres maisons de Florence, intitulé la Toscane françoise, fait depuis peu*, par J.-B. Tristan l'Hermite, gentilhomme ordinaire de la chambre du roi, Paris, in-4º, 1662, avec privilège.

(2) Voir *Naples françoise*, in-4º. p. 378, 385 etc. On eut pu sans peine y trouver la date du mariage de Scudéry, que Tristan (p. 387) rapporte au 14 juin 1654.

l'impression d'aussi indignes ouvrages ! Il faloit punir l'autheur et en faire de même de tous ceux qui font des livres de cette espèce, où l'on ramasse tout ce que le mensonge, l'absurdité, l'extravagance, l'ignorance et la misère, font imaginer à des hommes corrompus et fripons à l'excès (1) ».

L'appréciation était sévère, mais juste. L'ouvrage, d'ailleurs, se vendit sans doute fort difficilement ; car l'année suivante il reparaissait, avec un autre titre, chez un autre libraire. L'*Italie Françoise*, Paris, Hénault, 1664, in-4º, sans privilège, n'est autre chose que le précédent ouvrage. La pagination est absolument la même; le titre seul est modifié. C'est encore là un tour de l'Hermite, un vrai tour de page, comme celui de la linotte, commis par le jeune Tristan, à la cour de Gaston ; mais l'auteur ne pouvait pas, comme son frère, invoquer sa jeunesse pour s'excuser.

C'est à la même époque que se place la composition d'un autre ouvrage de l'Hermite, encore moins connu que les précédents (2) : « *L'entrée solennelle en la ville de Lyon de Mgr l'éminentissime cardinal Flavio Chigi*, neveu de sa Sainteté et son légat *a latere* en France, avec les noms, qualités et blasons des prélats, seigneurs et gentils-hommes de sa suite, pareillement les noms, qualités, blasons et harangues des personnes qui composent le corps de la ville de Lyon, selon l'ordre qu'ils ont tenu dans la prononciation des harangues qu'ils ont faites à cette Eminence, par J.-B. l'Hermite de Soliers, dit Tristan, Lyon, Alexandre Fumeux, rue Mercière, 1664, in-fº, 122 ff, sans chiffre ni réclame, comprenant 322 blasons, imprimé au recto seulement ».

C'est à peine si quelque historien de Lyon a su que cet ouvrage était de l'Hermite de Souliers. Tous l'ont cité sans nom d'auteur, ou l'ont attribué au père Menestrier, le savant

---

(1) Voir Guigard, *Bibliothèque héraldique*, nº 3260.
(2) Guigard *Bibliothèque héraldique de la France*, nº 2715, le dit « singuiler et rare ».

jésuite Lyonnais. On en trouve un long extrait reproduit dans *les Relations des entrées solennelles dans la ville de Lyon*,.... Lyon, de La Roche, 1752, in-4°, pp. 233-248, sous le titre de Réception solennelle dans la ville de Lyon, de Mgr l'ém. cardinal, F. Chigi, tiré du livre imprimé à Lyon, 1664, in-f°, chez Alexandre Fumeux (1). Péricaud, *Notes et documents pour servir à l'histoire de Lyon, sous Louis XIV*, deuxième partie, p. 25 et suiv. lui a fait de nombreux emprunts, sans citer davantage son auteur : « Au verso du titre, dit-il, est le portrait de Mgr Chigi au bas duquel est son anagramme, *I, fide Gallis charus tuis salus unica*, suivi de huit vers élégiaques. Ce livre, dont l'auteur est resté inconnu, est dédié par le libraire au prélat... ; les blasons dont il est enrichi ont été gravés par Claudine Brunand (2) ».

La même année paraissait à Lyon, chez A. Julliéron, 1664, in-f°, un autre récit de la même entrée, dû à la plume du Père Claude Menestrier, si expert en matière d'entrées royales, et qui dirigea à Lyon celles de 1658, et de 1667. Montfalcon, *Histoire de la ville de Lyon*, 1847, t. II, p. 775, s'est trompé en attribuant au célèbre jésuite l'*Entrée* parue chez Alexandre Fumeux ; mais il se plaît à remarquer que l'auteur y célèbre l'éloge du paysage, du climat, des jésuites, de la piété des habitants, qu'il fait connaitre les blasons, noms et qualités des prélats, seigneurs, gentilshommes de la suite, échevins, chanoines, comtes de Saint-Jean, officiers de la ville, conseillers au présidial et bourgeois notables ». C'est, du reste, la nombreuse nomenclature de noms qu'on

(1) C'est à tort que dans cet ouvrage, l'entrée du cardinal Chigi est rapportée au *3 juillet* 1664.

(2) Quatre ans plus tard, en 1668, Claudine Brunand fit paraître l'*Armorial véritable de la noblesse pour les pays de Lyonnois, Forez et Beaujolois*, avec une épitre dédicatoire au consulat. Péricaud (ibidem, p. 64) se demande quel est l'auteur qui a composé ce livre sous le nom de Claudine. Ne serait-ce pas L'Hermite de Souliers ? Voir encore le P. Menestrier, *Divers caractères*, p. 277.

trouve dans ce livre qui en fait aujourd'hui l'intérêt, plutôt que les longues harangues qu'on y rencontre.

Que l'auteur des *Forces de Lyon,* à qui cette ville était bien familière depuis longtemps, ait fait paraître un nouvel ouvrage d'histoire Lyonnaise, il n'y a pas lieu, tout d'abord, de s'en étonner. Mais, cependant, comment Tristan l'Hermite, dans l'état de gêne où il vivait, a-t-il pu effectuer à ses dépens, le voyage de Paris à Lyon, pour assister en témoin le *31 mai* 1664, à cette solennelle entrée, qu'il décrit *de visu,* le fait est certain. On sait ce qui amenait à Lyon le légat, Mgr Flavio Chigi, neveu du Saint-Père, envoyé à Paris par le Pape, pour donner satisfaction au roi, de l'insulte faite à l'ambassadeur de France à Rome, en 1662. L'Hermite avait pu le connaître, alors qu'il était légat *à latere* à Avignon; mais le désir de se rapprocher du prélat n'est peut-être pas suffisant pour expliquer son séjour à Lyon. Aussi, suis-je tenté de donner une autre explication de sa présence.

Le duc de Guise, comme on le verra bientôt plus au long, était tombé malade à Paris, le *21 mai.* Il ne voulut pas s'en aller de ce monde, sans avoir pardonné à M. de Modène, ou plutôt sans avoir reconnu ses torts envers lui. L'Hermite était le frère de Tristan, le *poète domestique* de M. de Guise. Il était le protégé du comte de St-Aignan, l'ami le plus intime du duc. N'est-il pas judicieux de penser que l'Hermite fut dépêché vers M. de Modène, pour le tirer du Comtat et le faire venir à Paris, auprès du lit de son ancien patron, et que précisément, dans ce voyage, il se trouva à Lyon *le 31 mai,* jour de l'entrée du Cardinal, qu'il s'empressa de raconter, dans la pensée de tirer un bon parti de cette actualité et de cette rencontre opportune? J'aime mieux croire à cette présence fortuite de sa part, que penser qu'on lui ait fait l'honneur de le choisir pour accompagner M. de Montausier, envoyé au devant du Cardinal (1).

(1) Sur le voyage du cardinal en France et son séjour à Paris, voir *La*

L'année suivante, le chevalier de l'Hermite de Souliers, dont l'imagination était plus féconde que jamais, reprenait son métier de généalogiste quémandeur. Il publiait l'*Histoire généalogique de la maison de Souvré*, Paris, 1665, in-4º, 22 pages, imprimée chez Jacques Langlois fils, rue d'Ecosse aux trois Cramillières. Les Souvré dont il est question, d'ailleurs, dans le *Page disgrâcié*, lui avaient sans doute ouvert leurs archives. Sans m'arrêter plus longtemps sur cette maison, dont l'auteur, pour se mettre plus à l'aise, dit les titres pillés, je me contenterai de signaler, à titre d'intérêt historique, que l'Hermite célèbre les bienfaits des Souvré envers le Chapitre et l'église cathédrale du Mans, (p. 5), ainsi qu'envers l'abbaye de Saint-Vincent de la même ville. Fut-ce cet ouvrage qui lui donna l'idée de tirer parti des généalogies des familles nobles de la Touraine ? C'est fort probable ; car il allait bientôt faire paraître, chez le même libraire, l'histoire généalogique de la noblesse de cette province.

Cela ne l'empêchait pas de continuer la série de ses anciens ouvrages. Au commencement de 1667 paraissaient *Les Corses françois*, par M. le chevalier de l'Hermite-Souliers, gentilhomme ordinaire de la chambre du roi, Paris, Langlois, in-12, de 203 pages, 1667, avec privilège. Ce privilège, accordé pour « *Les Estrangers françois*, contenant les éloges des plus illustres personnages sortis d'Italie, Allemagne, lesquels ont été affectionnés à cette couronne », est dit enregistré le 21 octobre 1663, et cédé à Jacques Langlois, imprimeur libraire. L'achevé d'imprimer est du 8 janvier 1667. *Les Corses françois* sont dédiés à « haut et puissant seigneur messire Henry-Louis d'Alougny, marquis

---

Muse historique de Loret, t. IV, 176, 204, 208, 212, 219, 229, 231, 268. On sait que c'est devant lui, pendant les fêtes célébrées par la cour en son honneur, que la troupe de Molière joua le 30 juillet 1664 à Fontainebleau *La Princesse d'Élide*, et que c'est alors aussi que Molière donna en sa présence lecture de *Tartuffe*.

de Rochefort, premier baron d'Anjou ». L'histoire de la maison d'Ornano y tient la plus large place, et celle d'Alphonse d'Ornano occupe les deux premiers chapitres. C'est à propos de la captivité du Maréchal, que M. de l'Hermite parle avec éloge de François de Rémond, le père de son gendre, M. de Modène (pp. 141 et 155). Cette partie de son livre était sans doute imprimée avant la célébration du mariage de Madeleine de l'Hermite avec M. de Modène, sans quoi il n'eut pas manqué de se prévaloir de cette alliance, comme il allait le faire dans un dernier ouvrage.

Ce dernier ouvrage, c'est l'*Histoire généalogique de la noblesse de Touraine*, in-f°, Paris, Jacques Langlois, par le chevalier de l'Hermite de Souliers.

Ce bel in-folio de 451 pages (1), qui est accompagné d'une carte gravée, de cette province, s'il est un des ouvrages les plus volumineux qu'ait composés le chevalier de l'Hermite-Souliers, n'en a pas pour cela une plus grande autorité. Ses généalogies de complaisance jouissent auprès des véritables érudits d'une mauvaise réputation bien méritée. On a vu le cas que Charles-René d'Hozier et Jean le Laboureur faisaient de ce livre. Guigard ne le tient pas en meilleur estime : « On a reproché, avec raison, à l'auteur, dit-il, d'y avoir fait de fausses citations et d'avoir produit des titres dénués de ce caractère d'authenticité qu'on exige des travaux de ce cette nature ».

L'auteur le dédia à François de Beauvilliers, duc de Saint-Aignan, son patron de prédilection et celui de son frère. « Nostre famille, lui dit-il, fait son bouclier de l'honneur de votre protection. Après la mort de mon frère, vous daignez encore, par une enchaisnure continuelle de vos faveurs, m'attacher au nombre de vos créatures ». Aussi, protestait-il de son entier dévouement envers ce noble Mécène. Bien

---

(1) A la page 389 se termine la première partie, puis viennent les additions.

que portant la date de 1665, l'*Histoire généalogique de la noblesse de Touraine* n'en parut pas moins que deux ans plus tard. Le privilège est bien du dernier septembre 1665, mais l'achevé d'imprimer est daté du 27 juillet 1667.

L'auteur annonçait qu'elle aurait une suite. Il se borna deux ans plus tard à faire une nouvelle édition plus ample de son livre, sous le titre d'*Inventaire de l'histoire généalogique de la noblesse de Touraine*, par M. le C. D. L. S. (le chevalier de l'Hermite Souliers), gentilhomme ordinaire de la chambre du roi, Paris, chez la veufve Alliot et Gilles Alliot, 1669, in-f° (1). La dédicace, la carte de Touraine et le privilège sont les mêmes que dans l'*Histoire généalogique*; mais l'ouvrage a plus de développement, c'est-à-dire cent pages de plus. Il est suivi, comme l'*Histoire*, d'additions; on lit à sa dernière page (p. 553), « *fin de la première partie* », ce qui indique que dans la pensée de l'auteur, la suite annoncée déjà deux ans auparavant était destinée à voir le jour, si d'autres vanités de Touraine consentaient à se laisser exploiter par lui. Il indique, du reste, son mode de composition, tout en protestant impudemment de son amour pour la vérité : « J'ai dressé ces généalogies, dit-il dans son avant-propos, sur les originaux qui m'ont esté communiquez *durant mon séjour dans la dite province*....... J'ai fait imprimer les généalogies des additions, selon les temps que je les ay receues..., je n'ai eu pour objet que de faire ecclatter la vérité dans cet ouvrage au-dessus de toutes les parties de l'histoire ».

Quelques-uns des mémoires généalogiques qu'il attendait pour la composition de la suite de son livre lui furent cependant fournis. Car l'abbé de Marolles écrivait dans ses *Mémoires* à propos du poète Tristan : « Son frère qui *s'appliquoit* à écrire des généalogies, n'y a pas oublié celle de ma

---

(1) Le Père Lelong la dit à la fois « plus ample et plus estimée. »

famille pour son *Histoire de Touraine* ; mais la seconde partie où elle est, n'a pas été imprimée (1).

L'Hermite avait eu surtout soin de ne pas s'oublier lui-même. Au lieu de parler des familles dont les ancêtres sont énumérés dans son *Inventaire,* je me bornerai à parler de la part qu'il s'est faite, à lui et à sa famille, dans cette œuvre qui est, à vrai dire, le couronnement de sa vanité (2).

Au début de son livre, dès sa première édition, il avait inséré la généalogie de la famille Alamand (3). Catherine Alamand, femme de François de Rémond, baron de Modène, était la mère du comte de Modène. A ce propos, il avait fait un pompeux éloge de la mission de François en Italie et des exploits d'Esprit de Rémond, lors de l'expédition de Naples, éloge que je n'ai pas besoin de citer ici, puisque je l'ai déjà mentionné (4).

Au moment où ces lignes avaient été imprimées, Madeleine de l'Hermite n'était pas encore comtesse de Modène. Il en était autrement lors de l'impression des nouvelles additions qui vinrent augmenter la seconde édition de son livre. Il eut soin, à l'article de la famille de Chasteau-Chaalon (*Additions*, p. 510), de rattacher à cette maison « sa mère Elizabeth Miron, femme de Pierre l'Hermite, chevalier, seigneur de Souliers, gouverneur du fort de la Chapelle Taille-Fer, d'où Tristan, chevalier, seigneur de Souliers.... et Jean-Baptiste l'Hermite chevalier, gentilhomme servant du Roy, dit chevalier de l'Hermitte, autheur de ce présent ouvrage, lequel de son mariage avec Marie Courtin de la

---

(1) *Mémoires de l'abbé de Marolles,* édition de 1755, in-12, t. III, p. 370.

(2) Je rappellerai seulement les noms des Courtin p. 435 et celui de la marquise de Guépéan (p. 28), dont on a déjà vu le nom dans sa *Noblesse du Dauphiné.*

(3) V. *Histoire généalogique de la noblesse de Touraine,* pp. 21 à 28 ; à la table cette famille est désignée sous le nom d'Alleman.

(4) On trouve également p. 28, des renseignements sur les alliances de Charles et de Marie de Rémond, frère et sœur du comte de Modène.

Dehors, a une fille unique, Magdelaine de l'Hermitte de Souliers, femme de Messire Esprit de Raymond, comte de Modène, cy-devant chambellan de feu Mgr le duc d'Orléans et depuis mestre de camp général de la ville et du royaume de Naples sous l'autorité de la République (1) ».

Cette alliance avec les parents du duc de Luynes ne le dispensait pas de songer à ses nobles aïeux. Les l'Hermite et le prévôt de Louis XI ne sont pas oubliés dans les généalogies de Touraine ; mais la plume n'est pas seule appelée à les glorifier. C'est le burin surtout qu'il appelle à son aide; les gravures de l'*Inventaire* ont pour but de célébrer lui et ses nobles aïeux (2).

On voit d'abord s'étaler son portrait in-f[o] gravé par Antoine Sanson en 1667, d'après son portrait peint par Christ. Hubersen en 1659 (3). Là le chevalier de l'Hermite est représenté et pose en vrai gentilhomme. Il a pris la longue perruque à la Louis XIV, qui sent sa noblesse de vieille race et provoque au respect. La physionomie de son visage encore jeune respire la douceur plus que la franchise. La lèvre est surmontée d'une petite moustache. Le riche costume n'est plus celui du temps de Louis XIII, mais bien celui de l'année même de la représentation des *Précieuses*. L'Hermite n'y semble pas à l'aise ; il a l'air emmitouflé comme le vicomte de Jodelet et le marquis de Mascarille dans les habits de leurs maîtres. Malgré cela le baron de Modène pourra ne pas rougir de son beau-père..... en peinture et le placer dans sa galerie d'ancêtres. Mais ce qui est plus curieux que la figure même du chevalier, ce sont

---

(1) V. *Inventaire de l'histoire généalogique de la noblesse de Touraine*, p. 511.

(2) V. pp. 41, 56, 58, 60.

(3) L'épreuve que j'ai sous les yeux porte *Christ. Hubersen pinxit 1659*, Ant. Sanson, sculp. 1667. Le Père Lelong indique *Chr. Emberson pinxit 1664*, comme le répète Paul Lacroix, *Iconographie moliéresque*, 2me édition, 1876, p. 104.

les ornements, devises et armes placés aux quatre coins de ce portrait en médaillon et qui ne sont autre chose qu'une sanctification et une exaltation des aïeux paternels et maternels des l'Hermite par l'auteur pontifiant.

Cela est indiqué tout de suite par l'épigraphe : *Deus est in utroque parente*. Le côté gauche est consacré aux ancêtres du père du sieur de Souliers. En haut, la scène gravée dans un cartouche représente l'entrée des croisés dans la ville sainte, indiquée par cette inscription : *Hierusalem* ; elle est surmontée de l'éternelle devise : *Prier vaut à l'hermite*. En bas, sont les armes des l'Hermite-Souliers surmontées d'une couronne. La partie gauche est réservée à la famille maternelle de l'auteur, aux Miron. Au-dessus de la scène gravée en haut on lit : *Levanta te que Dios te ha perdonado*. Elle représente une femme, derrière laquelle on voit des soldats, disant à un homme nu à genoux à ses pieds les paroles que je viens de rappeler. Au-dessous : *Miranda Mironis*, En bas les armes de Miron et ces mots : *Miron Barcelone*. Ce n'est pas tout encore. Au centre, au haut du médaillon, s'étend une Renommée ailée tenant deux trompettes, et au bas se trouve une inscription formée des quatre vers qui décoraient déjà le portrait in-4º gravé par Patigny (1) :

Cet hermite en suivant le vol de ses ayeux
Se seroit signalé dans une sainte guerre.
Mais comme la vertu le porte vers les cieux
Toujours un mauvais *sor* le retient sur la terre.

Autour du médaillon se développe la légende : *I. Baptiste Lhermite de Souliers chevalier, seigneur de Souliers*.

Combien je préfère à ce portrait si prétentieux, celui bien

(1) J'ai déjà indiqué que je n'avais pas trouvé au Cabinet des Estampes le troisième portrait de l'Hermite de Souliers indiqué dans le Père Lelong, gravé par C. Randon, in-8º.

plus vrai et plus sincère de François Tristan, gravé en 1648 par Daret, d'après du Guernier, et également encadré dans un médaillon. Là du moins nous n'avons pas affaire à un poseur. On y lit simplement à la suite de son nom : *gentilhomme de la Marche*. A travers le poète, perce même l'allure du bohème, mais la physionomie s'adapte bien à ces vers gravés au bas du portrait :

> Elevé dans la Cour dès ma tendre jeunesse,
> J'aborday la fortune et n'en eus jamais rien.
> Car j'aimay la vertu cette ingrate maitresse
> Qui fait chercher la gloire et mépriser le bien.

Jean-Baptiste l'Hermite, quoi qu'il en ait dit, ne poursuivait pas le même but, et la différence du caractère des deux frères éclate dans leurs physionomies.

A cet étalage de ses titres généalogiques, inscrits dans son livre à côté de ceux des gentilshommes de Touraine, il joignit la pièce plus étonnante encore, mais moins publique et plus intime des VIII quartiers paternels et maternels de sa noblesse, qui se trouve au Cabinet des titres, et où sont gravés les armes et les noms de la longue suite des l'Hermite et des Miron, dont il prétendait descendre en se déclarant issu des anciens comtes de Clermont d'Auvergne (1). Il pouvait désormais dire : *Exegi monumentum*. Il avait étalé aux yeux de la postérité, la gloire de sa famille. Il ne lui restait plus qu'à mourir. La seconde édition de l'*Histoire généalogique de la noblesse de Touraine*, de 1669, est le dernier livre qui soit sorti de sa plume aussi féconde que vénale.

(1) Voir sur la famille de l'Hermite *Bulletin de la Société Dunoise*, janvier 1886, p. 139-145, note sur la famille chartraine des l'Hermite, par M. Jules Doinel, qui cite l'opinion de M. Riant sur la famille de Pierre l'Hermite, originaire du centre de la France et possessionnée à la fois vers 1100 en Picardie et en Auvergne.

Ce fut sans doute la mort qui vint mettre un terme à son exploitation de la vanité d'autrui et au métier dont il tirait une maigre pitance depuis près de vingt-cinq ans. Paul Lacroix (1) l'a supposé mort vers 1670, et n'a pas dû beaucoup se tromper. On sait d'une façon certaine qu'il n'existait plus lors du décès de son gendre, à la fin de 1673.

Avant sa mort, son orgueil avait été amplement satisfait : sa fille Madeleine, l'ancienne petite cabotine, la Magdelon de l'*Andromède*, la femme démariée de Le Fuzelier, avait épousé, dès la fin de 1666, Esprit de Rémond et était devenue comtesse de Modène. Ce fut-là pour lui un succès plus beau et plus profitable que celui de ses livres de généalogies, et le couronnement le plus singulier et le plus inattendu de sa longue vie d'aventures et d'aventurier.

Comment M. de Modène en était-il arrivé à épouser la fille de son ancien poète *domestique* et de son ancienne maîtresse, lui qui s'était uni naguères à la célèbre famille des la Baume de Suze ? C'est ce qui me reste maintenant à raconter.

§ XIX.

Les premières poésies de M. de Modène

Depuis que les l'Hermite étaient retournés à Paris où les avait précédés Madeleine Béjart (2), M. de Modène était resté dans le Comtat. Il y avait bien des années qu'il n'avait pas mis les pieds à Paris, depuis son court séjour à la veille de partir pour l'Italie. La présence dans cette ville du duc de Guise et même aussi de Gaston d'Orléans, qui mourut le premier, le 2 février 1660 à Blois, l'empêchait toujours d'y

---

(1) *Iconographie Moliéresque*, 2ᵉ édition, p. 104.

(2) On trouve cependant Marie Courtin de retour à Paris dès le 26 août 1659. On l'y voit figurer à cette date avec les comédiens et les comédiennes de la Troupe de Molière, et entre autres avec Molière, Madeleine Béjart et Marie Hervé, comme témoin du contrat de mariage de son voisin Jean-Louis Citoys, demeurant rue des Fossés-Saint-Germain-

faire sa rentrée (1). L'ancien chambellan de Gaston, et de M. de Guise, l'ancien combattant de La Marfée, l'ancien conquérant d'Averse avait fait peau neuve. Le courtisan et l'homme de guerre avaient disparu. Il n'y avait plus à Modène qu'un homme de lettres, en laissant pour un instant de côté le don Juan; non-seulement il préparait son apologie, l'*Histoire des Révolutions de Naples*, ouvrage de longue haleine, très travaillé et écrit longtemps avant sa publication, mais il occupait ses longs loisirs forcés à cultiver la Muse.

Esprit de Rémond avait toujours eu du goût pour la poésie, ainsi que le prouvent les termes de la dédicace de la *Chute de Phaéton* que lui adressait, dès 1639, son familier Jean-Baptiste L'Hermite, et le témoignage plus probant de l'abbé Arnauld, qui dans ses Mémoires parle de lui à propos de leur commun séjour à Rome, en 1647. Après avoir dit qu'il « étoit homme de mérite assurément s'il n'eut point corrompu par ses débauches les belles qualités de son esprit », il ajoute : « Il faisoit d'aussi beaux vers qu'homme de France et il me montra un jour quelque chose d'une ode où il faisait voir la différence de l'ancienne Rome avec la moderne. Cette ode méritoit bien selon moi l'estime pu-

l'Auxerrois avec Anne Gobert, veuve de Pierre Quéneaux, mercier. Cette Anne Gobert est sans aucun doute celle qui avait figuré avec les l'Hermite dans le procès intenté au duc de Guise, lors de la conspiration de Sedan et dont j'ai cité le nom parmi les prisonniers qui se trouvaient avec eux à la Bastille. Sur les témoins de ce contrat passé dans la maison de la future épouse, voir le *Moliériste*, VIII, p. 136 et 174. La présence de Marie Courtin de la Dehors au milieu de tous les Béjart montre bien les liens intimes qui continuaient d'exister entre elle et la troupe à laquelle elle avait un instant appartenu.

(1) Il dit lui-même dans l'*Avis au lecteur* en tête des *Révolutions de Naples*, que les fautes de son livre qui choquent l'usage et la pureté du langage « partent d'un homme qui a séjourné et vécu quinze ans à Naples ou à Rome ou dans le Comtat d'Avignon ». V. *Mémoires de M. de Modène*, I, p. 5.

blique ; on en jugera par cette stance qui m'est demeurée imprimée dans la mémoire :

> « Rome n'a plus cette beauté
> Qui charma César et Pompée
> Et qui leur fit tirer l'épée
> Pour captiver sa liberté.
> Elle n'a plus cette fortune
> Qu'elle avoit au temps que Neptune
> A son Tibre faisoit la cour,
> Et que cette reine féconde,
> En mettant mille enfans au jour,
> Donnoit mille maîtres au monde (1) ».

Il est regrettable qu'à l'exemple de l'abbé Arnauld d'autres contemporains n'aient pas pris la peine de recueillir quelques miettes des autres œuvres de M. de Modène. Bordelon dans ses *Diversités curieuses pour servir de récréation à l'esprit* (7 vol. in-12, 1699), et Mme Dunoyer, *Lettres historiques et galantes*, t. III, 1723, in-12, ont tous deux rapporté le fameux sonnet sur la mort du Christ, dont nous parlerons bientôt plus en détail et qui est la perle de l'écrin poétique de l'auteur de l'*Histoire des Révolutions de Naples*. A part cela, il faut attendre plus d'un siècle et demi après sa mort, c'est-à-dire jusqu'à la publication du *Supplément aux éditions des œuvres de Molière*, par Fortia d'Urban, en 1825, pour trouver imprimées d'autres poésies de M. de Modène que celles qui virent le jour de son vivant.

On savait bien toutefois qu'il en avait composé. Pithon-Curt, l'historien de la noblesse du comtat Venaissin, dit en 1750, qu'outre son *Histoire des Révolutions de Naples* il était l'auteur d'un ouvrage burlesque en vers provençaux

---

(1) *Mémoires de l'abbé Arnauld*, collection Petitot, 2e série, t. XXXIV, p. 259,

sur les mœurs de son pays, imprimé à Paris, et d'autres œuvres manuscrites en vers : une paraphrase du Psaume cinquante, (le *Miserere*), une autre paraphrase en prose du second chapitre du livre troisième des Rois, *Salomon* ou *le Pacifique*, des prières en vers pour la messe, enfin des odes et des sonnets (1).

Ces dires de Pithon Curt, qui ne prend pas le souci d'indiquer les vers imprimés de M. de Modène, et en mentionne d'autres comme sortis des presses, bien qu'ils soient peut-être restés manuscrits, ont été littéralement répétés par tous les historiens du baron, sans être soumis par eux au plus léger contrôle (2). Ceux-là même qui, dans ces derniers temps ont réveillé ou surfait même la renommée poétique de M. de Modène, comme M. Arsène Houssaye, en hésitant sur l'attribution de telle ou telle pièce anonyme soit à lui, soit à Molière, ne se sont guère préoccupés de retrouver les titres réels pouvant valoir au baron son droit de cité parmi les poètes du XVIIe siècle.

Seul Fortia d'Urban, en 1825, nous a donné un échantillon du talent poétique du gentilhomme comtadin (3) En entrouvrant ses manuscrits, il a malheureusement oublié de nous dire d'où provenaient les vers qu'il citait, quelle était leur authenticité, ce qu'étaient devenues les pièces mentionnées par Pithon Curt, et si les poésies qu'il mettait au jour étaient les seules qui eussent subsisté jusqu'à la fin du premier quart de ce siècle. En somme les pièces qu'a publiées le

(1) Voir Pithon-Curt, *Histoire de la noblesse du Comtat Venaissin*, t. III, p. 21.

(2) Voir Barjavel, *Dictionnaire du département de Vaucluse*, 1841, t. II, p. 290, les Bibliographies Michaud et Didot, etc., etc. — Je rappellerai aussi que tous les historiens lui ont attribué à tort, ainsi que je l'ai dit, les mémoires écrits par son père sur une partie du règne de Louis XIII, et qu'a utilisés le président de Gramond, auquel le manuscrit fut sans doute communiqué par Esprit de Rémond.

(3) Voir dans le *Supplément aux éditions des œuvres de Molière* les poésies du comte de Modène, pp. 91-105.

premier le marquis de Fortia se réduisent à peu de chose. La plus importante est le petit poème satyrique sur le pays d'*Adioussias* (p. 91-101) ; les autres ne sont que des broutilles, un sonnet sur le tabac, une épitre à Inisul de douze vers sur une seule rime en *if*, une autre « à une jeune personne » qui allait se faire religieuse (1). Le magnifique sonnet sur la mort du Christ n'est, ainsi qu'il le dit lui-même (p. 104), qu'un emprunt fait par lui aux *Lettres* de Mme Dunoyer, une habitante d'Avignon elle aussi, et n'était nullement inédit. Bien que le marquis ne nous ait rien révélé sur l'origine et le lieu de dépôt des manuscrits d'où il tirait les œuvres qu'il attribue à Esprit de Rémond, et sur les motifs de cette attribution, je ne crois pas qu'il y ait de doutes à avoir sur l'authenticité de ces poésies. Les bonnes relations qu'il avait avec les représentants de la famille de Modène, ses compatriotes, qui lui ont communiqué à lui et à M. de la Porte plus d'un document relatif au baron, donnent à croire que c'est à leurs archives qu'il emprunta également les vers qu'il crut devoir rappeler à la lumière.

La pièce sur les mœurs du pays comtadin n'est pas en vers provençaux, ainsi que l'indiquait Pithon Curt. C'est bien cependant celle à laquelle il faisait allusion. Mis en erreur sans doute par le titre *le Pays d'Adioussias*, il l'aura crue composée en langue provençale ; l'erreur se comprend facilement. S'est-il également trompé en la disant imprimée à Paris ? c'est probable ; car s'il l'avait eue sous les yeux, il aurait su qu'elle était écrite en vers français. Cependant la pièce pourrait être anonyme,

(1) On ne sait comment Paul Lacroix a pu supposer que cette pièce, ainsi qu'une gavotte qu'il attribue gratuitement à Molière, avait été faite « au sujet d'une fille de Jean-Baptiste l'Hermite, sieur de Soliers, laquelle entra dans un couvent après s'être destinée et même essayée au théâtre »! Voir *Poésies diverses attribuées à Molière*, Lemerre, 1869, p. 104. Au reste ce recueil tout entier n'est qu'une longue erreur, pour ne pas dire une continuelle mystification, involontaire sans doute de la part de son auteur.

et avoir partagé d'ailleurs la mauvaise fortune d'autres vers de M. de Modène qui, bien que signés de lui, sont pour ainsi dire restés inconnus jusqu'à ce jour.

Ce poème satyrique sur son propre pays, sur ses compatriotes, sur le pays d'*Adioussias*, paraît avoir été écrite par Esprit de Rémond après ses malheurs de l'expédition de Naples et son retour dans le Comtat, où, après son changement de fortune, ses concitoyens ne lui firent sans doute plus aussi bon accueil qu'auparavant.

Il est surtout le développement de la maxime d'Ovide, appliquée aux Comtadins :

« Donec eris felix multos numerabis amicos,
Tempora si fuerint nubila solus eris. »

Il suffit pour s'en convaincre de lire la stance finale :

« On a peine de voir un ami véritable.
Les lâches et les feints y sont en quantité,
Surtout alors qu'on est dans la félicité
Ou qu'on tient une bonne table ;
Mais quand le beau temps est passé,
Et que le pot est renversé,
Ou que la table est réformée,
On ne les a plus sur les bras ;
Leur feu court après la fumée,
Et tous vos faux amis vous disent: *Adioussias* (1). »

---

(1) Ce petit poème, après avoir été publié par Fortia d'Urban, *Supplément aux éditions de Molière et Poésies du comte de Modène*, sous le titre de « La Peinture du Pays d'Adiousias, c'est-à-dire de l'état d'Avignon alors soumis au pays », pp. 91, 101, l'a été de nouveau par Paul Lacroix, *Poésies attribuées à Molière*, p. 135-145. M. l'abbé Prompsault a cité la dernière de ses vingt-trois stances dans son *Histoire de Modène*, in-8°, 1873, p. 85. Une copie en existe dans le n° 4 du recueil de Tissot, à la Bibliothèque de Carpentras.

Dès le lendemain de l'échec de la conspiration de Sedan, M. de Modène avait d'ailleurs éprouvé les coups du sort ; retiré dans le Comtat, loin de la cour, il avait pu ressentir les effets de l'inconstance et de la malignité de ses voisins de Carpentras et d'Avignon. Si la pièce où il critique les défauts de ses compatriotes, trop familiers avec l'opportutunisme, était postérieure à son retour des prisons de Naples (1), où il eut tant à souffrir de la dureté du comte d'Ognate (2), il faudrait reconnaître alors qu'il n'était pas l'auteur de son titre, et que cette qualification de pays d'*Adioussias*, appliquée au Comtat, était *un blason* antérieurement en usage à l'adresse des Comtadins. On trouve en effet dans une lettre de Costar, qui alors n'était pas encore le familier de Malicorne et de Madame de Modène, lettre écrite à l'abbé de Lavardin dès l'année 1639, la preuve qu'il connaissait ce brocard. Il lui mande, à propos d'un précepteur qu'il lui avait choisi : « Il me promit qu'il vous suivroit par toute la terre quand ce seroit *au païs d'Adieusias* (3). » Ce blason, Costar l'avait donc emprunté soit au langage courant, c'est-à-dire aux renseignements de Mme de Modène sur les mœurs du Comtat, soit aux vers d'Esprit de Rémond lui-même, qui de la sorte auraient pu être composés avant le départ pour Rome (4). Quoiqu'il en soit, la pièce, qui est plutôt une poésie burlesque, comme on disait alors, qu'une satyre, se lit avec assez d'agrément (5).

(1) Il eut plusieurs démêlés avec ses vassaux au sujet de l'inobservation des statuts de sa seigneurie (1653-1664).

(2) Le comte d'Ognate n'était plus lorsque Modène publia ses *Mémoires*. Loret mentionne sa mort au mois de mars 1658, voir t. II, p. 439.

(3) Voir *Lettres de Costar*, I, 193.

(4) Il est à craindre que la lettre ait été refaite après coup, d'après l'habitude de Costar qu'indique l'auteur de sa vie, et que ce témoignage sur ce dicton ne puisse être sûrement rapporté qu'à 1658, date de la publication du premier volume des lettres du chanoine du Mans.

(5) Fortia d'Urban voit lui-même dans ce tableau peu flatté des mœurs comtadines « un style qui n'est pas dépourvu d'agrémens » Paul Lacroix

La satyre et même les vers burlesques ne semblent pas avoir été le genre de poésie le plus familier à M. de Modène; lors de sa jeunesse il en avait seulement pris le goût, un instant sans doute, à la cour et parmi les poètes de Gaston d'Orléans. La poésie grave et soutenue, l'Ode surtout, parait avoir été lors de son âge mur la forme poétique qu'il adopta de préférence, ainsi que le montrent d'un côté les indications de Pithon Curt, et d'un autre, les nouveaux renseignements qu'il me reste à donner sur ses relations avec le prince des critiques du temps.

M. Paul Lacroix, dans les diverses notices qu'il a consacrées incidemment aux œuvres de M. de Modène, s'est plu à répéter que l'ancien amant de la Béjart avait pris Molière non-seulement pour conseiller, mais pour collaborateur de ses œuvres. Il a montré la main de Molière dans bon nombre de ses écrits, et reconnu la marque du grand comique à tel endroit précis. Grâce au tic et à la manie qu'il avait de grossir, vaille que vaille, l'œuvre de l'auteur du *Misanthrope*, il a ainsi dépouillé M. de Modène d'une part de ses écrits, tant en prose qu'en vers, et créé une légende de collaboration mutuelle, qu'il n'est que temps de ne pas se laisser s'accréditer.

Au lieu de ce prétendu conseiller littéraire de M. de Modène, dont nous reparlerons du reste, à propos de la question des rapports qu'ils purent avoir ensemble, et des autres ouvrages de l'auteur du *Pays d'Adioussias*, Esprit de Rémond en avait un autre qui, en 1660, avait une réputation bien supérieure à celle de Molière. C'était le grand avocat consultant de l'époque en matière de poésies, celui auprès de qui les gens de lettres prenaient conseil aussi bien sur le mérite de leurs œuvres que le roi et Colbert le consultaient sur le mérite des lettrés et des sa-

---

dit que cette pièce peut passer pour le coup d'essai d'un poète satirique et comique, que les vers sont tournés avec facilité et souvent avec élégance.

vants. Ce prince des critiques, en possession d'une autorité si générale et si incontestée, c'était Chapelain, et c'est à lui que M. de Modène demandait des avis sur ses vers.

Cette particularité nous est révélée par une lettre de Chapelain lui-même. Le comte, peut-être mis en verve par le passage de la cour à Avignon, à la veille du mariage de Louis XIV, qui suivit le traité des Pyrénées, s'était, je m'imagine, mis en tête, comme tant d'autres poëtes alors, de célébrer l'éloge du jeune roi et de la paix, afin de se faire bien voir du prince et de Mazarin, et de rentrer en grâce auprès d'eux. Il écrivit une ode, sans doute toute d'actualité (1) et la soumit à Chapelain. Celui-ci, le 6 octobre 1660, lui adressait de Paris la lettre suivante (2) :

A M. le baron de Modène, à Modène en Provence.

« Monsieur, le petit office des remarques que j'ay faittes sur vostre belle Ode, dont vous me tesmoignés tant de ressentiment, n'auroit que fort peu de mérite envers vous, si je ne les avois faittes dans le fort d'une maladie qui m'a exercé cinq semaines entières fort rudement, de laquelle je ne me trouve pas encore bien délivré. Le mauvais estat où me rencontra la prière qui me fut faitte de vostre part me servira d'excuse, si les avis que je vous donnois n'estoient pas dignes d'estre suyvis et se sentoient de ma faiblesse. Je vois pourtant, Monsieur, que vous avés fait réflexion dessus et corrigé la pluspart des endroits que j'avois marqués selon mon sens peut-estre plus que selon le vostre, en quoy vostre modestie et vostre déférence se sont signalées en me couvrant de confusion. Je vous assure au moins que les

(1) C'est toutefois une pure hypothèse de ma part de supposer que cette ode célébrait l'éloge du roi. La date seule me le fait croire, mais Chapelain ne dit pas à quel sujet elle avait été composée.

(2) Voir *Lettres de Jean Chapelain*, t. II, p. 101 et suiv. Chapelain ne conserva pas sans doute les lettres de M. de Modène, car le nom de ce dernier n'est pas mentionné parmi les correspondants du savant critique dont les lettres existaient encore à sa mort. Voir M. Rathery, *Bulletin du Bibliophile*, 1863.

changemens que vous y avés faits n'ont pas empiré l'ouvrage, et que vous m'avés fait bien voir la facilité de vostre esprit et la fécondité de vostre veine en cette rencontre. C'est tout ce que je puis dire sur ce sujet et je ne croy pas que vous en désiriés davantage. Un seul mot m'a aresté que je voudrois que vous eussiés pris la peine de changer encore, qui est celuy de *radoter*, qu'une poésie *grave et soutenue* comme la vostre ne peut que malaisement recevoir, quelque significatif qu'il puisse estre. Je le dis au gentilhomme qui me rendit vostre lettre et je le priay de vous le mander, mais *si l'impression est pressée* vous le pourrés corriger pour la seconde édition.

Cependant je ne scaurois m'empescher de vous dire qu'encore que je n'aye jamais eu d'habitude avec vous, je ne laisse pas d'estre bien instruit de ce que vous valés et dès que vous donnastes vostre *Memento homo*, je conceus de vous la plus avantageuse opinion du monde et je souhaitay que Bellone souffrist à vostre beau génie de se délasser quelquefois avec les Muses, qui s'estoient montrées si fort de vos amies. Maintenant que je vous connois davantage, vous pouvés juger si je le souhaitte de plus en plus et surtout que vous ne vous repentiés point de l'obligeante marque d'estime et de confiance que vous m'avés donnée en une chose qui vous importoit tant et de la disposition où vous m'avés paru estre de m'aymer et de me recevoir, Monsieur, pour vostre etc...... »

Cette « belle ode » sur laquelle M. de Modène avait consulté l'oracle du goût a-t-elle été imprimée ? Esprit de Rémond, un peu lent, comme il semble, à produire ses œuvres, a-t-il trop tardé à se décider à le publier, et a-t-il renoncé à la mettre sous presse dans la crainte que l'heure de l'actualité ne fut déjà passée ? Il y a eu tant d'odes anonymes écrites alors en l'honneur du roi qu'on ne sauroit se prononcer en parfaite connaissance de cause.

Chapelain parle du *Memento homo* qu'il a *donné* à une date qui semble déjà éloignée et paraît indiquer par là que cette poésie avait eu les honneurs de l'impression. C'était sans doute une pièce dans le genre de la paraphrase inédite du Psaume *Miserere mei* qu'a citée Pithon Curt et dont je reparlerai tout à l'heure. Les Bibliographes de Provence devraient bien essayer de retrouver les vers imprimés de M. de Modène, à défaut de ceux qui sont restés manuscrits et de recomposer les pièces de sa valise poétique. Il ne faut pas s'étonner de voir M. de Modène choisir de pareils sujets. C'était dans le goût du temps ; nous avons déjà eu l'occasion de citer une paraphrase du *Memento homo* signée de l'acteur Desfontaines en 1643 (1), et à propos du sonnet d'Esprit de Rémond, sur la mort du Christ, nous rappellerons le nom de son contemporain Desbarreaux, l'auteur du sonnet moins beau, mais beaucoup plus célèbre cependant, qu'on ne devait guère attendre d'un pareil « libertin ». Ce n'en est pas moins une curiosité psychologique assez piquante de voir ce viveur endurci dont Donneau de Visé et sa famille étalent les folies amoureuses, faire pénitence en vers et paraphraser les chants les plus désolés et les plus émus du Psalmiste.

Ce n'est pas la seule fois que M. de Modène donna à Chapelain « une marque d'estime et de confiance ». Quinze mois après, il lui demandait de nouveau son avis sur une œuvre nouvelle. Cette fois nous connaissons le nom du gentilhomme qu'il employa comme intermédiaire auprès de l'auteur de *La Pucelle*.

Le 7 janvier 1662, comme M. de Roquemartène avait apporté à Chapelain pour qu'il l'examinât et le corrigeât, « un gros rouleau de vers » de la part du comte de Modène,

(1) Si cette pièce n'avait pas été réimprimée plus tard une seconde fois en 1648, ainsi que je l'ai dit, dans le *Poète chrétien* de Desfontaines, on eut pu croire qu'il n'avait été que le prête nom de M. de Modène. Cette réimpression (au moment toutefois où Esprit de Rémond était prisonnier) prête peu dès lors à cette supposition, sans cependant la détruire complétement.

le critique écrivit à ce dernier (1) qu'une telle mission a fait « peur à un homme qui a beaucoup d'années, une très longue besogne entre les mains.... et la plus mauvaise santé du monde, dans la ville de distraction où l'on vit le moins à soy. » Il continue en disant :

« Je me vis tenté par toutes ces considérations de m'excuser de ce qu'il me demandoit, croyant d'ailleurs par vostre silence que vous ne passionniés pas trop cela et ne voyant point non plus d'engagement qui m'obligeast à m'endosser cette charge au préjudice de mes occupations forcées ». Chapelain se décida pourtant à s'occuper de la révision du poème des *Larmes de la Pénitence* (2). On voit que décidément M. de Modène était un pénitent en vers, s'il était un galantin impénitent en prose.

« Vous verrés, (poursuit Chapelain), par les fréquentes remarques que j'y fis aux marges si j'y apportay plus d'attention que l'estat où j'estois me le permettoit. Vous vous apercevrés par mes observations du temps que j'y ai donné ; je vous diray seulement que je n'ay de ma vie entrepris pour mes plus particuliers amis de travail d'une telle estendüe, ni qu'aucun d'eux ne m'en a recherché, afin que si vous ne me scavés gré des avis que je vous y ay donnés, peut-estre mauvais et à ne pas suyvre, vous me le scachiés au moins de m'estre mis en devoir de vous en donner de de profitables et de bons. Ce que je juge en gros de vostre poésie, Monsieur, *c'est que vous avés du feu et de l'élévation, que partout vous vous efforcés d'y porter vostre stile au point le plus sublime et que souvent vous y arrivés ; qu'il y a beaucoup de vos stances qui ne se peuvent faire meilleures et des tours de vers qu'on ne scauroit souhaiter plus beaux.*

---

(1) Voir *Lettres de Jean Chapelain*, publiées par M. Tamizey de Larroque, t. II, p. 190, d'après le ms. des lettres de Chapelain, Bibl. nat. n° 887, nouvelles acquisitions, f° 269 v°.

(2) L'éditeur a imprimé Les Larmes de la *Pénitente*. N'est-ce pas plutôt Les Larmes de la *Pénitence* et ne s'agit-il pas de la paraphrase du *Miserere* ?

Vous y avés toutesfois laissé couler en plusieurs endroits de certaines négligences de versification, qui ne semblent pas estre d'un homme qui l'a si belle ».

Cela nous fait bien voir, comme l'a déjà remarqué Paul Lacroix à propos d'une autre ode, que M. de Modène était un poète fort inégal, et qu'il y a dans ses pièces de vers des différences de style et de manière, sans qu'on soit pour cela autorisé à les supposer, comme il l'a fait, émanées de deux écrivains différents (1).

Si le gentilhomme comtadin était souvent, comme poète, à court d'haleine, il était aussi plus fréquemment à court d'argent. Chose piquante, le même messager qu'il dépêchait à Chapelain pour soigner ses intérêts poétiques, il l'envoyait aussi à la même époque à Madeleine Béjart pour s'occuper de ses affaires d'argent. Le jour où cet intermédiaire apportait au critique le gros rouleau des vers des *Larmes de la Pénitence*, le 7 janvier 1662, le même M. de Rocquemartène (2) empruntait à Paris une somme de mille livres pour le compte de M. de Modène.

On trouva en effet à la mort de Madeleine Béjart, parmi ses papiers d'affaires, une pièce ainsi désignée dans son inventaire (3) :

« Un écrit signé Rocquemartène, daté du 7e janvier 1662, contenant le soussigné avoir reçu, pour et au nom de Monsr. de Modène, de Daniel Brillard, chapelier, la somme de mille livres, pour employer aux affaires du dit sieur de Modène, et promis le dit faire rendre par le dit sieur de Modène ou de payer de ses propres deniers dans le temps de deux

---

(1) Voir *Poésies diverses attribuées à Molière*, Lemerre, in-12, 1869, p. 107.

(2) Ce nom, qui est celui donné par Soulié, se présente ici sous une forme qui a plus l'allure méridionale que celle de Rocquemartine, reproduite par l'éditeur des *Lettres de Chapelain* d'après une simple copie de ses lettres manuscrites.

(3) Voir Soulié, *Recherches sur Molière*, p. 256 et 74.

mois prochains ». Il est à peu près certain que ni M. de Modène, ni son mandataire, ne furent en mesure de rembourser le prêteur Daniel Brillard, deux mois plus tard, c'est-à-dire au terme fixé dans l'obligation. Qui rendit cette somme au créancier? Ce fut sans doute Madeleine Béjart, a remarqué Soulié, puisque la pièce constatant le prêt se trouvait encore à sa mort entre ses mains. Il semble en outre que ce créancier qu'elle désintéressait, c'était elle qui l'avait indiqué à M. de Rocquemartène chargé des intérêts financiers et littéraires du comte. On peut le supposer d'après ses relations et celles d'Armande, à la même époque, (1661-1664) avec Anne Brillart, femme de Marin Prévost, soi-disant bourgeois de Paris (1). Sans doute même, elle avait cautionné M. de Modène auprès de ce prêteur de sa connaissance. Il n'en est pas moins curieux, près de vingt-quatre ans après le baptême de la petite Françoise, de retrouver ici, pour la première fois et en pareille circonstance, une preuve formelle et explicite des rapports toujours existants entre Madeleine Béjart et le comte de Modène (2).

Le comte, toujours enfoui au fond du Comtat, ne donne malheureusement que de bien rares signes de vie. Il eut continué sans doute à n'avoir longtemps encore pour prin-

(1) Marin Prévost et sa femme Anne Brillart appartenaient même en réalité à la troupe de Molière. Anne Brillart, dite *la Provost*, était chargée de la distribution des billets au bureau d'entrée du théatre. Voir Soleirol, *Molière et sa troupe*, p. 124, et M. Hillemacher, *Galerie historique des portraits des comédiens de la troupe de Molière*. Après la mort de son mari, Armande fut aussi marraine le 16 juillet 1673 d'un enfant de Marie Brillart, sa voisine de la rue Saint-Honoré, mariée à Philippe Clément, bourgeois. Voir *Dictionnaire* de Jal, 184.

(2) On remarquera aussi que cette présence de M. de Rocquemartène à Paris, le 7 janvier 1662, ne précède guère que de quinze jours le contrat de mariage de Molière et d'Armande. Si Armande était la fille de M. de Modène, ce prêt, sa date, et la présence de l'obligation entre les mains de Madeleine se comprendraient encore mieux. J'ajoute qu'on ne voit pas qu'Armande à la mort de M. de Modène se soit portée créancière de ces mille livres.

cipaux appréciateurs de ses vers, loin des beaux esprits de Paris, que les poètes du crû, les lettrés du terroir d'Avignon, d'Orange, d'Arles ou de Carpentras, parmi lesquels Chapelain comptait aussi plus d'un correspondant. Il eut été réduit probablement, en sa qualité de gentilhomme et de lettré, à devenir un des vingt membres de l'académie royale d'Arles, dont M. l'abbé Rance vient de raconter l'histoire (1), si un événement imprévu n'était enfin venu le tirer de sa retraite, lui rouvrir les portes de Paris, et contribuer à la fin de son exil et à sa réhabilitation (2).

Il n'avait pas osé pendant toute la durée de la vie de Henri de Lorraine aller à Paris affronter la présence du duc, favori intime et grand chambellan du roi, un des héros de toutes les fêtes royales et des brillants carrousels d'alors, un des grands seigneurs le plus en faveur et les plus écoutés de la cour, protégeant encore les poètes, et donnant l'hospitalité à Corneille dans son hôtel. En 1664, le duc fut emporté, avant l'heure, par une brusque maladie. Sa mort vint à la fois rendre à M. de Modène la liberté, et le laver de l'accusation de trahison qui continuait de peser sur lui depuis plus de quinze ans. Henri de Guise avait encore figuré comme un héros[1] romanesque dans les fêtes galantes et magnifiques, données par le roi, à Versailles le 7 mai 1664, prolongées pendant plusieurs autres jours et pendant lesquelles furent représentés les *Plaisirs de l'Isle enchantée* et les trois premiers actes de *Tartuffe*. Il y avait paru sous le nom et le costume d'Aquilant le noir, ayant pour fière devise un lion qui dort avec ces mots : « *Et quiescente pavescunt.* »

Bien peu de jours après il tombait malade inopinément.

(1) *L'Académie d'Arles au XVIIe siècle*, par A. Rance, docteur en Sorbonne. Librairie de la Société Bibliographique, 1886.

(2) Une convention du 24 novembre 1657 entre lui et la communauté de Crillon est indiquée dans le mémoire manuscrit des consuls de Modène, p. 84.

Loret annonce cette maladie dans sa *Gazette* du 31 mai, et le dit atteint depuis dix jours, d'une fièvre ardente et maligne, bien qu'il soit heureux d'annoncer que le malade n'est plus en état « que l'on doive craindre pour lui (1) ».

Le duc, depuis sa brouille avec M. de Modène, au commencement de 1648 et le terrible manifeste l'accusant de haute trahison, ne s'était pas réconcilié avec l'ancien gentilhomme de sa chambre et ne lui avait pas octroyé un généreux pardon, malgré leurs communs malheurs. Plus de quinze ans s'étaient écoulés de la sorte, sans qu'il eut voulu laver M. de Modène de la tache imprimée à son front, et lui rendre son honneur qu'il lui avait ravi. Mais l'approche de la mort fit taire chez lui le ressentiment. L'Église n'a jamais cessé de prêcher le pardon des injures et la réconciliation entre ennemis. Le duc, malgré tout son orgueil, sur le point de paraître devant Dieu, voulut se réconcilier avec M. de Modène, et daigna reconnaître ses torts envers lui. Il manda à Paris, à son lit de mort, le paria qui restait confiné depuis 1650, comme un lépreux et un pestiféré, dans le Comtat, afin de sceller avec lui cette réconciliation suprême.

Le peu de durée de la maladie de M. de Guise, qui était mort dès le 2 juin 1664, le lendemain de la Pentecôte (2), ne permit sans doute pas à M. de Modène d'arriver à temps pour recevoir ce pardon *in extremis* et d'entendre le mourant lui assurer qu'il avait abdiqué son ressentiment et oublié tout ce long passé de discordes qui les avait divisés (3). Mais les sentiments du duc envers lui, à la dernière heure de sa vie, n'en sont pas moins certains. M. de Modène parlant lui-même, à la fin de ses *Mémoires*, de cette mort du

---

(1) Voir *La Muse historique*, IV, 204.

(2) Voir *La Muse historique* de Loret, IV, 206 et 207.

(3) J'ai dit plus haut ce que je pensais du choix fait, par le duc, de l'Hermite de Souliers, frère de son ancien pensionnaire Tristan, pour mander auprès de lui M. de Modène pour cette suprême réconciliation.

duc de Guise et de l'*aman* qui l'avait précédée, s'exprime de la sorte (1) : « Tout l'hôtel de Guise et presque tout Paris savent avec quelle tendresse et avec quelle confiance il le rappela près de lui quelque temps avant sa mort, que cet infortuné gentilhomme a pleurée et qu'il pleurera toujours par cette extrême affection qu'il avoit pour le duc, plutôt que par la perte qu'il a faite de plus de 30,000 écus qu'il lui devoit depuis longtemps (2) ».

Il se hâta de quitter le comtat d'Avignon (3), de profiter de la liberté qu'il avait reconquise, d'accourir dans la capitale où il pouvait dès lors ne plus courber le front et de se retremper dans cet air parisien dont il était sevré depuis dix-huit ans. Il dut arriver à Paris au lendemain de la mort du duc, peut-être en même temps que le cardinal Chigi. Il y rentrait âgé de cinquante-six ans, n'ayant fait qu'y passer quelques jours depuis 1639, depuis un quart de siècle. Le vieux beau y était certes bien oublié, démodé, dépaysé sans doute, ridicule, comme aurait dit Vardes après une si longue absence, et ressemblant quasi à un Parisien de Naples ; mais il y arrivait à un moment opportun pour devenir intéressant, ce qui est à toutes les époques l'important dans la vie parisienne. Il allait se retrouver placé dans son ancien milieu, rencontrer sur les bords de la Seine les l'Hermite et les Béjart, avec lesquels il avait vécu naguères sur les bords du Rhône, et se voir exposé à être tiraillé entre ses deux anciennes maîtresses.

(1) *Mémoires de M. de Modène*, II, p. 501.
(2) Le rappel de la dette des trente mille écus est de trop à cette place; mais Modène tenait peut-être à expliquer la gêne dans laquelle il se trouvait.
(3) Par suite des dissentiments de Louis XIV avec le pape, la ville et le Comtat d'Avignon avaient été saisis et réunis à la couronne par arrêt du parlement de Provence en date du 20 juillet 1663 et ne devaient être rendus au pape que le 15 février 1665.
La Gazette de Loret du 8 novembre 1664, IV, 268, mentionne l'insurrection qui eut lieu à Avignon après le départ de M. de Modène.

§ XX.

M. de Modène à Paris. — Ses rapports avec Madeleine Béjart et Molière. Son Histoire des révolutions de Naples et l'Ode sur le portrait du roi. — Son mariage avec Madeleine de l'Hermite.

A l'arrivée du comte de Modène à Paris, Molière et Madeleine n'étaient plus dans leur humble condition d'autrefois. Ils étaient à la veille de devenir comédiens du roi. Louis XIV avait pris leur troupe sous son patronage ; non content de la pensionner, il avait daigné faire à Molière le grand honneur de servir de parrain à son premier enfant, le 19 janvier 1664. Molière s'était marié le 20 février 1662. Il n'avait pas épousé Madeleine auprès de laquelle il vivait depuis depuis dix-neuf ans. Les infidélités réciproques qu'ils avaient commises l'un envers l'autre avaient sans doute mis fin à leur amour, peut-être même à leur amitié. Ce mariage, qui eut dû se faire dans les premières années de leurs voyages dans le Midi, était devenu impossible après tant de retards et n'eut pu même, après leurs communes défiances, être considéré comme un mariage de raison. Cependant il eut peut-être mieux valu pour Molière que l'union qu'il avait contractée si imprudemment avec la jeune et énigmatique Armande, sœur sinon fille de son ancienne maîtresse, et auprès de laquelle il ne devait pas rencontrer le bonheur, comme il était facile de le prévoir.

La gloire et la fortune lui avaient souri à défaut de bonheur (1). Il n'en était plus au temps où on ne voyait

---

(1) Il avait trois parts depuis son mariage. — Molière n'est pas toutefois le seul comédien auteur de son temps à avoir été traité de la sorte. On voit en 1659 le chef de la troupe de S. A. R. le duc de Savoie et de

en lui que l'auteur du *Médecin volant* et où il avait à subir les rebuffades du prince de Conti. Le succès de l'*Ecole des maris*, le grand bruit qui s'était fait autour de l'*Ecole des femmes*, avaient mis le comble à sa renommée. Le roi l'appelait à le divertir dans toutes les fêtes de la Cour. Celles de Versailles, les *Plaisirs de l'Isle enchantée*, où il avait rempli un si grand rôle au commencement de mai en représentant la *Princesse d'Elide*, le *Mariage forcé* et les trois premiers actes de *Tartuffe*, l'avaient tout-à-fait mis hors de pair. Il n'était pas, pour cela, plus que d'autres, exempt de larmes. La lettre et les vers à La Mothe Le Vayer, sur la perte de son fils mort en septembre 1664, montrent que Molière, dont le premier enfant allait aussi bientôt mourir, savait pleurer comme les simples mortels. Les contemporains ont été du reste les premiers à remarquer cette tristesse d'*Elomire*, le contemplateur et l'hypocondre.

La polémique qui avait suivi l'*Ecole des femmes* avait mis à ses trousses les comédiens et les auteurs de l'Hôtel de Bourgogne ; ils l'avaient harcelé de leurs critiques. Mais il y avait pour lui une autre source de soucis plus amers, c'était le mariage qu'il avait contracté avec tant d'imprévoyance avec Armande Béjart, et la coquetterie de sa femme.

Melle d'Orléans, Nicolas Dorimond, dans l'acte de société dressé par la troupe à Chambéry avant de partir pour l'Italie, avoir trois parts, tant pour lui que pour sa femme « en considération de la poésie à laquelle il s'applique particulièrement ». (Communication de M. Magnier, conseiller à la cour de Chambéry.) Outre les acteurs de cette troupe dont j'ai déjà parlé, et qui ont signé à Chambéry le contrat de mariage de Philippe Millot et de Marguerite Prunier, on voit dès lors parmi eux Pierre Oysillon de Montpellier, destiné à devenir le second mari de Marie Dumont, femme de Nicolas Dorimond, dont le frère Louis figure aussi dans la troupe, ainsi que François de Beauleville, décorateur de Paris, probablement le frère ou le parent de Marie Belleville ou Boldville, femme de Claude Pelissier, comédien et peintre ordinaire de la chambre du roi, que l'on trouve lors de son veuvage « apprentie sage femme à l'Hôtel-Dieu de Paris » en 1666. Voir *Revue de l'Art français*, décembre 1885, p. 183.

C'était la jalousie qui lui torturait le cœur, et que la vaniteuse fille des Béjart faisait tout pour exciter, en attirant autour d'elle un cortège de galants et d'adorateurs, au lieu d'essayer, par des allures d'honnête femme, de remettre le calme dans l'âme inquiète de son mari. C'était même lors des fêtes des *Plaisirs de l'Isle enchantée*, que s'étaient formés les premiers nuages noirs qui étaient venus assombrir leur union.

On est allé jusqu'à supposer que, dès l'*Ecole des femmes*, Molière avait peint dans *Arnolphe* l'état de son âme et que les plaintes, les cris de passion et de fureur du vieil amoureux d'Agnès, étaient l'écho des souffrances du mari d'Armande, promptement désabusé des rêves de bonheur dont il avait eu le tort de se bercer en épousant la jeune fille de vingt ans, qui avait dans les veines du sang trop chaud et trop ardent des Béjart. Lorsqu'on songe, ainsi que l'a dit M. Vitu, que l'*Ecole des femmes* fut représentée dès la fin de l'année 1662, — dix mois après le mariage de Molière, et composée sans doute au lendemain même de cette union, sinon même commencée auparavant, — on voit combien est fausse l'application de la thèse de ceux qui veulent voir le cœur de Molière à travers toutes ses œuvres, aussi bien dans l'*Ecole des femmes* que dans le *Misanthrope*.

D'ailleurs, ce qui montre l'invraisemblance de ces suppositions, c'est que Molière avait tiré le sujet de sa pièce d'une nouvelle de Scarron publiée sept ans auparavant. Cet emprunt fait par le poète comique à l'auteur du *Virgile travesti* est aujourd'hui trop connu pour que je prenne la peine d'insister (1) ; mais ce qui est encore ignoré, c'est l'emprunt

---

(1) Voir sur les origines de cette pièce de Molière la Notice de M. P. Mesnard, *Œuvres de Molière*, édition des grands écrivains de France, t. III, p. 117 ; celles de M. Moland, édition Garnier, de M. de Montaiglon, 9e fascicule du *Molière* Leman. M. R. Mahrenholtz, *Molieres Leben und Werke*, Heilbronn, 1881, Henninger, et M. Brunetière, *Revue des Deux-Mondes*, 15 janvier 1882, p. 451.

fait par Scarron lui-même à dona Maria de Zayas, dont il n'a fait que traduire une des Nouvelles. L'étude toute particulière que j'ai faite des sources des *Nouvelles* de Scarron me permet de dire que sa *Précaution inutile* n'est autre chose qu'*El prevenido engañado,* c'est-à-dire la quatrième Nouvelle du recueil espagnol de Maria de Zayas. Je renvoie en note la preuve de cet emprunt fait à l'Espagne par Scarron et de d'autres encore utilisés par Molière, afin de ne pas détourner trop longtemps de M. de Modène l'attention des lecteurs (1).

(1) Il est étonnant qu'aucun Moliériste jusqu'à ce jour, à ma connaissance, n'ait signalé la source immédiate à laquelle a puisé Scarron, non seulement pour *La Précaution inutile,,* mais pour les *Hypocrites* et le *Châtiment de l'Avarice,* c'est-à-dire pour ses nouvelles dont s'est inspiré Molière. M. Brunetière a bien dit : « *La Précaution inutile* de Scarron est-elle l'œuvre originale ? » M. Sardou a bien écrit : « Molière et Beaumarchais ont pris l'idée de l'*Ecole des femmes* et du *Barbier* dans la *Précaution inutile* de Scarron, qui l'avait empruntée aux *Facétieuses nuits* de Staparole, qui l'avait trouvée lui-même dans le *Pecorone* de Ser Giovanni, qui le tenait d'un autre..... » Mais personne en France n'a remarqué que Scarron n'avait fait autre chose, dans sa nouvelle, que traduire dona Maria de Zayas, à laquelle on savait pourtant, d'après le témoignage de M. Fournel, qu'il avait emprunté une des quatre nouvelles intercalées dans son *Roman Comique,* « *Le juge de sa propre cause,* » (II, 14) traduite du neuvième récit des *Novelas exemplares y amorosas* de dona Maria de Zayas, (Saragosse, 1637, in-4º.)

Cette découverte était pourtant moins difficile à faire pour la *Précaution inutile* que pour toutes les autres Nouvelles également empruntées à l'Espagne par Scarron. Il n'y avait qu'à ouvrir le recueil de ses *Nouvelles tragi-comiques,* que le privilège lui-même, donné au libraire A. de Sommaville, dit « tournées de l'Espagnol en Français, par le sieur Scarron » et aussi celui des *Nouvelles amoureuses et exemplaires par cette merveille de son siècle dona Maria de Zayas y Sotomayor* traduites de l'Espagnol par Anthoine de Methel, escuier, sieur d'Ouville (Paris, de Luynes, 1656, in-8º), qui a également inséré dans son recueil et emprunté à Maria de Zayas la *Précaution inutile,* mise par lui en tête de son livre.

Scarron avait publié à part sa première nouvelle la *Précaution,* comme il fit aussi pour la seconde, les *Hypocrites,* (Le privilège est du 23 avril 1655, et l'achevé d'imprimer du 26 octobre 1655,) sans avouer qu'il n'était à vrai dire qu'un simple traducteur, sans indiquer la source à laquelle il avait puisé. Il écrit au contraire à propos des *Hypocrites* qu'il n'y a rien d'emprunté dans cette nouvelle et qu'il l'estime davantage; ce

Le portrait de l'Agnès de *l'Ecole des Femmes*, de même que celui de la Rosine de Beaumarchais, est copié sur celui

qui a amené simplement M. Mesnard à se demander si elle était plus originale que les autres (IV, 352), bien que tout en elle révélât son origine espagnole.

Bien peu de temps après, paraissait à diverses reprises le recueil des *Nouvelles* de Douville, avec un privilège du 25 octobre 1655, et deux achevés d'imprimer, l'un du 20 novembre 1655, l'autre du 1er février 1656. Douville les avait traduites au Mans, où il achevait alors sa vie, ainsi que je le dirai ailleurs plus longuement. Dans sa dédicace à Melle de Mancini, il faisait connaitre que ces six Nouvelles étaient simplement traduites de Maria de Zayas, dont il faisait un grand éloge et il ajoutait ensuite dans l'Avis au Lecteur :

« Entre plusieurs nouvelles composées en Espagne par une Dame, qui se peut égaler..... aux plus célèbres escrivains de son siècle, je vous en ai choisy six qui m'ont paru les plus agréables et les plus dignes d'estre traduites en nostre langue. Ne vous estonnez pas, lecteur, si je débute par une que vous aurez desjà veue de la traduction de M. Scarron, et que je vous donne encore le mesme titre qu'il lui a donné *la Précaution inutile*, qui m'a paru plus naturel que si je l'eusse nommée après l'Epagnole *Précautionado engagnado, le Précautioné attrappé* ; outre que M. Scarron, qui certainement mérite la réputation qu'il s'est acquise, affecte un stile comique qui luy est tout particulier et auquel il a tousjours réussi, et que de mon costé j'ay affecté de m'attacher au sens tout pur, comme au stile tout sérieux de la Dame que j'imite, ce qui par conséquent rend la chose assez différente, je vous ay encore fait connaitre cette Dame par son nom, ce que M. Scarron n'a pas voulu faire. Je ne scay si c'est qu'il l'ait ignoré, ayant, comme il l'a confessé lui-même, reçeu ce présent d'un amy qui peut-être l'ignoroit encore, ou si c'est ce qui me paroist plus vraisemblable, ne vous ayant donné qu'une seule nouvelle de cette excellente femme qu'il vous ait voulu cacher son sexe de crainte que vous ne jugeassiez moins favorablement de son travail. »

Douville continuait par un pompeux éloge de Maria de Zayas, et plaçait en tête de son recueil la *Précaution inutile* qui formait la quatrième nouvelle de l'auteur Espagnol.

Scarron, qui avait déjà eu maille à partir, à cause des *Généreux ennemis*, avec le frère de Douville c'est-à-dire avec Boisrobert, qui était toujours de moitié avec lui dans ses publications, prit la mouche à la lecture de cet avant-propos, et dans une préface « A qui lira » il écrivit aussitôt avec sa meilleure plume de Tolède :

« Il faut que j'adjouste icy ce que je crois estre obligé de répondre à l'avant-propos qu'un libraire imprimeur ou quelque autre homme de cette force là s'est avisé de mettre au-devant de la nouvelle pareille à ma *Précaution inutile*, que l'on a depuis peu imprimée sous le nom de Douville.

de Laure des *Novelas exemplares y amorosas*. Il est dès lors impossible de croire que Molière ait mis dans sa pièce

Cet avant-propos est un grand menteur en beaucoup d'endroits en ce qui me touche, est peu sincère en François et fort ignorant Espagnol, puisqu'en ces deux mots *Precaucionado Engagnado* il a fait deux fautes, l'une d'avoir oublié l'article, l'autre d'avoir écrit *Engañado* avec un G ce qui ne se fait jamais en Espagnol, mais toujours avec un N con tilde. Dans le temps que je faisois imprimer la *Précaution inutile*, M. de Boisrobert me fist l'honneur de me venir voir et dans la conversation que nous eusmes ensemble il me dit qu'il alloit faire imprimer les Nouvelles de Marie de Zayas mises en françois par son frère. Je l'advertis qu'un de mes amis (c'estoit de moi que je parlois) avoit fait une version du *Prevenido Engañado* qui est le vrai titre Espagnol et non pas *Precautionado*, comme l'a mis témérairement et faussement le gaillard avant-propos à qui je parle ; je l'avertis que cette Nouvelle s'imprimoit sous le titre de *la Précaution inutile* et qu'elle feroit tort à celle de son frère, parcequ'elle auroit l'advantage de la nouveauté et que l'on l'avoit comme refaite parce qu'elle est déplorablement écrite en Espagnol, n'en déplaise à l'Avant-propos qui dit le contraire. L'heureux succès qu'a eu ma nouvelle a fait voir que je luy avois dit vray et ce que je dis icy fait voir que l'Avant-propos a déguisé la vérité en tout ce qui me touche. Il a donné sujet de se plaindre à plusieurs personnes à la fois, à moy de m'avoir imputé des choses fausses et d'avoir pris mon tiltre à Marie de Zayas, d'avoir falsifié le sien, à M. de Boisrobert d'avoir mis un tiltre à la nouvelle de son frère que mon libraire luy a fait changer par sentence du Bailly du palais et il fait tort aussi à toutes les personnes du sexe de Marie de Zayas qui savent bien écrire d'avoir mis cent picques au-dessus d'elles cette Espagnole, qui écrit tout d'un style extraordinaire et rien de bon sens..... »

On voit qu'il n'y a pas l'ombre d'un doute quant à la source immédiate à laquelle Scarron a puisé sa nouvelle. C'est donc bien Maria de Zayas qui en réalité a inspiré Molière dans l'*Ecole des Femmes*. C'est également à la même source qu'avait puisé Dorimond, qui, deux mois au moins avant l'*Ecole des Maris* de Molière, avait fait imprimer sa comédie de la *Précaution inutile* à laquelle il donna bientôt un autre titre plus grossier, celui d'Ecole des...... maris trompés, qu'il appelait du nom que leur donnait Molière. (V. M. Mesnard, *Œuvres de Molière*, t. II, p. 343.) Ticknor (*Histoire de la littérature Espagnole*, traduction Magnabal, Hachette, in-8°, t. III, p. 178) a connu cet emprunt de l'auteur du *Roman comique*; il écrit à propos de Maria de Zayas : « *El prevenido engañado* a servi de modèle à Scarron pour sa *Précaution inutile* avec de légères modifications. » Mais ce qu'il n'a pas dit c'est que Scarron a encore traduit de Marie de Zayas d'autres de ses contes dont Molière s'est également inspiré, notamment le *Châtiment de l'Avarice* (nouvelle insérée dans ses

les pressentiments de sa jalousie et que par anticipation il il ait fait de ses vers l'écho de sa souffrance intime.

Dix-huit mois après la représentation de *l'Ecole des femmes*, au commencement de la seconde moitié de 1664, au lendemain des fêtes de Versailles et de Fontainebleau (1), les œuvres posthumes), qui est le troisième conte du recueil de Marie de Zayas, *El castigo de la Miseria*. C'est au même auteur que Scarron a également emprunté la troisième nouvelle de son recueil l'*Adultère innocent*, *Al fin se paga todo*, qui se trouve aussi à la fin du volume de Douville. On peut facilement consulter les *Novelas exemplares* de Maria de Zayas dans la collection espagnole de Baudry, Paris, 1 vol. in-8°, 1847. Elles ont été du reste toutes traduites en français par Vanel et publiées en cinq volumes in-12, Paris, Quinet, 1686 ; mais les titres donnés par le traducteur sont souvent différents de ceux du texte espagnol.

Quant à la deuxième nouvelle de Scarron les *Hypocrites*, où paraît Montufar, le prototype de Tartuffe, elle est tirée de *La Ingeniosa Elena, hija de Celestina*, nouvelle de Salas Barbadillo, parue en 1612 à Lérida, ainsi que l'a dit Ticknor, III, 171, et qu'ont cependant oublié de le remarquer, si je ne me trompe les Moliéristes, depuis M. Mesnard jusqu'à M. Mangold.

Au reste je reviendrai longuement ailleurs sur tous les emprunts faits par Scarron, Douville et Boisrobert aux Nouvelles et au Théâtre Espagnol. J'ai voulu simplement aujourd'hui me borner à prendre date dans cette question d'origines. — M. Knorich vient encore d'indiquer récemment l'*Héritier ridicule* de Scarron comme une des sources françaises de l'*Avare*. Mais l'*Héritier ridicule* est tiré évidemment lui-même du théâtre espagnol. Ticknor l'indique comme ayant pu être emprunté à Moreto.

(1) Sur le séjour de Molière à Fontainebleau, les représentations qui y furent données et la lecture de *Tartuffe* au légat, voir, outre le *Journal de Lagrange* et *Molière à Fontainebleau*, par M. Ch. Constant, 1875, in-8°, le curieux journal de Paul Fréart de Chantelou, dont M. Lalanne a oublié de signaler l'existence, mss. de la Bibliothèque nationale, Cinq cents de Colbert 175. M. de Chantelou a eu soin de noter les pièces jouées devant le cardinal Chigi : « Le 30 juillet il fut à la comédie du *Prince Ithaque*, qui fut la même qui fut jouée aux fêtes de Versailles. Le 31 il vit *Othon* de Corneille; le 2 août, les Comédiens italiens; le 3, l'*Œdipe* de Corneille. » — De ce que Lionne écrit le 1er août au duc de Créquy : « Le soir du même jour (30 juillet) le roi a fait voir à M. le légat la comédie de Molière qui fut récitée à Versailles, non pas celle de *Tartuffe* que sa piété lui a fait entièrement supprimer, mais une autre fort galante », on n'est pas en droit de conclure, ainsi que l'a fait M. Charles Gérin, *Revue des Questions historiques*, 1er octobre 1884, p. 482, que les trois premiers actes de

temps étaient changés. Lorsque survint M. de Modène, dont l'arrivée à Paris coïncida peut-être avec celle du cardinal Chigi, la brouille existait entre les deux époux, bien qu'elle ne fut pas aussi vive qu'elle le devint un an plus tard, puisque leur second enfant ne naquit qu'au commencement d'août 1665 (1). Molière lui-même prêtait bien imprudemment le flanc aux représailles de sa femme. Il était revenu demeurer dans ce phalanstère, je ne veux pas dire dans cette maison de Mormons, du coin de la rue Saint-Honoré et de la rue Saint-Thomas-du-Louvre, où logeaient à la fois Madeleine, alors âgée de quarante-six ans et Melle de Brie, auprès de laquelle il se consolait de l'indifférence et des galanteries d'Armande.

C'est à ce moment psychologique que M. de Modène arrivait à Paris, et qu'il allait pénétrer dans cette maison, trop largement ouverte, de la rue Saint-Honoré, revoir cette même rue où, en 1638, c'est-à-dire vingt-six ans auparavant, était née l'enfant dont il avait rendu mère Madeleine Béjart.

Qu'il ait revu Madeleine, le fait est indubitable et il y en a deux preuves pour une.

La première, c'est le concours qui lui fut apporté par Madeleine dans un emprunt qu'il était réduit à contracter. L'indice qui, avant tout autre, nous révèle la présence de M. de Modène à Paris, n'est autre, en effet, qu'un contrat d'emprunt. Il était resté fidèle à son passé qui pesait sur lui lourdement, et continuait à subsister d'expédients, ce qui a même fait supposer qu'il était réduit à vivre aux crochets de son ancienne maîtresse, et qu'il demeurait lui aussi sous le même toit que Madeleine Béjart.

Le lendemain du jour où Molière faisait enterrer son

Tartuffe n'ont pas été *lus* devant le cardinal Chigi et que le légat dont Molière se vante d'avoir obtenu l'approbation ne peut-être que le cardinal de Vendôme, légat en 1667 au baptême du dauphin. — Voir aussi le *Moliériste*, VIII, 156.

(1) V. M. Loiseleur, *Les Points obscurs*, p. 303, 304.

premier enfant (11 novembre 1664), Esprit de Rémond souscrivait le 12 novembre 1664, devant Jean Desnots et Arnault Vallon, notaires au Châtelet de Paris, une obligation de trois mille livres envers Marin Tabouret, sieur de Tarny, conseiller, secrétaire du roi, créancier qui ne devait pas être payé par l'emprunteur et que nous verrons plus tard désintéressé par Madeleine Béjart (1).

L'autre preuve des rapports de Madeleine et de M. de Modène a une tout autre importance et un caractère plus énigmatique. C'est la commune présence, le 4 août 1665, de l'actrice et du comte dans l'église *Saint-Eustache*, au baptême du second enfant de Molière, qu'ils tiennent tous les deux sur les fonts. Voici cet acte de baptême que je reproduis d'après Beffara, qui l'a inséré dans deux endroits de ses manuscrits (2) :

« Du mardi 4 aoust 1665 fut baptisée Esprit Magdeleyne, fille de Jean-Baptiste Maulier, bourgeois et d'Armande Gresinde Bejart sa femme, demeurant rue Saint-Honoré. Le parrain Mre Esprit de Rémond, marquis de Modène, la marraine Magdeleine Bezar, fille de J. Bejart vivant procureur (3) ».

(1) V. Eudore Soulié, *Recherches sur Molière*, p. 254.
(2) Voir ms. Fr. de la Bibl. nat. 12527, p. 17, et 12528, p. 15. Cette fille est, on le sait, le seul enfant qui devait survivre à Molière. Il y avait vingt-sept ans que la petite Françoise avait été baptisée dans la même église et qu'on n'avait eu une preuve formelle d'une nouvelle réunion des deux anciens amants. — On a remarqué que Molière fit inhumer son premier enfant et baptiser le second à *Saint-Eustache*, quoi qu'il dut demeurer sur la paroisse Saint-Germain-l'Auxerrois. Voir Loiseleur, *Les Points Obscurs*, p. 393. Ce n'est pas ici le lieu d'exposer les doutes qui peuvent exister sur la question des résidences diverses de Molière dans la rue Saint-Honoré de 1660 à 1672. Voir M. Vitu, *Figaro* du 1er septembre 1886.
(3) Le mardi 4 août 1665, nous apprend le *Journal de Lagrange*, p. 75, on joua *Dom Japhet*, qui ne rapporta que cent trente-un livres quinze sous. A la marge du 7 on lit : « Melle Molière est acouchée d'une fille nommée Madeleine ». C'est dix jours plus tard le 14, à Saint-Germain-en-Laye, pendant une *visite*, que le roi « dit au sieur de Molière qu'il vouloit... que la troupe désormais lui appartint et la demanda à Monsieur ». Elle

L'importance morale de cet acte n'échappera à personne. Comment Molière, dont le premier enfant avait été tenu sur les fonts au nom du roi et de Henriette d'Angleterre, consentit-il à prendre pour parrain de sa fille l'ancien amant de Madeleine, et à ressusciter aux yeux de tous et surtout aux yeux de sa femme ce lointain passé qu'il avait tout intérêt à faire oublier? Comment s'exposait-il, surtout au milieu de sa crise conjugale, à donner à Armande la preuve d'un pareil oubli de sens moral, d'une pareille tolérance, véritable déchéance de la part d'un galant homme?

Ce singulier compérage ne s'explique facilement que pour ceux qui voient en M. de Modène et en Madeleine le père et la mère d'Armande. Alors tout est clair, tout est naturel. M. de Modène, qui était absent de Paris lors de la naissance du premier enfant d'Armande (1), est appelé à tenir le second avec Madeleine. Le grand-père et la grand'mère sont parrains et marraines, comme cela se passe dans toutes les familles. La présence de M de Modène, loin d'être anormale, est comme une reconnaissance de sa paternité à l'égard de la fille de Madeleine ; elle couvre Molière contre les calomnies de Montfleury, et tout en laissant Armande entachée de la tache originelle est la preuve implicite et morale qu'elle n'est pas un enfant de la balle, qu'elle a pour père un gentilhomme, un ancien chambellan de Gaston et du duc de Guise. Cette présence d'Esprit de Rémond, libre cette fois de tous liens, à côté de Madeleine, peut aussi laisser croire qu'il est disposé même à régulariser sa situation et à donner son nom à la mère de son enfant.

Si au contraire, Armande est bien la fille de Marie Hervé, ainsi que le déclarent les actes qui la concernent, ce bap-

---

s'appela dès lors la troupe des Comédiens du roi et reçut six mille livres de pension.

(1) J'ai déjà fait remarquer que la présence à Paris de M. de Roquemartène, mandataire d'Esprit de Rémond, coïncidait avec l'époque du contra de mariage d'Armande et de Molière.

tème devient aussitôt énigmatique, et l'on peut dire que Molière a fait choix pour parrain de sa fille du seul homme qu'il était peut-être dans la nécessité morale d'écarter. Alors qu'un bon nombre de Moliéristes ont peint l'auteur de l'*Ecole des femmes* et Esprit de Rémond comme des amis intimes, d'autres voyant les choses avec plus de sang froid ont dit, pour expliquer ce choix, qu'il était la preuve que Molière n'était pas maître chez lui, et qu'il lui avait été imposé par l'impérieuse Madeleine Béjart, fière d'avoir à son bras un comte, décoré même ce jour-là du nom de marquis, aux risques de réveiller les souvenirs de sa jeunesse. Ce passé pour une actrice, je le veux bien, n'avait rien de trop gênant ; mais elle eut bien dû en épargner la mémoire à Molière et surtout à Armande, à qui, tout au moins, elle servait de sœur mère. Si les choses sont arrivées de la sorte, il faut avouer que l'oubli de sens moral, qui paraît de si bonne heure chez les Béjart, survivait toujours dans leur famille, s'était étendu même jusqu'à leur entourage et que Molière, harcelé par cet entourage féminin, avait fini de guerre lasse par subir pour ami d'un jour M. de Modène.

C'est ici qu'il me faut enfin examiner la question des rapports de M. de Modène et de Molière, sur laquelle, excepté dans ces derniers temps, on a écrit les choses les plus impossibles sans songer à mal, ou plutôt sans songer à leur énormité. La plupart des Moliéristes, même ceux qui ont parlé du grand écrivain tout-à-fait de sens rassis, ont vu en Molière un ami dévoué de M. de Modène, tout en reconnaissant que Madeleine avait accordé ses faveurs à l'un et à l'autre, et à la même époque, et qu'en trompant M. de Modène, Molière trahissait un ami. Ce n'est que tout récemment que MM. Vitu et Larroumet ont voulu à la fois laver la Béjart de cette accusation d'infidélité perpétuelle et sauver Molière de cette triste et singulière situation morale. Ils ont prétendu que Madeleine n'avait eu d'amour que pour M. de Modène et que Molière était seulement pour elle un camarade et un associé. M. Arsène Houssaye avait aussi dans un de ses livres, émis cette idée, après en avoir soutenu d'abord une autre toute opposée, et qui était loin de faire honneur à l'auteur du *Misanthrope*.

Mais je crois avoir prouvé que cette prétendue continuité de l'amour unique de M. de Modène et de Madeleine et réciproquement ne tient pas un seul instant debout. De 1637 à 1639, Madeleine fut la maîtresse d'Esprit de Rémond qui, entraîné ensuite loin de Paris, la perdit de vue. Les sens, chez lui, parlaient plus haut que le cœur. Marie Courtin de la Dehors, pendant qu'elle fut à Sedan, et plus tard dans le Comtat, tint auprès de M. de Modène la place qu'y avait antérieurement occupée Madeleine. A partir de 1643, la galante actrice partagea la vie de Molière et ses courses à travers les provinces. Étant données, les libertés de la vie de théâtre, Madeleine ne se départit-elle pas envers Molière d'une fidélité, dont celui-ci fut loin, d'ailleurs, de lui donner l'exemple, et n'y eut-il pas dans leur commune vie de singulières tolérances, avouées ou non, faciles sinon à excuser, du moins à comprendre dans le milieu où ils se trouvaient ? On est forcé d'avouer que c'est assez vraisemblable. Le fils du tapissier de la rue Saint-Honoré, connaissait sans doute le passé de Madeleine, et les attaches que la naissance d'un enfant lui avait créées envers M. de Modène. Quand les pérégrinations de la troupe à travers le midi mirent de nouveau en présence dans le Comtat, après une longue séparation, la fille de l'huissier Béjart et le descendant du favori du duc de Luynes, quelles durent être les dispositions de Molière envers le comte ? Fut-il porté, ainsi qu'on l'a dit, à voir tout de suite en lui un ami ?

On reconnaîtra que cette disposition d'esprit n'est pas celle qu'on se prend tout d'abord à croire le plus probable. Pour en arriver à l'expliquer, il faudrait supposer à la fois qu'au moment où le comte et l'actrice ont pu se revoir, Molière était déjà las de Madeleine, épris de Melle de Brie et de la Du Parc, et aussi qu'il avait déjà formé le projet d'épouser Armande qu'il eut connue pour fille de Madeleine et de M. de Modène. Mais, on le voit, pour que la naissance de cette amitié fut vraisemblable, il faudrait tout un concours de suppositions, dont la principale même manque toujours de preuves. Je ne crois donc guère pour ma part, à cette amitié que les Moliéristes et Paul Lacroix à leur tête ont acceptée comme un article de foi. M. de Modène devait être plutôt pour Molière un importun, un gêneur dirait l'argot de nos jours, dont Madeleine entre temps, à de rares intervalles heureusement, le forçait à subir le voisinage lors de leur séjour dans le Comtat, où la présence de Marie Courtin de la Dehors le rassurait d'ailleurs contre les souvenirs du passé. Quand Esprit de Rémond vint à Paris, vers juillet 1664, il y avait vingt-six années déjà qu'avait eu lieu le baptême du 11 juillet 1638. La Béjart était dès lors âgée de plus de quarante-six ans. Lors de la naissance d'Esprit Madeleine, en 1665, il y avait eu entre la fille des Béjart et le grand comédien plus que des scènes de dépit amoureux, de véritables brouilles que le voisinage de Melle de Brie et la coquetterie d'Armande n'avaient fait qu'aviver. La paille était rompue depuis longtemps : je veux dire que l'amour n'existait plus entre les deux anciens amoureux de l'*Illustre théâtre*.

Ils se supportaient mutuellement en vertu d'une vieille habitude, et de ce long passé qu'ils avaient vécu en commun. Rivés l'un à l'autre par la vie sur le même théâtre, avaient-ils encore l'un pour l'autre de l'amitié, ou en étaient-ils, comme bien des gens dans la même situation, dont l'amitié est plus apparente que réelle, arrivés à se détester cordialement ? Il est assez difficile de le dire. Molière, pour éviter une scène de récriminations, put céder à Madeleine en consentant à accepter un parrain de son choix pour sa fille, sans pour cela voir un ami intime en M. de Modène. Esprit de Rémond était un familier des Béjart et rien de plus pour le mari d'Armande, qui devait, au contraire, se trouver mal à l'aise à ses côtés et lui faire grise mine. Voilà comment on peut expliquer le singulier choix du parrain d'Esprit-Madeleine, sans être obligé de croire, entre les deux anciens amoureux de Madeleine, à une amitié qui serait difficile à expliquer (1).

J'ajoute qu'avec la réputation de don Juan si bien acquise, dont jouissait M. de Modène, ce n'était pas un homme que Molière dut être disposé à accueillir dans son intérieur (2). C'est pendant la présence même de M. de Modène à Paris que Molière acheva la peinture de son don Juan, amoureux de toutes les femmes qu'il trahit toutes indifféremment, criblé de dettes et de vices, et couvrant son athéisme du masque de l'hypocrisie. Ce portrait, on doit le reconnaitre, ainsi que celui de Dorante, du *Bourgeois gentilhomme*, cadre mieux avec la vie d'Esprit de Rémond, que celui d'Adraste du *Sicilien*, dans lequel ceux qui ignoraient sa vie réelle ont songé à voir un crayon de sa personne. Chapelain pouvait être ébloui de loin par la qualité de gentilhomme de M. de Modène ; mais Molière, qui l'avait vu de très-près, devait, sans même entrer dans le rigorisme d'Alceste, trouver que son amitié n'était pas de celles qui honorent et rendent fiers les gens qui en sont l'objet.

Avec l'absence d'amitié entre l'auteur du *Misanthrope* et le compagnon de l'expédition du duc de Guise à Naples tombe la légende de la collaboration de Molière et de M. de

---

(1) Il n'y aurait pas matière à ces explications, bien entendu, si M. de Modène était le père d'Armande. Je ne puis que répéter que tant qu'il n'y aura pas certitude absolue sur l'origine d'Armande, il sera impossible d'être fixé sur la nature des rapports du comte avec Madeleine Béjart après son retour de Naples, et sur ses relations avec Molière.

(2) Je suis même forcé de dire qu'il y a des gens qui pensent que pour l'honneur d'Armande et de Molière mieux eut valu peut-être qu'Armande et le comte ne se fussent jamais rencontrés. On le voit, on ne prête qu'aux riches. Ce sont eux surtout qu'attaquent les premiers la médisance et la calomnie.

Modène, créée de toutes pièces, par Paul Lacroix. M. de Modène prolongeait alors son séjour à Paris pour surveiller l'impression de l'œuvre à laquelle il avait consacré ses longs loisirs à Modène ; il y attachait d'autant plus d'importance qu'elle contenait son apologie. La mort du duc de Guise donnait à son *Histoire des révolutions de Naples* comme un regain d'actualité; sa publication pressait d'autant plus que le secrétaire de Henri de Lorraine, Sainct-Yon, mettait la dernière main aux Mémoires laissés par le duc sur l'expédition qu'il avait dirigée. Il fallait, tant au point de vue du succès de son livre que de celui de sa justification, ne pas se laisser prévenir par le secrétaire du duc. M. de Modène fit donc tout le possible pour arriver bon premier.

Ce n'était pas assez d'avoir été réhabilité aux yeux des contemporains par sa réconciliation avec M. de Guise qui l'avait innocenté avant de mourir. Il lui fallait une autre réhabilitation vis à vis de la postérité. Il en avait sans doute, en venant à Paris, apporté les matériaux avec lui, c'est-à-dire le manuscrit de son *Histoire des révolutions de Naples*, contenant le récit des faits auxquels il avait pris part avec Henri de Lorraine et présentant sa justification.

Il est en effet impossible que dans le peu de temps qui s'écoula entre son arrivée et l'impression de cette histoire, repris par la vie de Paris, il ait eu le temps de composer cette œuvre écrite en style très travaillé, à la manière antique, sur le modèle de Thucydide, et dont la première partie surtout, celle qui raconte l'histoire du royaume de Naples avant l'arrivée de Henri de Lorraine, est tout le contraire de mémoires écrits au courant de la plume. Il avait dû, depuis son retour, préparer à loisir le récit apologétique des événements dont il pouvait dire *quorum pars magna fui*, afin d'être prêt quand viendrait l'heure propice. Au moment de son séjour à Paris, qui avait immédiatement suivi la mort du duc, l'occasion était favorable ; il s'empressa de la saisir et de mettre la dernière main à l'ouvrage qu'il avait depuis longtemps sur le chantier, à cette œuvre capitale de sa vie, grâce à laquelle son nom a été sauvé de l'oubli, et qui a servi de base jusqu'à ce jour à sa réputation.

Le 28 juin 1665, Jean Boullard, marchand libraire à Paris, au-dessous du carrefour Sainte-Geneviève, obtenait un privilège pour un livre contenant *Les révolutions de la ville et du royaume de Naples*, composé par messire Esprit de Raymond, comte de Modène, privilège donné pour sept ans, à compter du jour que l'impression en serait terminée. L'impression du premier volume fut achevée pour la première fois le 6 novembre de cette année (1).

L'impression du second volume, qui porte pour titre : « *La seconde partie jusqu'à l'arrivée de l'armée navale de France* », dut suivre de près celle de la première, bien que Fortia d'Urban ait écrit qu'elle n'avait été achevée que le 12 mai 1667, c'est-à-dire dix-huit mois après le volume précédent. Le *Journal des Savants*, qui avait rendu compte de la première partie, dans son numéro 18 du 3 mai 1666, p. 216, rendait compte, dès le 7 février 1667, p. 43, de la seconde, également publiée dans le même format in-12, chez Jean Boullard, rue de la Harpe, et Thomas Jolly au Palais.

On pourrait croire même, d'après une lettre de Chapelain, que le deuxième volume avait paru dès avant la moitié de décembre 1665 ; mais après le compte-rendu séparé des deux volumes dans le *Journal des Savants*, cela ne semble guère probable. Esprit de Rémond s'était empressé d'envoyer à Chapelain des volumes de son *Histoire des révolutions de Naples*. Bien qu'il souffrit de la goutte, il avait eu soin de ne pas omettre cette gracieuseté à l'adresse de son protecteur littéraire. L'auteur de *La Pucelle* écrivit le

_____

(1) *Histoire des Révolutions de Naples*, Paris, in-12, Jean Boullard. — Boullard céda la moitié de son privilège à Thomas Jolly, libraire à Paris. La veuve de Boullard céda l'autre moitié à Louis Billaine, Jean Guignard fils et Théodore Girard, tous marchands à Paris.

19 décembre 1665 à « M. le comte de Modène à Paris » pour le remercier (1) :

« Si vostre goute, Monsieur, donne le loysir à ma faiblesse de se fortifier assés pour l'aller visiter, je ne manqueray pas de la luy mener pour m'aquiter au moins une fois en bonne forme de ce que je dois à vos soins, à vos civilités, et je dirois encore à vostre amitié, si je n'estois convaincu d'y avoir fidellement satisfait desjà par mon estime et par un zèle très-ardent pour tout ce qui regarde vostre honneur et vos intérests. J'auray une inquiétude perpétuelle, Monsieur, jusques à ce que je sois quitte envers vous du reste et que je vous aye trouvé chés vous. Mais si cela ne se peut autrement qu'en vous y trouvant malade, j'aime encore mieux vous manquer dix fois pour ne pas dire toujours.

Cependant je vous rends mille grâces tres-humbles *des volumes de vostre histoire de Naples* dont vous m'avés gratifié (2). Ce sera désormais ma plus agréable lecture et *de ceux à qui j'en feray part*, et je vous en rendray un conte exact à nostre première veue. Sa beauté ne servira qu'à m'en faire souhaiter davantage l'accomplissement, afin que ce ne soit plus un buste et que le corps se monstrant tout entier, on n'y puisse plus rien trouver à dire. Je vous exhorte à y mettre la dernière main et à ne nous pas faire languir longtemps dans l'attente. Il me seroit bien glorieux que ma prière eust contribué quelque chose à avancer ce contentement au public et qu'il pust scavoir que vous y avés considéré, Monsieur, vostre, etc. »

Le troisième volume ne parut qu'en 1667. Il est intitulé : « Troisième et dernière partie depuis l'arrivée de l'armée navale de France jusqu'à la réduction de tout le royaume au pouvoir des Espagnols et la prise du duc de Guise ». L'im-

---

(1) *Lettres de Jean Chapelain*, II, 426.

(2) Cela doit se rapporter à l'envoi de plusieurs exemplaires, ainsi que le fait encore présumer la phrase suivante, et non pas à l'envoi du premier et du second volume, ce dernier n'étant pas encore imprimé.

pression en fut terminée le 12 mai 1667 (1). Ce fut seulement le 6 juin que le sieur de Sainct-Yon, secrétaire du feu duc de Guise, obtint un privilège pour la publication des *Mémoires du duc de Guise sur la conduite qu'il a tenue dans son premier voyage à Naples* ». M. de Modène avait donc pleinement réussi à devancer l'œuvre de Henri de Lorraine, qui ne parut que l'année suivante 1668. La même année 1668, paraissait une seconde édition de la première partie de l'ouvrage d'Esprit de Rémond (2)

Les exemplaires de la première édition de l'*Histoire des révolutions de Naples* sont d'une rareté excessive, a dit Paul Lacroix, qui s'en est étonné et a déclaré en ignorer la cause. Aussi l'œuvre de M. de Modène n'est elle guère connue que par les éditions qu'en ont données en 1826, Fortia d'Urban, et en 1827, Mielle, qui a republié en deux volumes in-8º l'édition de M. Fortia, sous le titre de *Mémoires du comte de Modène.*

Ainsi que je l'ai dit, l'histoire de M. de Modène, désignée à tort sous le nom de *Mémoires* (3), est plus estimée que le récit du duc de Guise, et a été généralement appréciée d'une manière favorable par la critique. Ecrite en style soutenu, compassé, périodique sans lourdeur, allant par fois cependant jusqu'à l'emphase, elle constitue une véritable œuvre historique qui, par sa composition et l'élévation de vues de son auteur, mérite d'être placée dans un

(1) Le *Journal des Savants* n'a pas rendu compte de cette troisième partie qu'on attendait, disait-il dans son article du 7 février 1667.

(2) V. *Histoire des révolutions de la ville et du royaume de Naples, contenant les actions les plus secrètes et les plus mémorables de tout ce qui s'y passa jusqu'à la mort du prince de Massa,* composée par le comte de Modène. Première partie, seconde édition, à Paris, chez Louys Billaine, au second pillier de la grande salle du Palais, au Grand César, 1663, avec privilège du Roi.

(3) Bien qu'elle n'ait pas l'allure et les qualités primesautières de véritables mémoires, elle a les défauts de ce genre de composition, en ce sens que le récit de l'expédition de Naples est surtout une apologie de la conduite de M. de Modène.

bon rang parmi les produits de la littérature historique du XVIIe siècle.

Paul Lacroix est enfin venu lui donner un regain de célébrité en prétendant que M. de Modène avait eu pour collaborateur ni plus ni moins que Molière lui-même. C'est une légende qu'il a tenté d'accréditer dans le *Bulletin du Bouquiniste* de 1857, p. 412, dans ses *Enigmes et découvertes bibliographiques*, Lainé, 1866, in-12 (1), enfin, dans sa *Bibliographie moliéresque*, 2e édition, 1875, no 228, p. 61, et qui, depuis, a fait son chemin dans le monde. Non-seulement Paul Lacroix prétend que les rapports entre Modène et Molière amenèrent une sorte de collaboration, qui ne fut de la part de Molière qu'un acte de complaisance, mais il affirme n'avoir pas de peine à reconnaître le style franc et ferme de l'auteur de l'*Ecole des Femmes*, au milieu de la narration souvent emphatique du vieil ami de M. de l'Hermite. « Quant à la dédicace *Au Roi*, dit-il, elle porte évidemment le cachet de son style » et il la croit tout entière de lui (2). Ailleurs, il déclare que c'est Molière qui a tenu la plume pendant que Modène racontait ses aventures, et lui attribue ainsi carrément la rédaction de l'œuvre.

Tous les bibliographes n'ont heureusement pas accepté les yeux fermés les inductions si risquées de l'aventureux bibliophile. Les continuateurs de Brunet pensent que Modène a dû soumettre son livre à Molière, que celui-ci n'a pas dû marchander ni les avis, ni les corrections, mais que de là à la rédaction il y a loin. « Où aurait-il trouvé les loi-

(1) Voir dans ce volume la lettre du bibliophile Jacob sur les Mémoires du comte de Modène, attribués à Molière, pp. 33 à 37.

(2) Il n'y a pas de dédicace « au roi », mais bien une dédicace à la duchesse de Chevreuse, veuve du connétable de Luynes. Tout ce qu'a écrit Paul Lacroix n'est qu'un long à peu près. On peut dire qu'il a été un grand semeur d'erreurs dans le champ que défrichent les Moliéristes. — J'ai déjà parlé de cette dédicace à la duchesse de Chevreuse, veuve du duc de Luynes. M. de Modène avait bien choisi le patronage sous lequel il plaçait son livre et se montrait, de plus, fidèle aux amitiés de sa famille.

sirs nécessaires pour ce travail ? » disent-ils en finissant.

N'est-ce pas même faire encore la part trop large à Molière ? Sans revenir en effet sur l'impossibilité matérielle qu'aurait présenté pour lui un pareil labeur au milieu du travail incessant de la composition de ses comédies, au milieu des fatigues de sa vie si absorbante de directeur de théâtre et d'acteur, des soucis de sa vie domestique, et de ses fréquentes maladies (1), ne faut-il pas ajouter à tout cela ce que j'appellerai l'impossibilité morale. Si Paul Lacroix, et à sa suite la plupart des Moliéristes, même les plus judicieux, ont supposé et répété à l'envi que Modène s'était établi à Paris auprès de la famille Béjart, et qu'il resta l'ami dévoué de Molière, son compère, jusqu'à sa mort, si de cette cohabitation et de cette intimité prétendues ils ont conclu à une collaboration littéraire (2), il n'en reste pas moins à donner la première preuve de cette intimité? A part le choix de M. de Modène pour parrain d'Esprit-Madeleine, à part aussi l'épitaphe inédite de Molière composée par Esprit de Rémond et dont je parlerai plus loin, y a-t-il un autre indice, je ne dis pas de l'amitié du comte et de la Béjart, mais de son intimité avec Molière (3)?

(1) A la fin de 1665, Molière était à la fois malade et brouillé avec sa femme. (Voir Loiseleur, *Les Points obscurs*, 305.)

(2) On va jusqu'à dire que Molière a placé nombre des scènes de ses comédies à Naples, pour faire plaisir à l'ancien compagnon du duc de Guise, sans parler des reconnaissances finales qui rappelleraient celle de la fille de Madeleine Béjart, faite par le comte de Modène. D'autres ont imaginé, au contraire, de faire collaborer Esprit de Rémond à diverses scènes des comédies de Molière, ou comme M. Houssaye, de lui attribuer la paternité de certains vers « à *Bélise*, » des poésies dont Paul Lacroix s'était avisé de prendre Molière pour auteur. (Voir les *Comédiennes de Molière* p. 30 et P. Lacroix, *Poésies attribuées à Molière*, p. 4-19.

(3) Quand même Armande eut été fille de M. de Modène, il ne s'ensuit pas naturellement qu'il y aurait eu, à partir de 1664, des rapports étroits d'amitié entre le gendre et son beau-père, ni surtout collaboration littéraire entre eux. — Je n'en reconnais pas moins que les deux à trois ans de séjour de M. de Modène à Paris (1664-1667) doivent être tout particulièrement étudiés par les Moliéristes, surtout au point de vue de ses

En vérité, il faudrait y réfléchir à deux fois avant de répéter toutes ces opinions traditionnelles qui ne reposent sur aucun fait certain, qui traînent dans tous les livres de seconde main, comme les clichés sur les marbres des imprimeries, et ne tiennent pas debout dès qu'on s'avise de les toucher du doigt.

Il n'est pas plus prouvé que Molière ait été l'ami de M. de Modène, que son conseiller littéraire. Au lieu de s'adresser à l'auteur de *Don Juan* pour lui faire réviser ses ouvrages, M. de Modène prenait langue auprès d'un autre avocat consultant, qui est aujourd'hui bien connu.

Ce qui achève en effet de prouver qu'il n'appela pas Molière à être le conseiller ou le réviseur de son œuvre en prose, c'est qu'il ne le choisissait pas même pour corriger et émonder ses poésies, ce qui eut été plus facile à concevoir pour quelques pièces de vers de moins longue haleine, rentrant mieux dans la spécialité du poète, et cadrant davantage avec le peu de loisirs que lui laissait sa vie si occupée et si fiévreuse. C'était Chapelain qu'il chargea de la mission de revoir ses œuvres, une fois arrivé à Paris, de même qu'il l'avait investi déjà du fond du Comtat, trois ans auparavant, de cette mission de confiance.

C'est ce que nous montrent deux lettres de Chapelain à Colbert, insérées d'abord dans le recueil de M. P. Clément, et dans celui des *Lettres de Jean Chapelain*, publiées par M. Tamizey de Larroque (1). M. de Modène voulait rentrer en grâce auprès du roi. Il avait composé dans ce but une ode panégyrique qu'il avait chargé Chapelain de limer et de faire parvenir à Louis XIV par l'intermédiaire de Colbert.

---

rapports avec Molière, et des reflets possibles de son caractère dans certains personnages des comédies écrites alors par l'auteur du *Misanthrope*.

(1) Voir *La Correspondance de Colbert*, t. V, pp. 604 et 605 et *Lettres de Jean Chapelain*, t. II, p. 413-415.

Le tout-puissant critique écrivait, le dix septembre 1665, au ministre d'état qui daignait avoir confiance en ses lumières :

« Monsieur........ je vous diray que M. de Modène, celuy qui a esté tant meslé dans les affaires de Naples, m'ayant communiqué *le dessein qu'il avoit de servir Sa Majesté de la plume aussy bien que de son espée*, je le confirmay dans ce projet ; et tenant la main à la production de l'Ode panégyrique qu'il avoit conceue, elle a réussi, à mon avis, non du tout disproportionnée à la grandeur de son sujet. Avant qu'il soit huit jours je me donneray l'honneur de vous l'envoyer afin que vous en jugiés souverainement. *La condition de l'homme peut donner quelque relief à l'ouvrage* et il n'est que bon qu'entre les orateurs et les poètes qui célèbrent nostre adorable monarque, l'on conte des gens de qualité de qui l'on ait ouy parler avantageusement dans le monde. »

Vingt jours après, il faisait parvenir à Colbert les vers qu'il lui avait annoncés d'une façon si obligeante pour Esprit de Rémond, que dans sa tendresse pour les lettrés gentilshommes et panégyristes du roi, il allait rehausser encore du titre de marquis. Il lui écrivait le 1er octobre.

« Je vous envoye l'*ode de M. le marquis de Modène* pour Sa Majesté. Elle pourra vous plaire après les coups de lime que nous y avons donnés et je vous avoue que j'en ay pris d'autant plus de soin, qu'il m'a semblé que, son autheur estant plus qualifié, la gloire qui en reviendroit au Roy seroit plus haute et plus grande ».

Il ne semble pas que l'Ode pour sa Majesté, ainsi revue par le prince des critiques et soumise à Colbert, ait été alors imprimée. Elle n'était encore qu'à l'état de manuscrit. Reçut-elle les honneurs de l'impression ? C'est probable ; mais il faut que M. de Modène ait été possédé du démon de la procrastination, comme dit Fauriel, ou qu'il n'ait pas été très empressé de bien se faire voir de sa Majesté ; car l'*Ode au Roi*, composée par M. de Modène, si peu connue, bien qu'elle ait été imprimée et dont nous parlerons bientôt, ne parut qu'en 1667. Si c'est bien là l'Ode qui avait été écrite dès avant la fin de septembre 1665, il faut avouer que son auteur manquait d'esprit d'à-propos (à moins qu'il ne manquât d'argent) et qu'il n'était pas du tout opportuniste. Il n'avait pas le droit, dès lors, de dire comme Molière au roi, dans ses vers sur la conquête de la Franche-Comté, qui ne furent, il est vrai, publiés eux-mêmes que dans l'édition de l'*Amphytrion*, donnée en 1670 par J. Ribou :

« Ce sont faits inouïs, Grand Roi, que tes conquêtes,

. . . .

Mais nos chansons, Grand Roi, ne sont pas sitôt prêtes
Et tu mets moins de temps à faire tes conquêtes,
Qu'il n'en faut pour te bien louer ».

Après tout c'étaient les vers eux-mêmes, et non leur impression qui étaient de nature à attirer sur le poète les yeux et la faveur de Louis XIV, et il pourrait fort bien se faire que l'ode revue et corrigée par Chapelain n'ait été imprimée au commencement de 1667, que parcequ'elle le fut aux frais du roi, ce qui innocenterait M. de Modène des retards apportés à son impression.

L'ode publiée en 1667 et dont n'ont parlé, ni Pithon Curt, ni Barjavel, ni Fortia d'Urban, est la suivante :

Ode // aux Muses // sur le portrait // du Roy //. A *Paris,* // *chez Sébastien Mabre Cramoisy* // Imprimeur de sa Majesté // M D C.LXVII, in-4º de 17 pp. et 1 f. blanc. Au titre, la marque de Mabre Cramoisy, représentant des Cigognes. L'ode, qui se compose de vingt-huit strophes, est signée à la fin *le comte de Modène*. Au-dessous de la signature, se trouve un grand fleuron représentant un soleil que deux amours entourent de lauriers (1). C'est dire que cette pièce, avec vignettes gravées, est imprimée avec beaucoup de luxe, comme bon nombre de celles qui sont sorties des presses de Mabre Cramoisy et que recherchent tant aujourd'hui les bibliophiles.

Les gazettes du temps ne laissèrent pas passer sans la signaler l'*Ode aux Muses sur le portrait du Roy*, et l'auteur eut le plaisir de lire cet éloge de ses vers dans la *Muse Dauphine* de Subligny, du jeudi 17 mars 1667 (2).

« Pour revenir au Roy, SEIGNEUR
   Monsieur le COMTE DE MODÈNE,
   En a dit quatre vers avec bien du bonheur ;
   Je voudrois en devoir tout autant à ma veine.
« *Je voy* » dit-il, « *par les portraits divers*
   Que l'Europe fait de ses Princes,
   Qu'ils sont tous nez pour leurs Provinces,
   Mais que tu l'es pour l'Univers ».

---

(1) Voir *Catalogue des livres composant la bibliothèque du baron James de Rothschild*, par M. Picot, Paris, grand in-8°, 1884, p. 567, n° 838, et Paul Lacroix. *Poésies diverses attribuées à Molière*, Lemerre, 1869, in-12, p. 107. — Voici la première strophe de l'*Ode aux Muses sur le portrait du Roy* que je reproduis d'après le texte de l'exemplaire de la bibliothèque de Mme James de Rothschild, dont je dois communication à l'obligeance si parfaite de M. Picot :

« Doctes sœurs, de qui le pinceau
   Sçait mieux deffendre ses ouvrages
   De la violence des âges
   Que le burin et le ciseau ;
   Vous, dont la parlante peinture
   Peut enchérir sur la nature
   Et ranimer ce qui n'est plus,
   Rassemblez au siècle où nous sommes
   La fleur de toutes les vertus
Que les siècles passés virent aux plus grands hommes. »

(2) Voir *Les Continuateurs de Loret*, publiés par M. Picot, t. II, 731.

Le reste de son Ode aux neuf sœurs du Parnasse
A bien d'autres traits que cela,
Qui tiendroient bien ici leur place ;
Mais, mon beau *Prince*, lisez la.
J'ay d'autres choses à vous dire,
Pour ce coup, il doit vous suffire
Qu'il ne pouvoit pas dire mieux
Et qui voit ce qu'il voit, sans doute a de bons yeux ».

Les compatriotes de M. de Modène ont été moins empressés que Subligny à signaler ses vers en l'honneur du roi. Son ode est devenue si rare qu'elle a échappé à la plupart de ceux qui ont recueilli les matériaux de la Flore littéraire du dix-septième siècle. Un des auteurs qui connaissent le mieux les pièces rarissimes du temps, M. Tamizey de Larroque, a même écrit récemment, en 1884, dans la *Revue critique*, que « cette pièce paraissait être inconnue à tous les bibliographes ».

Paul Lacroix l'avait cependant fait connaître dès 1869, et en avait inséré les deux dernières strophes dans ses *Poésies diverses attribuées à Molière ou pouvant lui être attribuées.* Pris de la manie de voir partout des vers de Molière, il écrivait à propos de cette pièce : « Cette ode à laquelle Molière a probablement mis la main, est néanmoins assez faible, sans images, sans couleur, sans véritable inspiration ; mais les deux dernières strophes qui s'en détachent pour ainsi-dire, et qui semblent faites après coup, nous paraissent devoir être attribuées au *teinturier* ordinaire du comte de Modène. Celui-ci en effet avait toujours eu le goût de la poésie et avec un peu d'aide, il n'y réussissait pas mal ; mais il y a dans ses pièces de vers, tant de différences de style et de manière qu'on est bien obligé de reconnaître plusieurs auteurs sous son nom. Ce fut d'abord à son beau-père François Tristan l'Hermite qu'il eut recours ; ensuite après la mort de ce poète (1), il s'adressa naturellement à Molière, qui avait épousé sa fille Armande Béjart. Le comte de Modène, en revenant de l'expédition aventureuse de Naples... composa l'Ode aux Muses pour se recommander à Louis XIV et pour essayer de reprendre pied dans les charges de la Cour (2). Molière corrigea l'Ode, y ajouta deux strophes, et en présenta peut-être un exemplaire au roi (3) ».

C'est prendre là contre-pied de ceux qui font protéger, avec aussi peu de vérité, Molière auprès du roi, par M. de Modène, comme ils le font déjà patronner par lui auprès de Gaston d'Orléans pendant la durée de l'*Illustre Théâtre*. On aurait trop beau jeu à relever toutes les erreurs amoncelées dans ces lignes de Paul Lacroix. Je ne signalerai que la principale. Non *le teinturier* ordinaire de M. de Modène n'est nullement Molière ; il ne l'est ni pour ses poésies, ni pour ses ouvrages en prose, à propos desquels j'ai déjà réfuté l'erreur si tenace de l'auteur de la *Bibliographie Moliéresque*. Ce *teinturier*, on l'a vu, n'est autre que Chapelain, et l'auteur de *La Pucelle* était le premier à proclamer que M. de Modène était un poète fort inégal. Molière n'a rien à voir dans ces vers, pas plus que dans ceux de la *Peinture du pays d'Adioussias*, ni dans le sonnet sur la mort du Christ, que le téméraire bibliophile lui a fait également endosser (4). La gloire du poète comique est assez

(1) L'Hermite ne mourut que vers 1669 ; il n'était devenu le beau-père de M. de Modène qu'à la fin de 1666, et s'appelait Jean-Baptiste et non pas François.
(2) On sait que cette pièce n'a paru que dix-sept ans après le retour de M. de Modène en France.
(3) Paul Lacroix intitule ces deux strophes : « Invocation aux Muses pour recommander au roi le comte de Modène (*c'est lui-même qui parle*) ».
(4) Voir *Poésies attribuées à Molière*, pp. 135-147. Il y dit : « Nous ne prétendons pas que toutes les poésies du comte de Modène doivent être attribuées à Molière, mais il est probable qu'elles ont été ordinairement revues et corrigées par lui, quoiqu'il ait laissé au comte de Modène l'honneur de la signer ». Il attribue à Molière et à Modène, bien entendu,

grande, pour ne pas dépouiller à son profit M. de Modène des plus beaux vers qui peuvent assurer sa renommée poétique et qui n'ajouteraient rien à l'illustration de l'auteur du *Misanthrope*. Si Modène n'est pas absolument fondé à dire (puisqu'il a eu recours à la lime de Chapelain) :

Mon verre n'est pas grand, mais je bois dans mon verre,

il n'a pas du moins appelé Molière à le remplir ; il a soumis les produits de sa Muse au plus célèbre critique du temps, au grand prêtre de la littérature, comme l'ont fait la plupart des poètes de sa génération, mais il n'en résulte pas même de là que Chapelain ait été, dans le vrai sens du mot, son collaborateur. Il a été simplement pour lui un donneur d'avis, un correcteur, un conseiller après coup et non avant la lettre. Telle nous parait être la vérité et le rôle de l'auteur de *La Pucelle* dans la révision des vers de M. de Modène. Il faut donc, en somme, laisser à Esprit de Rémond la responsabilité des beautés comme celle des taches et des défauts de ses ouvrages tant en prose qu'en vers.

Les deux dernières strophes de l'*Ode aux Muses sur le portrait du Roy*, sont particulièrement curieuses pour l'histoire de M. de Modène, qui y raconte sa propre vie en se recommandant au roi :

« Apprenez lui donc, doctes sœurs,
Que je suis héritier du zèle
Qu'eut un père ardent et fidèle,
Pour trois de ses prédécesseurs.

la propriété collective des deux pièces que je viens de nommer, et y retrouve beaucoup de traits qui appartiennent à Molière et portent son cachet. A force d'y voir si clair, on peut dire qu'on risque de voir double et d'être halluciné. Rien n'autorisait à dire, au contraire, comme l'a fait M. Lacroix, *ibidem*, p. 27, que Molière « eut part aux sonnets religieux que le comte de Modène a laissés ». Cette empreinte du sentiment religieux ne se retrouve nulle part dans ses vers.

> J'ai tâché de suivre ses traces,
> Mais vous savez quelles disgrâces
> Ont toujours traversé mon sort :
> Il n'est point de nochers sur l'onde
> Qui puissent arriver au port,
> Si leur art ne rencontre un vent qui les seconde.
>
> Paroissez devant ce grand Roi,
> Aussi modestes que brillantes.
> Ne faites pas les mendiantes,
> Ni les mercenaires pour moi :
> Vous savez bien que ma pensée
> Ne fut jamais intéressée,
> Dans vos déserts ni dans la Cour,
> Et que le but de mon ouvrage
> Est que ma plume et mon amour
> Lui fassent voir mon cœur plutôt que mon visage (1). »

Au lieu de diminuer la part poétique de M. de Modène, il faudrait voir s'il n'y aurait pas plutôt lieu de l'augmenter, et s'il n'y aurait pas quelques poésies de lui dans les nombreux recueils imprimés (surtout pendant le temps de son séjour à Paris) chez Barbin, Sercy et Chamhoudry, qui contiennent tant de vers écrits en l'honneur du roi, même par les poètes les plus illustres comme les plus humbles, et aussi de vers pieux, à côté d'autres qui le sont beaucoup

---

(1) Ces vers expliquent bien ce que Chapelain dit dans sa lettre du 10 septembre 1665, à Colbert, au sujet de M. de Modène « qui avoit le dessein de servir Sa Majesté, de la plume aussi bien que de son espée », et cela montre qu'ils n'ont pas été faits après coup, comme le prétendait Paul Lacroix. Ils sont le paraphrase poétique de ce qu'il dit à la duchesse de Chevreuse à la fin de sa dédicace des *Révolutions de Naples* : « Je serois ravi de pouvoir vous faire paroitre mon zèle ; mais *la fortune, qui me lie depuis tant d'années les bras* ne me laisse rien que l'usage d'un cœur dont toutes les pensées et tous les vœux auront toujours pour but la passion de faire voir à tout le monde que je suis et veux être toute ma vie.... etc... »

moins (1). Il est, il est vrai, assez difficile de les découvrir. Beaucoup de ces vers sont anonymes ; d'autres sont signés simplement M, et l'on sait qu'on a rapporté cette signature à Mollier le poète musicien, à Montreuil, à Montplaisir, à l'abbé de Monfuron, à Malleville, et même parfois à tort à Molière. Ce n'est donc qu'autant qu'il s'agirait des poésies signalées par Pithon-Curt, qu'on serait en droit, sans témérité, d'attribuer à M. de Modène celles qui se produisent sous cette signature malheureusement trop vague et incertaine.

On pourrait même se demander si les vers portant le nom de Molière dans une ancienne copie trouvée *à Avignon* par le marquis Henri de la Garde, publiés pour la première fois dans le *Journal des Débats* des 4 et 6 mai 1859 par M. d'Ortigues et que les critiques les plus sérieux ont refusé avec raison de prendre pour du Molière, comme l'avaient fait Fournier et Paul Lacroix, ne sont pas sortis de la plume du comte de Modène (2). Je me contente d'appeler sur ce point l'attention de la critique, sans vouloir appuyer plus que de raison.

M. de Modène, à Paris (3), ne songeait pas seulement à la

---

(1) Tel est le cas de la seconde partie des *Pièces diverses contenant églogues, élégies, stances, madrigaux, chansons, etc.*, parues chez Barbin en 1668, in-12. Privilège du 5 avril 1668, et achevé d'imprimer du 18 août. A côté de vers sur les progrès de l'armée du roy en Flandre en 1667, p. 53, on y trouve, p. 161-166 la paraphrase du psaume *Credidi propter quod locutus sum* et p. 167-172 celle du psaume CLV *Lauda anima mea Dominum*.

(2) Je n'ai pas besoin de dire que c'est une simple hypothèse que j'émets, sans y attacher d'importance aucune. Ces trois pièces se composent de deux madrigaux et de vers irréguliers, suivis des trois lettres P. A. B., que M. d'Ortigues expliquait, ainsi : *Pour Armande Béjart*. Voir P. Lacroix, *Poésies attribuées à Molière*, pp. 75-86 ; Fournier, *La Valise de Molière*, et M. Lalanne, *Correspondance littéraire*, t. III, 265.

(3) L'aveu rendu par lui, pour Modène, le 8 avril 1666 et qui se trouve aux archives du département de Vaucluse B. 39, l'a été ʀʀs ɒʀᴜᵗe mandataire pendant son absence.

poésie. Joubert a écrit : « La punition des hommes qui ont trop aimé les femmes, est d'être condamné à les aimer toujours ». Les dernières années d'Esprit de Rémond, confirment la vérité de cette pensée du sage ami de M. de Châteaubriand. Le portrait que faisait de lui un Moliériste du temps, Donneau de Visé en 1669, montre que le vieux galantin ne s'était pas corrigé, et qu'il était resté jeune, très-jeune même, en vieillissant.

A Paris il n'avait pas retrouvé comme ancienne connaissance que Madeleine Béjart, il avait revu les l'Hermite, Marie Courtin de la Dehors, à qui il était lié par de vieux liens d'habitude, et sa fille Madeleine, aussi revenue à Paris depuis quelques années seulement.

La jeune mariée d'Avignon, en 1665, n'avait guères plus de vingt-cinq ans. Depuis l'arrivée de M. de Modène, qui n'avait probablement pas été étrangère à la demande en nullité de son premier mariage, dont sa mère lui avait soufflé l'idée, elle venait d'être démariée à la suite des aventures que j'ai racontées. En sa qualité de *fresh girl*, elle était faite pour exciter les désirs d'un libertin blasé. M. de Modène commençait à ressentir les effets de la vieillesse ou plutôt de sa vie de plaisirs. Ainsi que le montre la correspondance de Chapelain, il était atteint de la goutte, une des maladies qui sont aussi le châtiment de ceux qui ont abusé de la vie et des vins des côtes rôties des rives du Rhône. Il avait besoin à Paris, loin de Modène, de soins autres que ceux de mercenaires pour apporter du soulagement à son affection chronique. Nul doute que Marie Courtin de la Dehors n'ait cherché à tirer parti de cette situation dans son intérêt et aussi dans celui de sa fille, qui dut être le principal agent de ses intrigues et le principal objectif de ses manœuvres.

Si Madeleine Béjart avait réellement échoué dans le projet de devenir ou de faire d'Armande une comtesse de Modène, comme on peut être tenté de le supposer, Marie Courtin de la Dehors n'en reprit pas moins pour son compte cette ambition, et à forces de rouéries, de captations, elle devait triompher là où Madeleine n'avait pas réussi. Mais elle avait sa fille dans son jeu (1). Madeleine de l'Hermite, qui avait passé par les planches d'un théâtre, préférait une couronne de comtesse au rôle d'une soubrette de comédie. Ainsi que le prouveront les actes dont elle eut soin d'accompagner et de faire suivre son mariage, ce qu'elle cherchait avant tout en épousant M. de Modène, c'était de sortir de la misère ; c'était une affaire d'argent qu'elle concluait. On sait à quelle extrémité elle en était réduite : « Elle a été veue dans Paris (dit un des mémoires judiciaires produits par Charles de Rémond), très-mal logée et très-mal équipée et si pauvre que des personnes charitables la seroient allées visiter, et lui auroient laissé de l'argent par aumosne à son chevet. » — « Ses père et mère estoient très pauvres et en état presque de mendicité », s'il faut en croire le même factum. Devenir dame de Modène après cela, tout gêné que pouvait être Esprit de Rémond, c'était pour elle et sa famille le Pactole et l'or du Pérou.

(1) Si Madeleine Béjart échoua réellement dans son prétendu projet d'épouser le comte de Modène, de se le rattacher *in extremis*, grâce à ses souvenirs d'*antan* et à ses bons offices, quel en fut le motif? Le baron trouva-t-il qu'elle était trop enfoncée dans le tripot comique, qu'elle avait trop brûlé les planches et trop rôti le balai ? Il est probable que la jeunesse de Madeleine de l'Hermite fut le véritable motif de son triomphe sur la Béjart, si toutefois il y eut concurrence dans leurs vues sur Esprit de Rémond. Il n'en est pas moins étonnant que Madeleine Béjart n'ait épousé ni Modène, ni Molière, et l'on ne parait pas jusqu'ici avoir assez insisté sur ce double échec d'une femme ayant pour elle à la fois sa beauté et une habileté rare. Si l'on peut expliquer maintenant son échec vis-à-vis de Modène, il n'en est pas de même toutefois vis-à-vis de Molière. On disait naguères, que l'espoir qu'avait Madeleine, d'épouser Modène, que l'infidélité perpétuelle, au moins morale, qu'elle avait commise à l'égard du comédien, suffisaient pour expliquer comment elle n'en était pas devenue la femme. Maintenant qu'on commence à voir plus clair dans la vie de M. de Modène et dans ses amours, peut-on encore donner la même explication des relations non suivies de mariage de Madeleine et de Molière ? Ne faut-il pas attendre à encore être mieux fixé sur la filiation d'Armande, pour expliquer cette énigme?

La date de ce mariage, jusqu'aux recherches d'Eudore Soulié sur Molière, a été ignorée d'un bon nombre d'historiens de M. de Modène ; plusieurs d'entre eux, même dans ces derniers temps, ne l'ont pas connue (1). Un des motifs de cette ignorance, c'est que la mésalliance contractée par M. de Modène, et les différends qui furent le résultat de ses libéralités envers sa femme, empêchèrent les parents d'Esprit de Rémond de donner une place d'honneur à Madeleine de l'Hermite dans la généalogie de leur famille, et d'insister sur le second mariage du comte (2). Fortia d'Urban n'en savait pas la date réelle lors de la publication de son *Supplément aux diverses éditions des œuvres de Molière*, en 1825, et a contribué plus que personne à répandre sur cette union les erreurs qu'a répétées Soleirol. Il l'a connue cependant l'année suivante et l'a insérée dans son édition, malheureusement assez rare, de l'*Histoire des révolutions de Naples* (1826), qu'il a fait précéder de la généaogie de la famille de Modène (3). Au temps même de ce mariage, un auteur qui, plus que tout autre avait lieu de s'en applaudir, et dont la vanité était le moindre défaut, avait eu soin pourtant de le mentionner dans un de ses livres généalogiques. C'était le père de la mariée, Jean-Baptiste de l'Hermite, tout fier d'être devenu le beau-père de M. de Modène.

Dans son *Inventaire généalogique de la noblesse de Touraine*, paru en 1669, c'est-à-dire peu de temps après l'union de sa fille et du comte, il écrivait, ainsi que je l'ai dit déjà,

(1) Bon nombre d'auteurs ont répété jusqu'à ce jour, d'après Barjavel, qu'il avait épousé Madeleine de l'Hermite dès 1632, c'est-à-dire huit ans environ avant qu'elle fut née.

(2) En outre des généalogies imprimées, il en existe une manuscrite de la famille de Modène, conservée dans ses archives, datant de 1690.

(3) Voir *Histoire des Révolutions de Naples*, 2 vol. in-8°, 1826, Paris Sautelet, t. I, p. 53. Il indique le 26 octobre 1666 comme date du contrat de mariage et dit que le comte institua Madeleine de l'Hermite son héritière universelle.

qu'il avait de son mariage avec Marie Courtin de la Dehors « une fille unique, Magdelaine de l'Hermite de Souliers, femme de messire Esprit de Raymond, comte de Modène ».

En 1873, Soulié indiquait en note, sans autre détail, comme inscrit à la date du 26 octobre 1666 sur le répertoire du notaire Moufle, qui reçut aussi le testament de Madeleine Béjart, le contrat de mariage des deux époux (1). Depuis cette indication, qui n'a pas même empêché de répéter les anciennes erreurs, personne n'a pris la peine de recourir à l'acte lui-même. C'est grâce à cette abstention que je puis donner aujourd'hui aux lecteurs la primeur du contrat de mariage de Mme de Modène, seconde du nom, copié par moi sur la minute elle-même de l'étude de Mre Chevillard :

« Du XXVIe octobre 1666.

« Furent présens haut et puissant seigneur messire Esprit de Rémond, chevalier, comte de Modène, demeurant rue Saint-Claude, marais du Temple, paroisse Saint-Paul, pour luy et en son nom d'une part ; et messire Jean-Baptiste l'Hermite de Souliers, chevalier, gentilhomme servant du Roi, demeurant dite rue et paroisse, au nom et comme stipulant en cette partie pour damoiselle Magdeleine Lhermite de Souliers, fille de luy et de la dame Marie Courtin de la Dehors son espouse, la dite damoiselle à ce présente et de son consentement, d'autre part ; les quelles parties, en la présence et par l'avis de dames Anthoinette d'Illiers, espouse de M. Estienne le Morhié, chevalier, seigneur de Villiers le Morhié et autres lieux, cousin germain du dit l'Hermite, haut et puissant seigneur M^{re} de l'Hospital, comte de Sainte-Mesme et autres lieux, chevalier d'honneur et premier escuyer de Madame, duchesse douairière d'Orléans, de haut et puissant seigneur Mre Armand Louis Gouffier, chevalier, comte de Caravas, et de Mre François de Chardonnet, chevalier, seigneur de Vigny et autres lieux et aussi cousins du dit l'Hermite, recogneurent et confessèrent avoir faict et

---

(1) V. Soulié, *Recherches sur Molière,* p. 75.

formé entre elles un traicté de mariage et choses qui en suivent : savoir que le dit sieur l'Hermite a promis bailler et donner la dite damoiselle Magdeleine de l'Hermite, sa fille, au dit seigneur comte de Modène, qui, de sa part, promet la prendre pour sa femme et légitime espouse et le dit mariage faire solempniser en face de nostre mère Sainte Eglise, dans le plus bref temps que faire se pourra et soubz la licence d'icelle. Ce faisant, seront le dit seigneur et dame future espouse uns et communs en tous biens, meubles et conquests immeubles suivant la coutume de Paris au désir de la quelle la future communauté sera réglée en cas qu'ils fissent ci-après des acquisitions ou establissent leur demeure en lieu situés soubz coustumes contraires, aux quelles ils ont expressément dérogé et renoncé par ces présentes. Ne seront néammoins tenus des debtes et hypothèques l'un de l'autre faites et créées paravant leur future mariage ; mais si aucunes y a, elles seront payées et acquittées par celui du costé du quel elles seront procédées. Le dit s^{gr} futur espoux prendra la dicte damoiselle future espouse avec les biens et droicts qui lui appartiennent et luy seront baillés et fournis par le dit sieur son père, dont sera faict un estat entre les parties incessamment. Le tiers des dits biens et droits entrera en la dicte future communauté et les deux autres tiers demeureront propres à la dicte damoiselle future espouse et aux sieurs de son costé et ligne, ensemble ce qui constant le dit mariage luy eschéera par succession, donation ou autrement.

Le survivant des dicts seigneur et dame future espouse aura et prendra par préciput, scavoir iceluy s^{gr} futur espoux de ses habits, livres, armes, carosses et chevaux et la dite dame future espouse de ses habits, bagues et joyaux, carosses et chevaux jusqu'à la somme de 3,000 livres, ou la dite somme en deniers au choix du dit survivant.

Le dit s^{gr} futur espoux a donné à la dite damoiselle future espouse du douaire coustumier ou de 2,000 livres de rente de douaire préfix au choix et option de la damoiselle future espouse ou l'un ou l'autre des dits douaires et que choisy sera à avoir et prendre sur tous et chacuns les biens du dit s^{gr} futur espoux.

En oultre la dite damoiselle future espouse aura son habitation dans la maison principale appartenant au dit s^{gr} futur espoux ou jouira de 400 livres de rente viagère aussy à prendre sur tous les biens du dit s^{gr} futur espoux, le tout au choix et option des héritiers d'iceluy futur espoux, s'il n'y en a enfants du dit futur mariage, et s'il y en a à l'option de la dite damoiselle future espouse.

Esprit de Remond de Modene

de Lhermite. *M. de l'Hermite.*

On lit à la suite de ces signatures :

« Si constant le dit mariage, il est vendu et aliéné quelques héritages ou racheptè rentes appartenans en propre à l'un ou l'autre des dits futurs espoux, remploy en sera fait avec héritages en rentes pour sortir pareille nature de propre à celuy ou celle à qui les choses aliénées auront appartenu.

Et oultre, en considération du dit mariage futur et de l'amitié que le dit s^{gr} futur espoux porte à la dite damoiselle future espouse, il a faict et faict par les présentes donation irrévocable entre vifs à icelle damoiselle future espouse, ce acceptant, de tous et chacun les biens meubles propres acquès et conquès et immeubles qui appartiennent au dit s^{gr} futur espoux et se trouveront luy appartenir au jour de son décéds. Pour en jouir par elle en usufruit, sa vie durant, au cas qu'elle survive le dit s^{gr} futur espoux, pourveu qu'il n'y ait aucun enffant du dit mariage lors vivant et tant qu'elle demeurera en viduité. Et a ce ainsy le tout esté accordé entre les dites parties, les quelles, pour faire insinuer les présentes au greffe des insinuations du Chastelet de Paris et par tout ailleurs où besoin sera, ont faict et constitué leurs procureur le porteur d'icelles auquel elles donnent pouvoir de le faire..... Faict et passé à Paris, en la maison où le dit seigneur et damoiselle future espouse sont demeurants, l'an 1666, le 26eme jour d'octobre avant midy, étant signé :

Esprit de Remond de Modene.

de Lhermite de Souliers.

Magdelaine de l'Hermite (1).

A. d'Illiers.

Armand Louis Goufier.

Le Vasseur.

Hospital Ste Mesme.

de Chardonnet.

Moufle.

On voit que du côté de M. de Modène, personne n'assiste au contrat, tandis que les l'Hermite ont eu soin de se faire chaperonner par d'illustres parents. C'était indiqué du reste; ce cortège d'alliés était pour eux un moyen de contrebalancer leur pauvreté et d'effacer la tache que leur entrée dans une troupe de comédiens avait pu faire à leur blason. M. de Modène, brouillé, d'ailleurs, avec les siens, ne devait pas tenir, au contraire, à avoir des témoins de cette union qui était bel et bien pour lui une mésalliance, ni des avantages pécuniaires qu'il consentait dès lors à la fille de l'Hermite. On remarquera que ni Madeleine Béjart, ni Molière, ni Armande, ne sont mentionnés parmi les assistants. Leur absence, d'ailleurs, est assez naturelle ; mais n'en est pas moins à signaler, alors même qu'il est difficile d'en tirer aucun argument pour ou contre la filiation d'Armande (2).

Une autre mention curieuse à relever dans le contrat,

(1) Magdelaine signe avec un grand paraphe compliqué, digne d'un notaire.
(2) Le *Journal de La Grange*, p. 84, nous apprend que le mardi 26 octobre, la troupe joua *Le Fascheux et les Médecins,* qui produisirent 248 livres dix sous. — Molière et Madeleine n'assistèrent probablement pas davantage au mariage religieux en décembre. La troupe, comme nous le dit encore La Grange (p. 85), partit le 1er décembre, par ordre du roi, pour Saint-Germain-en-Laye, où elle joua le *Ballet des Muses et le Sicilien.* Son retour n'est mentionné que le 20 février 1667.

c'est que les l'Hermite sont dits demeurer rue Saint-Claude, au Marais, comme M. de Modène ; cela indique qu'ils avaient sans doute une habitation commune, et aide à comprendre bien des choses, et surtout la captation exercée par la future épouse et les siens. Le mariage ne suivit pas immédiatement le contrat. Il eut lieu en décembre dans l'église paroissiale de Saint-Paul. Ni Beffara dans ses manuscrits, ni Jal, ni MM. de Chastellux et Herluison n'ont songé à nous faire connaître l'acte qui en fut dressé. Une copie reproduisant les noms des témoins, fut expédiée le 19 janvier 1674, après la mort du baron de Modène et pourra heureusement permettre de suppléer à l'original.

Ce mariage ne releva pas la considération de M. de Modène, et ne fit que le déclasser davantage, malgré la noblesse réelle de l'épousée, alors qu'il eut eu besoin, arrivé presqu'à la vieillesse, et après la publication de son *Histoire des révolutions de Naples,* de se rendre digne de l'intérêt qu'il voulait appeler sur ses malheurs.

On peut juger de l'effet qu'il produisit sur l'opinion, par ce qu'en dit l'abbé Arnauld, le seul contemporain qui se soit fait l'interprète des sentiments des honnêtes gens de l'époque. Si Arnauld a fait erreur sur l'identité de l'inconnue qu'épousait M. de Modène, il ne s'est pas trompé sur la mésestime qui résulta, pour le baron, de ce mariage disproportionné d'un vieillard de cinquante-huit ans avec une jeune fille de vingt-sept, ayant passé par les aventures les plus diverses, fille de son ancienne maîtresse, et qui, bien que d'origine noble, n'était pas moins issue d'une famille de bohêmes.

Voilà son témoignage, d'autant plus précieux sur ce second mariage de M. de Modène qu'il est unique : « Par une continuation des désordres de sa vie, il épousa en secondes noces la sœur de la Béjart, fameuse comédienne (1) ».

---

(1) *Mémoires de l'abbé Arnauld*, p. 259. Voir dans le *Moliériste*, t. V, p. 261 et suiv., un extrait des manuscrits de Beffara, relatif à ce passage

Cette seule phrase suffit pour montrer le cas que fit l'opinion de cette union du comte avec la fille de l'Hermite, qui avait elle-même un instant figuré dans une troupe de comédiens. Que Madeleine de l'Hermite fut une personne « agréable » comme dit Mme Dunoyer, c'est possible ; mais M. de Modène n'en était pas moins le seul qui ne dut point l'épouser, non pas parce qu'elle avait été comédienne, (il n'eut pas été le seul à commettre une pareille mésalliance, autorisée par des exemples venus de haut) (1), mais parce qu'elle était la fille de Marie Courtin de la Dehors, son ancienne maîtresse. Ce mariage annonce chez lui une absence complète de sens moral. Ceux qui voient en Madeleine Béjart la mère d'Armande, ont accusé Molière d'en avoir fait tout autant. Si le fait était vrai, ce serait déjà bien risqué de la part de l'auteur du *Misanthrope*, dans lequel on s'est complu à supposer les vertus d'*Alceste*, mais enfin, Molière était un comédien ; il avait roulé pendant douze années de sa jeunesse à travers la France, avec des acteurs de campagne, il avait hélas, les mœurs de cet entourage si disposé à se prêter à toutes les tolérances, à toutes les compromissions. Mais M. de Modène était un gentilhomme, le fils de l'ami du connétable de Luynes. S'il n'avait pas plus de répugnance à s'enc...omédiéner qu'un roué de la Régence, il eut dû au moins ne pas songer un seul instant à épouser la fille de la femme avec laquelle il avait vécu si longtemps dans le Comtat.

des *Mémoires de l'abbé Arnauld*, écrit après la mort de M. de Modène. Le neveu de l'évêque d'Angers s'est certes trompé ; mais cela ne donne-t-il pas lieu de croire à des liens réels d'alliances, sinon de parenté entre Marie Courtin et Madeleine Béjart. Autrement, pour prendre ces dires à la lettre, il faudrait supposer des calomnies analogues à celles de Montfleury, à l'égard de Molière, c'est-à-dire supposer qu'Armande et Magdelon seraient filles du même père, et ce qui s'en suivrait.

(1) On sait le rôle que jouaient les actrices, notamment Nelly Gynn, à la cour de Charles II, et celui qu'elles ont rempli dès lors et jusqu'à nos jours dans certaines petites cours d'Allemagne.

Marie Courtin ne fut sans doute pas sans comprendre tout ce qu'un pareil mariage avait d'étrange. Elle s'était prudemment éclipsée. Outre l'absence des Béjart au contrat de Mme de Modène, il en est une autre en effet, plus caractéristique qui a lieu tout d'abord d'étonner, mais dont on ne tarde pas à saisir le motif, c'est la sienne. L'ancienne maîtresse de M. de Modène avait senti que sa présence eut été un vrai trouble-fête, pour ne pas dire davantage, aux noces de sa fille ; en mère dévouée, elle avait fait le sacrifice de sa vanité et elle avait mieux aimé, en s'effaçant, assurer l'avenir de Madeleine, que de risquer de le compromettre par sa présence.

Peu de temps avant le mariage de sa fille *La Muse Dauphine* de Subligny nous donne d'ailleurs sur elle un renseignement inattendu. Marie Courtin de la Dehors, trouvant sans doute trop maigres les profits que l'Hermite de Souliers tirait de ses généalogies, se serait mise elle-même fabricante de verrerie et de cristal et aurait embrassé une profession qui lui permit de faire le commerce sans déroger. Est-ce le besoin, ou le désir de colorer son éloignement d'un motif plausible qui lui avaient fait prendre cette détermination ?

Voici ce qu'on lit dans la *Gazette* du 30 septembre 1666 (1) :

« Au reste Madame Tristan,
Belle-sœur du fameux Tristan,
S'en va faire enrager Milan.
Elle a, je croy, trouvé cette pierre bénite,
Dont jadis tant de monde estoit devenu fol ;
Car elle a fait du *Girasol*
Et composé un cristal de roche,
Dont tout le Milanez avecque son cristal,

---

(1) V. *Les Continuateurs de Loret*, II, 342. C'est d'après Subligny, qu'Edouard Fournier, *Roman de Molière*, p. 58, l'a dite fabricante de verroterie. Voir une opinion de lui différente dans *Les Poètes français*, de Crepet, II, 543.

Tout naturel qu'il est, n'a rien qui s'en approche.
L'ouvrage s'en fait au Courval :
Si nous allons en Normandie,
Il nous en faut un jour visiter les ouvriers.
J'en diray peu, quoy que j'en die ;
Ses tables, ses buffets, lustres et chandeliers,
Surpassent de si loin toute manufacture
Que Madame l'Hermite, à parler franc et net,
Est une rare créature,
D'en avoir trouvé le secret. »

Il reste à savoir de quel œil Madeleine Béjart vit le mariage de son ancien amant avec celle qui, jadis, avait été une petite cabotine de sa troupe et qui y avait joué les rôles de comparse, alors qu'elle y représentait les reines de théâtre. Eprouva-t-elle une déception ? Avait-elle espéré qu'à plus de quarante-huit ans, elle aurait encore assez d'empire sur un galantin tel que M. de Modène, pour pouvoir devenir sa femme, alors que depuis 1650, depuis plus de quinze ans, M. de Modène, devenu doublement libre par sa sortie de captivité et par la mort de sa femme, ne l'avait pas épousée ? Je ne le pense pas, et ce qui donne à croire qu'elle n'eut aucune amère déception à subir, c'est que, malgré ce mariage de M. de Modène, non-seulement elle ne rompit pas avec lui, mais elle continua à lui rendre, comme on le verra, les services qui lui étaient les plus sensibles, c'est-à-dire des services d'argent.

Avant de quitter Paris, M. de Modène, au lendemain de son mariage, donna les derniers soins à l'impression de son *Ode sur le portrait du Roy* et du troisième volume de son *Histoire des révolutions de Naples*, puis il retourna dans le Comtat avec sa femme et le cortège d'affidés qu'elle emmenait avec elle. Madeleine de l'Hermite avait sans doute hâte de s'installer au château de Modène pour y jouer « pour de bon » son rôle de nouvelle comtesse, ce qui lui serait plus aisé sans doute que rue Saint-Claude, au Marais, au milieu de ceux qui l'avaient vue naguères vivant dans une étroite gène, et en pleine bohême. C'est désormais dans le Comtat qu'il nous faut voir s'écouler, à côté de Mme de Modène, seconde du nom, les derniers jours de la vie de son mari, si pleine de singularités et d'accidents de toute sorte.

§ XXI.

Madame de Modène deuxième du nom. — Les dernières années de la vie de son mari. — Le sonnet sur la mort du Christ. — Mort de M. de Modène. — Débats sur sa succession. — Une lettre inédite sur la veuve de Molière. Son intervention dans la liquidation de la succession de M. de Modène.

Madeleine de l'Hermite, qui ne comptait que vingt-six printemps, n'avait pas épousé un vieillard de cinquante-huit ans pour ne goûter que la satisfaction d'être appelée du titre de baronne ou de comtesse, voire même de marquise. Dans sa position, aussi précaire que celle de sa famille, elle visait surtout au solide et à tirer parti pour ses vieux jours de la fortune de M. de Modène. Sa mère était là du reste pour la prêcher et lui rappeler tout l'empire qu'une jeune femme peut exercer sur l'esprit et la bourse d'un vieillard, qui veut encore jouer les Don Juan à soixante ans.

Aussi commença-t-elle par se faire reconnaître par son mari un apport de 25,925 livres. D'après un inventaire « *familier et domestique*, fait et dressé pour lors, pièce à pièce, entre le dit seigneur espoux et la dite dame espouse, le dit inventaire soussigné en présence des estimateurs des dits meubles et de quelques domestiques des dits seigneur et dame », M. de Modène reconnut avoir reçu de sa femme « la somme de vingt-cinq mille neuf cent vingt-une livres et huit sols, tant en joyaux, perles, pierreries, or et argent monnayé, vaiselle d'argent au poinçon de la ville de Paris, tapisseries, lits avec leurs garnitures que en meubles appartenant en propre à la dite dame de l'Hermitte, sa dite épouse, au temps de leur mariage ».

Il est difficile de croire que dans l'état de gêne et même de pauvreté où se trouvait Madeleine de l'Hermite et que nous avons retracé, elle eut en sa possession un avoir aussi considérable, pouvant équivaloir aujourd'hui à cent ou cent vingt-cinq mille francs (1). Nul doute que, si tout cet apport de joyaux, argenterie, argent monnayé, tapisseries et meubles existait réellement, il ne lui ait été donné par M. de Modène lui-même, et que l'inventaire n'ait eu pour but de cacher une donation déguisée.

Nous verrons du reste à quelles contestations il donna lieu à la mort de M. de Modène, et à quels actes recourut Madeleine, avant le décès de son mari, pour tâcher d'en établir la véracité. Ainsi que le dit le mémoire de Charles de Modène : « La pauvreté notoire des dits père et mère de la dite dame mesme, devant le mariage contracté avec le dit seigneur Esprit et au temps d'icelluy, preuve suffisamment l'inverisimilitude de la prétendue recognoissance ».

Lorsque Mme de Modène arriva à Avignon, reconnut-on en elle la Magdelon qui, douze à treize ans plus tôt, y avait joué la comédie avec la troupe de Molière, et s'était mariée fort modestement le 11 novembre 1655 dans l'église de Saint-Agricol avec Le Fuzelier, toujours au nombre des vivants ?

Elle parut au château de Modène avec un assez modeste train de maison, contrastant avec la somptuosité de son

(1) Il ne faut pas oublier qu'aux dires de Charles de Modène, ses pères et mère ainsi qu'elle « estoient très pauvres et en estat presque de mendicité ».

apport prétendu. La mémoire de Charles de Rémond allègue
« que la dite dame fut emmenée au lieu et chasteau de
Modène n'ayant aucune personne de service (1), couchant
tousjours dans une mesme chambre du dit seigneur Esprit
et dans un lit qui estoit joignant celuy du dit seigneur......
Que la dite dame de L'Hermitte ayant esté emmenée en ce
pays, après le mariage contracté avec le dit seigneur, auroit
dict souvent et advoué, devant des personnes dignes de foy
et de croire, que Monsieur de Modène l'avoit espousée et
prise pour femme n'ayant rien valant et qu'elle n'avoit que
le seul titre de noblesse ».

Elle s'efforça de faire oublier son passé et de gagner les
sympathies du pays par ses dons à l'église de Modène. Son
mari du reste lui avait donné l'exemple de cette générosité.
En 1662 il avait donné un tabernacle en bois doré pour le
maître autel de l'église, fait placer une balustrade en bois à
l'entrée du sanctuaire et daller l'église et la chapelle qu'il
y avait fondée. En 1668, le 7 décembre, il y fondait aussi un
service anniversaire à célébrer à perpétuité le jour de son
décès (2). On serait tenté de dire qu'il vivait de la sorte en
partie double et qu'il expiait par ses œuvres pies à Modène
les actes trop profanes qu'il avait commis ailleurs ; mais ce
serait peut-être un jugement téméraire. Il s'était sans doute

(1) Nous verrons qu'ailleurs on la dit au contraire accompagnée des
sœurs de Belleval.

(2) « L'an 1668 et le 7me jour du mois de décembre, haut et puissant
seigneur messire Esprit de Rémond de Modène a fondé à l'église paroissiale
du dit Modène un chanté anniversaire, que M. le vicaire du dit lieu dira
à tel jour que sera son décès, qui fut le second de décembre 1673 et il l'a
doté d'un écu tous les ans, comme plus amplement appert par son testament, reçu par Me Favry (?), notaire de Bedoin, au jour et an susdits.
(Extrait des anniversaires fondés dans l'église de Modène, communiqué
par M. l'abbé Prompsault). Ainsi que je le dirai plus loin, le testament de
M. de Modène est du 14 décembre 1667, et ne paraît pas avoir été reçu
par un notaire de Bedoin, qui d'ailleurs s'appelait Jean-Esprit Rey, à la
date de 1668. Aussi n'a-t-il pas, à cette dernière date, été retrouvé dans
l'étude de Bedoin, malgré les obligeantes recherches du titulaire actuel
M. Reynard ».

assagi avec l'âge. Le diable en vieillissant se fait ermite. Cela était simplement vrai pour lui comme pour autrui. Ces actes ont pu même faire illusion sur sa vie réelle antérieure, et des historiens du Comtat ne connaissant guère de lui que ces libéralités se sont pris à vanter son cœur généreux. Sa femme elle-même s'associait à ses dons, qui d'ailleurs étaient comme une nécessité de sa qualité de seigneur de paroisse. En 1669, « Noble dame Madeleine de l'Hermite, femme de M. le comte, seigneur de Modène, donne à la confrérie du St-Sacrement pour l'usage de la paroisse, un ostensoir d'argent au pied duquel étaient gravées ses armes ». Elle faisait aussi restaurer l'ancienne église où étaient placés par ses soins deux tableaux représentant saint Denis et sainte Madeleine (1).

Elle ne négligeait cependant pas pour cela le soin de ses intérêts personnels ; il semble même que, dans son égoïsme, elle alla jusqu'à en prendre souci au préjudice de ceux de Madeleine Béjart son ancienne directrice, qui avait acheté en 1661, tout près de Modène, un petit coin de terre que les l'Hermite avaient un instant possédé, grâce à la libéralité d'Esprit de Rémond.

De la part de la Béjart, cette acquisition avait été si peu en réalité une affaire d'argent, qu'elle avait négligé de se faire donner l'investiture de la grange de la Souquette. Madame de Modène voulut en profiter pour la rendre nulle, en se faisant céder les droits du seigneur direct auquel les droits de lods et vérités n'avaient pas été payés. Par acte du 11 octobre 1668, devant Jean-Esprit Rey, notaire de Bedoin, Jean Thomas, rentier des religieux de Montmajour et du prieuré de Saint-Martin de Bedoin, en vertu d'actes d'arrentement datant du 1er mars 1662, vendait à dame Madeleine de l'Hermite, femme de messire Esprit de Rémond de Mormoiron, seigneur et comte de Modène,

---

(1) Voir *Histoire de Modène*, par M. l'abbé Prompsault, p. 91-92.

présente et stipulante avec la permission de son époux, le droit de premier lods, avec celui de rétention par droit de prélation, et autres droits résultant de la première aliénation qui pouvait avoir été faite, depuis ledit 1er mars 1662, de la portion de la grange de la Souquette, qui relevait du prieuré de Saint-Martin de Bedoin, dépendant de l'abbaye de Montmajour. Cette vente fut consentie moyennant soixante écus payés comptant et signée au château de Modène (1).

Mais Madeleine Béjard avait plus que jamais ses raisons pour tenir à conserver son bien. Ses droits sur la Souquette dataient du 7 juin 1661 et étaient antérieurs à l'arrentement de Jean Thomas. Elle se fit donner, bien que tardivement, l'investiture de la Souquette, le 18 avril 1669, par frère Gilles Benoist, religieux du monastère de Montmajour-lès-Arles et seigneur direct de la dite grange, en qualité de prieur de Saint-Martin de Bedoin d'où elle relevait. Le dit frère Gilles Benoit lui donna quittance de la somme de deux cents livres, qu'elle paya pour entérinement de son contrat d'acquêt et pour tous les droits de lods et ventes (2).

Alors M. et Mme de Modène, trompés dans leur attente, intentèrent contre Jean Thomas une demande en restitution des soixante écus qu'ils lui avaient payés sans utilité pour eux et qu'il avait reçus de son côté sans aucun titre légitime, puisque la vente de la grange avait été faite avant l'acte d'arrentement que les religieux ne lui avaient consenti qu'au 1er mars 1662 (3).

(1) Voir Fortia d'Urban, *Supplément*....., p. 150.
(2) V. Fortia, *ut suprà*, p. 122, et Soulié *Recherches sur Molière*, p. 256. Dans l'inventaire de Madeleine Béjart on mentionne, outre l'acte d'acquisition de la Souquette et l'entérinement d'icelui portant quittance, deux autres contrats et onze pièces relatives à ce petit coin de terre du Comtat.
(3) V. Fortia, *ut suprà*, p. 120-121, 151. Dans son mémoire de 1669, contre le rentier du prieuré de Bedoin pour restitution du droit de lods par lui vendu à la dite dame, Madeleine de l'Hermite dit que « *depuis quelques jours* il est venu à sa connaissance comme quoi la dame sa mère avait vendu la dite grange à demoiselle Madeleine Béjard à Paris,

Le différend relatif à la Souquette fut assoupi pour un temps, jusqu'au lendemain de la mort de M. de Modène, et Madeleine de l'Hermite obligée de renoncer momentanément à ses singulières prétentions.

Cependant les bonnes relations entre M. de Modène et Madeleine Béjart ne semblent pas s'être ressenties de cette petite algarade ; six mois avant sa mort, Madeleine venait encore aider de sa bourse son ancien amant, toujours pressé par ses créanciers et fort peu entendu en matière d'affaires d'argent. Elle désintéressait les créanciers qu'il était habitué à ne pas payer. C'était beau de la part d'une fille d'huissier !

On se rappelle peut-être que le 12 novembre 1664, Esprit de Rémond, pendant qu'il était à Paris, avait emprunté trois mille livres de Martin Tabouret, sieur de Tarny, conseiller et secrétaire du roi. Le créancier n'avait pas été remboursé; il avait besoin de son argent. Les intérêts même ne paraissent pas lui avoir été régulièrement payés ; il fit une demande en prestation en justice (1). Afin de le tirer d'embarras, Madeleine Béjart s'employa pour chercher un autre prêteur qui voulut bien rembourser le créancier primitif en lui étant subrogé. Elle fit plus même, ainsi qu'on va le voir. Elle remboursa de ses deniers M. de Tarny ; mais comme elle se défiait sans doute des héritiers de M. de Modène, elle prit ses précautions, et fit fournir les fonds en apparence par un tiers, qui n'était qu'un simple prête nom. Le 10 août 1671, devant Mouflle, notaire de Madeleine Béjart et son collègue Levaseur, le dit Tabouret, sieur de Tarny, faisait un transport des trois mille livres et des intérêts qui lui étaient dus à Romain Toubel, bourgeois de Paris ; mais le même jour Romain Toubel déclarait, devant les mêmes

le 7 juin 1661, devant Mes Ogier et Pin, notaires. » Le *depuis quelques jours* est joli ! Mais il fallait bien expliquer ou excuser, vaille que vaille, la prétention non fondée de Madame de Modène.

(1) Sans doute vers 1669 ; car une grosse de la dite obligation signée « *Ità est,* Lescuyer et Desnots » fut scellée le 4 septembre 1669.

notaires, que l'acceptation qu'il avait faite du dit transport n'avait été que pour prêter son nom à Madeleine Béjart, à laquelle le contenu au dit transport appartenait. Il ajoutait qu'il lui avait mis entre les mains le transport avec la grosse de l'obligation. Le paiement fait par Madeleine est également établi par un écrit sous seing privé du même jour, passé entre elle et le sieur de Tarny en conséquence et au sujet de ce transport (1). Romain Toubel était un marchand de la rue St-Honoré, dont Molière avait tenu un enfant, le 10 septembre 1669, à St-Roch, avec Catherine du Rozet, c'est-à-dire avec Melle de Brie, ce qui prouve que des relations d'intimité existaient entre lui et la troupe de Molière, et qu'il était par conséquent disposé à se prêter à tout acte de complaisance sollicité par les Béjart (2).

Bien qu'il fut ainsi dans la gêne, la fortune de M. de Modène n'en excitait pas moins vivement les désirs de Madeleine de l'Hermite. Aussi depuis son départ de Paris jusqu'à sa mort, peut-on dire que l'histoire des sept dernières années de sa vie se borne presque au récit des obsessions exercées à son égard par sa femme, pour s'emparer de son esprit et de s'assurer de la jouissance de sa fortune après lui. Elle s'était fait accompagner à Modène de domestiques complètement à sa discrétion, des deux sœurs de Belleval, dont l'une était femme de Pierre Baret, gens propres à tout faire, qui l'aidèrent dans ses tentatives de captation et surent aussi, comme on le verra, vivre aux dépens de M. de Modène et se faire une part à même son patrimoine.

(1) Voir Soulié, *Recherches sur Molière*, pp. 74 et 256. C'est d'une somme de 3,000 livres qu'Armande Béjart, héritière de Madeleine, se porta créancière de la succession de M. de Modène.

(2) V. Jal, *Dictionnaire*, p. 282 ; Fournier, *Etudes sur la vie de Molière* p. 19. Soulié dans son rapport inséré dans les *Archives des missions scientifiques*, 2me série, t. I, p. 494, dit aussi avoir rencontré à Villefranche-sur-Saône, parmi des comédiens, à la date du 13 août 1668, le nom de Philippe Toubel, comédien du roi.

Le procès auquel donna lieu l'ouverture de la succession de M. de Modène, et dans lequel ses héritiers voulurent récuser le témoignage intéressé de ces intrigantes, nous édifie sur la moralité des gens dont Madeleine de l'Hermite avait composé l'entourage de son mari pour le réduire complètement à sa discrétion :

« Est mis en faict que Belleval, belle-sœur de Pierre Barret, producte en témoing de la part de la dite dame, a été domestique de la dite dame de l'Hermitte, mesme devant son mariage contracté avec ledit sieur Esprit.

Qu'elle a esté et est personne de mauvaise vie, ayant faict un enfant sans estre mariée.

Que mesme après l'enfantement, le dit enfant n'auroit plus esté veu, n'estant seu ce qu'elle en avoit faict.

Qu'attendu la mauvaise vie et déportement de la dicte Belleval, le dit seigneur Esprit l'auroit chassée de sa maison ne l'ayant voulu voir.

Que non obstant la dite dame de Lhermitte, aimant grandement la dite Belleval, l'auroit tousjours assistée sans considérer que la volonté du dit seigneur estoit contraire.

Item que Barbe de Belleval, sœur de la susdite et femme du susdit Pierre Barret, estoit aussy domestique de la dame de Lhermitte et par elle menée en ce pays.

Que la dite dame a tousjours assisté la dite Barbe, son mary et ses enfants, et mesme iceux habillé, prenant des meubles du chasteau et aliments contre la volonté du dit seigneur Esprit.

Que lors de leur mariage ou en autre temps le dit seigneur Esprit auroit donné aux dits mariés des terres dépendantes de la seigneurie et leur auroit aussy affranchi d'autres des cens et autres droits....

Que les dites Belleval sœurs sont très pauvres, personnes viles et de mauvaise réputation et amies intimes de la dite dame de Lhermite ».

On voit que c'était là des gens tout prêts à aider Mme de

Modène dans le siège qu'elle établissait autour de son mari pour s'emparer de sa fortune.

La première preuve de séduction exercée par Madeleine de l'Hermite sur son vieux mari, on la trouve dans le testament de ce dernier, par lequel il lègue tous ses biens à sa femme, au préjudice de son frère Charles de Rémond, que leur père commun avait appelé par substitution à hériter des biens de la famille en cas de mort d'Esprit sans enfants. Au reste, les deux frères étaient brouillés et Esprit « avoit de longtemps conceu une haine capitale envers le dit Charles son frère, en sorte qu'il ne l'avoit jamais voulu voir avant sa mort ».

Voici les principales dispositions de ce testament « de messire Esprit de Rémond, chevalier, seigneur de Modène » fait environ un an après son mariage, le 14 décembre 1667, dans le couvent des frères Mineurs près de Caromb (1).

Par cet acte il nomme pour son héritière dame Madeleine de l'Hermite son épouse, et lègue à chacun de ses enfants mâles, à naître de la dite dame, la somme de 12,000 livres, autant aux filles et à chacun de ses parents. Sa femme est instituée son héritière universelle. Au cas qu'il n'ait point d'enfants, il la charge de rendre son hérédité à celui ou à celle de ses parents qu'elle voudra, à messire Charles de Rémond son frère, ou à son défaut à quelqu'un de ses enfants mâles, ou à dame Marie de Rémond, comtesse d'Alègre, sa sœur.

Comme Madeleine de l'Hermite ne vit pas se réaliser l'espoir qu'avait apparemment encore Esprit de Rémond à la fin de 1667 de devenir père, elle songea à des moyens

---

(1) J'extrais cette analyse, (donnée d'après l'original sur papier), du manuscrit de la collection Chérin, Bibl. nat. n° 169. La minute se retrouverait sans doute chez le notaire actuel de Caromb, qui a bien voulu me communiquer la copie d'un acte de 1673 intéressant M. de Modène, qu'on trouvera plus bas et auprès duquel je ne me suis pas enquis de son testament, que j'avais cru d'abord reçu par un notaire de Bedoin.

plus certains et moins problématiques de s'assurer une part des biens de son mari. L'inventaire dressé au lendemain de leur mariage lui reconnaissait bien un apport de 25,925 livres ; mais elle n'était pas sans savoir elle-même combien serait réputé suspect cet inventaire *familier* sous signature privée, sans date authentique, et dont les principales énonciations étaient rendues invraisemblables et contredites par son ancien état de gêne et celui de sa famille. Voyant la santé de M. de Modène décliner, et se sentant menacée de perdre le fruit de ses longues obsessions, elle essaya de donner à cette reconnaissance imparfaite, une authenticité qui lui faisait défaut, et obtint de son mari un nouvel acte de résignation à sa volonté.

Le 27 janvier 1673, Esprit de Rémond, complètement dominé par sa femme (1), passa en faveur de Mme la comtesse de Modène, devant Me Reynaud, notaire à Caromb, l'acte d'acquit et de reconnaissance qu'on va lire et qui existe encore aujourd'hui dans les minutes de son successeur, Me Lombard, qui a bien voulu, avec une parfaite obligeance, m'en donner une copie.

Acquit et recognoissance en faveur de Mme la comtesse de Modène.

« L'an mil six cent septante trois et le vingt-septième jour du mois de janvier, pardevant moy notaire et témoings cy après nommés, establiy personnellement Haut et puissant seig^r messire Esprit de Rémond de Mormoiron, seig^r comte de Modène, lequel pour le deschargement de sa consience, de son bon gré, pour luy et les siens et hoirs, et successeurs à l'advenir quelconques, a confessé et confesse avoir eu et reçu d'haute et puissante dame Magdelleine de l'Hermite,

(1) C'est le destin des vieux beaux, d'être réduits le plus souvent à de pareils actes qui sont comme le couronnement de la vieillesse des Don Juan.

son épouse, ici prés[te] et doublement stipulante, pour elle
et les hoirs à l'advenir quelconques, scavoir est : la somme
de vingt-cinq mille neuf cent vingt-une livres et huit sols,
tant en joyaux, perles, pierreries, or et argent monnayé,
vaiselle d'argent au poinson de la ville de Paris, tapisseries,
litz avec leurs garnitures, que en meubles appartenant en
propre à la dite dame de l'Hermitte, sadite épouse, au temps
de leur mariage, fait et consomé en ladite ville de Paris,
suivant l'inventaire familier et domestique, fait et dressé
pour lors pièce à pièce entre ledit Seigneur espoux et ladite
dame espouse, et par ledit inventaire soussigné en présence
des estimateurs desdits meubles et de quelques domestiques
desdits seigneur et dame. Lequel inventaire a été remis par
lesdites parties en mains de moi notaire pour être mis et
attaché dans mon cahier des actes et cousu au pied dudit
acte et scellé de mes armes à la réquisition desdits seigneur
et dame, laquelle somme de vingt-cinq mille neuf cent
vingt-une livres et huit sols ledit seigneur comte de Modène
de son gré, comme dessus, a recognu et assuré, recognait
et assure en faveur de ladite dame Magdelleine de l'Hermitte
ici prés[te] et stipulante pour elle et les siens, pour quelle
dite somme avoir loyalement et franchement reçue au prix
et valeurs desdits meubles, et promet par ces présentes les
tenir de ladite dame sadite épouse à compte de ses deniers
dotaux, en et sur tout et sur chascun ses biens, noms,
droits, raisons et actions présents et advenir quelconques
où que soient et en quoi consistent, puissent être et consister. Promettant ledit seigneur et comte de Modène, ainsi
que par ces présentes promet, lesdits meubles ou prix et
argent d'iceulx ci-dessus mentionnés rendre et restituer à
ladite dame sadite épouse stipulante ou à autres à qui de
droit ladite restitution appartiendra, le cas d'icelle arrivant.

Et là même, sans divertir à d'autres actes, personn[ment]
estably ledit seigneur comte de Modène, lequel de son gré
a dit et confessé, en faveur de ladite dame de l'Hermite,
son épouse, le susdit inventaire cy contre attaché estre le
même inventaire qu'il a fait et signé de sa propre main avec
ladite dame en la ville de Paris, advenant par ces présentes
tout le contenu en iceluy et en faveur de ladite dame son
espouse, stipulante et a recognu sa signature faite dans

iceluy être son propre seing et caractère dont s'est servi audit temps et se sert à présent.

Et le présent acte d'acquit et recognaissance et tout le contenu audit acte les parties contractantes en ce que chacune d'elles touche et concerne duement, et réciproque stipulation de part et d'autres intervenant, ont promis et promettent agréer et observer et n'y contrevenir....

Fait et récité audit Modène et dans la salle du château, en présence de M. Louis de Sallis du lieu de Mazan, M. Jean Pierre Gautier du lieu de Caromb, et Laurent Barbeiron de Ste-Cécile, témoins requis et signés, avec lesdites parties.

Signé : *Modène.*   *de l'Hermitte.*

de Sallis.   *Barbeyron.*   *Reynaud, not^{re}.*

Il était temps que Mme de Modène prit ses précautions. L'année 1673 n'allait pas s'écouler sans qu'Esprit de Rémond passât de vie à trépas. Madeleine de l'Hermite savait d'avance qu'elle se trouverait en présence de parents de son mari naturellement peu disposés à la bienveillance envers elle. Mais avant de mourir, M. de Modène avait été précédé dans la tombe par bon nombre de ceux avec qui il avait vécu et dont nous avons raconté les rapports avec lui.

Pendant qu'il achevait sa vie dans le Comtat, sous la domination de sa femme, les personnes de son entourage, auxquelles son existence avait été naguères si intimement mêlée, mouraient avant lui pour la plupart, à Paris.

Mort son beau-père, l'Hermite de Souliers, qui n'avait pas survécu longtemps à la joie de voir sa fille comtesse de de Modène et avait pu, avant de mourir, entonner dans son orgueil son *Nunc dimittis*. Il était disparu bien obscurément, sans que personne fit attention à sa fin, à la différence de son frère François Tristan, mort environ quinze ans auparavant, triste, mais le cœur toujours fier, et plein d'espérance en Dieu. Après son édition de 1669 de l'*Inven-*

taire généalogique de la noblesse de Touraine, on n'entend plus parler de lui, et je ne sais si sa fin a été relevée par d'autres que sa fille, qui le mentionne comme n'existant plus en 1674 dans ses actes de procédure contre les héritiers de M. de Modène, et par l'abbé de Marolles dont les Mémoires parlent de lui comme d'un auteur défunt (1).

Morte Marie Hervé, l'ancêtre de Mme *Cardinal*, la complaisante mère d'actrice qui, en 1638, avec L'Hermite, appelé alors M. de Vauselle, avait tenu sur les fonts de Saint-Eustache, l'enfant de sa fille et de M. de Modène. Elle était décédée le 9 janvier 1670, vers le même temps que son compère, âgée seulement de 73 ans dit son épitaphe (ce qui ne lui donnerait qu'environ 46 ans au moment de la naissance d'Armande). Grâce à sa fille Madeleine, elle avait eu

(1) L'Hermite de Souliers devait avoir dépassé la soixantaine et être né avant 1610. Son frère ainé, l'auteur de la *Mariamne*, était venu au monde dès 1601. L'Hermite de Souliers, après sa mort, ne fut pas honoré d'un éloge aussi ému que celui que Quinault, le disciple de François Tristan, plaça dans l'épitre dédicatoire de *Coups de l'Amour et de la Fortune* adressée à leur commun protecteur le duc de Guise. Je ne sais si on a cité, dans son texte original, ce que dit Scarron de cette pièce dans l'avis *A qui lira* mis en tête de l'édition originale de ses *Nouvelles tragi-comiques*, qui n'a guère été connu jusqu'ici que par un extrait rapporté par les frères Parfaict, *Histoire du théâtre françois*, VIII, 155. Après avoir parlé de l'Avant-Propos du libraire imprimeur, qui avait édité les *Nouvelles* de d'Ouville et sans doute la comédie de Boisrobert, parue sous le même titre que celle de Quinault, il ajoute : « Je crois que M. l'Avant-Propos m'a donné un autre sujet de plainte... C'est d'avoir fait imprimer la comédie des Coups de l'Amour et de la Fortune sous le nom de M. Quinault. L'heureux succès de cette pièce de théâtre est deu à Melle de Beauchasteau qui en a dressé le sujet, à feu M. Tristan qui en a fait les quatre premiers actes, et à moy qui en ai fait le dernier à la prière des comédiens, qui me le firent faire pendant que M. Tristan se mouroit. Si M. Quinault avait fait les quatre premiers, qui l'empeschoit de faire le dernier que j'ay fait en deux après soupers de la façon qu'il se joue sur le théâtre de l'hôtel de Bourgogne ? Je garde encore le brouillon de Melle de Beauchasteau et le mien ». Ce n'était vraiment pas la peine de tant se disputer la paternité d'une pièce presqu'entièrement tirée de Calderon ; mais cela indique comment se bâclaient alors les comédies et montre que ce n'est pas seulement de notre temps que sont nées ces questions de propriété littéraire et les disputes entre collaborateurs.

l'honneur posthume d'une tombe placée sous les charniers de l'église Saint-Paul (1).

Morte Madeleine elle-même qui, le 17 février 1672, s'était éteinte à l'âge de 55 ans accomplis depuis neuf jours, dans sa maison rue Saint-Thomas-du-Louvre. Elle était allée rejoindre sa mère sous les charniers de l'église de sa paroisse natale, et son convoi avait été suivi par Molière accouru de Saint-Germain pour suivre jusqu'à sa dernière demeure celle qui avait été la compagne de ses bons et de ses mauvais jours. Elle avait fait Armande sa légataire universelle, laissant à son frère et à sa sœur Geneviève, c'est-à-dire à chacun d'eux, 400 livres de rente viagère. Avant de rendre le dernier soupir, cédant aux obsessions d'Armande, elle l'avait dispensée, par un codicille, de la charge d'emploi de ses revenus en œuvres pieuses qu'elle lui avait d'abord imposée par son testament (2).

M. de Modène donna-t-il l'aumône d'une larme à celle qui lui avait sacrifié jadis sa jeunesse et sa beauté, qui avait été la mère de son enfant et qu'il avait récompensée avec tant de désinvolture par un si prompt abandon. Daigna-t-il se souvenir qu'elle n'était pas moins restée son amie, jusqu'à la fin, rachetant en partie sa faute par son dévouement et qu'elle s'était vengée des trahisons de son ancien amant et de son manque de cœur, en lui ouvrant sa bourse jusqu'à la veille de mourir (3) ?

(1) Voir sur la fondation faite par Madeleine Béjart, le *Moliériste* t. V, p. 48 et suiv. et t. VIII, p. 211.

(2) Voir sur les défiances que le testament de Madeleine révèle envers Armande et sur le drame qui dut se jouer auprès du lit de la mourante, M. Loiseleur, *Les nouvelles controverses sur Molière,* parues d'abord dans le *Temps.* Voir le n° du 27 octobre 1885. On sait que Pierre Mignard, qu'elle avait rencontré à Avignon à la fin de 1657, fut choisi par elle comme un de ses exécuteurs testamentaires.

(3) Si M. de Modène était le père d'Armande, cette conduite de Madeleine deviendrait compréhensible ; dans le cas contraire, il faut avouer que l'absence de sens moral d'un gentilhomme pauvre, vivant des bienfaits de la Béjart, serait inqualifiable.

Madeleine, faisant d'Armande sa légataire universelle, lui léguait à la fois la Souquette et ses créances contre M. de Modène. Nous aurons bientôt à voir les rapports qui en résultèrent pour elle avec les héritiers d'Esprit de Rémond.

La mort n'avait pas non plus épargné le seul fils de Marguerite de la Baume, première femme du comte de Modène, qui eut survécu à sa mère. L'évêque du Mans, Mgr Philbert Emmanuel de Beaumanoir, qu'elle avait naguères chargé de poursuivre sa séparation de corps contre son mari, avait été enlevé lui-même à Paris, le 27 juillet 1671, comme par un coup de foudre. Il avait eu bien plutôt les qualités d'un homme de cour que les vertus d'un prélat. La mort était venue le surprendre sans qu'il eut le temps de penser à elle. L'on ne peut se rappeler sa fin sans songer aussitôt à la lettre dans laquelle Mme de Sévigné, son amie et celle de sa belle-sœur la marquise de Lavardin, la raconte d'une façon si pittoresque à Mme de Grignan le 2 août suivant (1).

Des personnes qui, dans le Maine, avaient été les témoins intéressés de l'abandon de Mme de Modène, première du nom, il n'y avait plus guères que sa fille et sa bru, c'est-à-dire la comtesse de Tessé et la marquise de Lavardin, qui survécussent à Madeleine Béjart, comme elles survécurent à M. de Modène, dont la déchéance morale put les venger en quelque sorte de l'humiliation et de l'abandon qu'il avait fait subir naguères à leur mère.

Enfin, un an après Madeleine Béjart, était venu le tour

(1) Mme de Sévigné n'était pas alors à Paris, mais aux Rochers. Elle écrit à sa fille : « La mort de M. du Mans m'a assommée ; je n'y avois jamais pensé non plus que lui ; et de la manière dont je le voyois vivre il ne me tomboit pas dans l'imagination qu'il put mourir ; cependant le voilà mort d'une petite fièvre, sans avoir eu le temps de penser ni au ciel ni à la terre ; il a passé ce temps là à s'étonner ; il est mort subitement de la fièvre tierce ». — Mgr de Beaumanoir était mort dans son hôtel du quai Malaquais, peut-être le même que l'hôtel de Tessé, un de ceux que le Maréchal de Tessé posséda à Paris, quai des Théatins, au coin de la rue des Saint-Pères.

d'un grand mort. Molière lui-même avait succombé dans la triste soirée du 17 février 1673, miné à la fois par la maladie et par le chagrin que lui avait apporté son fatal mariage avec Armande, dont les courts instants de bonheur qu'il avait cru d'abord y trouver s'étaient à la fin changés pour lui en un lent martyre (1).

Seule de ses amies des anciens jours, Marie Courtin de la Dehors restait à M. de Modène. Elle n'avait pas suivi sa fille dans le Comtat. Elle avait eu, bon gré mal gré, la sagesse de se tenir à l'écart. On la voit résider à Paris où elle servait de factotum à sa fille et à son gendre, avec lesquels elle entretenait une correspondance d'affaires.

Quelques débris des lettres qui leur furent alors écrites par Marie Courtin subsistent encore aujourd'hui. Quatre ou cinq, où il est uniquement question des affaires privées de M. de Modène, sont venues à l'état d'épaves à la bibliothèque de Carpentras. Il en est une plus curieuse que les autres écrite deux mois et demi après la mort de Molière. Consacrée à des détails d'affaires domestiques, elle contient un précieux post-scriptum relatif à la veuve du grand comédien, et à la réputation posthume de son mari. Ce document mérite d'autant plus d'attention qu'on ne sait presque rien d'intime sur Armande au lendemain du décès de Molière. On voudra bien reconnaître, je l'espère, que ce n'est ni le témoignage le moins curieux émané des contemporains, sur Molière, sa femme et son théâtre, ni le document le moins intéressant révélé par cette étude sur M. de Modène et son entourage.

Voici ce post scriptum de la lettre de la femme de l'Hermite de Souliers à son gendre, datée du 3 mai (1673) et

(1) Je ne veux pas traiter ici la question des torts d'Armande ; mais, sans me ranger au nombre des *Armandistes* dont je suis plutôt un adversaire, je ne puis m'empêcher de reconnaître qu'il y eut des torts réciproques de la part des deux époux, qu'ils n'étaient nullement faits l'un pour l'autre, et que Molière devait bien s'attendre, en somme, à ce qui arriva.

dans laquelle, après avoir surtout parlé d'affaires, elle ajoute (1) :

« *Je n'ay veu personne de chez Mademoiselle Molière, c'est pourquoy je ne vous puis rien dire ; pour l'épitaphe, l'on l'a trouvée fort belle. Je n'ay pas encore eu le tems de la montrer au S^r. Imprimeur. De plus vous sçavez que d'abord que les choses ne sont plus nouvelles à Paris que l'on n'en fait pas grand cas. Je vous asseure que l'on ne parle non plus du pauvre Molière que sy il n'avoit jamais esté et que son théâtre qui a fait tant de bruit, il y a si peu de tems, est entièrement aboly. Je crois vous l'avoir mandé que tous les comédiens sont dispersés. Ainsy la veuve a esté trompée par ce qu'elle s'attendoit bien à jouer, mais on ne croit pas que jamais la troupe se réunisse. Elle a voulu un peu faire trop la fière et la maîtresse.*

Je vous renvoie la lettre de change que M. Faleseau n'a pas voulu accepter, disant qu'il l'a paiée au mois de janvier dernier, et qu'ainsy il ne la pourroit pas paier deux fois. Je fis tout ce que je pus pour lui faire mettre son refus sur ladite lettre de change, mais il ne le voulut pas faire, disant que la somme ne valoit pas la peine de faire tant de bruit et qu'il croit estre honteux de renvoyer tant de fois la personne, qui alla pour recevoir cette somme sy petite que sy l'on luy escrivoit à l'avenir qu'il ne feroit pas de mesme. Je vous prie donc si vous m'en envoiés de me mander le nom du marchand, afin que je l'aille avertir.

Je ne doute pas que votre ouvrage ne soit fort bien reçeu. Je crois que cela sera très-beau et que cela se vendra fort bien. Je parlerai à des gens pour cela.

Je vous prie aussy de me mander si le port de l'huyle que vous m'envoiés est paié, parceque, comme vous ne m'en parlez pas, on me la feroit paier deux fois. Je ne l'ay pas encore receue.

DE LHERMITE.

---

(1) Je rectifie seulement l'orthographe qui est *pitoyable* et qu'il n'y aurait aucune utilité à reproduire ici.

Je mettrai tout-à-l'heure en relief l'intérêt de cette lettre de la belle-mère et de l'ancienne maîtresse de M. de Modène. Mais je vais d'abord au plus pressé et je me demande si on peut tirer quelques conclusions de ce post-scriptum quant à la filiation d'Armande. Si Armande Béjart avait été la fille de M. de Modène, Mme de l'Hermite aurait-elle ainsi pris plaisir à la *débiner* auprès de lui ? Tout d'abord on se prend à douter ; puis on se rappelle que la lettre émane d'une aventurière sans scrupules, intéressée à accaparer toute sa fortune au profit de sa nouvelle épouse et qu'elle a été écrite par une ennemie, disposée à être d'autant plus hostile à Armande, que les liens la rattachant au baron auraient été plus intimes et faisaient plus craindre qu'elle ne fut l'objet d'une libéralité de la dernière heure. Alors on reconnaît qu'il n'est guère possible de se servir de cette pièce pour conclure avec certitude pour ou contre la paternité de M. de Modène (1).

Quelle est l'épitaphe de Molière dont-il est question dans la lettre de Marie Courtin de la Dehors ? Cette épitaphe « trouvée fort belle », et consacrée par Modène au mari d'Armande, serait bien curieuse à identifier, et le seul fait qu'il en a composé une est intéressant à relever. Je ne sais si un Moliériste aura assez de flair pour la reconnaître au milieu des nombreuses épitaphes anonymes, imprimées au lendemain de la mort de Molière, ou qui nous sont parvenues à l'état manuscrit. Pour ma part, ignorant même si en fin de compte, celle du baron a eu les honneurs de la presse, je n'ai pas la témérité de risquer un choix. Marie Courtin l'a-t-elle *donnée* à l'imprimeur ? Si elle a été imprimée, elle a dû l'être de mai à fin novembre 1673, c'est-à-dire avant la mort d'Esprit de Rémond. Figure-t-elle parmi les

---

(1) Bien qu'elle paraisse mal disposée en faveur de la veuve du *pauvre Molière*, Mme de l'Hermite n'est cependant pas sans avoir des relations avec elle, puisqu'elle dit à son gendre : « Je n'ay veu personne de chez Melle Molière ».

cent-seize épitaphes de Molière, dont M. Monval a dressé l'inventaire récemment (1) ? L'habile directeur du *Moliériste* serait mieux en mesure que personne de la découvrir.

Après une pareille rencontre dans les débris des archives de M. de Modène, je ne saurais trop insister auprès des Moliéristes sur l'intérêt qu'il y a à en fouiller tous les recoins. Déjà le marquis de Fortia qui les a explorées, il y a soixante ans, en a tiré une lettre de Melle Molière et des actes relatifs à Madeleine Béjart ; qui sait s'il ne s'y trouve pas encore aujourd'hui d'autres pièces aussi curieuses ? Je ne parle pas de lettres de Molière, ce serait trop beau, mais de lettres de Madeleine Béjart, des l'Hermite, de Chapelain, en un mot de pièces aussi intéressantes que le post-scriptum de Marie Courtin de la Dehors, qui aujourd'hui voit le jour pour la première fois, et dont je n'ai pas besoin de faire ressortir plus longuement l'intérêt (2).

(1) Voir *Recueil sur la mort de Molière*, publié par Georges Monval, Paris, librairie des Bibliophiles, 1885, p. 77 et suiv. La plupart de ces épitaphes imprimées soit à Paris soit à Lyon, sont anonymes ; il en est même parmi elles qui se sont perdues, comme la *Descente de l'âme de Molière aux Champs-Elysées*, mentionnée par Paul Lacroix dans son *Catalogue de la bibliothèque Soleinne* et dans *La jeunesse de Molière*. Voir aussi les nombreuses épitaphes recueillies par Beffara dans ses manuscrits.

(2) En outre de quatre ou cinq lettres de Marie Courtin, il existe au même dossier, deux lettres de sa fille, la comtesse de Modène, se trouvant dans une autre liasse, mais qui sont postérieures à la mort d'Esprit de Rémond. C'est par suite d'un heureux hasard que ces documents, faisant partie des anciennes archives du comte de Modène, existent encore aujourd'hui. La plupart de ces papiers se trouvaient naguères au château de Bacchus, (sur le territoire de Carpentras, près de Caromb), appartenant à la famille de Modène qui en fut dépouillée pendant la Révolution. Les archives furent détruites ou dispersées. Quand ce château passa, il y a environ cinq ans entre les mains de M. Naquet d'Avignon, qui le possède aujourd'hui, ce qui restait de ces papiers fut, dit-on, jeté au feu, sauf une certaine partie relative surtout au XVIIIe siècle, se trouvant aujourd'hui à la bibliothèque de Carpentras qui a également acquis les pièces que je viens de citer et celles dont je parlerai plus loin. La courtoise obligeance de M. Barrès, conservateur de la bibliothèque et du musée d'Inguimbert, et ses bienveillantes communications, dont je lui suis très reconnaissant, m'ont permis de faire connaissance avec ces documents inédits, prove-

On voit comment le silence s'était fait promptement autour du *pauvre Molière*, bien que dans la vie d'alors, plus calme qu'aujourd'hui, les événements fussent clairsemés, et qu'ils dussent dès lors défrayer plus longtemps la conversation de tous. La postérité n'avait pas encore parlé pour Molière. Aux yeux des contemporains, il n'y avait hélas, qu'un comédien de moins, pour ne pas dire un bouffon, qui tout grand qu'il fut, n'en était pas moins oublié comme ses pareils, bien peu de temps après sa mort, moins de trois mois après la triste soirée du 17 février 1673.

La mention relative à la dispersion des acteurs de son théâtre déjà *entièrement aboli*, n'est pas moins intéressante, vu la part qu'elle attribue à Armande dans cette « abolition ». « Aussy la veuve a été trompée par ce qu'elle s'attendoit bien à jouer... Elle a voulu un peu faire trop la fière et la maîtresse ». Voilà Armande peinte en deux mots ! Il est vrai que Mme de l'Hermite ne devait pas être bienveillante envers la fille de Madeleine Béjart, et qu'elle était fort contente de rencontrer l'occasion de la critiquer et de la trouver en défaut. Cela est si vrai, qu'elle fut mauvais prophète, et que, le roi aidant, la jonction se fit sinon avec l'hôtel de Bourgogne, comme il en avait été question tout d'abord, du moins avec le Marais. Deux mois après cette lettre, le théâtre de Molière, soi-disant aboli, renaissait de ses cendres et c'était lui qui absorbait les comédiens du Marais (1).

nant des anciennes archives de la famille de Modène et que je publie au cours de cette étude. — Parmi les quatre portraits des Modène que l'on voit encore au château de Bacchus, ne se trouve malheureusement pas celui d'Esprit de Rémond. Se trouverait-il aux châteaux de Verneuil (Indre-et-Loire) ou de Villars, (Nièvre)? On m'a dit les y avoir vainement cherchés. Je signale cette découverte à faire aux curieux de l'Iconographie moliéresque.

(1) Bien plus, le jour même où Marie Courtin écrivait sa lettre, le 3 mai, les débris de la troupe de Molière, toute disloquée depuis le départ de La Thorillère, de Baron, et des deux Beauval passés à l'ennemi, voyaient poindre pour eux des jours meilleurs. Le 3 mai ils passaient un contrat

Quant à *l'ouvrage* de M. de Modène que Marie Courtin ne doute pas de voir bien reçu et bien se vendre, de quoi s'agit-il là? On ne connait pas d'autre ouvrage imprimé sous le nom de M. de Modène pendant sa vie que l'*Histoire des Révolutions de Naples* et l'*Ode aux Muses sur le portrait du Roy* (1). La veuve de l'Hermite parle sans contredit d'un ouvrage destiné à l'impression; mais comme elle s'exprime au futur, il n'est pas absolument certain qu'elle veuille donner à entendre qu'il soit déjà sorti de la presse. Bien qu'on ait dit :

Un sonnet sans défauts vaut seul un long poème,

je ne crois pas non plus qu'elle eut donné à un simple sonnet la qualification d'ouvrage et d'un ouvrage destiné à bien se vendre.

Quoiqu'il en soit, il me faut néanmoins dire un mot, à cette place, du sonnet de M. de Modène sur la mort du Christ, qui doit être une œuvre de sa vieillesse, sans quoi Chapelain en eut certes parlé dans sa correspondance. Ce

---

avec Rosimond qui, abandonnant le Marais, entrait dans leurs rangs, ainsi que la fille de du Croisy. Bientôt la troupe, qui avait été menacée un instant de se trouver sans comédiens comme sans théâtre et de rester « sur le carreau », traitait le 23 mai avec le marquis de Sourdéac pour la salle de M. Laffemas, rue Mazarine, et revenait presque à son point de départ, tout près de l'endroit où avait débuté l'*Illustre théâtre*. Le 23 juin, un mois plus tard, était rendue l'ordonnance qui supprimait le théâtre du Marais et réunissait ses acteurs à ceux du théâtre Guénégaud. Marie Courtin dut se mordre les lèvres en présence du triomphe inattendu d'Armande Béjart et des anciens camarades de Molière. Voir le *Journal de La Grange*, p. 145 et suiv. ; M. Ed. Thierry, *Charles Varlet de La Grange*, p. 38, et *Documents sur le Malade Imaginaire*, p. 323 et suiv. ; M. Fournel *Les Contemporains de Molière*, III, XXVIII et 436 ; M. Bonassies, *Histoire administrative de la Comédie-Française*, p. 23-32 ; *Le Moliériste*, t. VIII, p. 53, etc.

(1) Pithon Curt, III, 21, parle aussi d'un ouvrage burlesque en vers provençaux, c'est-à-dire probablement de la peinture *du pays d'Adioussias* ; mais cette indication doit être le résultat d'une erreur.

magnifique sonnet sur la mort du Christ en croix, est une œuvre tellement hors ligne, qu'on pourrait l'appeler le roi des sonnets et qu'il place tout simplement M. de Modène au nombre des grands poètes, mais des poètes à courte haleine, du XVIIe siècle.

Où ce sonnet s'est-il produit pour la première fois ? Paul Lacroix, qui l'a inséré dans les *Poésies diverses attribuées à Molière ou pouvant lui être attribuées*, a signalé ailleurs sa première apparition, sans nom d'auteur, dans les *Diversités curieuses* de l'abbé Bourdelon, qui datent de 1699, c'est-à-dire qui sont postérieures de plus de vingt-cinq ans à la mort de M. de Modène (1). Dans ce cas, ces vers auraient attendu bien tard pour être imprimés, car ils méritaient de l'être du vivant de leur auteur. Paul Lacroix dit en avoir trouvé dans les manuscrits de la Bibliothèque de l'Arsenal, une copie du temps, un peu différente du texte antérieurement imprimé et où il était tout disposé même à reconnaitre l'écriture de Molière.

La première fois que ce sonnet ait été cité avec le nom de son auteur, c'est par Mme Dunoyer, qui lui a donné place dans le tome III, p. 259 et suiv. de ses *Lettres historiques et galantes*, Cologne 1723, in-12.

« Je lus l'autre jour, dit-elle dans une de ses lettres, un sonnet qui, quoiqu'il ne soit pas nouveau, vaut bien la peine que je vous en fasse part. Il est de la façon du feu comte de Modène... Je l'ai connu sur ses vieux jours (2). Mais venons à son sonnet ; le sujet en est pris du mouvement que Nostre-Seigneur fit en mourant : *il baissa la tête et rendit l'esprit*.

(1) Je n'ai pas besoin de dire que le bibliophile Jacob, attribue à Molière une part de collaboration dans ce sonnet, p. 146 : « Nous n'avons pas le cœur, dit-il, de laisser à M. de Modène en toute propriété un des plus beaux sonnets de la langue française. » !

(2) Mme Dunoyer devait être bien jeune lorsqu'elle vit M. de Modène, puisqu'on la fait naître à Nimes en 1663, et qu'elle n'avait que dix ans lorsqu'il mourut. Son séjour à Avignon dut toutefois lui rendre familiers les souvenirs du gentilhomme comtadin ; son témoignage est précieux pour l'attribution de ce beau sonnet à Esprit de Rémond.

SONNET.

Quand le Sauveur souffroit pour tout le genre humain,
La mort, en l'abordant au fort de son supplice,
Parut toute interdite et retira sa main,
N'osant pas sur son maître exercer son office.

Mais Jésus, en baissant sa tête sur son sein,
Fit signe à l'implacable et sourde exécutrice
De n'avoir point d'égard au droit de souverain,
Et d'achever sans peur ce sanglant sacrifice.

La barbare obéit, et ce coup sans pareil
Fit trembler la nature et pâlir le soleil,
Comme si de sa fin le monde eut été proche.

Tout pâlit, tout s'émut, sur la terre et dans l'air,
Excepté le Pécheur qui prit un cœur de roche,
Quand les rochers sembloient en avoir un de chair (1).

Je ne doute pas que vous ne trouviez ce sonnet très-beau, et que, supposé que vous ne l'eussiez pas encore vu, vous ne me sachiez bon gré de vous l'avoir envoyé ».
Bien que Pithon Curt n'eut pas parlé de ce sonnet, il était donc bien connu en Provence. Il fit même son chemin dans le monde, car il était gravé (sans nom d'auteur) sur la porte principale du cimetière qui entourait jadis l'église paroissiale Sainte-Trinité à Cherbourg.
En 1825 Fortia d'Urban eut soin de l'insérer, d'après Mme Dunoyer, à la page 105 de son *Supplément aux diverses éditions de Molière, et Poésies du comte de Modène son beau-père*. En 1869 Paul Lacroix le faisait figurer, ainsi que

---

(1) Voir dans les *Poésies attribués à Molière,* 146 et dans *le Moliériste,* VII, p. 14, les variantes de ce sonnet.

je l'ai dit, à la fin de son recueil de poésies apocryphes de Molière.

Trois ans plutôt, grâce à M. Piédagnel, il avait pris place dans le tome Ier des *Lectures choisies de la littérature française du colonel Staaf* (1) Il n'était pas oublié dans les *Sonneurs de sonnets* d'Alfred Delvau en 1867, pas plus que dans *Le livre des sonnets* publié en 1874 par Charles Asselineau. Divers journaux de tous les points de la France, *l'Indépendant du Pas-de-Calais*, journal de Saint-Omer, *l'Union de Vaucluse* à Avignon l'inséraient dans leurs colonnes, avec commentaires, l'un le jour de Pâques 1873, l'autre le 17 avril de la même année.

En 1883, M. l'abbé Prompsault le reproduisait dans son *Histoire de Modène* p. 86, en traitant des œuvres historiques et littéraires d'Esprit de Rémond.

Enfin le *Moliériste* le publiait dans son numéro d'avril 1885 (2), en ajoutant : « Tout porte M. Piedagnel à penser que ce chef-d'œuvre date du dix-septième siècle et qui a été composé par le comte de Modène, *poète natif d'Avignon, de nos jours complètement oublié*, et qui fut même plus connu de ses contemporains par ses aventures nombreuses et singulières que par ses écrits ». C'était rabaisser par trop la notoriété de M. de Modène qu'on ne pouvait pas dire si complètement oublié comme poète et comme écrivain, après les publications de Fortia d'Urban et du bibliophile Jacob. C'était aussi se placer un peu à côté de la vérité que de dire (surtout lorsque c'est un Moliériste qui parle), ce sonnet complètement inconnu avant la publication de M. Piedagnel. Quoi qu'il en soit, les deux articles du recueil spécialement consacré à Molière étaient pavés de bonnes intentions ; ils n'ont pu, malgré leurs légères inexactitudes, que raviver la renommée littéraire

(1) Paris, Didier, in-8° 1866, t. I. p. 900.
(2) *Le Moliériste*, t. VII, p. 19 et 57.

de M. de Modène trop ignorée, paraît-il, d'un bon nombre de Moliéristes.

Il ne viendra désormais à personne, j'en suis sûr, l'idée d'attribuer ce sonnet à Molière, maintenant que Paul Lacroix a quitté ce monde au regret de tous ceux qui étaient reconnaissants de son obligeance si parfaite, de son empressement à tout communiquer, même ses erreurs, mais qui déploraient ses fantaisies d'érudition surmenée comme sa mémoire et les écarts de son imagination. « Pourquoi veut-on que ces vers soient de Molière », disait en passant le *Moliériste* du 5 avril 1885 ? C'était tout simplement un résultat de la manie du bibliophile Jacob, de voir du Molière partout où il lui prenait fantaisie d'en découvrir sans la moindre raison. Moins que d'autres, ils pouvaient lui être raisonnablement attribués. J'ai dit déjà que le sentiment religieux faisait complètement défaut à Molière, et M. Larroumet répétait hier d'après Sainte-Beuve : « Molière fut surtout un épicurien : il échappa complètement au christianisme ». Il n'y a donc nulle raison pour lui attribuer ce sonnet et l'enlever à son véritable auteur (1).

Oui ce sonnet est bien de M. de Modène, qui avait traduit en vers plusieurs chants du Psalmiste et que Chapelain complimentait de son *Memento homo* et de ses *Larmes de la Pénitence*. On peut s'étonner qu'il y ait une si grande divergence entre le caractère de l'homme et les vers du poète. Après tout, on ignore la date de leur composition, qui peut appartenir aux derniers jours les plus calmes de sa vie. Ne sait-on pas que quand le diable devient vieux il se fait ermite et que les vieillards, à la fin de leur existence, sont heureusement repris souvent par les pieux souvenirs

---

(1) On peut dire la même chose du sonnet *le Converti*, inséré à la page 27 du recueil de Paul Lacroix, *Poésies attribuées à Molière*. Presqu'en même temps que M. Larroumet, M. Henri Becque vient d'écrire aussi que Molière a apportait plus que de l'indépendance même dans les questions religieuses ». Voir *Revue politique et littéraire*, 1886, 16 avril, p. 455

de leur enfance ? Le fameux sonnet de Desbarreaux, au XVIIe siècle, et de nos jours le sonnet sur la Vierge, de l'auteur de la *Lanterne*, ne sont-ils pas émanés d'écrivains dont les noms ont tout lieu de nous surprendre et de la bouche de qui on est étonné de voir sortir de pareil accents ? Je l'ai déjà dit, du reste, au dix-septième siècle la plupart des gens qui dans leur vie se permettaient de nombreux écarts n'en étaient pas moins sensibles à la beauté de l'idéal et du sentiment religieux et en reconnaissaient la grandeur dans leurs écrits. Ce sonnet et l'*Histoire des Révolutions de Naples*, surtout les vers sur la mort du Christ, ce sont là les titres de survie de M. de Modène auprès de la postérité. L'amant de la Béjart et de Mme de l'Hermite sera oublié depuis longtemps, quand on répétera encore ce roi des sonnets, qui est un des chefs d'œuvre de la poésie du temps de Louis XIV.

Après ce sonnet, qu'on peut appeler son chant du Cygne, M. de Modène pouvait dire lui aussi : *Exegi monumentum*, et quitter ce monde, sa mémoire embaumée, il l'espérait du moins, par l'odeur d'encens s'exhalant de ces vers si émus. Après une vie si agitée, on pourrait enfin inscrire sur sa tombe « *Sub umbra crucis quiescit* ».

Lorsqu'il reçut la lettre de madame de l'Hermite relative à la veuve de Molière, six mois, à peine le séparaient de sa fin. Il s'éteignit à l'âge de soixante cinq ans le 1er décembre 1673 (1). En mourant il pouvait croire aller

---

(1) Cette date, donnée par Fortia en tête de son édition des *Révolutions de Naples*, en 1826, et confirmée par Chérin et par l'extrait des registres de décès de la paroisse de Modène rapporté par M. l'abbé Prompsault, *Histoire de Modène*, p. 36, n'a cependant guère été adoptée jusqu'ici par les historiens de M. de Modène A la suite de Pithon Curt et de Giberti dont la notice sur M. de Modène, dans son histoire manuscrite de Pernes, n'est qu'un long tissu d'erreurs, ils se sont obstinés à le faire mourir en 1670 ou 1672. Son épitaphe a été rétablie en 1881 dans l'église de Modène, où il fut inhumé, de même que celle de son frère Jean-Baptiste, chevalier de Malte, décédé, dit-on, le 19 août 1648.

dormir en paix sous les dalles de l'église de Modène et espérer que sa mémoire jouirait outre tombe du repos dont sa vie avait été dépourvue. Il se trompait. Juste châtiment de cette existence manquée, c'est surtout après sa mort que les scandales de sa longue vie de débauche furent mis au jour, et qu'au lieu de jouir du repos de la tombe il vit les siens remuer ses cendres, et étaler au grand jour ses liaisons avec des comédiennes pour se disputer les restes de sa fortune !

Par son testament du 14 décembre 1667 il avait institué sa femme Madeleine de l'Hermite son héritière universelle. Son frère Charles, toujours existant, et que son père lui avait substitué comme héritier, en cas de mort sans postérité, par son testament du 16 avril 1631, voulut faire valoir les droits de substitution que son père lui avait donnés par ce testament. Il refusa en outre à la veuve d'Esprit les prétendues reprises dotales qu'elle réclamait et que son mari avait reconnues, avant de mourir, dans l'acte authentique du 27 janvier 1673.

Pour appuyer ses prétentions il arguait de la nullité du mariage d'Esprit et de Madeleine ; celle-ci n'ayant pu contracter, disait-il, un mariage valable du vivant de son mari, Le Fuzelier, toujours existant.

Voici le préambule du mémoire qu'il présenta à cet effet en justice, dans le procès qui ne tarda pas à s'engager entre lui et la veuve de son frère (1).

« Pour faire apparoir à vous monseigneur le Révérendissime auditeur et lieutenant-général, faisant droit et rendant justice, que Dame Magdeleine Lhermite de Souliers, fille à feu messire Jean-Baptiste de Souliers, s^r de la Vauzelle et de dame Marie Courtin de la Dehors, n'a jamais esté la femme légitime d'illustre seigneur messire Esprit de Rémond,

(1) Cette pièce n'a pas de titre ; on lit seulement sur le dos : « Escriture en droict contre dame Magdeleine de l'Hermite ».

comte de Modène et que par conséquent elle ne peut prendre le titre de veuve d'icelluy seigneur et que davantage elle n'a pu être instituée héritière par ledit seigneur, et par ainsi qu'elle ne peut rien prétendre sur ses biens et héritage, moins encore sur les biens et héritage de feu haut et puissant seigneur messire François de Rémond son père, qui se trouvent substitués, pour et au nom d'illustre seigneur messire Charles de Rémond seigneur du lieu de Modène, les soubsignés disent et advancent ce qui s'en suit, en toutes meilleures formes contre la dite dame de l'Hermite, à quoy requièrent estre respondu en propre personne pertinement, cathégoriquement et moyennant serment, le tout par *si* ou *ni*. On nye les dits soubsignés estre admis à preuve sans se charger de preuve superflue et non nécessaire de la quelle ils ont protesté et protestent ensemble de tous despens dommages et intérêts.

Protestent encore que par tout ce qu'ils diront et advanceront cy-après, ils n'entendent offenser personne et que ce sera tant seulement pour le soutien du bon droict du dit seigneur de Rémond.

Toutes les quelles protestations et autres en tel cas requises et accoustumées ainsi présupposées, disent et advancent en premier lieu que la dite demoiselle de Courtin mère a esté dans une troupe de comédiens et monté sur le théâtre mesme en ceste ville d'Avignon et dans la maison et jeu de paume du s[r] Pierre...... appartenant à present à Mad. de Reynard, estant appelée dans la dite troupe la Vauselle.... »

Le mémoire donne ici sur la vie des l'Hermite tous les détails que j'ai déjà reproduits, et après avoir insisté surtout sur la cohabitation de Marie Courtin avec Esprit de Rémond au château de Modène, il avance :

« Que toute la dite conversation et actes illicites auroient esté faicts et continués longtemps devant le prétendu mariage qui fut puis contracté entre le dit seigneur et la dite dame de l'Hermite, fille de la dite d[elle] de Courtin.

De sorte que s'estant ensuivi ce dessus, le dit seigneur comte n'auroit peu de droict contracter mariage avec la dite dame de l'Hermite, fille de la sus-nommée.

Que le prétendu mariage contracté entre le dit seigneur comte de Modène et la dite dame de l'Hermite n'a pas esté seulement nullement contracté par les actes et empeschements que dessus, mais encore par le suivant ».

Les avocats de Charles de Rémond parlent à cette place du mariage contracté et consommé entre Madeleine de l'Hermite et le s^r Pierre Fuzelier, à Avignon en 1655.

« De sorte que le dit Fuzelier et la dite Dame Lhermite auroient esté réputés de tous pour vrays et légitimes espoux.

» Que la dite dame L'Hermite auroit contracté le prétendu nouveau mariage avec le dit seigneur comte de Modène, bien que le dit sieur Fuzelier fût encore pour lors vivant, et que le dit s^r Fuzelier ne fut mort au dit temps et que mesme le soit encores à present est nyé par expert.

» D'où se voit que non seulement la dite dame Lhermite ne peut prétendre droit sur les biens du dit seigneur comte de Modène, mais encore elle est punissable du crime de polygamie, d'autant plus que ça été avec science de la vie de son mari et que néantmoins elle a voulu contracter ledit prétendu mariage contre tout droict et raison.

» Que le dit seigneur Charles de Rémond est frère dudit seigneur comte et partant il a droict de succession comme son plus proche.

» Que le dit seigneur Charles est encore appelé par substitution littérale à la succession des biens dudit seigneur François son père, sans mesme aucune détraction.

» Ce qui soit dict sans préjudice d'autres plus grands droicts qui lui compétent sur les biens dudit seigneur comte, tant à occasion des aliénations par luy faictes qu'autrement.

» Tout ce dessus est vray et notoire.

» Par quoy, *singula singulis congrue referendo*, les soubsignés concluent comme dessus aux nullités susdites et exclusions de la dite dame de toutes prétentions et autrement en toute meilleure forme implorant votre office ».

Charles de Rémond ne se bornait pas à refuser à Madeleine le titre d'épouse légitime de son frère et n'attaquait pas seulement la validité du mariage de Madeleine de l'Hermite et du testament fait en sa faveur ; il contestait la réalité du prétendu apport de Madeleine en bijoux, joyaux, argenterie, argent monnayé, tapisseries, meubles etc., se montant à une valeur de 25,925 livres, constaté par l'inventaire familier fait à l'amiable au lendemain de son mariage et reconnu dans l'acte authentique passé par le comte de Modène, peu de temps avant sa mort, le 27 janvier 1673. Pour en prouver la fausseté, il appuyait surtout sur la pauvreté de Madeleine au moment de son mariage, et niait la véracité des témoins qu'elle produisit dans l'enquête par laquelle elle s'efforça d'établir la réalité de ses prétentions. Il se croyait fondé à soutenir que c'était là un apport fictif ou tout au moins majoré ; et qu'au fond ce n'était pas autre chose qu'une donation déguisée d'Esprit de Modène à sa femme.

Voici, entre autres actes, un des mémoires par lesquels il attaque les revendications de Madeleine.

« Les soubsignés pour et au nom d'illustre seigneur messire Charles de Remond seigneur du lieu de Modène pour faire voir que la dame Magdelaine de Lhermitte, veuve de feu illustre seigneur messire Esprit de Rémond comte de Modène, doibt estre deboutée de sa demande par elle faite de la somme de vingt-cinq mille et tant de livres qu'elle présuppose avoir esté recognue en sa faveur pour cause du dit par led. seigneur Esprit son mary, disent et advancent ce que s'ensuit tant conjointement que séparément et à toutes meilleures fins contre ladite dame. A quoy requièrent estre respondu en propre personne pertinemment et cattégoriquement et moyennant serment, le tout soubz les accoustumées requisitions et protestations notamment de tous despens, dommages et intérêts.

Toutes lesquelles protestations et autres en tel cas requises et accoustumées ainsy présupposées disent et advencent pour fait notoire que la d^{te} prétendue recoignoissance a esté et est de tout invraysemblable et faicte pour frauder led. seig^r Charles du fideicommiss apposé en sa faveur par le testament de feu haut et puissant seig^r, messire François de Rémond leur père, se voyant led^t sieur Esprit sans enfants et hors d'espérance d'en avoir, et ce d'autant qu'il est mis en faict que led^t seig^r comte avoit de longtemps conceu une haine capitale envers led^t s^r Charles son frère, en sorte qu'il ne l'auroit jamais voulu voir avant sa mort.

Et pour preuve de ce désirant de luy nuire et d'avantager tout autant qu'il pourroit ladite dame, sa femme, auroit intenté contre luy un procès pour faire liquider les prétendues détractions qu'il croyoit pouvoir faire sur les biens du susdit fideicommiss.

Que cette façon d'agir avant le temps de la restitution dud. fideicomiss faict assez voir ladite haine et la mauvaise volonté que led^t seig^r Esprit avoit contre led^t s^r Charles son frère.

Et pour faire d'autant mieux voir l'invérisimilitude de la dite confession de la reception de la dite somme pour dot et de l'intention que led^t seig^r Esprit avoit de frauder et rendre inutile le susdit fideicomiss, est mis en faict que les père et mère de ladite dame de Lhermitte estoient très pauvres et en estat presque de mendicité ».

Le mémoire continue en insistant sur les faits qui établissent la pauvreté et le genre de vie des l'Hermite et de leur fille, « n'ayant rien valant et ne possédant que le seul titre de noblesse », sur le mariage de cette dernière « avec Fusilier », où il ne paraît pas qu'il lui eut été constitué de dot et sur les autres actes de son existence besogneuse, que j'ai déjà faits connaître d'après ce document lui-même, « prouvant suffisamment l'invérisimilitude de la prétendue confession et recognoissance ».

Il poursuit en établissant :

« Premièrement que lhors du contrat de mariage dudit seig^r Esprit avec lad. dame de l'Hermitte, si elle eusse heu tel dot ou par elle constitué ou par son père et surtout d'une somme si notable, on n'aurait pas omis d'en faire faire une constitution spéciale avec expresse recognoissance en faveur de la dame et avec obligation de rendre et de restituer en cas de mort.

Secondement que par led^t contrat de mariage est porté de bailler quelques meubles et estre ce faict par le père et neantmoins par la prétendue recognoissance après faicte sans qu'il aye apparu que le père aye baillé aucuns meubles à sad. fille, led^t seigneur Esprit a confessé d'avoir receu lesdits meubles de sa dite femme et non du père.

Que comme disent il n'est vraysemblable que led. père eusse baillé ny à sa fille ny aud^t seigneur Esprit telle quantité de meubles et de si notable valeur sans en avoir acquit avec promesse de rendre à tout cas de restitution.

3º Il n'est pas vraysemblable que soit le père ou la fille se fussent contentés d'une recognoissance privée suspecte d'antidate et même sans date et laquelle peut estre facilement impugnée, voire mesme, elle n'a aucune exécution en France ou ailleurs.

4º La qualité des témoins descripts dans ladite prétendue escripture de femmes, personnes viles, affidées et suspectes, oste aussy assez la foy de telle prétendue escripture et la rend totalement suspecte.

5º La quantité aussy des meubles, bagues, vaisselle d'argent qui se trouvoient décrites fait aussy d'autant plus voir l'invérisimilitude de telle confession. Sur quoy il suffit la lecture, joincte à cela la pauvreté, comme dict est, des susdites personnes.

Item est mis en faict que lad^{te} prétendue escripture privée contenant la susdite recognoissance ne peut estre adminiculée, ny rendue vraysemblable par le dire et dépositions des prétendus tesmoings produits de la part de la susd^{te} dame de Lhermitte, comme ne faisant ny pouvant faire aucune foy en jugement ni dehors, attendu les grands défauts qu'ils souffrent en leurs personnes et dires… »

Le mémoire, « venant à la spécialité » établit l'indignité des témoins produits dans l'enquête par la veuve de M. de Modène tels que les sœurs de Belleval, « personnes très-pauvres, viles et de mauvaise réputation, et amies intimes de la dite dame de l'Hermite, qui par conséquent ne peuvent faire aucune foi ».

Il paraît que Charles voulait même faire mettre en prison le mari de l'une d'elles, René Barret, car le mémoire dit :

« Que la dite dame Barbe de Belleval, croyant que Barret son mary avoit esté constitué prisonnier à la querelle et poursuite du dit seigneur Charles et se sentant de ce grandement fâchée, auroit dit par devant des personnes dignes de foy et de croire, parlant dudit seigneur de Reimond, qu'il auroit fait constituer prisonnier son mary, mais qu'elle s'en vengeroit bien, se publiant ennemie capitale du dit seigneur....

» Tout ce dessus est vray, notoire et manifeste, par quoy *singula singulis congrue referendo*, lesditz soubssignés concluent comme dessus et autrement en toute meilleure forme implorant votre office....

Eymonier.   Esberard (1).

C'est dans l'enquête dont il vient d'être question dans ce mémoire et qui eut lieu pour connaître l'apport prétendu de Madeleine de l'Hermite et les orfèvres qui avaient soi-disant prisé les joyaux, pierreries, argenteries etc (2), que figura ce curieux témoin, *Charles Mulot* lapidaire, dont j'ai déjà parlé. Il déposa qu'étant jeune il avait suivi des comé-

(1) Copie faite sur une pièce manuscrite de la bibliothèque publique de Carpentras. — Dossier Esprit Rémond de Modène. — N° 1.

(2) Cette enquête faite de 1674 à 1675 à l'occasion du procès entre le frère et la veuve du comte de Modène et où l'on recueille les faits et les allégations relatifs surtout à l'état de fortune, ou plutôt de pauvreté des l'Hermite, existe encore aujourd'hui à la Bibliothèque de Carpentras avec toutes les autres pièces du procès.

diens de Paris qui étaient allés en province, qu'il avait connu Le Fuzelier à Avignon, avec lequel il était resté quelque temps, assistant à son mariage avec Magdeleine de l'Hermite et qu'il avait ensuite quitté plus tard pour rentrer à Paris. Qui eût cru pouvoir trouver dans un document de ce genre un renseignement sur l'histoire des comédiens de campagne !

Le procès engagé entre Charles de Rémond et la veuve du comte de Modène fut long à n'en pas finir et je ne saurais citer tous les actes de procédure auxquels ils donna lieu. Chacune des parties avait eu soin cependant de ne pas perdre son temps. Dès le lendemain de la mort de son frère, le 2 décembre 1673, Charles de Rémond prêtait hommage à la chambre apostolique, c'est-à-dire au Pape, souverain du Comtat, pour le fief de Modène, comme frère d'Esprit et substitué à ce fief dans le testament de son père, par suite du décès d'Esprit sans enfants. De l'autre côté, deux lettres, de Madeleine de l'Hermite, écrites par elle les 16 et 25 décembre 1673, nous apprennent qu'elle est encore alors dans le château de Modène avec tous les enfants de la partie adverse et qu'elle s'en va à Avignon pour obtenir la main levée de ses rentes. Le 3 février 1674 on la voit en effet dans cette ville d'Avignon donner une procuration à Pompée Madon, pour faire acte de propriétaire, non seulement vis-à-vis de Charles de Rémond, mais vis-à-vis d'Armande Béjart à propos de la Souquette.

On a vu que du vivant de son mari elle avait déjà fait de vains efforts pour rentrer en possession de ce petit bien vendu par ses parents à la mère d'Armande. Le comte de Modène mort, elle s'empressa, bien qu'elle n'eût absolument aucun droit, d'agir de nouveau comme propriétaire de la Souquette. C'était faire montre de beaucoup de hâte et de peu de scrupules. Le 19 février 1674, en prenant la qualité d'héritière bénéficiaire du comte, elle affermait cette grange (qui n'appartenait pas même à son mari), comme étant comprise dans son héritage. Son mandataire, Pompée-Madon, agissant en vertu de la procuration du 3 février, arrentait la grange de la Souquette pour six ans, à partir de Noël, à prud'hommes Laurens et Jean Pierre Meynards père et fils du lieu de Saint-Pierre-de-Vassols (1). L'acte fut passé à Caromb, devant Antoine François Reynaud, son notaire attitré, qui avait déjà reçu l'acte par lequel M. de Modène reconnaissait la réalité de l'apport prétendu de sa femme.

Ce même jour, 19 janvier 1674, elle se faisait expédier un extrait des registres paroissiaux de l'église Saint-Paul de Paris, constatant son mariage avec M. de Modène en décembre 1666, qu'elle faisait suivre des pièces prouvant la nullité de l'union qu'elle avait précédemment contractée à Avignon.

On voit qu'elle était aussi ardente à se défendre que ses adversaires à l'attaquer. Ce qui contribua à rendre plus longue encore et plus embrouillée la liquidation de la succession d'Esprit de Rémond, à côté des prétentions de Charles substitué à son frère, et des revendications de Magdeleine de l'Hermite, agissant comme héritière universelle de son mari sous bénéfice d'inventaire, et comme créancière de ses reprises dotales, ce fut le désordre dans lequel se trouvaient les affaires pécuniaires du défunt (2). De nombreux créanciers intervinrent, et parmi eux, le plus intéressant de tous pour nous et pour l'histoire, l'héritière de Madeleine Béjart, la veuve de Molière.

Armande Béjart n'intervint pas seulement dans la liquidation de la succession du comte de Modène en qualité de créancière ; on l'y voit figurer d'abord en qualité de propriétaire de la Souquette, de ce petit bien qu'elle avait

---

(1) Fortia d'Urban, *Supplément aux éditions de Molière*, p. 123, 151, 152.

(2) Fortia d'Urban lui-même, malgré toutes ses réticences voulues, reconnait à propos du procès entre Charles de Rémond et Madeleine de L'Hermite, « que les affaires d'Esprit éprouvèrent de l'embarras après sa mort ». V. *Supplément aux éditions de Molière*, p. 66.

recueilli dans la succession de sa mère et que le comte et sa veuve enviaient depuis longtemps. Cet ancien moulin, réduit à l'état de grange, ce coin de terre perdu au fond du Comtat, était pour elle d'un maigre rapport. Le château de Modène touchant au contraire à Saint-Pierre-de-Vassols, Charles de Rémond désirait naturellement rentrer dans cette propriété de son père. Quand il eut triomphé des prétentions de Madeleine de l'Hermite, des négociations s'engagè:ent entre Armande et lui pour la vente et l'achat de la Souquette. Deux ans et demi après la mort du comte de Modène, Melle Molière écrivait de Paris 29 mai 1676 à M. Charles Rémond de Modène, à Avignon, la lettre que voici, reproduite d'après Fortia d'Urban et où elle lui annonçait qu'elle consentait à lui retrocéder ce bien, mais moyennant argent comptant seulement (1) :

Monsieur,

« Si je n'avois point été indisposée, je n'aurois pas manqué à faire réponse à votre première lettre, et à vous marquer que je suis toujours dans la résolution de faire affaire avec vous pour ma grange de la Souquette, aux termes que nous sommes convenus. Mais comme j'ai moins d'habitudes à Avignon que vous en avez à Paris, vous pouvez plus facilement envoyer ici votre procuration pour traiter. En même tems, je vous prie, monsieur, de vous souvenir que vous m'avez promis que ce seroit de l'argent comptant à la Madelène prochaine, parce que j'en ai besoin dans ce tems là, et que je fais mon compte sur cette partie. Je ne m'arrête point à ce qu'on m'a voulu faire croire ici que vous vous étiez vanté, depuis votre retour de Paris, que vous m'aviez fait donner dans le panneau, et que vous me vouliez surprendre ; parce que je suis trop persuadée de

(1) V. *Supplément aux éditions de Molière*, p. 152, 122, 130. Fortia a remarqué qu'au fond de cette lettre il y avait une certaine méfiance d'Armande envers Charles de Modène. « Elle est signée seulement, dit-il aussi, par la veuve de Molière, et écrite d'une autre main ».

votre probité, et que vous avez trop d'honneur pour vous prévaloir du peu d'expérience d'une pauvre veuve. J'attends votre réponse pour conclure avec celui qui aura votre pouvoir, et suis, monsieur votre etc.

MOLIÈRE ».

Quel fut le sort de cette négociation ? Si Fortia d'Urban avait eu une curiosité plus vive, il eut certes pu facilement nous apprendre quel avait été son résultat final, et nous dire, si la Souquette, ce qui est probable et assez aisé en somme à savoir, était rentrée dès lors dans la main du propriétaire de la seigneurie de Modène.

Chose surprenante ! Armande n'avait pas encore reçu le paiement des sommes dont elle était créancière de la succession du comte de Modène, lorsqu'elle écrivait à Charles de Rémond la lettre du 29 mai 1676. Madeleine Béjart était morte créancière de M. de Modène, et ses créances étaient passées entre les mains d'Armande, sa légataire universelle. Melle Molière eut donc à réclamer à la succession du comte les 3,000 livres dont Esprit était débiteur envers Madeleine. Six mois environ après la lettre relative à la Souquette, le 13 novembre 1676, son mandataire, François Garcin, docteur ès droits de la ville d'Avignon, produisait à l'appui de sa demande le testament de l'ancienne amie du comte de Modène reçu par Maîtres Ogier et Mouffle, qui lui donnait le droit d'intervenir (1). L'inventaire de la comédienne établissait qu'elle était créancière d'Esprit de Rémond pour la somme de trois mille livres qu'elle avait remboursée, ainsi qu'on l'a vu (2), à M. de Tarny. Madeleine avait eu trop bien soin de prendre ses précautions pour qu'on ne put soutenir que sa créance n'était pas

---

(1) Fortia d'Urban, *Supplément aux éditions de Molière*, p. 66
(2) V. Soulié, *Recherches sur Molière*, p. 254.

réelle, et sa légataire dut très probablement en recevoir le remboursement.

C'est le dernier indice de rapports que je connaisse entre la famille de Madeleine Béjart et celle du comte (1).

La veuve de M. de Modène avait terminé sans doute son procès avec Charles de Rémond par une transaction. Les différents actes relatifs à ses contestations avec la famille de son mari sont nombreux en 1674 et 1675.

Elle survécut longtemps à Esprit de Rémond, ce que la grande différence d'âge existant entre eux faisait d'ailleurs présumer, ainsi qu'à son adversaire Charles de Modène. En 1695 elle figure encore dans la quittance d'une somme payée sur la rente viagère que lui faisait son neveu Gabriel de Modène. Elle n'avait guère alors plus de cinquante cinq ans. Elle habitait probablement Avignon et c'est là que dut la voir Mme Dunoyer, qui dit l'avoir connue et parle d'elle comme d'une « très-aimable personne, fille du fameux Tristan l'Hermite » (2).

Il y avait longtemps déjà que Charles de Modène n'était plus. Il avait fait son testament à Avignon, le 20 mai 1677, demandant à être inhumé à Sarrians, s'il y décédait. Il mourut le 19 octobre 1680 (3). Par son testament il avait institué son héritier universel, Jean Gabriel, son fils ainé du second lit, « sous la condition qu'il n'épouserait pas la nommée *Nanon*, dont il couroit un bruit qu'il avoit eu deux enfants » et il assignait des pensions à ses autres

(1) Lorsqu'on lit les diverses quittances de 360 livres de rente constituée en 1635 sur les Gabelles données par la veuve de Molière, on en vient aussi à se rappeler que M. de Modène en 1638 avait vendu lui-même « 1,333 livres six sols 8 deniers de rente constituée sur l'hôtel de ville de Paris en la partie de trois millions sur le sel en 1635 ».

(2) V. *Lettres historiques et galantes* par madame Dunoyer, Cologne, 1723, III, 259 et Fortia d'Urban, *Supplément*, p. 105.

(3) V. Fortia d'Urban, généalogie de la maison de Modène en tête de son édition de *l'Histoire des Révolutions de Naples*, p. 58. Charles était né le 14 avril 1614, et avait été marié deux fois. Il fut inhumé à Carpentras.

héritiers (1) On voit que Charles en avait assez des mésalliances de famille, et qu'il voulait préserver son fils des suites des désordres et des captations qui avaient rempli la vie de son frère aîné.

La mémoire d'Esprit ne resta guère en honneur dans sa famille ; aussi les généalogistes, qui ont travaillé sur les communications faites par les Rémond de Modène, ont-ils toujours été sobres de renseignements intimes sur le gentilhomme qui, bien que le plus célèbre de sa race, s'était déclassé et avait toute sa vie frayé avec des comédiennes, au point de faire sa femme de l'une d'elles et de l'installer au château de Modène en qualité de châtelaine légitime, avec la pensée de lui léguer ses biens au préjudice de sa famille.

Ce n'est pas sans peine que j'ai pu recomposer dans ses grandes lignes la vie de M. de Modène. Aux historiens du Comtat et aux Moliéristes d'en faire connaître à présent les menus détails. Mme Dunoyer dit en parlant de lui (2) : « C'étoit un gentilhomme de la comté d'Avignon dont les diverses aventures pourroient fournir matière à tout un volume ». C'est précisément le nombre et le caractère de ces aventures, aussi étranges que celles d'un héros de roman, qui a fait tenir dans une ombre discrète la plus grande partie de son existence. Tandis qu'on mettait en relief son rôle dans l'expédition de Naples, on gardait sous le boisseau tout ce qui avait trait à ses mésalliances de la main droite et de la main gauche, ses accointances avec les comédiennes et sa quasi entrée dans le monde comique, qui

(1) V. d'Hozier, *Armorial général*, t. 1, 1re et 2me parties, p. 461. Dans les *Carrés* de d'Hozier, n° 525, pièce 97, on trouve à la date du 20 septembre 1664 les preuves de la noblesse de Jean François de Rémond, fils de Charles, demeurant à Avignon, faites dans la dite ville, pour sa réception en la qualité de chevalier de justice de l'ordre de Saint-Jean de Jérusalem, dit de Malte, au grand prieuré de Saint-Gilles. Jean-François avait été baptisé, le 28 octobre 1652, à Saint-Etienne d'Avignon.

(2) *Ut suprà*, p. 259.

aurait pu lui faire occuper une place dans le roman de Scarron.

Ce sont en effet les vies pleines d'honneur sur lesquelles les familles aiment à faire briller la lumière, tandis qu'on se plaît à ensevelir dans un profond silence celles des déclassés et des dévoyés.

Heureusement pour lui, le comte de Modène a écrit le récit de ses aventures à Naples et a eu soin de s'y tailler un beau rôle avec sa plume, comme il l'avait fait d'ailleurs avec son épée. Il s'y est drapé pour la postérité en politique et en habile capitaine. Ses *Mémoires* et son inoubliable sonnet sur la mort du Christ assureront son nom contre l'oubli. De plus sa vie a été mêlée un instant à celle de Molière et longtemps à celle de Madeleine Béjart. Rien que cela suffisait pour appeler sur lui l'intérêt et essayer de fixer les traits de sa figure restés jusqu'à ce jour trop effacés.

Désormais, je l'espère, les écrivains du Comtat voyant ce qu'un écrivain, au fond d'un bourg du Maine, éloigné de plus de deux cents lieues d'Avignon, a trouvé à dire sur M. de Modène, pourront être pris de l'envie de consulter bien à leur aise et à loisir les débris des archives de sa famille, surtout les pièces du procès auquel donna lieu sa succession. Il leur sera facile de ramasser les miettes qui s'y trouvent encore contenues. Désormais aussi les Moliéristes, qui ne connaissaient guère que le nom d'Esprit de Rémond, pourront ressentir plus d'attrait pour l'étude de ses aventures. L'éveil leur est dès à présent donné sur l'intérêt que présente son histoire intime pour la connaissance des énigmes de la vie de Molière. Qui sait si l'énigme de la naissance d'Armande Béjart ne pourra pas elle aussi recevoir bientôt sa solution, grâce aux nouvelles lumières que l'avenir nous réserve encore sur la vie de celui qui fut l'amant de Madeleine Béjart au temps de sa folle jeunesse, et qui, un quart de siècle après, tînt sur les fonts de Saint-Eustache l'héritière d'Armande et de Molière (1) ?

Marolles-les-Braux, 1886.

(1) Je pense revenir moi-même un jour à l'examen de ce problème, dont je regrette de n'avoir pu donner actuellement une solution définitive, par suite de l'absence de documents sur lesquels je comptais et que je n'ai pu encore rencontrer. Ce problème, je le répète en finissant, se borne pour moi à ces deux termes : Armande est ou la fille de Marie Hervé, ou celle de M. de Modène et de Madeleine Béjart. Si elle n'est pas la fille du comte, Madeleine n'est pas sa mère et c'est d'une façon absolument certaine et non pas seulement probable que Marie Hervé peut en revendiquer la maternité.

(Extrait de la Revue Historique du Maine).

APPENDICE

Depuis que ces pages ont été écrites, il m'est parvenu de nouveaux documents sur différents points dont il est question dans ces études. Je me propose de les utiliser dans un second volume plus spécialement consacré aux comédiens de campagne et à des personnages qui touchent à la vie de Molière. Je crois donc devoir me borner à insérer ici, à titre d'éclaircissements complémentaires, quelques pièces relatives surtout aux Béjart, à l'Hermite de Souliers et à M. de Modène. Les principales se rapportent à la famille des Béjart et aux poésies de M. de Modène, dont je reproduis l'*Ode aux Muses sur le portrait du Roy*, parce qu'il n'existe peut-être, à l'heure qu'il est, d'exemplaire connu que celui de la bibliothèque de feu le baron James de Rothschild.

I.

La famille Béjart.

Pour aider à préciser les relations de la famille Béjart, voici sur son compte quelques actes de l'état civil, tirés des manuscrits de Beffara et qui sont restés ignorés ou incomplètement connus jusqu'à ce jour.

L'origine des Béjart n'est pas bien éclaircie. Il n'est nullement prouvé que cette famille soit venue à Paris du pays de Dombes ou du Beaujolais, ainsi que l'a dit M. Baluffe (1) et il ne semble pas qu'elle se rattache aux Béjart, de Joigny en Bourgogne, ainsi que l'ont dit Edouard Fournier et M. Guigard (2). Ne paraît-elle à Paris qu'au commencement du XVIIe siècle, ainsi que le prétend M. Baluffe ? Beffara avait relevé dans différentes paroisses, et tout particulièrement de 1566 à 1587, dans les registres de Saint-Merry, la trace de nombreux Béjart, mais sans indiquer les prénoms et sans dire s'ils se rattachaient aux ancêtres de la femme de Molière (3).

Ce n'est qu'à l'année 1608, dans la paroisse Saint-Paul, qu'on a relevé la première mention des Béjart, auxquels appartenait Joseph, le père de Madeleine.

Il y avait alors à Paris, établis dans le même quartier, quatre frères Béjart : Pierre, Charles, Nicolas et Joseph.

Jal n'a pas relaté complètement les actes de baptême qui

(1) *Molière inconnu*, p. 51. Il dit les Béjart originaires du coin de province où se confondaient le Beaujolais et les Dombes.

(2) C'est Edouard Fournier qui a le premier parlé, à propos des Béjart, de la *Descente généalogique d'Estienne Porcher, habitant de la ville de Joigny, avec des lettres d'annoblissement du mois de juin 1364... et diverses autres pièces concernans les privilèges, franchises et exemptions accordées aux descendans du dit Estienne Porcher*, Paris, 1650, in-4° ; avec blason. On ne découvre en réalité aucun lien dans cette généalogie, qui brille par une absence presque complète de dates, entre les Béjart de Joigny et ceux de Paris, bien qu'il y figure des *procureurs* à Joigny, et à Saint-Julien-du-Saut, et même une Magdeleine Béjart, femme de Jean Nau, bourgeois de Paris, d'où deux enfants Nau, non indiqués par leurs prénoms. (On ne saurait identifier un de ces Nau avec la Magdelaine *Nolles*, femme de Simon Courtin, marraine de la comédienne Magdeleine Béjart en 1618 et qui devait plutôt appartenir, du reste, à la famille de Marie Hervé). Voir sur ces Béjart *La Descente généalogique d'Estienne Porcher*, p. 14, 16, 89, 122, 134, 135, 141. — M. Guigard, *Bibliothèque héraldique*, p. 406, n° 4,434, a dit d'après Ed. Fournier : « Cette généalogie est intéressante en ce qu'elle contient une descendance des Béjart qui pourraient bien être de la famille de la femme de Molière ».

(3) Voir B. N. t. I, des ms. de Beffara, f° 380.

ont trait à cette famille ; il n'a surtout que rarement fait connaître les noms des parrains et marraines figurant dans les actes qui la concernent, ce qui eut cependant contribué à mieux faire apprécier ses relations et son rang dans la société du temps. Je les rapporterai donc ici, en ayant soin d'indiquer que les erreurs de lecture de noms sont nombreuses et presque continuelles chez Beffara, et qu'il n'y a malheureusement plus moyen de contrôler ses extraits depuis l'incendie des registres de l'état-civil de Paris (1).

Un des quatre frères, Pierre Béjart, demeurant paroisse Saint-Paul, s'était marié le 29 juillet 1608, dans l'église de Saint-Nicolas-des-Champs, à Jeanne Bérenger. En 1611, à Saint-Paul, le mardi 8 novembre, fut baptisée Marguerite, fille du dit Mᵉ Pierre Béjart, procureur au Châtelet de Paris, et de Jeanne Bérenger, demeurants rue de Jouy : parrain, *Charles Béjard*, bourgeois de Paris, oncle de l'enfant ; marraine, Marguerite *Tellebry*. Signé Boucher (2).

Le 10 mars 1614, baptême de Jean. Parrain, Jean Cantor,

(1) Lorsqu'il s'agit d'une personne qui n'est pas dénommée ailleurs, il est fort difficile de redresser les erreurs de Beffara. Jal et ses rares imitateurs fournissent heureusement par fois un précieux moyen de le contrôler et de corriger ses inexactitudes. C'est ainsi que lorsqu'on lit dans ses manuscrits un acte de baptême d'un enfant du célèbre Hugues Guérin, dit *Gautier Garguille*, sieur de Fléchelles, acte inédit (que je me suis empressé de communiquer à mon savant ami, M. de la Sicotière, qui va publier l'histoire de ce célèbre comédien), on n'a pas de peine à redresser l'erreur de Beffara. On lit par exemple, pp. 239 et 469 du tome Iᵉʳ de ses mss. cet extrait des registres de Saint-Sauveur : « Le 27 septembre 1632, fut baptisé Philippe, fils de honorable homme Hugues Guérin, sieur de Fléchelle et d'Aliénor Salomon. Son parrain, noble homme Philippe de Mondor, docteur en médecine. La marraine damoiselle Nicolle *Gallet*, femme de noble homme Pierre Le Messier, sieur de Bellerose, demeurant paroisse Saint-Eustache ». On s'aperçoit aussitôt qu'il s'agit de Nicolle *Gassot*, comédienne elle aussi, même du temps de son premier mari.

(2) Mss. de Beffara, t. I, fᵒ 378 et suiv. et 605. Jal a lu avec plus d'exactitude Marguerite *Tolleron*, femme de Jehan Bérenger, grand-mère de l'enfant. — Dans les actes relatifs aux Béjart, relevés par Beffara, l'orthographe du nom varie sans cesse et on y voit figurer de nombreux Bézard, de sorte qu'il peut s'agir même de familles de noms différents.

commissaire et examinateur au Châtelet de Paris. Marraine, Marie Collaron (?) Signé Boucher.

Le 28 mai 1620, baptême de Pierre (les parents habitent alors rue Percée). Parrain, M⁰ Charles Fizeau, commissaire et examinateur au Châtelet de Paris ; marraine, Anne Dacolle (?) Signé Le Prestre.

Le 30 mai 1622, baptême de Louise (les parents sont revenus habiter rue de Jouy). Parrain, noble homme M⁰ Pierre Joly, conseiller du roi et receveur général des décimes de la généralité de Paris. Marraine, damoiselle Louise de Louviers, fille de feu M. Claude de Louviers, sieur de la Forge. Signé Leprestre.

Beffara n'a pas relevé le baptistaire d'un cinquième enfant *Marie*, baptisée le jeudi 16 octobre 1625. (V. *ut suprà*, Jal, qui donne d'autres renseignements sur le second mariage de Pierre Béjart, son nouvel enfant né de ce mariage, *Pierre*, et sur son inhumation inscrite aux registres de Saint-Paul le 12 novembre 1650).

Ce n'est qu'au commencement de 1618 que Joseph Béjart et sa femme Marie Hervé, mariés le 6 octobre 1615, à Saint-Paul, paroisse de l'épousée, se montrent sur les registres de Saint-Gervais. Ils y apparaissent par le baptême de Magdelaine. « Le lundi 8 janvier 1618 a été baptisée *Magdelaine*, fille de Joseph Béjart, huissier au palais, et de Marie Hervé, sa femme. Le parain Charles Béjart, bourgeois de Paris. La marraine, Magdelaine Nolles, femme de Simon Courtin, bourgeois de Paris. Signé Courtois » (1).

(1) Il est probable que Magdelaine Nolles était parente de Marie Hervé, et tante maternelle de l'enfant à qui elle donnait son nom, à moins que la parenté ne vint de son mari, qui fut choisi pour curateur de Madeleine Béjart en 1636. Marie Courtin de la Dehors, femme de L'Hermite de Souliers et maîtresse de M. de Modène, était-elle parente de ce Simon Courtin ? Il faudrait être fixé sur cette soi-disant parenté ou plutôt sur cette prétendue alliance entre Madeleine Béjart et Marie Courtin de la Dehors pour voir clair dans la question énigmatique des singuliers rapports qui ont existé entre elles.

En 1620, ils habitent la paroisse de Saint-Paul. Le 1er octobre 1620, fut baptisée dans cette paroisse « *Elisabeth*, fille de Joseph Béjart, huissier ordinaire du Roy ès eaux et forêts de France au Palais, et de Marie Hervé, demeurant rue Couture Sainte-Catherine. Parain, noble homme, Me Emon Monet, advocat en parlement. Maraine, damoiselle Elisabeth Le Normand. »

En 1622, Joseph est revenu habiter paroisse Saint-Gervais. C'est là que le 15 février (Jal dit le 11) fut baptisé son fils Jacques. Le parrain, Me Nicolas Malbranche, secrétaire de la chambre du roi. La marraine, damoiselle Jacqueline Violle, fille de M. Jacques Violle, conseiller du roi au Châtelet de Paris, sieur de Sienne (?). Signé Courtois.

En 1623 les époux Béjart sont retournés dans la paroisse de Saint-Paul. Le 15 mars 1623 fut baptisée *Anne*, fille de Joseph Béjart, huissier ordinaire du roi ès eaux et forêts de France au Palais, à Paris, et de Marie Hervé, demeurant rue de Jouy. Parrain, Alexandre Vachot, secrétaire de la chambre du roi. Marraine, Jeanne Bérenger (1). Signé Leprestre.

En 1624 ils habitent encore la même paroisse, mais ils ont changé de rue. Le 2 juillet 1624, fut baptisée leur fille Geneviève. Ils sont dits demeurant rue Neuve-Saint-Paul. « Parain Me Jean Godard ; maraine, Jeanne Fausset, femme de Nicolas Bejard. » Signé Leprestre.

Ce n'est que *plus de six ans après* (on voit qu'il y a ici un long intervalle entre les parturitions) que naît, paroisse de Saint-Gervais cette fois, un nouvel enfant, Louis Béjart. Il fut baptisé dans cette église le 4 décembre 1630, « âgé de trois semaines ». Le parrain M. Louis Portail, sieur de Montesson avocat en parlement. La marraine Radegonde....... femme de M. de Margery (2).

(1) C'est une tante de l'enfant, la femme du procureur Pierre Béjart. Beffara a lu Besangue ; l'acte, dit Jal, porte Jehanne Besanger.

(2) Jal indique p. 184, à la date du 17 décembre 1680, la mort de Marguerite Béjart, fille de Pierre Béjart, veuve de M. Martial Mugery,

Le jeudi 19 août 1632, fut baptisée même paroisse Saint-Gervais, Charlotte, fille de Joseph Béjart, huissier. Le parrain Jean de la Grange, écuyer, sieur des Coudres et de Saint-Sauron, conseiller et secrétaire du roi. La marraine damoiselle Charlotte de Corneille, fille de M. de Corneille, écuyer. Signé Courtois.

Tous ces noms inscrits sur les baptistaires des nombreux enfants Béjart sont curieux à relever, mais indiquent surtout les relations de Palais du père. Ce dernier acte est le plus intéressant de tous. Le nom de la marraine pique vivement la curiosité. Serait-il possible qu'une sœur de Madeleine Béjart eut été tenue sur les fonts, en 1632, par une sœur de l'auteur de *Mélite*, déjà familier avec le théâtre du Marais ? Cela paraît malheureusement peu vraisemblable d'après les termes de l'acte lui-même. Ce n'est qu'en 1637 seulement que M. de Corneille, maitre des eaux et forêts en la vicomté de Rouen, obtint des lettres de noblesse. On ne lui sait pas non plus d'enfant du nom de Charlotte, ainsi que me le répétait encore récemment un savant Corneilliste, M. F. Bouquet, l'auteur de *La troupe de Molière et les deux Corneille à Rouen*. Faut-il se rabattre sur une sœur du peintre Michel Corneille, qui ne se maria qu'en 1636. Michel semble cependant n'avoir jamais pris la particule, dont se para seulement son petit-fils d'après les dires de Jal ? Un autre Béjard, Nicolas le frère de Joseph avait tenu le 18 septembre 1619 sur les fonts de Saint-Nicolas-des-Champs, un des fils d'un peintre du Roi, Claude de la Bruyère, (Jal, 177).

On voit qu'il n'y a pas lumière complète sur la marraine de 1632, et qu'en somme, malgré le peu de probabilités, il

---

commissaire ordinaire des guerres.— Le titre de seigneurie donné à l'avocat Portail provient du bourg de Montesson situé à peu de distance de Chatou dont différents membres de cette famille bien connue furent aussi seigneurs. — Le nom de *Usebangle* donné par lui à la marraine est un nom de fantaisie.

ne serait pas absolument impossible qu'il s'agisse d'une sœur de celui qui allait être bientôt le glorieux auteur du *Cid* (1).

Jal a relevé la naissance de Bénigne-Madeleine Béjart, baptisée le 20 novembre 1639 à Saint-Sauveur et que n'a pas mentionnée Beffara. On peut voir dans son *Dictionnaire* les actes de l'état civil concernant, depuis 1612, Nicolas Béjart, huissier sergent au Châtelet, et sa femme Jeanne Fosset. C'est Nicolas qui, en 1627, habitait rue des Blancs-Manteaux, probablement au jeu de paume, faisant le coin de cette rue, où fut pris le corps d'un de ses enfants, enterré le 31 août de la dite année (V. Jal, 177).

Ce ne sont pas les seuls Béjart dont Beffara ait relevé les noms, sans parler de ceux indiqués par Jal ; mais rien ne prouve que les autres appartiennent à la même famille.

Cependant il faut peut-être faire exception pour une Anne Béjard, qui, le 26 août 1659, étant dite d'après Beffara (2) *âgée de 45 ans*, (ce qui la fait naître en 1614) et demeurant rue de Poitou, se marie paroisse Saint-Nicolas-des-Champs avec François du Chastenet, écuyer, sieur de Beauvais, rue de Monmorency (3) : témoins, Jean Berenger, âgé de 59 ans, procureur au Châtelet, oncle maternel, et Radegonde Bellanger, âgée de 55 ans, tante de l'épouse.

(1) Les noms de Corneille et de Molière ne se rencontrent pas non plus rapprochés sur les registres de l'état civil. A titre de curiosité je citerai l'acte suivant des registres de Saint-Eustache, copié par Beffara, et relatif à un enfant de la fille du musicien (Louis de) *Mollier*, l'homonyme de l'auteur du *Malade imaginaire*. « Le samedi 24 octobre 1676, défunt Jean Ytier, enfant de Léonard Ytier, officier de la musique du roi et de *Marie de Mollier*, demeurant rue de Richelieu, vis-à-vis de l'hôtel de Crussol, *chez M. de Corneille*, décédé le 23 du présent mois, a été inhumé dans le cimetière des Saints-Innocents ». Voir dans M. Vitu, *La maison mortuaire de Molière*, in-8°, 1883, pp. 82 et 169, les notices consacrées aux maisons de Louis de Mollier et des Corneille, peintres du roi, toutes deux situées rue Richelieu.

(2) Ms. de Beffara, t. I, p. 606 et 315.

(3) Ne pas le confondre avec l'acteur François Chastellet, sieur de Beauchâteau.

Cette Radegonde pourrait bien être la femme de M. de Margery, marraine de Louis Béjart en 1630, dont Beffara a singulièrement écorché le nom. Beffara a pensé que la mère de la mariée pourrait peut-être même être Jeanne Bérenger, la femme du procureur Pierre Béjart ; mais cette Jeanne est précisément mère en 1614 d'un fils Jean, ce qui ne permet pas de la croire mère d'une fille née la même année, s'il faut s'en rapporter à l'âge que lui donne Beffara. Quant à la fille de Joseph et de Marie Hervé, Anne, baptisée en 1623, elle n'aurait eu que 36 ans en 1659.

Il y a encore à Saint-Gervais, à la même époque que Joseph et Pierre, un autre Béjart, procureur au Châtelet. C'est Etienne *Bézard*.

Le 23 mars 1634, on y voit en effet baptisé Charles, fils de M. Etienne Bézard, procureur en parlement et de Marie de La Fa, sa femme, qui, le 23 juillet 1638, font baptiser, même paroisse, un autre fils Etienne.

C'est encore dans la même paroisse, à la même date, qu'habitent Louis Béjart et sa femme Antoinette Pinsart, (*alias* Pinchard, Peschart). Le 23 mars 1634 ils font baptiser leur enfant Louis ; le 25 juillet 1640, une fille Marguerite ; le 22 janvier 1642, une fille Antoinette, probablement précédée, le 22 février 1641, d'une autre fille, qui avait aussi reçu le nom de Marguerite après la mort de la précédente (1).

Il y avait en outre, paroisse Saint-Gervais, un Pierre Béjart, dit conseiller du roi et commissaire des guerres, marié à Magdeleine Roussel, qui fit baptiser le 30 septembre 1641, une fille, Magdeleine, et le 25 septembre 1642, un fils, Pierre.

Chose curieuse à noter, Beffara a aussi relevé à la date de 1691, la trace d'une des Béjart de Joigny-en-Bourgogne, auxquels Fournier avait songé à rattacher les parents de la

---

(1) Marguerite Morel, que Beffara donne pour mère à cette deuxième Marguerite, doit plutôt être sa marraine.

femme de Molière. Il a mentionné à la date du 12 février 1691 le mariage de Jean Chevry (?), *compagnon menuisier*, avec Anne Béjart, fille de défunt Guillaume Béjart, chirurgien à *Joigny-en-Bourgogne* et de Savinienne Girard (1). L'épouse ne survécut pas longtemps à son mariage. Beffara a relevé, paroisse Saint-Eustache, à la date du 12 mars 1691, son acte de décès, qui la dit inhumée aux Innocents, âgée de 30 ans.

Enfin, il indique encore vers la même époque, d'après les registres de Saint-Paul, un Cosme Bézard, marié à Marie Potier, à Saint-Antoine-des-Champs (2), faisant baptiser le 20 janvier 1622 un fils, François ; le 14 mars 1626, un fils, Marin, et le 18 novembre 1629 un autre fils, Claude, dont la mère est dite cette fois s'appeler Marie Debar.

On voit que le nom de Béjard était des plus communs à Paris.

Pour en revenir à la famille de Joseph, je dirai un mot de son fils. Louis Béjart, Béjart l'Eguisé, dont le nom a été relevé bien rarement sur les registres de l'état civil. Il fut parrain le 16 février 1664, à Saint-Eustache, avec Armande Béjart, dans un baptême intéressant la famille Prévost, dont j'ai parlé.

« Le samedi 16 février 1664, fut baptisée Grésinde-Louise, fille de Marin Prévost, bourgeois de Paris et de Anne Briguart (Brillart), demeurant rue Saint-Honoré. Le parrain Louis Béjard, officier de Monsieur ; la marraine Grésinde Béjart, femme de J.-B. Poclin, valet de chambre du roi. Signé Guillet (3). »

(1) T. I, de ses ms, p. 604.
(2) Cela fait songer à la maisonnette du bourg Saint-Antoine-des-Champs, dont étaient propriétaires Joseph Béjart et sa femme. Voir M. Loiseleur, *Les points obscurs de la vie de Molière*, pp. 118, 341, 384.
(3) V. ms. de Beffara, t. I, p. 55, 507, v°, et 368. Le 16 juillet 1673, Armande Béjart fut encore, ainsi que je l'ai dit, marraine de Marie Grésinde, fille de Philippe-Clément, bourgeois, et de Marie Brillard, sa femme, demeurant rue Saint-Honoré.

Dès le mardi 29 novembre 1661, Jeanne-Madeleine Grésaindre, née le 27, fille de Marin Prévost, bourgeois de Paris et d'Anne Brillart sa femme, demeurant rue Saint-Antoine, avait été déjà tenue sur les fonts de Saint-Merry, par « Jean-Baptiste Pauclin, valet de chambre du roi, et Madelaine Grésaindre Béjart, fille majeure (1). »

Beffara a encore inséré dans ses extraits des registres de Saint-Eustache un acte qui ne laisse pas que d'intriguer : c'est le baptême, à la date du mercredi 6 juillet 1661, de Dominique, fils de Louis Béjard, comédien, et de Gabrielle Falletière, sa femme, rue du Chantre. Le parrain, Dominique Aubertin Romer, gentilhomme ; la marraine Marie Lenoble, femme de Claude Lestrivé (ou Lestuvé) épicier, dit Beffara, ms. t. I, p. 119. N'y a-t-il pas erreur de sa part, et s'agit-il là réellement, comme il le croit, du beau-frère de Molière, ou bien de son homonyme, ce qui paraît plus probable ? Je reviendrai une autre fois sur ce point, en essayant de porter la lumière à travers ces différentes familles de Béjart, que je ne fais qu'indiquer aujourd'hui.

II.

L'hôtel de Lavardin de la Place Royale.

En répétant après *tous* les historiens de Paris (sauf un, on va le voir), que le maréchal de Lavardin avait fait bâtir l'hôtel de la place Royale, habituellement désigné sous son nom pendant la première moitié du XVIIe siècle, et qui se

---

(1) Acte signé « de Richelieu » et antérieur de trois mois seulement au mariage de Molière, ms. de Beffara, t. I, p. 290 et 504. — Beffara mentionne de nombreux actes constatant la parenté de certains Prevost et de la famille Cressé, à laquelle appartenait la mère de Molière, et même aussi des rapports d'autres Prévost avec Guy Poquelin. J'aurai occasion de parler dans la suite de ces études de différentes branches de la famille des Poquelin.

trouve à l'angle de droite de la place en entrant par la rue de Birague, j'ai commis une erreur que je dois ici corriger. Cet hôtel, bâti par l'intendant des finances Isaac Arnauld, dont j'ai parlé moi-même à propos de sa présence au Mans en 1614 avec la cour, fut simplement vendu par lui, par contrat passé devant Briquet notaire, le 14 août 1612, moyennant 48,000 livres tournois, à Jean de Beaumanoir, maréchal de France, marquis de Lavardin, demeurant alors ue Saint-Honoré, vis-à-vis des Quinze-Vingts. Lorsque le maréchal mourut en novembre 1614, il était à peine installé dans l'hôtel qu'il venait d'acquérir et dont il avait fait compléter les aménagements.

Son fils aîné Henri, le mari de Marguerite de la Baume, se plût à embellir l'hôtel de la place Royale, l'augmenta d'un nouveau corps de bâtiments, et fit construire une porte cochère sur l'impasse conduisant à la rue Saint-Antoine. On lut longtemps sur les deux portes de l'hôtel, en lettres d'or, sur plaque de marbre noir : « *Hostel de Laverdin* ».

Ces renseignements ont été donnés par M. de Malvoue, dont en est en droit d'attendre une histoire complète de la place Royale, dans une intéressante notice sur cet hôtel, insérée dans *Le Contemporain*, tome XXXVII, 1er février 1882, p. 298 et suiv. M. de Malvoue, qui m'a courtoisement communiqué sa notice, a bien voulu me dire avec la plus parfaite obligeance qu'il avait eu sous les yeux tous les actes notariés concernant les différents propriétaires de cet hôtel, et dont l'un d'entre eux lui a précisément servi à découvrir l'hôtel voisin où est née Mme de Sévigné.

A la mort de Henri de Beaumanoir (1er janvier 1620), sa veuve Marguerite de la Baume, se retira dans le quartier Saint-André-des-Arts, près des Cordeliers, et loua l'hôtel de Lavardin à Pierre Jacquet, conseiller et secrétaire du roi, *partisan* enrichi dans les Gabelles, qui s'en rendit bientôt acquéreur par décret du 28 février 1622, moyennant le prix de 54,965 livres, dépensa plus de trente mille livres pour l'agrandir et l'embellir, ainsi que le jardin, et dont les héritiers le revendirent le 23 février 1639, moyennant le prix de cent vingt mille livres, à Louis de Rohan, prince de Guémené, à qui il a dû le nom d'hôtel de Guémené, sous lequel il est généralement connu.

M. de Malvoue n'a pas trouvé trace de l'habitation, comme locataire de cet hôtel, de Marion de Lorme, qu'on y fait mourir en 1650, d'après les indications même de son voisin Dubuisson-Aubenay *(Journal des guerres civiles*, I, 283, II, 325), mais qui d'après M. Vitu ne serait pas décédée dans cette maison.

On voit, et c'est un point qui intéresse l'histoire de M*me* de Modène, qu'elle cessa d'habiter l'hôtel de feu son mari au commencement de 1622 et que par conséquent il ne peut être question d'elle, ainsi que l'a cru à tort M. Baluffe, dans les *Adieux* de Scarron *à la Place Royale*, datant seulement de 1643.

III.

La famille de L'Hermite de Souliers.

Aux renseignements donnés au cours de ce volume sur Jean-Baptiste l'Hermite de Souliers je crois devoir ajouter que les indications les plus nombreuses, fournies sur sa famille, se trouvent dans le *Nobiliaire du diocèse et de la généralité de Limoges*, par l'abbé Nadaud, publié par l'abbé Leclerc, Limoges, 1863-1872, in-8º, au tome II, pp. 432, 512 et suivantes. L'auteur parle notamment p. 520 de la branche des l'Hermite de Souliers. Il l'a fait remonter, comme Jean-Baptiste lui-même, à Gautier ou Geoffroy, seigneur de Souliers et du bois de l'Hermite, dont le testament date de 1473.

Il appelle le père de François Tristan et de son frère, Pierre, écuyer, sieur de Souliers, *gentilhomme servant du roi*, mari d'Élisabeth Myron, fille de René Myron, chevalier, baron de Cramaille, gouverneur et bailli de Chartres. Ces dires proviennent de documents fournis par différentes branches de la famille l'Hermite elle-même, et n'ont pas été contrôlés par le généalogiste, qui admet d'ailleurs ses liens avec le promoteur de la première croisade. Il fait naître François en 1601 au château de Souliers, commune de Janailhac, arrondissement de Bourganeuf (Creuse). Il ne donne pas la date de la naissance de Jean-Baptiste, dit le chevalier de l'Hermite, qui d'après lui fit preuve de seize quartiers de noblesse, mais le déclare mort en 1669, probablement d'après des documents généalogiques, seule date précise qui jusqu'à ce jour ait été donnée de son décès. La famille des l'Hermite, seigneurs de Souliers, porte, dit-il. au *1er de sinople ; au patenôtre d'or enfilé et houpé de même mis en chevron accompagné de 3 quintefeuilles d'argent, 2 en chef et un en pointe ; et au 2me d'argent à 3 chevrons de gueules ; au chef de Jérusalem brochant sur le tout qui est d'argent patée d'or, cantonnée de 4 croisettes de même.*

Supports : deux lions.

Couronne de comte.

Cimier : une colombe.

Devise : *Prier vault à l'Hermite.*

L'Hermite de Souliers a donné lui-même, on l'a vu, des renseignements analogues sur sa famille dans ses différents ouvrages et notamment dans les notes qu'il ajouta au *Page disgracié* de son frère, dans l'édition qu'il fit paraître en 1667 vers la fin de sa vie, douze ans après la mort de Tristan et où il annonçait, soi-disant d'après les papiers de l'auteur, une suite de cette curieuse autobiographie, qui malheureusement, malgré ces dires, n'a jamais été terminée (1).

(1) Le libraire André Boutonné, dans son avis au lecteur, s'exprime de la sorte : « j'ai encore adjouté la clef et les annotations qui servent à

L'autre frère de l'Hermite de Souliers, Severin, tué à Royan, fut-il marié ? Rien ne l'indique. Édouard Fournier qui, comme Paul Lacroix, a changé plus d'une fois d'opinion sur le compte des personnages dont il parlé dans ses études moliéresques, a écrit, par suite de défaut de mémoire sans doute, dans une notice sur Tristan insérée dans *Les poètes français* de Crepet, t. II, p. 543, que la belle sœur de Tristan, qui établit une fabrique de girasol en Normandie, serait la veuve de celui de ses frères qui fut tué à Royan et non pas Marie Courtin de la Dehors, ainsi qu'il l'avait dit dans son *Roman de Molière*.

IV.

Les comédiens de S. A. R. le duc de Savoie et de Mademoiselle.

En outre des renseignements fournis sur les comédiens qui figurent à Lyon en 1658 et 1659, et ensuite pendant l'été de cette dernière année à Chambéry, où ils s'intitulent « comédiens de S. A. R. le duc de Savoie et de Melle d'Orléans » et parmi les quels figurent Abraham Mitallat, Dorimond et Philippe Millot, on peut consulter ceux que donnent M. Victor Fournel, *Petites comédies rares et curieuses du XVIIe siècle*, Quantin, 1884 in-12, t. I, introd. p. 19, et M. Monval, le *Moliériste*, t. VIII, p. 184-186.

M. Monval y indique que Biet est le nom patronymique des comédiens Beauchamps et Hauteville, et que l'acteur dont

l'éclaircissement de quelques noms propres et autres passages obscurs que l'Autheur avoit ainsi fait imprimer pour des considérations qui me sont inconnues ». Il ajoute que l'auteur a laissé quelques fragments d'un troisième volume et plusieurs beaux vers qu'il promet d'imprimer si les lecteurs sont satisfaits de sa publication. C'est Jean-Baptiste qui en réalité a dû rédiger cet avis au lecteur

Molière tint l'enfant sur les fonts en 1673 s'appelait Jean Biet, et non Jean Uscet de Beauchamps, comme l'a dit Jal, d'après une mauvaise lecture de ce nom (1). Je reparlerai des acteurs de la troupe de Mademoiselle à propos de leur séjour dans les Pays-Bas en 1662, que j'ai déjà indiqué dans la *Troupe du Roman comique*, p. 156; c'est pourquoi je n'en dit pas ici davantage sur leur compte.

Le temps déjà long, qui s'est écoulé depuis la publication du livre de M. Brouchoud sur les *Origines du théâtre de Lyon*, fait désirer qu'on songe à étudier aujourd'hui plus à fond l'histoire du théâtre dans cette ville aux époques qui ont précédé et suivi immédiatement la présence de Molière, depuis le jour où l'on voit, le 8 février 1643, Charles Dufresne, Nicolas Desfontaines et Pierre Reveillon servir de témoins au mariage de François de La Cour et de Madeleine Dufresne, jusqu'au lendemain du séjour du roi, à la fin de 1658. C'est surtout la troupe de « Son Altesse Royale » qu'on rencontre à Lyon à partir de 1649 et même antérieurement, dès 1644, comme on l'y retrouve encore en 1655 et en 1658, qui mérite d'être plus particulièrement étudiée. C'est elle dont il faudrait pas à pas suivre l'histoire, en essayant de montrer les rapports qu'elle put avoir avec Molière, ou du moins en précisant le contrecoup qu'elle dut ressentir de la longue installation du grand comédien dans la ville de Lyon.

V.

La représentation de la princesse d'Élide à Fontainebleau, devant le légat, d'après le journal de M. Chantelou.

J'ai cité sur les représentations données à Fontainebleau en 1664, devant le légat, un court extrait du journal de Paul

(1) Le fac-simile de la signature des comédiens de Mademoiselle et de S. A. R. le Duc de Savoie à Chambéry, en 1659, porte *N. Bies* de Beauchamps.

Fréart de Chantelou, le célèbre amateur d'art, maître d'hôtel du roi, dont j'ai naguères écrit l'histoire (1). Ce témoignage, émanant d'un témoin oculaire, me semble assez curieux pour être rapporté *in extenso*, ce qui n'a pas été fait jusqu'ici. Il est extrait du *Mémoire du traitement fait par la maison du Roy à monsieur le cardinal Chigi, légat a latere en France*, qui n'est autre chose qu'un journal écrit jour par jour par M. de Chantelou, que sa qualité de maître d'hôtel du roi et sa parfaite connaissance de la langue italienne firent attacher par Louis XIV à la personne du cardinal, comme il le fut aussi à celle du Bernin (2).

(1) V. *Amateurs d'art et collectionneurs, Les Frères Fréart de Chantelou*, Le Mans, Monnoyer, 1867, 202 pp. in-8°.

(2) A la différence du journal du séjour du Bernin, récemment publié par M. Ludovic Lalanne, celui du cardinal Chigi est encore inédit. Il forme le ms^t 175 des Cinq Cents de Colbert, à la Bibl. nat., mst petit in-f° de 42 feuillets, non paginé. Il va du 21 mai 1664 au 14 août. M. de Chantelou accompagna le cardinal à Paris et à la Cour ; il rend compte des nombreuses conversations qu'il eut avec lui. Le 2 août il a soin de mentionner qu'ils parlent « de la peinture et même des tableaux du s^r de Chantelou. » Le journal débute de la sorte : « Le 21 mai 1664 estant venu de Marseille nouvelles à Fontainebleau qu'il paroissoit en mer des galères et qu'on jugeoit que c'estoyent celles du roi qui conduisoient M. le Légat, sa Majesté s'en allant souper trouva passant par la galerie de Me Rousse le sieur de Chantelou, maître d'hôtel de sa majesté et l'ayant appelé lui commanda d'avertir tous officiers de ses offices de se tenir prêts pour aller au devant de M. le Légat... »

M. de Chantelou termine de la sorte son journal : « Le lendemain matin (14 août) l'on luy vint dire que M. le Légat le demandoit. Son Éminence estoit déjà allée à la grande église, où le s^r de Chantelou s'estant rendu avec les s^{rs} Courtel et Chamois, le *maggior domo* les obligea de prendre à l'issue de la messe quelques pierreries de la part de S. E. qu'ils receurent et en remercièrent son Éminence, prenant congé d'elle. »

M. de Chantelou, qui dans le journal du voyage du cavalier Bernin a parlé de la visite faite au cavalier par Corneille n'a pas fait à Molière l'honneur de prononcer son nom. On remarquera aussi, bien qu'il n'omette de rendre compte d'aucun des faits et gestes du légat Flavio Chigi, qu'il ne dit rien de la soi disant lecture de *Tartuffe* faite en sa présence, alors qu'il parle de la *Princesse d'Élide*, également représentée à Versailles dès le commencement de mai 1664. — Sur la visite de Corneille au cava-

Voici ce qui a trait aux comédies représentées alors à Fontainebleau :

« Le xxx⁰ juillet.... son Éminence fut à la comédie du *Prince d'Itaque*, qui fut la même qui fut jouée aux fêtes de Versaille. Le roy et les reynes y estoient placez à l'ordinaire et M. le légat estoit à la droite de la reyne mère, à demy tourné du costé de sa Majesté et commençoit la file des princesses. Après S. E. estoit la Princesse de Bade. Pour Monsieur, il estoit sans rang dans une file derrière le Roy, auprès de Madame de Montespan qui estoit à sa droite. La comédie pleut extrêmement à tous ces messieurs les Italiens et plus et moins selon qu'il entendoient la langue. Elle est composée, outre le corps de la pièce, de divers récits, de petits ballets, de dances pastorales et de machines, de sorte qu'elle est autant pour les yeux que pour les oreilles. La comédie finie S. E. retourna à son appartement, esclairée comme elle estoit venue de quatre flambeaux de poing portés par les pages du roy....

Le xxxi.... Elle fut après ces visites à la comédie. Ce furent les comédiens de l'hostel de Bourgogne qui représentèrent l'*Othon* du sʳ Corneille....

Le deuxième aoust.... Son Éminence fut à la comédie italienne...

Le iii⁰ sur les huit heures du soir sa Majesté, les Reynes, et M. le légat furent à la comédie, qui fut celle d'*Œdipe* du sʳ Corneille ».

M. de Chantelou mentionne enfin que le cardinal assista au bal le 4 août, dernier jour des fêtes auxquelles il prit part à Fontainebleau, avant de s'en aller à Paris.

lier voir le *Journal*, publié par M. Lalanne, Paris, 1885, in-4⁰, p. 183. Chantelou y dit de l'auteur du *Cid*, venu visiter le Bernin avec Mᵐᵉ de Nemours de Longueville, à qui il donnait la main· « L'abbé Butti a montré au cavalier M. Corneille *comme le héros de la poésie.* »

VI.

Une lettre de Chapelain à M. de Modène.

Au lieu de l'extrait de la lettre de Chapelain à M. de Modène du 7 janvier 1662, donné en notes par M. Tamizey de Larroque dans son deuxième volume des *Lettres de Chapelain*, je crois devoir rapporter ici le texte complet d'après le manuscrit lui-même (Bibl. Nat. nouvelles acquisitions, n° 887, f° 269 à 271), à cause de l'intérêt qu'il présente pour l'histoire littéraire de M. de Modène :

Monsieur le baron de Modène, à Modène, près d'Avignon.

« Monsieur

« Quand M. de Roquemartène m'apporta un gros rouleau de vers pour le revoir et vous en dire mon avis, sans m'apporter un seul billet de vous qui me témoignast que vous désiriés de moy ce nouvel office, je ne me pus empescher de luy en monstrer un peu l'estonnement. Le nombre de ces ouvrages qui pouvoit attirer la curiosité des gens de loysir et amoureux de belles choses fit au contraire peur à un homme qui a beaucoup d'années, une très longue besogne entre les mains, seul temps dont il puisse disposer pour le service des Princes ses patrons et la plus mauvaise santé du monde dans la ville de distraction où l'on vit le moins à soy. Je me vis tenté par toutes ces considérations de m'excuser de ce qu'il me demandoit, croyant d'ailleurs par vostre silence que vous ne passionniés pas trop cela et ne voyant point non plus l'engagement qui m'obligeast à m'endosser cette charge au préjudice de mes occupations forcées. Néantmoins, comme il ne me fit instance que pour les révision des *Larmes de la Pénitence* et qu'il l'a remit à ma commodité, une honneste pudeur me retint de le renvoyer à quelque autre plus capable et moins embarrassé que moy et je luy souffris laisser vos papiers sur la table de mon cabinet pour y jetter les yeux quand je le pourrois. A quelques jours de là je tombay malade et ne pouvant m'appliquer à ma tasche ordinaire dans les intervalles de ma fieuvre je pris ces pieuses larmes à lire et à examiner. Vous verrès par les fréquentes remarques que j'y fis aux marges si j'y apportay plus d'attention que l'estat où j'estois ne me le permettoit et je m'en tiray en quatre jours, qui ne fust pas peu d'effort veu la longueur de la pièce. Depuis ayant par ce mesme gentilhomme receu une lettre de vous et mon indisposition m'ostant le moyen d'agir en d'autre matière plus pénible, j'ay voulu repasser le reste, quoyque la quantité des vers qu'il contenoit suffise pour en faire un livre.

« Vous vous appercevrès par mes observations du temps que je y ai donné. Je vous dirai seulement que je n'ay de ma vie entrepris pour mes plus particuliers amis de travail d'une telle estendue, ni qu'aucun d'eux ne m'en a recherché, afin que si vous ne me scavés gré des avis que je vous y ai donnés peut être mauvais et à ne pas suyvre, vous me le sachiés au moins de m'estre mis en devoir de vous en donner de profitables et de bons. Ce que je juge en gros de vostre poésie, Monsieur, c'est que vous avez du feu et de l'élévation, que partout vous vous efforcés d'y porter vostre stile, au point le plus sublime et que souvent vous y arrivés, qu'il y a beaucoup de vos stances qui ne se peuvent faire meilleures et des tours de vers qu'on ne scauroit souhaiter plus beaux. Vous y avez toutesfois laissé couler en plusieurs endroits de certaines négligences de versification qui ne semblent pas estre d'un homme qui l'a si belle.

« Et comme je suis fort sincère et ne scay que c'est de flater, surtout où il y va de la réputation d'un homme qui se confie en moy, je vous doy conseiller de remanier tous ces lieux que j'ay marqués, où vous en avès méprisé les règles les plus triviales, soit pour les fausses césures et vitieux repos de l'hémistiche, soit pour les emjambures d'un vers à l'autre sans conduire le sens jusqu'à la fin, soit pour les syllabes féminines dans le cours du vers, qui ne sont point soutenues par une voyelle suivante, ce qui donneroit un apparent sujet aux petits poètes de secouer et descrier tout l'ouvrage, dont elles ne sont que de légères taches. Ce sont les trois principaux articles qui m'ont paru dignes d'une sérieuse réflexion pour ce que vous vous pouvez bien passer d'imprimeur, mais non pas si vous imprimès, d'oster aux critiques matière de vous nuire avec fondement. Après cette diligence j'ose vous assurer que vous vous ferés honneur de la publication de vos œuvres et qu'à l'avenir on aura plus besoin de vous consulter pour ne pas faillir que vous ne l'aurez de demander une semblable assistance à personne. Pour les défauts que je vous ay cottés il n'est pas fort estrange que vous y soyez tombé, ayant si longtemps que vous n'avés eu communication de ces sortes d'exercices avec les gens du mestier. Je suis, Monsieur, v....., de Paris ce VIIe janvier, M VI LXII (1). »

VII.

Ode aux Muses sur le portrait du Roy (2).

I.

Doctes sœurs de qui le pinceau
Sçait mieux deffendre ses ouvrages
De la violence des âges
Que le burin et le ciseau ;

(1) J'ajoute ici, de peur qu'on ne croie à un oubli de ma part, que j'ai inutilement cherché chez les successeurs de Mes Arnault et Vallon et Jean Desnots la minute de l'obligation du 12 novembre 1664, souscrite par Esprit de Rémond et mentionnée dans l'inventaire de Madeleine Béjart, qui eut dû me faire connaître le lieu de sa demeure à Paris, à cette époque, et qui ne figure aux répertoires d'aucun de ces deux notaires à la date indiquée.

(2) On verra par cette ode prétentieuse, pour ne pas dire plus et qui rappelle celles de Chapelain, de Godeau et des autres auteurs du temps de Louis XIII, que M. de Modène était bien en effet, comme le disait l'auteur de *La Pucelle*, un poète inégal. Le *Sonnet sur la mort du Christ* vaut heureusement mieux pour la gloire de son auteur que l'*Ode sur le portrait du roy*, où il y a cependant, il faut le reconnaître, quelques fragments de strophes qui ont du souffle et de l'éclat.

Vous, dont la parlante peinture
Peut encherir sur la nature
Et r'animer ce qui n'est plus,
Rassemblez au siècle où nous sommes
La fleur de toutes les vertus
Que les siècles passez virent aux plus grands hommes.

II.

Inspirez moy la mesme ardeur
Qui par tant de vers heroïques
Des demi-dieux les plus antiques
A fait éclatter la splendeur :
Je veux, à l'exemple d'Appelle
Faire une figure immortelle
Qui nous les represente tous ;
Fournissez moy, filles celestes,
Tout ce qu'ils ont laissé chez vous,
Et qui des premiers temps garde les plus beaux restes.

III.

Prestez moy toutes les beautez
Et de la fable et de l'histoire,
Tirez du temple de Memoire
Les plus brillantes raretez :
J'ay besoin de faits memorables,
De merites inestimables,
De redoutables potentats,
Sur tout de ceux qu'on a veû naistre
Aussi libres que leurs estats,
Et qui de leur sujet n'ont jamais fait leur maistre.

IV.

  Montrez moy ce prudent heros
  Qui dans ses glorieuses peines
  Brave les charmes des Syreines
  Aussi bien que l'orgueil des Flots :
  On luy voit un mesme visage
  Dans la bonace, dans l'orage,
  Dans les travaux, dans les plaisirs ;
  Il considère toûjours l'Ourse,
  Et les Autans ni les Zéphirs
N'ont jamais pû le faire écarter de sa course.

V.

  Montrez moy ces aislez jumeaux
  Qui délivrent le vieux Phinée
  D'une multitude effrenée
  D'avides et cruels oiseaux ;
  Faites moy voir dans cette chasse
  Le vol, la licence et l'audace
  De tant de monstres emplumez ;
  Et parmi ces grandes ruines
  Dont leurs riches nids sont formez,
Que je leur voye enfin revomir leurs rapines.

VI.

  Montrez moy ce jeune Romain
  Qui par sa bonté secourable
  S'acquit le titre incomparable
  De délices du genre humain ;

Montrez celuy dont la puissance
S'accordoit avec l'innocence
Et la parole avec l'effet,
Et qui par une grace entière
Joignoit tant d'appas au bien fait,
Que toûjours la façon surpassoit la matière.

VII.

Montrez ce protecteur des loix
Qui, mesme au front de son armée,
Daigne de la veuve opprimée
Escouter l'importune voix :
Le soin d'une juste requeste
Suspend celuy d'une conqueste,
Retient les pas d'un souverain,
Et l'affligée avec ses larmes
Arreste celuy que le Rhein
Ne pouvoit arrester avec toutes ses armes.

VIII.

Découvrez moy ces demi-dieux
Que les mazures si prisées
Des Thermes et des Colisées
Font vivre encore en tant de lieux ;
Découvrez ces pompeuses marques
De la grandeur de ces monarques
Si renommez dans l'univers
Et de qui les soins magnifiques
Occupoient des peuples divers
Les regards dans les jeux, les bras dans les fabriques.

IX.

Si pour un si rare projet
L'antiquité manque d'exemples,
Si ses colosses et ses temples
Sont au-dessous de mon sujet,
Taschons, cheres sœurs, de portraire
Ce que la nature peut faire
Dans ses plus glorieux travaux ;
Et s'il faut qu'elle soyt aydée
Pour en reparer les defaux,
Par le secours de l'art corrigeons son idée.

X.

Meslons cent miracles divers
Pour faire un heros dont les charmes
Partageront avec ses armes
La conqueste de l'univers ;
Figurons un cœur magnanime,
Un esprit solide et sublime,
Sur son propre vol élevé,
Qui sans peine ait sceu tout comprendre,
Qui se soit luy-mesme achevé,
Et qui sans Aristote ait fait un Alexandre.

XI.

Mais ces miracles inouïs
Et ces merveilles infinies
Ne sont-elles pas réunies
En la personne de Louis ?

N'est-il pas l'image animée
Des heros dont la Renommée
Chante les exploits éclattans ?
Ne sçait-on pas que la Nature
Nous le fit espérer long-temps
Pour en faire à loisir la plus vive peinture ?

XII.

Nest-il pas le vray racourcy
Et le chef-d'œuvre véritable
Que, de l'histoire et de la fable,
Je voulois assembler icy ?
Comme le diamant ramasse
Dans son impénétrable glace
L'éclat des plus vives clartez,
Ce prince n'a-t-il pas les marques
Et les plus nobles qualitez
Qu'ait répandu le ciel dans les plus grans monarques ?

XIII.

Quel autre a vu plus clairement
Le fond trouble autant qu'agréable
De ces Pactoles dont le sable
Des trônes forme le ciment ?
Quel de son espargne sacrée
A la rapine penetrée
Avecque de si justes yeux,
Et sceu commettre ses receptes
A des esprits laborieux
Dont les soins soient si grands, dont les mains soient si nettes?

XIV.

Quel autre jeune potentat
Régit avec tant de prudence,
Tant d'art et tant d'indépendance
Le gouvernail de son estat ?
Quel autre, en donnant aux affaires
Toutes les heures nécessaires,
Donne moins de temps aux plaisirs ?
Quel, de ses ministres fidelles
Sceut mieux prevenir les desirs,
Mieux punir des méchans les erreurs criminelles ?

XV.

Quel autre avec la majesté
Unit mieux l'amour et la crainte ?
Quel autre écouta mieux la plainte
De l'innocent persécuté ?
Quel autre abhorra plus les vices
Et discerna mieux les services
De ses differens serviteurs ?
Et quel autre dans ses provinces
Sceut mieux applanir les hauteurs
Qui pouvoient menacer la teste de leurs princes ?

XVI.

Quel cœur fit de si grands projets ?
Quel fils honnora plus sa mère ?
Quel aisné chérit plus son frère ?
Quel roy chérit plus ses sujets ?

Où vistes-vous tant de matières
Pour faire éclatter vos lumières,
Qu'on en voit en ses actions?
Alexandre après une guerre
Qui luy soûmit cent nations
Fut-il plus que Louis renommé sur la terre?

XVII.

Déja le bruit que fait son nom
A remply l'un et l'autre monde,
Et jusques aux deux bouts de l'onde
Ses nefs ont porté son renom;
Déja le tyran de Bysance,
Par un essay de sa puissance,
Voit ses plus hauts desseins faillis,
Et l'Aigle, qui vint du Bosphore
Se reposer parmy nos Lys,
Espere à leur faveur d'y revoler encore.

XVIII.

Il me semble entendre d'icy
Le vieux Constantin qui l'appelle
Pour l'engager dans sa querelle,
Et l'entendre parler ainsi :
Digne merveille de ton âge,
Qui dois éclater davantage
Par ta vertu que par ton sang,
Monarque fier autant qu'affable,
Divin heros qui dans ton rang
Peux avoir un égal, mais non pas un semblable.

XIX.

Je voy par les portraits divers
Que l'Europe fait de ses princes
Q'ils sont tous nez pour leurs provinces,
Mais que tu l'es pour l'univers.
Si la vertu de mes ancestres
Fit que le ciel les rendit maistres
De la moitié de ce grand tout,
Ne voit-on pas que ton mérite
En remplit l'un et l'autre bout,
Et que mesme la terre est pour luy trop petite?

XX.

Tourne les yeux vers ma cité,
Voy cette reine qui soûpire
Sous le cruel joug de l'empire
Qui luy ravit la liberté ;
Crois que ce colosse effroyable
Est plus grand qu'il n'est redoutable
Et plus orgueilleux que puissant ;
Ne laisse pas, prince invincible,
Achever le rond du Croissant,
Pendant que tout te rit et que tout t'est possible.

XXI.

Ouy, rien ne s'oppose à tes vœux,
Et des grands de ton voisinage
Le besoin, l'impuissance ou l'âge
Les occupent assez chez eux.

Bysance croit que par la guerre
Ton bras renversera par terre
Ce colosse qu'il fit trembler ;
Marche donc pour une entreprise
Qu'il n'est rien qui puisse troubler
Et que des Ottomans la terreur favorise.

XXII.

C'est ce que le grand Constantin
Dit à ce grand espoir du monde,
Et c'est ce que la terre et l'onde
Attendent de son grand destin ;
C'est la voix de tous nos oracles,
Et ce seront les grands miracles
Que nous promettent ses projets.
Mon âme en est toute occupée
Et se voit offrir cent sujets
De signaler pour luy ma plume et mon espée.

XXIII.

Que la France a lieu de bénir
Ce monarque dont les lumières,
Luy rendant ses beautez premières,
La font desormais rajeunir !
Ses Clovis et ses Charlemagnes
Firent-ils mieux dans ses campagnes
Regner l'abondance et la paix ?
Parurent-ils plus magnifiques ?
Et, pour couronner leurs beaux faits,
Ornèrent-ils Paris de plus nobles fabriques ?

XXIV.

L'audace ni l'opinion
N'y font ni ligue ni cabale,
Et la seule maison royale
Est l'image de l'union.
On n'y voit qu'un party, qu'un maistre,
On ne craint plus d'y voir renaistre
Nos vieux Titans ensevelis ;
Il n'est plus d'orgueilleuses plantes
Qui fassent ombrage à nos lis,
Et des plus hauts pavots les testes sont rempantes.

XXV.

Son LOUIS brave les hazards,
Il sçait rendre les ondes calmes
Et ne cueille pas moins de palmes
Au cabinet qu'au champ de Mars.
On reconnoist que sa personne
Fait tout l'éclat de la couronne
Dont luy seul soutient tout le poids ;
Qu'il dompte sans faire la guerre
Ceux qui domptèrent tant de rois
Et que sans se mouvoir il meut toute la terre.

XXVI.

Mais quelles couleurs, quel pinceau
Pourroit figurer ces merveilles ?
Penserions-nous bien que nos veilles
Deussent achever ce tableau ?

Non, cet objet est trop sublime
Pour croire que nostre art l'exprime ;
Contentons-nous de l'admirer,
Et d'une âme qui ne peut feindre
Monstrons qu'elle sçait adorer
Ce monarque divin que ma main n'a sceu peindre.

XXVII.

Apprenez-luy donc, doctes sœurs,
Que je suis héritier du zèle
Qu'eut un père ardent et fidelle
Pour trois de ses prédécesseurs :
J'ay tasché de suivre ses traces,
Mais vous savez quelles disgraces
Ont toûjours traversé mon sort ;
Il n'est point de nochers sur l'onde
Qui puissent arriver au port
Si leur art ne rencontre un vent qui les seconde.

XXVIII.

Paraissez devant ce grand roy
Aussi modestes que brillantes ;
Ne faites point les mandiantes
Ni les mercenaires pour mcy.
Vous sçavez bien que ma pensée
Ne fut jamais interessée
Dans vos deserts ni dans la cour,
Et que le but de mon ouvrage
Est que ma plume et mon amour
Luy fassent voir mon cœur plustost que mon visage.

LE COMTE DE MODÈNE.

TABLE

Avant-propos. 1-3

§ I. Le premier mari de Madame de Modène, Marguerite de la Baume de Suze et les Lavardin. 3-32
§ II. Le premier mariage de M. de Modène. 32-56
§ III. M. de Modène et Madeleine Béjart. . 56-74
§ IV. Les débuts poétiques de J.-B. de l'Hermite. 74-83
§ V. Madame de Modène reléguée dans le Maine. 83-97
§ VI. Du rôle de M. de Modène et de l'Hermite de Vauselle dans la conspiration de Sédan. 97-116
§ VII. Madeleine Béjart et la naissance d'Armande 116-146
§ VIII. L'Illustre Théâtre. 146-163
§ IX. M. et Mme de Modène depuis le commencement de la régence d'Anne d'Autriche jusqu'à l'expédition de Naples (1643-1647). 163-186
§ X. La formation de la troupe des comédiens du duc d'Epernon. 186-201
§ XI. M. de Modène à Naples. . . . 201-217
§ XII. Mort de Mme de Modène. . . . 217-227
§ XIII. Dix ans de la vie de Jean-Baptiste de l'Hermite et de sa femme (1642-1652). . 227-251
§ XIV. Le duc d'Epernon, sa cour et les comédiens de Son Altesse (1646-1652). . . 251-291
§ XV. Les l'Hermite dans la troupe de Molière. Le premier mariage de Madeleine de l'Her-

mite et les amours de M. de Modène et de
Marie Courtin. 291-321
§ XVI. L'Hermite de Souliers généalogiste dans
le Comtat. 321-330
§ XVII. Les dernières pérégrinations de Molière. 330-354
§ XVIII. Les rapports des l'Hermite avec Madeleine Béjart à Paris. — La dissolution du premier mariage de Madeleine de l'Hermite et les derniers ouvrages de son père. . . 354-377
§ XIX. Les premières poésies de M. de Modène. 377-394
§ XX. M. de Modène à Paris. — Ses rapports avec Madeleine Béjart et Molière. Son *Histoire des Révolutions de Naples* et l'*Ode sur le portrait du roy*. — Son mariage avec Madeleine de l'Hermite. 394-434
§ XXI. Madame de Modène deuxième du nom. — Les dernières années de la vie de son mari. — Le sonnet sur la mort du Christ. — Mort de M. de Modène. — Débats sur sa succession. — Une lettre inédite sur la veuve de Molière. Son intervention dans la liquidation de la succession de M. de Modène. . 434-475

APPENDICE

§ I. La famille Béjart. 475-484
§ II. L'hôtel de Lavardin de la place Royale. . 484-486
§ III. La famille l'Hermite de Souliers. . . 486-488
§ IV. Les Comédiens de S. A. R. le duc de Savoie et de Mademoiselle. . . . 488-489
§ V. La Représentation de la *Princesse d'Elide* à Fontainebleau devant le légat, d'après le *Journal* de M. Chantelou. 489-492
§ VI. Une lettre de Chapelain à M. de Modène. 492-494
§ VII. *Ode aux Muses sur le portrait du Roy*. 494-505